HISTOIRE DES FEMMES

EN OCCIDENT

HISTOIRE DES FEMMES

EN OCCIDENT

Sous la direction de

GEORGES DUBY
et
MICHELLE PERROT

Plon

Titre original :
STORIA DELLE DONNE

Couverture : *La Rue.* Affiche de Ch. Verneau - Steinlen ; 1896.
Paris, musée des Arts décoratifs. Photo Tweedy-Edimédia.

ISBN édition originale, Laterza : 88-420-3855-5
ISBN Plon : 2-259-02385-1

HISTOIRE
DES FEMMES
EN OCCIDENT

4

LE XIXe SIÈCLE

Publié avec le concours du Centre national des lettres

Sous la direction de

GENEVIÈVE FRAISSE

MICHELLE PERROT

ÉCRIRE L'HISTOIRE DES FEMMES

GEORGES DUBY
MICHELLE PERROT

Pendant longtemps, les femmes ont été laissées dans l'ombre de l'Histoire. L'essor de l'anthropologie et l'accent mis sur la famille, celui de l'histoire des « mentalités », plus attentive au quotidien, au privé et à l'individuel ont contribué à les en sortir. Plus encore, le mouvement des femmes elles-mêmes et les interrogations qu'il a suscités. « D'où venons-nous ? Où allons-nous ? », se disaient-elles ; et elles entreprirent dans et hors des universités des enquêtes pour retrouver les traces de leurs aïeules, et surtout pour comprendre les racines de leur domination et les rapports de sexes à travers l'espace et le temps.

Car c'est bien de cela qu'il s'agit. Le titre « Histoire des femmes » est commode, et si beau ! Mais il faut récuser l'idée que les femmes seraient en elles-mêmes un objet d'histoire. C'est leur place, leur « condition », leurs rôles et leurs pouvoirs, leurs formes d'action, leur silence et leur parole que nous entendons scruter, la diversité de leurs représentations, – Déesse, Madone, Sorcière... – que nous voulons saisir dans leurs permanences et leurs changements. Histoire résolument relationnelle qui interroge la société tout entière et qui est, tout autant, histoire des hommes.

Histoire de longue durée : de l'Antiquité à nos jours, cinq volumes reprennent les divisions chronologiques qui scandent l'histoire occidentale. Car c'est d'elle seulement qu'il s'agit. La Méditerranée et l'Atlantique sont nos rivages. On rêve d'une Histoire des femmes dans le monde oriental ou le continent africain. Il appartiendra aux femmes et aux hommes de ces pays de l'écrire un jour.

« Féministe » dans la mesure où elle se situe dans une perspective égalitaire, cette histoire se veut ouverte à des interprétations différentes : histoire soucieuse de problématiser, mais refusant toute « langue de bois » ; histoire plurielle, dans la multiplicité des figures évoquées comme dans la variété des points de vue.

Ce travail est celui d'une équipe. Georges Duby et Michelle Perrot en assurent la marche d'ensemble. Chaque volume est assumé par une ou deux responsables. Pauline Schmitt Pantel (Antiquité), Christiane Klapisch-Zuber (Moyen Age), Natalie Zemon Davis et Arlette Farge (Temps modernes), Geneviève Fraisse (XIXe siècle), Françoise Thébaud (XXe siècle) ont composé leur rédaction au gré des compétences, des désirs, des disponibilités : 68 personnes au total. Non pas, certes, la totalité de celles et de ceux qui œuvrent dans ce domaine en Europe et aux États-Unis, mais en tout cas un échantillon que nous espérons représentatif et opératoire.

Bilan provisoire, instrument de travail, plaisir de l'Histoire, lieu de mémoire : telle sera, nous l'espérons, cette Histoire des femmes en Occident à laquelle, dans l'Europe qui s'annonce, nous laisserons ici son beau titre.

En hommage à nos éditeurs, dont nous saluons l'esprit d'entreprise, la culture et la courtoisie.

Georges DUBY   Michelle PERROT

L E X I X^e S I È C L E

Sous la direction de

GENEVIÈVE FRAISSE, *Chargée de recherche au CNRS*

MICHELLE PERROT, *Professeur à l'Université Paris VII - Jussieu*

La rupture politique et le nouvel ordre du discours

DOMINIQUE GODINEAU
Historienne

ÉLISABETH G. SLEDZIEWSKI
Maître de conférences à l'Institut d'Études politiques de Strasbourg (Université Robert-Schuman)

GENEVIÈVE FRAISSE

NICOLE ARNAUD-DUC
Chargée de recherche au CNRS

La production des femmes, imaginaires et réelles

STÉPHANE MICHAUD
Professeur à l'Université Jean-Monnet, Saint-Étienne

MARIE-CLAIRE HOOCK-DEMARLE
Professeur à l'Université Paris VII- Jussieu

MICHELA DE GIORGIO
Chercheur à l'Institut Gramsci, Rome

JEAN BAUBÉROT
Directeur d'études à l'École pratique des Hautes Études (Section des Sciences religieuses)

NANCY GREEN
Maître de conférences à l'École des Hautes Études en Sciences sociales

FRANÇOISE MAYEUR
Professeur à l'Université Paris IV - Sorbonne

ANNE HIGONNET
Assistant-Professor à Wellesley College

La femme civile, publique et privée

YVONNE KNIBIEHLER
Professeur émérite de l'Université de Provence

JOAN W. SCOTT
Professeur de sciences sociales à l'Institute for Advanced Study (Princeton)

CÉCILE DAUPHIN
Ingénieur d'études au CNRS

JUDITH WALKOWITZ
Professeur d'histoire et Directeur des Women's Studies à Johns Hopkins University

Modernités

MICHELLE PERROT

ANNE-MARIE KÄPPELI
Collaboratrice au Fonds national suisse de la recherche scientifique

ANNELISE MAUGUE
Professeur agrégée au lycée Rabelais, Paris

Paroles de femmes

Du bonheur des femmes :
Germaine de Staël et Lou Andreas-Salomé

ORDRES ET LIBERTÉS

GENEVIÈVE FRAISSE
MICHELLE PERROT

L'image d'un XIXe siècle sombre et triste, austère et contraignant pour les femmes, est une représentation spontanée. Certes, ce siècle a repensé la vie des femmes comme le déroulement d'une histoire personnelle soumise à une codification collective précise, socialement élaborée. On aurait tort de croire cependant que cette époque est seulement le temps d'une longue domination, d'une absolue soumission des femmes. Car ce siècle signe la naissance du féminisme, mot emblématique qui désigne aussi bien des changements structurels importants (travail salarié, autonomie de l'individu civil, droit à l'instruction) que l'apparition collective des femmes sur la scène politique. Ainsi faudrait-il dire plutôt que ce siècle est le moment historique où la vie des femmes change, plus exactement où la perspective de la vie des femmes change : temps de la modernité où est rendue possible une position de sujet, individu à part entière et actrice politique, future citoyenne. Malgré l'extrême codification de la vie quotidienne féminine, le champ des possibles s'agrandit et l'aventure n'est pas loin.

Le XIXe siècle s'ouvre et se ferme sur deux événements, une révolution, une guerre : les historiens le parcourent de 1789 à 1914, sans qu'on puisse dire pour autant que ces événements produisent l'essentiel du sens de cette époque. Pour ce qui est des femmes cependant, on remarquera qu'une révolution comme une guerre peut les appeler à la tâche tout en sachant ensuite plus ou moins vite les congédier. On reviendra sur ce jeu subtil de la part des hommes entre l'invite et le rejet, l'exclusion et la participation des femmes aux affaires qui concernent l'État et la nation.

Si la modernité est une chance pour les femmes, c'est parce que les conséquences des changements économiques et politiques, sociaux et culturels, propres au XIXe siècle, leur sont favorables. En effet, plusieurs éléments sont déterminants.

Tout d'abord, l'apparition d'une histoire de l'humanité suppose que les femmes aussi ont une histoire, que leur condition de compagne de l'homme et de reproductrice de l'espèce est moins immuable qu'il n'y paraît, que leur essence apparemment éternelle de femme peut être soumise à des variations multiples, promise à une vie nouvelle. Les utopies socialistes, même si elles sont non lieux d'histoire, supposent néanmoins un avenir différent du présent ; là sont repensés le fonctionnement de la famille, la relation amoureuse, la maternité, comme les activités sociales féminines. Les théories évolutionnistes, à l'inverse, réfléchissent sur l'origine, sur le commencement historique des sociétés, et notamment de la famille, du patriarcat (ou matriarcat). Que l'humanité ait une histoire (une origine, un passé, un avenir) est sûrement une promesse pour les femmes.

Ensuite, la révolution industrielle, comme l'avènement progressif d'un espace politique démocratique se révèlent, malgré la violence avec laquelle les femmes y sont parfois traitées, des lieux sociaux où l'individu, comme être à part entière, est privilégié. En ce sens, l'individu féminin pourra devenir semblable à l'individu masculin, au travailleur et au citoyen, pourra rompre les liens de dépendance économiques et symboliques qui l'attachent au père et au mari. Une image : il faut attendre le XXe siècle pour qu'une femme dispose librement de son salaire. Mais encore faut-il comprendre pourquoi cette ambivalence, pourquoi le travail des femmes est autant le lieu d'une surexploitation que d'une émancipation, la société politique un espace d'exclusion, puis de reconnaissance.

Ce sera le troisième point : l'ère démocratique n'est pas *a priori* favorable aux femmes [1]. En son principe, elle affirme qu'il faut exclure les femmes de la chose publique, les circonscrire dans l'espace domestique. On peut dire en un mot pourquoi : le régime féodal ne suppose pas que le droit, ou plutôt le privilège, de quelques-unes implique qu'il devienne une règle pour toutes les femmes ; le régime démocratique en revanche sous-entend que ce qui est valable pour l'un l'est pour tous. Ainsi vaut-il mieux n'accorder un droit à aucune plutôt que de le donner virtuellement à toutes, plutôt que d'instaurer ainsi, croit-on, une rivalité stupide entre l'homme et la femme. Car il s'agit désormais de toutes les femmes et non plus seulement de quelques femmes prises dans un débat sur la femme en général.

Mais la démocratie n'a pas cependant érigé en système cette exclusion ; surtout, elle portait en elle-même la contradiction de ce principe d'exclusion, en affirmant l'égalité des droits, en laissant place à une vie politique républicaine. Ainsi est né, dans tout l'Occident, le féminisme dont l'objectif est l'égalité des sexes et la pratique celle d'un mouvement collectif, social et politique. On trouve des gestes ou des écrits féministes antérieurement à ce siècle, mais le féminisme qu'on aperçoit en filigrane dans la pratique révolutionnaire de 1789 surgit après 1830.

Ce siècle alors semble faire charnière dans la longue histoire des femmes, comme si on y redistribuait les cartes traditionnelles, celles qui se jouent entre le travail, à l'atelier ou au domicile, et la famille, idéal de vie domestique et valeur utile pour le service social, entre le monde des apparences, parure et plaisir, et le monde de la subsistance, apprentissage ou exercice d'un métier, entre le lieu de la pratique religieuse, exercice spirituel et règle sociale, et le nouvel espace d'éducation, l'école laïque... On redonne les cartes et de nouveaux enjeux se laissent apercevoir : si la vie des femmes se transforme, comment savoir ce qu'elles en pensent ? Adhèrent-elles aux nouvelles règles proposées, consentent-elles à l'ordre qu'on leur impose ? Difficile à savoir, tout comme il est malaisé de repérer toujours les pratiques de résistance, de refus, de transgression. De même, si la femme moderne perd des pouvoirs, ceux liés au rang ou à la terre, à l'entreprise familiale ou à la structure d'habitation, si la bourgeoise victorienne peut sembler infiniment plus enfermée que l'aristocrate des Lumières dont Mme de Staël regrettait la liberté, elle en gagne d'autres et notamment celui de la mère. On ne saurait voir en effet dans la maternité survalorisée par ce siècle le simple lieu d'une assignation à une fonction. Il s'agit de « faire des hommes », disait Joseph de Maistre, « le grand accouchement qui n'a pas été maudit comme l'autre ». Alors, dans la soumission comme dans l'émancipation, la femme saura jouer de cette maternité comme d'un pouvoir où se réfugier, ou comme d'un moyen pour obtenir d'autres pouvoirs dans l'espace social. L'image de l'institutrice offrant à la société ses qualités maternelles est une claire expression du passage de la mère institutrice à l'institutrice mère.

Les enjeux changent aussi à travers le siècle. Les normes édictées en son début sont des normes collectives définissant une fonction sociale, celle de l'épouse et de la mère, réglementant les droits de la femme en fonction de ses devoirs, désignant finalement les femmes comme un groupe social dont le rôle comme le comportement doivent être uniformisés, donc idéalisés. Or cette représentation totalisante s'effrite progressivement, et les identités féminines semblent se multiplier : la mère, la travailleuse, la célibataire, l'émancipée, etc., sont des qualités propres à l'une ou l'autre femme, vécues de façon contradictoire souvent, soumises à des tensions qui annoncent la vie des femmes du XXe siècle. De ce point de vue, la diversité des formes de la solitude féminine est exemplaire des jeux complexes du hasard, de la nécessité et du libre choix.

De fait, il était impensable qu'un modèle unique de femme fût respecté, qu'aucune transgression ne vînt forcer les verrous fermant l'espace domestique, les limites apposées à la vie civile féminine, les interdictions d'accéder au monde politique. Avec plus ou moins de naïveté ou de conscience, les femmes ont refusé la normalisation d'une existence présentée pourtant sous la forme de l'idéal ; et, même lorsqu'elles ont cru à cet idéal et cherché à l'approcher, elles l'ont transformé. Les unes ont cultivé leur esprit, et pas seulement pour faire le bel esprit en société ; d'autres sont parties voyager dans un esprit missionnaire ou par goût de l'aventure ; d'autres encore sont venues dans les villes chercher un emploi, perdant ainsi le soutien familial ; d'autres enfin sont descendues dans la rue ou dans les assemblées publiques pour dire les injustices, celles faites à leur sexe, à leur classe, à l'esclave aussi. De plus, on peut douter que le XIXe siècle ait été aussi pudibond qu'il le dit et la vie sexuelle aussi simplifiée qu'il le souhaitait. Car si le désordre, même organisé, est le fait des hommes usant des femmes, de la petite ouvrière enceinte à la prostituée tuberculeuse, les femmes cependant ne sont pas seulement des victimes ; même si l'amour libre est souvent un piège, même si les vies sexuelles marginales, telle l'homosexualité, sont dangereuses à vivre.

En insistant sur le rapport entre la sujétion et la liberté, nous n'avons pas, sans doute, donné l'exact tableau de la vie des femmes au XIXe siècle, respecté les groupes sociaux et professionnels. A combien en effet faut-il chiffrer le nombre de paysannes dont la quotidienneté se modifie peu en une centaine d'années ? Elles représentent plus des trois quarts des femmes au moins et on ne saurait l'oublier. Simplement, l'histoire des femmes racontée ici n'est pas celle des travaux et des jours, l'histoire si volontiers nommée l'histoire de la condition des femmes. On s'intéresse plutôt à ce qui change, à ce qui rend pertinent une histoire des femmes, là où elles se révèlent non comme des figurantes mais comme des actrices de l'histoire.

Il est un autre manque plus difficile à expliquer, qu'on remarquera parfois au fil des textes ; appelons-le la réalité concrète, le fait matériel ou social. Les structures économiques, le fonctionnement des institutions, religieuses par exemple, le jeu entre les classes sociales, sont souvent absents de l'analyse. Ils apparaissent dans les textes en même temps que d'autres facteurs qui sont clairement de l'ordre des représentations, images et discours. Ce n'est pas le fruit d'un hasard, ni même des intérêts des chercheurs d'aujourd'hui, plus portés à refléchir sur les mécanismes de la perception des femmes par les hommes et des femmes par elles-mêmes. Il semble que cela soit inhérent à l'histoire des femmes que de toujours être sur ce plan de la figure, car la femme n'existe jamais sans son image : ainsi les femmes sont symboles, Marianne de la République, muses des beaux-arts, illustrations, personnages de romans et gravures de mode, reflet ou miroir de l'autre, disent les philosophes. Et c'est à partir de ces images qu'elles se changent aussi elles-mêmes, car elles savent que c'est un piège : il n'existe pas de féminisme sans sa caricature, sans qu'on en dénonce les excès d'expression ou de comportement, masculinité, grossièreté, fureur... Nous avons donc choisi que le chapitre illustré fût accompagné d'un commentaire raisonné, au plus loin de l'imagerie habituelle.

C'est pourquoi cette histoire des femmes, si elle veut prendre de la distance face à une nécessaire histoire des représentations, laisse entendre que ce titre est trop simple, que l'histoire des femmes est aussi celle des hommes, du rapport entre les sexes, de la différence des sexes. On verra que cela varie d'un texte à l'autre, suivant l'intérêt de l'auteur mais aussi le thème abordé. Le corps et le cœur d'une femme se décrivent dans le vis-à-vis avec l'homme ; le droit et la philosophie pensent nécessairement le rapport sexuel. Les codes religieux, les représentations littéraires et iconographiques sont eux aussi interrogés sous l'angle de la différence des sexes. De même le discours de l'économie politique, particulièrement symptomatique d'une confusion entre l'ordre naturel et l'ordre social, entre la division sexuelle du travail et le marché de l'emploi réparti entre hommes et femmes. Où l'on voit bien que les métiers de femmes définis en apparence par leurs qualités « naturelles » sont le pur produit d'un travail du langage.

Dès lors, la critique du langage devient en histoire des femmes une opération indispensable, sinon prioritaire. Plus qu'ailleurs s'impose une réflexion sur la manière dont « les faits » et les récits qui les mettent en scène ont été agencés. Et ce pourrait être l'apport spécifique de l'*Histoire des femmes* à une histoire générale de plus en plus soucieuse de s'interroger elle-même comme processus cognitif.

L'ambition occidentale de cette *Histoire* paraîtra, pour le XIXᵉ siècle, particulièrement justifiée et pourtant démesurée en raison de la spécificité des histoires nationales et de l'ampleur des travaux récents qu'elles ont suscités. Les publications de ces deux dernières décennies sont en nombre considérable. Au vrai, il en paraît tous les jours. Vérité d'évidence, mais qu'il nous faut rappeler : on ne saurait dire l'Occident sans préciser qu'il est fait de pays et de nations diverses, qu'il comprend l'Europe – de l'Atlantique à l'Oural, de la Baltique à la Méditerranée –, mais aussi le continent nord-américain, qu'il existe parfois des décalages historiques ou culturels entre l'Angleterre et la France, l'Italie et l'Allemagne, les États-Unis et la Belgique ou la Suisse, etc. Les transformations politiques semblent s'essayer d'abord en France avec les révolutions et la République laïque ; de même les grandes évolutions religieuses où on redéfinit la femme catholique, notamment. Inversement, les mutations culturelles paraissent plus anglo-saxonnes ou germaniques, tel par exemple le féminisme de ces pays-là, parfois moins politique mais très novateur dans ses pratiques. Autre exemple encore de diversité : le Code civil français semble être un modèle pour la législation moderne, mais ce sont les philosophes allemands qui donnent le ton tout au long du siècle. Entre l'Europe et l'Amérique du Nord, la tendance à l'innovation bascule déjà : créateurs dès la guerre d'Indépendance, les États-Unis sont très tôt porteurs de modèles enracinés dans les *revivals* protestants, inventeurs de pratiques démocratiques ; à quoi s'ajoutent l'expérience de l'expansion vers l'Ouest et les apports des migrants. Le continent nord-américain constitue en lui-même un univers de nouveaux rapports de sexes dont on trouvera ici un premier écho. La « New Woman » naît des expériences des Bostoniennes comme de celles des Juives de New York. Elle fait en Europe un glorieux retour et hante les interrogations sur l'identité des deux sexes.

Dans cet Occident élargi, à la fois plus homogène et plus divers que dans les siècles précédents, il existe donc des divergences de comportement ou des nuances d'expression que la diversité des féminismes rend bien visibles ; d'autant que sa dimension internationale et l'intensité de ses communications sont surprenantes. Ainsi commence un bouleversement des rapports entre les sexes qui perdure aujourd'hui, recomposition incessante, interminable peut-être, qui nous questionne évidemment. Comme le faisaient déjà les hommes et les femmes de la « Belle Époque » qui fut aussi un temps de crise, un moment d'intense angoisse sexuelle.

Femme tirant une charrette sur les Champs-Élysées. Photographie anonyme ; vers 1900. *Paris, collection Viollet.*

e la garde National de paris pour alle
arde National de paris, pour aller a
uelles distrée il y avoit Beaucoup de

LA RUPTURE POLITIQUE ET LE NOUVEL ORDRE DU DISCOURS

Marche de la garde nationale de Paris, pour aller à Versaille, dans les quelles (...) il y avait Beaucoup de femmes, le 5 octobre 1789. Gravure anonyme ; fin du XVIIIe siècle. *Paris, Bibliothèque nationale.*

De l'événement, une révolution, au texte, un Code civil, une rupture s'opère dans l'histoire, et même les pays où le changement se produit sans date aussi précise qu'en France ou aux États-Unis sont marqués par ce passage à la modernité, fin de la royauté et début de l'ère démocratique, délimitation d'une société civile bien distincte de l'espace politique.

*La rupture d'abord : elle est multiple et suscite des mouvements contradictoires à l'égard des femmes. D'une part, il est vrai que les révolutions française et américaine laissent place toutes les deux à un espace où les femmes s'autorisent à une geste collective, à un rassemblement de personnes du même sexe hors des lieux, privés le plus souvent, où ils se tiennent habituellement ; et si les interventions des femmes sont plus politiques en France qu'aux États-Unis, on ne saurait dire qu'elles sont plus radicales. En tout cas, on remarque que l'événement crée la rencontre des femmes et que ces dernières s'y voient comme êtres du même sexe. Mais ces signes avant-coureurs des pratiques féministes du XIX*e *siècle demeurent sans lendemain et sont suivis par quelques décennies de silence. Car la rupture* *opérée au tournant du siècle est aussi l'acte qui fonde l'exclusion des femmes de la vie de la cité, exclusion autrement plus radicale que celle de la féodalité. Chaque révolution moderne laissera les femmes descendre dans la rue et ouvrir des clubs ; elle saura aussi toujours fermer ces clubs et rappeler les femmes à leur foyer. Disons plus simplement que la séparation entre l'espace public et l'espace privé se consolide, et c'est aussi une des conséquences de la révolution : on distingue scrupuleusement la vie privée de la vie publique, on sépare la société civile de la société politique. Par là finalement les femmes sont mises à distance du politique, et tenues à la dépendance à l'intérieur de la société civile.*

Cette ambivalence apportée par la Révolution française est moins visible ailleurs, mais tout autant présente. L'événement cependant ne suffit pas à montrer comment la modernité apporte un progrès si médiocre dans la vie des femmes. Et le texte est venu parachever l'action des hommes : la naissance du Code civil est aussi un événement sans précédent, et son influence dans toute l'Europe en témoigne. Monument consacrant la dépendance des femmes, a-t-on dit. Certes, mais là encore l'ambiguïté existe puisque si la femme, et surtout l'épouse, est soumise à des liens concrets de dépendance à l'égard du père, du mari mais aussi de la famille entière, la fille en revanche se voit considérée comme l'égale du fils puisque le droit d'aînesse disparaît au profit d'une égalité face à l'héritage. Première contradiction qui sera suivie par d'autres, entre la fille majeure, la célibataire qui échappe un peu à la réglementation du Code civil, et la femme mariée, principal objet d'intérêt du législateur, encerclée par une série d'empêchements. L'évolution des diverses législations montre bien l'éclatement de l'idée première du Code civil, celle de la dépendance féminine supposant et justifiant son infériorité.

Le XIXe siècle suscite sans cesse des rectifications, des ajustements locaux, des jurisprudences inventives, des conquêtes féministes, et toutes sont les preuves d'une impossible immobilité de la législation, de lois définitives. A cet égard, l'étude des philosophes est éclairante : à lire seulement ceux qu'on nomme les grands philosophes, parmi lesquels ne figure d'ailleurs aucune grande femme, on s'aperçoit d'un fondamental changement dans ce que leurs textes produisent comme norme. En effet, si l'on pense au début du siècle que toutes les femmes doivent avoir une même destination, une unique tâche, celle d'épouse et de mère (on retrouve ici le « toutes les femmes » de la pensée démocratique, mais comme reproductrices de l'espèce, pas comme citoyennes), la fin du siècle, consciente des transgressions et de la diversité des choix féminins, propose une norme plus fine, celle qui fait de chaque histoire féminine un destin contrôlé. On pourrait entendre que la liberté est rendue à l'individu féminin, à qui on reconnaît le choix d'un parcours personnel. Rien n'est moins sûr cependant ; son destin se joue sur une partition réglée où médecine, sociologie, psychanalyse et esthétique s'accordent pour lui redire l'essence de son être féminin.

G.F. - M.P.

1

Filles de la liberté et citoyennes révolutionnaires

Dominique Godineau

La fin du XVIIIe siècle est marquée par des ruptures en cascade. Sans avoir toutes le même sens ni la même importance, les révolutions succèdent aux révolutions. Il ne suffit pas de dire que les femmes y ont ou n'y ont pas participé. Il ne suffit pas non plus de mettre en évidence le poids du facteur masculin-féminin. Il faut aussi questionner l'histoire pour tenter de dégager l'articulation entre le rapport des sexes et l'événement : comment le premier donne-t-il sa configuration au second et comment, dans le même temps, le second peut-il faire évoluer le premier ? Comment une rupture institutionnelle, politique, sociale et idéologique (l'économique, dont l'impact ne doit pas être négligé, n'entrant pas dans notre propos) se répercute-t-elle sur le rôle et la représentation que chaque sexe a de lui-même, ou souhaite avoir, dans la société ?

Femmes et hommes en insurrection

L'histoire comparative peut nous aider à répondre à ces questions. Les convulsions qui agitent l'Europe et l'Amérique du Nord se placent sur des terrains différents. Ni les situations ni, malgré l'héritage commun des Lumières, les débats soulevés ne sont les mêmes. Les Français bouleversent de fond en comble les assises de la société et tentent de « régénérer » le monde ; ils créent un nouvel espace politique dans lequel intervient un fort mouvement populaire mixte. Les Américains, après s'être battus pour l'indépendance, refusent de toucher aux fondements sociaux du pays. Les Belges se soulèvent contre les réformes d'un « despote éclairé » et en appellent à leur ancienne autonomie. Si l'exhaustivité est impossible, l'on peut cependant essayer de relever ce qui, dans les rapports de sexes, apparaît commun à plusieurs pays, et ce qui, au contraire, en est fort éloigné. Cela afin de mieux préciser l'imbrication entre une société, son évolution, ses valeurs et les relations qu'y construisent hommes et femmes.

Les « boutefeux »

Qui dit convulsion révolutionnaire dit foules insurgées. Or l'on sait que dans l'Europe moderne les femmes jouaient traditionnellement un rôle d'émeutières[1]. Rien d'étonnant donc de les retrouver à la tête de certaines insurrections parisiennes. Le 5 octobre 1789, ce sont elles qui les premières se regroupent et marchent sur Versailles, suivies dans l'après-midi par la garde nationale. Les soulèvements du printemps 1795 commencent par leurs manifestations : elles sonnent le tocsin, battent le tambour dans les rues de la ville, se moquent des autorités et de la force armée, entraînent les passants, pénètrent dans les boutiques, les ateliers, grimpent dans les étages des maisons pour forcer les récalcitrantes à marcher avec elles sur la Convention, où elles arrivent en flots continus, rejointes peu après par les hommes en armes. Elles jouent « le rôle de boutefeux », écriront un peu plus tard les autorités[2].

En 1795 comme en 1789, ou encore en mai 1793, dans les semaines qui précèdent les insurrections, elles occupent la rue, y forment des groupes (le 23 mai 1795, les députés leur interdiront de s'attrouper à plus de cinq sous peine d'arrestation) et appellent les hommes à l'action en les traitant de lâches. Devant l'inertie masculine, elles assurent que les femmes doivent « commencer le bal », car elles seront suivies par les hommes qui « les seconderont ». Avant que n'éclate l'insurrection de mai-juin 1793, un député s'écrie à la Convention : « Les femmes commenceront le mouvement, (...) les hommes viendront à l'appui des femmes. » Le mouvement ne fut pas déclenché par les femmes, mais cette réflexion, qui n'est point isolée, montre bien que l'on attend d'elles qu'elles lancent le soulèvement. Dans des situations explosives, un (ou une) militant(e) tente parfois d'allumer la mèche en se tournant vers elles. Souci de protection ? Pas seulement. Les nombreux appels des militant(e)s aux femmes traduisent aussi la conception des rôles masculin et féminin dans l'émeute : les femmes apparaissent comme la médiation obligée entre le (la) militant(e) et les hommes. De leurs gestes, de leurs voix, naîtra la révolte. Une fois celle-ci lancée, le rapport des sexes s'inverse : dans la foule désormais composée d'hommes et de femmes, ce sont maintenant celles-ci qui, disent-elles elles-mêmes, « soutiennent les hommes ». Car les citoyens sont organisés en garde nationale armée de canons. Au cœur de l'action, les femmes assument toujours leur rôle de « boutefeux » : « C'est principalement les femmes que l'on agite, lesquelles faisant passer toute leur frénésie dans l'esprit des hommes les échauffent par leurs propos séditieux et excitent la plus violente effervescence », note un policier pendant l'insurrection de mai 1795. Reste que si les femmes sont là pour surveiller et au besoin ranimer l'ardeur des hommes, ce sont ces derniers qui, grâce à leurs armes, dirigent l'événement. Hommes secondant les femmes, puis femmes soutenant les hommes : derrière la spontanéité de la foule, derrière son apparent désordre, se dessine clairement une distribution, non égalitaire, des rôles sexuels, pensée par la population comme l'une des données du mouvement populaire.

Tradition et innovation

L'ère révolutionnaire est fascinante en ce qu'elle mêle intimement l'ancien et le nouveau, rassemble dans le même temps l'héritage des siècles passés et les balbutiements de ceux à venir : par là même elle nous permet d'un peu mieux saisir comment évoluent ou s'infléchissent les rapports de sexes. Le schéma décrit ci-dessus est en ce sens reflet d'un monde qui n'en finit pas de mourir : du XVIe au XVIIIe siècle, d'Amsterdam à Naples, l'on croisait des femmes appelant les hommes à la révolte. La rhétorique émeutière des révolutionnaires françaises s'ancre dans une longue tradition : battre le tambour, tourner en dérision l'autorité par des rites carnavalesques, légitimer son action par son rôle maternel n'a rien de nouveau et procède de pratiques anciennes. Mais si l'émeutière est habillée des mêmes vieilles hardes, elle n'est pas pour autant exactement la même : brandir la

Déclaration des droits de l'homme en tête de cortège, assurer que le peuple, souverain, est « chez lui » dans la Convention envahie par les insurgées sont autant d'innovations signalant que, par-delà un rôle et une gestuelle traditionnels, des femmes ont pénétré l'espace politique ouvert par la Révolution. Espace nouveau, construit par et pour les hommes, à eux seuls structurellement réservé. Et même si en France les femmes ont su s'y faire voir et entendre comme citoyennes, elles se sont cependant toujours heurtées, comme dans les autres pays, aux limites de leur non-citoyenneté.

On le savait déjà en 1789 : une révolution n'est pas une simple révolte. Elle suppose une structure qui l'organise. Or, de celle-ci, les femmes sont partout rejetées : exclues du corps du peuple armé (garde nationale française, *vrijcorps* batave, milice américaine), du peuple délibérant (assemblées sectionnaires, *townships*), des comités locaux et des associations politiques. Les rapports de sexes au cours de l'insurrection s'en trouvent donc modifiés : alors qu'elles jouent un rôle moteur lors de soulèvements plus ou moins spontanés, les femmes sont repoussées à la périphérie dès que l'événement est dirigé par les associations révolutionnaires. Dans la guerre civile qui de 1784 à 1787 oppose aux Pays-Bas les orangistes aux patriotes, les femmes apparaissent surtout aux côtés des premiers : serait-ce l'effet de cette fameuse tendance réactionnaire si souvent attribuée à la nature féminine ? En fait, en utilisant des formes anciennes de mobilisation (émeutes, appels à la foule) les orangistes leur laissent la possibilité de jouer leur rôle traditionnel et de se mettre en avant, comme en témoigne Kaat Mussel, vendeuse de moules à la tête de la révolte de Rotterdam en 1784. Les femmes patriotes existent, mais elles sont moins visibles, reléguées dans l'ombre des organisations qui conduisent la révolution. Après 1787, les orangistes se dotent d'une structure politique : lors du second épisode révolutionnaire de 1795, les femmes ne joueront plus le même rôle à leurs côtés[3].

En France, l'insurrection des 1er-4 prairial an III (20-23 mai 1795) est une éloquente illustration du poids des organisations politiques dans la construction des rapports de sexes. Alors que les témoignages caractérisent souvent le 1er prairial par la primauté de l'intervention des femmes, elles sont absentes des récits de la journée du 2 dont les principaux acteurs sont les assemblées sectionnaires et la garde nationale : les femmes sont contraintes d'abandonner le devant de la scène et n'y reviennent que pour déclencher des actions ponctuelles (délivrer un prisonnier, pousser à la résistance). Il y avait place dans l'émeute pour les deux sexes inorganisés ; mais que l'un d'eux se dote d'une structure performante, exclusive bien que censée représenter l'ensemble du peuple souverain dont elle tire sa légitimité, et la nouvelle économie insurrectionnelle ne fonctionne plus sur le même rapport de sexes.

La révolution au quotidien

La participation des femmes aux révolutions de la fin du XVIIIe siècle ne se réduit pas aux seuls fracas insurrectionnels. Leur engagement quotidien varie suivant les traditions et la situation de chaque pays. Le cas français est certainement le plus achevé, celui où les femmes, qui formaient la sans-culotterie féminine, ont investi l'espace politique public et donné à leurs activités un sens national. Leur pratique militante est largement dépendante de leur statut ambigu de citoyennes sans citoyenneté. Certains comportements féminins tendent directement à compenser leur exclusion du corps politique légal, à s'affirmer membres du souverain.

Tribunes, clubs et salons

Ne pouvant prendre part aux délibérations des assemblées politiques, les femmes se pressent nombreuses dans les tribunes ouvertes au public. Les contemporains y ont remarqué leur supériorité numérique et leur ont reproché leur « rage de courir les assemblées ». Pas question pour elles d'y rester muettes. Cris, « boucan », applaudissements du public troublent souvent le cours des débats. C'est là qu'elles acquièrent leur surnom de « tricoteuses » : celles qui, dit-on à la naissance de l'expression (1795), « postées dans les tribunes, influencent de leurs voix enrouées les législateurs assemblés ». La présence des femmes dans les tribunes est pour elles un moyen de s'immiscer dans la sphère politique, concrètement et symboliquement. En effet, ces tribunes ont une fonction politique essentielle dans la mentalité populaire : le contrôle des élus. En prenant place dans une tribune publique, on signifie que l'on fait partie du souverain, on exerce une part de la souveraineté, même si l'on n'en possède pas les attributs.

Malgré cela et malgré l'existence de quelques sociétés populaires mixtes, les femmes ne sont pas membres à part entière des organisations révolutionnaires. Dans une trentaine de villes au moins, certaines se regroupent alors en clubs. Les adhérentes, souvent parentes de notables révolutionnaires, tiennent des séances régulières meublées par la lecture des lois et des journaux, la discussion des problèmes politiques locaux ou nationaux, s'occupent de tâches philanthropiques, défendent le clergé constitutionnel auprès de leurs concitoyennes. Après 1792, ces sociétés se radicalisent et prennent une part active à la vie politique de leur région, le plus souvent aux côtés des Jacobins. A Paris, deux clubs de femmes se succédèrent. La Société patriotique et de bienfaisance des Amies de la vérité (1791-1792) fondée par Etta Palm d'Aelders s'intéressa à l'éducation des petites filles pauvres et réclama le divorce et les droits politiques. Le Club des citoyennes républicaines révolutionnaires (10 mai-30 octobre 1793), composé de militantes populaires (marchandes, couturières, ouvrières) et proche de la sans-culotterie, intervint vigoureusement dans le conflit Gironde-Montagne et dans le débat politique de l'été 1793, avant d'être interdit par la Convention avec tous les clubs de femmes le 30 octobre 1793. Posant dans le rapport introductif à ce décret la question de la distribution sociale et politique des rôles entre les sexes, le député Amar y apporte une réponse péremptoire : « Il n'est pas possible que les femmes exercent les droits politiques. » Condamnation sans appel qui ne les empêcha pas de continuer à tenir un rôle politique, dans la rue, les tribunes, les conciliabules organisés contre le pouvoir en 1795, les insurrections, etc.

La pratique militante en temps de révolution est bien souvent héritière de la pratique sociale. Le paysage des quartiers populaires était marqué au XVIIIe siècle par une très prégnante sociabilité féminine : les femmes se réunissaient pour bavarder et échanger des nouvelles (ou des coups !), traçant ainsi les contours d'un monde de femmes, relativement autonome par rapport à celui des hommes. Pendant la Révolution, ces rencontres prennent une coloration politique : les blanchisseuses qui se retrouvent au cabaret après leur journée de travail y déchiffrent ensemble les discours des orateurs révolutionnaires. Des voisines qui ont sorti leurs chaises sur le pas de leur porte pour savourer la douceur d'une soirée estivale en viennent aux mains, car l'une défend les Girondins et l'autre les Montagnards. Plutôt qu'avec son mari, c'est d'ailleurs fréquemment avec sa voisine que l'on partage sa vie politique, avec elle que l'on se rend bras dessus bras dessous, devisant gaiement ou « férocement », dans les tribunes des assemblées. Les nombreux couples de militants sont loin de toujours œuvrer de concert. Cette situation, amplifiée par la guerre, est la traduction dans le domaine politique des rapports sociaux que tissent hommes et femmes. Interrogés sur la conduite politique de leur conjoint, des époux répondent que « cela ne les regarde pas ». Les hommes ajoutent parfois avec dédain qu'ils font peu de cas des « histoires de femmes ». Quant à elles, leurs propos laissent percer un certain souci d'indépendance : leurs affaires sont leurs affaires et les hommes n'ont pas à s'en mêler. Les fréquentes rixes qui opposent dans la rue des citoyennes d'opinions opposées se règlent entre elles, les hommes regardant en spectateurs, sachant très bien que l'on n'attend pas qu'ils s'immiscent dans une bagarre de femmes, qu'elle soit d'ordre privé ou politique. Le partage des tâches dans la famille influe aussi sur la pratique révolutionnaire de chaque sexe. Ainsi, alors que le militant type est un père de famille d'une quarantaine d'années, la militante type est une femme qui n'a pas atteint la trentaine ou a au contraire dépassé la cinquantaine : une femme qui n'a pas plusieurs enfants à élever.

Le militantisme féminin qui prend place sur le théâtre de la vie urbaine est avant tout populaire et parisien. Si l'on quitte la capitale révolutionnaire bruissante à chaque instant d'enthousiasme ou de fureur pour emprunter les poussiéreux chemins de campagne, l'on ne croisera plus ces rassemblements de femmes discutant politique, on ne les apercevra plus par la fenêtre des cabarets enfumés. Les villageoises empruntent des voies moins spectaculaires pour faire connaître leur adhésion révolutionnaire : envois de dons, achat d'un fusil pour la garde nationale, prestation de serment avec les hommes. A moins qu'elles ne se forment en groupes virulents pour protéger leur curé, s'opposer à la descente des cloches ou demander la réouverture des églises.

Quant à la pratique des femmes des milieux dirigeants, elle s'inscrit ailleurs, sur une frontière entre privé et public : leur salon. Espace privé dans la mesure où il fait partie de la maison, où tous ne peuvent se rendre ; espace public dans la mesure où il est lieu de rencontre entre hommes publics. De la même façon qu'ils se retrouvent au Club des jacobins, les députés s'y côtoient et y préparent de façon informelle les séances de l'Assemblée. Le salon, dirigé par une femme (Mme Roland, Mme de Condorcet, pour ne citer qu'elles), est aussi lieu d'échanges politiques entre les sexes. Les hommes politiques de bords opposés peuvent y discuter dans une atmosphère détendue : avant que la coupure entre Girondins et Montagnards ne soit trop brutale, Robespierre fréquentait par exemple celui de Manon Roland, « l'égérie des Girondins ». Son caractère mi-privé mi-public peut l'amener à jouer un rôle stratégique : dans la genèse de la révolution belge de 1789, le salon de la célèbre comtesse d'Yves abrita les contacts entre les guildes et la noblesse, les démocrates et les traditionalistes.

Filer pour la cause commune

Le désir d'engagement des Américaines doit, comme en France, se plier aux possibilités qui leur sont laissées : mais celles-ci sont autres. Héritières du rapport masculin-féminin de la société coloniale, elles mettent en évidence les différences idéologiques et formelles des deux révolutions. Dans l'Amérique du XVIIIe siècle, les femmes n'intervenaient pas dans la vie de la cité ; seule la religion leur offrait un espace d'affirmation publique : particulièrement sensibles au courant méthodiste, elles n'hésitaient pas à s'exprimer dans les réunions, voire à la limite à créer de nouvelles sectes. D'autre part, la rupture révolutionnaire n'a pas eu les mêmes dimensions, populaires et politiques, qu'en France. Les Américaines ne sont donc pas au premier rang des foules, ne forment pas de clubs et n'assistent pas, même en simples spectatrices, aux assemblées politiques qui ne délibèrent pas sous les yeux d'un public possédant un rôle de contrôle.

Dès 1765, un mot d'ordre parcourt les colonies révoltées : « Boycott des marchandises importées d'Angleterre. Fabriquons et achetons américain. » Les Fils de la Liberté en appellent au civisme des femmes qui se trouvent au centre de cette stratégie : qu'elles délaissent les marchands importateurs, ne boivent plus de thé, renoncent aux luxueuses élégances du vieux continent au profit de vêtements, certes plus simples et plus grossiers, mais américains. Et à elles de les fabriquer ! Être Américaine, c'est filer pour la cause patriotique. Seules ou réunies par dizaines dans la maison d'un patriote, le plus souvent pasteur, des femmes filent ainsi, écoutant à l'occasion des sermons ou entonnant des cantiques, dans la tradition, florissante dans l'Amérique coloniale, des groupes féminins de prière. L'importante sociabilité féminine religieuse se charge d'un sens civique. Alors que la pratique militante française s'exprime sur la scène publique dans un langage politique, l'engagement des Américaines se manifeste dans la sphère privée, l'espace public restant masculin. Apprendre à filer, s'habiller américain ou ne plus boire de thé sont des décisions individuelles chargées d'un sens militant, actes civiques donnant à une Américaine la conscience d'être une « Fille de la Liberté » agissant pour la cause commune.

Ce caractère domestique marque également l'une des principales tâches assumées par les femmes durant la guerre d'Indépendance : garder et faire fonctionner tant bien que mal les exploitations familiales désertées par les hommes partis se battre. L'engagement de celles qui soutiennent plus directement la Révolution est avant tout individuel : renseigner les armées patriotes, y servir comme cuisinières ou blanchisseuses, souscrire aux emprunts. Leur seule action collective d'envergure est la collecte de fonds pour les troupes, lancée à Philadelphie en 1780 par des parentes d'hommes politiques organisées dans la *Ladies Association*.

Écrire et dire au féminin

Dans tous les pays traversés par des révolutions, les femmes ont donné leur avis sur la marche des événements. Mais là encore, les différences nationales dans le partage des rôles ou de l'espace entre les deux sexes ont modulé l'expression féminine.

Correspondance, pamphlets et pétitions

Des Américaines, comme Mercy Ottis Warren, Judith Sargent Murray, l'esclave noire Philis Wheatley, etc., choisissent de se faire publiquement entendre. Mais la plupart d'entre elles s'expriment surtout auprès de leurs proches. La correspondance qui s'échange dans les milieux dirigeants tisse un réseau serré où se croisent et s'entrecroisent les lettres écrites à un frère, un père ou un époux député, et celles adressées à une amie elle-même parente de politiciens. Abigail Adams, qui dirige seule la ferme familiale, trouve cependant le temps d'entretenir une correspondance régulière avec son amie M. O. Warren ou avec son mari. Lassée de la description des affaires locales, elle se laisse fréquemment aller à une réflexion politique aux accents parfois féministes. En mars 1776, elle demande à Adams, délégué au Congrès, de ne point oublier les femmes dans le nouveau Code des lois sous peine d'avoir à affronter une rébellion féminine : réclamation qui, si elle nous donne des indications sur l'état d'esprit féminin, ne sera pas portée sur la scène publique et restera individuelle. Individuelles également les pétitions de veuves ou de femmes qui, après avoir soutenu la guerre, se retrouvent dans une situation précaire et souhaitent des dédommagements. Leur style est plus subordonné et implorant qu'exigeant ; les demandes ne concernent pas la politique générale mais des cas matériels particuliers.

En France, la majorité des femmes désireuses de s'exprimer sur la Révolution le font publiquement. Textes imprimés ou manuscrits, discours oraux, tous visent un public plus ou moins large, mais en aucun cas restreint aux seules silhouettes familières de parents ou d'amis. Collective ou individuelle, l'expression s'en tient rarement au cas particulier, absent ou replacé dans une vision plus large englobant le fait révolutionnaire. A partir de 1789, dans des brochures ou des pétitions, des femmes clament à la face de la société révolutionnaire leurs espérances, présentent des propositions de réformes, des revendications, etc. Timides ou radicales, ces *Adresses* sont dictées par la même volonté : ne pas être exclue de la vie politique et, même sans posséder la citoyenneté, apporter sa pierre à la construction de la cité. Rédigés par une ou plusieurs femmes, ces textes parlent parfois au nom du sexe féminin. Ils se veulent et sont politiques par leur contenu (thèmes et langage), leurs destinataires (leurs concitoyen[ne]s, ou plus souvent les législateurs). Leur inscription dans la cité se trouve renforcée par leur circulation. Lecture préalable en est souvent faite dans les organisations révolutionnaires. S'ils sont ensuite imprimés, ils sont criés dans les rues par les marchandes de journaux, achetés par les militantes qui les font connaître autour d'elles. A moins que, comme la solitaire Olympe de Gouges ou la « Démocrate Dubois », qui appelle à l'insurrection au printemps 1795, ces publicistes ne placardent leurs *Avis* sur les murs des maisons : ils sont alors lus en commun, à haute voix, par les passants rassemblés autour de l'affiche.

La pétition est à l'honneur pendant la Révolution. Utilisée par les femmes comme par les hommes, elle est fréquemment collective, réclamant sur un ton parfois menaçant des mesures d'ordre général. Elle est envoyée de province à l'Assemblée ou lue devant les députés si les rédactrices demeurent sur place. La liste en est longue et un volume entier n'y suffirait pas. Arrêtons-nous plutôt sur certaines d'entres elles, révélatrices des chemins empruntés par les femmes pour s'inscrire dans le corps politique. Chemins souvent de traverse, rendant compte de leurs tentatives de surmonter l'inégalité politique entre les sexes. Comment s'affirmer citoyennes lorsque l'on ne possède par les attributs de la citoyenneté ? Quelles portes entrebâillées faut-il enfoncer pour partager la souveraineté ? Telles sont les questions auxquelles certaines démarches féminines tentent de répondre.

Le langage symbolique

Le 6 mars 1792, Pauline Léon lit à la barre de la Législative une pétition signée par plus de 300 Parisiennes réclamant le « droit naturel » de s'organiser en garde nationale. Faire partie de l'organisation armée du peuple souverain est l'un des fondements de la citoyenneté. L'accueil réservé aux pétitionnaires est révélateur de la portée de leur démarche : le président de l'Assemblée leur rappelle la différence des fonctions auxquelles est appelé chaque sexe. « Gardons-nous d'intervertir l'ordre de la nature », assure-t-il, s'appuyant sur l'un des leitmotiv des adversaires de l'égalité politique entre les sexes – le même argument est avancé dans le rapport sur l'interdiction des clubs de femmes. Par cette revendication, récurrente jusqu'en 1793, les militantes se placent dans un espace politique, celui de la revendication des droits du citoyen. Leur volonté d'être armées ne se réduit pas à un sentiment patriotique, comme c'est le cas pour la centaine de femmes soldats engagées individuellement dans l'armée : elle le dépasse pour s'inscrire dans une problématique du pouvoir, de la citoyenneté et de l'égalité des droits entre les sexes.

La Constitution votée le 24 juin 1793 par la Convention fut ensuite soumise au suffrage universel masculin. Des femmes refusèrent cette construction d'une nation sexuée. Elles se réunirent pour voter, prêter serment et faire connaître aux représentants du peuple (à la nation) leur adhésion à « l'acte constitutionnel ». Sans constituer un mouvement d'une ampleur écrasante, ces adresses féminines sont suffisamment nombreuses pour faire sens. Pas de féminisme affiché : seules deux citoyennes et trois clubs réprouvent l'inégalité politique entre les sexes. Pourtant, cette vague de pétitions ne reflète pas seulement le soutien apporté par les militantes aux Montagnards. En se réunissant et en informant la Convention de leur assentiment, elles transforment un acte privé – l'adhésion à la Constitution d'un individu exclu du droit politique – en un acte public dont les auteurs, des citoyennes, s'inscrivent dans le corps politique. Leur insistance à informer solennellement les législateurs que, même si « la loi les prive du droit précieux de voter », elles aussi ratifient la Constitution « présentée à la sanction du peuple souverain » marque leur désir d'exercer la souveraineté populaire en dépit de la masculinisation du corps électoral.

Autre exemple du poids des représentations collectives dans les rapports de sexes : la « guerre des cocardes ». En septembre 1793, la sans-culotterie féminine lance une campagne pour obtenir une loi obligeant toutes les femmes à porter la cocarde tricolore. Avant d'être présentée à la Convention, une pétition rédigée par les citoyennes d'une société mixte est lue et approuvée dans les assemblées sectionnaires et les clubs – celui des Cordeliers reconnaissant que « les citoyennes qui partagent nos travaux doivent également partager cet avantage ». Dans les rues et les marchés s'opposent violemment les femmes favorables au port obligatoire et celles qui le refusent. Inquiète de l'ampleur de l'agitation, la Convention cède le 21 septembre. Or, dès juillet 1789 la cocarde a été l'une des désinences symboliques de la citoyenneté : obliger les femmes à la porter, c'est les considérer comme des citoyennes. Pendant l'été 1793, les militantes ont acquis un poids croissant dans la sans-culotterie ; dans le même temps, de plus en plus de femmes, et d'hommes, s'interrogent sur l'inégalité politique persistant dans un « État où la loi consacre l'égalité ». Dans un tel contexte, le décret du 21 septembre en apparaît comme une première remise en cause. Comme le disent les Cordeliers, la question est bien celle du partage. Dans l'immédiat : d'un des symboles de la citoyenneté. A terme : du pouvoir ? Les réflexions suscitées par le décret laissent penser qu'une majorité d'hommes l'appréhenda en ces termes. Après la cocarde les femmes demanderaient le bonnet rouge, les armes, le droit de vote. Des propos de cabaret au discours du député Fabre d'Églantine sourd la même peur : celle d'une société déstabilisée par une confusion des sexes entraînant immanquablement le chaos. Avec l'égalité des droits, les femmes deviendraient des hommes aux cheveux courts, portant pantalons et fumant gaillardement la pipe. Le pouvoir peut-il d'ailleurs se partager entre les sexes ? Pour certains, cela est proprement impensable, inimaginable. Ils ne peuvent concevoir, avec une frayeur bien compréhensible, qu'un échange des rôles (« intervertir l'ordre de la nature », « troquer son sexe ») : si elles obtenaient gain de cause, les femmes égorgeraient leurs compagnons et laisseraient régner parmi elles « une Catherine de Médicis qui enchaînerait les hommes ». Vision apocalyptique de femmes s'armant pour assassiner les hommes au cours d'une Saint-Barthélemy sexuelle avec laquelle les clients d'un cabaret jouent à se faire peur après le décret sur la cocarde. Elle revient périodiquement et met en évidence l'importance du symbolique, de l'imaginaire dans la construction des rapports politiques entre les sexes lors d'une période de radicale remise en cause. En se battant pour un petit bout de chiffon tricolore à accrocher à leur bonnet, les militantes ne sacrifiaient point à la question « bien féminine » de la mode : elles tentaient de bouleverser les données sexuelles à l'intérieur du politique.

Un nouveau rapport des sexes

Lettres, articles, brochures ou discours dessinent par petites touches le portrait d'une femme mythique habillée par les rêves de celles qui souhaitent que la coupure définissant un avant et un après, un ancien et un nouveau, s'imprime aussi sur leur place dans la société et leurs relations avec les hommes.

Des Pénélopes américaines

« I expect to see our young women forming a new era in female history », écrit Judith Sargent Murray en 1798. Comme la jeune république des États-Unis d'Amérique, la républicaine est née de la guerre civile qui a bouleversé les règles, brutalisé les existences et fait voler en éclats l'insouciance légère de femmes confrontées à la nécessité d'assurer la survie de familles détruites par le départ des hommes. Judith Sargent, figure de la dissidence religieuse, appartient à cette « génération de survivantes[4] » qui ont pris conscience dans la tourmente de leur force et de leur valeur d'individus. C'est à la lumière de son expérience personnelle qu'elle crée son modèle de nouvelle femme américaine, prénommée Pénélope, du nom de celle qui dut subvenir à ses besoins et préserver le foyer durant la longue absence de son époux. Par ses essais journalistiques publiés dans les années 1790, elle veut convaincre de la capacité intellectuelle des femmes et de la nécessité d'une éducation les préparant à un monde régi par de brusques retournements de fortune. Pénélope est donc une jeune fille pragmatique, méprisant la mode et la frivolité. Elle ne construit pas sa personnalité en fonction d'un futur époux : plutôt que de rêver dans un lit douillet au Prince Charmant et cultiver les artifices de la séduction physique, elle préfère se lever avec le soleil et consacrer sa journée à l'étude, source de plaisir et d'indépendance. Ainsi sera-t-elle prête à affronter tout mauvais coup du sort et son mariage n'en sera que plus harmonieux. Vécus différemment par les deux sexes, la guerre et ses déboires ont renforcé l'attachement féminin à des qualités caractéristiques de l'éthique protestante : cultiver ses propres talents, entretenir sa « noble ardeur d'indépendance » et se respecter soi-même. La certitude que seules de telles *Penelopes* peuvent survivre dans des circonstances troublées se retrouve dans plusieurs œuvres littéraires. Les héroïnes de M. O. Warren (*The Ladies of Castille*, 1790) et C. Brown (*Ormond*, 1799) se ressemblent : ignorantes et uniquement préoccupées de leurs amours, elles sont conduites au suicide par une adversité qu'elles sont incapables de maîtriser ; instruites, fières, fortes, « self-respect » et « self-reliant », elles sortent grandies des malheurs qu'elles traversent. Voilà les femmes dont l'Amérique a besoin.

Mais attention : elle en a besoin chez elles, dans leurs familles. Car là est leur place, que nul(le) ne prétend changer. Le modèle républicain de la femme est celui d'une mère. Ses compétences, la force qu'elle tire du respect de sa propre personne sont placées au service de sa famille, elles ne s'étendent pas aux décisions publiques. La mère républicaine n'en a pas moins son rôle à jouer dans la cité. En élevant ses fils en bons citoyens, elle « renforce l'ordre civique dans lequel elle vit[5] ». Absente de la scène politique, elle y possède cependant une responsabilité, même si celle-ci ne s'échappe pas du cercle domestique. Sans revendiquer une fonction publique, les Américaines rappellent aux hommes qui les tiendraient pour quantité négligeable que la rupture révolutionnaire a donné un sens nouveau à leur rôle familial. Elles font pénétrer le politique dans le privé, donnent une essence civique à une fonction domestique.

Une autre tâche est réservée aux femmes dans la construction du pays : veiller à sa vertu et sa moralité, qui lui ont permis de gagner la guerre et sans lesquelles la République ne peut survivre. Morale et vertu sont ici des qualités privées, individuelles et religieuses, dont chacun répond devant Dieu, et non les qualités politiques s'exerçant publiquement et rendant chaque individu responsable devant la communauté humaine, telles qu'elles sont comprises dans la France révolutionnaire. Cette fonction essentielle dans une société fondée par des puritains est incluse dans le modèle de la mère républicaine : sa vertu est un constant rappel pour son mari et ses fils de cette dimension du bon citoyen américain. La conception des rôles est plus radicale dans le pamphlet *Women Invited to War*[6]. Débutant comme un écrit politique, ce texte prend très rapidement un style religieux pour affirmer que le principal ennemi de la jeune nation reste Satan. Aux femmes, moins enclines au péché (boire, jurer) que les hommes, de lui faire la guerre. Le combat civique des hommes est politique, public : ils construisent les cadres de la cité et assurent le fonctionnement des institutions. Celui des femmes est spirituel, livré dans le monde privé : sauver l'âme de la cité en priant pour les péchés de la communauté, en purifiant leur conduite et en invitant les hommes à faire de même. Cet écrit prend une résonance féministe religieuse quand il affirme qu'hommes et femmes sont égaux dans le Christ et qu'Ève n'a pas été créée pour être foulée aux pieds. Alors que pendant la révolution les Américaines n'avaient pas formé de clubs politiques, dans l'après-guerre elles créent des associations structurées, souvent liées aux Églises et destinées à soulager les veuves et les orphelins. Ces groupes, où naît une pratique collective publique, posent les bases des mouvements abolitionnistes puis féministes du XIXe siècle. C'est d'ailleurs au nom de leurs responsabilités religieuse et morale dans la cité que les Américaines justifieront alors leurs interventions politiques.

Des citoyennes

La « mère républicaine » est également l'idéal que la société française réserve aux femmes : à elles d'élever leurs enfants pour en faire de bons républicains en leur inculquant l'amour de la liberté et de l'égalité. Elles peuvent donc, sans participer aux discussions, assister aux assemblées politiques pour y apprendre les principes révolutionnaires. Ni entièrement au-dedans ni entièrement au-dehors, elles sont pensées à la périphérie, citoyennes sans droits politiques que l'on ne sait trop où placer. Des femmes jouent sur ce flou conceptuel pour justifier leurs activités politiques. La division des rôles sexuels n'est pas rejetée, mais le partage politique des tâches se veut moins strict : les femmes sont bien appelées à assurer les fonctions familiales, mais en tant que citoyennes elles doivent les dépasser pour s'occuper du bonheur commun. En avril 1793, le député Guyomar écrit : la femme « s'occupe des affaires du dedans, tandis que l'homme fait les affaires du dehors... Mais la grande famille doit l'emporter sur la petite famille de chaque particulier, sinon l'intérêt privé saperait bientôt l'intérêt général ». La conception révolutionnaire du particulier subordonné au général sert de fondement à l'affirmation qu'engagement et droits politiques doivent être, dans la nouvelle société, ceux des deux sexes. Les femmes sont donc définies comme des membres de la communauté, humaine, sociale, politique. Pour démontrer la nécessité des clubs de femmes, la présidente de celui de Dijon assure ainsi que dans une République « chaque individu forme partie intégrante du tout » et doit coopérer à « la chose publique ».

La République induit une nouvelle approche des relations individuelles entre des hommes et des femmes devenus différents. Sur ce point, les aspirations des Françaises ressemblent à celles des Américaines : le temps est passé où la femme était « avilie et dégradée par un culte faux et frivole », bien digne des « cours des despotes ». Elles jettent aux orties rubans et bijoux, signes de leur asservissement, et surtout de celui de tout un peuple. Les efforts autrefois développés pour séduire le sexe opposé ne vont pas tant, comme en Amérique, viser désormais à affirmer leurs qualités personnelles qu'à concourir activement à « la chose publique ». Ici encore, les Françaises se pensent à l'intérieur d'un ensemble plutôt que comme individualités. Est ainsi créée la fiction de la « femme libre », membre d'un « peuple libre », mue par l'intérêt général et qui participe par son action à la conquête de la liberté commune. A la « femme libre » s'oppose la « femme esclave », membre d'un « peuple esclave » (sans droits), destinée aux seuls agréments d'hommes eux-mêmes « esclaves ». Il n'est pas question de « troquer son sexe » mais de développer l'éventail de ses qualités humaines, d'évoluer dans un espace ouvert à tous les individus. L'image de la « femme libre » permet de plus de jouer sur un paradoxe : femmes d'un peuple « libre », mais soumises au « despotisme » masculin. Despotisme mis en parallèle avec celui exercé sous l'Ancien Régime par le roi et les aristocrates contre le peuple. Les Américaines utilisent la même rhétorique pour rejeter la tyrannie à laquelle un mari peut soumettre sa femme comme l'a fait l'Angleterre avec ses colonies. Mais « l'esclavage » mis en cause par les Françaises n'est pas seulement privé, il est aussi politique : tant que les femmes ne jouiront pas de l'intégralité des droits du citoyen, elles seront « esclaves ». Et « partout où les femmes seront esclaves, les hommes seront courbés sous le despotisme » (club de femmes de Dijon). Pensée en fonction de la réciprocité, la question de l'oppression masculine est liée à celle de la liberté de l'ensemble de l'humanité et toujours comprise comme un des points essentiels de la forme politique de la société : démocratie pour tous ou despotisme pour tous.

Place, rôle et imaginaire des femmes ne sont donc pas exactement les mêmes des deux côtés de l'Atlantique, ce qui montre avec éclat que les rapports des sexes sont reflets de la société. Mais dans les deux cas, pour ceux qui s'y sont intéressés, la question fait partie intégrante de la construction de la cité.

L'indépendance des individus est au centre de l'idéologie américaine. La cité est pensée comme leur addition et non leur fusion au sein de la collectivité : la force de chaque personnalité assure celle de la République, mais permet aussi de réussir au mieux sa propre vie, matériellement et spirituellement *(self-reliant, self-respect).* Traditionnellement exclues de la sphère publique, les femmes prennent conscience dans la guerre de leur capacité individuelle. Et c'est en s'appuyant sur leur rôle, défini pendant cette période de rupture, de garant de la vertu et de la moralité américaine que leurs descendantes interviendront dans la vie politique.

A la différence des Américains, les révolutionnaires français appréhendent le pouvoir en termes « d'appropriation collective[7] ». Rien d'étonnant alors que les femmes se conçoivent avant tout non comme des individualités séparées mais comme des membres d'une communauté dans laquelle le général doit l'emporter sur le particulier. Schème de pensée propre à leur pays, c'est aussi pour elles moyen de le faire fonctionner à leur profit. Actives sur la scène publique au XVIIIe siècle, elles ne la désertent pas lorsqu'elle devient politique. On leur refusait la citoyenneté, elles furent cependant appelées citoyennes. Cette contradiction langagière, engendrée par un rapport de sexes portant atteinte aux principes fondateurs, révèle l'essence et l'originalité de la Révolution française : il était impossible, alors que la nation était affirmée souveraine, de leur donner un autre titre. Et c'est bien comme à un acte fondateur de démocratie que les féministes du XIXe siècle se référeront à l'épisode révolutionnaire.

2

RÉVOLUTION FRANÇAISE

LE TOURNANT

ÉLISABETH
G. SLEDZIEWSKI

On a beaucoup dit que les femmes n'avaient rien gagné à la Révolution. Soit parce que celle-ci n'avait rien changé à leur condition, soit au contraire parce qu'elle l'avait changée, mais dans le mauvais sens. Ces deux points de vue convergents et antagonistes négligent l'un comme l'autre l'importance du bouleversement révolutionnaire. Bouleversement trop profond et trop général pour que tous les secteurs, tous les acteurs de la société n'en soient pas affectés. Bouleversement trop fécond pour n'être pas, malgré ses ravages, prometteur.

On considérera donc la Révolution française comme une mutation décisive dans l'histoire des femmes. D'abord, tout simplement, parce qu'elle l'a été dans l'histoire des hommes – ceux de l'autre sexe, et les êtres humains dans leur ensemble. Également, parce que cette mutation a été l'occasion d'une remise en cause sans précédent des rapports entre les sexes. La condition des femmes n'a pas seulement changé parce que tout changeait alors, et que la tempête révolutionnaire ne devait rien laisser à sa place. Plus profondément, la condition des femmes a changé parce que la Révolution a posé la question des femmes, et l'a inscrite au cœur même de son interrogation *politique* sur la société.

La grande nouveauté est là. Ceux qui font la Révolution, ou qui d'ailleurs la combattent, ou encore qui l'observent, en France comme à l'étranger, ne peuvent concevoir la cité révolutionnée, ni même l'acte révolutionnaire, sans y définir le rôle des femmes. Indice certain que la mutation est de grande ampleur, et que c'est vraiment toute une civilisation qui est ébranlée, jusque dans ses fondements domestiques : la Révolution française s'inquiète du rapport des sexes comme l'ont fait avant elle le christianisme naissant, la Réforme, le rationalisme d'État. Mais voilà cette fois que des questions inédites sont mises à l'ordre du jour, comme celle de la place des femmes dans la cité, et non plus simplement dans l'ordre domestique. La Révolution française est le moment historique de la découverte par la civilisation occidentale que les femmes peuvent avoir une place dans la cité. Ni les Lumières européennes ni la révolution américaine n'ont eu l'occasion de politiser ainsi la vieille question des femmes, en découvrant qu'elle ne regardait pas seulement les mœurs.

Mais pourquoi une telle découverte à ce moment-là ? Qu'est-ce qui, dans la Révolution française, fait que le verrouillage sexiste du politique est remis en question ? Sous quelle forme l'est-il ? Et bien sûr, qu'en résulte-t-il ?

Car cette interrogation révolutionnaire sur la place des femmes dans la cité n'a pas forcément débouché, tant s'en faut, sur des solutions révolutionnaires. Découvrir que les femmes peuvent avoir une place ne signifie pas la leur donner. Il se pourrait même que le seul fait de poser une question aussi scandaleuse ait suscité chez ceux-là même qui la posaient des réactions plutôt que des réponses, et donc un discours réactionnaire sur la femme, là où l'on aurait attendu des innovations.

Il faut donc souligner à la fois l'audace de la Révolution, et sa démission historique. Elle a refusé d'affronter la question du rapport des sexes dans la cité, comme si elle s'était effrayée de l'avoir mise à l'ordre du jour. Mais il ne faut pas oublier qu'elle l'a mise à l'ordre du jour.

Il y a des femmes dans la cité

Pour tous ses adversaires, contemporains et rétrospectifs, la Révolution est particulièrement coupable d'avoir introduit le vice au cœur même de l'ordre social, en émancipant les femmes. Depuis l'image des tricoteuses et autres furies de guillotine, jusqu'à celle de la citoyenne qui divorce, porte les armes, débat ou écrit, les fantasmes de la subversion par les femmes se sont donné libre cours dans le discours contre-révolutionnaire. Comme si, en somme, cette irruption du sexe faible dans des lieux et dans des rôles indus résumait la promotion de tous les faibles. Comme si cette capacité attribuée aux femmes suffisait à dire que le monde est à l'envers.

Subversives

Le théoricien monarchiste Bonald, justement, fait grief aux révolutionnaires d'avoir ruiné la « société naturelle », où la femme « est sujet, et l'homme est pouvoir ». Les deux termes sont ici entendus comme des contraires, et la femme « sujet » est un être assujetti à autrui, incapable de se comporter en sujet autonome de ses actes, et donc en sujet de droit. Tout reste donc en ordre, selon Bonald,

> « tant que l'homme, pouvoir de cette société, reste à la place que la nature de cette société lui assigne ; si la faiblesse l'en fait descendre, s'il obéit à celle à qui il doit commander, il désobéit lui-même à celui à qui il doit obéir ».

Autrement dit, l'homme qui lâche la bride à la femme manque à ses devoirs naturels envers Dieu et envers le roi. Mais il y a pis : il donne le signal de la subversion généralisée.

> « Quelle leçon donnent à l'univers les suites déplorables de la faiblesse du pouvoir et de l'orgueil du sujet ! C'est en faisant briller aux yeux de la partie la plus faible de la société les lueurs trompeuses de la liberté et de l'égalité, qu'un génie malfaisant la soulève contre l'autorité légitime[1]. »

Les choses sont donc claires pour Bonald : la Révolution n'aurait pas été aussi révolutionnaire si les femmes en avaient été tenues à l'écart.

Même raisonnement chez l'Anglais Burke, penseur libéral, député travailliste, et non moins farouche ennemi de la Révolution. Cette dernière, écrit-il en 1796, a institué « un système de mœurs le plus licencieux, le plus dépravé, et en même temps le plus grossier, le plus sauvage et le plus féroce » qui se puisse concevoir. Un système qui affranchit les femmes, notamment. Qui relâche les liens du mariage et qui transgresse les lois immuables du partage sexuel des rôles, au point que même « les prostituées de Londres, qui tiennent magasin d'infamie » le trouveraient honteux. Moyens utilisés par la Révolution pour mieux brouiller les repères civilisateurs : « Faire venir cinq à six cents femmes ivres, demander à la barre de l'Assemblée le sang de leurs enfants », ou bien avilir le mariage au rang de contrat civil, et faciliter le divorce. « Chez les Jacobins, le mélange des sexes est abandonné au hasard », s'indigne Burke. Et de tonner contre la « sale équité » dont se réclame « ce système qui donne aux femmes le droit d'être aussi licencieuses que nous » !

Le mot est admirable, et indique bien le fond du scandale. La Révolution est le seul régime qui ait osé, par une décision politique, revenir sur la hiérarchie des sexes. Même si, comme ses adversaires le supposent, ce ne fut en l'occurrence qu'un stratagème « pour parvenir plus aisément à désorganiser le corps social », elle a imprudemment ouvert aux femmes une créance politique illimitée, dont tous les êtres naturellement destinés à la sujétion vont désormais tirer profit. « On dit que les femmes avaient été trop longtemps sous le joug des maris. Il est inutile de m'étendre, ajoute Burke, sur les suites funestes que peut avoir une loi qui ôte la moitié de notre espèce de dessous la protection de l'autre moitié[2]. » Ces suites ne sont pas seulement funestes pour la paix des ménages. Elles le sont pour tout le corps social.

Femmes civiles

Burke a raison. La Révolution a donné aux femmes l'idée qu'elles n'étaient pas des enfants. Elle leur a reconnu une personnalité civile que leur déniait l'Ancien Régime, et elles sont devenues des êtres humains à part entière, capables de jouir de leurs droits et de les exercer. Comment ? en devenant des individus.

La Déclaration de 1789 reconnaît à chaque individu un droit imprescriptible à « la liberté, la propriété, la sûreté, la résistance à l'oppression[3] ». En conséquence, toute femme est, comme tout homme, libre de ses opinions et de ses choix, assurée de l'intégrité de sa personne et de ses biens. C'est en ce sens que les filles ne sont plus désavantagées dans les partages successoraux. « Est-ce que ma mère ne m'a pas portée dans son sein comme ses autres enfants[4] ? », s'exclame la mère Duchêne en mars 1791, pendant que la Constituante décrète l'égalité des droits aux successions *ab intestat* et s'apprête à abolir le privilège de masculinité. La Constitution de septembre 1791 définit de façon identique pour les femmes et les hommes l'accession à la majorité civile. La femme se voit en outre reconnaître assez de raison et d'indépendance pour être admise à témoigner dans les actes d'état civil et à contracter librement des obligations (1792). Elle accède au partage des biens communaux (1793). Dans le premier projet de Code civil présenté par

Cambacérès à la Convention en 1793, la mère jouit des mêmes prérogatives que le père dans l'exercice de l'autorité parentale.

Mais ce sont surtout les grandes lois de septembre 1792 sur l'état civil et le divorce qui traitent à égalité les deux époux et établissent entre eux la symétrie la plus stricte, dans la procédure comme dans l'énoncé des droits. Le mariage contrat civil, qui horrifie tant Burke, est fondé sur l'idée que les deux contractants sont également responsables, et capables de vérifier par eux-mêmes si les obligations créées par leur accord sont correctement exécutées. Dans le cas contraire, il leur revient de dénoncer le contrat, sans même avoir besoin de passer devant le juge, s'ils parviennent à s'entendre sur... leur désaccord. La loi dispose que le mariage se dissout par le divorce, soit pour simple incompatibilité d'humeur, soit par consentement mutuel, soit, en troisième lieu seulement, pour des motifs déterminés, c'est-à-dire sous forme contentieuse. La société n'intervient dans les discussions du ménage que lorsqu'elles prennent la forme d'un litige insurmontable par les intéressés, et à la requête de ces derniers. Le mariage n'est pas une fin en soi. Il est un moyen du bonheur individuel. S'il cesse de l'être, ou s'il devient un obstacle à ce bonheur, il perd son sens.

Pourquoi ces dispositions législatives sont-elles importantes ? Quel tournant marquent-elles dans l'histoire des femmes ?

On observe tout d'abord, avec l'avènement de la femme civile qui se produit alors, une transformation effective de la condition des Françaises. Celles-ci acquièrent en masse une véritable stature de citoyennes, c'est-à-dire d'individus libres et raisonnables, capables de se gouverner. La conquête des libertés civiles n'inclut certes pas celle des droits civiques, mais elle en est la clef, et rend d'autant plus inacceptable son absence. Ces femmes, devenues des citoyennes, des membres majeurs de la société civile et de l'État de droit, sont logiquement amenées à penser qu'elles ont aussi leur place dans la cité, dans la société politique. Et à faire comme si elles l'avaient, bien sûr. Témoin la spectaculaire entrée en scène des militantes dans le débat public de l'époque révolutionnaire, où le mouvement social et le mouvement politique sont si difficiles à séparer que les ménagères qui revendiquent des mesures économiques et les épouses qui félicitent le législateur d'avoir institué le divorce interviennent aussi politiquement, au vu et au su de tous.

Les antiféministes du siècle suivant n'auront pas tort, en ce sens, de souligner que la Révolution, en déstabilisant le mariage et l'ordre domestique, a ouvert la boîte de Pandore des revendications politiques des femmes. Qui peut choisir son mari et divorcer peut sans doute prétendre, dans la foulée, choisir son gouvernement. La Révolution a donné aux femmes de mauvaises habitudes. C'est ce que déplorent, moins de dix ans après l'état de grâce de 1792-1793, les rédacteurs du Code civil. En contrepoint aux tirades brutalement machistes de Bonaparte, la discussion du Conseil d'État développe le thème obsessionnel du désordre des mœurs féminines, et de la ruine de l'autorité maritale. Ainsi, le 5 vendémiaire an X (27 septembre 1801), Portalis insiste sur le fait que la soumission des épouses et des filles ne doit pas être entendue en termes de sujétion politique, mais en termes de nature. Leur statut social inférieur étant une exigence physique, il ne signifie nullement qu'elles sont opprimées ou privées d'un pouvoir légitime. Au contraire, la société reprend ses droits, et restitue aux femmes une position spécifique dont la Révolution les avait inconsidérément spoliées.

> « Ce n'est donc point dans notre injustice, s'exclame Portalis, mais dans leur vocation naturelle, que les femmes doivent chercher le principe des devoirs plus austères qui leur sont imposés pour leur plus grand avantage et au profit de la société. »

On est loin des députés qui abolissaient le privilège de masculinité, révolutionnaient le mariage et accueillaient les pétitions des citoyennes révolutionnaires. Même si ceux-là n'étaient pas des féministes, eux non plus, du moins pensaient-ils que les femmes avaient quelque chose à gagner à la Révolution, et qu'il était donc normal de les voir s'y engager.

Femmes civiques

Avec la Révolution, commence l'ère du tout-politique. En l'espace de quelques semaines, au printemps 1789, un peuple ignorant des affaires de la cité entreprend de se passionner pour elles. Un voyageur allemand, Joachim Campe, écrivant de Paris à ses compatriotes, s'étonne du « chaleureux intérêt que prennent aux affaires publiques ces gens, dont la plupart ne savent ni lire ni écrire », et décrit les mœurs surprenantes d'une nation où la « participation de tous » semble requise pour discuter de tout : çà et là, lisant ou se faisant lire des affiches, des brochures, des feuilles volantes à quelques sous, se tiennent « des groupes nombreux (...) d'hommes et de femmes les plus divers ». Les femmes sont là aussi, « marchandes de poisson et dames élégantes ». Elles occupent d'emblée, sur l'agora moderne, une place qui n'est pas spécifique – puisqu'elles sont mêlées au peuple citoyen de l'autre sexe –, mais qui est néanmoins bien la leur. Et notre observateur prussien ne s'y trompe guère : à cette école du civisme, un peuple progresse, accroît ses capacités. « Imaginez un peu l'effet de (...) cette participation de tous à la chose publique sur le développement des facultés intellectuelles, sur l'intelligence et la raison[5] ! » Appliquer cette remarque aux femmes, poissardes ou bourgeoises, que la Révolution installe en citoyennes sur la place publique permet de comprendre à la fois pourquoi il s'agit pour elles d'une étape aussi décisive, et pourquoi la réaction contre la femme civique est aussi vive, le désir d'enfermement des femmes aussi inégalé, du temps même de la Révolution. Car passe encore que le peuple devienne intelligent et raisonnable, mais les femmes ? Beaucoup de ceux qui se battent héroïquement pour l'instruction, pour le suffrage universel, pour que le dernier des paysans puisse devenir un citoyen éclairé, refusent catégoriquement de faire bénéficier les femmes de cette promotion, et s'épouvantent à l'idée qu'elle pourrait leur conférer un pouvoir. Car intégrer les citoyennes au corps politique, c'est faire d'elles des décideuses, des sujets actifs de la Révolution, à l'égal des hommes : hypothèse insupportable pour beaucoup à cette époque. En revanche, l'idée que les hommes fassent des lois civiles émancipatrices pour la femme est plus rassurante, puisque cette dernière demeure alors en position d'objet : objet d'une législation progressiste, mais tout de même objet.

L'immense majorité des révolutionnaires et, parmi eux, les Jacobins restent massivement partisans, à quelques exceptions près, du retrait de la femme dans la vie domestique. Plus à gauche encore, vantant en même temps le divorce et les charmes de la femme au foyer, l'agitateur Chaumette stigmatise sans ménagements les clubs politiques féminins, interdits depuis quinze jours :

> « Depuis quand est-il d'usage de voir la femme abandonner les soins pieux de son ménage, le berceau de ses enfants, pour venir sur la place publique dans la tribune aux harangues[6] ? »

Un an et demi plus tôt, le 13 avril 1792, Santerre, brasseur de son état et figure fort populaire du mouvement démocratique, se plaignait dans les mêmes termes du zèle civique des Parisiennes.

> « Les hommes de ce faubourg, dit cet orateur, aiment mieux, en rentrant de leur travail, trouver leur ménage en ordre que de voir revenir leurs femmes d'une assemblée où elles ne gagnent pas toujours un esprit de douceur, de sorte qu'ils ont vu d'un mauvais œil ces assemblées répétées trois fois la semaine... »

Mais c'est au mois de septembre 1791, au temps de la monarchie constitutionnelle et de la modération triomphante, qu'il faut remonter pour découvrir l'inspiration commune de tous ces partisans du *statu quo* sexiste. La France vient de se doter d'un régime visant au bonheur de tous. Même celui des femmes ? Oui, répond Talleyrand, « surtout celui des femmes », à condition « qu'elles n'aspirent point à l'excercice des droits et des fonctions politiques ». Si « en principe abstrait, il paraît impossible d'expliquer » qu'au nom de la liberté et de l'égalité, on voie la « moitié du genre humain exclue par l'autre de toute participation au gouvernement », et toutes ces femmes, révolutionnaires de la première heure, privées de droits civiques, « il est un ordre d'idées dans lequel la question change », assure Talleyrand. Cet ordre est celui de la nature, ou de ce qu'inlassablement invoquent sous ce mot les hommes de la Révolution française, pris de vertige devant les effets d'une émancipation civile des femmes que presque tous ont appelée de leurs vœux. La nature, disent-ils, exige que ces effets restent strictement civils. Elle est là pour rappeler aux citoyennes un peu trop enthousiastes que c'est à leur foyer qu'elles jouiront pleinement et honorablement des bienfaits de la Révolution.

L'avènement de la femme civique semble donc bien à la fois impliqué et exclu par l'avènement révolutionnaire de la femme civile. Impliqué, car, nul ne s'y trompe, ces Françaises enfin parvenues à l'âge adulte aux côtés de leurs époux accèdent pour toujours à la conscience historique, et se savent un rôle à jouer dans la cité. Personne ne songe d'ailleurs à le leur dénier. Reste à savoir quel est ce rôle réservé aux femmes, et si une citoyenneté limitée, sur le plan politique, à l'information et à l'acquiescement, est encore une citoyenneté. En ce sens, l'épanouissement des droits civils de la femme peut être le moyen de rendre acceptable, dans la civilisation des droits de l'homme et du citoyen, sa mise à l'écart du politique. Les citoyennes, dit Talleyrand, doivent être instruites, écoutées, respectées, placées « sous l'empire de la liberté et de l'égalité ». Pour cela, il leur faut affirmer leur personnalité civile. « Au moment où elles renoncent à tout droit politique, elles acquièrent la certitude de voir leurs droits civils s'affermir et même s'accroître[7]. »

Les ilotes de la République

C'est précisément à Talleyrand, en réponse au *Rapport* de septembre 1791, que l'Anglaise Mary Wollstonecraft dédie sa fameuse *Vindication of the Rights of Woman*, parue en 1792. Ce « livre impérissable », comme l'écrira un demi-siècle plus tard Flora Tristan, fait écho à la *Déclaration des droits de la femme et de la citoyenne* rédigée en septembre 1791 par Olympe de Gouges, et à la brochure de Condorcet, *Sur l'admission des femmes au droit de cité*, datée de juillet 1790. Ces trois textes méritent d'être examinés avec une attention particulière. Ils développent trois argumentations différentes en faveur des droits des femmes. Ces plaidoyers convergent dans leur commune invocation des principes de liberté et d'égalité, et dans leur réprobation des institutions qui bafouent ces principes. Mais ils font entendre des préoccupations, au fond, bien distinctes, qui sont autant de positions sur la révolution du rapport des sexes. Car indubitablement, pour ces trois auteurs, c'est aussi le rapport des sexes que la Révolution française doit révolutionner.

Plaidoyers pour la femme

Mais quelles sont les priorités ? S'il fallait caractériser chacune de ces positions exemplaires, on pourrait dire que, pour Condorcet, c'est le statut juridique des femmes ; pour Gouges, leur rôle politique ; pour Wollstonecraft, leur être social. Tous trois s'accordent sur l'urgence d'une formulation explicite des droits de la femme. Ils s'harmonisent en cela à l'ensemble du discours révolutionnaire : tout, dans la Révolution française, ne passe-t-il pas par l'idée qu'il y a des droits à conquérir ? Mais ces droits n'ont pas tout à fait le même sens pour les trois auteurs. Là où Condorcet voit une exigence de la raison politique, et la correction d'une dissymétrie préjudiciable à la géométrie constitutionnelle, Olympe de Gouges voit, elle, l'objet d'une mobilisation historique des femmes, tandis que, selon Mary Wollstonecraft, la revendication des droits est pour le sexe opprimé l'occasion d'une véritable mutation. Le point de vue de Condorcet reste théorique, et ne sera d'ailleurs suivi d'aucune démarche législative spécifiquement destinée à combattre l'exclusion politique des femmes. Le point de vue d'Olympe de Gouges est au contraire celui de l'engagement militant dans une lutte de libération contre la tyrannie des hommes. Le point de vue de Mary Wollstonecraft est plus radicalement, mais aussi de façon plus programmatique, axé sur la dimension culturelle de l'oppression des femmes et de la revendication de leurs droits, à bonne distance du combat politique. Ces trois types d'approche, philosophique, politique et éthique, se retrouvent dans le débat sur les droits des femmes aujourd'hui.

Dans son analyse, publiée le 3 juillet 1790 dans le n° 5 du *Journal de la Société de 1789*, Condorcet pose la question de l'exclusion des femmes du droit de cité, en la traitant comme un cas de figure du problème, plus général, de l'inégalité.

> « Ou aucun individu de l'espèce humaine n'a de véritables droits, ou tous ont les mêmes ; et celui qui vote contre le droit d'un autre, quels que soient sa religion, sa couleur ou son sexe, a dès lors abjuré les siens. »

Le refus d'intégrer les femmes dans la communauté civique ne diffère en rien de l'ostracisme idéologique ou racial, et encourt la même critique : celle des discriminations qui, à la faveur de l'habitude et des préjugés, ont continué à fleurir sans susciter l'émoi de ceux qui travaillaient à faire de l'égalité des droits « le fondement unique des institutions politiques ». Condorcet lui-même n'a-t-il pas été partisan du suffrage censitaire jusqu'en 1789 ?

L'exclusion des femmes est donc un oubli, un retard de la conscience. Si des hommes éclairés ont pu attenter à leurs propres principes « en privant tranquillement la moitié du genre humain » des droits qu'ils reconnaissaient, dans le même temps, à tout être raisonnable, c'est par un défaut de vigilance, au demeurant excusable puisque « chez tous les peuples connus, l'inégalité légale a existé entre les hommes et les femmes », et qu'on ne refait pas le monde en un jour. Mais le philosophe est optimiste. Il n'y a aucune raison pour que l'égalité des droits ne soit pas accordée aux femmes, parce qu'aucun raisonnement ne peut justifier le maintien de l'inégalité. Autrement dit, une position intellectuellement intenable est historiquement condamnée à brève échéance. Désarmante abstraction, qui ferait sourire si l'on ne se souvenait que Condorcet a payé de sa vie son engagement politique ! Il convient en tout cas de souligner que ce discours, à la fois courageux et idéaliste, renferme un paradoxe : il pose explicitement une question que tous les fondateurs de la civilisation des droits de l'homme ont, sans l'ombre d'un remords, refoulée, mais il la pose pour démontrer que cette question ne doit pas être séparée de la problématique générale de l'égalité des droits, et qu'en ce sens il n'y a pas là matière à une doctrine spécifique. Le problème du rapport des sexes sera réglé quand l'égalité des droits ne sera plus un problème. Condorcet, en ne raisonnant ici qu'au niveau des purs concepts, et en méconnaissant la dimension toute particulière du sexisme réel, finit par désamorcer la bombe féministe qu'il a lui-même contribué à apprêter. Ses arguments en faveur des femmes sont surtout des charges contre l'imbécillité de toute discrimination.

> « Pourquoi des êtres exposés à des grossesses, et à des indispositions passagères, ne pourraient-ils exercer des droits dont on n'a jamais imaginé de priver les gens qui ont la goutte tous les hivers, et qui s'enrhument aisément ? »

L'académicien révolutionnaire a tort de ne voir là qu'une question de logique juridique ; mais il a le mérite de poser cette question.

Tout autre est le ton, tout autre est le projet d'Olympe de Gouges. Il ne s'agit plus pour elle de réaménager les nouvelles catégories du droit politique. Il s'agit d'entraîner les femmes à l'assaut des injustices que les hommes s'obstinent à perpétrer, et que la Révolution n'a fait que rendre plus criantes. Femmes contre hommes : la révélation des droits de l'humanité raisonnable fait éclater le scandale de la lutte des sexes, qui a mené le monde, et à quoi l'heure est venue de mettre fin. Contrairement à Condorcet, pour qui le sexisme n'est qu'un avatar de l'inégalité, Olympe de Gouges pense que la tyrannie exercée sur les femmes est la véritable matrice de toutes les formes d'inégalité. Ainsi, la Révolution française n'a pu s'en prendre aux fondements des bastilles qu'elle renversait. Elle a laissé en place le principe même du despotisme. Et comme elle a donné le pouvoir à des hommes, ceux-ci ont utilisé le principe, tout en en combattant les effets, qu'ils ne supportaient plus. Ils ont donc reconduit, et même réactivé la guerre des sexes, alors qu'ils parvenaient à briser leurs fers sociaux et politiques – non sans l'aide des femmes, d'ailleurs. Tant de luttes, tant d'espérances, s'indigne Olympe de Gouges, pour aboutir en fin de compte à un déplacement de la tyrannie, plutôt qu'à sa suppression !

Il faut donc poursuivre le combat révolutionnaire, sur le front de la défense des femmes contre les hommes. Il faut faire de ce nouveau front la suite politique de la Révolution. Et commencer par dénoncer les insuffisances, les inconséquences de cette Révolution.

> « O femmes ! Femmes, quand cesserez-vous d'être aveugles ? Quels sont les avantages que vous avez recueillis dans la Révolution ? Un mépris plus marqué, un dédain plus signalé. Dans les siècles de corruption, vous n'avez régné que sur la faiblesse des hommes. Votre empire est détruit ; que vous reste-t-il donc ? La conviction des injustices de l'homme. La réclamation de votre patrimoine, fondée sur les sages décrets de la nature. »

Un peu comme le fera Marx, cinquante ans plus tard, à propos de l'exploitation de l'homme par l'homme, Olympe de Gouges voit dans la Révolution française la fin des illusions sur l'exploitation de la femme par l'homme, et souligne à la fois la brutalité morale et la salubrité historique de ce passage de l'idylle galante à l'ère du mépris. L'heure est donc à la mobilisation. « Femme, réveille-toi ; le tocsin de la raison se fait entendre dans tout l'univers ; reconnais tes droits. » Et en premier lieu, celui de demander des comptes à l'ennemi. « Homme, es-tu capable d'être juste ? (...) Qui t'a donné le souverain empire d'opprimer mon sexe ? » A vrai dire, cette mise en demeure n'escompte aucune réponse. Comment le despotisme pourrait-il argumenter, puisque seule la force aveugle lui tient lieu de droit ? La réponse, c'est aux citoyennes de la donner. En déclarant les droits de la femme et de la citoyenne, et en en imposant le décret.

Encadrés par des appels au combat contre les hommes, le Préambule et les dix-sept articles de la *Déclaration des droits de la femme et de la citoyenne* reprennent fidèlement le modèle de la Déclaration des droits de l'homme et du citoyen du 26 août 1789. Olympe de Gouges ne fait du reste que transposer aux femmes les avantages de l'État de droit, en insistant sur le caractère bisexué de la communauté civile et politique. Rien de très original, donc, dans ce texte provocateur, si ce n'est, justement, la démarche de provocation qui l'anime. Rappeler que les droits de l'homme se déclinent au féminin, et veiller à ce que cette déclinaison soit effective, c'est dire clairement que l'universalisme des droits est une supercherie, et qu'en feignant de parler au nom de l'humanité tout entière, il parle seulement du sexe masculin. En féminisant explicitement, d'une manière quasi obsessionnelle la Déclaration de 1789, Olympe de Gouges met en échec la politique du mâle, démasque les exclusions implicites et les ambiguïtés ravageuses d'un universalisme au-dessus de tout soupçon. « Le flambeau de la vérité a dissipé tous les nuages de la sottise et de l'usurpation », s'exclame la médiocre poétesse, mais vraie femme des Lumières. Il n'est plus permis désormais de se laisser duper. Mais seule la vigilance politique des femmes peut empêcher les hommes de confisquer la Révolution. Le sens libérateur de cette Révolution, c'est aux femmes qu'il appartient de le dévoiler.

Olympe de Gouges affirme, à l'article X de sa *Déclaration* : « La femme a le droit de monter sur l'échafaud ; elle doit avoir également celui de monter à la tribune. » Deux ans plus tard, elle est elle-même guillotinée, comme girondine, quelques jours avant Mme Roland. Jusqu'au bout son engagement est politique.

Avec Mary Wollstonecraft, le ton change. Chez elle comme chez l'Américain Thomas Paine, l'enthousiasme suscité par la Déclaration de 1789 est moral avant tout, comme l'est aussi le refus des valeurs aristocratiques de la civilisation anglaise. En dépit de son intérêt soutenu pour la Révolution française, dont elle publie une histoire en 1794, ce n'est pas la sphère politique qui constitue à ses yeux le lieu privilégié de l'émancipation des femmes. L'exclusion prononcée contre le sexe féminin par les constituants français est inadmissible : Mary Wollstonecraft ne manque pas de le clamer avec éloquence, interpellant Talleyrand et lui faisant grief de son « inconsistance » et de son « injustice » à avoir toléré une telle lacune dans la nouvelle Constitution. Mais l'incapacité civique dont est frappée la femme n'est qu'un symptôme, en lui-même mineur, d'une tendance beaucoup plus grave : celle qui fait de l'homme le seul véritable représentant du genre humain, « considérant les êtres du sexe féminin comme des femmes plutôt que comme des créatures humaines ». A partir de cette ségrégation se construit toute une civilisation du déni, qui ne cesse de faire comme si la femme n'appartenait pas à la catégorie des êtres raisonnables. Le scandale fondamental est là, dans ce refus d'admettre que l'humanité peut être double, exister sous deux formes sexuées, aussi humaines l'une que l'autre. Et le scandale se poursuit lorsque la société dans son ensemble s'organise autour de l'exigence qu'un seul sexe conserve le monopole de la raison. Toutes les institutions ont dès lors pour fonction d'exclure, de déshumaniser les femmes, de prouver qu'il leur manque l'essentiel.

A Vindication of the Rights of Woman est davantage un livre sur le statut de la différence des sexes dans la société occidentale en mutation, qu'un programme militant. Son objectif principal n'est pas d'obtenir que les femmes deviennent des actrices politiques, à part égale avec les hommes, mais de faire reconnaître leur responsabilité dans la cité. C'est à elles de choisir leur destin, c'est à elles d'assumer, en toute connaissance de cause, leur contribution aux efforts de la communauté. Cette contribution est spécifiquement féminine, en accord avec la nature. Mais même si Mary Wollstonecraft opte pour un partage des rôles, et trouve des accents rousseauistes dans l'exaltation des tâches de la mère au foyer, elle insiste sur la nécessité de fonder en raison l'acceptation par les femmes de se spécialiser dans les soins de la sphère privée. Il y a donc un abîme entre l'esclave domestique, claquemurée aux choses du ménage en croyant que c'est là la rançon de sa bêtise, et la citoyenne éclairée, vaquant aux devoirs d'une maîtresse de maison et d'une mère républicaine. La maternité doit être vécue comme une tâche civique, et non comme l'antithèse de l'instruction ou de l'esprit. C'est du reste ce contresens sur la mission domestique des femmes qui éloigne parfois celles-ci de leur famille. Mais ce sont les hommes qui en sont responsables, puisqu'ils n'ont jamais voulu prendre le risque de confier aux femmes le soin de raisonner sur leur propre vocation, et la lui ont imposée comme un châtiment.

Mary Wollstonecraft peut sembler en retrait sur la position conquérante d'Olympe de Gouges. Car elle ne revendique pour la femme que le droit de comprendre où est sa place, au lieu d'y consentir servilement. La place, en elle-même, ne change pas. Mais le plus important chez cet auteur est son idée que l'émancipation du sexe opprimé ne passe pas par la négation de son identité. Il ne peut y avoir, pour Mary Wollstonecraft, de liberté authentique fondée sur le renoncement des femmes à leur être : c'est-à-dire, à leur qualité de sujet raisonnable *et* sexué. « Qui a fait l'homme seul juge, si la femme partage avec lui le don de la raison ? » : cette question, posée au début de la *Vindication*, est à double détente ; elle met en cause, bien sûr, la tyrannie masculine ; mais elle ouvre aussi l'horizon nouveau d'une raison féminine, d'une manière féminine de juger, bref, d'une alternative *rationaliste* à la logique mâle qui a jusqu'alors dominé la civilisation. C'est pour avoir envisagé cette ouverture que Mary Wollstonecraft est révolutionnaire, et que le mouvement féministe ultérieur lui doit beaucoup.

Plaidoyer pour la démocratie

L'idée que l'humanité est double, et que le mot « homme » ne peut servir de référence à un véritable humanisme politique, en raison de sa sournoise ambiguïté, sous-tend l'analyse faite par le député montagnard Guyomar au printemps 1793. *Le partisan de l'égalité politique entre les individus ou problème très important de l'égalité en droits et de l'inégalité en fait* : tout un programme, dans le titre de cet admirable réquisitoire, qui constitue sans doute la réflexion la plus profonde, et aussi la plus moderne, sur la nécessaire intégration des femmes à la démocratie. Guyomar reprend devant la Convention les principaux arguments déjà avancés par d'autres en faveur des droits civiques des femmes. Son originalité, outre qu'il parle en qualité de député (Condorcet ne l'était pas au moment où il publiait son *Admission des femmes*...), consiste à faire de la participation des citoyennes à la vie politique une condition nécessaire de la démocratie. Leur exclusion, à l'inverse, n'est pas seulement un manquement aux principes de la Déclaration de 1789 et de celle qui se prépare en cette fin avril 1793. C'est la négation même de la démocratie, l'obstruction pure et simple de son fonctionnement. Les femmes, dit Guyomar, sont les « ilotes de la République » : l'existence d'ilotes, ces parias de la société spartiate, étant par définition incompatible avec la démocratie, il est impensable que le peuple qui prétend jeter les fondements de la civilisation démocratique moderne laisse subsister dans ce système une cause aussi sûre de mauvais fonctionnement. L'exclusion des femmes est-elle motivée par leur présence nécessaire dans leurs ménages ? Alors, ironise Guyomar, « il faudrait aussi la prononcer contre tous les hommes dont la présence est aussi nécessaire dans les ateliers ». Et de conclure que dès qu'il y a démocratie, donc dès qu'il y a citoyenneté active, « la grande famille doit l'emporter sur la petite famille ». Pour les femmes comme pour les hommes. Car la démocratie n'est pas seulement l'égalité des droits, prônée par Condorcet, mais plus encore l'efficacité en acte du pouvoir du *démos*, l'exercice le plus dynamique possible de son *kratos*, de toutes ses capacités. Un peuple vraiment efficace en démocratie doit donc être au complet. Il faut « doubler le nombre des enfants de la patrie » en y adjoignant les femmes, et ainsi, « augmenter la masse des lumières dans la cité ».

Le point de vue de Guyomar, on le voit, n'est pas aussi formel que celui de Condorcet. Il ne se place pas non plus sur le terrain de la revendication féministe, comme le font, avant même que l'ère du féminisme ait commencé, les points de vue d'Olympe de Gouges et de Mary Wollstonecraft. Guyomar raisonne en termes de démographie politique ; il conçoit la démocratie comme un combat requérant l'engagement maximum des citoyens, en qualité comme en quantité... et donc celui des citoyennes. Une démocratie hémiplégique n'a pas de sens. Aucun humanisme politique ne peut sérieusement se réclamer d'elle. Il lui interdira même de jouer sur les mots, et de donner à ces femmes qu'elle exclut le titre de citoyennes. « Il faudra désormais les appeler *femmes* ou *filles* de citoyens, jamais *citoyennes*. Ou retranchez le mot, ou accordez la chose. » En fait, l'humanisme politique livrera bataille à cette pseudo-démocratie, et cette bataille fera partie du combat démocratique... qui requerra logiquement la participation des femmes. En ce sens, la fondation, le 10 mai 1793, du Club des citoyennes révolutionnaire est la réponse des femmes au discours de Guyomar le 29 avril.

3

DE LA DESTINATION AU DESTIN

HISTOIRE PHILOSOPHIQUE DE LA DIFFÉRENCE DES SEXES

GENEVIÈVE FRAISSE

Le discours philosophique sur les femmes et sur la différence des sexes est nécessairement à la croisée de l'histoire – ici rupture politique, mutation économique de l'époque moderne – et de l'éternité des questions philosophiques sur la dualité du corps et de l'esprit, le partage entre nature et civilisation, l'équilibre entre le privé et le public. On verra comment ces questions anciennes et traditionnelles se spécifient au XIXe siècle sous la plume des philosophes qui se succèdent entre les dernières années de Kant et les premiers écrits de Freud[1]. Au XIXe siècle, précisément, l'humanité est perçue dans son histoire et cela d'une double manière, par la transformation révolutionnaire et par l'idée d'un devenir de l'espèce humaine. Des structures anciennes entre l'homme et le monde se brisent et, malgré la formidable rigidité des représentations de la femme au XIXe siècle, l'ébranlement est réel et les philosophes le sentent. Ainsi, entre les nécessaires reformulations du rapport entre les sexes induites par les changements historiques et la conscience d'une possible émancipation des femmes, c'est-à-dire d'une remise en cause de l'inégalité des sexes, naît une réflexion philosophique qui énonce quelques certitudes, ou émet quelques grossièretés, mais en même temps accède au registre métaphysique où le même et l'autre prennent la figure de la différence des sexes pour s'interroger.

La remise en cause de l'inégalité des sexes est la conséquence du postulat de l'ère nouvelle, celui qui fonde la liberté de l'individu et l'autonomie du sujet. Hommes et femmes sont des êtres raisonnables, on suppose donc, ou on cherche à nier, qu'ils sont potentiellement des sujets. Or, si on adopte le point de vue du sujet autonome et individuel, on pose de façon nouvelle la question de la relation entre un homme et une femme, entre le corps et l'esprit de chaque sexe. Par là aussi, on réinterroge tant la place de la nature dans le monde humain que l'importance de l'altérité dans le travail de la pensée.

Concrètement parlant, trois thèmes servent de pivots à la représentation d'une femme sujet et permettent aux auteurs de longs développements : d'abord la famille, la famille comprise comme émanation du mariage d'une part et comme cellule première de la société d'autre part ; l'espèce ensuite, dont la perpétuation est conçue comme finalité de la vie humaine, et la propriété enfin, avec ses corollaires, le travail et la liberté.

Dire que la promesse de l'émancipation des femmes, nécessaire conséquence de l'émergence du sujet individuel, travaille les textes des philosophes, tous masculins cela va de soi, il reste à spécifier le champ où se déploient ces questions, celui très précisément de la relation entre deux êtres, deux sujets, hommes et femmes. Où l'on verra que les philosophes se partagent en deux camps : ils poseront *a priori* les relations d'harmonie ou au contraire celles de conflit entre les deux sexes, postuleront la paix ou inversement la guerre entre les sexes. Bien qu'adversaires, tous se demandent cependant comment définir l'amour, lieu des plus hautes jouissances et des pires souffrances. Comme le dit Fichte à propos de la remise en cause de l'inégalité des sexes, la question possède, à l'orée du XIXe siècle, un caractère d'urgence.

D'où la nouveauté et la prolixité des textes de ce siècle sur les femmes et la différence des sexes (ces deux termes se recoupent sans se recouvrir). Passé l'étonnement qu'on espère bien faire partager, les propos qui suivent obéissent à deux contraintes : la première concerne le choix des auteurs, et consiste à privilégier ceux qu'on appelle les « grands » philosophes, contrainte nécessaire compte tenu du nombre de textes relatifs à notre question ; la seconde correspond à un choix thématique en limitant ici la question de la différence des sexes à son contenu réel (la question du sujet femme et de sa relation à l'homme), en évoquant seulement, sinon la perspective serait illimitée, la place et le rôle de cette question dans l'ensemble de chaque philosophie. On s'en tiendra au croisement, un peu simplifié, du politique et de la métaphysique.

La famille, le sujet, et le partage sexué du monde

On pourrait dire que le début du siècle, s'adossant aux écrits des dernières années du XVIIIe siècle post-révolutionnaires, pose avant tout la question du droit ; non pas directement la question du droit des femmes mais plutôt celle du statut, juridique ou non, de la relation entre un homme et une femme (le mariage). Ce n'est donc que secondairement qu'intervient la considération de la femme comme sujet de droit ou comme assujettie à l'homme, comme être libre ou être dépendant. Fichte, Kant et Hegel se partagent les positions du débat.

Fichte désigne clairement la difficulté : contrairement à ce qui se passe dans les autres domaines du droit, on ne peut établir une « déduction du mariage » à partir du fondement du droit naturel, car le mariage n'est pas une « association juridique, comme c'est le cas de l'État », mais « une association naturelle et morale ». S'il mène cependant à bien une déduction dans le cadre d'une doctrine du droit, c'est parce qu'elle est « nécessaire ».

Le mariage est une « union parfaite », reposant sur l'instinct sexuel des deux sexes, et n'a aucune fin en dehors de lui-même ; il fabrique un « lien » entre deux personnes, et c'est tout. Ce lien est amour, et « l'amour est le point où se réunissent de la façon la plus intime la nature et la raison ». C'est ce rapport entre nature et raison qui crée l'espace juridique. La loi n'intervient que lorsque le mariage existe. Antérieurement donc à toute loi, la femme se soumet à l'homme par un acte de liberté.

Par là, Fichte se distingue nettement de la position kantienne, qui lui est contemporaine, et où le mariage est donné comme un « contrat ». C'est dire qu'il n'est pas en l'occurrence seulement le « commerce naturel des sexes », l'expression d'une « simple nature animale » mais qu'il a lieu suivant la loi. La jouissance des organes sexuels de l'homme par la femme et réciproquement n'est acceptable, justement, que par cette réciprocité du rapport de possession juridique ; d'où le contrat. A cela s'ajoute la loi disant que l'homme commande et que la femme obéit.

Hegel quant à lui, quelques années plus tard, dit son « horreur » de la théorie de Kant et pose que le mariage est « un fait moral immédiat » où la vie naturelle se transforme en unité spirituelle, en « amour conscient ». Ni union ni contrat, le mariage est la constitution d'« une personne » à partir de deux consentements. Le mariage est donc avant tout un lien moral. Le droit n'intervient qu'au moment de la décomposition de la famille, personne unique elle aussi, lorsque chacun de ses membres devient une « personne indépendante ». Le mariage se déploie essentiellement dans l'espace de la moralité, il est « une action morale libre et non pas une union immédiate d'individus naturels et de leurs instincts ». Le chef de famille, l'homme, est la personne juridique.

Ces trois positions diffèrent et ne donnent pas la même place à la nature sexuelle, à l'intervention du juridique dans la relation entre un homme et une femme, à la moralité qui se glisse dans ce rapport. Néanmoins, elles se retrouvent dans une identique acception de la dépendance féminine, de son abandon d'elle-même dans le mariage et la famille. En même temps, Kant et Fichte, notamment, tiennent à soutenir leur argumentation d'un énoncé essentiel, celui de l'égale liberté de la femme et de l'homme, de l'égale raison chez les deux sexes. Pour Kant, cette égalité est garantie par la réciprocité de la possession juridique, fondée elle-même sur le consentement de chacun, preuve même de leur liberté. Un être libre est nécessairement un être de raison. Il dit ailleurs, dans l'*Anthropologie*, que c'est l'être de raison, en la femme, qui la voue à son unique tâche de reproductrice de l'espèce. La dépendance conjugale comme la soumission à la vie de l'espèce ne sont alors en rien incompatibles avec la liberté et la raison d'une femme, elles sont donc compatibles avec l'égalité de tous les êtres humains, précisément l'égalité entre l'homme et la femme.

Fichte poursuit la démonstration avec la rigueur de celui qui affronte le problème et ne se contente pas, comme d'autres philosophes, de la régler au passage : la femme affirme (et garde) sa dignité d'être humain en devenant un moyen (celui de satisfaire l'homme), en cessant d'être sa propre fin, ce qu'elle fait en toute liberté. Si cela s'appelle l'amour, « forme sous laquelle l'instinct sexuel se manifeste chez la femme », c'est que, contrairement à l'homme, la femme ne peut s'avouer à elle-même son instinct sexuel ; ce serait renoncer à sa dignité. Cette dignité de la raison impose à la femme de devenir moyen, ce qui est « le moyen de sa propre fin ». On aurait tort de voir là un raisonnement en boucle : c'est par la sexualité, et la sexualité seule, « unique différence », que Fichte « fonde tout ce qui distingue les deux sexes ».

On déduira de tout cela que la dépendance de la femme l'empêche d'être une « personnalité civile » (Kant), et que si elle est « citoyenne » (Fichte y tient), elle confie nécessairement à l'homme la représentation commune de cette citoyenneté. Les deux philosophes tiennent néanmoins compte des célibataires, les filles majeures comme les veuves. Si Fichte leur reconnaît une citoyenneté sans délégation à autrui, il leur refuse l'exercice d'un emploi public. Une existence féminine publique est pire que la participation à la vie de l'État. Avec l'inscription des femmes dans la famille, c'est très exactement l'espace domestique qui leur est donné.

Hegel s'arrête longuement sur ce partage des espaces domestique et public, partage entre deux « rationalités » : l'une tendue vers l'autonomie et l'activité universelle, l'autre prise dans la passivité et l'individualité concrète ; l'une dirigée vers l'État, la science et le travail, l'autre tournée vers la famille et la création de la moralité. Antigone, figure privilégiée par Hegel, exprime cette distribution entre la loi de l'homme et la loi de la femme, la loi manifeste de l'État et la loi éternelle de la piété familiale, la loi humaine et la loi divine. Suivant le moment dialectique, cette distribution est harmonieuse ou conflictuelle ; elle est en tout cas nécessairement un jeu d'interaction entre l'une et l'autre lois, là où se joue le rapport entre la famille et la cité dans le tout de la société, là où se dessine l'émergence de la personne par-delà l'individu contingent.

Quant au rapport d'égalité ou d'inégalité entre les sexes, il appelle les remarques suivantes : la femme peut être fille, épouse et mère, et sœur ; seule cette dernière relation à l'homme (souvenons-nous d'Antigone) est porteuse d'un rapport égal. Dans le partage entre la famille et la cité, seul l'homme circule entre les deux. Ainsi peut-il dissocier en lui-même l'universalité de sa citoyenneté de la singularité de son désir, et profiter ainsi de la réalisation des deux ; là se trouve une liberté, une reconnaissance de soi-même à laquelle la femme n'a pas accès. Elle n'a que l'universalité de sa situation familiale (épouse, mère), sans posséder la singularité de son désir. Enfin, dans la dialectique entre la famille et la cité, cette dernière, sous le nom de communauté, se fonde sur une répression positive de la féminité qui ne saurait pourtant disparaître ; la féminité devient « l'éternelle ironie de la communauté ».

A travers la réflexion sur le partage des espaces entre les hommes et les femmes, on désigne la distinction entre masculin et féminin, la « loi de la séparation des deux sexes », comme dit Fichte, cet enracinement naturel qui lui donne chez certains philosophes une destinée métaphysique. On peut ainsi imaginer comment Hegel utilise philosophiquement la différence des sexes. A partir du rapport sexuel, copulation et reproduction, il élabore un jeu de reconnaissance de soi dans l'autre, de l'homme dans la femme et réciproquement, il travaille la logique de la différence, désigne le sens comme production de l'unité à travers la différence. Toutes les philosophies de la nature, et notamment celle de Schelling, contemporain de Hegel, se fondent sur une pensée de la dualité et de sa résolution dans l'unité, en particulier celle de la tension entre le fini et l'infini. La séparation de la nature en deux sexes rappelle que l'individu (fini) est au service de l'espèce (infinie) ; cette séparation participe d'un questionnement philosophique plus large où elle est à la fois reconnue comme nécessaire à la vie de la nature et perçue comme scandaleuse par le regard idéaliste ; d'où le travail de la dialectique. La métaphysique du XIXe siècle est nourrie des concepts de dualité, relation et unité de pôles opposés, dont la différence des sexes est une des représentations, voire peut-être une métaphore fondamentale.

Dans ces années allemandes, autour de 1800, les romantiques, en particulier Friedrich Schlegel, semblent, face aux philosophes jusqu'ici évoqués, traversés par un vent de liberté. La *Lettre sur la philosophie* de Schlegel, adressée par celui-ci à sa femme Dorothea, comme son roman *Lucinde* paraissent prendre à rebours la pensée normative. La dénonciation des préjugés sur les femmes relatifs au mariage mais aussi à la place de l'esprit chez une femme permet de poser aussi bien la question de la jouissance féminine (celle de la chair comme celle de l'intellect) que celle d'une parité de liberté chez l'un et l'autre sexe. Discours moderne dans les deux cas, qui fait scandale immédiatement et par la suite : le philosophe théologien Schleiermacher défend le propos en souhaitant que la femme soit « indépendante des limites du sexe », en revanche, Kierkegaard attaque encore, quarante ans plus tard, l'immoralisme de ce trait romantique toujours susceptible d'enthousiasmer. Il ne faut pas croire que seule « la réhabilitation de la chair » offusque le philosophe danois. La revendication du caractère poétique de cette démarche romantique est sans doute le danger le plus grave ; Kierkegaard y décèle en effet très bien l'importance donnée à l'échange intellectuel entre les sexes qui brouille le partage entre sensualité et pensée, et rend le mariage immoral et irreligieux.

Que soit contournée la contradiction entre la chair et l'esprit, et que soit souhaité que l'homme et la femme parcourent ensemble « tous les degrés de l'humanité, de la sensualité la plus exubérante jusqu'à la spiritualité la plus spiritualisée » est bien plus grave que l'exaltation de la chair d'un côté et l'enthousiasme pour l'esprit de l'autre. Qu'il soit dit que la parité de l'échange entre un homme et une femme se fait au nom de leur différence sexuelle (donner ou recevoir une forme, faire de la poésie ou de la philosophie) est plus vertigineux que d'affirmer l'identité absolue et égalitaire des sexes. Et enfin, affirmer que « la différence des sexes n'est qu'un caractère extérieur », une « profession innée, naturelle », et qu'il faut jouer avec dans un rapport d'inversion (« seule une douce masculinité, seule une féminité autonome sont justes, vraies, belles ») parachève le scandale.

En France, le scandale arrive par les écrits de Charles Fourier, avec cependant moins de publicité : jusqu'en 1830 ses écrits demeurent confidentiels, voire inconnus. Ils seront ensuite la source de toute théorie libertaire relative aux femmes. La pensée de Fourier est une pensée de la liberté plus que de l'égalité, de l'affranchissement plus que de l'émancipation. Il refuse de partir des droits de l'homme, d'une réalité contractuelle de la société comme d'une protection de l'individu moderne. Car derrière les droits de l'homme se jouent à son avis les choses décisives, l'économie bien sûr, et le droit au travail évidemment. L'« oppression et l'avilissement » des femmes dans la civilisation sont condensés dans l'image du mariage dont Fourier est un critique virulent. Avant même d'entreprendre une dénonciation morale du mariage, des préjugés qui s'y attachent dans les mœurs actuelles, il insiste sur sa réalité mercantile, sur son fondement économique (argent et propriété). En cela Fourier innove profondément, et Marx lui en sera reconnaissant. Au passage, il ne se prive jamais de dénoncer la responsabilité des philosophes « qui ne s'occupent de l'Ordre domestique que pour y resserrer les chaînes du sexe faible ». Les philosophes du droit cités plus haut ne pourraient le démentir ; mais d'autres aussi, comme les Idéologues, tel Cabanis qui développe une théorie scientifique de la différence inégalitaire des sexes (l'influence du physique sur le moral conditionnant étroitement le rôle social de la femme).

L'utopie de Fourier est donc celle de la liberté, liberté de l'individu femme (un quart seulement des femmes est apte à la vie domestique), liberté d'émulation avec l'homme (saine rivalité, dit-il, contrairement à ses contemporains), liberté réalisée dans l'« attraction passionnelle » et l'« association » entre hommes et femmes : où l'on voit que la relation sexuelle ne débouche ni sur un contrat ni sur une union et que, si la nature y est présente, c'est par la spontanéité de la pulsion et non comme fondement de la famille.

L'utopie de Fourier est sociale aussi, puisque le progrès et le bonheur de l'humanité entière se font en relation avec le degré de liberté des femmes. Formule importante pour le siècle : toute la question est de savoir si la modernité se déploiera avec ou sans les femmes. L'ère post-révolutionnaire les exclut, tout en leur désignant cependant la place où les inclure (et là commence l'histoire de l'émancipation des femmes).

D'où les positions contradictoires des philosophes anglais. Jeremy Bentham, philosophe de l'utilitarisme, hésite à définir la citoyenneté des femmes. A partir du moment en effet où l'identité des intérêts des individus paraît plus fondamentale que l'identité des droits de l'homme, le suffrage universel (point nodal de la discussion) n'est pas une évidence : les intérêts de plusieurs peuvent être représentés par une seule personne. La subordination naturelle des femmes est autant une raison de leur refuser que de leur conférer l'égalité politique. Or si Bentham hésite, et témoigne par ailleurs d'une lente adhésion au principe démocratique du suffrage universel, James Mill, plus démocrate au départ que Bentham, écrit dans un article de 1820 que sont exclus du suffrage ceux dont les intérêts sont incontestablement compris dans ceux d'autres individus. L'intérêt de la femme (de l'enfant...) participe de celui de l'homme et ne nécessite pas le droit de vote. Où l'on voit que les pensées de l'utilité et de l'intérêt ont plus de souplesse à dénier l'égalité des sexes que les pensées du droit. Cependant, William Thompson, ami de Bentham et d'Owen, réagit par un *Appeal of One Half of the Human Race, Women, against the Pretensions of the Other Half, Men, to retain them in political, and thence in civil and domestic slavery* (Plaidoyer d'une moitié de la race humaine, les femmes, contre les prétentions de l'autre moitié, les hommes, à les maintenir dans un esclavage politique et par conséquent civil et domestique). L'ère du féminisme commence, avec les utopistes, mais aussi avec le propre fils de James Mill, John Stuart Mill, dont on verra plus loin l'engagement philosophique pour l'égalité des sexes.

L'amour, le conflit et la métaphysique du sexe

Mais avant que les philosophes traitent explicitement de l'émancipation des femmes, éprouvant la nécessité soit de la refuser par la rhétorique de l'humeur ou de l'argument, soit de la soutenir en lui apportant des justifications théoriques, l'époque marque un temps d'arrêt et parle de l'amour, de la séduction et de la chasteté, de la métaphysique de la sexualité et de la dualité des sexes, d'une complémentarité ontologique enracinée dans la vie sociale autant que dans la vie de l'espèce. Cependant, personne n'ignore la question féministe. Schopenhauer, Kierkegaard ou Auguste Comte croient ainsi utile d'écrire quelques lignes sur l'absurdité, l'inanité de la question féministe. Pour eux, le problème est apparemment ailleurs.

Si l'on considère d'abord les personnalités de ces philosophes, on est frappé par la nouveauté de leur intervention dans le champ philosophique, exactement de leur apparition comme individu sexué. En effet, l'élément biographique de leur différend avec les femmes est en général intégré à la lecture de certains de leurs textes ; Schopenhauer se fâche définitivement avec sa mère après la mort du père, Kierkegaard rompt ses fiançailles de façon remarquable. Au-delà de l'aspect anecdotique pourtant, le statut de cette présence du privé dans le philosophique est intéressant : en effet, hors de l'intérêt de ces éléments biographiques pour la compréhension de leur pensée, l'étonnant est que le philosophe existe comme être sexué, plus encore que le philosophe lui-même rende visible sa vie d'être sexué. L'affaire est même exemplaire chez Auguste Comte puisque tour à tour sa femme, Clotilde de Vaux, puis sa servante alimentent d'une manière explicite non seulement son propos sur les femmes, mais l'ensemble de son système philosophique. La relation sexuelle est-elle partie prenante de l'interrogation philosophique ?

Les très nombreux textes de Kierkegaard sur l'amour, les fiançailles, le mariage, la vie conjugale, etc., inclineraient à donner une réponse positive ; de même le fait que les discours sur ces sujets-là ne soient pas tenus du seul point de vue de l'espèce ou de l'humanité entière, mais aussi à partir de la position subjective de l'individu pris singulièrement dans une relation sexuelle. On pourrait nommer cela la dimension existentielle d'une philosophie qui ne sera plus jamais celle de l'absolu hégélien. Quant à Schopenhauer, il est tout à fait conscient de la nouveauté :

> « Au lieu de s'étonner qu'un philosophe aussi fasse sien pour une fois ce thème constant de tous les poètes, on devrait plutôt se montrer surpris de ce qu'un objet qui joue généralement un rôle si remarquable dans la vie humaine, n'ait pour ainsi dire jamais été jusqu'ici pris en considération par les philosophes. »

Voyons leurs positions philosophiques.

Schopenhauer écrit une métaphysique de l'amour. A partir de l'instinct sexuel, l'amour se développe et s'exprime dans la conscience individuelle ; il se déploie entre deux extrêmes, la frivolité de la relation, de l'affaire amoureuse, et l'impératif intérêt de l'espèce, la volonté imperturbable de la nature. Plus exactement, l'amour est le masque de l'instinct sexuel et le stratagème, la ruse de la nature, pour que celle-ci parvienne à ses fins. Et l'individu est la dupe de l'affaire, pris dans l'illusion. Le pessimisme (par ailleurs connu) de Schopenhauer laisse en suspens dans ce texte métaphysique la question de l'individu ; on sait seulement que ce dernier sera sans doute insatisfait. Dans d'autres textes, on voit l'individu, homme ou femme, traité d'une manière différente : si l'homme peut aller au-delà de la volonté de la nature pour accéder à un ascétisme où la chasteté est riche de potentialités, la femme quant à elle n'a été créée que pour la propagation de l'espèce.

La métaphysique de l'amour est cependant bien une réflexion sur la relation entre les deux sexes, sur le rapport de correspondance, de complétude entre l'homme et la femme. En dehors de la ruse de la nature qui perpétue le vouloir-vivre, principe fondamental de la métaphysique schopenhaurienne en général, chaque sexe reçoit en partage une fonction au regard de la transmission : au père le caractère ou la volonté, à la mère l'intellect. On ne manquera pas d'être surpris que le rationnel soit attribué à la femme quand on sait à quel point les philosophes ont l'habitude de mettre en cause la raison des femmes, d'appuyer leur infériorité sur la faiblesse de leur raison. Schopenhauer lui-même le remarque : « Tous les philosophes se sont trompés, en ce qu'ils ont placé le principe métaphysique, ce qui est indestructible, éternel en l'homme dans l'intellect. » En effet, l'intellect, en étant conditionné par le cerveau, naît et meurt avec lui ; la volonté seule est transmissible, telle la volonté de la nature, la volonté de vivre, épargnée par la mort. Ainsi, la philosophie même de l'auteur, pour qui la métaphysique ne se cherche pas dans le ciel des idées mais dans le principe de la vie éternelle par la reproduction, donne à sa pensée sur la différence des sexes un caractère surprenant en accordant à la femme ce que bien d'autres lui refusent.

Pourtant, quand Schopenhauer ne disserte plus sur l'amour, mais sur la différence des sexes, sur la métaphysique de la sexuation du monde, quand il parle des femmes, objet du discours d'un homme, le ton change ; et la misogynie l'emporte. Ainsi, la femme, située entre l'homme et l'enfant, n'a qu'une éphémère beauté, ruse de la nature là encore, pour séduire l'homme et propager l'espèce. Mais elle ne saurait être le beau sexe : il est exclu qu'elle entretienne un lien avec le Beau en soi. Elle est le second sexe sans parité aucune avec le premier ; et sa raison débile vit dans l'immédiateté, entre frivolité et pertinence. Le « germano-christianisme » a fait le mal en mettant la femme en position de « Dame » quand il faudrait lui donner un maître et établir la polygamie... On reviendra sur cette dissociation entre la métaphysique du sexe et l'opinion sur les femmes dont les philosophes postérieurs feront grand usage. En renvoyant la femme à la perpétuation de l'espèce à l'intérieur du langage métaphysique, on enlève à la philosophie du droit son analyse de la différence des sexes. Or, en dépolitisant le problème, certains garde-fous disparaissent, notamment l'affirmation abstraite de l'égalité entre les sexes que le langage du droit utilise aisément ; par là, le discours sans apprêt de la misogynie (éventuellement pétri d'idéologie) se déploie sans entraves.

Kierkegaard centre sa question autour du mariage. De là sa réflexion porte sur l'amour, amour de l'autre, ensuite amour du vrai (et par-delà encore, amour de Dieu), érotisme charnel et érotisme philosophique. Le désir, désir sexué et sexuel, est interrogé, décrit, mis en lumière, avec une insistance remarquable. Si Kierkegaard assume une position subjective à l'intérieur du discours philosophique en transposant sa propre histoire, en mettant en scène d'autres subjectivités (en utilisant aussi de nombreuses signatures pseudonymes), il faut le comprendre d'abord comme la reconnaissance du désir en l'homme. En cela le texte de Kierkegaard est très novateur, dans son énonciation comme dans son objet philosophique.

On a vu qu'il critiquait l'amour romantique prôné dans *Lucinde*, amour fondé sur la sensualité, source d'une fausse éternité, amour trompeur où les femmes enracineront un mauvais désir d'émancipation. Or, si cet amour est dans l'illusion, c'est parce qu'il veut ignorer l'impact fondamental du christianisme dans notre civilisation, à savoir l'inimitié entre la chair et l'esprit. Cette tension entre le sensuel et le spirituel conditionne définitivement notre rapport à l'amour, et il serait vain de l'ignorer. D'où la distinction, dans les longues analyses kierkegaardiennes des fiançailles et du mariage, de trois registres où l'amour peut se déployer : sur le plan esthétique, l'amour est lié à l'instant, sur le plan éthique au temps et sur le plan religieux à l'éternité. Il va de soi que l'homme ne saurait renoncer sans dommage au rapport à l'éternité ; sa finitude ne se supporte qu'au regard de l'infini, paradoxe exprimé concrètement dans le conflit entre la chair et l'esprit. On trouvera donc de l'éternité dans l'esthétique et dans l'éthique (souvent le stade du mariage), et de l'esthétique dans le religieux ; mais ce sera au prix d'innombrables considérations qui font du *Journal du séducteur*, par exemple, un texte excessivement détaillé sur la stratégie amoureuse. Et on ne s'étonnera pas qu'une des solutions pour accéder à la réconciliation entre des pulsions contradictoires soit de choisir la chasteté.

Et la différence entre l'homme et la femme ? Si elle est appréhendée dans un discours sur le désir (à la différence de l'énonciation d'une règle), elle est plus facilement perçue dans sa réalité changeante. Ainsi, la présence de la femme en l'homme, d'une bisexualité dans l'être humain, fait partie du jeu entre les deux sexes ; et de même, il ne saurait y avoir de séduction sans liberté réciproque, de possession de l'autre sans reconnaissance. Cependant, cette dialectique amoureuse ne rompt pas avec la traditionnelle représentation de la femme ; excepté sur un point, la survie de l'espèce. Celle-ci n'est qu'une des finalités du mariage parmi d'autres et la femme par conséquent ne se réduit pas à son rôle de reproductrice. Elle est plutôt « le rêve de l'homme », elle est « la perfection dans l'imperfection », elle est nature, apparence, immédiateté... tout ce qui l'empêche d'être en relation directe avec l'absolu : « La femme explique le fini, l'homme court après l'infini. » Alors dit l'homme, si le serpent de l'émancipation atteignait sa femme,

> « alors mon courage serait brisé, alors la passion de la liberté dans mon âme serait épuisée ; mais je sais bien ce que je ferais, je m'installerais sur la place publique et je pleurerais, je pleurerais comme cet artiste dont l'œuvre avait été détruite et qui ne se rappelait même pas lui-même ce qu'elle représentait ».

La différence des sexes implique l'autre et, comme l'homme est le sujet du discours philosophique, l'objet du discours, l'autre, sera nécessairement la femme.

Ce couple de l'un et de l'autre, de l'homme et de la femme, est donc remis à une place essentielle dans le travail de la pensée métaphysique. Que la pensée du deux, dualisme en l'homme de l'esprit et de la chair, et dualisme hors de l'homme de la nature et de Dieu, s'enracine dans la pensée de la différence sexuelle ne saurait étonner. La dialectique hégélienne le souligne déjà.

Avec Ludwig Feuerbach et Auguste Comte qui tous deux utilisent la différence sexuelle de manière fondamentale dans leur système philosophique respectif, on se trouve pris, peu avant le milieu du XIXe siècle, dans un mouvement de critique de la métaphysique ; et la différence sexuelle est aussi à l'œuvre dans cette critique. Feuerbach est le penseur critique du christianisme, Auguste Comte est le prophète d'une nouvelle religion ; or tous deux se fondent précisément sur le couple de l'homme et de la femme pour mener à bien cette critique.

Dans *l'Essence du christianisme*, Feuerbach oppose l'être humain, nécessairement sexué, à l'homme du chrétien, toujours asexué, castrat, dit-il ; il critique la religion comme une production de l'homme où Dieu n'est que l'image redoublée de l'homme, image où les particularités, notamment la différence sexuelle, ont été supprimées au profit d'un universel vide :

> « La vie célibataire, la vie ascétique en général est la voie directe vers la vie immortelle du ciel, car le ciel n'est autre que la vie absolument subjective, surnaturelle, libérée du genre et du sexe. Au fond de la croyance à l'immortalité personnelle il y a la croyance suivant laquelle la distinction des sexes n'est qu'un épiphénomène extérieur de l'individualité, l'individu étant *en soi* un être asexué *absolu* et accompli pour soi. »

Or, la détermination sexuelle est « un constituant intime, chimique », de l'essence de l'homme. De même, l'être humain n'est rien sans son corps qui est « le fondement, le sujet de la personnalité ».

> « Mais le corps n'est rien, *sans la chair et le sang*... Mais la chair et le sang ne sont rien sans *l'oxygène de la différence sexuelle*. La différence sexuelle n'est pas superficielle ou limitée seulement à certaines parties du corps ; elle traverse *moelle* et *os*... La personnalité se divise *de manière essentielle* en personnalité masculine et féminine. Là où il n'y a pas de Tu, il n'y a pas de Je. »

On mesure l'écart entre le christianisme, apeuré par la différence sexuelle comme par la chair, et la critique de Feuerbach, convaincu de la « vraie différence » et de son corrélat, la complémentarité entre le Je et le Tu, le masculin et le féminin. On imagine aisément que la chasteté, rencontrée précédemment, ne saurait être une vertu pour Feuerbach qui ironise sur le célibat pour quelques-uns, les prêtres, et le mariage, pour tous, de la religion chrétienne : le mariage permet de nier la nature tout en la satisfaisant, et voilà pourquoi « le mystère du péché originel est le mystère du plaisir sexuel. Tous les hommes sont conçus dans le péché parce qu'ils ont été conçus au milieu du plaisir et de la joie des sens ». Seul le mariage permet à un chrétien de supporter cette contradiction. On est loin de la fonction reproductrice de l'amour et du mariage, et si on peut souligner l'importance donnée à la sensualité et à la jouissance, on doit cependant insister sur la complémentarité des deux sexes supposée avec insistance par la pensée de Feuerbach. Il reprend l'opposition habituelle entre le masculin et le féminin, l'actif et le passif, la pensée et l'intuition sensible, mais c'est surtout pour montrer en quoi la différence ne saurait subsister sans s'unir et se compléter en vue d'une harmonie future. La pensée de la dualité sexuelle est prise dans une complétude où la liberté de l'un ou l'autre sexe semble limitée à un jeu très réglé.

Cette pensée du deux complémentaire se retrouve chez Auguste Comte et se déploie à la fois sur le registre social et religieux, la biologie servant impérativement de fondement à la démonstration. Cet appel à la science dans la philosophie du positivisme ne saurait étonner, mais on remarquera cependant que la biologie se constitue effectivement comme science dans les années 1840. En un mot, la biologie affirme définitivement la « hiérarchie des sexes », écrit Comte à Stuart Mill en 1843. Sur fond de cette immuabilité de la nature où l'affect est donné à la femme et l'intellect à l'homme, Auguste Comte fait varier le couple masculin-féminin suivant les étapes de sa pensée ; il est amené à donner plusieurs définitions de la femme, sans que pour autant son système différentiel en soit réellement modifié : « Dans son plan final de société, au lieu d'être traitées comme de grands enfants, elles furent érigées en déesses », dit Stuart Mill au moment où lui-même rédige son livre sur la sujétion des femmes, vingt-cinq ans après son importante correspondance avec Comte, interrompue par un différend sur la question de l'égalité des sexes.

Pour Comte, les femmes sont dans un « état d'enfance radicale », elles appartiennent à la famille, à la vie domestique fondée sur la hiérarchie des sexes ; elles sont non les égales mais les compagnes de l'homme. En effet, outre leurs fonctions maternelles, elles sont la source des sentiments sociaux, elles ont une mission à remplir dans l'avènement du positivisme, celle d'auxiliaires du spirituel ; elles représentent « le sexe affectif ». En cela, elles ne vivent pas seulement enfermées dans l'espace familial puisqu'il leur est donné un rôle dans la future religion. Le positivisme en effet peut être abordé aussi bien par la tête que par le cœur.

La rencontre de Comte avec Clotilde de Vaux, la mort de celle-ci, puis le culte érigé en sa mémoire ne modifient pas fondamentalement cette structure, ils lui donnent en fait une ampleur nouvelle. Le changement s'opère essentiellement dans le langage où la femme, fille, mère et sœur, devient un « ange » pour l'homme, une déesse pour l'humanité. La nouvelle religion qui détrône l'ancienne, le christianisme, met la femme, la vierge-mère, sur le devant de la scène. La pensée de la complémentarité sexuelle peut aussi produire une hypertrophie de la représentation féminine.

Auguste Comte fait intervenir sa vie privée dans ses écrits et il n'est nul besoin d'attendre les interprétations *post-mortem* : les femmes sont au cœur de sa réflexion philosophique. Cela est remarquable non par l'anecdote encore une fois, mais par le statut de ses dires ; lui-même parle de « la liaison fondamentale entre ma vie privée et ma vie publique ». Par-delà la présence de la femme et du féminin dans une philosophie, c'est bien l'union de l'homme et de la femme qui transparaît dans la pensée. On doit le souligner : « L'homme et la femme, voilà l'individu social », a dit Saint-Simon, ouvrant ainsi aux représentations utopistes des socialistes des années 1830 (en particulier les saint-simoniens) comme à celles d'Auguste Comte lui-même, alors son secrétaire. Or ce couple obéit à des représentations aussi réglées que dans les pensées de la dualité sexuelle, et toute modification s'avère impensable : on trouve donc chez Comte l'apologie du mariage, l'interdiction pour les femmes de diriger ou d'exécuter quoi que ce soit dans la vie publique, la satisfaction de leur « salutaire exclusion » de la vie sociale et politique, accessible seulement par une « participation indirecte », la reconnaissance à l'égard de Molière qui sut si bien dire comment il faut limiter l'instruction des femmes, la dénonciation du féminisme naissant comme relevant de « l'émeute » sans avenir.

Autonomie, émancipation et justice

Au milieu du XIXe siècle, on assiste, semble-t-il, à une clarification des enjeux ; l'histoire politique et l'histoire philosophique modifient la problématique. Au lendemain de la Révolution, la réflexion sur les femmes traverse l'espace du droit d'une part et le lieu de la nature d'autre part ; elle se présente ensuite comme un discours sur l'amour, désir humain et transcendance d'un côté, métaphysique de la différence de l'autre côté ; vient alors le retour aux questions de la famille et de la société civile, et à l'immanence en général. La pression sociale et la critique de la religion apparaissent sur le devant de la scène ; les propos sur la reproduction de l'espèce sont mis à distance.

De même, la misogynie des philosophes change de nature ; sans doute parce que l'émancipation des femmes se laisse entrevoir concrètement et que le féminisme, comme mouvement social et politique, devient une réalité publique. Pendant que certains philosophes, Pierre Leroux, Marx ou Stuart Mill, parlent des femmes avec bienveillance, d'autres s'inscrivent dans la tradition de Kant et de Schopenhauer (et de l'idéologie révolutionnaire française), Proudhon notamment, hésitant entre l'exclusion sociale et politique du sexe féminin et sa désignation comme une force maléfique. La mise en question de la métaphysique a des effets ambivalents et contradictoires sur les représentations de la différence sexuelle.

Pierre Leroux, un des théoriciens de l'émancipation, tient un discours double, à la fois sur le droit et sur l'amour, sur l'identité et sur la différence des sexes. Il apparaît comme une charnière entre les utopistes précédents, saint-simoniens et fouriéristes, et les théoriciens de la Révolution future, Marx et Proudhon. Par son appui sur la religion, Leroux est encore un homme du début du siècle ; son appel à la justice le met aux côtés des militants efficaces. Sous le terme d'amour s'organisent vraisemblablement les éléments nouveaux qu'il tente d'apporter dans la discussion.

L'amour n'est pensé ni dans sa réalité sexuelle et reproductrice ni comme une relation de désir et de séduction ; il est défini comme « la justice à son degré le plus divin ». Or la justice en Dieu ne saurait être simple équilibre, elle doit aboutir à un troisième terme, l'amour : Dieu n'est ni homme ni femme comme pouvaient le laisser entendre les saint-simoniens :

> « Dieu ne se manifeste que lorsque le *il* et le *elle*, qui sont virtuellement en lui, sont unis par un troisième principe, l'amour ; et c'est alors, et alors seulement, que les deux principes que vous distinguez se révèlent. Et de même, l'homme et la femme ne se révèlent comme sexes que lorsque l'amour les unit. Avant l'amour et le couple, la femme n'est pas, pour ainsi dire ; car elle n'existe pas en tant que femme, elle n'est qu'une personne humaine. »

Reprenons ces différents points : ce n'est pas la métaphysique du deux mais celle du trois, de la triade, dit Leroux, qui lui semble pertinente. Voilà sa réponse à la question du siècle, celle de la dialectique, du deux se subsumant éventuellement en un troisième terme. Avec la triade, Pierre Leroux peut penser à la fois l'identité et la différence des deux sexes ; et de plus, il peut affirmer la possibilité de l'égalité réelle entre l'homme et la femme. Là se situent la nouveauté et l'intérêt de sa pensée. Il distingue deux sphères du rapport homme-femme, le rapport sexuel et amoureux et la condition sociale des individus femmes ; l'un est marqué par la différence sexuelle, l'autre non. La féminité est une virtualité, particularité comme une autre chez un individu ; la femme la réalise, ou non, et l'exprime éventuellement jusqu'à devenir épouse et mère. On distinguera par conséquent la femme, l'épouse et la personne humaine : la première est marquée par la différence sexuelle dans une classique complémentarité de la relation amoureuse, la seconde manifeste la réalité sociale de ce rapport de complétude tout en respectant pourtant la « parité » entre l'homme et la femme, la troisième ne tient compte que de l'analogie entre les deux sexes qui sont simplement vues comme des personnes.

L'intérêt de ces subtiles distinctions est double : on dénonce les fausses égalités du siècle, aussi bien celle, formelle, du Code civil qui consacre la dépendance de l'épouse que celle, réelle, du saint-simonisme prônant l'amour libre et asservissant par là même les femmes. La véritable égalité est un rapport de justice et l'équité ne naît pas d'abstractions vides. La différence sexuelle et le poids de la traditionnelle servitude des femmes empêchent les affirmations simplistes, exigent ces précisions.

Puisque l'amour est le troisième terme qui transcende la dualité sexuelle, on ne saurait accepter la guerre des sexes telle qu'elle s'exacerbe alors sous la forme de l'« insurrection ». La femme émancipera l'homme et inversement ; tel est l'horizon égalitaire où se déploie la relation entre sexes : égalité sans importance pour l'être sexué femme, mais nécessaire à l'épouse et à la personne humaine.

Max Stirner part en guerre contre le postulat de Pierre Leroux, qu'il décèle aussi chez son compatriote et interlocuteur Feuerbach, à savoir la sacralisation de l'amour, la restauration du divin malgré la critique de Dieu et de la religion, bref un humanisme qui a simplement fait descendre en l'homme les valeurs qui avaient été mises en Dieu. Ainsi en va-t-il notamment de l'amour, de la famille, de l'homme, de la virilité et de la féminité : si l'on pense d'abord l'individu, ce que propose Stirner, alors l'individu est à la fois unique et égoïste, c'est-à-dire défini par soi-même avant de l'être par ces valeurs masculine et féminine.

L'être humain est sexué, mais l'homme ou la femme n'obéit pas toujours à la « vraie virilité » ou à la « vraie féminité » ; la sexuation est une qualité donnée par la nature, ce n'est pas un idéal obligatoire à atteindre ; elle est simplement unique et incomparable en chacun. C'est ce que, dans leur dialogue, Feuerbach ne comprend pas, qui traite le Moi mis en avant par Stirner de « Moi en conséquence asexué ». En revanche, Stirner sait très bien où il va, refusant de prétendues valeurs et privilégiant la volonté unique de l'individu : ni l'espèce ni la famille n'ordonnent l'individu à leur finalité propre ; les êtres s'appartiennent plus qu'ils n'appartiennent à des entités qui les dépassent. Les êtres humains ne forment pas de société, que ce soit celle du mariage, de la famille ou de l'État ; et parce que toute société suscite des rapports de dépendance, Stirner propose l'« association » qui seule permet de lier les individus de manière intéressante.

Cette promotion de l'individu sans dépendance déplace le champ du discours sur la différence des sexes : il y a bien des êtres sexués jusque dans l'exercice de la pensée, mais cela ne se joue pas sur le mode de la complémentarité, de l'assignation à des places ; la représentation de la dualité n'est plus de mise, mais on ne veut pas pour autant de l'homme abstrait de l'humanisme. Ainsi s'explique comment l'interrogation sur la relation entre les sexes change à nouveau de registre et repart d'une autre tradition : celle où entre l'individu et la société, la famille plus que le couple, plus que le mariage, constitue un élément central du problème ; en fait, soit l'individu autonome, soit l'individu faisant société par la famille, servent à la formulation de la question du rapport entre les sexes.

On sait que, dans ses premiers textes, Marx récuse l'essentialisme de Feuerbach et l'individualisme de Max Stirner. Ces derniers, pour Marx, évoluent dans le concept quand il faudrait revenir au fait, au fait social précisément. Le fait de la famille par exemple : la famille de la bourgeoisie n'est pas celle du prolétariat ; la famille critiquée par Stirner est la famille bourgeoise dominante, mais il existe une autre famille, en voie de dissolution par la faute du capitalisme, la famille prolétaire. Or d'autres rapports, moins mercantiles, y sont perceptibles. En effet, dans la famille bourgeoise, la propriété et le commerce sont des éléments moteurs, ce qui concerne aussi bien les femmes (et les enfants) que les biens. Marx salue en Fourier celui qui sut dénoncer le mariage et la famille comme un système de propriété et la femme comme une marchandise.

Pour Marx, la famille est donc toujours une réalité historique. Il l'affirme dès *l'Idéologie allemande*, critiquant Stirner et sa conception abstraite de la famille. La famille évolue avec les époques et il serait absurde de croire qu'il faut l'abolir. Marx se prononce dès ses premiers articles, en 1842, pour la monogamie et le divorce (pas de « sacralisation » de la famille comme chez Hegel) et il réfute à plusieurs reprises le communisme primaire induisant la « communauté des femmes ». En effet, cette communauté existe déjà et a pour nom « prostitution », forme marchande de la circulation des femmes entre les hommes, possesseurs d'elles comme des objets.

Le capitalisme moderne, en dissolvant la famille prolétaire, en mettant les femmes sur le marché du travail (comme productrices par-delà leur fonction de reproductrices), les enlève du lieu de la propriété privée familiale ; en cela, il entame sans le savoir un processus de libération des femmes. En effet, le travail salarié est le premier pas vers une autonomie des femmes que le communisme parachèvera avec la fin de la propriété privée et le changement de système de production. Ainsi l'économie, et non le droit, est au fondement d'une émancipation des femmes comme d'une nouvelle structure familiale.

Dans les *Manuscrits de 1844*, Marx cherche à définir philosophiquement la famille comme premier rapport social et la femme comme l'être naturel permettant à l'homme de créer ce premier rapport social ; ainsi se développe un rapport humain par-delà la relation de nature, ainsi la famille est-elle le passage entre nature et société, l'élément premier de toute société. Dans ce mouvement, la femme devient la première propriété de l'homme (son esclave, comme les enfants). Il est donc logique que dans la société capitaliste elle soit réduite à une marchandise. La femme est originellement un être de nature et devient ensuite un objet marchand : seule l'évolution de la famille et de l'ensemble des rapports sociaux est à même de lui restituer son humanité.

Engels saura reprendre ce thème de l'évolution de la famille, de son origine et de son avenir, quand l'historicité de la représentation de cette cellule sociale sera tout à fait avérée. En ce milieu du XIXe siècle, la famille semble encore malgré tout une essence immuable que seule l'imagination de Fourier peut voir mise à mal. En revanche, là où Fourier innovait aussi, dans l'analyse économique du mariage et de la famille, Marx rend le débat très concret en annonçant que la femme peut cesser d'être un instrument de production (familial et social) pour devenir une travailleuse dans le système de production et un être autonome dans la vie privée.

En effet, le temps n'est pas tout à fait venu d'une histoire de la famille. Proudhon, contemporain de Marx (et son opposant), traite la famille et le mariage comme le lieu même d'une immuabilité des rapports de l'homme et de la femme. En même temps, ce sont des arguments économiques, non seulement métaphysiques, qui servent à réaffirmer l'immobilité de la réalité familiale et du rapport entre les sexes. Il faut donc repartir du lien établi entre famille et société.

Si le but de Proudhon est de faire cesser l'injustice économique et sociale, son premier objectif est de définir le lieu de la justice. Or la justice a pour condition organique le dualisme et le dualisme a pour forme première le couple de l'homme et la femme manifesté dans la famille. On comprendra ainsi le dualisme économique, production d'un côté et consommation de l'autre, et le dualisme du travail lui-même, avec la reproduction (ménage, consommation, épargne) déléguée à la femme, et la production (l'atelier, la production, l'échange) réservée à l'homme.

La famille est le lieu de l'incarnation de la justice, elle n'est pas pour autant la figure première de la société, son microcosme fondamental ; au contraire de Marx et de Bonald (dont il s'inspire fortement malgré leur divergence politique) en effet, Proudhon fait de l'atelier et non de la famille la cellule de base de la société. La famille est alors un lieu hétérogène au reste de la vie sociale. Il y règne une paix fondée sur l'inégalité, une absence de conflit et d'antagonisme fondée sur le respect de la dualité des sexes. Le conflit et la concurrence appartiennent à l'espace économique et politique, et ne peuvent cesser que si la justice prend naissance ailleurs, dans la dualité sexuelle. Le couple est donc une union de deux personnes (surtout pas une association), l'expression d'un seul individu (social) qui pourrait bien être androgyne...

La justice réunit ce qui ne saurait s'opposer, mais sur un mode autre que l'amour, force dangereuse :

> « Changez, modifiez ou intervertissez, par un moyen quelconque, ce rapport des sexes, vous détruisez le mariage dans son essence ; d'une société en prédominance de justice, vous faites une société en prédominance d'amour. »

Contrairement à Pierre Leroux, Proudhon dissocie l'amour et la justice. Et il tisse subtilement des liens entre l'économie et la métaphysique pour consolider sa thèse de l'infériorité du sexe féminin.

On se gardera de procéder comme les commentateurs et de glisser une ou deux remarques sur les femmes de Proudhon (mère, épouse, filles), et on rappellera plutôt qu'il eut de longues polémiques avec les féministes de son temps (Jeanne Deroin, Juliette Lamber, et surtout Jenny d'Héricourt). Car les conséquences de sa théorie de la justice sur sa représentation des femmes sont catastrophiques. « Ménagère ou courtisane (et non pas servante) », telle est l'injonction qui fit fortune dans le mouvement ouvrier français, très antiféministe ; elle est à comprendre de la manière suivante : dans la vie domestique, la ménagère effectue un travail non salarié mais non servile, dans l'espace public la femme est prise dans un réseau marchand, presque marchandise elle-même. En revanche, le dualisme sexuel du couple marital est fondé malgré l'inégalité sur un respect réciproque.

Et pourtant, au lieu de s'en tenir à ce discours sur la complémentarité et l'équivalence des sexes, où le sexe féminin est en général perdant (en égalité et en liberté), mais où une apparence d'équité anime le discours, Proudhon glisse progressivement dans une misogynie en apparence sans limite. La femme est le « complément » de l'homme, apportant sa beauté à la force masculine ; mais la beauté est un arrêt de développement chez la femme, la laissant ainsi du côté des enfants ; elle sera donc une mineure, un être inférieur, la matière qui, selon la thèse aristotélicienne, appelle la forme ; comme la femelle recherche le mâle... Finalement, la femme reste un moyen terme entre l'homme et l'animal, variante de sa place habituelle entre nature et société, mais une variante, ici, lourde de menaces :

« Entre la femme et l'homme, il peut exister amour, passion, lien d'habitude et tout ce qu'on voudra, il n'y a pas véritablement société. L'homme et la femme ne vont pas de compagnie. La différence des sexes élève entre eux une séparation de même nature que celle que la différence des races met entre les animaux. Aussi, bien loin d'applaudir à ce qu'on appelle aujourd'hui émancipation de la femme, inclinerais-je bien plutôt, s'il fallait en venir à cette extrémité, à mettre la femme en réclusion. »

Stuart Mill, nous le savons, est au plus loin de Proudhon. Sa correspondance avec Auguste Comte en témoigne, puisque l'antiféminisme de celui-ci est une cause de leur rupture ; mais d'autres éléments de sa biographie sont également éclairants : il raconte dans son *Autobiographie* comment il fut en désaccord avec son père, soucieux d'exclure les femmes du droit de vote, comment sa rencontre avec Harriet Taylor fut décisive. Ils furent vingt ans intimes avant que la mort du mari de celle-ci rende leur mariage possible ; leur mariage est l'occasion pour Stuart Mill de faire une déclaration où il s'engage à ne pas utiliser les « droits injustes » du mari sur la femme. Mais leur collaboration intellectuelle, surtout, est remarquable : trois textes se succèdent, sur le mariage et le divorce (1832), sur l'affranchissement des femmes (1851), et sur l'assujettissement des femmes (1869). Ils sont écrits par l'un ou l'autre, et toujours sous l'influence de l'un et l'autre, même par-delà la mort. Plus remarquable cependant est ce que Stuart Mill revendique de leur collaboration : moins leur souci partagé de prouver une possible égalité des sexes dans leurs écrits respectifs que la participation de sa femme à l'élaboration globale de son œuvre philosophique (excepté son travail sur la logique) ; bref, une communion intellectuelle telle qu'elle dépasse l'engagement commun pour des idées et agit dans le processus même de la création philosophique.

Malgré l'intérêt et l'importance de la question de la production intellectuelle au regard de la différence des sexes, on s'en tiendra ici aux « idées » sur l'égalité des sexes, notamment celles attribuées à Stuart Mill. On distingue trois registres, celui de l'historicité de la relation entre les sexes, ainsi de leur inégalité actuelle, celui de la politique moderne avec la question du suffrage et de l'autodétermination du citoyen, homme ou femme, celui du droit conjugal, c'est-à-dire du droit de l'individu dans le mariage.

Son désaccord avec Auguste Comte porte sur le premier point : la biologie ne saurait être l'ultime vérité de la relation entre les sexes ; les femmes actuelles sont le produit de l'éducation, éducation par conséquent modifiable. Argument classique (de Condorcet par exemple, après bien d'autres) qui oppose l'histoire des femmes à leur prétendue nature définitive. Seule la tonalité de l'argument change, se fait plus insistante : en usant des mots « assujettissement » et « affranchissement », on analyse la condition des femmes comme celle d'un « esclavage ». Terme commun à Fourier et à Marx, mais qui fait horreur à Auguste Comte et plus tard à Freud (jeune traducteur de quelques textes de Stuart Mill). N'oublions pas que le contraire de l'esclavage, c'est la liberté. Stuart Mill est un philosophe de la liberté. C'est pourquoi il critique son père et son affirmation que l'intérêt d'une femme se confond avec celui de l'homme, seul habilité à participer à la chose publique, notamment par le droit de vote. S'il y a liberté, elle ne se délègue pas et chaque individu en use. La femme aussi bien que l'homme ; en droit politique comme en droit civil, dans la cité comme dans l'espace domestique. Le mariage ne saurait donc annuler le droit de la femme. La fin de l'esclavage annonce la liberté et l'émancipation du sujet. En se consacrant ainsi à la défense de la liberté individuelle, Stuart Mill est au plus loin de nombre de ses contemporains, métaphysiciens de l'amour ou analystes de la famille pensée comme microcosme social. L'amour sexué et la maternité reproductrice n'intéressent guère le philosophe ; il pense l'individu (comme Stirner) et le citoyen. Or ce défenseur de la liberté est aussi logicien : il tient par conséquent à prouver l'égalité, et la tâche lui semble difficile : peut-il en effet y avoir des preuves en matière d'égalité, et notamment d'égalité des sexes ? Rien n'est moins sûr ; et il s'en ouvre au lecteur avec une grande rigueur.

Charles Secrétan, en Suisse, tient un peu plus tard des propos identiques, à partir d'une philosophie morale proche du « Réveil » protestant : « La femme est une personne, car elle a des devoirs. » Bien que la « notion de personnalité » soit encore confuse, elle s'oppose sûrement à l'actuel « esclavage de la femme ». Et l'évidente différence des sexes (jamais niée depuis Condorcet par les théoriciens du droit des femmes) n'est pas un obstacle définitif :

> « L'infériorité cérébrale n'autorise donc pas plus que l'infériorité musculaire à séparer la personnalité juridique de la personnalité morale, pour refuser la première à des êtres élevés par la nature à la seconde. Si la femme est une personne, elle est juridiquement son propre but : la loi doit la traiter comme telle et lui reconnaître des droits. » Si elle est une personne, elle est une citoyenne : « Nous réclamons le suffrage pour la femme, afin qu'elle obtienne enfin justice. »

L'individu, l'histoire de la famille et le mal féminin

Dans la dernière partie du siècle s'affirme ainsi une pensée de l'individu, multiple dans ses manifestations : acteur social, personne morale et politique, homme nietzschéen, sujet psychologique, hommes et femmes deviennent tout cela de façon diverse. La différence des sexes se voit moins comme rapport de complétude, même si le masculin-féminin subsiste comme bipolarité obligée. La question de la famille, si présente dans le siècle, se modifie profondément par l'historicité qu'on lui reconnaît ; les certitudes relatives à l'essence de l'homme et de la femme achèvent d'être détruites, bien que les hommes et les femmes réels soient de plus en plus finement analysés. La psychanalyse opère une rupture considérable, puisque les sexes et la sexualité sont mis au centre d'un système de pensée. Mais, en devenant plus visible, la différence des sexes suscite des interprétations plus fantasmatiques, plus angoissées aussi : les femmes pourraient bien être porteuses du négatif en société, de la décadence par exemple. La misogynie se revêt alors d'une vision du monde violente pour les femmes.

La « destination » qui leur était proposée au début du siècle était plus terne, mais moins ambiguë que le « destin » qu'on leur offre à la veille du XXe siècle.

Paradoxalement, l'affirmation de l'individu s'articule sur une réflexion nouvelle à propos de la famille. On donne à celle-ci une représentation historique qui offre à chacun des sexes une liberté plus grande. Jusqu'alors, le discours sur l'origine de la famille se fondait sur le récit biblique, et la forme patriarcale semblait être immuable. Friedrich Engels le souligne dans *l'Origine de la famille*, où il date l'émergence de cette histoire de la famille de la parution, en 1861, du livre de Bachofen, *Das Mutterrecht*. Donner une histoire à la famille permet une vision alternative, l'imagination d'un moment matriarcal, voire d'une gynécocratie. Cette histoire s'inscrit donc dans la problématique d'un rapport de forces entre les hommes et les femmes.

Mais, plus qu'un terme d'alternative (ce sera l'utilisation postérieure du livre de Bachofen), le matriarcat est une origine, à la fois réelle et mythique, une époque primitive dont triomphera le patriarcat :

> « Précédant le patriarcat, succédant à l'hétaïrisme chaotique, la gynécocratie démétrique occupe donc une position intermédiaire entre l'organisation la plus primitive et l'organisation la plus élevée de la société humaine. »

Le passage de l'un à l'autre est donné par le mythe, *l'Orestie* d'Eschyle, où s'affrontent le droit d'Oreste à tuer sa mère Clytemnestre et le droit de Clytemnestre à tuer son époux Agamemnon ; le droit d'un homme au droit d'une femme. Plus que la gynécocratie, pouvoir des femmes, c'est le matriarcat, ou droit maternel, qui retient l'attention de Bachofen. Le droit plutôt que le pouvoir : la domination des femmes est un passage à la limite, tandis que le droit maternel fondé sur l'évidence de la filiation féminine est simplement la première règle appliquée à un primitif désordre. Le mariage qui lui succède valide la paternité et les femmes y perdent de la considération. Mais, à partir du moment où le droit maternel est inscrit dans l'histoire, le droit des femmes en général (autonomie individuelle et émancipation sociale) peut s'y référer.

Engels ne s'y trompe pas : en relativisant le droit patriarcal, on en ébranle le fondement ; s'il n'existe pas depuis toujours, alors il peut cesser. Évidemment, la vision d'Engels est plus réaliste, plus « matérialiste » que celle de Bachofen à qui il emprunte les « faits » ainsi que les premiers éléments d'interprétation :

> « C'est une des idées les plus absurdes qui nous aient été transmises par le siècle des Lumières que l'idée selon laquelle la femme, à l'origine de la société, a été l'esclave de l'homme. Chez tous les sauvages et tous les barbares du stade inférieur et du stade moyen, et même en partie chez ceux du stade supérieur, la femme a une situation non seulement libre, mais fort considérée. »

Alors commence un progrès dont la linéarité n'empêche pas quelques reculs. Le droit maternel, certes, donne aux femmes une position sociale forte. Mais la division sexuelle du travail entre production et reproduction d'une part, et la volonté de monogamie des femmes d'autre part, détruisent cette situation. Ainsi l'économique et le droit s'entremêlent pour instaurer ce « mariage conjugal » qui signe le passage au patriarcat. Ce dernier allie en effet la certitude de la filiation masculine à la possibilité de transmettre les richesses accumulées par l'homme à sa descendance. On ignore la date de cette révolution, mais ce fut « *la grande défaite historique du sexe féminin* ». Le mariage conjugal n'est donc pas un idéal, il

> « n'entre point dans l'histoire comme la réconciliation de l'homme et de la femme, et bien moins encore comme la forme suprême du mariage. Au contraire : il apparaît comme l'assujettissement d'un sexe par l'autre, comme la proclamation d'un conflit des deux sexes, inconnu jusque-là dans toute la préhistoire ».

Le travail de dissolution de la famille par le capitalisme donne une figure ultime de ce conflit, en même temps que sa résolution possible grâce aux conquêtes juridiques et au travail salarié. Engels reprend les thèses qu'il partageait avec Marx et d'autres socialistes, August Bebel par exemple (*la Femme et le socialisme*, 1883). Il termine sur l'image d'une famille nouvelle créée par la révolution ; il en ignore presque tout, sinon que l'amour sexuel en sera l'essentiel.

L'histoire de la famille et du rapport entre les sexes introduit deux idées importantes : la représentation d'une origine et d'un futur dissemblables et distincts du présent, et la thèse du conflit entre les sexes comme problème à régler. Ainsi, les discours sur la complétude des sexes s'estompent sans doute parce qu'ils ignorent le mouvement entre les désirs et les pouvoirs, la dynamique du rapport entre hommes et femmes. Par ailleurs, les analyses de l'histoire conflictuelle des sexes se diversifient rapidement ; elles croisent en effet les théories nouvelles, celle de l'évolution de l'humanité d'une part, de la sélection naturelle et sexuelle d'autre part. Ni Spencer, philosophe de l'évolutionnisme, ni Darwin, théoricien de *l'Origine des espèces*, n'accordent, semble-t-il, beaucoup d'importance à la question des sexes. Cependant, leurs thèses serviront de passage pour toute une pensée décidée à justifier scientifiquement l'impossible égalité des deux sexes. Un discours ancien, propre notamment aux médecins philosophes du début du siècle, trouve là en effet de quoi démontrer à nouveau que la vocation des femmes à perpétuer l'espèce rend difficile, voire impossible, son accès à des fonctions supérieures. Selon Herbert Spencer, les lois de l'évolution, l'évolutionnisme, consistent à percevoir le mécanisme du progrès, du progrès vers l'équilibre du chiffre de la population et de la quantité de subsistances ; on pourrait dire vers l'équilibre entre la reproduction et la production. Or cette évolution obéit à des règles valables également pour le rapport entre les sexes : il existe un antagonisme entre la genèse, la reproduction, et l'individuation, la réalisation de soi ; de même qu'il existe une contradiction entre la fertilité des femmes et leur activité mentale. D'où l'évidence : la femme, comme toute femme, est prise par son rôle dans l'espèce ; elle ne développera ni son moi ni son cerveau. Dévouée au travail de l'espèce, elle peut cependant s'améliorer : l'éducation lui permettra d'obtenir, un jour, le droit de suffrage. Favorable à l'égalité des sexes au début de sa vie, Spencer, alors pour un temps ami de Stuart Mill, changea pourtant d'avis au regard des mouvements d'émancipation.

Darwin, dans *la Descendance de l'homme*, se montre mal à l'aise mais il tranche cependant : la sélection naturelle, doublée de la sélection sexuelle, a privilégié l'homme « devenu supérieur à la femme ». Et sur la question de savoir si cette inégalité peut se résoudre dans le développement de l'humanité, la réponse est négative : sa théorie de l'hérédité des caractères acquis (fausse par ailleurs) affirme que les progrès faits à l'âge adulte se transmettent seulement de sexe à sexe. Les femmes auront donc toujours un retard face à l'homme, et l'inégalité subsistera.

Les pensées introduisant l'historicité n'offrent donc pas plus de garantie pour justifier l'égalité des sexes que les pensées fondées sur le droit. Chacun de ces espaces de signification semble *a priori* une chance pour les femmes, une ouverture vers l'égalité des sexes ; mais c'est pour rester finalement sans effet. Le droit et l'histoire sont les deux grands pôles de réflexion du XIXe siècle ; ils ne se partagent pas pour autant entre les thèses pour ou contre l'égalité des sexes.

La fin du siècle laisse en suspens cette question de l'égalité, mais elle met la pensée de la différence des sexes à l'honneur. L'œuvre de Nietzsche est intimement traversée par cette question ; et Freud, si on l'envisage du point de vue de l'histoire de la philosophie, est le premier à se donner la différence des sexes comme objet, comme philosophème. En même temps, la psychanalyse, parce qu'elle est une pratique, opère un retour au réel remarquable. Or tenir compte de l'épreuve des faits est le thème majeur des nouvelles sciences humaines, telle la sociologie que fonde si bien Durkheim. Commence ainsi l'ère du XXe siècle, celle d'un « savoir » sur les sexes. Et sans décider si cela constitue un trait du passé ou de l'avenir, l'antiféminisme trouve son penseur en la personne d'Otto Weininger.

Chez Nietzsche, la métaphore sexuelle tisse nombre de ses discours ; plus qu'une métaphore, la différence des sexes, sous l'image du masculin et du féminin ou de l'homme et de la femme, est un mode de pensée : l'époque est dite « virile » ou la vérité désignée comme « femme » ; sans qu'on puisse définir simplement la virilité ou la femme. Difficulté de définition qui n'est pas difficulté de qualification : Nietzsche sait parler par exemple de la beauté et de l'intelligence, dont on connaît le partage ancien entre hommes et femmes ; mais l'essence propre à chaque sexe se fait plus confuse. On pourrait dire aussi qu'il n'y a plus les hommes et les femmes, mais certains hommes et certaines femmes. Le système binaire de la sexualité s'assouplit lorsque le raisonnement refuse les catégories pour suivre l'individu : « Cette femme est belle et intelligente : hélas, combien elle serait devenue plus intelligente si elle n'était pas belle » (*Aurore*, § 282). Un individu est tout aussi vrai qu'un autre ; et une femme est aussi bien LA femme que les femmes. Car toujours on peut aller au-delà : « Voici comme je veux homme et femme : l'un bon guerrier, l'autre bonne génitrice mais tous deux bons danseurs, de la tête et des jambes » (*Ainsi parlait Zarathoustra*, III, § 23).

Mais la « loi des sexes » existe néanmoins, et c'est une « dure loi pour la femme » (*le Gai Savoir*, § 68) : Nietzsche préfère la lucidité à l'illusion, la reconnaissance de l'inégalité des sexes à l'impossible identité :

> « La passion de la femme, renonciation totale à toute espèce de droits propres, postule précisément que le même sentiment, le même désir de renoncement n'existe pas pour l'autre sexe : car, si tous deux renonçaient à eux-mêmes par amour, il en résulterait... ma foi je ne sais trop quoi ... – disons peut-être l'horreur du vide ? » (§ 363.)

Telle est la loi de l'amour qui, comme le fait même du conflit entre les sexes, rend impensable et improbable toute égalité. Reste alors « l'indulgence » pour ces femmes dupes du jeu de l'amour ; et de la méfiance pour l'émancipation :

> « Dans les trois ou quatre pays civilisés d'Europe, il sera possible, grâce à quelques siècles d'éducation, de transformer les femmes en tout ce que l'on voudra, même en hommes, non pas certes sexuellement parlant, mais enfin dans n'importe quel autre sens... Ce sera le temps où la colère constituera la passion proprement virile, la colère de voir tous les arts et toutes les sciences submergés et envasés par un dilettantisme inouï, la philosophie assassinée sous le verbiage affolant des bavardes, la politique plus délirante et partisane que jamais, la société en pleine dissolution. » (*Humain, trop humain*, § 425.)

Et Nietzsche explique pourquoi : les femmes ont un grand pouvoir « dans les limites des convenances » ; si elles renoncent à celles-ci, que ne vont-elles pas faire pour retrouver un pouvoir identique ? L'identité des sexes et le pouvoir de l'un ou de l'autre sont les deux clés de la pensée sur les sexes ; Nietzsche affronte ces questions avec une rare conscience, sans doute grâce à la multiplicité de ses regards sur les femmes. Comme s'il n'avait pas peur.

La vérité est femme. La vérité, mais aussi la nature, la vie, sont femmes. Bien sûr, puisque l'homme discourt, la femme joue le rôle de l'autre du discours. Mais pour autant la femme n'est pas objet, ou plutôt elle est à la place de l'objet à jamais inaccessible, la vérité. D'ailleurs, l'intelligence des femmes intéresse Nietszche. Elle intervient dans le rapport amoureux et le mariage pourrait être une « longue conversation » (*Humain, trop humain*, § 406). Nietzsche reprend le partage de Schopenhauer entre l'entendement féminin et le vouloir masculin (§ 411) et brouille à l'infini les qualités de l'un et l'autre sexe. Il est toujours par-delà, peut-être fasciné par l'image de la grossesse (voire de la « grossesse intellectuelle »), représentation violente du dépassement de l'être.

La virilisation de l'Europe, de l'action de Napoléon aux guerres futures, s'oppose à « la dangereuse notion de "l'artiste", où comédiens, Juifs, et femmes se retrouvent dans une même faiblesse, une même fausseté. Cette proximité conceptuelle du Juif et de la femme marque alors la pensée allemande, celle de l'Autrichien Weininger notamment. L'un et l'autre deviennent plus qu'eux-mêmes, ils incarnent un mal à la fois précis et diffus, réalité future tragique pour le Juif, et imaginaire pour la femme.

L'existence des femmes nous éloigne apparemment de ces vertiges. Et les nouvelles sciences, la sociologie et la psychanalyse, se soucient des faits et des individus concrets. On connaît l'insistance de Durkheim à rendre rigoureuse l'élaboration des faits sociaux ; on trouve cette même exigence dans sa réflexion sur la famille et le divorce, sur la « crise » de la famille. L'historicité de la famille étant désormais établie, Durkheim analyse la cellule contemporaine ou « famille conjugale », dont le « mariage » est devenu l'élément principal. L'ancienne famille était une « société domestique », lieu de production et de transmission des biens ; aujourd'hui, le mariage et la « société matrimoniale » soulignent le caractère « public » de l'union, l'égalité possible des époux par la « communauté de biens », mais aussi son caractère éphémère et sans perspectives. La famille ne remplit plus sa fonction économique et morale ; ainsi, le groupe professionnel sera un lieu de substitution. De même, l'égalité des deux sexes supposerait une vie extérieure plus grande pour les femmes.

« La mariage fonde la famille et en même temps en dérive » : seul le lien matrimonial permet une société morale. Durkheim refuse le divorce par consentement mutuel, si différent du divorce « pour causes déterminées », le seul légal. Ce dernier fait appel au droit et à la justice, tandis que le premier repose uniquement sur « la volonté des parties », sur une simple demande. Attaque de l'institution matrimoniale et de la morale sociale, ce divorce déclencherait « une grave maladie sociale ». Contemporaine de celle d'Engels, cette analyse en est l'envers, à l'image de leurs projets respectifs de société. Mais on aurait tort de croire qu'il faut opposer l'homme de science au révolutionnaire. La sociologie sait parfois penser l'utopie par-delà la règle sociale ; en la personne de Simmel par exemple, s'interrogeant à l'aube du XXe siècle sur une éventuelle « culture féminine » dans le monde moderne.

C'est aussi par la maladie que prend naissance la psychanalyse, par l'hystérie, maladie des femmes et du sexe certes, mais aussi maladie dans le rapport entre le corps et l'esprit. La psychanalyse opère une double rupture philosophique : elle propose une théorie de la sexualité, un ensemble cohérent de thèses sur la différence des sexes, et une nouvelle théorie de la connaissance fondée sur la notion d'inconscient. Sans doute cette dernière bouleverse-t-elle profondément la représentation que l'homme a de la connaissance de soi et du monde. En revanche, la théorie de la sexualité est peut-être moins originale qu'il n'y paraît ; certaines de ses assertions en effet rappellent étrangement la médecine philosophique du début du siècle et toute tentative de dire aux femmes quelle est leur « destination ». Cependant, dans le passage du « sexe » à la « sexualité », elle apporte des éléments importants au débat : sur la sexualité de tous, hommes et femmes, adultes et enfants ; sur la séparation chez la femme entre sexualité et reproduction ; sur la bisexualité de chacun ; sur une vie sexuelle non biologique où l'instinct s'appelle une pulsion... Tout cela s'esquisse à peine en 1900, mais les enjeux sont désormais très clairs : l'histoire de l'humanité s'élargit à l'histoire individuelle, l'analyse de la famille se déploie et donne à voir des êtres distincts, si personnels qu'ils forment ensemble un « roman familial ». Là, dans ce récit, la femme cesse apparemment d'être le « sexe », le « beau sexe » cher à l'époque classique. Elle a une histoire, mais aussi un « destin » donné pas l'anatomie de son sexe, dira Freud. Le mot est ambigu : est-il plus riche que la destination sociale proposée cent ans plus tôt, riche de l'exceptionnalité de chacun ? Est-il plus pauvre que le rôle social supposé s'y accoler, vision d'une vie féminine sans entière liberté ?

De l'égalité ou de la liberté des femmes : tout le savoir annoncé sur elles ne suffira pas à en dire quelque chose de définitif. Otto Weininger l'apprit à ses dépens et son suicide, si proche de la publication de *Sexe et Caractère*, laisse imaginer les risques de son entreprise philosophique. Il déclare en effet faire de la philosophie – « j'étudie non des faits, mais des principes » – une philosophie dont le propos est de nier « l'existence » des femmes, une philosophie « antiféministe ». Mais à rebours de tout le monde : « Les hommes ne se rallieront jamais de bonne grâce à des thèses antiféministes : leur égoïsme sexuel leur fait préférer voir la femme telle qu'ils voudraient qu'elle soit. » Dans ce paradoxe à croire les hommes féministes se cache sa pensée : mieux vaut reconnaître que nier la castration de la femme (et du Juif). « Peut-on demander à la femme de cesser d'être esclave pour devenir *malheureuse* ? », conclut-il. Non, certes ; sauf si l'émancipation des femmes, dont il parle surtout, suscite un retour kantien vers l'impératif catégorique de l'homme, refus du sexe, chasteté : la femme n'étant que sexe, elle ne saurait y échapper ; l'homme si.

Le sexe ou la sexualité : cette distinction existe dans la pensée de Weininger alors qu'elle fait en général défaut ailleurs ; et les distinguer permet de parler de l'un et de l'autre, non d'un seul pour les deux, ou de l'un à la place de l'autre. D'où son affirmation, rare, de philosopher sur la différence des sexes.

Sa théorie de la sexualité est une théorie de la bisexualité, proche de celle du premier interlocuteur de Freud, W. Fliess. La bisexualité n'est pas une exception, elle est une règle : « L'expérience ne nous montre, en d'autres termes, ni hommes ni femmes, mais jamais que du masculin et du féminin » en chaque homme et en chaque femme. Ainsi se comprennent « les lois de l'attraction sexuelle », lois de proportion dans un couple entre H et F répartis en chaque individu (y compris dans une relation homosexuelle). Par là, il explique l'émancipation, part masculine chez la femme. Il explique et ne se contente pas de la refuser, de faire une théorie contre. Sans doute la fascination qu'il a exercée sur ses contemporains vient-elle de là, de cette tentative de donner des raisons à ce qu'on traite trop aisément de déraison.

Son antiféminisme paraît nuancé :

> « Je n'ai pas en vue le désir, chez la femme, d'être traitée extérieurement sur le même pied que l'homme, mais bien plutôt la volonté qu'elle peut avoir de ressembler intérieurement à lui, d'atteindre à la même liberté dans la pensée et

la morale, de prendre un même intérêt aux mêmes choses, de montrer la même force créatrice. »

Ou encore : l'égalité juridique est aussi nécessaire que l'égalité morale et intellectuelle est insupportable. Il faut à tout prix maintenir une irréductible différence entre les sexes, même si cela fait passer la misogynie pour de l'antiféminisme. Les femmes « masculines » sont un progrès et non comme le croit Moebius *(De l'imbécillité physiologique de la femme)* un signe de dégénérescence de la société ; le mal est féminin, il vient du féminin en la femme : la femme est un être sans capacité morale, « la femme est la FAUTE de l'homme ».

De la destination sociale comme responsabilité face à l'espèce au destin individuel élaboré dans la vie sexuelle et familiale, tel est le chemin parcouru pour représenter la femme à une époque qui vit l'invention du féminisme. Ce passage suit l'évolution générale du siècle, mais il est marqué aussi par les réactions à l'autonomie possible du sujet féminin.

4

LES CONTRADICTIONS DU DROIT

NICOLE ARNAUD-DUC

Discours juridique et discours moral s'unissent pour délimiter raisonnablement les espaces masculin et féminin. Par son rôle symbolique de régulation, le droit fixe la norme d'une société et détermine les rôles sociaux. Les victoires féminines remportées sur ce terrain de lutte privilégié peuvent-elles être entendues comme une rupture dans l'histoire des rapports de sexe ? Lieu de conflits internes, le droit se heurte aussi dans sa mise en œuvre à la résistance des mentalités, à l'ignorance ou au désintérêt du plus grand nombre pour le juridique, faisant de ce domaine si sensible la chasse gardée des techniciens. Les rapports de force masculin/féminin font partie d'un jeu d'échanges, d'interpénétrations entre système social et système juridique, au cœur même des contradictions.

Depuis Aristote, l'égalité juridique se pose en termes d'inégalités estimées naturelles parce que dérivant de la nature des choses qui, pour les femmes, implique infériorité physique et faiblesse de raisonnement. Le droit dominant au XIXe siècle est théoriquement fondé sur la libre volonté de l'individu. Mais, en France, c'est l'autoritarisme qui caractérise la législation. La fiction de l'autonomie de la volonté, exaltée par le libéralisme individualiste, engendre l'idée de l'adhésion de la femme au statut qui en fait un être relatif, n'existant que comme fille, épouse et mère, figure secondaire définie par rapport à l'homme, seul véritable sujet de droit. Le droit doit cependant adapter son discours, sinon son contenu, à l'évolution des mœurs liée aux bouleversements économiques et politiques. Les juristes vont donc chercher à légitimer l'inégalité de traitement suivant le sexe, en affirmant que les femmes souhaitent au fond être protégées contre elles-mêmes, laissant entrevoir la possibilité de réformes quand elles seront aptes à gérer des affaires... dont on les écarte d'emblée : encore une inconséquence. On comprend que celles qui revendiquent des droits assurent le faire dans le seul but de devenir de meilleures épouses et mères.

Apparaît alors une nouvelle contradiction. Il est certain que la plupart des femmes demeuraient attachées à l'image idéale qu'on leur renvoyait d'elles-mêmes, faite de douceur et de compassion, bâtie sur le modèle de la mère de famille « bourgeoise », persuadée que le droit n'est pas son affaire. Pour les femmes les plus favorisées, la pesanteur de l'habitude ne poussait guère à l'abandon d'un statut sécurisant, dont elles rejetteront seulement certaines contraintes en s'émancipant sur le plan des mœurs à la fin du siècle. Quant à la majorité des femmes, celles du peuple, leur désintérêt pour le droit, qui n'est d'ailleurs pas conçu pour elles, vient de leur condition sociale. Écrasées par la lourdeur de leur tâche, trop tôt usées, elles sont au centre d'une formidable mutation économique qui en fait souvent des enjeux, voire des victimes. Est-ce leur problème de n'être point électrices ou de ne pouvoir gérer des biens qu'elles ne possèdent pas ? Objet de pouvoir, arbitrairement surprotégée par le droit si elle est mariée, la femme devient vite une solitaire délaissée quand elle vit hors de la cellule familiale. Elle se place ainsi au centre des ambivalences du droit, conséquence du hiatus entre le discours juridique et la réalité sociale qu'il prétend ordonner. Quel(s) droit(s) pour les femmes au XIXe siècle ? Comment les exercer dans le cadre de ce carrefour des sphères publique et privée que constitue la famille, lieu privilégié des rapports de sexe et fondement de l'ordre social ?

La cité interdite

Prendre sa place dans la cité, c'est participer à la souveraineté collective par l'exercice du droit de vote, mais c'est aussi avoir le droit de s'instruire, de travailler et d'être protégé par les lois.

Citoyenne ou femme et fille de citoyen ?

Les droits politiques permettent aux citoyens de désigner les pouvoirs de l'État et d'exercer des fonctions publiques. Le suffrage peut être national (fédéral), local, particulier à certaines charges. L'existence d'une telle hiérarchie permet aux femmes de gagner peu à peu leur pleine citoyenneté. A la fin du XVIIIe siècle, aucune femme ne jouit de l'égalité politique. Au lendemain de la Première Guerre mondiale, l'Amérique centrale et du Sud, la Grèce, l'Autriche, l'Italie, l'Espagne, le Québec ne profitent pas encore de l'émancipation, la France attendra 1946 et la Suisse, 1971. Il aura fallu cent ans de lutte et plus de 82 « votations » dans ce dernier pays !

La Révolution française a posé le problème de la femme dans la cité, reconnue comme individu. Historiquement, le comportement des hommes au pouvoir est décevant, mais le traumatisme causé par l'ouverture d'une brèche dans le monopole masculin continuera d'ébranler et d'alimenter le discours réactionnaire du XIXe siècle, et notamment le discours juridique. Les femmes s'étant vu reconnaître une personnalité juridique civile, il semble qu'elles aient surtout payé le prix de l'image subversive de la femme civique qui investit par effraction, à Paris, un espace que l'on pensait masculin. L'exclusion du sexe féminin de la vie politique est contemporaine de celle du peuple : tous deux gênent le nouvel ordre bourgeois. Le discours médical et religieux développe la crainte, que l'on retrouve dans les textes juridiques, que les femmes deviennent incontrôlables si elles accèdent au pouvoir de décision. Se demander pourquoi les femmes sont exclues du politique oblige à apporter une réponse complexe, qui touche au plus profond des rapports de sexe. Le même discours peut se montrer protecteur vis-à-vis de créatures volontairement fragilisées et trahir un vertige devant la force que l'on pressent. Dans les pays laïques, on craint aussi que les femmes alimentent le vote conservateur, conséquence de leur relégation dans le champ du privé et de l'Église. Même si le droit tente de fonder raisonnablement la différence de traitement, l'exclusion des femmes, qui s'accompagne de l'image magnifiée de la mère – muse ou madone –, doit être replacée dans le cadre du nouvel ordre public.

Si, en Europe, les femmes pouvaient désigner des représentants dans l'ordre de la noblesse tant que dura la féodalité, on ne saurait parler dans ce cas de droit politique mais seulement de l'un des effets du droit de propriété. Dès le XVIIIe siècle, les revendications féministes furent partout celles d'une avant-garde, plus ou moins hardie, de femmes engagées dans la vie active, instruites, issues de la moyenne et petite bourgeoisie. Les ouvrières ne voyaient dans le travail salarié qu'une exploitation supplémentaire, d'autant plus que le socialisme naissant lutte d'abord pour la révolution sociale et l'instauration du suffrage universel. Les femmes ne participant pas à la confection des lois, elles ne peuvent qu'essayer de convaincre ceux qui les votent, par des manifestations, des pétitions, des journaux. Elles cherchent des alliés parmi ceux qui se définissent par rapport au débat politique et religieux. En France, elles militent avec les libres penseurs, les francs-maçons, les républicains. En Allemagne, les Églises libres jouent un grand rôle. D'une manière générale, les démocrates laïques, les républicains et libéraux de gauche européens les appuient dans leurs revendications.

Les premières réclamations féminines sont, en France, contemporaines de l'instauration du suffrage universel en 1848. On ne les écoute pas, et Pierre Leroux se fait huer parce qu'il réclame pour les femmes le droit de vote municipal[1]. Quand la République est définitivement installée en 1879, les demandes féminines sont repoussées au nom de la fragilité du régime. Vers la fin du siècle, les femmes ne comptent plus que sur elles-mêmes, se divisant entre radicales, qui souhaitent l'égalité totale, et modérées qui, au nom de la « complémentarité » des sexes, estiment qu'il faut préparer les femmes à l'exercice des droits publics, ce qui n'est nullement exigé des hommes. Le suffragisme ne fut jamais populaire et Hubertine Auclert n'eut aucun succès véritable. Les tentatives d'inscription sur les listes électorales ne rencontrèrent pas une plus grande sympathie. Déboutées devant les Chambres, des femmes tentent d'investir les tribunaux, en s'appuyant sur l'utilisation des textes législatifs qui emploient le masculin neutre en droit civil, proposant de l'étendre au mot citoyen : ce fut en pure perte[2]. Pourtant, les magistrats n'hésitent pas à condamner une femme « souteneur[3] », ou une colporteuse de journaux qui n'a pas déclaré avoir été privée, par une condamnation, des droits politiques qu'elle ne possède pas[4]. Un célèbre professeur de droit applique à la solution de ce problème une construction juridique imaginée par des civilistes pour distinguer les actes juridiques *nuls* des *inexistants*, ce qui sépare les cas où l'inégalité est discutable de ceux où elle est d'une évidence brutale : la femme est ce « citoyen inexistant qui n'a même pas cette substance de citoyen... le sexe d'un candidat [étant], dans l'habitude de nos mœurs, un fait dont la constatation ne prête à aucune contestation[5] ». L'année 1914 apparaît cependant pleine de promesses. Les mouvements féministes se regroupent tactiquement, tandis que 300 députés leur sont favorables. A l'évidence, les parlementaires furent occupés ailleurs.

Ce n'est qu'à la fin de la Seconde Guerre mondiale que les Françaises se virent accorder ce droit, sans que le pouvoir législatif ait à donner son avis.

L'ensemble des pays latins, de tradition catholique, se montra particulièrement opposé à la reconnaissance de droits politiques aux femmes. Au contraire, dans les pays où régnait un libéralisme réformiste et moraliste d'essence protestante, et notamment d'esprit quaker, les femmes purent obtenir beaucoup plus rapidement des pouvoirs politiques locaux : ce fut le cas de l'Angleterre et, davantage encore, de ses anciennes colonies. En Angleterre, le *Reform Bill* de 1832 peut être considéré comme le point de départ de l'agitation suffragiste. Dans cette loi, le terme *person* est utilisé à la place de *male*, pour créer de nouvelles catégories d'électeurs au suffrage censitaire. En 1835, on parle de *males* dans un texte établissant le régime électoral des conseillers municipaux qui dépouille les femmes des droits existant en leur faveur dans certaines chartes locales. En 1851, John Stuart Mill rend compte, dans la *Westminster Review*, de la convention de Worcester tenue sur ce problème aux États-Unis en 1850. La même année, l'association féminine de Sheffield adresse à la Chambre des Lords la première pétition portant sur le suffrage féminin. Une grande agitation règne au Parlement jusqu'en 1873, le mouvement se cristallisant autour de *Subjection of Women* (1869) de Mill. Élu député, l'auteur se fait leur porte-parole aux Communes et l'agitation grandit quand son amendement est repoussé. Si elles sont contribuables, les femmes exercent au niveau local des fonctions identiques à celles des hommes, dans le domaine de l'hygiène, de l'assistance, de l'école, des affaires paroissiales. Elles sont autorisées à rédiger des actes d'état civil et occupent des postes de responsabilité, notamment dans la commission des Hospices de Londres. Mais en ce qui concerne le droit de vote à l'échelon national, le Parlement pratique une opposition systématique. En outre, quand on étend aux comtés le droit de vote détenu jusque-là dans les bourgs par les chefs de maison et les locataires, les femmes se sentent insultées par une loi qui rend électeurs des ouvriers agricoles illettrés. Les Anglaises continuent cependant de gagner des droits importants : le suffrage municipal (1869, 1882 en Écosse), le droit de vote et l'éligibilité dans les *School Boards*, les *Boards of Guardians*, le droit de vote aux *County Councils*, où elles sont éligibles en 1907. Exaspérées par les refus réitérés concernant le vote national, les féministes, surtout des bourgeoises, adoptent une tactique violente. En 1903, Mrs. Pankhurst fonde la *Women's Social and Political Union*. Quand le parti travailliste se constitue (1906), comme tous les partis socialistes il veut d'abord voir triompher d'autres objectifs sociaux.

Les conservateurs reviennent au Parlement et accentuent la répression contre les suffragettes (*Black Friday*, 1911). Jusqu'en 1914, les militantes sont constamment emprisonnées *(Cat and Mouse Act)*. En 1913, et pour la dernière fois, un projet est repoussé : le cinquantième. Dans les colonies anglaises, le suffrage municipal est accordé dès 1867 dans les territoires qui constitueront la confédération d'Australie en 1900. Vers 1895, les femmes votent dans de nombreux parlements locaux et, en 1902, elles sont électrices et éligibles au Parlement fédéral. Les mêmes prérogatives appartiennent aux propriétaires en Nouvelle-Zélande en 1886 et 1893. Au Canada, les femmes ont de très grandes activités philanthropiques mais le suffragisme y est peu développé. Elles votent cependant au niveau municipal et scolaire, où elles sont éligibles avec quelques restrictions.

L'exemple américain, qui fut suivi de très près en Europe, notamment par les Anglaises, ne répond pas aux mêmes stratégies. Dans l'Ouest, l'esprit pionnier donne nécessairement une place priviligiée aux femmes. Vers 1850, un féminisme réformiste entend aider à reconstruire les institutions sur des bases égalitaires et coopératives. La culture des clubs de la classe moyenne aura pour effet de promouvoir la citoyenneté des femmes sans pour autant supprimer la séparation des sexes. Dès le début de l'Union, le droit de vote avait été réclamé par les femmes mais on le réserva au sexe masculin en 1808, chaque État demeurant cependant maître de sa législation. C'est dans l'État de New York que naît et se développe le mouvement. Vers 1833, la cause des femmes et celle des Noirs sont réunies par les féministes, mais on refuse les Américaines – en raison de leur sexe – à la conférence anti-esclavagiste qui se réunit à Londres. La presse s'ouvre alors à elles et le premier Congrès international des femmes se réunit à Worcester (Mass.) en 1850. A la fin de la guerre de Sécession, celles qui se sont battues pour les droits des esclaves ressentent très vivement l'injustice qu'il y a à accorder la liberté politique à ces nouveaux citoyens, tout en maintenant l'exclusion par le sexe. Elles ne se contentent plus des pouvoirs qu'elles détiennent dans les conseils locaux, en matière d'assistance et d'école, et dans certains domaines fiscaux (en particulier pour les licences à accorder à la vente des spiritueux). A partir de 1870, elles interviennent avec constance dans les assemblées locales et au Congrès : ambigu mais savoureux, *The Bostonians* de Henry James illustre à merveille les réactions masculines face à la détermination féministe.

Pour amender la Constitution, deux voies sont possibles : soit l'échelon fédéral (adoption par les deux chambres et 3/4 des assemblées locales ou des représentants des États), soit l'échelon local (adhésion des législateurs locaux à la majorité des 2/3 et ratification populaire par référendum). Toutes les tentatives échouent pour des raisons diverses, mais partout le vote populaire est négatif, en dépit d'imposantes majorités favorables. Il existe une masse antiféministe excitée par les cabaretiers et les distillateurs, exaspérés par les luttes féroces que mènent les femmes contre les ravages de l'alcoolisme. Les véritables croisades sociales entreprises par les sociétés de tempérance ont un grand retentissement en Europe. Les femmes comptent plus d'alliés parmi les représentants, issus des classes anciennement installées dans le pays. Le Wyoming ouvre le premier la brèche : c'est l'un des moyens d'obtenir le quorum nécessaire pour devenir un État. A partir de 1869, ce territoire est présenté comme un modèle, un laboratoire et une curiosité pour les lecteurs des journaux européens. A la veille de la guerre, les femmes ont conquis leurs droits politiques dans de nombreux États, notamment dans l'Ouest. L'électorat et l'éligibilité leur sont reconnus presque partout dans tous les ordres des fonctions publiques. Au niveau municipal, leur participation active est à l'origine de la plupart des lois humanitaires. En 1889, douze États seulement les excluent encore du vote scolaire. Aucune loi n'interdisant d'être président, la joie des commentateurs français est sans limite quand, en 1884, « une jolie veuve de quarante ans, avocate, montée sur un vélocipède, sa serviette et une tabatière entre les mains... des cheveux d'argent et des lunettes d'or », mène une campagne électorale dynamique. Les commentaires sont révélateurs de l'état d'esprit des hommes français : on se moque, mais on sent sourdre l'inquiétude de voir apparaître dans ces nouveaux rôles non pas des monstres masculinisés, mais des femmes nanties de toutes les qualités féminines requises : la dame n'avait-elle pas « appris à coudre, à tricoter, à laver, à repasser, à faire du pain et à se coiffer toute seule avant de connaître son alphabet[6] » ? Vers 1890, s'ouvre une troisième période, qui aboutit à leur admission dans les comités législatifs et même devant les législateurs assemblés, pour exposer leurs griefs *(adresses)*. Des oratrices célèbres s'y font remarquer, notamment Mrs. Stanton, alors âgée de soixante-quinze ans, dont un bon nombre consacrés à la lutte. Le 19e amendement leur accordera l'intégralité des droits civiques en 1919.

Dans l'Europe du Nord, les femmes islandaises font de leur île l'une des premières places du féminisme, lié à la conquête de l'indépendance du pays (1872). Électrices municipales en 1882, éligibles en 1902, elles obtiennent la plénitude de leurs droits en 1915 pour les plus de quarante ans, en 1920 pour toutes. En Suède, dès le milieu du XIXe siècle, les municipalités leur sont ouvertes. Elles y sont éligibles en 1909 et deviennent totalement capables sur le plan politique en 1924. Au Danemark, intellectuellement très développé même dans les campagnes, les femmes élisent les municipalités dès 1883, le Parlement en 1915. La Norvège fut la première nation européenne qui consacra l'égalité politique. Le mouvement y avait débuté dès 1830. Le suffrage universel s'établit en 1910 et les femmes bénéficient de tous leurs droits civiques. A partir de 1912, elles deviennent éligibles à toutes les fonctions de l'État, à l'exception du Conseil royal, du corps des dignitaires de l'Église, de la diplomatie et de certaines charges exclusivement masculines. En Finlande, rattachée à la Russie au milieu du XVIIIe siècle, les femmes luttent contre le tsar. La Diète est élue au suffrage universel par les deux sexes en 1906. Les pouvoirs de cette assemblée sont certes réduits, mais 19 femmes y siègent en 1910.

Comme on l'a vu, dans les pays latins et les pays germaniques les conquêtes féminines sont maigres et le droit romain a laissé des traces. Si l'on prend l'exemple français, qui n'est en rien exceptionnel, on peut dresser le bilan suivant : les femmes élisent les membres du Conseil supérieur de l'Instruction publique (1880), sont électrices et éligibles aux Conseils départementaux de l'enseignement primaire (1886), au Conseil supérieur de la mutualité (1898), à celui du travail (1903), aux Commissions communales d'assistance (1905), au Conseil supérieur du conservatoire (1905), aux Conseils de prudhommes (électrices en 1907, éligibles en 1908), aux chambres consultatives des Arts et Manufactures (1908). En revanche, la femme commerçante attendra jusqu'en 1898 pour être seulement électrice aux tribunaux de commerce.

Ajoutons que, pour l'Europe continentale et surtout dans les pays ayant subi la domination romaine, il existait une autre incapacité portant sur les offices dits virils. Il s'agissait de charges qui risquaient d'entraîner leur titulaire sinon dans la vie publique, du moins dans la vie du dehors. En France, en 1792, les femmes sont admises à témoigner, mais ce droit leur est retiré en 1803. Par une contradiction flagrante, elles continuent cependant à être appelées à témoigner par la justice. De même, à défaut d'acte de naissance, on peut produire un acte de notoriété, délivré par un juge et corroboré par sept témoins de l'un ou l'autre sexe. Au terme d'une campagne de dix années, la demande aboutit en 1897. L'Italie en 1877, Genève en 1897, l'Allemagne en 1900, modifient leur droit dans le même sens. L'Autriche accepte le témoignage féminin pour rédiger des testaments en mer, et l'Espagne, en période d'épidémie...

Pendant très longtemps, on exclut les femmes des jurys criminels, sauf dans certains États américains. Elles ne peuvent non plus être choisies comme tuteur ou curateur. La France leur reconnaît ce droit sur les enfants naturels en 1907, en précisant que les femmes sont désignées par la nature pour cette tâche : une incapable pour des bâtards. En 1917, une loi de circonstance les rend capables d'exercer une tutelle autre que légale. L'Allemagne avait levé l'incapacité en 1900, la Belgique en 1909, les Pays-Bas et la Suisse en 1901. L'interdiction s'accompagne de celle de siéger dans les conseils de famille.

Une double oppression : l'inégalité dans l'instruction et le travail

Parler de ce problème en termes de droit au travail ou à l'instruction serait un anachronisme. Partout, pourtant, l'instruction des filles est l'une des revendications féministes fondamentales. En France, les révolutionnaires n'avaient pu appliquer leur programme égalitaire. Le 28 juin 1836, une loi facultative demande aux communes d'ouvrir des écoles de filles. Mais les maires préfèrent s'en tenir à la tradition et se contentent des écoles paroissiales dont ils ne payent pas le personnel. Il faut attendre la loi Falloux du 15 mars 1850, et surtout la loi Duruy du 10 avril 1867, pour que toute commune de plus de 500 habitants soit obligée d'ouvrir une école primaire de filles. Dès 1863, on tente d'organiser l'enseignement secondaire. La loi du 8 août 1879 crée 67 Écoles normales féminines et la loi Camille Sée du 21 décembre 1881 décide l'installation de lycées et collèges féminins, l'École normale supérieure de Sèvres suivant en 1883. Il faut attendre 1925 pour que soit proclamée l'identité des enseignements entre garçons et filles.

En Europe latine, l'instruction des femmes fut également un enjeu de pouvoir entre l'Église et l'État. En Allemagne et en Angleterre, l'enseignement primaire est peu suivi, et l'enseignement supérieur et secondaire est essentiellement privé, comme aux États-Unis où, en revanche, l'enseignement mixte primaire est organisé très tôt. La Russie développe l'instruction des classes bourgeoises. Quand les universités sont fermées aux filles de la bourgeoisie pour des raisons politiques, comme d'autres Européennes aisées, les femmes russes se retrouvent à l'université de Zurich. La nécessité de rendre les femmes compétitives sur le marché du travail en réduisant leur ignorance ne fut pas vraiment ressentie, ou du moins pas mise en œuvre et en partie récusée. L'accès aux concours, aux facultés, entretint une certaine agitation dans le milieu bourgeois européen le plus éclairé.

En ce qui concerne la législation du travail, il faut garder présent à l'esprit que l'une des règles d'or de l'État libéral, tel qu'il se développa tout au long du siècle, est de ne pas s'immiscer dans les rapports entre patrons et travailleurs. Cependant, dans le dernier tiers du siècle, quand l'Europe découvre l'État providence, des campagnes dénoncent l'exploitation des femmes et des enfants dans l'industrie, en vue de faire adopter une législation protectrice. Des féministes, au nom de l'égalité, contestent ces mesures discriminatoires qui insistent sur la différence, favorisent le maintien de la femme dans son statut historique d'incapable et limitent les possibilités d'embauche, en confortant les ouvriers dans l'idée que les femmes sont des concurrentes à écarter sur le marché du travail. Certes, les hommes trahissent par là leur désir de voir les femmes au foyer. Mais il est vrai qu'ils luttent aussi contre la politique des patrons qui exploitent, en le sous-payant, le prolétariat féminin et l'utilisent comme moyen de chantage contre les travailleurs. Il faut lire dans des ouvrages juridiques très sérieux la démonstration quasi mathématique des moindres besoins de la femme en nourriture, de son inaptitude naturelle à travailler au-dehors, alors que les auteurs connaissent très bien la réalité du travail féminin. C'est plus au nom de la philanthropie que de la justice que certains s'émeuvent et amènent le législateur à prendre quelques mesures protectrices. A un stade ultérieur, on étendra la même législation aux hommes, notamment en France sous l'influence du solidarisme[7]. Non négligeables, ces mesures sont donc d'abord un pis-aller : il ne s'agit pas de consacrer l'égalité dans le travail. C'est ainsi qu'elles portent en elles-mêmes leurs propres limites. Seule l'usine est visée, là où se trouvent les « classes dangereuses ». Le monde paysan, de très loin le plus vaste, est ignoré, tout comme le travail à domicile, en atelier, dans les grands magasins ou le service domestique.

En France, la loi du 3 juin 1874 exclut les femmes et les enfants des travaux souterrains, mais c'est celle du 2 novembre 1892 qui opère pour la première fois une discrimination entre les sexes dans le domaine du travail, puisqu'elle s'applique à tous les enfants de moins de dix-huit ans et surtout à toutes les femmes ouvrières d'industrie. S'il est prévu que les femmes et enfants doivent en principe être tenus à l'écart des établissements insalubres et des travaux dangereux, ou ne pas avoir accès aux textes et aux dessins licencieux (dans les imprimeries), la nouvelle loi prend des mesures pour organiser des journées de travail totalement différentes suivant le sexe. Dans l'intérêt de la famille, on « avantage » ainsi les femmes, en les privant du même coup de l'accès aux travaux qualifiés. Le travail de nuit leur est en principe interdit et des lois postérieures, notamment celle du 15 juillet 1908 ratifiant les décisions de la convention internationale de Berne du 26 septembre 1906 et celle du 22 décembre 1911, aménagent le principe.

Une campagne menée par le journal *la Fronde*, qui souhaite une législation améliorée mais uniforme pour les deux sexes, ne sera pas soutenue par les ouvrières qui réclament seulement une meilleure application de la loi. Il est vrai qu'il existe des obstacles majeurs à une bonne mise en place des textes. Des exceptions sont prévues, en ce qui concerne notamment les « veillées », travail supplémentaire concernant les femmes, en particulier dans le domaine de la mode. La loi de 1911 les interdit théoriquement après 10 heures du soir. Les contrôles sont notoirement insuffisants, surtout dans les établissements de bienfaisance comme le Bon-Pasteur, peu surveillés avant 1902. Des corps d'inspecteurs et d'inspectrices sont créés, mais en trop petit nombre. De plus, la complicité des travailleuses avec les patrons, par crainte du chômage, et le travail donné à domicile après la journée, rendent illusoire cette procédure. Dès 1892, les inspectrices ne peuvent visiter que les ateliers employant seulement des femmes et où ne se trouve aucun moteur mécanique (ce fut élargi en 1908). La loi du 2 novembre 1892 étend le repos hebdomadaire et celui des jours fériés, qui existe déjà pour les enfants. Celle du 13 juillet 1906, qui rend obligatoire le repos dominical, est le premier texte non discriminatoire du droit du travail.

Il contient cependant de nombreuses exceptions. En ce qui regarde l'aménagement du temps de travail, une réglementation prise en 1848 vise en principe tous les adultes : la durée journalière est fixée à dix heures à Paris, à onze en province, étendue à douze heures pour tous ensuite. La loi du 2 novembre 1892 interdit aux femmes de travailler plus de onze heures, avec une heure de repos par jour. L'organisation du travail est perturbée et le salaire féminin en sort amputé, car le paiement se fait en général à la pièce. Les ouvrières sont souvent remplacées par des travailleuses à domicile, non protégées et bien vues des maris. La loi du 30 mars 1900 renforce encore l'assujettissement de la femme à sa famille en organisant le travail de manière à ce qu'elle soit libre (temps de repos !) pour aller préparer le repas. Citons encore une disposition du 29 décembre 1900, dite « loi des sièges », qui oblige les patrons à mettre des sièges à la disposition de leurs employées.

Parmi les autres mesures s'appliquant exclusivement aux femmes, il faut rappeler celles qui visent la maternité. La France ne reconnut que très tard par rapport au reste de l'Europe le congé-maternité de quatre semaines, recommandé par les quinze pays réunis à la conférence internationale de Berlin le 15 mars 1890. Et pourtant, la situation des femmes et des nouveau-nés était dramatique. Dès 1886, les féministes entreprennent une campagne. En France, la loi du 27 novembre 1909 admet finalement que le contrat de travail n'est pas rompu si la femme prend un congé sans solde pendant les huit semaines précédant ou suivant l'accouchement. L'État, en 1910 et 1911, accorde des congés de maternité avec salaire aux institutrices, au personnel des arsenaux et aux employées des PTT. Le 27 mars 1913, la Cour de cassation précise que les mesures s'appliquent aussi aux filles mères. Mais la justice rappelle que l'employeur conserve évidemment le droit de résilier le contrat pour grossesse de l'employée, quand sa « faute » risque de nuire à l'« honnêteté » de la maison. Les lois des 17 juin et 30 juillet 1913 autorisent les mères à s'arrêter avant leur accouchement et les obligent à cesser le travail pendant quatre semaines après, même s'il s'agit de travailleuses à domicile. C'est seulement le 30 juillet 1915 qu'est prévue une allocation journalière. Non versée en cas de fausse couche, elle demeure très inférieure au salaire.

Comme on l'a vu, jamais le législateur ne parle d'exclure les femmes du monde du travail, mais au nom de la protection de la famille on aménage un temps de travail spécifique qui oriente la main-d'œuvre féminine dans de véritables ghettos, trop peu surveillés. Créatrices de chômage et de discrimination à l'embauche, ces mesures pénalisent tout particulièrement les travailleuses célibataires, pour lesquelles on ne peut se servir de l'alibi du salaire d'appoint. En dépit des critiques, cette législation n'en demeure pas moins célèbre parce qu'elle rompt avec le principe de non-ingérence de l'État dans les conventions privées.

Il faut ajouter que les femmes durent combattre métier par métier pour exercer une profession véritable, en s'adressant aux tribunaux et au législateur afin d'abattre la résistance masculine. Nous en donnerons deux exemples. En 1908, on déboute les étudiants en médecine qui demandent l'annulation d'une décision de l'Assistance publique de Paris, ouvrant aux femmes le concours de l'externat[8]. Quant à l'accès à la profession d'avocat, il fut l'occasion d'une belle agitation dans le petit monde juridique européen. La polémique rassemble tous les arguments hostiles au travail féminin, de la « *pudicitia* imposée par la nature[9] » à l'impossible retenue de la femme, qu'aucun magistrat ne pourra interrompre quand elle cessera de l'éclairer. Tout y passe : le manque de force physique, l'extrême difficulté pour une femme de plaider « à la latine », ce qui n'aurait rien à voir avec les plaidoiries américaines (pays où les femmes sont admises dans la profession), et le danger couru par les magistrats livrés aux manœuvres de la séduction féminine, la nature poussant les femmes à user de coquetterie ! Il est étonnant, dès lors, que la France ait admis les femmes à l'exercice de la profession par la loi du 1er décembre 1900[10]. Il est vrai qu'on fait alors état de très nombreux précédents à l'échelle mondiale : Russie, Japon, Roumanie, Suisse, Finlande, Norvège, Nouvelle-Zélande, États-Unis, où la première avocate s'établit dans l'Iowa en 1869, les femmes obtenant le droit de plaider devant la cour fédérale en 1879. Dans certains États elles sont juges de paix, et les *clerk-women* remplissent des emplois judiciaires et administratifs, notaires et greffiers à la fois.

La femme et le droit pénal

Si l'on doute de la capacité des femmes dans de nombreux domaines, on ne les juge pas, en général, incapables de commettre des délits et d'en répondre en justice. En Angleterre cependant, jusqu'à ce que la femme retrouve sa personnalité juridique en 1870, c'est le mari qui est responsable de ses délits. Sans aller jusqu'à penser avec Michelet que, trop fragile, la femme doit être estimée irresponsable pénalement, on admet certaines dérogations au droit commun. Les condamnations à mort sont rarement exécutées et la femme enceinte ne subit sa peine qu'après l'accouchement. En France, le Code pénal de 1791 remplace par la peine du carcan la dégradation civique, sans intérêt en l'espèce, et il substitue la réclusion à la peine des fers. Déjà dans l'ancien droit, les peines féminines se vivaient cachées dans des maisons de force. La loi du 19 juillet 1907 modifie celle du 27 mai 1885, en dispensant de la relégation (envoi dans les colonies pénitentiaires de Guyane et de Nouvelle-Calédonie) les femmes récidivistes. D'une manière générale, les femmes françaises, comme les mineurs et les septuagénaires, sont dispensées de la contrainte par corps, c'est-à-dire qu'on ne les emprisonne pas pour l'exécution des condamnations (loi du 15 germinal an IV). L'exception ne vise pas la femme commerçante ou la coupable de stellionat (vente ou hypothèque d'un immeuble dont on sait ne pas être propriétaire ou que l'on présente comme non hypothéqué). En pratique, cela porte une grave atteinte au crédit de la femme, à sa capacité de s'obliger. De plus, jusqu'à la loi du 17 avril 1832, et plus généralement à celle du 22 juillet 1867, elle ne peut manipuler de l'argent public, ce qui l'exclut de nombreux emplois.

C'est ici qu'il convient de parler de la prostitution. Si la pratique est universelle parmi le grand nombre de pays qui répriment son libre exercice, la France applique un traitement particulièrement hypocrite. En effet, depuis le Consulat et le retour aux valeurs post-révolutionnaires, et d'une manière immuable jusqu'en 1946, la prostitution n'est pas interdite, elle est tolérée, ce qui ne veut pas dire qu'elle ne soit pas réglementée, au contraire. Estimée indispensable aux hommes, facteur d'ordre public et de protection des jeunes filles, elle doit cependant être contenue dans un milieu clos, hors du regard des femmes honnêtes, sous la surveillance panoptique de l'administration. Officialisées dans leur statut de filles publiques (par opposition aux clandestines), les prostituées exercent leur métier à titre individuel (filles en carte) ou dans une maison de tolérance. L'État ne se mêle pas de légiférer les interdits, comme celui de stationner dans certains lieux publics. La prostitution doit se vivre dissimulée et honteuse. Ce « système français » constitue une véritable attaque contre le sexe féminin, qui supporte seul les conséquences de la « débauche » pratiquée par les deux sexes en commun. Même en Angleterre et aux États-Unis, où de très vives campagnes protestent contre la prostitution, on ne voit pas une réglementation aussi minutieuse et humiliante contre les femmes. C'est donc son aspect réglementariste, hypocrite et méprisant qui caractérise le traitement français de ce problème de société. Dans les hôpitaux, les prisons, les « refuges de repentance », les lieux de prostitution, règne l'arbitraire policier, médical, religieux. Les filles soumises subissent les mesures les plus vexatoires, en toute impunité pour les représentants de l'ordre, même si le droit continue de ne point admettre la validité des transactions portant sur les « maisons de débauche », officiellement réglementées par ailleurs [11].

Le développement de la prostitution sauvage, la multiplication des publications portant sur les maladies transmises par les femmes et sur leur comportement sexuel souvent fantasmé, déclenchent, entre 1876 et 1884, un mouvement de compassion pour les prostituées victimes de la misère, provoquant une série d'enquêtes et un effort de réflexion sur la politique sociale. Plusieurs discours abolitionnistes coexistent alors. La contestation du système français naît dans les milieux protestants anglais et suisses

(Genève et Neuchâtel). Les *Contagious Diseases Acts* de 1866, 1867 et 1869 ont en effet introduit en Angleterre une réglementation minimale, en créant des villes et des ports où la prostitution est officiellement contrôlée. Josephine Butler, des médecins, des quakers entament alors une lutte sur le plan international, à l'instar de ce qui se passe aux États-Unis. Le mouvement est en réalité moraliste et il entend réprimer toute sexualité extraconjugale : de 1870 à 1879, 9 667 pétitions réunissent 2 150 941 signatures[12]. A l'opposé, les féministes et les radicaux, surtout à Paris, luttent au nom de la liberté, des droits de l'homme, contre la police des mœurs et l'enfermement des prostituées qui échappent au droit commun. Des pétitions sont refusées par la Chambre. Quand, après les élections de 1902, le Bloc des gauches prend le pouvoir, le souci sanitaire double le souci policier et la réglementation s'en trouve renforcée. Une loi du 11 avril 1908 ordonne le placement des prostituées de moins de dix-huit ans dans des asiles.

A la fin du XIXe siècle, le problème posé par la traite des Blanches est pour la presse un formidable moyen de publicité, qui alimente l'imaginaire des lecteurs. Des enquêtes très sérieuses sont alors menées au niveau parlementaire, notamment en Angleterre et en Belgique. On s'inquiète aussi en Hongrie et en Autriche. En 1881, le trafic est officiellement dénoncé à Genève. En 1895, le Sénat français vote une proposition de loi contre ceux qui obligent les femmes à se prostituer, mais les députés ne l'examinent pas. Seule l'Allemagne prend des mesures concrètes. En 1897, les trafiquants s'exposent à la prison et à des amendes, et des traités d'extradition sont signés. Un congrès réunit les Européens en 1899 (l'Espagne et l'Italie sont absentes). Il ressort de ses travaux qu'un véritable mythe s'est construit, nourri par la presse, révélant à la fois l'anxiété née de la reprise de conscience d'une certaine libération sexuelle de la femme, la xénophobie et le racisme les plus virulents. Le trafic international ne revêt pas l'ampleur qu'on lui prête et de nombreuses femmes sont averties de la nature du « contrat » qu'elles passent, qui les amènera en Amérique, en Australie, en Orient, en Afrique du Sud au moment de la guerre du Transvaal. Seule la Suède paraît avoir échappé à ce commerce. Cette mise au point n'entend évidemment pas gommer l'aspect social du problème, ni ignorer ses causes. Le congrès tenu à Paris en 1902 ne condamne pas le réglementarisme français. Le Parlement vote le 3 avril 1903 une loi condamnant seulement le commerce des femmes vendues par violence, fraude ou menace, punissant ceux qui obligeraient une femme à se prostituer. La convention internationale du 4 mai 1910 reprend les termes de la loi française, tandis que l'accord international du 8 mai 1904, promulgué en France le 7 février 1905, organise la défense et le rapatriement.

Être une victime met la femme en marge : dire à tort d'une femme qu'elle a été violée est considéré comme une atteinte à l'honneur, qui donne droit à une réparation pécuniaire[13]. L'expression « attentat aux mœurs » prouve que c'est plus l'ordre public qui est visé que la victime. Le Code pénal français de 1791 ne retient que le viol simple (puni de six ans de fers) et celui qui comporte des circonstances aggravantes, tenant à l'âge de la victime, à la violence, à la présence de coauteurs (jusqu'à douze ans de fers). Le rapt d'une mineure de quinze ans, pour la violer ou la prostituer, est puni de la même peine. Le Code pénal de 1810 ne distingue pas le viol de l'attentat à la pudeur commis avec violence et puni de la réclusion (art. 330). Si la victime a moins de quinze ans accomplis, le coupable risque les travaux forcés à temps, à perpétuité s'il avait autorité sur la victime ou s'il existait un complice (art. 332). Quiconque favorise la prostitution d'un mineur de vingt et un ans encourt une peine de six mois à deux ans de prison et une amende, l'incarcération pouvant aller jusqu'à cinq ans si le coupable avait la puissance paternelle sur la victime (art. 332-334). La loi du 28 avril 1832, qui demeurera inchangée ou presque jusqu'à celle du 23 décembre 1984, modifie l'art. 331 : tout attentat à la pudeur sur un enfant de moins de onze ans est puni de la réclusion (treize ans à partir du 13 mai 1863). Mais surtout, le crime de viol est prévu sinon défini. Pour la jurisprudence, c'est un acte de violence masculine se réduisant au coït vaginal et les tribunaux se montrent particulièrement attachés à la réelle gravité de la violence, soupçonnant les femmes d'être consentantes quand elles prétendent avoir dû céder à la force[14]. La peine prévue est celle des travaux forcés à temps, aggravée si la victime a moins de quinze ans.

Une autre forme de délinquance touchant particulièrement les femmes concerne l'avortement et l'infanticide. Si le mouvement néo-malthusien qui se développe à la fin du XIXe siècle, notamment en Angleterre, en Allemagne et aux États-Unis, pays de tradition protestante, fut assez mal vu en France par les femmes, c'est en particulier parce que, en marge de la morale et du droit, il existe partout une complicité féminine, un bouche à oreille, une chasse gardée, liant les voisines, les amies, les femmes de la famille, qui échangent des pratiques et des adresses, pour sauver un « honneur » compromis ou aménager dans le secret un contrôle des naissances, surtout parmi les femmes multipares[15]. Au tournant du siècle, à un moment où les États ont des préccupations natalistes, le nombre des avortements croît, ce qui traduit peut-être une forme de féminisme populaire[16]. Le Code pénal de 1791 prévoit vingt ans de fers pour l'auteur d'un avortement. Celui de 1810 (art. 317) punit de la réclusion le responsable d'un avortement et la femme, qu'elle ait été ou non consentante. Quant à l'infanticide, défini par le même code comme le meurtre d'un nouveau-né, il est sanctionné par la peine de mort. En réalité, les jurys populaires répugnent à appliquer des peines estimées trop sévères. C'est pourquoi la loi du 21 novembre 1901, en faisant de l'infanticide non plus un crime (cour d'assises) mais un délit (tribunaux correctionnels) conduit les coupables devant des magistrats professionnels, et non plus face à des jurés. Le législateur entendait ainsi écarter les acquittements ou le prononcé trop fréquent de circonstances atténuantes qui évitent la peine capitale. Aucune différence n'existe en France entre maternité légitime et naturelle, alors que la plupart des codes européens modernes prévoient une peine atténuée quand l'infanticide a eu pour cause le désir de sauver l'honneur de la mère. A vrai dire, ce sont les célibataires pauvres, souvent des servantes, qui constituent l'essentiel des accusées.

Le piège de la famille

A la fin du XIXe siècle, la question de la capacité juridique civile des femmes agite les instances parlementaires, la littérature, le théâtre et les féministes, beaucoup plus que la rue ou l'usine. Partout, dans le monde occidental, la femme est soumise au mari. Comment expliquer cette contradiction qui fait d'une fille majeure, capable, un être exclu de la vie juridique, à placer entre les fous et les mineurs dès qu'elle rejoint la foule des femmes mariées ? Comment aussi justifier la place prise par l'État dans ce domaine du droit qui régit les rapports entre les individus ? On ne peut douter de l'importance accordée à la famille comme fondement de l'ordre social : « C'est par la petite patrie qui est la famille, que l'on s'attache à la grande. Ce sont les bons pères, les bons maris, les bons fils qui font les bons citoyens[17]. » En France, il est impossible d'écarter les règles qui organisent le mariage et la famille, car elles sont d'ordre public.

Il convient de bien distinguer entre la possession d'un droit et son exercice : la femme n'est incapable que de l'exercer, subtilité juridique importante. Le discours juridique sur le fondement de l'autorité maritale mérite de figurer parmi les plus belles pages universellement écrites par la doctrine juridique. L'aurorité du mari a une fin pratique : administrer la société conjugale, diriger la femme et les enfants, dans une distribution des rôles conforme à la tradition. A la fin du XVIIIe siècle, les philosophes estiment cette puissance conforme au droit de la nature, mais certains la souhaitent modérée par l'équité naturelle (Burlamaqui). Rousseau, au contraire, ne peut imaginer la femme que dépendante de l'homme. Dans ce domaine aussi les acquis révolutionnaires sont ambigus : reconnaissance de la femme en tant qu'individu, abolition du principe de la puissance maritale tyrannique, sans reconnaissance de l'égalité entre époux. La solution française peut être retenue comme modèle jusqu'à l'apparition des codes modernes qui s'en séparent en partie, car le rôle dévolu à l'épouse est sensiblement le même dans toutes les sociétés de type patriarcal. Et cela d'autant plus que le système juridique français a une origine mixte, même si le Code de 1804 fait la part belle au droit coutumier prérévolutionnaire de la coutume de Paris. Ce sont donc des maximes romaines revisitées par les juristes du XVIIIe siècle et des maximes coutumières d'inspiration germanique qui organisent la dépendance de la femme et son incapacité. La femme mariée (le modèle) n'existe que dans et par la famille ; le droit est partout pensé pour des femmes bourgeoises. Et ce droit va régir la personne de la femme et ses biens, même après le mariage.

La soumission aux fins du mariage

La suprématie maritale « est un hommage rendu par la femme au pouvoir qui la protège[18] ». Le mari tire en effet sa supériorité de l'idée de fragilité du sexe féminin. Venue du droit romain, la *fragilitas* n'est pas vraiment une infirmité naturelle, mais plutôt le motif de protection d'un mineur. C'est ce qui rend encore plus éclatantes les incohérences du droit qui répugne à affirmer sans ambages la suprématie maritale et la justifie par une infériorité physique qui n'existe que chez les femmes mariées ! Le mari doit être « réputé juge souverain et absolu de l'honneur de la famille[19] ».

Ainsi, par exemple, peut être retenue comme injure grave constitutive d'une cause de divorce toute communication de la syphilis par l'épouse s'il est prouvé (?) qu'elle était la première atteinte, parce qu'elle est forcément adultère. Au contraire, le mari ne sera réputé coupable que s'il a transmis la maladie sciemment et d'une manière répétée à une femme irréprochable. De même, des faits imputés à la femme avant son mariage mais non révélés (grossesse, inscription sur les registres de la police comme prostituée) sont retenus contre elle.

Le devoir d'obéissance

« Le mari doit protection à sa femme, la femme obéissance à son mari », dit l'art. 213 du Code civil français. Et il n'est pas le seul en Occident ! Certains droits ont un style moins direct : en Norvège, dans les codes italiens et allemands de la fin du siècle. Mais, explicite ou non, cette idée est à la base de toutes les législations. « Ces mots sont durs, ils sont pourtant pris dans saint Paul, et cette autorité en vaut bien une autre », estime l'un des rédacteurs du Code civil[20]... Dans les pays de tradition judéo-chrétienne, la conception fondée sur la primauté de la création de l'homme et la culpabilité de la femme dans la faute originelle a fait des ravages. Il faut faire une lecture publique de ce texte au moment du mariage, disait Bonaparte, car il importe, dans un siècle où les femmes « oublient le sentiment de leur infériorité, de leur rappeler avec franchise la soumission qu'elles doivent à l'homme qui va devenir l'arbitre de leur destinée [21] ». L'antiféminisme du Premier Consul est connu. Mais il serait faux de ne voir dans ces propos que le caprice et la vengeance d'un général trompé et vaniteux, et rien d'autre. Au contraire, on a là une manière toute militaire de formuler ce que pensent les hommes, ce qu'acceptent presque toutes les femmes.

La femme prend en principe la nationalité du mari, sauf intérêt contraire de l'État. C'est le cas en France à partir de 1899, où l'on craint pour la pureté de la race. En Angleterre, la législation devient également plus stricte à la suite d'« abus » liés à la prostitution. La femme française perd son nom de jeune fille, sans qu'aucun texte juridique l'y oblige expressément. Après le divorce, le mari peut lui interdire l'usage de son propre nom : il le lui avait en quelque sorte prêté. Le contraire prévaut dans les pays anglo-saxons. Dans d'autres existe la pratique du nom double.

Le mari est investi du noble devoir de surveiller la conduite de son épouse. Le « magistrat domestique [doit pouvoir] avec modération, joindre la force à l'autorité pour se faire respecter [22] ». Et on ne peut toujours condamner « les actes de correction ou de vivacité maritale... L'autorité que la nature et la loi donnent au mari a pour but de diriger la femme dans sa conduite [23] ». Jusqu'en 1870, si les maris anglais ne sont sans doute pas plus cruels que les autres, ils jouissent en revanche d'une impunité née de l'impuissance absolue de la femme mariée. En 1840, un juge, citant Bacon, autorise un mari à battre et séquestrer son épouse sans cruauté [24]. Après la publication de l'article « Wife Torture in England » et plusieurs années de propagande de l'*English Women's Review*, un *Act* de 1878 permet à la femme anglaise de demander la séparation de corps pour sévices graves *(assaulting his wife).* Un autre *Act* de 1893 étend cette faculté à la *cruauté persistante*, cause de divorce que les tribunaux interprètent assez largement, comme l'*injure grave* en France et les *faltas* en Espagne.

Le mari doit « connaître l'esprit général des conversations tenues, des influences exercées en dehors et indépendamment de lui ». Ainsi, un échange de lettres est « une infraction au contrat, une sorte d'infidélité morale [et le mari peut] mettre obstacle à des actes de particularisme [25] ». Il peut donc intercepter les lettres écrites ou reçues par sa femme, interdire à l'administration de les lui délivrer et se les faire remettre. Si le mari s'est emparé de cette correspondance par autorité, ou s'il l'a soustraite par ruse, il peut s'en servir dans une instance en divorce, à la différence de l'épouse. Cette dernière n'a pas le droit de se faire remettre une lettre par un domestique ni d'utiliser une correspondance entre le mari et un tiers [26]. La jurisprudence française a cependant évolué, refusant notamment de tenir compte de lettres écrites par la femme à une amie qui les avait sollicitées pour les remettre au mari, procédé jugé indélicat. La question du secret de la correspondance se pose par ailleurs pour les avocates, les médecins, les commerçantes, les fonctionnaires. Le droit français demeure cependant très éloigné des principes anglo-saxons qui, reconnaissant l'individualité de l'épouse, admet le principe du secret de la correspondance, au moins depuis les années 1870 en Angleterre. Beaucoup de juristes français estiment que de telles règles nient l'autorité et minent le fondement de l'unité de la famille[27].

Les époux se doivent mutuellement assistance et secours, mais la soumission de la femme a pour effet de rendre le mari débiteur de l'essentiel de l'obligation. C'est un devoir de fournir à l'épouse des *necessaries* (nourriture, logement, vêtements, remèdes). On y comprend l'argent de poche, comme pour l'enfant (*nadelgeld*, « épingles » en Suisse). Séparée de biens, la femme contribue par ses revenus aux charges du ménage. En Angleterre, elle ne peut exercer aucune action civile contre le mari pour obtenir une quelconque pension jusqu'en 1857, date à laquelle on l'autorise à retenir pour se nourrir une part des biens qu'elle aurait éventuellement acquis après avoir été abandonnée. Depuis 1886, le mari peut être condamné au paiement d'une maigre pension hebdomadaire. A partir de 1895, en cas de « cruauté persistante » ou d'absence d'entretien, une juridiction rapide dispose du même pouvoir. La pratique est identique aux États-Unis. En France, l'abandon de famille ne fut pénalement sanctionné qu'en 1924.

L'épouse doit habiter le domicile choisi par le mari, à condition que le logement soit conforme au statut social du ménage. Cela doit lui permettre de « maintenir du moins sa dignité au-dehors, quand elle perdrait tout son bonheur au-dedans[28] ». Le mari peut user de la contrainte pour faire revenir sa femme au domicile. De nombreux jugements ordonnent qu'elle soit ramenée *manu militari*, raccompagnée par un huissier qui peut faire appel à la force armée, « afin de ne pas faire dépendre des caprices et même du crime de l'épouse, un nouveau genre de séparation de corps subversif des droits généraux du corps social[29] ». Le juge, qui n'a pas à examiner les mobiles, peut ordonner la saisie des revenus de la femme, voire celle de ses vêtements. Quant au mari, il est autorisé à lui refuser dans ce cas des « aliments ». En Allemagne, l'exécution forcée, autorisée jusqu'en 1900, est alors remplacée par une action en rétablissement de la vie conjugale. Sous des formes diverses, les maris ont partout des armes pour obliger les femmes à résider au domicile qu'ils ont choisi.

La valorisation de la famille légitime

Le « devoir conjugal » autorise le mari à user de violences, dans les limites tracées par la « nature », par les mœurs et par les lois, dès qu'il ne s'agit pas d'actes contraires à la *fin légitime du mariage*[30]. Il ne peut donc y avoir viol, attentat aux mœurs ou à la pudeur si le mari force sa femme à avoir des rapports sexuels normaux sans tomber dans les sévices graves[31]. A la fin du siècle, les tribunaux insistent sur le fait que le mari ne doit pas traiter sa femme « comme une fille », la souillant par des « attouchements contre nature[32] ». Est ainsi condidérée comme injurieuse l'utilisation de préservatifs contre la volonté de la femme et pendant plusieurs années[33].

Pour s'assurer que la reproduction sera « bonne », l'infidélité féminine est fortement pénalisée. Le droit se méfie d'ailleurs des affections hors mariage : l'amitié passionnée d'un mari pour un homme avec lequel existait seulement une « communion spirituelle », mais dans laquelle l'ami fait preuve d'une « sensibilité maladive », « d'une sorte d'hystérie du cerveau » est une *injure grave*[34]. On le voit, le droit se défie aussi de la sexualité masculine déviante. L'infidélité de la femme risque cependant de faire entrer un étranger dans la famille, troublant la juste répartition des biens. Elle est donc beaucoup plus sévèrement punie que celle du mari. L'adultère est un délit dont l'initiative de la plainte n'appartient qu'aux conjoints. Il n'en demeure pas moins que si l'adultère est présenté comme cause de divorce ou de séparation de corps, le fait pour un magistrat civil de prononcer une peine constitue un cas absolument unique dans la procédure française. L'adultère est à peu près partout reçu comme une cause de séparation en justice, mais il n'est un délit que dans certains pays, notamment dans les pays latins. Les codes modernes (Allemagne, 1900), les pays anglo-saxons et scandinaves ont tendance à le dépénaliser.

Les différences de traitement selon le sexe concernent le mode de preuve, l'inégalité des peines encourues par l'auteur comme par son complice, l'existence de droits reconnus seulement au mari. Ainsi, jusqu'en 1884 en France, l'adultère de la femme est un acte instantané, que l'on peut prouver par tout moyen (notamment des lettres détournées). Le délit du mari en revanche doit être continu, car il n'est punissable que si sa concubine est entretenue au domicile conjugal : presque une bigamie dans ce lieu sacré ! Les seules preuves contre lui sont le flagrant délit ou la production d'une correspondance tombée par hasard entre les mains de l'épouse. Une controverse existe sur le point de savoir si l'entretien de la concubine doit ou non être contemporain de la plainte de l'épouse légitime. Par domicile conjugal, on entend le domicile commun au sens strict : ainsi, l'entretien d'une femme dans un lieu tenu secret n'est pas punissable, mais la jurisprudence va considérer un tel comportement comme une *injure grave*. Dans tous les pays latins, la faute du mari n'est prise en compte par le droit que si elle constitue un scandale public ou s'il existe une circonstance aggravante. En Angleterre, à l'adultère masculin doit s'ajouter la bigamie, l'inceste, un « crime contre nature », un rapt, un viol.

L'art. 337 du Code pénal français prévoit contre la femme adultère une peine de trois mois à deux ans de prison. Si la peine maximale est souvent prononcée pendant une grande partie du XIXe siècle[35], la moyenne se situe entre quinze jours et quatre mois vers 1880, à quinze jours vers 1890, à une simple amende vers 1910[36]. Jusqu'en 1870 où l'art. 463 du Code pénal est modifié, on considère que le minimum de trois mois est incompressible, les circonstances atténuantes ne pouvant être accordées à un délit qui outrage la loi, la morale publique et la religion. Comme pour tout délit, le procureur a qualité pour faire appel s'il estime que la sentence est trop clémente.

Le mari adultère, lui, risque seulement une amende de 100 à 2 000 francs (art. 339) ; le complice de la femme adultère, pris en flagrant délit ou désigné dans les écrits de sa main, risque la même peine de prison que la femme et une amende de 100 à 2 000 francs (art. 338). Le procureur n'est en principe pas autorisé à déclencher l'action si le mari trompé ne porte pas plainte contre son épouse, mais le problème demeure très discuté. De plus, en l'absence de textes, beaucoup d'auteurs estiment que la concubine ne peut être punie, contre l'avis de la jurisprudence qui établit par un savant calcul quel est l'honneur le plus bafoué, du mari de la concubine ou de l'épouse trahie, au cas où l'époux de la femme adultère s'oppose aux poursuites dirigées contre sa femme. On tranche en faveur de l'épouse outragée : la concubine n'a pas « comme ordinairement la femme adultère, l'excuse d'une séduction ou d'une faute isolée, car sa vie se passe résolument dans l'oubli de ses devoirs[37] ». Le mari se voit déléguer « le pouvoir souverain de faire grâce » puisqu'il peut arrêter l'effet de la condamnation en reprenant sa femme auprès de lui[38]. Ce pardon ne s'étend pas au complice.

A toutes ces inégalités s'ajoute un scandale : le meurtre commis par le mari sur l'épouse ou sur le complice surpris en flagrant délit au domicile conjugal (étendu par les tribunaux au domicile de fait), est excusable, dit l'« article rouge » du Code pénal français (art. 324). Cela signifie que, légalement, le mari ne risque rien. Ce meurtrier « plus malheureux que coupable », ne doit être puni que d'un « léger châtiment[39] », ce qui correspond bien aux mentalités des pays méditerranéens. En Colombie, dans le Code civil de 1893, le père de l'épouse ou le mari ne sont pas coupables en pareil cas. On connaît l'affaire rappelée par Gabriel García Márquez dans *Chronique d'une mort annoncée*. Alors que les pays européens se dotent de nouveaux codes, la France conserve seule cette inégalité, jusqu'en 1975[40]. L'excuse légale profite aux deux époux en Belgique, en Italie, en Espagne, au Portugal, au Tessin. Dans la mesure où de nombreuses législations prohibent le remariage entre complices, les facilités accordées aux maris dans l'administration de la preuve constituent une pénalité supplémentaire pour les femmes. La mesure est supprimée en 1904 en France.

Les droits sur l'enfant

Si, à la veille de la Première Guerre mondiale, les milieux libertaires européens prônent l'union libre, ce modèle n'a les faveurs que d'une élite intellectuelle et artistique, et de la bourgeoisie libérée. Le droit, au contraire, ignore totalement le concubinage. La fidélité des épouses devant être présumée, il existe une présomption de paternité légitime du mari de la mère. L'action en désaveu, qui appartient au père et à ses héritiers, est restreinte et réservée au cas où l'impossibilité de paternité est évidente, voire publique. Le *paterfamilias* est ainsi « propriétaire » de l'enfant à naître de son épouse. Jusqu'en 1964, la France connaît, avec quelques autres pays, le *curateur au ventre*, institution destinée à protéger l'enfant posthume d'un homme contre la mère. Le mari peut s'abstenir d'intenter une action en désaveu pour empêcher sa femme et le vrai père de légitimer l'enfant après divorce et remariage. La présomption est si forte que si l'amant reconnaît officiellement son enfant né d'une femme adultère, l'aveu est considéré comme une preuve de culpabilité d'adultère et non de paternité[41]. Conséquence des droits reconnus au chef de famille, et même si l'on prétend qu'elle appartient aux deux parents, la puissance paternelle est exercée par le père seul pendant le mariage : toujours la subtile distinction juridique. S'il est absent, interdit, déchu de ses droits, la mère le remplace. S'il meurt, elle est en principe tutrice légale, en l'absence de toute disposition contraire du défunt. En Italie, la tutelle ne s'ouvre qu'au jour du décès des deux parents. En France, comme dans beaucoup de législations, le père peut nommer un conseil à sa veuve, et si elle se remarie, le conseil de famille (masculin) devra l'autoriser à conserver sa charge, en nommant le nouvel époux subrogé tuteur. Le droit français limite les pouvoirs de la mère qui ne jouit que d'une puissance réduite. Si la garde lui est confiée après le divorce, le père conserve un droit de surveillance sur l'éducation et son consentement est déterminant pour autoriser le mariage des enfants. En Allemagne, le père coupable dans un divorce ne perd pas le droit d'administrer les biens du mineur. En Angleterre, avant 1870, la toute-puissance paternelle rend dramatique la situation des femmes, dépouillées de tout droit sur leurs enfants et soumises au chantage de leur époux (Thackeray, *Barry Lindon*). Le père y possède le droit absolu d'enlever les enfants pour les confier à qui bon lui semble. Une première et timide mesure, en 1839, qui autorisait le juge à ordonner une enquête avait fait scandale.

Contrepartie de cette exaltation de la famille née du mariage, la filiation naturelle jouit d'un fort discrédit. Les féministes réclament une protection pénale et civile des filles séduites et la libre recherche de la paternité. Aux États-Unis, grâce à l'action politique des femmes, rendue possible par l'obtention des droits civiques, la *séduction* est sévèrement punie et c'est un devoir pour l'homme d'épouser sa complice en cas d'adultère. En France, une lecture très partiale de la pratique judiciaire de l'ancien droit fait interdire à partir de la période révolutionnaire la recherche de la paternité naturelle. Avant 1789, en effet, si la fille séduite désignait le « père », le juge ne reconnaissait pas pour autant une filiation complète et l'enfant n'entrait pas dans la famille paternelle ; il ne s'agissait que d'une phase préliminaire. Quand il existait des présomptions, on accordait une pension minimale, difficilement recouvrable. Au XIXe siècle, si les preuves sont sérieuses, les tribunaux autorisent peu à peu la fille séduite à réclamer à son séducteur la réparation du préjudice, sur la base de l'art. 1382 du Code civil. A la fin du siècle, la preuve de la filiation naturelle et la recherche de paternité sont possibles dans la plupart des pays d'Europe, même en Espagne. La France doit attendre le 16 novembre 1912 pour qu'une loi très restrictive modifie le droit en vigueur. La grossesse doit être le résultat d'un viol ou d'un enlèvement, d'un concubinage notoire, d'une tromperie, d'un abus d'autorité évident, et être suivie d'une reconnaissance sans équivoque et écrite de la paternité ou de l'entretien de l'enfant en qualité de père. Cette loi ne s'applique pas aux colonies – ce qui en dit long sur le traitement réservé aux « petites épouses » –, et l'action est rejetée si la moralité de la mère n'est pas irréprochable.

L'incapacité civile de la femme mariée

Jusqu'à la veille de la Seconde Guerre mondiale (et jusqu'en 1965 en France), la femme doit en général demander l'accord de son mari pour exercer une profession, « parce que nul au monde ne peut mieux connaître la portée de son intelligence[42] ». Vers 1900, que l'autorisation soit expresse comme en France, ou tacite comme dans les codes plus modernes (le mari doit faire opposition), la femme peut recourir à la justice ou à une autorité tutélaire en cas de refus, mais les tribunaux évoquent rapidement l'intérêt de la famille pour la désapprouver. L'épouse ne peut, sans autorisation, se présenter à un examen, s'inscrire dans une université, ouvrir un compte en banque, faire établir un passeport, passer un permis de conduire, se faire soigner dans un établissement. La liste n'est pas limitative. Elle ne peut non plus agir en justice. En droit français, on va jusqu'à exiger que la femme qui veut faire annuler son mariage ne soit pas dispensée de « cet acte de déférence et de soumission[43] ». Elle ne peut pas davantage citer son mari devant un tribunal correctionnel. Pour passer un acte juridique, elle doit demander une autorisation spéciale, sauf au cas où elle exerce un commerce séparé et autorisé. Depuis 1896 en Italie et dans les législations contemporaines, cette autorisation peut être générale. La femme a un recours en justice (impossible en Espagne, en principe). Depuis 1867 au Portugal, elle est associée au mari dans la plupart des actes importants pour les deux époux. Si le mari est empêché, interdit ou absent, la femme retrouve en général sa capacité.

Dans les pays occidentaux ont toujours existé historiquement deux types de rapports patrimoniaux entre les époux : les pratiques coutumières d'inspiration germanique, qui réunissent tous les biens sous la direction du mari, et le droit romain, qui admet l'indépendance de l'épouse en l'entourant de précautions qui en ruinent souvent la réalité[44]... Les régimes matrimoniaux s'organisent ainsi autour de deux principes : la communauté ou la séparation de biens, intégrale ou partielle. De la même manière qu'on ne saurait confondre, en droit, le fait d'être titulaire d'un droit et la faculté de l'exercer, une ventilation s'opère dans les actes juridiques entre actes de *disposition* (qui peuvent modifier la valeur du patrimoine), et d'*administration* (destinés à conserver la valeur des biens). Exercer son droit de propriété, c'est être capable de disposer de ses biens, de les administrer, d'en percevoir les revenus, voire de les détruire. Dans un régime de communauté non universelle, aucun des époux ne perd la propriété de ses immeubles ni de ceux qui proviennent d'une donation ou d'une succession après le mariage. La masse commune comprend les revenus des immeubles, les meubles, les valeurs mobilières, les salaires. Dans un régime séparatiste, les époux gardent la propriété de leurs biens et participent aux charges du ménage. Le régime dotal est un régime séparatiste qui a pour but de conserver pendant le mariage une partie de la fortune de la femme.

En général, il existe un régime légal très majoritairement répandu qui dispense de passer un contrat de mariage. Sous un régime de communauté (France, code Napoléon), le mari en est le chef. Il a tous pouvoirs sur les biens communs (quelquefois restreints quant aux donations). Il administre aussi le patrimoine de son épouse mais il ne peut en disposer qu'avec son autorisation. En Suède et en Écosse, la femme acquiert des pouvoirs d'administration de la communauté. En Italie, en Russie (code de 1833), dans la plupart des pays anglo-saxons, le régime le plus connu est la séparation de biens.

L'évolution de l'Angleterre constitue néanmoins une exception et mérite qu'on s'y arrête. Jusqu'en 1870, suivant le *common law*, la femme perd son individualité par le mariage, absorbée dans celle du mari *(feme covert)*. Suivant l'expression de Blackstone, « the husband and wife are one and that one is the husband ». Le mari devient propriétaire des biens et revenus de l'épouse *(personal property)*, sans avoir à rendre compte. Face à ce système, il en existe un autre fondé sur l'*equity*, création des tribunaux. La femme a ainsi une propriété équitable *(use)* dont elle jouit en toute liberté *(separate use)*. L'augmentation de ses pouvoirs se fait de la sorte par l'extension des biens soustraits, et non dans la limitation des pouvoirs du mari. L'idée continentale d'une femme possédant des droits qu'elle ne peut exercer que sous la direction du mari est étrangère au droit anglo-saxon. Les féministes n'en mènent pas moins une vigoureuse campagne pour que soit modifié le droit civil, car les principes de l'*equity* ne bénéficient qu'aux femmes aisées. Le *Matrimonial Causes Act* de 1857 reconnaît à la femme séparée de corps ou abandonnée la propriété légale de ses biens par un *Protection Order* : c'est assurer une *statutory separate property*. La femme française séparée de corps ne retrouve sa capacité qu'en 1894[45]. A partir de 1870 et 1874, l'indépendance patrimoniale des époux anglais est totale. En 1893, les femmes obtiennent le droit de tester, comme c'était alors le cas dans la plupart des pays.

Aux États-Unis, dès avant le milieu du siècle, les principes du *common law* ont été modifiés sans passer par l'*equity*. Une loi de l'État de New York, de très grande portée, reconnaît en 1840 la pleine capacité de l'épouse sur ses biens et sur les revenus de sa profession : elle exerce librement ses droits dans un régime de séparation de biens. Peu à peu, tous les États accordent un statut voisin. Seuls les États autrefois espagnols et mexicains conservent une certaine part de communauté, en Louisiane notamment, où le droit de la coutume de Paris modifié par le code Napoléon s'applique comme au Québec.

Dans le régime dotal, très adopté en Italie, au Chili, au Pérou et dans le sud de la France, le mari administre souvent les biens propres de la femme (paraphernaux). Une société d'acquêts peut tempérer le caractère séparatiste du régime, comme dans la France du sud-ouest et dans le Tessin. L'inaliénabilité de la dot gêne les transactions commerciales. Des exceptions apparaissent donc dans les contrats de mariage ou dans les autorisations données par les tribunaux, par souci d'une bonne gestion du patrimoine ou dans l'intérêt de la famille. En France, au contraire, la jurisprudence aggrave la situation en étendant l'inaliénabilité aux meubles, c'est-à-dire aussi aux valeurs mobilières. Comme on le voit, le code Napoléon restreint la capacité des femmes mariées sous ce régime dotal dont les femmes les plus riches, notamment en Provence, avaient fort bien su user sous l'Ancien Régime.

Le régime d'union des biens est particulier à la Suisse et à l'Allemagne (en Prusse, Saxe, Oldenbourg, provinces baltes). Il est reçu comme régime légal dans les codes de 1900 et 1907. Le mari administre et jouit des revenus comme chef de l'union conjugale, sans que les propriétés soient confondues. Il a besoin du consentement de l'épouse pour disposer des apports et la femme est pleinement capable sur ses biens propres. S'il existe un dissentiment, chaque époux a la faculté de saisir le tribunal des tutelles et, depuis 1900, l'épouse peut faire appel à la notion *d'abus du droit* contre son mari si un procès les oppose dans l'application de ces règles.

Dans tous les pays, la distribution sexuelle des rôles exige que la femme soit en mesure d'acheter les produits nécessaires à la vie quotidienne de la famille. Elle dispose donc d'un *mandat* (expression employée en France), d'un pouvoir *(agency of necessity)*, pour représenter le mari et engager ses biens et ceux de la communauté, proportionnellement aux revenus du ménage, notion fondamentale permettant aux tribunaux d'annuler des dépenses jugées exagérées. Le mandat est évidemment révocable par le mari, bien que se pose le grave problème de l'information des tiers. A vrai dire, dans les ménages ouvriers c'est en général la femme qui dispose de l'argent de la famille, reversant au mari son argent de poche. Mais il ne s'agit là que d'une pratique sociale et non d'un droit, même si elle fait parfois l'objet d'une négociation entre épouses et patrons pour que le salaire marital soit directement versé aux femmes [46]. Le droit reconnaît la femme gardienne des économies du ménage dans les classes moyennes. A partir du 9 avril 1881 en France, on l'autorise à les déposer dans les caisses d'épargne et peu à peu, dans tous les pays, elle peut également effectuer des retraits. Le souci des gouvernants de voir réinjecter cet argent dans le circuit de la consommation tempère l'aspect purement féministe que certains reconnaissent à ces lois. Le même processus existe pour les caisses de retraite.

Les féministes réclament le droit pour les femmes de conserver le produit de leur travail. En France, la loi du 13 juillet 1907 [47] organise un système de « biens réservés » (salaires, économies et emploi de ces revenus). Ces ressources doivent être affectées en priorité aux besoins du ménage, mais la femme peut en disposer, avec le droit pour le mari de s'adresser à la justice s'il estime qu'elle use mal de cette possibilité. Il est dommage que cette disposition soit en France l'exemple parfait des limites du droit quand il manque de cohérence. L'incapacité générale n'ayant pas été supprimée, la pratique ne montra aucune bonne volonté à mettre le texte en œuvre. Une législation semblable est partout promulguée à la fin du XIXe siècle, et mieux appliquée dans les pays moins restrictifs sur les droits de la femme. L'Italie connaît le système à partir de 1865 et la Suisse en fait une règle d'ordre public en 1894.

La femme sans homme

C'est bien en ces termes que le problème se pose. La femme qui n'a jamais eu de mari est une exception dans la société, même si le nombre des célibataires est très grand au XIXe siècle. La femme sans mari est donc dépourvue d'intérêt pour le droit. Mineure, elle dépend de son père. Si elle ne se marie pas, elle est une femme solitaire, au point de vue juridique civilement capable, socialement en marge, à l'exception des rares et brillants exemples rencontrés dans les milieux intellectuels et artistiques. On ne saurait oblitérer le tableau plutôt misérabiliste de la solitude féminine qui vaut pour l'ensemble des sociétés occidentales, en rappelant la pratique sociale des États-Unis où les femmes seules regroupées dans des clubs constituent un véritable contre-pouvoir. Il faut également souligner la persistance, au moins de principe, de la tutelle perpétuelle des femmes qui se maintient parfois jusqu'au dernier tiers du siècle dans des pays scandinaves, en Allemagne et en Suisse. Les femmes retrouvent leur liberté juridique par la dissolution du mariage. Si l'on excepte les cas, fort rares, d'annulation de l'union, la règle s'applique aux divorcées et aux veuves. Pendant longtemps, les pays latins catholiques ne connaissent que la séparation de corps, qui ne fait que relâcher le mariage, laissant subsister les devoirs qui y sont attachés, notamment celui de fidélité, ce qui s'oppose à une politique nataliste. Tel est le droit, en France de 1816 à 1884, en Espagne, au Portugal, en Italie, en Amérique du Centre et du Sud. Ailleurs, le divorce est partout admis.

En France, la Constitution de 1791 laïcise le mariage et libère juridiquement la femme du poids de la tradition chrétienne. Déjà majeure à vingt et un ans comme les hommes et héritière au même titre que ses frères, elle se voit reconnaître le droit de passer un contrat et de le rompre. La loi des 20-25 septembre 1792 sur le divorce est remarquable car elle reconnaît l'égalité absolue des époux, en particulier dans le divorce par consentement mutuel. Mais ce mode de séparation est rapidement jugé menaçant pour la famille et on en restreint à tel point la pratique qu'il disparaît jusqu'en 1975. Le droit révolutionnaire reconnaît deux autres causes : l'incompatibilité d'humeur ou de caractère et les motifs déterminés (démence, condamnation à une peine afflictive et infamante, crimes, sévices, injures graves, dérèglement des mœurs notoire, abandon pendant deux ans, émigration). L'adultère non prévu peut réapparaître sous les notions de *mœurs déréglées* et *injure grave* surtout au détriment des femmes. Le Code civil, tout en rendant quasi illusoire le divorce par consentement mutuel, ne connaît plus que le divorce pour faute : adultère, sévices, et injures graves, condamnation à une peine infamante. Les différents codes se répartissent entre ceux qui énumèrent toutes les causes possibles de divorce et ceux qui préfèrent prévoir une cause suffisamment large *(injure)* pour permettre de les regrouper, laissant au juge un pouvoir d'appréciation.

On l'a vu, juridiquement mais aussi socialement, le divorce est traité avec plus ou moins de rigueur dans les sociétés du XIXe siècle. Non seulement on le rend difficile et judiciaire mais, outre des sanctions plus dures pour la femme, on prévoit des interdictions : les époux ne peuvent souvent pas se remarier entre eux ni, en cas d'adultère, épouser leur complice. Sur la femme pèse en outre l'impossibilité de se remarier dans un délai d'environ trois cents jours après la dissolution par mort ou divorce (délai de viduité), pour protéger la filiation légitime.

L'Italie connaît le divorce de 1796 à 1815. La France le supprime le 8 mai 1816, pour des raisons religieuses. Après une longue bataille, il réapparaît le 27 juillet 1884 (loi Naquet). Les causes (sauf consentement mutuel) sont les mêmes que dans le Code civil de 1804, mais l'égalité existe désormais dans l'adultère. La loi du 6 juin 1908 autorise la conversion de la séparation de corps en divorce si elle a duré trois ans. Dans les pays anglo-saxons, le divorce est inconnu jusqu'en 1857, sauf sous la forme d'une séparation de corps religieuse (aux effets limités) ou d'un divorce de luxe prononcé à titre exceptionnel par le Parlement. Le *Divorce Act* de 1857 en fait un acte juridique à la destinée remarquable par sa diffusion dans les anciennes colonies d'Amérique, où la législation diffère beaucoup suivant les États. En France, ce sont surtout les femmes qui ont utilisé le divorce, pour abandon et sévices, notamment pendant la Révolution et grâce à l'instauration de l'aide judiciaire en 1851 (à l'époque, il s'agissait de séparations de corps). Le divorce demeure cependant un acte rare, à peu près inconnu des campagnes et surtout pratiqué dans les classes moyennes. Il est vrai que, s'il libère une femme des excès d'un mari tyrannique, il en fait aussi une femme seule, même pensionnée, sans place spécifique dans la société. C'est l'un des paradoxes d'une situation dans laquelle les effets juridiques ne recouvrent pas les effets sociaux.

A priori la veuve devrait bénéficier d'un meilleur traitement. La littérature nous a habitués au personnage de la veuve abusive. La réalité est autre. Si de riches veuves, bien conseillées, ont pu donner cette impression comme chefs de famille dans les campagnes, ou comme « Veuve Untel », continuant un commerce commun aux époux, la plupart n'ont rien eu à partager et vivent plutôt mal car la famille contraignante est aussi une cellule protectrice de fait. La femme peut donc se retrouver brutalement aux prises avec des héritiers cupides et des créanciers exigeants. Le droit ancien et certaines législations contemporaines leur reconnaissent des avantages (en usufruit – douaire, *arras, morgengabe* – et communauté continuée). Le Code civil français ne s'occupe pas des droits du conjoint survivant jusqu'en 1891, au contraire de tous les codes du XIXe siècle. Jusqu'à cette date, le conjoint survivant est le dernier à hériter avant l'État. Quelques droits sont reconnus sur les pensions de retraite des fonctionnaires et sur les droits d'auteur (loi du 14 juillet 1866). La veuve a droit à des « aliments », au logement et à des vêtements pendant trois mois et quarante jours. Quand des droits successoraux sont reconnus, ce sont en général des droits viagers (usufruits), mais aussi des biens en toute propriété s'il n'y a pas d'enfant.

Pendant le mariage, comment la femme peut-elle se protéger d'une gestion maladroite ou malhonnête du mari tout-puissant ? On admet en général qu'elle s'adresse à la justice ou à une autorité de tutelle pour demander, souvent trop tard, que des mesures protectrices soient prises :

administration par un tiers, séparation de biens. La femme peut inscrire une hypothèque sur les biens du mari si la loi, comme c'est le cas en France, ne la prévoit pas. Mais ces sûretés paralysent l'activité de l'époux. Des textes vont donc autoriser la femme à renoncer à l'hypothèque au profit des acquéreurs de l'immeuble du mari ou de ses créanciers (lois des 23 mars 1855 et 13 février 1889 en France), ce qui amène les notaires à exiger la présence des deux époux pour passer un acte portant sur les biens du mari. En Angleterre, la femme peut stipuler une clause *(restraint on anticipation)* qui interdit tout acte portant sur les biens visés. Elle peut souvent rejeter le régime de la communauté à la dissolution ou ne l'accepter que dans la mesure où l'actif est suffisant pour régler le passif.

A la veille de la Première Guerre mondiale, si les législations modernes maintiennent en général l'inégalité des époux et la place prépondérante du mari, elles semblent aussi vouloir assurer une plus grande collaboration juridique, avec des méthodes différentes suivant le système juridique dominant. En présence de l'extraordinaire développement du crédit, de la mobilité des fortunes, de la rapidité des transactions, de l'augmentation du nombre des femmes qui travaillent, le droit ne peut demeurer inchangé. Mais il n'est pas prévu pour les pauvres et le travail féminin n'est reconnu que comme une nécessité pour les femmes seules, un salaire d'appoint pour les ménages. Juridiquement, dans le domaine du droit privé, ce sont les pays anglo-saxons qui paraissent avoir résolu le plus équitablement le problème, en assurant une totale séparation des patrimoines. Il n'est pas sûr qu'il en soit de même socialement, dans une société de compétition qui n'arme pas les femmes pour se battre à égalité. A l'opposé, dans beaucoup de pays et notamment en France, il ne s'est agi que de « grignotages », et l'incapacité de la femme mariée a encore de beaux jours à vivre.

En droit public, les contradictions internes sont évidentes. C'est dans les pays scandinaves et surtout dans les anciennes colonies anglaises que les femmes se sont vu reconnaître des pouvoirs politiques, dépassant le modèle anglais.

Le statut juridique féminin est un excellent révélateur des tensions entre société et pouvoir. Du discours du droit ressortent aussi des incohérences internes, trahissant le doute qui s'empare d'un milieu conservateur et frileux. Il est vrai que l'infériorité juridique des femmes est choquante à une époque où elles envahissent en masse, aux postes les moins qualifiés, les nouveaux secteurs de production, tandis qu'une minorité de femmes instruites se voient barrer l'accès à des professions, sous le seul prétexte du sexe. La plupart des femmes luttent au quotidien, loin du droit. Tant que l'essentiel de leur activité consiste à travailler durement pour survivre, à vivre hors du mariage et sans patrimoine, la très grande majorité vit à côté du droit, ne le croisant que dans son aspect coercitif. On ne peut cependant séparer le sort des femmes de celui des hommes, ne serait-ce que parce que leurs conditions juridiques sont liées. Mais aussi parce que le droit est d'abord régulateur de rapports sociaux et qu'il passe donc forcément par ceux de sexe. Une autre remarque s'impose : l'évolution a aussi développé l'idée de *complémentarité* des sexes, plus que celle d'*égalité*. L'exemple américain est là pour rappeler que ce « pouvoir matriarcal » qu'on a dénoncé est justement la conséquence d'une ségrégation sexuelle aboutissant – au nom de la spécificité des rôles sociaux dans une égalité juridique – à une inégalité sociale qui fait bien sentir la perversité du droit détaché de la réalité sociale et économique.

Le Silence. Peinture,
Odilon Redon.
New York, Museum of Modern Art.

LA PRODUCTION DES FEMMES IMAGINAIRES ET RÉELLES

A l'hôtel de ville, les examens de jeunes filles.
Illustration parue dans
le Petit Journal ;
dimanche 28 juillet 1895.
Collection particulière.

Le terme « production » sera pris ici dans son double sens, passif – comment les femmes sont produites –, et actif – ce qu'elles-mêmes produisent. En effet, les femmes ne sont pas simples agents de la reproduction, mais sujets autant qu'objets de la production. Elles ne sont pas seulement créatures, mais créatrices, et modifient sans cesse le processus qui les fait.

Les femmes ont été fabriquées, continûment tout au long du siècle, par les préceptes et les rites religieux, par une éducation qui se voulait toujours distincte de l'instruction, par une instruction constamment maintenue dans les bornes du savoir utile, de la bienséance, du savoir-faire et du savoir-montrer ; l'éducation étant plus stable parce que amarrée aux tâches et aux devoirs d'épouse, de mère, de ménagère, ressassés à l'envi par le chœur quasi unanime des clercs, des philosophes, des moralistes et des hommes d'État ; l'instruction étant plus changeante, parce que fonction d'un niveau général, auquel il convient de s'adapter, et d'options politiques variables.

Grand siècle pédagogue, le XIXe siècle prend conscience du pouvoir de l'éduca-

tion, du rôle de la famille et de celui des mères notamment pour la petite enfance ; il développe discours et action en direction des filles. Écoles, pensions, cours sont créés partout, en réseaux souvent concurrents, mais tous résolument non mixtes tant est grande la volonté de spécifier le sexe. L'alphabétisation des femmes a sans doute marqué le pas après la Révolution française ; puis elle a progressé et rattrapé son retard. D'abord affaire privée et largement confessionnelle, l'éducation des filles devient question publique, du moins dans les pays (France, Belgique) où s'instaure un modèle laïque qui s'appuie sur une relative promotion des femmes. L'aspect le plus intéressant est alors l'édification d'une morale d'autant plus exigeante qu'elle trouve en elle-même son propre référent. La Vertu se substitue à Dieu.

L'éducation des filles est un enjeu : religieux, politique et, dans l'Europe des nationalités, ethnique. Partout, à Athènes comme à Budapest, dans l'Empire austro-hongrois comme dans la Russie des tsars – la première à ouvrir les universités aux filles –, des réformes ardemment discutées reformulent les contenus, élèvent le niveau des exigences, élargissent le champ des études, avec toutefois des limites et des réticences provoquées par la peur récurrente des femmes trop instruites, distraites de leur foyer et concurrentes des hommes. Les frontières, institutionnelles et théoriques, du savoir se sont déplacées ; elles n'ont jamais cédé.

Parce qu'il prend aussi la mesure de l'emprise suggestive des images, ferment d'imitation et de transgression, le XIX*e siècle redoute l'accès incontrôlé des femmes – têtes folles, nerfs fragiles – à l'écrit. Depuis la Renaissance, la querelle du Livre n'a pas cessé, avec des variantes auxquelles on sera sensible : les protestants, ceux du « Réveil » surtout, se montrent nettement plus confiants dans le jugement des femmes ; d'où l'avance culturelle de celles-ci* *dans les pays dominés par la Réforme ; et le rôle joué, en France, par les protestants dans la création d'un modèle laïque d'éducation féminine est bien connu. Religieux et laïcs rivalisent de propos sur la lecture, définissent les genres permis, prodiguent des conseils, organisent des collections de « bons livres » et de journaux spécialisés qui, tout compte fait, élargissent les horizons.*

Ils ont aussi pour effet d'accentuer la distinction des âges : à côté de leurs plus précoces émules masculins, la petite fille, l'adolescente, la jeune fille, la jeune femme entrent dans le cercle des interlocuteurs qu'il importe non seulement de discipliner, mais de former, avec tout ce que cela peut comporter de positif et d'ouverture au monde. Parce que la traduction est considérée comme une tâche féminine, les femmes ont appris les langues étrangères et connu d'autres cultures dont elles ont pu être les médiatrices. Parce que le récit de voyage leur était, plus que le roman, licite, elles ont eu le désir de partir. Secrétaires de « grands hommes », elles ont pénétré le cercle créateur.

Ainsi, elles ont pu s'emparer de ce qui leur était donné, ou laissé, pour leur intérêt ou leur plaisir, et devenir à leur tour productrices de savoirs. A ces formes de détournement et de retournement, à ces bricolages infimes par lesquels les dominés s'approprient les mots et les choses, il faut prêter une attention extrême : faire l'histoire sexuée des pratiques culturelles. Voir comment et de quoi les femmes ont été des lectrices, donnant substance à l'image de la femme au Livre, tissée de réminiscences religieuses, de rêveries domestiques et d'imaginaire érotique. Voir comment et de quoi les femmes sont devenues des « écrivantes », dans le domaine privé surtout, ardentes épistolières d'un siècle qui fait des correspondances un mode privilégié de communication ; et, pour certaines d'entre elles, des écrivains. Voir comment et de quoi les femmes sont devenues des artistes. Tandis que la musique, ce langage des dieux, demeure inaccessible à leur invention, certaines ont usé du pinceau en professionnelles, illustratrices, dessinatrices de mode, peintres de talent exposant leurs œuvres – sinon des chefs-d'œuvre : tant les obstacles sont forts à la création. Au point que si ce scandale arrive – une femme véritablement « grand » peintre ou écrivain –, on la classe (Berthe Morisot dans les berceaux, George Sand dans le rustique), on la dénigre ou on l'enferme (Camille Claudel). C'est que le génie, mystère divin ou biologique, ne peut être que masculin.

Au reste, l'ambition, qui fait le malheur des hommes, ferait encore plus celui des femmes. Le génie des femmes n'est-il pas dans leur vie, harmonieuse et unitaire ? Certaines le pensent, et parmi les plus grandes. L'obstacle à la création réside sans doute aussi dans ce consentement aux rôles séparés et dans les représentations qui les fondent.

Dans l'ordre du symbolique qui gouverne les partages.

Dans l'ordre du langage qui les dit.

G.F. - M.P.

5

IDOLÂTRIES

REPRÉSENTATIONS ARTISTIQUES ET LITTÉRAIRES

STÉPHANE MICHAUD

Jamais on n'a autant parlé des femmes qu'au XIXe siècle. Au désarroi des plus lucides, le sujet est partout : dans les catéchismes, les codes, les livres de bonne conduite, les ouvrages de philosophie, de médecine, de théologie et, bien évidemment, dans la littérature. A-t-on jamais autant légiféré, dogmatisé, rêvé sur les femmes ? La Révolution française progressiste célèbre en elle « la divinité du sanctuaire domestique », tandis que l'Église catholique, puisant dans son trésor, érige l'Immaculée Conception de Marie en article de foi. Le 8 décembre 1854 en effet, Pie IX déclare solennellement que, seule entre toutes les créatures, la Mère de Dieu a été préservée du péché originel. La convergence inattendue qui s'établit ainsi par-delà les années entre l'État laïc et l'Église, institutions réputées antagonistes, ne manque pas de frapper. Elle se manifestait déjà dans la gravure républicaine qui représente la déesse Raison en madone, d'après les tableaux de la Renaissance italienne, ou donne à la femme quatre seins, symboliques des quatre saisons de l'année. Quelle est donc cette force qui l'emporte sur les idéologies et exclut la femme du registre des faits ? Impossible de croire que ce soit la Nature, comme l'époque l'avance avec une téméraire insistance. C'est celle des images. La femme ici est *imaginaire.* Idole, elle fascine le siècle.

Le culte des images

Si la littérature et les arts sont au cœur de la métamorphose, aucune littérature, peut-être, plus que celle du XIXe siècle n'a réfléchi au pouvoir des images, à la séduction qu'elles exercent, à la vie propre dont elles sont douées. Les images sont susceptibles de menacer l'intégrité du sujet, à moins qu'elles ne règlent au contraire sa conduite. De l'Allemagne romantique à l'Angleterre d'Oscar Wilde dans les années 1890, en passant par la France d'Offenbach et de Villiers de l'Isle-Adam, une décennie plus tôt, le siècle fourmille d'histoires qui illustrent leur dangereuse facticité. Immatérielles ou non, elles sont tout sauf insignifiantes. Elles parlent à l'homme de son désir et de l'incapacité dans laquelle il se trouve d'en rejoindre l'objet. Malheur à qui voudrait en défier la loi. Peter Schlemihl a payé d'une errance sans fin le fait de s'être débarrassé de son ombre, et Dorian Gray de la vie celui de s'être épris de son immobile beauté que le peintre avait fixée sur la toile. Mais le drame est plus souvent représenté, et non moins poignant, qui se noue autour de la femme-poupée ou statue. Le leurre conduit à la mort. *Les Contes d'Hoffmann* le disent exemplairement sur la scène lyrique. Comment l'image ne serait-elle pas prégnante en ce siècle qui s'ouvre sur la célébration fastueuse de l'imagination, faculté première qui sacre l'artiste ? A en croire Goethe et Novalis, Coleridge et Baudelaire, l'imagination est ce don royal qui enflamme et contient tous les autres : elle hausse l'artiste au rang de démiurge, de guetteur d'harmonies et de réseaux de sens. Ni l'anglais ni l'allemand n'ont trop de noms pour elle (*imagination* ou *fancy, Einbildungskraft* ou *Fantasie*), puisqu'elle serait le chemin de l'infini. Et Freud nous apprend, dans *l'Interprétation des rêves* (1899), que l'énergie inconsciente qui travaille la pénombre des âmes mobilise un fonds primitif d'images (*Wunschbild* ou *Urfantasie*) sans lequel tout accès serait définitivement barré à l'énigme que nous sommes à nous-mêmes.

En rigueur de termes cependant, peut-on encore appeler images les modèles que la société propose aux femmes ? Une dégradation a eu lieu qui fige à jamais une relation vivante. La tyrannie est si brutale qui rabat l'infini de l'image sur une servitude de fait, le propos si cynique qui exalte les femmes pour mieux acheter leur soumission, que tout dynamisme est tari dans l'équation dérisoire posée par la suffisance masculine : la femme *est* madone, ange ou démon. Mais avant toute chose, elle est madone, la perfection des toiles de Raphaël, universellement admirées à travers toute l'Europe, venant auréoler de plénitude sensuelle le modèle de la mère à l'enfant, de la femme qui trouve son plus sublime accomplissement dans l'offrande du spectacle de sa maternité. Exaltées comme mères au secret du foyer, les femmes font les frais d'une volonté restauratrice. La Révolution a pu déposer le roi et inventer le citoyen ; elle ne crée pas la citoyenne. Le propos de l'Église est plus clair encore. Depuis la Contre-Réforme, la célébration de Marie revêt une valeur militante ; elle signe une volonté de reconquête, un refus de pactiser avec le siècle. Dûment mûrie, la proclamation du dogme représente par bien des côtés un coup médiatique. Atteint dans son prestige spirituel par l'indifférence religieuse qui gagne les esprits en Europe, touché dans son autorité politique par les premiers soubresauts de l'unité italienne qui l'ont un moment chassé de ses États pontificaux, Pie IX redore son blason en ressuscitant les fastes baroques : l'accroissement des gloires de Marie rejaillira sur son Fils et sur l'Église blessée. La femme symbolique est devenue un enjeu, un instrument de pouvoir. Elle a chassé les femmes de la vie. Et, sous cette tyrannie, plus rien, bien sûr, n'est à sa place.

Une approche pragmatique, sereine, de la question féminine est exclue : à en croire l'époque, le seul fait de la poser ébranlerait les fondements de la civilisation. L'angoisse est révélatrice des fragilités de l'édifice. Les grandes voix d'Olympe de Gouges, de Mary Wollstonecraft, de Flora Tristan, lorsqu'elles en appellent à l'évidence d'une nature humaine première qui transcende la différence des sexes, se brisent sur l'immobilité d'un ordre crispé sur ses prérogatives. « Let us consider women in the grand light of human creatures, who in common with men are placed on earth to unfold their faculties » (Laissez-nous considérer les femmes sous une grande lumière : créatures humaines, elles ont en commun avec les hommes d'être sur la terre pour développer leurs facultés) – la requête que Mary Wollstonecraft exprime en 1792, dans *A Vindication of the Rights of Woman*, reste vaine et scandaleuse tout au long du siècle. L'idole, façonnée de main d'homme et silencieuse, ne saurait gagner sa liberté. Balzac le dit crûment : « La femme est une esclave qu'il faut savoir mettre sur un trône. »

La société a donc choisi. Pesant de tout son poids pour freiner une émancipation naissante, sourde aux voix qui se font entendre dans les convulsions de 1789, de 1848 et des années 1870, lorsque les femmes descendent dans la rue ou montent aux barricades, elle couvre du voile de la poésie une manœuvre efficacement soutenue par des institutions aussi respectables que la médecine, le droit et la religion. Toutes trois assument un même sacerdoce : veiller sur l'infirmité de la femme.

La littérature participe des pesanteurs qui dominent l'imaginaire social. Mais la conscience de ses pouvoirs propres la sépare de la société fermée à la vie. A l'école de Baudelaire, qui consigne dans ses *Journaux intimes* le secret mobile dont se nourrit son art – « Glorifier le culte des images (ma grande, mon unique, ma primitive passion) » –, la littérature se sait, par toute une part d'elle-même, vouée à l'imaginaire. « Le plus haut dans l'Art (et le plus difficile) », écrit Flaubert, chef de file dont se réclamera la vaste génération des écrivains réalistes et naturalistes, consiste à « faire rêver ». Pour ce mystique de la littérature, le salut consiste à rendre sa vigueur et son frémissement à la parole : telle une flèche empennée, elle atteint alors au cœur de l'être. L'écriture qui investit la femme *manquante* – foyer symbolique éminemment réceptif et sans nul doute surinvesti où, en dépit d'eux-mêmes, les hommes abritent leurs contradictions et leurs rêves – introduit du jeu dans un monde immobile. Dans ce rôle, naturellement, l'écriture ne saurait être que masculine et accentuer l'exil intérieur de la femme. Associée à l'imagination, la femme aimée devient la matrice de toute magie, de toute métamorphose. Elle recule pour son partenaire les frontières du moi, cristallise sur sa personne les rêves de l'enfant comme les désirs les plus fous de l'adulte, et actualise la loi si vivement sentie par Mme de Staël, qui veut que « les passions ne s'attachent dans toute leur force qu'à l'objet qu'on a perdu ». Sans doute est-ce en effet parce qu'elle les a reconnus comme rêves, que la littérature du XIXe siècle livre la clé de rêves plus anciens. Jetant l'incendie dans les esprits, la femme y avive une inguérissable blessure ; elle rend la vie à son jaillissement mystérieux.

D'un autre côté – et ce serait peut-être là un second versant du siècle – il suffit d'un regard, parfois même du plus froid, pour poser des problèmes que la société répugne à soulever et les transfigurer à l'épreuve d'une fatalité. Donner à voir, mettre en scène non plus seulement le désir masculin, lancinant dans son omniprésence, mais la liberté des femmes et les écueils sur lesquels elle se brise – ou, au contraire, l'incroyable défi qu'elle oppose à qui doutait encore de son existence –, c'est ouvrir (contre les institutions qui se hâtent de conclure) un espace de lucidité, de sympathie, voire de tendresse. Et les femmes ont cette fois leur place à côté des hommes, même s'il leur faut la défendre pied à pied, le plaidoyer auquel elles sont contraintes brisant leur épanouissement.

Le miroir que tend la littérature (et qui en appelle si directement à l'artiste qui le dispose et dont le cadrage sélectionne le réel) parle ainsi d'une vérité non sue ou que l'on aurait voulu tenir cachée. Il éclaire la société sur elle-même, plus fortement peut-être qu'en aucune époque antérieure. Et pas seulement – fait fondamental, qui appellerait à lui seul un développement – en raison de la part grandissante que prend la littérature avec l'importante extension du public lecteur qui, dans tout l'Occident, accompagne la progression de l'instruction et la diffusion sans cesse plus grande de l'imprimé. Le changement le plus profond tient peut-être en ceci : l'écrivain sait désormais que, par le seul pouvoir créateur de la langue, il gouverne un monde. Sa liberté oppose un vivant défi aux misérables ruses que la société met en œuvre, fait grimacer de façon intolérable le masque que celle-ci se compose à grand-peine. Les remèdes pour combattre cette intervention sont médiocres et inopérants. Ils s'épuisent à jeter le discrédit sur l'artiste, accusé d'immoralité, ou au contraire à le statufier dans une pose qui le trahit. Vaine tâche pourtant que de domestiquer le génie : la critique réussit-elle jamais à le faire trotter sur les chemins de la routine ? L'œuvre est irréductible, le scandale inévitable : Flaubert et Baudelaire l'illustrent dans la France du second Empire, et à leur suite toute cette génération qui, à partir des années 1880, dans l'Europe du Nord ou du Midi, à Stockholm comme à Londres, à Paris, à Madrid ou à Vienne, balaie les hypocrisies.

Dès 1793, Blake affiche au fronton du siècle une sentence d'infamie : « Brothels [are built] with the bricks of Religion » (Les bordels [sont bâtis] avec les briques de la Religion)[1]. Il fustige l'amour captif et dégradé, le mensonge qui règle les relations entre les sexes. Sans doute n'est-il pas abusif de mettre en regard le fameux cri de Flaubert devant son héroïne : « Madame Bovary, c'est moi. » Assurément, le mot reste énigmatique, la faillite sur laquelle se clôt le roman évidente. Il est clair cependant que Mme Bovary, adultère, coupable et déchue de ses rêves, reste supérieure aux lâchetés qui l'accablent. Son créateur ne se dérobe pas : loin de l'abandonner à la vindicte des bien-pensants, il s'identifie à son destin.

Il faudra en vérité attendre les travaux de la critique la plus récente pour qu'éclate au grand jour l'incroyable mauvaise foi dont fait preuve la littérature, plus redoutable sans doute à la fin du siècle qu'à ses débuts. Pour reprendre les termes de l'un des meilleurs observateurs de la période, les exemples sont légion dans lesquels « les femmes, qui sont victimes, semblent en fait coupables, et n'ont pas de mots pour se faire entendre[2] ». La littérature cautionne un système de leurres et de mirages, et tend des pièges d'autant plus redoutables qu'ils sont mieux montés. Qui dira les ravages exercés par la femme imaginaire – ange ou madone – qui gouverne le siècle ? Mais si les héroïnes du XIXe siècle n'ont pas fini de nous solliciter en dépit des changements profonds intervenus depuis dans les mœurs, si elles revivent si souvent sur nos écrans, n'est-ce pas précisément par leur soif de bonheur, leurs contradictions et le destin qui les broie ? La liberté ne se partageant pas, aucune de leurs aspirations ne saurait nous être étrangère.

Les sortilèges de l'opéra ne nous égareront pas qui relaient bien souvent sur la scène lyrique les fantomatiques et lâches compromis de la morale bourgeoise. L'exemple le plus illustre en est fourni par *la Traviata* de Verdi qui accomplit au milieu du siècle la métamorphose en sainte de la touchante prostituée créée quelques années plus tôt dans *la Dame aux camélias* d'Alexandre Dumas fils. Le scénario de la rédemption par l'amour, dominant sur les planches de l'époque, opère une fois de plus. Sauf que cette fois, ce n'est pas l'intercession d'une femme pure qui mérite le salut au criminel, mais l'improbable soumission de la pécheresse aux lois de la famille. L'évidence du renoncement s'impose à la conscience de Violetta, éclairée par les représentations du père de son amant. Le sacrifice de la courtisane sur l'autel de la famille et du patrimoine, que son activité menace, scelle sa rédemption. « Elle est au ciel », chante victorieusement le chœur final.

Il est difficile de répondre plus fidèlement à l'attente d'un public épris de plaisir et d'ordre, et qui ne cesse d'opposer une réponse mythique à l'un des problèmes sociaux les plus insistants de ce grand siècle industriel, indifférent aux cohortes de déracinés qu'il crée – du moins tant qu'elles ne menacent pas sa stabilité. Innocentes séduites (dont le modèle pourrait être la Marguerite du *Faust* de Gounod) ou mangeuses d'hommes (la Salomé de Strauss, par exemple, qui reprend dans une absolue fidélité la figure portée au théâtre par Oscar Wilde) traversent la scène, soumises ou redoutables, reflets en tout cas des plus purs rêves masculins. Wagner règne alors légitimement sur le siècle. Sa royauté ne tient pas seulement à la nouveauté de son écriture musicale. « Wagner est une névrose », affirme Nietzsche dans une notation directement transcrite en français. Il agit à la façon d'un « Lourdes théâtral », insiste pour sa part Thomas Mann. Il taille dans de lourdes draperies fantasmatiques des personnages tout d'une pièce, anges ou sorcières, que soutiennent les artifices d'une musique vénéneuse. Pour une Brünnhilde, vierge guerrière qui abandonne l'immortalité, devient femme et accompagne Siegfried dans ses tribulations sur la terre au risque d'être à son tour trahie et délaissée, combien de Senta, d'Élisabeth ou de Kundry, aveuglément fixées sur l'homme à sauver ou à corrompre ? Isolde, la plus haute peut-être de toutes les amantes en un drame qui resserre l'univers aux dimensions de deux consciences éblouies, se confond à ce point avec les pièges de l'amour narcissique qu'elle entraîne sa proie au néant et, portée par l'ivresse des leitmotive, sombre dans l'extase.

Laissons ces exemples, qui nous parlent encore une fois du désir masculin. La passion romantique qui s'enivre d'elle-même et les fables moralisantes instruisent moins sur la réalité féminine que les ouvrages qui, très tôt dans le siècle et avec une insistance et une richesse thématique à la mesure de sa progression, donnent une voix au désenchantement. Le bonheur – entendons l'épanouissement de soi, la réalisation personnelle, et non pas ce simulacre qui naîtrait de l'abnégation et du dévouement au service d'autrui – reste inaccessible aux femmes. Existe-t-il pourtant aventure plus personnelle que sa quête ? Elle mobilise les mille ressources de l'esprit féminin. Il n'est pas jusqu'à la défaite qui ne se découvre comme un immense champ problématique, traversé de révoltes ou accepté dans de silencieuses soumissions. Quand la victoire appartient à l'ordre établi et se gagne par de médiocres intrigues, il est des défaites qui signent un destin. Le roman n'a pas fini d'en décrire les modalités, même si le pessimisme fin de siècle fait entendre une voix plus sombre en renvoyant les sexes dos à dos dans une incommunicabilité fondamentale.

Si l'unité de la période s'impose à coup sûr (un siècle saisi entre les deux commotions de 1789 et de 1914, plutôt que mesuré au strict empan de la chronologie), le pari qui s'attache à décrire les images et représentations littéraires dans le monde occidental n'en est pas moins risqué – surtout si l'on ne veut pas détacher arbitrairement la littérature de son milieu naturel ni de ses alliés. Il secoue les habitudes de l'histoire littéraire, légitimement effrayée par de si vastes synthèses et peu accoutumée de surcroît à prendre en compte les questions radicales que les femmes lui adressent. L'époque est lourde de contradictions qu'elle nous a léguées pour le meilleur et pour le pire, et rares sont les appuis pour la comprendre. La notion de progrès, schéma trop commode qui a endormi la vigilance du siècle, reste sans pertinence. Les peurs, en revanche, qui transcendent les pays et défient les écoles, ont une histoire. Elles forment une souple et permanente matrice où s'élaborent une partie des modèles qui inspirent la peinture de la femme. La considération des mœurs pèse aussi d'un poids déterminant à côté des changements politiques et sociaux. Ainsi, la fin du siècle frémit tout entière de la découverte des énergies sexuelles, quand au contraire le mépris du corps qui se donne pour chrétien (lors même qu'il est imprudemment repris aux traditions stoïciennes ou gnostiques qui mettent en péril l'identité d'une religion dite de l'incarnation) corsète strictement l'expression dans les années antérieures.

Comment ne pas effacer de ce portrait les traits parfois si vivement contrastés qui dessinent le visage de chaque génération, respecter aussi – la chose n'est pas futile – le génie des langues (et des patois) qui donne à chaque personnage sa présence incontestable, ancre les héroïnes de Fontane dans le Brandebourg et celles de Hardy dans l'Angleterre rurale du sud de Londres, tandis que les nuances qui séparent l'Amérique de l'Europe (fût-elle anglaise) fondent le tourment des personnages de Henry James ? Épouser la vie, rebelle à l'esprit de système, repérer quelques réseaux de forces pour tenter d'en comprendre le jeu, se laisser troubler (qui sait ?) par quelques-unes de ces femmes imaginaires constituera notre seule sauvegarde.

Primauté de la femme imaginaire

> *Les femmes sont des coupes d'argent dans lesquelles nous déposons des pommes d'or. Mon idée des femmes n'est pas abstraite des phénomènes de la réalité, je la porte en moi depuis l'origine, à moins qu'elle ne me soit innée.*
> *Goethe à Eckermann, 22 octobre 1828*[3].

> *La femme est l'être qui projette la plus grande ombre ou la plus grande lumière dans nos rêves. (...) elle vit spirituellement dans les imaginations qu'elle hante et qu'elle féconde.*
> *Baudelaire,* les Paradis artificiels *(1861), repris par A. Breton et P. Eluard dans le* Dictionnaire abrégé du surréalisme *(1938).*

Initiateur, au siècle des Lumières, du tournant qui arrache les femmes aux mille contingences et situations qu'offre la vie pour les loger au ciel de l'imaginaire, Rousseau est aussi le premier à mesurer à ses dépens les dangers que recèle l'abandon au rêve. Succombant en effet aux charmes de l'héroïne romanesque qu'il crée dans *la Nouvelle Héloïse* (1761), l'enchanteur, ravi par cette Julie qu'il a dotée de toutes les perfections selon son cœur, rêve un moment qu'elle vient à sa rencontre sous les traits de Mme d'Houdetot. Doux égarement qu'il lui faut lourdement payer. Toutes proportions gardées, l'aventure se répète avec l'*Émile.* Jean-Jacques perd le sang-froid du pédagogue. Vaincu par les charmes de Sophie, pendant féminin d'Émile en ce vaste traité d'éducation, il fait plus que combiner les fils d'une intrigue qui la destine au mariage. Il intervient en sa faveur, célèbre ses perfections. Le philosophe avoue ainsi l'empire qu'exercent sur lui les images. Il ne s'en déprendra pas. La femme est essentiellement pour lui une image : elle aimante et électrise les énergies masculines. Elle détermine la dégénérescence ou au contraire le retour à la santé des sociétés.

Riche de tous les paradoxes que suggère le bonheur, l'envolée lyrique de Saint-Preux fait flamboyer des sortilèges :

> « Femmes, femmes ! objets chers et funestes, que la nature orna pour notre supplice, qui punissez quand on vous brave, qui poursuivez quand on vous

craint, dont la haine et l'amour sont également nuisibles, et qu'on ne peut rechercher ni fuir impunément ! Beauté, charme, attrait, sympathie ! être ou chimère inconcevable, abîme de douleurs et de voluptés ! beauté plus terrible aux mortels que l'élément où l'on t'a fait naître, malheureux qui se livre à ton calme trompeur ! C'est toi qui produis les tempêtes qui tourmentent le genre humain. »

L'éloquence des passions réussit-elle pourtant à donner le change sur le caractère exceptionnel de la tentative que développe le roman et que la mort vient heureusement sauver de l'échec ? Julie meurt avant de s'avouer clairement qu'il était chimérique de faire de l'amour un principe purement spirituel, confié à la garde de la vertu. Si *la Nouvelle Héloïse* laisse ainsi infiniment ouverte, au regard du bonheur et de la vie, la question d'un ministère spirituel de la femme que Rousseau soulève contre son siècle, la fantasmagorie est pourtant déployée qui fascinera jusqu'au surréalisme. Et elle agit de façon d'autant plus insidieuse que par son étendue, son ampleur, sa puissance conceptuelle et musicale, la pensée de Rousseau inaugure un nouveau monde. Le mal, affirme en effet Rousseau, est profond : il affecte l'être. La responsabilité en incombe à l'état de société qui constitue une déchéance par rapport à l'état de nature. C'est donc au principe des choses que doit porter le remède. L'entreprise de restauration, puisqu'on ne saurait revenir à l'état de nature, implique que l'on bâtisse sur de fermes valeurs. En est-il de plus agissante que celle de la féminité ? Mieux qu'un remède dans le mal, selon l'expression de Jean Starobinski, la Femme (altérité salvatrice qui mérite désormais la majuscule) est érigée en promesse. Elle « incarn(e) la plus haute chance de l'homme et, selon la pensée de Goethe, demand(e) à être tenue pour la clé de voûte de l'édifice », affirme André Breton au milieu du XXe siècle encore.

Quand bien même elle s'écartera du romantisme, l'époque ne cessera de vivre de cette illusion. Car il faut bien voir que l'altérité est toute fictive. Elle est construite par l'homme. Rousseau ne le cache pas, qui théorise dans l'*Émile* la soumission de la femme à la nature et aux prudences sociales, livrant ainsi à ses successeurs un dangereux arsenal dont ils ne manqueront pas de faire usage. Car la révélation de la femme ne saurait être que l'effet de l'homme : « Éva, qui donc es-tu ? Sais-tu bien ta nature ? », demande Vigny à sa compagne dans *la Maison du berger* (1844). Mais révéler la femme à elle-même, ce n'est jamais que la rêver, la modeler (et de préférence docile, enfantine), voire la protéger contre les forces obscures qui l'habitent (la faiblesse, l'impureté, l'hystérie). Baudelaire le sait mieux que quiconque, qui assure que « la femme est naturelle, c'est-à-dire abominable ». C'est à peine si elle se distingue du singe ! Mais que les bijoux, les parfums, les cosmétiques s'en emparent, et la métamorphose est infinie. Il n'est pas jusqu'à la sottise qui ne favorise l'idolâtrie. La femme, ainsi vidée d'elle-même, soulève l'insupportable chape de l'existence et rend au poète le paradis de ses rêves. Le petit récit de Baudelaire intitulé *la Fanfarlo* (1847) le montre bien, où, au moment de posséder la femme aimée, superbe en son abandon, l'amant réclame de la danseuse qu'elle aille quérir au théâtre la robe dans laquelle elle a paru quelques heures plus tôt sur la scène, et n'oublie pas le rouge qui la fardait. De quoi le dandy était-il amoureux sinon d'une image, d'un artifice ?

Entendons-nous bien : la poésie jette par là des coups de sonde infiniment osés dans la nature humaine. Dans l'excentricité absolue d'une aussi douloureuse recherche, la femme quitte le statut médiocre de compagne naturelle de l'homme. Elle n'est pas davantage la commode et menteuse figure messianique dont le socialisme s'échauffe un moment. Cruelle le cas échéant, elle échappe à toute prise, signifiant d'un infini qui la dépasse – gouffre du Mal ou registre imprévisible de la vie qui, par définition, se donne mais ne se retient pas. Le désir masculin qui ressuscite sans cesse le rêve d'une femme reflet, chimère ou automate, se brûle à l'impossible flamme qui le tourmente. La création des plus grands ne se contente pas de flageller la suffisance du siècle. On aimerait presque avancer qu'à sa pointe extrême, la conscience de la part d'artifice dont elle se soutient désespérément (que serait Baudelaire, par exemple, sans le dogme du péché originel qui l'enferme dans la mauvaise conscience et la malédiction ?) hausse la littérature au rang d'hommage blasphématoire rendu à une irréductible liberté.

Mais comment les femmes de chair ne seraient-elles pas brisées à un jeu dont elles sont au mieux les prétextes, et toujours les victimes ? On connaît le mot par lequel Baudelaire prend congé de Mme Sabatier, qu'il a longuement courtisée en des sonnets mystiques, au lendemain de sa nuit d'amour avec elle : « Il y a quelques jours, tu étais une divinité (...). Te voilà femme maintenant. » La chute est brutale, sans appel, à peine tempérée par l'aveu prémonitoire qu'il lui avait fait au temps de ses assiduités : « Je suis un égoïste – je me sers de vous. »

C'est au prix pourtant d'expériences aussi extrêmes que l'époque opère une percée révolutionnaire dans les domaines les plus divers de la création et de la pensée. Car si, sous la plume de Hölderlin, la poésie devient la conscience critique de son temps et, selon les termes de son ami Hegel, l'« institutrice de l'humanité » *(Lehrerin der Menschheit)*, si avec Baudelaire et Nerval elle franchit des seuils interdits dont l'intensité aveugle, c'est à travers ce culte rendu à un féminin suprême, pure image sans doute qui se confond en son principe avec la poésie même. En un temps où l'ancienne société s'effondre pour laisser place à une nouvelle encore incertaine d'elle-même, dans la faillite des anciennes valeurs, elle s'autocélèbre dans un culte désespéré.

Le roman lui-même qui, à travers les grands maîtres, les Balzac, les Dickens, les Zola (pour jeter au hasard quelques noms), se fixe pour but la peinture des réalités sociales et voudrait parfois rivaliser de froide exactitude avec l'homme de science, se laisse emporter par les démons ambiants. Dickens présente un cas extrême. Il manifeste à quel point l'observation aiguë de la misère sociale et la peinture de la femme constituent des registres séparés. La réussite dans le premier domaine s'achète d'incroyables stéréotypes dans le second. Comme tant d'autres, Balzac tremble devant la monstruosité de la femme auteur : elle défierait les lois de la nature, terroriserait par « je ne sais quoi de vierge, d'indompté ». Et il ajoute, prenant vivement ses distances avec le modèle biblique : « La femme forte ne doit être qu'un symbole, elle effraie à voir en réalité. »

Les cauchemars qui tourmentent les théologiens et leurs disciples laïcs (un Proudhon par exemple) à la seule évocation de la femme qui ne serait pas tout entière soumise à l'homme visitent également les Goncourt, qui pourtant gagnent de nouvelles terres à la peinture féminine. Ils lèvent en effet l'un des derniers interdits littéraires, ouvrent le roman aux déclassées, filles mères comme Germinie Lacerteux (1865), qui sombre dans « l'hystérie ancillaire » et meurt phtisique, prostituées saisies par le crime, telle l'héroïne de *la Fille Élisa* (1877) que l'inhumain régime du silence dans les prisons de femmes dépouille de toute volonté et livre épuisée à l'idiotie et à la mort. Chez les deux frères, qui sont aussi des enquêteurs attentifs, l'étude des documents nécessaires à l'élaboration du roman s'appuie sur le choc reçu sur le terrain, dans le cas présent, lors de la visite de la centrale de Clermont-de-l'Oise. Les initiateurs du grand voyage au pays des ouvrières, de la délinquance et du demi-monde, ceux qui ouvrent la voie à l'épopée à rebours de Gervaise dans *l'Assommoir* de Zola (1877) comme à la peinture de toutes ces femmes de peine qui peuplent la scène et le roman naturalistes en Europe, sont aussi les témoins du mépris qui s'attache à la femme, crûment réduite à apparaître comme sexe sinon comme marchandise. Leur *Journal* s'emploie rageusement à débiter en formules l'antiféminisme de l'époque. Il fourmille de sentences assassines sur l'inhumanité de la femme que la nature aurait « ravalée à la matrice ». Les jours sont désormais lointains où la femme représentait pour Baudelaire l'attrait de l'infini. Zola, dont l'influence est si décisive à travers l'Europe des années 1880, prend le relais. Plus qu'à l'histoire sociale, Nana, la bête immonde et dévoratrice, appartient au mythe. De femme entretenue, qui flatte l'appétit de jouissance d'une société qui se rue au plaisir, elle se hausse au rang de symbole. Elle illustre les ravages d'une sexualité détournée de la procréation, exprime la décomposition qui mine le second Empire. Le trait froid de Maupassant lui-même véhicule une horreur de la maternité, assortie d'un total abandon à une inaccessible femme de rêve, révélatrice de ses hantises propres. Que dire alors de l'esthétisme de Huysmans ? Le romancier a beau jeu de railler « l'idéalisme de ganache », « l'inanition de vieille fille exaltée par le célibat » dans laquelle la littérature se serait complue jusqu'au naturalisme, il ne peut faire que ses écrits ne véhiculent une image de Salomé qui frappe aux portes de l'épouvante cosmique (*A rebours*, 1884).

Les autres pays européens ne sont aucunement en reste. L'image de la femme sphinx ou chimère habitait Heine, avant de travailler, à la fin du siècle, l'imagination des peintres Gustave Moreau et Félicien Rops. L'implacable vierge jette ses terreurs sur le théâtre de Hauptmann et de Hofmannsthal, la courtisane chez Wedekind, créateur de l'effrayante Lulu que Berg portera à l'opéra en 1935. Les préraphaélites en Angleterre, Klimt à Vienne, Edvard Munch et Alfred Kubin en Allemagne n'évoquent pas sur leurs toiles des visions moins troublantes. Mais la France manifeste peut-être plus nettement et plus tôt qu'aucun autre pays à quel point toute une part de la floraison artistique et intellectuelle s'alimente à une représentation sexuée des choses qui fixe pour but à l'homme la domination de l'inquiétante étrangeté féminine. Puissant et intuitif, le génie de Michelet se soutient de conceptions frustes qui soulèvent sa prose d'un puissant lyrisme. Mâle fécondateur des terres de l'histoire, il les envahit avec la même tyrannie amoureuse avec laquelle il régit la vie privée de sa seconde femme. Il déchiffre en visionnaire le destin de la France et du peuple, célèbre les énergies bienfaisantes de la sorcière et de la mère, présente au contraire l'influence des femmes comme un élément déterminant qui a perverti la Révolution (*les Femmes de la Révolution*, 1854). C'est paradoxalement la science, qu'elle s'appelle sociologie avec Comte ou histoire des religions avec Renan, qui pousse la logique du siècle à son terme lorsqu'elle rêve de l'avènement d'une humanité supérieure dans laquelle la parthénogenèse résoudrait enfin le scandale qui confie la survie à la garde d'un sexe aussi imparfait que celui des femmes.

Le continent noir de la Femme effraie, et il n'est pas de délire qui ne soit préférable à sa présence scandaleuse et nue. L'idéalisme allemand s'y use, et Wagner à son tour. La musique, par bonheur, fait voler en éclats la pauvreté des explications dogmatiques du maître qui tente vainement de fixer « la femme éternelle » *(das ewige Weib)* dans une nature vassale au service de l'homme. La dérisoire tentative de démarquage à laquelle il procède de l'œuvre goethéenne ne souligne que davantage l'originalité du modèle. Si masculin que fût son esprit, Goethe ne pouvait épuiser le génie de la femme dans la seule relation amoureuse. Comme le remarque sa contemporaine Rahel Varnhagen, l'une des femmes émancipées du romantisme qui tint salon à Berlin, ce n'est pas un hasard si, dans la vaste galerie féminine qui compose *les Années d'apprentissage de Wilhelm Meister*, les femmes qui sont exclusivement vouées à l'amour succombent à la mort. L'éternel féminin, valeur suprême sur laquelle se clôt le *Second Faust*, représente certes un couronnement. Le poète y confie sa sagesse à la garde ailée de la musique et du symbole. « Das Ewig-Weibliche/ Zieht uns hinan » (L'éternel féminin/ nous tire vers le haut), proclame le chœur. Le strict dépouillement de ses sentences conclusives, que lient seulement la brièveté du mètre et le jeu des rimes croisées, dresse le bilan d'un destin. Il enregistre la continuité entre le temps et l'éternité. Faust a connu plusieurs femmes, Marguerite, petite bourgeoise qu'il a conduite à sa perte, Hélène, héroïne antique un moment ressuscitée dans sa perfection inaltérable. Avec Marie, Mère de Dieu (implorée par Marguerite dans la scène finale qui montre l'ascension de la part immortelle de Faust dans un décor de hautes montagnes peuplées d'anges et de mystiques), elles ne forment pourtant qu'une part du symbole dont le poète inscrit le miracle dans une audacieuse combinaison langagière. Le symbole n'existe en effet que saturé des énergies mobiles du rêve, de la beauté, de la nature. Les énergies qui ont guidé Faust au long de son voyage se conjuguent désormais en un ultime accomplissement. Détaché de toute possession, rendu à la souplesse d'une existence déliée et ouvert aux médiations qui allègent, Faust appartient de plein droit à l'être. Goethe célèbre un désir docile aux lois de la vie.

Comment se tenir à pareille hauteur quand le siècle enseigne une pâle hypocrisie ? La vérité officielle d'une humanité triomphante, au sommet des conquêtes que lui aurait apportées la civilisation, est minée par la dissolution des consciences et des individus. La *Maison de poupée* du Norvégien Ibsen (1879), dont le succès est saisissant, immédiat, sur toutes les scènes européennes, le manifeste lorsqu'elle fait tomber le rideau sur un départ définitif : Nora claque la porte du domicile conjugal pour vivre enfin par elle-même. Elle s'est dévouée à son mari, l'a sauvé de la mort et lui a donné deux enfants. Mais celui-ci reste par trop inconsistant, incapable de voir en elle autre chose que la femme-poupée dont il a besoin. Il n'est dès lors d'autre salut pour Nora que la fuite : l'existence commence au-delà du seuil familial. Quclle ccrtitudc dcmcurc, s'intcrrogc pour sa part Schnitzlcr, à l'aube du XXe siècle. Son théâtre et ses récits fouillent intensément la pénombre des âmes, en ressassent les angoisses et l'éternelle indécision. A laisser planer le doute sur la réalité des faits vécus, indifférents somme toute puisque les fantasmes les gouvernent sans conteste et que les êtres sont entraînés par une dérisoire mécanique sociale, Schnitzler illustre encore, mais par un retournement inédit, la prégnance et la faillite de l'imaginaire. L'homme et la femme s'y dissolvent, emportés par les mêmes flots de l'inconscient. Un autre Viennois est là tout proche, Freud, qui se reconnaît dans cette sombre lucidité.

Fatalités

Il faut que l'existence parte de soi (...) et que, sans jamais être le centre, on soit toujours la force impulsive de sa propre destinée.
Mme de Staël, De l'influence des passions *(1796).*

Quand elle voyait le système rigide qui l'enserrait (...), une sensation d'obscurité et d'étouffement s'emparait d'elle.
Henry James, The Portrait of a Lady *(1881)*[4].

Comment naître à la liberté dans une société qui ne la tolère pas ? Comment atteindre au bonheur dans un monde où la sphère de l'activité féminine va sans cesse se rétrécissant ? Le confinement de la femme à la maison, disent les traités victoriens, fonde son autorité morale. « You have deep responsibilities ; you have urgent claims ; a nation's moral worth is in your keeping » (Vous avez d'éminentes responsabilités ; vous avez une tâche urgente : la valeur morale d'une nation est entre vos mains), déclare à ses lectrices l'un de ces innombrables traités par lesquels la bourgeoisie industrielle triomphante dicte sa loi, *The Women of England* de Sarah Ellis (1839). Chaque nation défend ainsi son modèle, d'une égale fadeur au demeurant d'un pays à l'autre. Mais il va de soi que le pouvoir dévolu aux femmes tient à un contrat par lequel celles-ci abandonnent toute prétention personnelle, politique ou sociale. Qu'elles le déchirent, et les hommes quittent aussitôt l'esprit de chevalerie – idéal quichottesque dont ils font miroiter les faux clinquants. C'est la guerre.

La littérature en constitue le champ immédiat. L'écriture avait pu être, dans les dernières années du XVIIIe siècle encore, un élément de la liberté féminine. L'activité épistolaire, particulièrement appropriée au rythme brisé des journées de qui veille sur une famille et une maison (dans la mesure où la plume peut être prise et laissée), adéquate aussi à la sphère privée dans laquelle se tiennent les femmes, avait glissé dans la littérature et pénétré le roman. Avec les premières années du XIXe siècle, la situation se tend. Son simple maintien devient problématique. Paradoxalement, l'Angleterre est peut-être le pays qui tolère le mieux les femmes écrivains. Mais cette tolérance, toute relative, ne vient-elle pas de ce que Jane Austen, les sœurs Brontë ou encore George Eliot n'affrontent pas de plein fouet l'ordre établi ? Le mariage reste pour elles la grande affaire. Jane Austen peut encore être optimiste, et les sœurs Brontë montrer la victoire de Jane Eyre : orpheline déshéritée, elle finit par contraindre son séducteur à l'épouser et atteint ainsi au terme de ses espoirs (quand bien même la vie les a cruellement rognés).

Ailleurs, la lutte est âpre. Elle arrache à Mme de Staël, dès 1800, le douloureux constat que la femme de lettres traîne sa malheureuse existence « comme les Parias de l'Inde ». Repoussée, maudite, elle paie pour l'interdit qu'elle a brisé : elle s'est aventurée sur le terrain des hommes, a osé exister par elle-même. Habitée comme tant d'autres de sa génération par la « rage d'écrire », première voie de l'émancipation, George Sand ne s'impose pas sans peine. Contraint de la tolérer en raison de l'ampleur de sa production et de la puissance de son génie, le siècle ne lui épargne pas les persécutions et, fort de l'assurance que le mal est ici inévitable, met tout en œuvre pour éviter qu'il ne se répète à un autre exemplaire. Les pays germaniques n'offrent guère un tableau plus réjouissant : la restauration metternichienne étouffe les initiatives antérieures. Rahel Varnhagen, qui avait goûté à la liberté, se rebiffe. Sa correspondance restera privée : la publier imposerait de se masquer, de se plier aux rôles que distribuent les hommes. Rien n'illustre mieux l'inégalité qui règne que la considération du sort fait à deux écrivains étroitement liés par le sang, Clemens et Bettina Brentano. Lui est poète, fêté, reconnu. Elle a beau être quinquagénaire lorsqu'elle commence à publier autour de 1835, être veuve, mère de sept enfants et personnalité berlinoise – elle ne peut faire que son frère ne lui reproche de blesser la pudeur en se livrant sur la place publique. Il est vrai que Bettina aggrave son cas en enquêtant sur la misère sociale des quartiers pauvres de Berlin. Le scandale social vient redoubler le scandale littéraire, et le livre est interdit. « Warum war ich kein Mann ! » (Que n'étais-je un homme !) – s'interrogeait déjà la malheureuse Caroline de Günderode, créature ardente que l'irresponsabilité de ses partenaires achève de conduire au suicide.

Le roman féminin peint alors naturellement le désenchantement et le bonheur brisé. Regardons l'œuvre de Mme de Staël. Poétesse richement douée, Corinne ne peut envisager d'autre accomplissement que de déposer l'hommage de la gloire qu'elle a acquise aux pieds d'Oswald, son amant. Mais celui-ci se dérobe, victime d'un faux devoir. Corinne n'a plus qu'à mourir. « Le sort d'une femme est fini – affirmait déjà *Delphine*, le roman précédent – quand elle n'a pas épousé celui qu'elle aime ; la société n'a laissé dans la destinée des femmes qu'un espoir ; quand le lot est tiré et qu'on a perdu, tout est dit. » Le constat enregistre une terrible vérité d'époque. Il n'est pas d'épanouissement pour la femme dans un monde misogyne. Au mieux – et George Sand ouvre là avec *Consuelo* une carrière nouvelle à l'exclusion de la femme – peut-elle s'associer aux autres parias et rejoindre dans une même errance rédemptrice le peuple promis à la victoire. A cette date (1844), et pour un bref moment, le ciel s'est dégagé ; la solidarité avec les opprimés trouve un début de réalisation dans l'action sociale de Flora

Tristan, par exemple, qui organise le monde ouvrier au cours de son tour de France. Mais le fragile espoir disparaît avec la répression sanglante des mouvements de 1848.

Choisissez le lieu le plus retiré du monde, l'asile préservé de l'aristocratique Clochegourde dans un vallon de Touraine, aux bords de l'Indre, prenez la femme la plus soumise à sa vocation maternelle, exaltée peut-être par une religion tout intérieure réservée aux âmes pures, et c'est un nouveau drame de la vie privée que peindra le roman. Il n'est pas de lieu qui ne découvre des plaies secrètes. Car *le Lys dans la vallée* de Balzac (1836) est-il vraiment un roman du sacrifice ? Mme de Mortsauf vibre des passions qu'éveille en elle Félix, amant qu'elle s'astreint faussement à traiter en fils. La terrible jalousie qui la saisit devant les succès de sa rivale révèle une vérité profonde : l'infidélité de Félix la laisse seule avec ses désirs inassouvis. Balzac, il est vrai, s'est censuré. La révolte qui secoue la femme sur son lit de mort devant une vie restée en jachère était plus explicite sur le manuscrit. Le romancier a taillé dans le vif pour satisfaire sa maîtresse, effrayée sans doute de tout ce qui se remuait en ces gouffres. Tel qu'il existe cependant, le texte parle assez fort et se trouve éclairé de surcroît par l'emboîtement des récits qui forment le roman. Car, si *le Lys* constitue une leçon de morale, ce n'est certes pas une leçon à l'adresse des femmes. La leçon est donnée par une femme au narrateur qui a le front de transformer sa propre aventure en plaidoyer amoureux : Nathalie de Mannerville éconduit le peu glorieux prétendant qui est resté sourd au désir de Mme de Mortsauf ; avoir brisé une femme, lui apprend-elle, constitue un piètre titre à en séduire une autre.

Là où Balzac restait encore bridé, les années 1860 et suivantes font tomber bien des obstacles. La fin de siècle déploie largement le spectacle de la fatalité qui s'acharne sur les femmes. Le réalisme pictural est passé par là, et le scandale causé par deux toiles de Manet, *le Déjeuner sur l'herbe* et *Olympia* (1863 et 1865). Le peintre a osé figurer une nudité contemporaine et vénale, si directement représentative des mœurs du second Empire. En France d'abord avec Zola, puis successivement dans l'Europe entière, la littérature s'ouvre à la peinture de toutes les classes sociales, s'attaquant aux derniers tabous, l'Église par exemple, dont Pérez Galdós et Clarín en Espagne, mais aussi, toutes proportions gardées, Hardy en Angleterre, désignent l'appétit de pouvoir et l'incompréhension devant les problèmes féminins : raccommoder les couples mariés religieusement lui tient lieu de morale, recette aussi sommaire que vaine. Tout un monde s'agite désormais, avec ses aspirations et ses désirs, mais aussi dans son infini bariolage. Car la femme précisément ne saurait être séparée d'une société en ébullition, ni confondue avec un archétype : Fortunata et Jacinta n'appartiennent pas au même monde, dans le roman de Galdós qui porte leur nom (1887). Toutes deux sont peut-être madrilènes et victimes du même homme. Mais l'une appartient au peuple dont elle incarne la robuste santé, la passion et la jalouse fierté qui lui fait se considérer comme l'épouse de l'homme auquel elle a donné un enfant, tandis que l'autre jouit des tristes avantages de la bourgeoisie – l'argent, la respectabilité –, signes dérisoires quand son mari lui échappe et qu'elle-même reste stérile. Il serait vain d'énumérer ici les situations diverses. De la Russie de Tolstoï au Portugal d'Eça de Queirós (chez lequel on retiendra, par exemple, la figure de Luisa dans *le Cousin Basilio*, 1874, bourgeoise de la capitale des bords du Tage qui glisse progressivement vers l'adultère), le roman est encore traversé par des aspirations qui se disent enfin au féminin et au présent. Ces aspirations ont nom bonheur, désir de se réaliser sensuellement ou intellectuellement, de gouverner sa vie plutôt que de la laisser à la garde d'un mari absent ou indifférent. La littérature vibre aussi de l'appel de la chair dont la femme se fait, le cas échéant, le porte-parole contre l'idéalisme ambiant. Tel est le cas, par exemple, de *Pepita Jimenez* (1874). L'ouvrage de Juan Valera montre la façon dont une jeune veuve gagne l'amour d'un séminariste à la veille de devenir prêtre et le conduit à l'épouser, le détournant ainsi du sacerdoce. Le roman offre ici un dénouement heureux. Pour combien de catastrophes cependant, amenées par les implacables pesanteurs sociales. Le trait froid de Maupassant, qui se garde de juger, en souligne la férocité, tandis que pour sa part le théâtre du Suédois Strindberg conclut, dans *Mademoiselle Julie* par exemple (1888), à un blocage définitif. L'amour est une chimère, le conflit des sexes et des classes sans espoir. Mieux vaudrait n'être pas né, assure *le Songe* (1901).

Si le roman est sans conteste le genre littéraire le plus vivant au XIXe siècle, et qui donne le mieux à voir l'aspiration des femmes au bonheur et le mur auquel elles se heurtent, qu'il nous soit permis de nous arrêter brièvement dans ce trop rapide panorama sur deux romanciers de langue anglaise, Thomas Hardy et Henry James, l'un anglais et l'autre américain. Dans une large mesure, notre monde commence avec eux. Sur quel obstacle se brisent en effet la fière droiture de Tess d'Uberville (1891) et la noble indépendance de Sue Bridehead dans *Jude the Obscure* (1895) ? Sur une fatalité inscrite dans leur généalogie, croient-ils, à moins que ce ne soit dans l'ordre des choses lorsqu'ils font leurs les paroles de Job, évoquant dans la Bible le malheur d'être né. Elles sont, en vérité, trop sensibles, trop en avance sur leur temps dans leur désir de vivre selon l'exigence d'une loi intérieure ennemie des raideurs comme des conventions, pour n'être pas prises aux pièges d'une liberté contre laquelle tout conspire. Seule Bathsheba, l'héroïne de *Far from the Madding Crowd (Loin de la foule déchaînée)*, vainc le démon d'une ombrageuse liberté et desserre l'emprise du destin, dans la mesure où elle peut s'appuyer sur l'absolue loyauté d'un être de sa race, Gabriel Oak. Le gâchis que représentent l'échec de Tess et les reniements de Sue, que la société rejette dans le mensonge qu'elle avait voulu fuir, laisse un goût d'amertume : combien de promesses sont sacrifiées à un ordre caduc !

Le regard de James n'est pas moins perspicace qui s'attache non plus cette fois au monde paysan, mais aux classes favorisées : le goût de l'indépendance, les dons de l'intelligence et la beauté ne menaçent-ils pas celles dont l'excessive assurance repousse tout appui ? *Les Bostoniennes* propose une satire féroce du féminisme dans la métropole de l'intelligence outre-Atlantique. Sans doute était-il inévitable que la vie se vengeât des raideurs d'un culte de l'humanité aussi abstrait qu'irréel, servi avec fanatisme par des militantes mal dans leur peau. Mais la prison morale qui se referme sur Isabel Archer dans *The Portrait of a Lady* (1882), et dont elle éprouve si physiquement la réalité, la mort qui sanctionne la trop légère Daisy Miller, dans la nouvelle du même nom, signalent avec finesse un danger : au double défi, inédit et enivrant, de la liberté et du bonheur, une erreur d'appréciation peut être fatale. Comment l'éviter lorsque, sur l'ancien continent, les signes se brouillent qui réglaient la chasse au bonheur dans le Nouveau Monde ?

Accueillir la vie : Lou Andreas-Salomé

> *Le monde ne te fera pas de cadeau, crois-moi. Si tu veux avoir une vie, vole-la.*
> *Lou Andréas-Salomé,* Mémoires[5].
>
> *A vrai dire, il m'importe moins de parler de vertus et de réalisations, que de ce pour quoi je me sens plus compétente, à savoir du* bonheur.
> *Lou Andréas-Salomé,* Du type féminin *(1914)*[6].

Si James se penche sur ses personnages avec une sympathie toute féminine, n'est-il pas temps d'en revenir enfin aux femmes elles-mêmes et d'observer une vie qui progressivement prend conscience de soi et, débarrassée du poids de la protestation qui en entrave l'élan, s'affirme dans son autonomie ? Déconcertante dans une liberté dont elle assume le risque absolu, énigmatique pour ses propres amis qui bien souvent ne la trouvent pas là où ils l'attendent, éprise d'un bohneur dont le secret se confond avec le jaillissement d'une vie qu'elle épouse intégralement, Lou Andréas-Salomé (1861-1937) a plus qu'aucune autre traversé les débats de son siècle. Si elle ouvre peut-être une issue, c'est moins par l'éclat d'une personnalité rayonnante d'indépendance, de culture et de beauté, que par la règle intérieure qui la porte, souverainement détachée, au-devant de ce qui ne saurait être ressenti que comme un don, la vie elle-même.

> « Je suis incapable de régler ma vie sur des modèles et n'en constituerai jamais davantage un pour qui que ce soit. En revanche, ce que je ferai sûrement, et quoi qu'il m'en coûte, c'est de façonner ma vie à mon propre modèle. A agir ainsi, *je ne défends aucun principe, mais une chose bien plus merveilleuse, qui jubile au cœur de l'individu, toute chaude de vie et n'aspirant qu'à se libérer*... Il est sûrement impossible d'être plus heureuse que je ne le suis maintenant[7]. »

La jeune fille qui écrit cette lettre a juste vingt et un ans. Elle habite Rome, où elle est venue restaurer une santé chancelante. Elle rêve de fonder une sorte de communauté de vie et de travail avec deux intellectuels brillants, largement ses aînés, dont elle vient de faire la connaissance, Nietzsche et Paul Rée. Et voici qu'avec une sereine fermeté elle répond aux objections scandalisées de sa mère et des féministes mêmes, relayées de sa Russie natale par celui qui avait été son premier maître et l'avait aimée d'un amour auquel elle avait été incapable de répondre, le pasteur Gillot. Pas plus en ce moment qu'à aucun autre de sa vie, Lou ne dévie de sa route. La force qui la conduit et la rend insensible au qu'en-dira-t-on n'est pas celle de la rébellion – car la révolte aussi a ses conformismes. Tout appel à la liberté, dira-t-elle plus tard, à propos des héroïnes d'Ibsen, est condamné s'il en reste à la négation, sans s'élever à définir sa propre règle de conduite. Une certitude intérieure, stendhalienne aimerait-on dire, assure la jeune fille que son choix est juste. Lou brisera plus d'un partenaire à cette conduite, à commencer par Nietzsche et Rée, amoureux éconduits, fous d'une femme qui se refuse et n'entend être qu'une partenaire intellectuelle ou une distante compagne de vie, comme elle le sera pour Andréas, son mari, avec lequel elle scelle à jamais le pacte d'un mariage blanc. Mais cette vie qu'elle appréhende avec tant d'intensité, dont elle découvre la plénitude charnelle dans l'amour du jeune Rilke en 1897, elle y puise aussi la force de soutenir le futur poète des *Élégies à Duino*, de le conduire à la maturité de son génie, quitte à distendre l'empire d'un lien trop exclusif.

Cette fidélité fondamentale ouvre encore aux promesses de la psychanalyse son esprit formé à la rigueur des études philosophiques et médicales, et rompu aux grands courants de la vie littéraire européenne. Dès avant la guerre, Lou est pour Freud un partenaire privilégié : elle apporte à l'analyse une intelligence créatrice, chaleureuse et poétique, qui permet de dépasser les blocages et d'atteindre à une plus haute synthèse là où Freud restait peut-être retenu par la démarche de l'homme de science qui analyse et décompose. Depuis le tournant du siècle à tout le moins, elle s'est attachée aux relations qui se nouent dans l'expérience amoureuse entre l'esprit et le corps, cherchant dans les dernières découvertes de la biologie un accès nouveau à ces territoires. Comment la vie psychique resterait-elle en effet coupée des énergies qui sourdent du corps, fixée sur un romantisme angélique qui croit à la fusion des âmes, lorsque l'ivresse charnelle saisit peut-être l'être à sa racine, mais comporte une inévitable part de leurre. Au dépit des féministes, elle a cherché dans la biologie, mais aussi dans les symboles qui régentent la vie féminine – et, entre tous, dans la figure de la madone qui, nous le savons, domine l'imaginaire –, un accès à une libre compréhension de la femme. Car le cynique détournement de valeurs auquel la société a procédé, dégradant la plénitude féminine en hystérique soumission, la femme en femelle, n'autorise pourtant pas le rejet de valeurs inscrites dans la langue. Leur juste interprétation sauvera les femmes et la société en général du désarroi, du vertige lié à l'ébranlement des valeurs.

Pouvait-on développer réflexion plus ambitieuse, plus urgente aussi que celle qui réconcilie les femmes avec elles-mêmes, explore un rapport inédit au corps, au langage, à la poésie ? Lou, qui a tant réfléchi sur les images de la femme (chez Ibsen, chez Strindberg comme chez ses sœurs féministes), fournit sans doute une contribution décisive lorsqu'elle rebondit à la suite de Freud sur la notion de narcissisme, à laquelle elle apporte une extension rayonnante. Le narcissisme, à ses yeux, n'est pas seulement un principe structurant au sens où, par-delà l'attachement que l'individu manifeste pour sa propre image, il désignerait l'amour de soi. Il relaie dans l'âge adulte quelque chose des désirs de la prime enfance, lorsque le petit d'homme ne se distinguait pas encore de son environnement. Il est cette énergie bienfaisante que les artistes mieux que quiconque savent capter, eux dont la création traverse l'être entier et puise aux sources auxquelles nous n'avons que trop rarement accès. Pouvait-on mieux mettre fin à la ségrégation d'un sexe renvoyé à l'inconsistance des images, que de rendre à celles-ci leur force prégnante pour l'ensemble des êtres humains ?

Lou n'est certes pas le plus grand écrivain femme du XIXᵉ siècle. Si vive que soit sa sensibilité, si déterminante sa part dans la création de Rilke (impensable sans le support qu'elle trouve dans la *Correspondance* avec Lou), sa marque est plus forte dans le domaine de la réflexion et de la psychanalyse. Un jugement trop tranché, pourtant, ne respecterait ni son extraordinaire générosité, ni ses dons de styliste et de poète, si sensibles dans les *Mémoires* qu'elle rédige au soir de sa vie, dans les années 1933-1934. Alors cette femme, qui plus qu'aucune autre s'est choisie, dépouille toute vanité – en eut-elle jamais ? – pour dire les rencontres exceptionnelles qui l'ont façonnée, la façon dont sa vie s'est changée en œuvre accomplie *(Dichtung)*, non pas certes sous l'effet de quelque maîtrise qui aurait été en son pouvoir, mais par le simple travail d'une énergie qui nous dépasse et nous traverse tous.

Les femmes artistes n'ont pas la tâche facile. Telle Alice James, dont le

Journal ne rencontra que l'indifférence voire l'hostilité de son frère Henry, largement responsable des retards d'une publication qui dut attendre jusqu'en 1934, soit plus de quarante ans après la mort de son auteur, telle Camille Claudel, sculpteur dont la carrière est brisée par la lâcheté conjointe de Rodin, son amant, et de l'écrivain Paul Claudel, son frère, elles voient souvent leur œuvre sacrifiée. Dans ces conditions, les femmes gouvernent rarement l'image que la littérature et les arts donnent d'elles-mêmes. Et notre description aura nécessairement fait alterner voix masculines et féminines, distinctes, impossibles à confondre. L'adversité n'aura pourtant pas empêché quelques rares naissances. Celle de la petite fille, par exemple, comme personnage littéraire sexué, distinct de l'universel modèle masculin de l'enfant. Elle apparaît dans les années 1860. Elle porte sans doute les traits de la victime avec Cosette, l'orpheline exploitée par le ménage des Thénardier dans *les Misérables* de Victor Hugo. Mais surtout, avec Sophie, petite espiègle créée par la comtesse de Ségur dans *les Malheurs de Sophie* et, plus encore, avec la charmante et si libre Alice dans *Alice au pays des merveilles* de l'Anglais Lewis Carroll, elle gagne son indépendance : raisonneuse, rebelle et rêveuse[8]. Née en même temps qu'Alice, Lou Andréas-Salomé aurait-elle profité de la brèche ainsi ouverte ? Femme de chair autant que d'écriture et de réflexion, elle apporte au tableau une note de fraîcheur.

6

LIRE ET ÉCRIRE EN ALLEMAGNE

MARIE-CLAIRE HOOCK-DEMARLE

L'alphabétisation de la partie féminine d'une population, qu'elle soit d'Allemagne, de France ou d'ailleurs, a été très longtemps un objet difficilement repérable et sa caractéristique majeure reste, aujourd'hui encore, un certain flou dont les raisons tiennent à des facteurs très divers. Il suffit de consulter, vers la fin du XVIIIe siècle, les tableaux statistiques ou les textes législatifs : on y trouvera référence certes à la jeunesse dans son ensemble, à des tranches d'âge ou à des milieux sociaux, mais rarement quelque allusion à la distinction des sexes. Et si, dans certains écrits d'avant-garde, il en est parfois tout de même question, c'est toujours pour constater l'inégalité de fait flagrante en ce domaine.

Parler de la « femme auteur » ne constitue pas une entreprise plus aisée. Ici, ce n'est pas tant le sujet en soi qui échappe à l'investigation, mais tout un discours propre au XIXe siècle enveloppe le phénomène pour mieux le dérober à l'analyse, le traite comme une chose honteuse et déplacée. Une femme est-elle – presque à son corps défendant – douée pour la poésie, elle tiendra pour s'excuser de commettre le péché d'écriture un discours de femme adultère repentie : « Mon mari – avoue Louise Ackermann en 1885 – a toujours ignoré que j'eusse fait des vers et je ne lui ai jamais parlé de mes exploits poétiques[1]. »

Pourtant, en un siècle, de 1780 à 1880 environ, date à laquelle on peut considérer que, dans les principaux pays d'Europe, un enseignement primaire et secondaire pour les filles est réalisé ou en voie de réalisation concrète[2], les femmes ont accompli un singulier itinéraire et leurs écrits, tant autobiographiques que revendicatifs, en témoignent. Savoir lire et écrire est un premier pas, relativement vite franchi, mais les difficultés commencent avec le libre choix de la lecture et la réflexion sur ses contenus. Quant à s'investir personnellement dans l'écriture, c'est une démarche que bien peu oseront tenter. Mais lire et écrire sont aussi des instruments de l'intégration des femmes dans le monde moderne ; lire implique une organisation sociale de la lecture, écrire un rapport privilégié avec un public, tous deux engendrent des formes de sociabilité au sein desquelles s'opère une réflexion des femmes sur elles-mêmes, sur les moyens qui leur sont donnés de se manifester, sur leurs modes d'expression spécifiques, sur leur perception propre du temps et de l'espace.

Il va être ici tout particulièrement question de la période qui mène les femmes d'une révolution, celle de 1789, à une autre, celle de 1848. Ce sont là en effet deux événements de dimension européenne et la période est assez longue pour permettre de cerner plusieurs générations de femmes, et assez dense pour saisir la force, parfois la violence, des changements dans leurs comportements et leurs mentalités. Enfin, l'Allemagne servira à illustrer une étape essentielle dans l'histoire des femmes. Celle-ci se déroule certes aussi ailleurs, sous des auspices parfois très différents. Mais le cas de l'Allemagne permet de mettre en avant une démarche qui a son originalité propre. L'impact des courants sociaux, politiques et surtout religieux, y est autre. De plus, décalé par rapport à certaines recherches françaises et reposant sur des documents de nature différente, le débat sur les critères d'alphabétisation pose d'emblée une série d'interrogations qui dépassent largement la simple querelle de méthode[3].

Le « cas allemand » est donc intéressant par son caractère éclaté qui permet de saisir, à travers les diversités géographiques, les oppositions de systèmes politiques ou les confrontations confessionnelles, une sorte d'échantillonnage à l'image de l'Europe de ce temps. Il permet de retrouver en condensé trace de facteurs qui, avec des fortunes diverses, ont influencé l'évolution des femmes en matière de scolarisation, de lecture et d'écriture dans l'ensemble de l'Europe. De plus, la législation inscrit très tôt l'alphabétisation obligatoire dans certains États allemands et permet de sonder la part jouée en ce domaine par la volonté étatique.

Analyser la démarche qui mène les femmes du XIXe siècle des apprentissages élémentaires à l'expression littéraire de soi, puis des autres, pose en fait une double interrogation :

– comment les femmes ont-elles su mettre à profit ces facteurs d'acculturation pour entrer dans le monde que l'on appelle moderne, par le biais de la culture qui leur permet de lire et par le détour du littéraire qui leur permet de dire ?

– quels obstacles ont-elles rencontrés sur leur chemin, et quelles stratégies ont-elles développées pour les contourner, voire de plus en plus les affronter ?

Apprentissages. De l'éducation des filles à la femme éducatrice

L'alphabétisation, c'est en premier lieu l'acquisition de connaissances élémentaires : la faculté de lire couramment, d'écrire et, dans une moindre mesure, de compter. Une telle définition, à la fois modeste et floue, prête à controverse. L'alphabétisation se signale-t-elle par la capacité de l'individu à signer son nom, ou plutôt à lire couramment un texte ? Dans un cas comme dans l'autre, chercher à en déduire le degré d'alphabétisation d'un groupe social quel qu'il soit, les conscrits, les domestiques ou les femmes, peut apparaître aléatoire ; les registres de mariage ne comportent pas toujours la signature des deux conjoints, et la rapidité de lecture peut tenir à la familiarité avec un texte, souvent religieux, maintes fois lu, relu et répété dans ses moindres détails.

Pourtant, à la fin du XVIIIe siècle, le taux de participation des femmes au processus de l'alphabétisation ne cesse de croître. En France, il passe de 14 % à 27 %, ce qui permet de parler d'une « égalisation des rythmes d'accès à la culture écrite entre les hommes et les femmes[4] ». En Allemagne, où les relevés statistiques généraux sont plus tardifs et obligent à choisir d'autres critères, certaines régions du Nord accusent dès 1750 un taux de scolarisation des filles de 86,5 %.

Il y a donc là un véritable phénomène de société, une révolution culturelle dont les raisons sont multiples et les conséquences à la fois de longue durée et de dimension européenne.

Pour ce qui est de l'Allemagne, et particulièrement de celle du Nord, cette révolution par l'apprentissage du savoir tient à des facteurs fondamentalement différents, mais qui convergent dans une sorte de consensus lié à l'époque des Lumières[5]. Il y a d'abord le facteur étatique, la volonté de certains États, la Prusse en particulier, de veiller à la mise en place d'une législation et d'un système éducatif obligatoire pour tous les enfants de six à quatorze ans. La scolarisation obligatoire est décrétée en 1717 en Prusse, mais introduite seulement en 1802 en Bavière. Cela met en relief l'autre élément essentiel dans le processus de scolarisation de l'ensemble d'une population, le facteur religieux. Les pays d'obédience protestante montrent en ce domaine, par l'ingérence directe du prince, chef religieux sur ses territoires, une très nette avance sur les pays catholiques du Sud où l'éducation est plutôt réservée aux garçons, les années de couvent n'offrant le plus souvent aux filles que l'apprentissage des prières et des tâches dites féminines.

Scolarité obligatoire, ce n'est pas toujours un vain mot. L'autorité de l'État veille par le truchement des pasteurs à l'application de la loi. Dans le duché d'Oldenbourg, par exemple, alors rattaché à la couronne danoise, on a trouvé trace de registres tenus par des pasteurs locaux et concernant les « visites à domicile » *(Hausvisitationen)* que l'autorité les obligeait à faire au moins deux fois par an. Y est consignée, outre la présence de livres à domicile, l'assiduité des enfants des deux sexes à l'école. En 1750, 1,5 % des femmes sont encore analphabètes, 98,5 % savent lire, 43,8 % peuvent lire et écrire, et, phénomène plus étonnant, 6,6 % sont capables aussi de compter. Ce n'est pas le seul fait des filles issues de milieux privilégiés, petits fonctionnaires des villes ou filles de paysans aisés, 64 % des servantes lisent aussi et 2 % sont même capables de compter. Cette alphabétisation très avancée des filles dès le milieu du XVIIIe siècle est d'autant plus remarquable que la scolarisation en milieu rural est souvent plus brève chez les filles que chez les garçons : entrées en général un an plus tard, vers sept ans, à l'école (parce qu'elles doivent aider leurs mères), elles la quittent vers onze ans pour s'engager comme servantes. Or si la lecture s'apprend dès la première année, on ne se familiarise avec l'écriture qu'à huit ans. Quant au calcul, non seulement il intervient fort tard, vers douze ou treize ans, mais il n'est pas gratuit. Qu'on ait jugé utile d'inculquer des rudiments de calcul à environ 7 % des filles de cette région mérite d'être souligné. Car même s'il est impossible de généraliser le fait, il montre bien que des femmes seront plus tard capables de veiller directement à la gestion financière des ménages.

L'enquête menée par Wilhelm Norden porte sur des milieux ruraux peu touchés par les guerres et les misères du XVIIIe siècle. La scolarisation des filles en milieu urbain est, dès la fin du siècle et surtout au début du XIXe, singulièrement plus difficile à cerner.

Mobilité sociale, rejet des plus pauvres vers les périphéries, ghettos ouvriers peu accessibles, anonymisation des individus dans une masse urbaine de plus en plus dense, tout cela a pour conséquence une certaine difficulté à saisir statistiquement le double phénomène de l'alphabétisation et de la scolarisation au cours du XIXe siècle.

Ce qui, en effet, avait été, sous l'influence conjuguée de la consolidation de la foi luthérienne et de la philosophie des Lumières éprise de pédagogie, un des grands acquis du XVIIIe siècle, perd de son intensité au cours de la première moitié du XIXe. Il serait sans doute erroné de parler de régression de l'alphabétisation, mais on peut noter une stagnation certaine. En 1818 par exemple, les statistiques prussiennes font état pour la ville de Berlin de 30 % d'enfants ne fréquentant pas l'école, alors même que celle-ci est obligatoire. En 1838 à Brême, bastion au XVIIIe siècle de la pédagogie des Lumières et de l'influence du piétisme sur l'éducation des femmes[6], sur 107 filles en âge de scolarisation, 35 ne vont pas à l'école et travaillent déjà en usine. Ce n'est qu'en mars 1839 qu'un décret réglementant le travail des enfants interdira le travail en usine avant l'âge de neuf ans et exigera trois années de fréquentation scolaire dûment certifiées. Et il faudra du temps pour qu'il devienne effectif. Les apprentissages, réels au XVIIIe siècle, se trouvent ainsi parfois relégués au rang d'espoirs en un avenir meilleur. C'est là un leitmotiv que ne manque pas de souligner Bettina von Arnim dans son enquête sur le quartier périphérique du Vogtland berlinois qui clôt *Ce livre appartient au roi*, paru en 1843 :

> « La mère tenait sur ses genoux le plus petit de ses garçons et dévidait des bobines. Elle me raconta que deux de ses enfants allaient à l'école et y apprenaient beaucoup. On voit encore ici que les pauvres placent leurs plus grandes joies en leurs enfants, et qu'ils comptent fermement les voir sortir de la misère par l'éducation[7]. »

Mais l'éducation – surtout celle des filles – ne se mesure pas au seul taux de scolarisation qui, du reste, ne touche que l'enseignement de base, école élémentaire *(Volksschulen)* et primaire *(Mittelschulen)*. Les écoles supérieures de filles, en fait des lycées d'enseignement secondaire, n'apparaissent qu'en 1872 en Prusse, à Berlin. Lors de l'inauguration en 1870 d'un lycée Victoria, du nom de la future impératrice d'Allemagne, Fanny Lewald, dont on verra qu'elle fait partie du groupe restreint des « femmes auteurs », s'insurge :

> « Le Lycée Victoria est, je le répète et j'insiste, un très bon institut mais c'est un institut de luxe. Ce qui nous manque, ce n'est pas le sommet de la tour mais des fondations solides. Nous avons besoin d'écoles, d'écoles secondaires pour les femmes comme pour les hommes[8]. »

Le baccalauréat comme l'entrée à l'Université n'apparaissent qu'après 1900 dans la vie des femmes allemandes. Quant aux métiers de l'enseignement, revendication qui date elle aussi de la fin du XVIIIe siècle, les femmes ne peuvent y accéder qu'au stade du primaire, et à la condition de ne pas être mariées et de ne pas avoir l'intention de le faire. Ce n'est qu'en 1890 – après un très bref intermède vers 1849 – que sera fondée par Hélène Lange l'Association générale des institutrices allemandes, qui comptera au tournant du siècle plus de 15 000 membres.

La contradiction est éclatante : d'un côté l'alphabétisation, par la scolarisation obligatoire, est à la portée de toutes les filles : lire, écrire ou compter, dans une moindre mesure, est parfaitement accessible aux filles des villes comme des campagnes, des couches aisées comme des milieux moins favorisés. Mais, par ailleurs, l'hypocrisie propre au XIXe siècle consiste à rendre inaccessible à la très grande majorité de la population féminine l'accès au stade supérieur des connaissances. Restauration metternichienne et retour à la vie privée aidant, on peut même affirmer que la première partie du XIXe siècle est en ce domaine particulièrement rétrograde. Tout projet prônant une éducation égale pour tous se heurte à une opposition qui ne cache pas son hostilité. Ainsi, lorsqu'en 1818 le Prussien Süvern fait des propositions dans ce sens, il se voit accusé de mettre en cause « les fondements de la différence naturelle et, de ce fait inaliénable, qu'est l'inégalité ». En d'autres termes, opter pour une éducation égalitaire revient à saper les fondements de la société.

Face à cette attitude hostile, les femmes ont depuis longtemps compris que les vrais apprentissages s'effectuaient par des voies parallèles. Le cas le plus extrême d'entêtement à s'instruire est celui des autodidactes, catégorie dont se réclament ouvertement certaines femmes qui feront seules leur chemin, parfois même jusqu'à l'écriture. Louise Karsch, l'une des grandes poétesses du XVIIIe siècle, avait donné l'exemple d'une telle réussite. De milieu très humble, elle avait appris à lire seule, en gardant les bêtes aux champs. Mais, au début du XIXe siècle, les exemples abondent de romancières autodidactes et fières de l'être qui ont appris à lire et écrire en s'aidant de bibles ou de dialogues des morts trouvés dans des greniers de pasteurs[9]. Et si leur style se ressent de ces apprentissages à la sauvette, faut-il le leur reprocher ?

A côté des écoles publiques et privées, à côté surtout des couvents qui accueillent les filles à éduquer, la véritable éducation, celle qui éveille la personnalité et suscite les questions se fait entre les quatre murs domestiques dont certains pédagogues masculins s'obstinent encore à croire qu'ils protégeront les filles d'un trop grand savoir. Par une contradiction que relevaient déjà les « féministes » de l'époque – Mary Wollstonecraft, Betty Gleim et quelques autres –, la femme, cette exclue de la culture, se voit investie de la tâche sacrée d'éduquer ses propres enfants en bas âge, et même plus longtemps encore ses filles. Promue « éducatrice naturelle » dans un domaine où en principe elle n'a aucune expérience, elle s'en acquitte avec beaucoup de sérieux :

> « Ma mère s'est fidèlement occupée de l'éducation de ses enfants, note Wilhelm von Kügelgen dans ses *Mémoires* concernant les années 1806 et 1807. Elle se mit à étudier à fond les ouvrages pédagogiques les plus réputés de l'époque dont elle ne pouvait guère tirer profit. Car une mère, même à demi savante, sait d'elle-même comment éduquer ses enfants. Et si ce n'est pas le cas, elle n'apprendra rien ni de Campe ni de Pestalozzi [10]. »

Il suffit de songer à ces « filles de grands-mères » que furent George Sand ou Bettina Brentano : elles doivent effectivement leur éducation moins aux couvents qui les accueillirent dans leur petite enfance qu'aux années passées ensuite auprès de leurs aïeules. C'est du reste cette forme, parfois chaotique, souvent anachronique, d'éducation qui crée une continuité de l'histoire des femmes et comme une « lignée féminine ». Un auteur moderne comme Christa Wolf reconnaît lui appartenir quand elle parle avec chaleur et admiration de ses ancêtres, les pionnières, les « femmes de 1800 [11] ». Certes, lorsque les grands-mères pédagogues prennent en main l'éducation de leurs petites-filles, le choc est rude. L'adolescente fraîchement sortie du couvent sait lire, écrire et surtout réciter des prières, la grand-mère, elle, est marquée par la philosophie des Lumières et ne rêve que d'histoire universelle, de Plutarque en latin ou des *Lettres* de Mme de Sévigné comme modèles éducatifs. Pour George Sand comme pour Bettina Brentano – et l'on pourrait ajouter pour Germaine de Staël, bien que d'une génération antérieure et éduquée par sa propre mère –, le résultat est un curieux mélange d'ancien et de moderne, d'exercices latins et de lecture des discours de Mirabeau, de lourdes histoires compilées et de journaux au jour le jour. A la limite, on peut affirmer que, dans ces cas aussi rares que célèbres, les filles jouissent d'une éducation plus libre que les garçons, astreints à de stricts programmes, à l'usage du latin et à une discipline de fer. C'est là un espace restreint, mais un espace de liberté qui va favoriser l'expression d'une sensibilité puis d'une vision du monde au féminin.

La crainte majeure des pédagogues, hommes et femmes, reste le spectre de l'érudition. Déjà, les *Revues hebdomadaires morales*, revues à but pédagogique à l'usage des dames, mettaient en garde leur public féminin contre toute érudition allant à l'encontre du bon sens. Sophie von La Roche, la grand-mère éducatrice de Bettina Brentano, ne cesse dans ses revues « pour les filles allemandes » de s'insurger contre le danger majeur de « trop savoir » qui ne peut mener qu'à la névrose et, en tout cas, au célibat forcé. La femme savante fait peur, elle est une « singularité », elle n'est plus femme ou alors, et c'est là plutôt un regard d'homme, elle est ridicule, un épouvantail qui donne à certains « des frissons de fièvre ».

Un autre élément joue un rôle considérable dans le développement de ces formes privées de l'éducation des filles : le piétisme. Parce qu'il réunit pour un acte de confession et de réflexion collectif des hommes et des femmes, le « conventicule » piétiste finit par former une communauté d'intérêts, un lieu de convivialité culturelle où l'autobiographique prend peu à peu le pas sur le religieux. L'exemple devenu classique de cette influence du piétisme sur les femmes est celui de la « Belle âme » dont Goethe reprend les confessions dans son roman *les Années d'apprentissage de Wilhelm Meister* (1796). Mlle de Klettenberg, vieille connaissance francfortoise de l'auteur et qui sert ici de modèle, a beau être un esprit profondément religieux, elle avoue aussi dans un langage étonnamment moderne son désir d'échapper aux voies toutes tracées de la destinée féminine :

> « Je reconnus que ce n'était qu'une cloche de verre qui me tenait prisonnière dans un espace sans air ; il suffisait d'un peu d'énergie pour la briser en deux et j'étais sauvée [12]. »

Cette attitude ne concerne pas les seuls protestants. Il existe une variante catholique du piétisme, au sein de laquelle les femmes jouent un rôle tout aussi innovateur. Le cercle de Münster autour de la princesse Gallitzine ou les œuvres plus tardives de la poétesse Annette von Droste-Hülshoff en sont des illustrations parmi d'autres.

De même, le comportement piétiste n'est pas une expérience réservée aux seuls milieux aisés ; nombre de textes mentionnent « l'influence la plus puissante et la plus bénéfique du prédicateur sur la formation intellectuelle et morale » des femmes en général, et des mères en particulier [13]. Si l'on tient compte du fait que ce sont ces dernières qui éduquent les enfants – des deux sexes – en bas âge, on mesure l'importance du piétisme dans l'éducation de la nation allemande. C'est aussi à travers le rapport que le piétisme établit au livre que se mesure son influence : le texte, toujours biblique et sacré au départ, devient de plus en plus profane et prétexte à des réflexions et des discussions auxquelles participent librement les femmes. Le sentiment de vivre une communauté en esprit devient une expérience intellectuelle nouvelle qui déclenche un processus d'acculturation passant curieusement par l'introspection. Il en résulte une littérature de l'intime par journal, correspondance, dialogue interposés, littérature à laquelle les femmes vont donner vie et qualité :

> « Je décidai de tenir un journal intime dans lequel je répondrais comme devant ma conscience de ma vie la plus secrète et mettrais en jugement mes idées et mes sentiments tels qu'ils surgissent en moi, les uns après les autres pour ma plus grande instruction et mon plus profond examen de conscience [14]. »

Les apprentissages scolaires, conventuels ou privés, sont ici largement dépassés. Les limites mêmes d'une pédagogie à l'usage des femmes, pédagogie d'abord traditionnelle et passive puis révisée et « activée » pour l'adapter aux exigences des nouvelles générations, sont franchies.

Les formes et les techniques une fois acquises par les apprentissages, on entre dans le domaine réservé des filles qui lisent pour se cultiver et dans celui, encore plus restreint, de celles qui réfléchissent de manière autonome sur les contenus de leurs lectures.

Lectures.
De l'évasion à la réflexion

La Bible est pour les filles, on l'a vu, l'instrument privilégié de l'acquisition du savoir et ce, à tous les niveaux. On apprend à lire en épelant la Bible, on apprend à vivre en moralisant à partir des textes sacrés. Certes, la part des écrits religieux mentionnée dans les catalogues de foires, celle de Leipzig en particulier, ne cesse de décroître à la fin du XVIIIe siècle, mais elle reste importante. En 1770, les ouvrages religieux constituent 25 % de l'ensemble des parutions, en 1800 ils ne sont plus que 13,5 %. Les ouvrages dits de « belle littérature » suivent, eux, une courbe inverse : de 16,5 % en 1770, ils grimpent à 21,5 % en 1800. A travers ces deux courbes se lit clairement ce qu'un libraire de l'époque, homme d'affaires avisé, a appelé la « grande révolution des libraires [15] ».

Or, dans cette « révolution », ce sont les femmes qui, souvent, jouent plus ou moins consciemment le rôle d'agents de transmission. Lire devient, dans certains milieux féminins, une véritable boulimie ; la gouvernante d'une famille de piétistes notoires signale dans ses lettres plus de huit sortes de lectures quotidiennes, « car, ajoute-t-elle, on lit comme on gave les oies de nouilles » !

Après avoir appris à lire et à réfléchir sur des textes religieux à toutes les heures du jour et parfois de la nuit, les femmes se mettent, au tournant du XIXe siècle, à faire un usage très personnel d'une liberté qui leur a été, peut-être inconsidérément, concédée par les philosophes et pédagogues des Lumières, et même imposée par la volonté de certains Etats. On voit ainsi se manifester à la fois la « rage de lire » des femmes et la réprobation de leurs contemporains masculins[16]. L'adolescente qui s'adonne à la lecture de romans – mais la poésie peut être tout aussi pernicieuse – renie son innocence première et se fabrique un paradis artificiel. Cette anticipation de la vie par roman interposé n'est cependant en rien comparable, aux yeux de certains, à la nocivité, voire la perversité qui peut pousser une femme (mal) mariée à abuser de la lecture romanesque. Madame Bovary est de toutes les provinces et de tous les pays. Le livre, simple instrument d'évasion, devient alors ersatz, fuite devant le quotidien et fin de la tranquillité domestique. La société est en danger, car la lectrice ne remplit ni son métier d'épouse et de mère ni sa mission de femme qui est de veiller à l'ordre intime de la famille et du foyer. Lire, c'est rêver, donc s'évader, donc échapper aux contingences, aux normes et aux conventions, c'est faire très exactement le contraire de ce qui est permis à une femme dans la (bonne) société du XIXe siècle.

Premières concernées, les femmes ne sont pas de cet avis. Dans la solitude de leur vie privée, la lecture est souvent le remède au naufrage d'un mariage précoce, arrangé par les familles. Caroline Schlegel-Schelling, l'une des grandes figures féminines du premier romantisme allemand, n'est encore que la jeune femme d'un brave médecin de province ; son seul lien avec le monde extérieur est le livre qu'on lui fait parvenir de sa ville natale, la ville universitaire de Göttingen. Oublie-t-on quelque envoi, elle supplie, elle tempête : « Je meurs de soif depuis quelque temps car ma source de livres est tarie[17] », elle multiplie les listes d'ouvrages à lui adresser d'urgence, « de ceux que l'on lit couchée sur le sofa « comme de » ceux qu'on lit assise sur le même sofa, une table de travail devant soi ». Il ne s'agit plus de la Bible ni de textes religieux, mais d'un mélange hétéroclite de romans et de textes divers, de journaux et de gros volumes d'histoire. L'attitude des femmes face à la lecture change tandis que les contenus mêmes de ces lectures se trouvent modifiés. Plus diversifiée, plus éclectique parfois, la lecture ne se fait plus à haute voix autour d'un texte unique, éternelle trame d'une réflexion morale et religieuse. Caroline n'en est pas encore à la lecture du politique, mais elle découvre la littérature des autres : Shakespeare, dont elle va traduire les œuvres, les *Lettres écrites du donjon de Vincennes* de Mirabeau et, un peu plus tard, certains essais de Condorcet. En 1796, elle écrit à Frédéric Schlegel, son beau-frère :

> « Fritz ! Il y a deux textes que vous devez absolument lire ; l'un, c'est Condorcet, ne manquez pas de le faire et aussi de lire les œuvres d'un certain Fulda qui a dû être un maître avec un sens de l'humain très original[18]. »

Tant qu'elle se contente d'embellir son esprit et de collectionner d'aimables citations pour ses albums de poésie, une femme « cultivée » fait la fierté de son fiancé ou de son époux. Mais cherche-t-elle à enrichir ses connaissances, analyse-t-elle les contenus de ses lectures, les confronte-t-elle avec les réalités qui l'entourent, et aussitôt le spectre de la femme savante revient. La forme cette fois est autre, plus blessante encore, avec une connotation révolutionnaire intéressante lorsque Barbey d'Aurevilly précise que le bas-bleuisme, c'est « la révolution en littérature car le bas bleu est pour la femme ce qu'est pour l'homme le bonnet rouge[19] ». C'est un fait, les femmes du XIXe siècle commençant ne se contentent plus de lire les romans sentimentaux habilement importés d'Angleterre par certaines de leurs consœurs. Les imitations allemandes des romans de Richardson, *Pamela, Clarissa*, ont fait leur temps et même un « best-seller » comme *l'Histoire de la Demoiselle de Sternheim*, qui fit la gloire de Sophie von La Roche dans les années 1771, a vieilli.

Deux éléments interviennent dans le changement qui affecte la lecture des femmes. Le premier, c'est le développement dans le public féminin d'une curiosité pour tout ce qui est actuel, événements, sciences, innovations ou inventions. Il est intéressant de retrouver, comme une sorte de leitmotiv culturel dans les écrits de femmes de cette époque, la référence à l'*Encyclopédie.* Considérée comme un bien précieux à sauver en premier lieu, l'*Encyclopédie* sert à tout, en toutes situations : on la consulte pour construire la cabane des émigrés du Nouveau Monde et comprendre les Indiens à l'entour, pour accoucher dans le dénuement le plus complet ou procéder seule à l'éducation des enfants.

Le second corrobore en fait le premier. Avec la Révolution française, les femmes se retrouvent, sans doute pour la première fois, directement et durablement confrontées à l'histoire. Pendant un quart de siècle, de 1790 à 1815, elles sont souvent seules face à des responsabilités familiales, pédagogiques, économiques auxquelles rien ne les a préparées. Curiosité pour l'actualité et intérêt pour l'événement fusionnent alors et provoquent une véritable « révolution culturelle » des femmes, en particulier en Allemagne. Il faut pourtant noter l'absence de tout texte revendicatif sur le modèle de la *Vindication of the Rights of Woman* (1792) de Mary Wollstonecraft ou de la *Déclaration des droits de la femme et de la citoyenne* (1790) d'Olympe de Gouges. Mais lecture et littérature se font alors relais par-dessus les frontières ; la lecture des journaux et la fabrication de ce que l'on pourrait appeler des « romans du temps présent », en prise directe sur l'événement politique, sont les deux faces d'un même processus. Le roman devient le miroir de ce que vivent alors les femmes en France ou en Allemagne, il n'est plus synonyme d'évasion mais au contraire d'une prise de conscience de l'existence d'un monde européen des femmes confrontées aux mêmes problèmes. Une solidarité féminine naît de la lecture qui touche les femmes de toutes les classes sociales et de toutes les générations. Vieille dame de soixante-quinze ans, la mère de Goethe se régale de ces romans écrits par des femmes et traitant des problèmes les plus actuels :

> « Vous ne pouvez faire œuvre meilleure et plus méritoire envers votre mère qui vous aime – écrit-elle à sa belle-fille – que d'avoir la bonté de m'en faire profiter dans ma pauvreté d'esprit quand vous recevez des choses aussi plaisantes[20]. »

D'objet de lecture personnelle, de supplément d'âme et d'évasion, le livre est devenu le point de départ d'une réflexion sur soi et les autres.

Dans un premier stade, le livre, par l'organisation de la lecture qu'il implique, se fait l'instrument efficace d'une socialisation voulue par un certain public féminin. Car ce public existe, et l'industrie florissante de l'imprimé se charge de répondre à sa demande de plus en plus exigeante. Les lexiques et encyclopédies spécialisés dans la production la plus actuelle inventent pour les dames de nouvelles rubriques. Celles-ci se subdivisent suivant les contenus, « histoires de brigands, de couvents, robinsonades, romans d'émigrés et autres romans de la Révolution française » ou suivant les genres, « romans philosophiques, moraux, pédagogiques[21] ». Certains s'en désolent, regrettant le temps pas si lointain où les femmes ne lisaient que « les ouvrages édifiants, quelques contes et les livres de cuisine ».

Un tel éclectisme restructure l'acte de lire. A la lecture intensive d'un seul livre indéfiniment relu, succède une forme de lecture dite « extensive[22] ». La lectrice multiplie les textes, elle ne les lit qu'une seule fois : d'où la nécessité d'une organisation qui mette à sa disposition la production sans cesse croissante de livres. La lecture fonctionne désormais comme une véritable institution sociale. C'est là un second facteur de socialisation par la lecture. L'Allemagne connaît, comme aucun autre pays d'Europe à la même époque, une extraordinaire mise en place de la lecture. Le pays se couvre littéralement de sociétés de lecture, de bibliothèques de prêt, de cabinets de lecture et autres organismes plus ou moins privés. Beaucoup ont la particularité – mis à part les clubs – d'être ouverts aux femmes. Et il ne s'agit pas de structures d'accueil réservées aux milieux urbains, car on trouve des sociétés de lecture villageoises, voire paysannes[23]. Ce ne sont pas non plus des lieux exclusifs. Certaines de ces sociétés de lecture sont, il est vrai, somptueusement installées telle l'*Harmonie* de Hambourg, mais d'autres sont très simplement mises à la disposition du voisinage par des médecins, des juristes ou des philosophes[24].

Le livre circule à tous les niveaux. F. Schlegel se moque du domestique ployant sous le poids des livres empruntés à la bibliothèque d'Iéna par sa femme, mais il n'ignore pas que cette circulation du livre est le moteur même des formes nouvelles de sociabilité dont la femme est le centre. Les lettres elles-mêmes, littérature féminine incontestée, reflètent le changement, s'aventurent hors de la sphère domestique et osent se faire l'expression de jugements littéraires. De quoi vivent les cercles romantiques d'Iéna ou les salons juifs des Berlinoises, Rahel Levin-Varnhagen ou Henriette Herz, sinon des discussions autour des ouvrages nouvellement parus ? Mme de Staël, pourtant experte en matière de salon littéraire, se montre elle-même étonnée de l'intensité de cette vie culturelle dans un Berlin par ailleurs très provincial « au milieu des sables du Brandebourg ». Le glissement de la lecture à la sociabilité se fait par paliers successifs ; Henriette Herz les décrit fort bien dans ses Mémoires :

> « J'ai vécu un bon nombre d'années avec les êtres les plus raffinés de Berlin... Tous étaient d'abord réunis en un petit *Teekränzchen*. Plus tard il y eut la société de lecture de Fessler qui regroupait des artistes, des hommes d'État, des savants et des femmes[25]. »

La société de lecture a ceci de « révolutionnaire » qu'elle est pratiquement le seul lieu public, avec le théâtre et certains salons, qui réunisse les deux sexes dans une communauté d'intérêts. Dans ce « conventicule » profane, la lectrice est un individu à part entière dont le jugement, souvent sollicité, fait autorité.

On passe très vite, le contexte historique aidant, à la lecture d'ouvrages politiques et, par voie de conséquence, à une réflexion des femmes sur le politique. Par le livre, les femmes s'aventurent dans un domaine jusqu'alors d'obédience strictement masculine. L'incursion est brève, mais d'importance.

Dans la première décennie du XIXe siècle, il est beaucoup question dans les correspondances féminines de Mirabeau, Condorcet ou Sieyès. La lecture des gazettes prend une étonnante ampleur. Les journaux pour les dames se multiplient et gagnent l'Europe entière, tels le *Journal des Luxus und der Moden* qui paraît de 1786 à 1816 ou la revue *London und Paris* qui a une correspondante à Paris, Helmina von Chézy. Mais le public féminin veut aussi lire les grands journaux de l'époque, le *Hamburger Correspondent* ou le *Moniteur*, la langue importe peu :

> « Lafayette ! Mirabeau ! Pétion ! Bailly ! comme l'enthousiasme me mettait le feu aux joues lorsque dans les heures paisibles du soir, je faisais lecture à mon mari et à deux ou trois de ses amis intimes des discours que le *Moniteur* nous transmettait si fidèlement »,

note Johanna Schopenhauer, la mère du philosophe, dans ses Mémoires parus en 1839[26].

La période qui, entre 1790 et 1815, ouvre aux femmes allemandes un certain nombre de domaines jusqu'alors largement réservés aux hommes, est un moment assez unique dans leur histoire. C'est celui où la scolarisation obligatoire, si précaire qu'elle ait été, porte ses fruits, et où une première génération féminine choisit de lire pour pallier les étapes supérieures manquantes de la scolarisation. Entrées dans le réseau social par le biais du livre et de sa circulation de plus en plus organisée, les lectrices font alors de la lecture un authentique instrument de l'intégration sociale. Certaines se satisfont de l'égalité intellectuelle de fait qu'elles trouvent dans les sociétés de lecture. Mais d'autres vont jusqu'à imposer, toujours au nom de la communication que crée le livre, ces formes de sociabilité spécifiques que sont les cercles et salons romantiques.

Rares encore sont celles qui, poussées par leur curiosité pour l'actualité de leur temps, font de la lecture et du choix du livre un mode d'émancipation politique que ni les lois ni les hommes ne sont prêts à leur accorder. On comprend mieux dès lors les raisons qui poussent certains observateurs masculins à dresser de sombres tableaux de la femme en proie à la lecture :

> « Je ne fais pas reproche qu'une femme cherche à affiner sa façon d'écrire et l'art de sa conversation par des études appropriées et une lecture choisie avec décence et qu'elle tente de ne pas rester tout à fait sans connaissances scientifiques ; mais elle ne doit pas faire de la littérature un métier, elle ne doit pas s'aventurer dans les domaines de l'érudition[27]. »

Même si le ton se veut pondéré, l'argument n'en reste pas moins désespérément traditionnel et se résume à constater qu'un peu de savoir ne saurait nuire mais point trop n'en faut.

Le même type d'argument est repris de manière bien plus véhémente après 1815. Au moment où, en raison de mutations sociales profondes – départs en masse vers les villes, entrée précoce dans le monde du travail –, la scolarisation des filles se ralentit, la « rage de lire » des femmes se heurte à des obstacles de plus en plus concrets. Dans l'ordre rétabli par Metternich et la Restauration, lire n'est plus laissé à la liberté de chacun. Réglementée, redistribuée, censurée, la lecture devient un acte accompli sous haute surveillance et les femmes, au fond de leur sphère privée, ne sauraient échapper à la règle. Le grand silence des femmes s'installe et ne sera dénoncé au milieu du siècle que par quelques figures féminines très marginalisées.

Vers la fin du siècle, en revanche, la « voix des femmes » s'élève de nouveau, aidée par quelques ouvrages écrits par des hommes tels que *la Femme et le socialisme* d'A. Bebel (1879). Mais le mouvement des femmes allemandes, déchiré entre ses tendances bourgeoises et prolétariennes, se joue sur la scène très étroite de la politique et ne trouve plus le même écho auprès de son « public ». Le terme même de « public » apparaît du reste bien incongru, tout ce qui relève de la femme, tout ce dont elle relève étant du domaine du « privé ». Même en admettant qu'il existe quantitativement un public féminin, celui-ci a bien changé dans ses exigences. C'est le triomphe de l'évasion à bon marché, dûment contrôlée par les autorités officielles et privées, un flot de romans historiques sans référence au présent, une littérature à grand tirage et des ouvrages paraissant en feuilletons dans les revues pour les dames, telle la fameuse *Gartenlaube*. Des auteurs comme Eugénie Marlitt ou Hedwig Courths-Mahler connaissent des succès énormes ; un roman de Marlitt, paru dans la *Gartenlaube* en 1866, aura 23 éditions en vingt ans !

Mais au même moment, d'autres femmes sont en quête d'une expression à la mesure des interrogations qu'elles commencent à formuler. Dès le milieu du siècle, alors même que restauration et censure maintiennent les vertus et conventions bourgeoises, la littérature lue et écrite par les femmes révèle une scission entre lecture-évasion et lecture-réflexion qui ne va pas cesser de s'accentuer.

Par un de ces décalages dont l'histoire des mentalités a le secret, alors même que le livre « s'interdit ostensiblement toute confrontation d'opinion en matière de religion et autres[28] » et que s'impose au « public » féminin une production aussi lisse qu'insipide, quelques femmes que n'ont bâillonnées ni la censure, ni la calomnie, ni l'indifférence, ni même l'échec patent de la Révolution de 1848 en Allemagne, commencent à se faire entendre. Dès le milieu du siècle, elles vont inventer au milieu du « calme » général ce qu'elles appellent elles-mêmes la « Voix des femmes ».

Exprcssions. De l'écriture de soi à l'écriture pour les autres

Le passage à l'acte d'écrire s'articule très exactement chez les femmes allemandes, vers 1800, à la frange de ce que Christa Wolf appelle l'« entre-temps », le *Zwischenzeit*, temps entre deux siècles mais aussi entre deux mondes politiques, sociaux et culturels fondamentalement différents. Certes, une littérature féminine existait déjà, essentiellement morale, pédagogique ou sentimentale. Mais une littérature féminine autre naît de la nécessité de dire la cassure de la Révolution française ; elle devient très vite la manifestation littéraire de l'expression de soi qui va se prolonger pendant tout le siècle pour devenir, sous le poids du social, l'expression des réalités concrètes touchant l'ensemble des femmes.

Le phénomène est intéressant, dans la mesure où c'est précisément là où la manifestation du politique est la plus absente, voire même interdite, que l'événement politique déclenche le besoin de s'exprimer publiquement par le biais de la littérature. Il n'existe pas en Allemagne, on l'a vu, de texte écrit par une femme qui revendique, comme le fait Theodore von Hippel, « l'amélioration civique des femmes ». En revanche, le contexte historique suscite entre 1790 et 1815 un certain nombre de romans écrits par des femmes dont la caractéristique est de se rapporter au temps présent, à la Révolution française et à ses conséquences directes. L'accession des femmes au domaine public, dont la reconnaissance sociale fait problème tout au long du XIXe siècle, se fait d'abord sous forme d'une insertion indirecte dans des zones masculines réservées, celles de la politique et de l'histoire, en recourant à l'instrument faussement neutre du littéraire.

Certes, elles ne sont pas légion, celles qui franchissent le pas et s'aventurent dans des genres alors en pleine révolution comme le roman ou le drame, et le risque est grand de subir les sarcasmes des confrères :

> « Parmi les quarante à cinquante dames que l'on compte comme femmes-écrivains en Allemagne actuellement – sans compter les légions de celles qui ne font pas imprimer leurs âneries – il y en a une demi-douzaine à peine qui, en leur qualité de génies d'une sorte supérieure, ont véritable vocation à se jeter dans un domaine... que ni la nature ni la constitution civique ne leur a attribué[29]. »

La remarque, écrite au tournant du siècle, formule à merveille ce qui sera l'attitude générale vis-à-vis des « femmes auteurs » au cours de tout le XIXe siècle : un regard critique, voire réprobateur, sur celles qui délaissent sans scrupules leur espace féminin au mépris d'un double interdit posé au nom de la culture et de la société. Le XIXe siècle, positiviste et pseudo-scientifique, y ajoutera par la suite un troisième interdit au nom des capacités biologiques, nécessairement inférieures, de l'être comme du cerveau féminins :

> « La femme auteur n'existe pas ; c'est une contradiction. Le rôle de la femme dans les lettres est le même que dans la manufacture ; elle sert là où le génie n'est plus de service[30]... »

La misogynie, on le voit, ne connaît pas de frontières. Du reste, elle ne reconnaît pas plus le génie ou le talent des femmes auteurs. Lorsque, poète vieillissant, Clemens Brentano apprend que sa sœur se lance à son tour dans l'aventure de l'écriture, il s'emporte :

« C'est un malheur que cette créature... Bettina aurait fort bien joué son rôle d'ange si elle n'avait déballé sur la place publique ce qu'elle avait de mieux, de plus intime[31]. » La cible favorite des quolibets reste George Sand : « Nous ne trouvons dans la pipe et les romans de Madame Dudevant rien d'autre que la vulgarité la plus profonde et la plus méprisable[32]. »

Dans un climat aussi peu propice – et qui l'est de moins en moins au cours du siècle –, le passage à l'acte d'écrire se fait sous la pression de données aussi concrètes que le besoin matériel, « pour nourrir sa famille », ou les aléas de l'émigration qui obligent certaines femmes à employer à des fins alimentaires les fruits d'une éducation mal adaptée à ces nouvelles tâches. Mais parallèlement, il y a aussi l'envie impérieuse d'écrire : beaucoup de femmes écrivent alors sous le couvert de l'anonymat ou empruntent le nom de leur mari, ce qui donne lieu à bien des querelles de famille et n'est pas toujours perçu comme un honneur. D'autres lèvent sur le tard l'anonymat, en avançant de bien curieux arguments, comme Thérèse Huber qui avoue vers 1820 :

« Que l'auteur [des *Nouvelles*, parues en 1803] ait pu être une robuste mère de famille, le public aurait eu du mal à le croire ; c'est pourquoi j'ai tu mon activité littéraire. La matrone vieillissante n'a plus de foyer domestique, elle peut aujourd'hui remplir ses tâches maternelles en écrivant et non plus les négliger[33]. »

Une des stratégies les plus efficaces et les plus élaborées du passage à l'acte d'écrire reste la pratique par les femmes de la traduction. Celle-ci est en effet considérée comme une activité féminine par excellence, pour des raisons évidentes. On traduit chez soi, en privé : on ne s'expose donc pas à la publicité indécente du marché littéraire. La traduction, bien que parfois fort bien payée, est une activité anonyme : on ne prostitue pas le nom du mari, on ne met pas la famille en danger. Enfin, c'est une activité compatible avec les tâches dites féminines : on peut l'interrompre et la reprendre à loisir, on soumet son « travail » au rythme du foyer et non l'inverse. Mais il y a là aussi autre chose qui n'apparaît pas toujours clairement à ceux qui considèrent la traduction comme un aimable passe-temps féminin : traduire, c'est faire un usage concret des connaissances acquises et, pour certaines femmes qui en ont conscience, c'est une marge de liberté dans le choix des textes à traduire, et même la possibilité de glisser au hasard de la traduction des réflexions, des accents qui ne trouveraient pas place ailleurs. Pourquoi les femmes qui sont d'abord des traductrices avant de devenir auteurs choisissent-elles systématiquement, pour les traduire, des correspondances de femmes comme celle de Ninon de Lenclos ou des pièces de théâtre et des romans traitant de la réalité révolutionnaire[34] ? Thérèse Huber livre elle-même le secret de ce glissement de la traduction à l'écriture quand, ayant traduit un ouvrage de l'auteur à la mode Louvet de Couvray, elle ajoute :

> « Je composai une fin à *Divorce nécessaire*, j'écrivis au courant de la plume ce que me dictait mon imagination alors fort riche... Et dans les nuits de veille au chevet de Huber malade, plus d'une fois avec un enfant au sein, je devins auteur. »

Si traduire fait partie de ce que Proudhon appelle une « activité de service », cette activité donne cependant aux femmes qui la pratiquent l'impulsion nécessaire pour passer à un mode autre d'écriture. Les femmes auteurs, françaises comme allemandes, s'aventurent peu dans le domaine du théâtre, elles ont d'ailleurs peu de chance d'y réussir et l'exemple de Marie von Ebner-Eschenbach est probant : romancière réputée de la fin du siècle, elle ose écrire un drame sur Mme Roland, mais ne réussira pas à le faire jouer[35]. C'est le domaine du roman et des nouvelles qui leur offre l'occasion de faire leur entrée en littérature, avec la conséquence prévisible que ces genres seront rabaissés au rang d'activités ressortissant de la production industrielle :

> « Ce sont les femmes qui consomment le plus de romans, ce sont elles qui en fabriquent le plus... Je suis donc d'avis qu'elles fassent leurs romans et leurs chiffons[36]. »

Rappelons qu'une partie de la production romanesque féminine renforce ce genre de clichés : émules essoufflées de Walter Scott, inépuisables productrices de romans de chevalerie et de romans noirs ou gothiques, certaines femmes auteurs donnent dans les genres à la mode et multiplient pour leur public une littérature de plus en plus insipide qui triomphe dans la seconde moitié du siècle en paraissant en feuilletons dans la *Gartenlaube*. Même si cette forme de littérature existe et devient, avec la bénédiction des autorités, synonyme de littérature féminine au XIXe siècle, elle ne saurait occulter d'autres aspects d'une littérature féminine soumise, elle, à la censure, aux sarcasmes et au mépris.

Les correspondances, cette forme première de l'expression des femmes, établissent une sorte de réseau parallèle où s'illustrent des femmes de talent et d'esprit. Sous ses apparences d'écrit intime, la lettre circule et devient à la fois instrument d'information, terrain de réflexion et jeu avec tous les genres. La correspondance de Rahel Varnhagen en est le plus subtil exemple, mais la façon dont Bettina von Arnim transforme poétiquement ses correspondances antérieures pour en faire un genre qui transcende tous les autres ne manque pas non plus de génie créateur[37]. Par un singulier phénomène qui en souligne l'importance et la continuité, cette littérature de l'intime qui comprend aussi les journaux, Mémoires, autobiographies et souvenirs, est publiée dans les années 1840 et perpétue une nostalgie des adolescences vécues dans les premières années du siècle, dans cette parenthèse aussi brève qu'intense restée dans la mémoire de ces femmes[38]. Mais déjà, d'autres perspectives se dessinent, des femmes de courage se lancent envers et contre tout dans des réquisitoires politiques, telle Bettina von Arnim, dont la production littéraire ne fait que commencer quand elle prend vers 1837 fait et cause pour les « Sept de Göttingen », sept professeurs de cette université destitués pour avoir osé rappeler au duc de Hanovre qu'il avait promis une Constitution. Mais c'est le poids croissant de la question sociale qui fait éclater au grand jour la scission latente au sein de cette littérature.

L'engagement social donne aux ouvrages de certaines femmes, dans les années 1840, une dimension et une force originales. On voit ainsi des femmes auteurs délaisser le champ de la littérature où elles se sont peu à peu fait un nom et s'aventurer dans le domaine de l'enquête sociale.

La parution en 1839 des *Promenades dans Londres* de Flora Tristan et, en 1843, celle de *Ce livre appartient au roi*, signé Bettina von Arnim, témoignent à la fois de la dimension européenne d'une littérature écrite par les femmes se rattachant à l'actualité sociale la plus immédiate et des transformations profondes qui en sont les conséquences. Sous le poids du social qu'elle cherche à saisir, cette littérature se dépouille de plus en plus de ses attributs – usage de la fiction, recherche de style, inventions de personnages – au profit de statistiques, de listes de pauvres ou de documents à l'état brut. Il en résulte des œuvres fortes, mal perçues par les contemporains, un style quasiment documentaire et un discours politique et social que, au dire de certains hommes écrivains réduits au silence par la censure, seules des femmes peuvent encore transmettre. C'est bien ce que semble confirmer la conversation de la femme auteur Louise Aston avec le chef de la police berlinoise en mars 1846 :

> « Moi : Dans l'intérêt de ma carrière littéraire, mon séjour à Berlin, où je trouve toujours de nouvelles inspirations, est souhaitable. – Le ministre : Il n'est certainement pas dans notre intérêt que vous diffusiez ici vos écrits futurs qui seront sans nul doute aussi libres que vos propos. – Moi : Eh bien, votre Excellence, si l'État prussien commence à avoir peur d'une femme, c'est qu'il est tombé bien bas[39] ! »

L'échec de la Révolution de 1848 en Allemagne constitue un tournant décisif. La littérature du social qui avait marqué le *Vormärz*[40] s'estompe. Il est significatif de voir certaines femmes auteurs renier en bloc leurs engagements antérieurs et se réfugier dans des valeurs sûres : Louise Mühlbach, dont le roman *Aphra Behn* – biographie de la première professionnelle anglaise de la littérature – constituait encore en 1849 un violent réquisitoire pour une réelle émancipation des femmes, ne publie plus que des bluettes du genre *Histoires romanesques de la cour de Sanssouci au temps de Frédéric II*, et autres ouvrages pseudo-historiques. Même les plus émancipées gardent au fond d'elles-mêmes une sorte de crainte à se laisser aller à l'écriture comme acte public. Fanny Lewald, Juive émancipée et égérie du Berlin littéraire, avoue dans son *Histoire de ma vie* (1861-1862) :

> « Plus habituée que je ne le soupçonnais moi-même à une certaine dépendance et soumission, je considère toujours mon activité littéraire comme quelque chose qui me serait accordé, permis avec toutes sortes de restrictions, si bien que je me suis toujours sentie obligée d'exécuter à côté des travaux d'aiguille[41]. »

Si le réveil d'une certaine littérature féminine se produit dans la seconde moitié du XIXe siècle, c'est ailleurs que dans les sphères aristocratiques ou les milieux aisés qu'il faut en chercher les traces. Certes, bourgeoises et aristocrates continuent à publier, telles Louise Otto-Peters, fondatrice en 1849 du premier *Journal des femmes pour les intérêts féminins supérieurs*, Lily Braun née von Kretschman et auteur de remarquables *Mémoires d'une socialiste* ou encore Hedwig Dohm qui lutte pour le droit de vote des femmes[42]. Mais un mouvement tout aussi fort et beaucoup plus neuf se dessine du côté des femmes prolétariennes. La cassure entre les deux tendances de ce que l'on a appelé la *Frauenfrage*, la question féminine, se fait en 1894. Le résultat en est une série d'autobiographies ouvrières dont la plus célèbre reste celle d'Adelheid Popp, *les Années de jeunesse d'une ouvrière*. C'est là une de ces « autobiographies d'en bas », selon le terme forgé par Goethe, et l'auteur en souligne d'emblée le caractère d'exemplarité : « J'ai écrit l'histoire de ma jeunesse parce que j'ai retrouvé dans mon destin celui de milliers de femmes et de filles issues du prolétariat[43]. » La famille de quinze enfants, les trois années d'école intermittente, le travail en usine à dix ans, le séjour à l'hôpital à treize ans et la découverte des grands auteurs classiques, l'itinéraire n'est pas retracé pour sa valeur individuelle, mais parce qu'il constitue un exemple pour les autres. L'écriture de soi est devenue une écriture au service des autres et la littérature des femmes retrouve, en cette fin de siècle, un rôle assez analogue à celui qu'elle avait eu, un siècle auparavant, dans les ouvrages pédagogiques et moraux, « revues morales » et romans sentimentaux. Simplement, de morale, la mise en garde que traduit la littérature à l'égard de son public féminin est devenue sociale.

En ce sens, l'histoire même brève et incomplète de ces itinéraires qui mènent les femmes des premiers apprentissages aux engagements publics par le biais de l'écriture constitue une sorte de parabole de l'histoire sociale dans son ensemble : « Si le style est l'expression de l'homme, la littérature n'est pas moins celle de la société », écrivait déjà Bonald en 1812. L'irrésistible accession des femmes au domaine public de la culture s'est faite par la voie d'une alphabétisation constante dont aucune législation ne put vraiment entraver la marche.

Il en va tout autrement de la place des femmes comme écrivains à part entière. Si celles qui fabriquent une littérature d'illusion et d'évasion trouvent un accueil favorable auprès d'un certain public féminin de nouveau soumis à l'ordre social restauré, les autres, celles qui veulent faire de la littérature une authentique « voix des femmes » à la mesure des inquiétudes et des interrogations de leur temps, se heurtent plus que jamais aux interdits et aux sarcasmes. Loin de se décourager, elles orientent alors leurs écrits vers des voies nouvelles[44] et n'hésitent pas à éclairer de manière quelque peu insolite l'histoire culturelle d'une humanité qu'elles revendiquent aussi comme la leur :

« On a tellement répété aux femmes : les hommes pensent pour vous, qu'à la fin elles ont cessé de penser. De longues générations de femmes ont grandi sous le poids du mépris qui pèse sur leur intelligence et, bien évidemment, elles ont contribué souvent à justifier ce mépris... [on] a dénié à la femme la capacité d'accomplir quoi que ce soit d'important ou de marquant dans les domaines de l'art, des sciences et de la politique... Mais le livre qui a exercé la plus large influence sur le monde social, c'est le livre d'une femme : *la Case de l'oncle Tom.* La conséquence directe de *la Case de l'oncle Tom* a été la présidence de Lincoln. Le plus grand prosateur de notre siècle est peut-être une femme : George Sand. Le plus grand romancier actuel est, du moins à mon avis, une femme : George Elliot... Il est fini le temps qui s'attachait sentimentalement aux ruines et aux vestiges du passé ; les vieilles pyramides croulantes, les pensées jaunissantes, les idées fossilisées, il faut les extraire et les exposer à la lumière de la vérité[45]. »

7

LA BONNE CATHOLIQUE

MICHELA DE GIORGIO

C'est en 1866 qu'Anna Maria Mozzoni, la plus illustre représentante du féminisme italien, associe aux idéaux de l'émancipation féminine la généalogie aristocratique dont s'était inspiré le modèle féminin catholique de la Restauration. La « noble intrépidité » de Marie-Antoinette, reine de France, le courage de la duchesse d'Angoulême, l'énergie de Marie-Caroline de Berry servirent d'argument pour démontrer la « supériorité de caractère » des femmes. Le rêve féministe – « les femmes à la place des hommes », puisque « plus méritantes » quant à la vertu morale – faisait appel à l'Histoire « exempte de fureur partisane » pour établir chacun à la place qui lui revenait[1]. Le révérend père G. Ventura, un théatin, était lui aussi convaincu de la supériorité des femmes. Comparativement, les Bourbons étaient des « hommes de rien », le degré zéro de la force morale masculine. La féministe et le prêtre se rejoignaient dans la lutte pour la valorisation des femmes. Il est vrai que, disciple de Lamennais et exilé en France après 1848 pour ses dissensions avec le pape Pie IX, le père Ventura, auteur de *la Donna cattolica* (1855)[2], un ouvrage de référence pour l'édification morale du sexe féminin, est un représentant atypique du clergé du XIXe siècle. Au demeurant, il est commun au XIXe siècle, époque où se côtoient des credos politiques et religieux très divergents, de faire appel à des modèles forts pour soutenir les vertus morales. Ainsi l'archétype de la « mère institutrice », né à l'époque révolutionnaire au cours des débats sur l'éducation féminine. La « nouvelle mère », qui inculque, développe et fortifie les vertus sociales et individuelles, d'abord dans le cœur de ses fils, puis dans celui des hommes, est un classique de la pensée pédagogique révolutionnaire, de Lakanal à l'Italien Buonarroti.

La culture catholique de la Restauration fait sien ce modèle ; et l'adoption en est facilitée par les apports de la recherche scientifique. En France, à la fin du XVIIIe siècle, l'influence des écrits de Georges Stahl avait propagé l'idée de la suprématie de l'âme sur le corps. Dans un ouvrage qui restera pendant plus d'un siècle la référence théorique sur la question – *le Système physique et moral de la femme*, écrit par Pierre Roussel, en 1775 –, l'auteur avait montré que l'essence du sexe féminin ne se résumait pas aux faiblesses physiologiques. La fragilité et la sensibilité des femmes n'y étaient plus tenues comme des effets négatifs du corps sur l'âme, mais comme des particularités positives du sexe féminin. Depuis les fibres musculaires jusqu'au comportement moral[3] l'âme jouissait de « l'extension » des signes de la féminité.

Dès les premières décennies du XIXe siècle, de nombreux auteurs catholiques formalisaient une tendance particulière, « historique », du catholicisme à maîtriser ces caractérisques sentimentales de la féminité, enfin dissociées de marques trop corporelles, presque charnelles[4]. Libéré du lien de dépendance entre structure physiologique et substance psychologique, ce modèle idéal du féminin se propagea à travers toute l'Europe post-révolutionnaire. L'âme féminine, différente et complémentaire de l'âme masculine, devient pour l'Église de la Restauration une réserve de ressources civilisatrices et de possibilités de conversion. De même, l'âme féminine est nécessaire au plein épanouissement de l'« humanité », autant pour l'idéalisme classique (la famille comme noyau de « Sittlichkeit » dans la *Philosophie du droit* de Hegel), que pour le romantisme et son idéal de complémentarité harmonieuse dans l'amour.

« Ce sexe, qui paraissait n'avoir reçu en partage que la douceur et la patience, a montré souvent le zèle le plus actif, le dévouement le plus intrépide, le sang-froid le plus étonnant », affirme, au début des années 1820, le quotidien catholique *l'Ami*, un journal où les biographies féminines l'emportaient largement sur les biographies masculines : la cause est désormais entendue[5]. Aux yeux des catholiques de la Restauration, la dialectique de la force et de la faiblesse féminines révélée par la Révolution est un des rares mérites de cet événement. La femme apparaît comme un nouveau sujet social, exempt de toute passion politique, doué de sentiments tellement chrétiens qu'il en devient parfaitement exemplaire. Au sommet – référent politique immédiat – brillent les prouesses stratégiques des femmes de la famille royale, mais au niveau inférieur existe un inépuisable réseau de ressources féminines, sans barrière de classe.

« Prières, tendresses, plaintes, caresses » sont les armes de la persuasion : l'intime voie par laquelle, en France, les femmes sont parvenues à exercer une puissante influence dans la vie publique. Joseph de Maistre, qui théorisait : « Pour le bien comme pour le mal, l'influence de votre sexe est immense » (mais sans dépasser les limites d'un noyau familial élargi : « Ses enfants, ses amis, ses domestiques sont plus ou moins ses sujets. »), résumait ainsi parfaitement le point de vue de l'époque. Le père Pierre Alexandre Mercier, lui, proposait une théorie fondée sur une expérience concrète : ayant confessé 20 000 pénitents à Fourvières, entre 1850 et 1857, – une moyenne de 14 par jour (nous ne connaissons pas le pourcentage des femmes) –, il puise dans ces nombreux récits de vertus et de péchés pour résumer son expérience en une série de conférences intitulée *De l'influence salutaire ou pernicieuse qu'exerce la femme dans la société*, texte qui sera donné en modèle aux prédicateurs[6].

L'élaboration par les catholiques d'un modèle spécifiquement féminin utilisant ses ressources sentimentales comme un correctif moral vis-à-vis des hommes est plus aisée dans la tradition littéraire française, où la « féminité du cœur » a été illustrée par de grands textes – de Mme de Sévigné à Mme de La Fayette – où la touche féminine, savante et légère, s'exprime dans la trame des rapports privés. En Italie, l'absence d'une société nationale a empêché la naissance d'une tradition généralisée du code des comportements. « La simple absence de société (...) induit naturellement le fait qu'il n'y ait pas en Italie un ton, une manière typiquement italiens », déplorait Leopardi[7]. C'est l'Église qui, en s'appuyant sur le modèle aristocratique, construit une unification des comportements associant les vertus innées de l'aristocratie avec celles du bon chrétien[8]. Dans les premières décennies du XIXe siècle, la tradition issue des traités hautains de Boccace et de Philippe de Bergame sur les femmes est définitivement abandonnée. L'hégémonie de l'Église se manifeste encore par le fait que les auteurs italiens de vies féminines exemplaires sont durablement influencés par les manuels catholiques français. A la fin des années 1880, la *Civiltà Cattolica* s'indigne de voir une revue féminine faire cohabiter dans le même panthéon des Italiennes illustres, des saintes et des révolutionnaires : Mathilde de Canossa et Catherine de Sienne aux côtés de deux martyres de la révolution napolitaine de 1789, Eleonora Fonseca Pimentel et Luisa Sanfelice[9]. L'identification sociale féminine ne semble pas pouvoir se passer d'une tradition littéraire marquée par le catholicisme, où les saintes jouent un rôle de premier plan[10].

L'éloignement de l'Église, l'anticléricalisme militant ou passif sont, au XIXe siècle, des phénomènes exclusivement masculins. C'est la plainte générale des curés de paroisses : les hommes s'en vont. Leur religion n'est pas perdue, mais elle change visiblement de statut. De fait de mentalité global, absolu, la religion prend chez eux les contours flous de l'opinion religieuse. La foi des hommes se transforme en « positions politiques ». Celle des femmes au contraire garde tout entier le caractère de « fait de mentalité » auquel, plus que tout autre élément, les « faits de comportement » donnent la forme d'une foi pleine et entière. Le catholicisme du XIXe siècle s'écrit donc au féminin. La féminisation des pratiques de la piété, et, comme on va le voir, celle du clergé, sont là pour le démontrer. « Dieu changea de sexe », diagnostique au milieu du siècle Michelet, pionnier d'un lexique sexué appliqué au credo religieux qui persiste jusqu'à nos jours.

Dans la cartographie des principaux vices signalés par les curés français après la tourmente révolutionnaire, on trouve la propagation du travail dominical, l'absence de la messe, la non-observation de l'obligation de la communion pascale. Les pratiques religieuses des femmes sont plus intenses et plus régulières que celles des hommes. Même si les comportements sont très différenciés selon les régions, on n'est pas très loin de la vérité lorsque l'on émet l'hypothèse qu'au plan national, trois pratiquants sur quatre sont des femmes[11]. Au début du XIXe siècle, Aegidius Jais notait que pendant ses dix ans d'activité comme pasteur des âmes dans la campagne de Salzbourg, il n'avait trouvé qu'une seule localité où l'affluence au confessionnal ne fût pas essentiellement féminine[12]. Même si souvent la vérification des pratiques religieuses différenciées selon le sexe n'allait pas au-delà d'une comptabilité tout à fait impressionniste de la part des curés, les livres de dévotion font état de l'existence d'une prééminence des pratiques féminines. « La religion, en tant qu'affaire de sentiment, est plus proche des femmes que des hommes », écrivait en 1814 le bénédictin allemand C. Gartner, dans un livre de lecture pieuse destiné aux femmes. Au milieu du XIXe siècle, la *Civiltà Cattolica* constatait que la féminisation des pratiques religieuses était « indubitable et reconnue ». Partout dans les églises, le « sexe féminin » est numériquement supérieur au « sexe viril »[13]. A Rome, en 1825, les femmes représentent seulement 38 % des pèlerins[14]. Mais dans la foule qui de toute la France se presse vers Ars, le lieu de culte le plus fréquenté au milieu du XIXe siècle

(60 000 à 80 000 pèlerins par an), la prédominance des femmes est nette : sur 307 pèlerins identifiés, 64,5 % sont des femmes. Une prédominance qui marque, outre les pratiques, la ferveur qui les anime.

Identification de la catholique

Dans la première moitié du XIXe siècle, les curés, manquant de moyens statistiques, comptabilisent leurs fidèles sans les différencier par sexe. Leurs catégories d'identification étaient d'ailleurs vagues et imprécises. Une « psychologie du peuple » en miniature rapportée à la paroisse : le « tempérament » du village – dévoué, laborieux, indifférent, indolent – les dispensait d'un examen plus précis des caractères spécifiques des fidèles. Transposée au niveau national, cette classification opère la même réduction observée par Philippe Boutry dans le diocèse d'Ars[15], et s'étend au « genre » féminin ; celle-ci n'est pas seulement observée dans les milieux cléricaux : Stendhal, Michelet et leurs disciples italiens, venant d'horizons différents, comme le littéraire Tommaseo ou l'anthropologue Mantegazza, établissent une typologie dont ils font dériver des comportements moraux : degrés de passion, de sentimentalité, d'esprit de sacrifice, de disposition à l'obéissance conjugale, etc. C'est seulement dans les dernières décennies du XIXe siècle que les effets conjugués de l'industrialisation, de l'urbanisation, de l'alphabétisation et de la politisation des femmes obligent l'Église à s'adapter aux classifications de la science sociale laïque et à définir selon des typologies plus précises le monde féminin jusqu'alors indifférencié : classe sociale, état civil, classe d'âge, métier[16]. Un des mérites de cette classification moins sommaire est d'atténuer l'ancienne distinction radicale entre les femmes catholiques et les autres. « Il nous faut abandonner l'habitude de forger des types nets et absolus et, autant que possible éviter de dire au singulier : la femme chrétienne, la femme non chrétienne », écrivait à la fin du XIXe siècle le père Gabriel d'Azambuya[17].

De plus, les classifications du XIXe siècle, établissant des degrés dans le « tempérament catholique » – par nation cette fois et non plus par village – étaient elles aussi impressionnistes et peu scientifiques. En 1828, traversant l'Italie avec le cortège qui se rend à Rome à la suite de la mère Sophie Barat, Élisabeth Galitzin « sent » qu'elle parcourt le pays de la catholicité. Dans la cité sainte, elle est submergée par la joie : même l'air est « embaumé » par le voisinage de la chaire de saint Pierre. Les rues, plantées de croix et ornées d'images de Marie devant lesquelles s'agenouillent femmes et hommes (« Marie est la châtelaine devant laquelle toute l'Italie est à genoux », écrivait Taine), les villes et les villages parsemés de statues de saints sont la preuve de la dévotion italienne[18]. Félicité de Lamennais, dans les mêmes années, élargissait cette topographie sanctifiée à la population des États de l'Église presque entière, incluant bien évidemment les femmes. En 1862, au Dôme de Milan, Louise Colet, femme indiscutablement émancipée, se sent plongée dans « une atmosphère céleste *native* (...) indissociable de l'âme de ce peuple[19] ». Son inaltérable vocation pour le *Risorgimento* (enfant, elle était tombée amoureuse de Silvio Pellico après la lecture de *le Mie Prigioni*) contribue à renforcer sa conviction que le degré maximal de catholicité se trouve chez les Italiens et les Italiennes.

L'Italienne nationale et catholique naît dans les années 1830, sous l'impulsion d'idéaux politiques libéraux. C'est un modèle culturel forgé de toutes pièces, sans substrat de « caractères communs ». Il est difficile de concilier les comportements ironiques et agressifs envers le clergé des jeunes aristocrates napolitaines rencontrées par Goethe[20], et le sens profond de fidélité à la foi catholique et au souverain de la noblesse piémontaise, consciente de sa spécificité par rapport aux styles de vie de l'aristocratie italienne « fidèlement dépeinte par Goldoni dans les Florindes et les Rosaures[21] ». La première « idealtypologie » de l'Italienne nationale est celle de Niccolò Tommaseo :

> « La femme italienne, capable d'inspirations, sachant obéir, sachant commander où que ce soit, est pour nous la garantie d'un destin moins dur. Là où les hommes se montrent plus corrompus et plus faibles, les femmes font preuve de plus de courage et de vertu[22]. »

Son modèle, la « nouvelle Italienne », patriote et très catholique, prolifère à travers les conseils répétés dans les manuels et les traités de morale de la seconde moitié du XIXe siècle.

L'Église construit elle aussi sa propre « psychologie des peuples ». Et elle le fait, de toute évidence, sur des fondements religieux. Descendues du piédestal où les avait placées le catholicisme en leur conférant une autorité morale, les Anglaises deviennent un *topos* de la polémique antiprotestante : « La femme anglaise (...) n'excite plus l'admiration ; c'est à peine si elle obtient les égards dus à son sexe », écrit en 1844 l'abbé Gaume, l'anti-Engels, dans une comparaison entre les formes par lesquelles les différentes confessions religieuses influent sur l'exercice des pouvoirs et les contre-pouvoirs domestiques des femmes[23].

Siècle du primat du discours masculin, le XIXe siècle se retrouve tout entier dans la rhétorique de cette copieuse production de modèles. Aux femmes il reste la pratique d'un contre-discours fondé essentiellement sur les caractères de leur religiosité : une religiosité sentimentale qui des lieux de dévotion passe dans la quotidienneté familiale. Le sentiment d'autogratification (si typique du rôle féminin au XIXe siècle) naît de la conscience qu'ont les femmes d'exercer une souveraineté morale sur la vie domestique et sur l'éducation des enfants. Même si elles sont nombreuses, les insuffisances de la vie matérielle sont atténuées par la certitude que les sentiments humains ne sont que le reflet naturellement illusoire du sentiment religieux, modèle et instrument de légitimité de toute affectivité terrestre. Le sentimentalisme religieux progresse au XIXe siècle en étroite liaison avec le sentimentalisme familial : le modèle féminin catholique est exclusivement celui de l'épouse et de la mère. A l'épouse, l'Église demande soumission et esprit d'abnégation. Si le monde est pour tous une vallée de larmes, il l'est particulièrement pour les femmes. Pudique, la littérature catholique du XIXe siècle n'aborde pas les aspects affectifs – et encore moins sexuels – de l'amour conjugal. Un silence qui se prolonge jusqu'aux premières décennies du XXe siècle. Si l'on fait allusion au « devoir conjugal », auquel l'épouse ne saurait se soustraire, même pour « pratiquer la vertu », c'est rarement et en peu de lignes. Le mari est le don du Ciel qui conduit la femme, par le sacrifice, à la sainteté[24].

En 1880, par l'encyclique *Arcanum*, l'Église répond aux attaques laïques contre le mariage. Léon XIII renforce l'autorité maritale : « L'homme est la tête de la femme, comme le Christ est la tête de l'Église. » L'épouse « doit être soumise et obéissante à son mari, non comme une esclave, mais comme une compagne, c'est-à-dire de telle façon que la soumission qu'elle lui manifeste soit toute de pudeur et de dignité[25] ».

L'encyclique de Léon XIII affirme et revendique la dignité de la femme dans le mariage. Mais sous la tutelle du mari : tutelle parfois sanguinaire. La condamnation sévère du mari homicide de la femme adultère levait le voile sur les coulisses de drames provoqués par l'indissolubilité du mariage, et cela sans distinction de classes. Pour la majorité des femmes italiennes bourgeoises et aristocrates nées vers le milieu du XIXe siècle, un mariage arrangé par la famille était encore la norme. Le libre choix sentimental appartenait aux horizons mythiques évoqués par les « pamphlets » féministes : « la libre Amérique » de l'égalité de l'échange conjugal. Dans les romans de la littérature féminine catholique de la fin du XIXe siècle, le mariage, thème de prédilection, est à l'origine de multiples propositions de réformes morales qui passionnaient les nombreux spécialistes de cette science toute nouvelle, la sociologie des relations conjugales (Legouvé, Letourneau, Mantegazza, Lombroso, Lhotzky, Werner, Carpenter, etc.). Au centre des questions préalables à tout renouveau, se trouve celle de l'acceptation passive par les femmes du mariage avec un homme beaucoup plus âgé. Une telle attitude – échange entre un capital esthétique et un capital économique masculin – indigne les eugénistes. Dans l'œuvre des femmes écrivains catholiques, la description de situations de ce genre n'est pas l'occasion de dénoncer avec virulence les ambiguïtés de la morale qui règle les échanges matrimoniaux. Et la perplexité devant la différence d'âge se résolvait souvent en histoires à *happy end*[26]. Il est bon de rappeler que la crainte de ne pas trouver à se marier – pendant tout le XIXe siècle jusqu'à la fin de la Grande Guerre, la dignité de l'existence sociale féminine est identifiée au mariage – n'est pas seulement entretenue par les publications catholiques. Dans ces mariages de réflexion – non de passion ni de consolation – que la presse catholique italienne de la Jeunesse féminine d'Action catholique conseille encore dans les années 1920, on trouve une sorte de continuité avec cette pédagogie anti-sentimentale. Les résultats des mariages guidés par les yeux ou par le cœur sont toujours présentés comme instables et éphémères. A l'époux de la femme militante catholique, on demande seulement d'être un bon chrétien.

« Elle se tenait loin des commérages féminins sur la méchanceté des hommes », prêche le panégyrique de Rita de Cascia, lu à Rome pendant la cérémonie de béatification (1900). La longue expiation des peines conjugales imposées par un mari qui est une « bête sauvage » et le digne détachement d'autres victimes du mariage, occupent une grande place dans les biographies consacrées à la sainte au XIXe siècle[27]. C'est la version dévote de l'abondante littérature laïque consacrée au « mauvais mariage » : elle illustre jusque dans les détails les souffrances de la vie conjugale de Rita. Modèle sanctifié à travers lequel l'Église reconnaît que pour les femmes la vie matrimoniale peut être un poids, voire un calvaire. Avec le XXe siècle il est même question de la sexualité dans une des rares autobiographies catholiques sur l'infidélité conjugale. Jacqueline Vincent, vingt-cinq ans servante et maîtresse d'un mari brutal et mécréant puis, à partir de 1925, tertiaire carmélite, écrit un surprenant *Livre de l'amour* où les rapports sexuels sont présentés comme un supplice mystique[28].

Hortus clausus

L'épouse et la mère cachent la femme vierge. Sa mise hors de la famille – question sociale inquiétante jusqu'à la fin du siècle – est assimilée aux chiffres triomphants de la « féminisation du clergé ». En France, de 1808 à 1880, le nombre des femmes qui entrent dans des congrégations religieuses anciennes ou nouvelles passe de moins de 13 000 à plus de 130 000. En 1830, le rapport était de deux femmes pour trois hommes dans le clergé. En 1878 ce rapport s'est inversé : trois femmes pour deux hommes. Les deux tiers des fondatrices de nouvelles congrégations sont issus des classes dominantes : avant la Révolution, 29 % provenaient de la noblesse et 33 % de la bourgeoisie. Au XIXe siècle la prédominance bourgeoise est absolue : 46 % contre 19 % pour l'aristocratie. Le reste de cette puissante armée vient de familles de petits paysans, d'artisans et de salariés[29]. Claude Langlois a souligné la dynamique spécifique qui s'attachait au phénomène de la féminisation du clergé. Les nouvelles congrégations dépendent de l'évêque ou du fondateur, mais surtout de leur fondatrice et de leur supérieure générale. Cette autonomie institutionnelle s'applique à de nombreux domaines, en particulier à l'éducation féminine. En 1876, 80 % des 500 000 Français qui fréquentent les écoles maternelles sont confiés à des congrégations religieuses. Il est plus difficile de quantifier la suprématie catholique en matière d'internat en France et en Italie. En 1872, la première statistique nationale italienne révélait, sur 570 institutions recensées, le monopole absolu des ordres et des congrégations religieuses. Trente ans plus tard, l'État ne pouvait opposer que 86 instituts publics à un réseau de 1 429 collèges – dont environ 800 œuvres pieuses et instituts de bienfaisance avec 48 677 élèves internes et 59 179 externes[30]. Preuve d'une confiance inébranlable que les élites laïques elles-mêmes plaçaient dans la définition du rôle féminin proposé par les internats catholiques[31].

La féminisation écrasante du clergé français est un phénomène essentiellement national, qui touche les autres pays catholiques à des époques et à des degrés différents. Tandis qu'en France l'apogée des nouvelles fondations ayant à leur tête une supérieure générale se situe dans les années 1820-1830, en Italie – où les différentes politiques ecclésiastiques des États pré-unitaires empêchent de définir un cadre d'ensemble – l'augmentation des fondations religieuses féminines est retardée d'une décennie. En 1861, le premier recensement du royaume d'Italie, qui ne faisait pas la distinction entre religieuses et congréganistes, entre cloîtres, monastères et maisons d'oblates ou instituts nouveaux centralisés, dénombre 42 664 « religieuses ». Comme en France, la féminisation du clergé en Italie est un fait : on ne compte plus que 30 632 moines. Pourtant, les sœurs sont peu nombreuses par rapport à l'ensemble de la population recensée : 1,95 pour mille, moins qu'en Belgique (2,70 pour mille) et plus qu'en Espagne (1,20 pour mille). Le pourcentage le plus élevé est celui de l'Ombrie et des Marches, deux provinces des anciens États pontificaux. Mais l'écrasante majorité des religieuses – 22 619 – se trouve au Sud, dans les provinces napolitaines (13 651) et en Sicile (8 968)[32].

C'est d'un couvent napolitain que s'échappe Enrichetta Caracciolo, victime d'un enfermement forcé. Les *Misteri del chiostro napoletano* (1864)[33] – autobiographie privée et politique d'une jeune aristocrate livrée par l'irréductible volonté maternelle au « pays lévitique par excellence » – proposent le revers de l'autobiographie monastique : une antihagiographie patriote et dévouée au *Risorgimento*[34]. Les *Misteri* étaient bien connus de la haute hiérarchie du clergé romain qui les imputait à la monarchie bourbonnienne. Les « *Relazioni dei vescovi ai sacri limini* » évoquaient des cérémonies de prise d'habits religieux comme de véritables parades de carnaval, avec danses et fêtes, acclamations d'une foule en délire pour l'élection de la supérieure, allées et venues incontrôlées de médecins, de domestiques, de prêtres[35]. On a une idée des préjugés relatifs aux excès de la « magnificence religieuse » sicilienne en lisant les pages d'un manuel, largement diffusé, de comportement monastique. Le corps est le lieu évident, exemplaire, du péché : le péché y naît et s'y « enferme ». Péchés de langue (médisance), des yeux (envie, *in-video*), de la bouche (gourmandise)[36]. Dans ce manuel de préceptes, le corps, invité à l'imitation du corps sanctifié, n'est jamais conceptualisé, phénomène qu'Odile Arnold reconnaît dans les couvents français à partir de la seconde moitié du siècle[37].

Le haut degré d'émancipation des Anglaises, à la fin du siècle (juste après les Américaines), permet aux fondatrices de nouveaux ordres religieux de la *Terra Incognita*, l'Angleterre, d'utiliser une *fiction and non-fictional « Catholic » literature* dans un but de conversion et d'autofinancement. Lady Georgiana Fullerton (*Ellen Middleton*, 1844) et Fanny Taylor (*Tyborne*, 1857) utilisent les revenus de leurs best-sellers pour financer la Poor Servants of the Mother of God, première congrégation *industrial self-supporting* (elle s'autofinance grâce à une laverie industrielle)[38]. En Angleterre et aux États-Unis[39], la féminisation du clergé naît sous le signe d'une religiosité pratique, caritative, qui s'applique directement au champ de la misère sociale. La haute « conscience de soi » des religieuses anglaises est liée à une pratique de la charité qui défie très consciemment les règles de l'honneur féminin, et les limites qu'il impose à la liberté de mouvement des femmes.

En France, Jeanne Jugan construit elle aussi son charisme en sillonnant les routes de l'Ouest, à la recherche de vagabonds à héberger dans les instituts de sa congrégation. « Je suis Jeanne Jugan... » répète de porte en porte la fondatrice (en 1843) des Petites Sœurs des pauvres (devenues dans les années 1880 la deuxième congrégation par l'importance du patrimoine immobilier, juste après le Sacré-Cœur). Son errance dure treize années : en 1852, l'évêque de Reims reconnaît l'ordre et du coup impose aux Petites Sœurs des pauvres la vertu monastique de la stabilité[40].

L'ouverture dans l'espace de l'action féminine a longtemps été un sujet d'inquiétude. L'idée que les femmes perdent leur intégrité morale en sortant de la tutelle familiale et de l'espace domestique s'appuyait sur une tradition commune aux laïques et aux catholiques : la surveillance stricte dans le cadre familial. Jusque dans l'immédiat après-guerre, Armida Barelli, fondatrice de la Jeunesse féminine d'Action catholique, a le plus grand mal à vaincre les résistances très catholiques du père de la marquise Teresa Pallavicino, âgée de trente-deux ans : « Papa se refuse absolument à me laissser voyager seule. » Parme (ville de la « petite marquise ») n'était pas bien différente de Palerme. « En Sicile les femmes jeunes ne sortent jamais seules, même après le mariage, et vous voulez l'envoyer courir les routes pour fonder des associations ? » objectait la hiérarchie palermitaine à la fougue organisatrice d'Armida Barelli. Il n'est pas surprenant que l'intense activité itinérante des dirigeantes de la Jeunesse féminine, transgression victorieuse d'un interdit étendu à l'ensemble du sexe féminin, ait largement contribué à en fonder le mythe charismatique. L'automobile d'Armida Barelli (présidente) et de Teresa Pallavicino (vice-présidente), *new women* catholiques voyageant à travers l'Italie, recueille les triomphes dûs à une émancipation qui valorise le sexe féminin, même chez des militantes qui sont pourtant bien loin de pouvoir adopter un comportement aussi novateur[41].

Exclues de la scène politique officielle, les femmes catholiques trouvent dans la bienfaisance leur terrain d'action. Les pionnières de l'« immersion directe » dans la misère sociale sont des aristocrates : pour certaines d'entre elles, les lois de l'honneur méditerranéen deviennent plus souples[42]. Cette passion « gouvernée par la vertu » donne naissance à de vibrants échanges épistolaires. Des amitiés durables naissent, plus tard immortalisées par des biographies, comme celles de Paolina Craven et Georgina Fullerton. Ces reconstructions historiques, bien documentées, décrivent l'insatiable désir d'aider les déshérités : Teresa Ravaschieri, la plus célèbre novatrice de la bienfaisance napolitaine de la seconde moitié du XIXe siècle écrit une monumentale *Storia della carità napoletana*. L'imaginaire matrimonial lui-même est touché par cette aspiration à la charité : « J'aimerais qu'il soit riche, pour pouvoir faire du bien aux pauvres... » Cette pratique sociale permet de repérer chez ces femmes, une tentative consciente pour instituer un système de valeurs différent de celui des hommes dans la gestion du pouvoir. C'est le sens que donneront à l'œuvre de Teresa Ravischieri les militantes de la génération suivante : « C'est grâce à son tact, à son sens de l'indépendance à l'égard des combines (...) qu'aujourd'hui la femme, avant de se déclarer féministe, a pu entrer chez nous et pratiquer la bienfaisance[43]. »

A Paris, au temps de Jules Ferry, Melle David-Nillet vit sous la tutelle d'un oncle et ne peut quitter la maison que pour assister à la messe dominicale ; mariée, elle devient Albertine Duhamel. Le changement d'état civil révèle ses capacités d'organisatrice, insoupçonnables chez une ancienne recluse. Dans les années 1910, ses initiatives sur le plan social permettent la construction d'un réseau national de 3 400 patronages, sans comparaison avec le *cursus honorum* des dames patronnesses les plus actives du XIXe siècle[44]. Au début du XXe siècle, pour faire face au féminisme et à son action sociale laïque, les catholiques vont renouveler les valeurs et les compétences sur lesquelles fonder un nouveau sens de l'identité des femmes. La « militante » – terme inventé par Pie XI – remplace la dame patronnesse. Les sections féminines de l'Action catholique rencontrent un large consensus dans toute l'Europe.

C'est sur ces structures solidement hiérarchisées que se construit le charisme national des dirigeantes. En 1910, la Ligue patriotique des Françaises compte 450 000 adhérentes[45]. L'UDACI (Union des femmes de l'Action catholique italienne), fondée en 1908, constitue dans sa première année plus de 100 comités avec 15 000 inscrites[46]. La « femme nouvelle » du militantisme catholique au début du XXᵉ siècle est une femme d'action, exempte toutefois des caractéristiques semi-viriles que le feuilleton catholique (dans *Civiltà Cattolica*) souligne pour caricaturer la féministe[47]. L'extraordinaire conscience de soi des dirigeantes catholiques – contrôlée dès que possible chez les militantes, mais absolument indéracinable chez celles qui occupent les charges les plus hautes – s'est construite à partir de récits d'émancipation difficile.

> « En ce qui me concerne, je suis trop droite pour être opportuniste, je suis conciliante jusqu'où ma conscience le permet ; au-delà cela m'est impossible (...) Son Éminence me reproche mon mauvais caractère et en cela Son Éminence a peut-être raison. Mon caractère est tout d'une pièce »,

écrit au pape Pie X, en 1914, la princesse Cristina Giustiniani Bandini, fondatrice et infatigable présidente de l'Union des femmes catholiques d'Italie. Élevée au Sacré-Cœur entre 1909 et 1917, elle entre au couvent à dix-huit ans. Elle en sort dix ans plus tard contre la volonté de son père. Pour vivre, elle doit travailler. L'aristocratie romaine authentique n'accepte pas l'autonomie de ses filles, en dehors des choix obligatoires : le mariage ou le couvent[48].

Lire peu, lire bien

Pendant tout le XIXᵉ siècle et au début du XXᵉ, voire jusqu'après la Première Guerre mondiale, les lectures féminines font l'objet d'un contrôle attentif. Le roman représente le degré maximal du danger. L'Église va établir ses interdits selon un code moral d'inspiration rousseauiste. « Une honnête fille ne lit point de livres d'amour », dans lequel se reconnaissent les non-croyantes comme les catholiques.

La jeune Milanaise qui, en octobre 1787, confesse à Goethe, en voyage en Italie :

> « On ne nous apprend pas à écrire de peur que la plume ne nous serve à écrire des lettres d'amour ; on ne nous permettrait pas non plus de lire si nous ne devions pas nous servir des livres de prières »,

n'identifie pas les coupables[49]. La raison en est simple : le point de vue de la société laïque sur l'éducation des femmes ne diffère pas de celui de l'Église. Et pourtant, notre semi-analphabète vit selon les normes de la modernité à son époque : elle voyage, discute, séduit (elle est l'un des amours italiens de Goethe). Mais les livres lui sont rigoureusement interdits.

Nous pouvons imaginer qu'il y eut de nombreuses stratégies féminines visant à contourner la rigueur des interdits. Le roman incarne à ce point le péché que, dans la première phase de l'interdiction, il parvient jusqu'à la lectrice coupable sans que l'instigateur ou l'instigatrice de cette médiation soit identifiable. A la fin du XVIIIe siècle, la *Clarissa* de Harlowe envahit les campagnes bourguignonnes. Rien, pas même la surveillance d'une mère janséniste, ne protège de la lecture du roman Sophie Barat (originaire d'une famille de paysans aisés et future fondatrice de la congrégation du Sacré-Cœur). La faute n'est pas imputable à des causes extérieures, si ce n'est à la diffusion massive de ce genre littéraire tentaculaire : le remords d'avoir fait cette lecture la poursuivra sa vie durant. Cependant, dès les premières décennies du XIXe siècle, les manuels de morale indiquent clairement l'origine de la contagion. Le regard inquiet que le XIXe siècle porte sur l'adolescence repère le lieu des tentations propres à cet âge, les amies, les sœurs aînées, les frères (sur lesquels le regard inquisiteur des parents pèse moins lourdement). L'intensité des relations amicales entre femmes se fonde entre autres sur l'échange de livres interdits : Paolina Leopardi, fuyant la surveillance de sa mère – ultra-rigoriste, excessive dans sa perfection chrétienne – demande à une amie bolonaise les livres de Stendhal et de Walter Scott[50].

Le prestige que la société bourgeoise du XIXe siècle accorde au rôle d'épouse atténue la rigueur de ces prescriptions, qui deviennent moins strictes après le mariage. En France, les rédactrices de manuels, disciples de la baronne de Staffe ou de Mme de Genlis, adoucissent le contrôle des lectures pour les femmes mariées, alors qu'en Italie, et jusqu'à la fin du XIXe siècle, les manuels catholiques de savoir-vivre remarquent avec un certain désarroi qu'on ne saurait considérer l'interdit sur les lectures comme une loi morale intangible si le passage à l'état de femme mariée le rend caduc.

L'aspect quantitatif des lectures féminines, conseillées ou prescrites, est plus difficile à déterminer. Les chiffres considérables affichés par la production catholique du XIXe siècle, très abondante jusqu'aux premières décennies du XXe siècle, n'ont pas encore trouvé de confirmation dans les recherches actuelles tentant de mesurer l'importance réelle des lectures féminines. Le petit nombre de titres constamment conseillés par les manuels catholiques correspond quantitativement à l'une des rares informations chiffrées que nous ayons sur le patrimoine livresque des familles italiennes appartenant à la classe moyenne : dans les années 1870 à Naples (ville la plus peuplée d'Italie, où les quotidiens tirent à 50 000 exemplaires) la majorité des foyers ne possèdent aucun livre[51].

Dans l'Italie de la première moitié du XIXe siècle, une femme lisant un ouvrage autre qu'un livre de dévotion est loin de représenter le modèle de l'union heureuse et socialement recommandée par les valeurs esthétiques et culturelles en vigueur. Rares sont les catholiques, libéraux et amis des Lumières qui conçoivent des livres « expressément destinés à intéresser l'esprit des femmes ». Silvio Pellico les voulait pleins « de doux sentiments », de « soucis domestiques », « d'enthousiasme héroïque pour l'amour, pour les vertus privées et pour la religion » ; construits sur des généalogies féminines, sur des histoires familiales de filles, d'épouses et de mères[52]. Un tel genre littéraire est tout à fait inimaginable dans les livres de piété et d'ascèse qui dominent la production lombarde de la première moitié du XIXe siècle[53]. Il faudra attendre les années 1870 pour que l'édition italienne ait, avec la première génération de romancières nationales, ses propres « tableaux des affections privées ». Jusqu'alors, l'Italie avait été une terre de traductions : avec un certain nombre de livres de dévotion, la plupart des romans et des manuels de savoir-vivre viennent de France.

C'est avec une grande avance sur les Italiennes que les femmes de lettres catholiques françaises et anglaises pratiquent la double écriture de la pédagogie morale et du roman. Aux yeux de l'Église ce genre littéraire demeure encore entaché de péché. D'où les nombreuses précautions prises par leurs auteurs. En prenant soin de préciser que son livre, *Souvenirs d'une institutrice* (1869) – « scènes ordinaires du monde réel » – n'est pas un vrai roman, tel que le *Jane Eyre* de Charlotte Brontë, si admirée, la célèbre Mme Bourdon (Mathilde Froment, 1817-1888) contribue à sa façon à atténuer la distinction trop tranchée entre bons et mauvais romans ; au lieu de s'attacher à faire connaître les gloires d'une généalogie littéraire féminine, elle tente de promouvoir le passage de la passion de la lecture à celle de l'écriture. L'institutrice, protagoniste des *Souvenirs*, se voit confier par une élève respectueuse des règles de l'internat le *Corinne* de Mme de Staël. Tenaillée par un désir de gloire littéraire, « périlleuse peut-être, mais séduisante ! », elle s'imagine écrivain, et capable de rendre aussi durables que l'airain « les fantômes qui flottent dans notre imagination[54] ».

Il est impossible de réprimer l'imaginaire féminin que l'éducation catholique du XIXe siècle avait essayé de ligoter : il devient la substance privilégiée dont va se nourrir l'écriture littéraire féminine.

Les lectures conseillées au milieu du siècle par les femmes de lettres catholiques italiennes – traités de philosophie de Plutarque, discours de Socrate, œuvres de Cicéron, d'Augustin Thierry ou de Muratori – ne peuvent pas offrir de modèles auxquels s'identifier[55]. Ce sont là des lectures classiques austères dont la fonction est précisément anti-romantique, tout comme celles que conseille Monseigneur Dupanloup à une tranche d'âge beaucoup plus jeune. « Pour fortifier la raison féminine », l'évêque d'Orléans préconise les grands auteurs français du XVIIe siècle – Pascal, Bossuet, Fénelon, Racine, Corneille, La Bruyère, Mme de Sévigné. Il exclut le XVIIIe siècle ; du XIXe siècle, il ne retient que quelques poètes chrétiens. Il proscrit les sciences exactes et la littérature : dans son programme, pourtant tout à fait novateur, il donne la primauté aux disciplines littéraires. Lire peu et lire bien, c'est sa maxime[56], relire, revenir sur les pages (« ne jamais quitter un livre sans l'avoir achevé »), les résumer, en recopier les passages les plus importants. Aucune rêverie n'est permise : lire est un examen de conscience qui s'effectue par la médiation d'un texte. Les livres construisent et modifient, bien plus que des connaissances, les traits du caractère. Les instruments de l'orthopédie spirituelle employés par Mme Swetchine, qui avouait être « née avec peu de force de caractère » sont le crayon et la feuille de papier. « Écrire au crayon... c'est comme parler à voix basse » : elle épingle ses feuilles : quand elle ouvre à nouveau son livre, c'est pour le relire, copier des résumés, écrire, à la plume cette fois, critiques et réflexions[57].

Plus convaincantes que les préceptes de Dupanloup, les autobiographies intellectuelles féminines livrent « les modes et les temps » de la vraie « femme studieuse ». Cette possibilité n'est ouverte qu'à quelques aristocrates, lorsque l'environnement familial n'est pas hostile. Au début du siècle, une bonne part de l'instruction féminine se fonde presque exclusivement sur la mémoire – antidote extérieur aux rêveries intérieures de l'imaginaire. Connaître un texte par cœur en facilite la lecture à haute voix, divertissement de salon auquel s'adonnaient volontiers, jusqu'à la fin du siècle, les femmes des classes supérieures. Ce style d'apprentissage, la petite baronne turinoise Olimpia Savio (1816-1889), âgée de seize ans, l'appliquait exclusivement aux auteurs français : « Racine, Corneille, Mignet, Marmontel, Boilly, Berquin, Bossuet, Fénelon, Mme de Maintenon, Mme de Sévigné, Massillon », mais « rien d'italien ». Dans les années 1830, dans le royaume de Piémont-Sardaigne, elle a bénéficié d'une « haute » éducation maternelle tout à fait typique (« étant fille unique et donc toujours élevée près de ma mère »). Exemple rare, évidemment féminin, de manifestation d'un vif désir de reconnaissance culturelle. La propre mère d'Olimpia avait été une pionnière. Autodidacte nocturne – elle cachait ses livres sous son matelas – elle a bravé la volonté affirmée de sa mère et de sa grand-mère qui ne voulaient lui voir lire que des livres de dévotion[58].

C'est seulement à la fin du XIXe siècle, quand la scolarisation féminine commence à s'étendre aux études supérieures – au début du XXe siècle, 233 jeunes filles étaient inscrites dans les lycées d'État, (contre 12 605 garçons) –, que l'hagiographie catholique italienne découvre rétrospectivement la valeur de l'obstination des autodidactes. Et c'est justement la rigueur de leur méthode de travail qui rachète leur désobéissance. La bienheureuse Elena Guerra (1835-1914), fondatrice d'un institut d'éducation pour jeunes filles à Lucques, apprend le latin la nuit à la lueur de petites lampes faites de coquilles de noix, pour ne pas être trahie par la diminution de la bougie[59]. Le caractère exceptionnel des modèles, peu imité en fait, peut rester tranquillement hagiographique. Au début du XXe siècle, les fatigues diurnes imposées par le rythme scolaire auquel se plie un nombre toujours croissant d'étudiantes, la volonté d'obtenir un diplôme, placent les femmes en situation de compétition génératrice d'angoisse : science médicale et sermons s'unissent en un commun cri d'alarme. La pathologie à partir de laquelle se constitue au XIXe siècle la représentation assez maladroite de la psychophysiologie féminine – affections pulmonaires, chlorose, déviation de la colonne vertébrale, hystérie – est attribuée au livre. La presse catholique, encore au XXe siècle, continue à évoquer cette pathologie et se montre hostile à ce facteur de rééquilibre qu'est l'éducation physique féminine, même si, au début du siècle, apparaissent les premiers théoriciens catholiques de la « nouvelle » pégagogie féminine – tel le jésuite espagnol Ramon Ruiz Amado – qui adoptent les enseignements de l'école hygiéniste américaine et contribuent par leur prédication à remplacer les modes d'éducation de la femme au XIXe siècle « las prolongadas sesiones de piano tan comunes en las senoritas espanolas » par d'autres, en particulier par une intense activité sportive[60].

Dans les campagnes, l'habitude de lire à haute voix les livres de prières est plus durable : elle se perpétue jusqu'après la Première Guerre mondiale. Préparation à l'enseignement du catéchisme, elle constitue depuis le début du XXe siècle l'étendard du prosélytisme des organisations catholiques féminines. En France, dans le Nivernais, à la fin des années 1850, c'est dans le livre de prières qu'on apprenait à lire et à écrire, en s'exerçant à chercher (et à retranscrire) les voyelles composant le symbole des apôtres[61]. La lecture de la prière, lors de la répétition du soir, et sans l'aide du maître, finissait par devenir une sorte d'apprentissage. Prières guidées par le rythme des pages tournées religieusement plus que par le contenu du message.

A la fin du XIXe siècle, la rigueur avec laquelle l'Église sépare les bons livres des mauvais s'assouplit devant la production toujours croissante de romans populaires. En 1905, l'ouvrage de l'abbé Bethléem, *Romans à lire et à proscrire*, essaie de mettre un peu d'ordre dans cette très copieuse production. Les jeunes filles offrent un sujet de prédilection à la *Bonne Presse*. Acheté pour 65 centimes le samedi, le feuilleton cesse d'être un plaisir caché : les filles passent toute la journée du dimanche allongées sur leur lit, oubliant totalement leurs devoirs religieux[62]. Le sentiment de culpabilité lié au péché induit par les mauvaises lectures s'affaiblit considérablement chez les femmes. L'étonnement innocent manifesté par les pénitentes sanctionnées pour des lectures jugées lubriques par leur confesseur témoigne de la difficulté pour les femmes de trouver un équilibre dans une société où le livre, ayant perdu son caractère moralisateur, est devenu le compagnon du temps libre[63].

Pour la militante catholique, nouveau type social du XXe siècle, les livres sont désormais les outils indispensables de la formation. En 1927, pour le mariage de la nièce de la marquise Maddalena Patrizi, présidente de l'UDACI (Union des femmes de l'Action catholique italienne), le pape Pie XI fait cadeau à la jeune épouse d'une bibliothèque idéale d'environ 80 volumes : des « livres tous pour soi-même », comme les voulait Dupanloup. Sur 37 auteurs, 25 sont français (Dupanloup, Gatry, Tissier, etc.). Parmi les livres italiens, une histoire de l'art, un manuel de savoir-vivre, Manzoni *(Œuvres complètes)* et le *Sillabario del cristianesimo* de Olgiati, du groupe milanais de l'Université catholique[64]. Signe de la dépendance culturelle durable de l'Italie à l'égard de la France quant aux œuvres de spiritualité, mais signe incompréhensible aussi de l'immobilisme de l'édition religieuse qui, même hors de France, se prolonge au-delà du XIXe siècle, frontière que lui assignait Claude Savart[65].

Pratiques de piété

La vie quotidienne est scandée par les prières ; prières « vocales » s'entend, plus identifiables que les insaisissables prières « mentales » – la différence est soulignée par Brémond. La Restauration change la tonalité de la prière. Le sentiment dominant – peur de l'homme, vengeance de Dieu – qui, au siècle précédent, en était le fondement, tend à disparaître. Les prières d'intention, celles qui demandent aide et protection divine pour la santé, la prospérité dans les affaires, les voyages, les guerres, caractéristiques de la dévotion du XIXe siècle, sont marquées tant par l'individualisme conquérant de l'époque que par la volonté de la théologie de se défendre contre l'expérience mystique. Dans le système (commun à toutes les classes sociales) de double morale sur lequel reposaient de nombreux mariages du XIXe siècle, la prière a en outre une fonction pacificatrice. Les prières simultanées de Marie-Adelaïde de Savoie, modèle royal de résignation conjugale (en 1847 elle reçoit des mains de Pie XI la Rose d'or, distinction papale destinée aux reines et aux princesses les plus vertueuses du monde catholique) et du duc Victor-Emmanuel (qui sera le premier roi d'Italie) ennoblissent une condition conjugale imparfaite. Se plaçant au-dessus des trahisons (masculines) très visibles et notoires, la prière *Tempore belli* reconstruit la paix du rapport conjugal dans l'unité spatio-temporelle des invocations exaucées. « Si je pouvais savoir le jour que Vous Vous batterez, je ferai le matin mes dévotions en ton intention *(sic)* », écrit la duchesse. De son côté, Victor-Emmanuel lui confirme qu'à Peschiera les balles ennemies ont été détournées par ses prières[66].

La piété italienne, marquée par l'influence de la morale d'Alphonse de Liguori, s'ouvre à un rapport différent au sacré, modifiant totalement la sensibilité religieuse. La sentimentalité excessive, l'intensité maladive, le mysticisme incontrôlé ou, à l'opposé, les habitudes répétitives, les litanies domestiques, tous ces signes distinctifs de la prière du XIXe siècle, sont aussi la marque d'une féminisation progressive des fidèles. L'Église, après avoir pris acte du phénomène, donne à la figure maternelle une fonction initiatrice. L'abbé Pichenot la voudrait comme « un prêtre au foyer domestique ». Marie-Françoise Lévy a montré que les manuels de dévotion du XIXe siècle, à l'usage des mères de famille, incitent à privilégier l'amour de Dieu aux dépens de la peur[67]. Dieu est un objet d'amour qui entretient avec les dévotes, depuis leur enfance, des relations personnelles. L'enfant Jésus de l'iconographie romantique était une image de souffrance, montrant un petit cœur entouré d'épines. Dans la seconde moitié du siècle, la Vierge et l'Enfant deviennent des images de maternité plus familières, exemptes de douleur. Le cœur transpercé par l'épée et entouré d'épines quitte son centre organique : posé dans la main de l'enfant Jésus, tel une pomme ou un jouet, il n'est plus la plaie ouverte, accusatrice.

Le rapport précoce à la prière, à l'initiative de la mère, est présent dans quantité d'œuvres hagiographiques du XIXe siècle (hagiographie qui n'est pas un instant effleurée par l'idée de la disposition, naturelle chez l'enfant, à la répétition ludique). A six mois, Jean-Baptiste Marie Vianney (le futur curé d'Ars) est la conscience vigilante de sa mère, qui lui a appris à faire le signe de croix avant les repas : c'est lui qui, en cas d'oubli, lui rappelle le geste[68]. Les conseils spirituels adressés aux jeunes croyants exhortent à la juste mesure : Monseigneur Dufêtre rappelle que le rapport entre dévotion et pratiques extérieures n'est pas quantitatif et il conseille de ne pas être excessif dans les prières et les exercices de piété[69]. A partir de la seconde moitié du XIXe siècle, la dévotion des petites filles devient plus concrète et plus active : elle s'inspire du décorum de la foi adulte auquel s'ajoute le culte marial. L'âge de la pratique religieuse autonome s'abaisse : en mai, garçons et fillettes élèvent de petits autels dans leur chambre. Certaines, comme Caroline Brame, ont un petit oratoire personnel[70]. Les images sacrées se féminisent. L'obsession passionnée du trousseau se retrouve dans les canivets, cette dentelle de papier extrêmement fine qui enjolive les images de l'enfant Jésus et de la Madone. Les missels se font plus épais. Objets d'un double désir pour les collectionneuses dévotes : à la fois preuve de foi et gages d'amitié. Le décret pontifical *Quam singulari* qui, en 1910, autorise la communion privée, aura un effet amplificateur sur la diffusion des missels. Une image sacrée, portant le nom de la communiante, accompagnée d'un passage de l'Évangile choisi parce qu'il convient à l'âge de l'enfant, fait part de l'événement. Première étape consciente non seulement de la biographie spirituelle, mais aussi d'une existence socio-sentimentale tout entière : « La vie féminine dans sa première période se déroule entre deux voiles blancs : celui de la première communion et le voile nuptial. » Nous citons le plus célèbre manuel de savoir-vivre écrit par une Italienne au tout début du XXe siècle : un exemple parmi tant d'autres de la diffusion très large, bien au-delà du cercle strictement confessionnel, de cette synthèse littéraire haute en couleurs [71].

Les emblèmes de la dévotion religieuse se font de plus en plus nombreux dans la chambre à coucher. Dans la seconde moitié du XIXe siècle, la bourgeoisie napolitaine place le temple de la conjugalité sous la protection d'un nombre impressionnant de crucifix et statues de la Vierge [72]. Il n'est pas facile d'évaluer l'intensité réelle de la dévotion réservée à des modèles iconographiques aussi familiers, soumis, en outre, à une tradition décorative des plus usuelles. Enfants et adolescents ont sous les yeux leur portrait réalisé comme une réplique exacte de l'image de l'ange en prière. C'est sur des modèles aussi strictement dogmatiques – corps vêtu de blanc en position ascensionnelle ; regard tourné vers le ciel : ferveur ; yeux baissés : modestie – que se construisent les règles de la défense de la pureté féminine. A seize ans, Maria Bashkirtseff – cette jeune aristocrate russe morte de tuberculose à vingt-six ans, en 1884, incarnation parfaite, dans la vie et dans la mort, de la jeune fille cosmopolite, et qui, à l'axiome existentiel post-romantique, « vivre, souffrir, pleurer, combattre », ajoutait un tenace « avoir tant d'ambition » – repousse la tentation de ritualiser la féminité sous une forme angélique alors qu'elle prie dans l'église Saint-Pierre à Nice, le menton appuyé sur ses belles mains blanches : « Je m'arrangeais de façon à m'enlaidir en guise de pénitence [73]. » Attitude de pionnière, alors que les manuels de savoir-vivre continuent, jusqu'à la fin du siècle, à considérer les églises et les offices religieux comme les meilleurs observatoires pour déterminer la valeur sociale (et plus particulièrement à des fins matrimoniales) des vertus féminines. Le *Notre Père*, l'*Ave Maria*, le *Credo*, et les Actes de Foi, d'Espérance et de Charité étaient récités matin et soir par les petites filles (de sept à huit ans) et les jeunes filles. Une fois passé le stade de l'initiation maternelle, le rituel se poursuivait par des prières beaucoup plus personnalisées. Une adolescente du XIXe siècle se devait de demander un physique agréable, une belle voix et un mariage heureux. La prière devait également préserver de la variole et de la mort de la mère. Tels étaient les vœux formulés par Marie Bashkirtseff, sans oublier celui de rencontrer un amoureux, ce dernier vœu étant « plus que le nécessaire ».

Au XIXe siècle, on découvre que l'adolescence féminine cache une réserve de rêverie difficilement contrôlable, ce qui inquiète les catholiques (aussi bien que les laïques). Aux yeux de l'Église, ce n'est pas par hasard que le mois de mai a été consacré à Marie. La protection de la Madone pour préserver l'innocence féminine doit agir « au milieu des tentations qui viennent en foule à la belle saison ». Proposé au début du XVIIIe siècle par les jésuites italiens (Dionisi, 1727 ; de Liguori, 1750 ; Lalomia, 1785 ; Muzzarelli, 1785) le culte de Marie au mois de mai se répand dans l'Europe catholique dans la première moitié du XIXe siècle. Pratique religieuse préventive qui donne une dimension surnaturelle aux amours adolescentes sur lesquelles la société urbaine exerce un contrôle sévère. La pureté de la Vierge devient le modèle d'identification, le centre de l'éducation féminine. Après la première communion, la tutelle des jeunes filles catholiques est confiée aux congrégations des Filles de Marie. En France, la première Congrégation des Enfants de Marie du Sacré-Cœur voit le jour à Paris en 1820. En Italie, aux congrégations des Filles de Marie viennent s'ajouter, après 1854 (année du dogme de l'Immaculée Conception), les associations féminines dédiées à la Vierge Immaculée. Il y a dans la diffusion rapide de ce culte une correspondance tout à fait spécifique et complexe avec les désirs et les projections féminines.

Selon la remarquable analyse de Luisa Accati, la fonction symbolique de l'Immaculée serait liée à « une mise en scène du désir (féminin) de séduire ». Les jeunes filles désirent l'amour, elles en rêvent, mais elles ont peur des interdits sociaux et de la douleur physique associée à la défloration. La dévotion à l'Immaculée consisterait à « prendre conscience du désir sexuel sans l'accepter » ; non seulement « le désir du plaisir sans le sentiment de culpabilité » (comme le soutenait Isidor Sadger), mais « la recherche du plaisir sans douleur ». Un culte, donc, qui consolide l'autosuffisance narcissique en la liant étroitement à celle, primaire, de l'âge de la puberté. C'est uniquement dans un comportement vertueux et dans un bel aspect que les femmes chercheraient l'affirmation d'elles-mêmes, sans faire confiance à toutes leurs autres potentialités [74].

Vertu et apparence

Dans les villages français, les rosières se soumettent à la quantification sociale de la vertu féminine. Les jeunes filles couronnées en mai (environ un millier au XIXe siècle) sont le symbole de la jeune fille qui lutte pour l'amélioration de sa condition sans pour autant entamer son capital de virginité. Devant une commission composée du maire, du curé et de l'instituteur, elles doivent faire la preuve (certificat médical à l'appui) de leur virginité et démontrer par ailleurs qu'elles sont de condition modeste et réputées bonnes travailleuses. Un prix de 1 500 francs constitue la dot de l'Église et de l'État, que le jury remettra à la rosière deux mois avant son mariage[75]. Inimaginable ailleurs que dans la société française qui, plus que toute autre en Europe, a eu, à des fins politico-pédagogiques, recours au « sexe de l'allégorie », la rosière est l'antidote évident à la préoccupation sociale de la pureté féminine, préoccupation suscitée par les enquêtes et les reportages littéraires réalisés à la fin du siècle : *les Demi-Vierges* de Marcel Prévost (1895) ; *les Jeunes Filles peintes par elles-mêmes* de Remy de Gourmont (1901).

En Italie, cette même inquiétude se traduit de façon un peu différente, mais la naissance des pulsions sexuelles chez les jeunes est décrite dans les travaux de Antonio Marro sur l'adolescence[76]. Alors même que triomphe le réalisme physiologique de la *scientia sexualis*, les traités catholiques italiens évitent soigneusement de nommer la virginité par son nom scientifique. Dans la seconde moitié du XIXe siècle, le contrôle exercé sur l'honneur féminin change de style et cesse d'être placé sous la triple égide de l'État, de l'Église et de la famille. A Naples, les célibataires et les veuves enfermées dans les pénitenciers représentaient avant l'unité italienne 3,8 % de la population féminine. Elles étaient enfermées par groupes séparés, selon des critères de respectabilité bien différenciés : « honnête », « dangereuse », « en danger », « prostituée »[77].

C'est sur la notion de pureté, vertu individuelle intime, fondée sur le principe d'autonomie morale, valorisée par le recours accru à la confession, que se construit le modèle féminin de la perfection virginale. Mais l'arrivée massive de la main-d'œuvre féminine sur le marché du travail industriel multiplie les tentations. La valeur et le devoir moral de pureté se mesurent désormais dans des lieux et des circonstances à risque. La pédagogie normative de l'honneur s'étend désormais à toutes les classes sociales et particulièrement à des milieux sociaux qui n'étaient jusqu'alors pas concernés. Pour les aristocrates comme pour les bourgeoises, la vertu féminine est essentiellement une vertu de comportement : comment se tenir dans la rue, au théâtre, au bal, devant les tables des fêtes de bienfaisance, dans les lieux de la sociabilité juvénile de plus en plus favorables à la promiscuité. La rose blanche à la ceinture – sorte de *ad memoriam* des dévotions mariales passé de mode chez les jeunes filles de la ville – devient un ornement plein de sens : le professeur Rodolfo Bettazzi, fondateur de la très catholique Ligue pour la morale publique (Turin, 1894) conseille de la porter pour les fêtes dansantes (finalement autorisées en 1915) et de veiller à sortir (de ces bals) avec la rose intacte[78].

Au XXe siècle, la valeur accordée à la virginité est soumise aux tentations d'une morale sociale non spécifiquement religieuse. L'envie d'imiter des comportements plus émancipés (habillement, sociabilité, lectures, etc.) est suscitée par des modèles vivants croisés dans la rue ou dans des faits divers que relate la presse laïque. Symptômes des résistances au changement des codes de l'honneur féminin : les drames d'amour qui finissent en suicides ou en crimes. La presse catholique les censure de façon draconienne, y voyant « la note maudite et sanguinaire qui déshonore notre pays ». Malgré cela, en 1902, l'assassinat de Maria Goretti, une adolescente de douze ans, tuée pour avoir résisté à une tentative de viol – thème rituel des faits divers noirs tant réprouvés – devient un cas marquant de promotion hagiographique par les médias [79].

La réhabilitation moderne des jeunes délinquantes, menacées ou déjà victimes de la prostitution enfantine est, comme l'a montré Annarita Buttafuoco, un défi lancé par le féminisme laïque italien au féminisme catholique [80]. Ce mouvement, écartelé entre les réalités de la gestion de la grande délinquance (confiée aux institutions carcérales administrées par un personnel religieux) et le respect de ses principes de base ne réussit pas à trouver de voie novatrice. La ségrégation entre les sexes – déjà en vigueur dans les pensionnats – est la solution retenue par les organisations féminines catholiques pour garantir la pureté féminine. C'est une ligne de conduite qui se maintiendra en Italie jusqu'au milieu du XXe siècle. Pour que la barrière érigée entre les sexes demeure infranchissable, la presse féminine catholique souligne emphatiquement les avantages de la sociabilité séparatiste. « Les jeunes filles ont le cœur plus content et l'esprit plus tranquille lorsque, dans leurs loisirs, elles restent entre elles. Quand, au contraire, s'y mêlent des jeunes gens, alors c'est l'angoisse, l'envie, le trouble et l'imprudence », écrit en 1912 un bimensuel féminin destiné aux ouvrières, *la Vita Femminile.*

Au début du XXe siècle, la sociabilité mixte est un des lieux contrastés où se mesure et se pratique la modernisation des comportements sociaux féminins. C'est sous le regard inquiet des catholiques que se mettent en place les structures défensives de la différenciation sexuelle de l'apparence physique, du mode de vie et de l'esprit de la féminité chrétienne. Aux yeux des organisations féminines catholiques, c'est le mécanisme inéluctable du mimétisme social, processus mis en branle par la scolarisation de masse, qui a mis fin à l'immobilité des rôles sociaux, publics et privés et introduit le chaos dans l'identification sociale féminine. Les paysannes veulent devenir institutrices, les institutrices médecins et « les médecins et les professeurs s'agitent pour devenir autant que possible semblables aux hommes, au moins en ce qui concerne les droits sociaux. Voilà la genèse du féminisme italien à ses débuts », déclare l'Union des femmes catholiques d'Italie en 1911 [81].

Le vêtement est l'une des clés d'accès à la mobilité sociale. En réaction à une mode qui, en imposant l'éthique du changement et le culte de la modernité devient, plus qu'un droit commun à toutes les classes, un impératif social catégorique, les organisations féminines catholiques lancent dans l'immédiat après-guerre des « Croisades contre la mode indécente » et des « Compétitions pour une mode correcte ». Même les catholiques sont forcées de reconnaître la dimension sociale des comportements corporels. Diffusée dans toute l'Europe mais partout inefficace, malgré le soutien de Benoît XV[82], la campagne en faveur d'une mode plus morale mesure l'intégrité des participantes à la longueur de leurs robes et de leurs cheveux. Mais dans les années 1920 la presse laïque repère et brocarde la militante de la Jeunesse féminine catholique en désignant, justement, les signes sans équivoque que constitue un habillement sévère, inélégant ou carrément négligé[83]. Modèle « puritain », comme le définirait J.-C. Flugel[84], à mettre au rang d'un ridicule « béguinage » passéiste. Le militantisme catholique doit compter avec la force d'un modèle féminin désormais visible, et non plus enfermé dans le milieu familial, et dont l'apparence esthétique autonome offre une alternative à l'extrême « virilisation » féministe tant détestée.

Au XXe siècle, les ressources de « l'esthétique de la dévotion », liées aux règles rigides de la différenciation sexuelle chère au XIXe siècle, s'épuisent. Les larmes en avaient été le symbole étincelant. Les comportements de la dévotion féminine avaient prolongé le larmoyant XVIIIe siècle, qui avait pratiqué, sans distinction de sexe, une rhétorique diffuse des pleurs. Marcelline Pauper, une des premières Sœurs de la Charité de Nevers (première moitié du XVIIIe siècle) décrivait avec sérénité le don divin des larmes qui inondaient ses prières, preuve d'une sainte symbiose avec le divin. Bernadette Soubirous pleurait beaucoup, rappelle G. Thuillier[85]. Signe d'une foi véritable, cette implicite revendication de la religiosité populaire communiquait sa vitalité à travers les larmes de la fillette pauvre et ignorante, référent typique des apparitions de la Vierge au XIXe siècle. Dans les classes sociales élevées, la valeur spirituelle accordée aux larmes frise l'extériorisation gestuelle. « Les petites filles aiment à tel point les larmes que j'en ai vu aller pleurer devant la glace pour jouir doublement de cet état », notait Monseigneur Dupanloup. Avec une étonnante clairvoyance pédagogique, la congrégation du Sacré-Cœur est la première à mettre sur pied une « police des larmes ». Face à une expression émotive qui de par son abondance et son côté irrépressible s'apparente à un stéréotype de la féminité du XIXe siècle, la congrégation oppose une méfiance digne d'Ignace de Loyola envers la sentimentalité excessive et maniérée.

Temps et ordre

C'est sur la trame temporelle de la discipline domestique que la prière fonde une nouvelle légitimité de l'existence féminine. Lorsque, en 1810, Giulia Manzoni Beccaria se rapproche de la vie religieuse, elle envoie à son conseiller spirituel, un janséniste, le père Tosi, un « questionnaire sur la façon de passer la journée ». Elle avoue qu'elle a peine à concilier harmonieusement dans le temps vie quotidienne et prière. Le père précise, en heures et en minutes (en les adoucissant de quelques concessions) les dispositions sévères que Giulia avaient lues dans les *Regolamenti.*

> « Votre Révérendissime Seigneurie, dit-elle, m'avait suggéré, comme une pratique de pénitence chrétienne, de me lever la nuit pour prier au moins quelques instants ; je n'ai jamais eu le courage de le faire si ce n'est de très rares fois... » Ce à quoi le père Tosi répond : « Si cette pratique de se lever la nuit ne vous est pas nécessaire, elle vous est pourtant tout à fait opportune. Commencez à le faire une ou deux nuits par semaine, en ne quittant pas votre lit pendant la saison froide en vous asseyant simplement sur le lit, bien couverte ou tout au moins en vous mettant dans une position qui vous permette de tenir le Crucifix dans les mains. »

La posologie élastique des prières et des choix – le chocolat est permis, mais le café est défendu – montre à quel point la substance de la dévotion est malléable : on peut l'adoucir ou la renforcer selon des possibilités individuelles d'absorption[86].

L'utopie de la coexistence pacifique et parfaite entre les sexes (comme entre les classes) qui marque les théories du comportement fondées sur la discipline temporelle s'insinue dans les manuels de savoir-vivre. En France, comme en Italie, les femmes de lettres catholiques vulgarisent une discipline où se trouvent mêlées, avec une précision digne du confesseur le plus compétent, rudesse domestique et mansuétude spirituelle. La maxime universelle : « Dieu est ordre et règle » contrôle la micro-activité féminine quotidienne décrite par Mme Bourdon, dans la *Journée chrétienne de la jeune fille* (1867), plusieurs fois rééditée et traduite en italien. Tout, de l'accidentel au futile, est récupéré dans cet emploi du temps qui porte l'empreinte de l'exactitude sainte et suprême. De façon symptomatique, l'âge d'or de l'industrie coïncide avec une copieuse littérature sur l'emploi des journées. « Aujourd'hui, on est toujours pressés. Les journées ne sont pas assez longues pour tout ce que nous entreprenons : affaires, relations, voyages, plaisirs et même études », écrit Mme Bourdon[87]. Son livre est une lecture très appréciée des épouses des grands industriels textiles du Nord de la France, vestales d'une industrieuse morale domestique appliquée à une gestion du foyer semblable à une gestion d'entreprise : bilans, organisation de la domesticité, soins des enfants (leur taux de fécondité passe de cinq à sept enfants entre 1840 et 1900)[88].

La lettre que Giulietta Manzoni, fille aînée d'Alexandre et d'Henriette Blondel, reçoit de sa belle-mère, la marquise Cristina d'Azeglio, évoque bien comment le dosage parfait entre pratiques religieuses et domestiques constitue la garantie éthique de la valeur sociale féminine. La marquise critique l'aide peu empressée que Giulietta apporte à sa mère malade, ses mauvaises lectures, ses achats sur des coups de tête – des petites robes toutes faites achetées pour sa fille (« on achète l'étoffe mais on coud à la maison »), ses meubles, tapis, bibelots en nombre excessif ; en somme, une gestion domestique peu fiable. C'est tout le contraire de cette « sous-consommation ostentatoire » faite de richesse frugale, de méfiance pour le superflu que la fille d'une calviniste convertie devrait avoir dans le sang[89]. Il n'y a aucun doute sur les causes de cette déviance : « Tu vas à l'Église comme les protestants vont au temple, une fois par semaine et c'est tout[90]. »

La nouvelle théologie morale d'Alphonse de Liguori et de saint François de Sales fonctionne comme un élément de contrôle sur l'identification craintive de la mort avec les souffrances de Jésus-Christ. Dans les manuels de piété et dans les traités ascétiques sur la bonne mort, dont la *Philothée* de saint François de Sales constitue le modèle le plus imité, le *memento mori* fait l'objet de questionnaires précis sur le jour, le lieu, la saison et l'heure à laquelle l'âme a quitté le corps. Les désirs exprimés par les novices qui passent par la congrégation du Sacré-Cœur font la preuve d'une familiarité avec la mort comme réalité intelligible (et qui comporte des affinités naturelles avec la sensibilité féminine romantique). Leurs réflexions sereines sur le détachement, les prévisions qu'elles font sur des retrouvailles célestes avec leurs consœurs, témoignent de l'efficacité de la préparation salésienne. Une telle « soif de mourir » (endémique dans de nombreux noviciats, comme l'observe O. Arnold) explique la pédagogie de mère Barat, fondatrice de l'ordre : « Vivre pour souffrir et gagner des cœurs à Jésus-Christ est une chose beaucoup plus généreuse que de vouloir souffrir pour jouir de cette souffrance » (1829)[91].

Cette culture de la mort, qui se manifeste par une grande sérénité de langage, n'appartient pas en exclusivité aux professionnelles de la prière, à celles qui, en quelque sorte, prient par « devoir d'État ». La famille La Ferronnays a laissé une espèce de florilège de belles morts, sorte de manifeste laïque signalé par Philippe Ariès[92]. La complicité que cette famille entretient avec la mort est sans frontière de sexe. Eugénie est morte très jeune de tuberculose ; dans les années 1830, à Naples, dans une scène typiquement lamartinienne, pleine de roses, d'orangers, de nuits étoilées, elle chantait pour ses amis : « Gaie comme un oiseau, brillante comme un rayon de soleil », la mort est un « mieux » incomparable. « Oh ! (...) que la vie est jolie ! que sera alors le ciel ? La mort vaut donc mieux que tout cela ? » demande-t-elle avec un léger détachement à sa sœur Pauline[93]. Au XIXe siècle, le moment du dernier adieu terrestre est rarement silencieux. « Je suis heureuse de mon sort », dit en embrassant son mari, Cristina Manzoni, sur le point de mourir à vingt-six ans (1841). Voilà le tableau parfait de la bonne mort. Pourtant, elle avait d'abord refusé les derniers sacrements et la présence du confesseur : seule l'intervention paternelle lui permettra de surmonter l'effroi ressenti face à l'extrême-onction. Il est difficile de parler de conduites spécifiquement féminines face à la mort : les comportements à ce moment particulier sont fonction de codes intériorisés par les expériences familiales. Plus que les manuels salésiens de la bonne mort, c'est l'expérience de la mort des jeunes ou la désespérante vision des enfants orphelins qui guident la « politesse » féminine des cérémonies d'adieu. Chez les Manzoni, frappés, comme leurs contemporains La Feronnays, par six décès en un peu plus de dix ans, il n'y a pas de roman familial équivalent au *Récit d'une sœur* de Pauline Craven La Ferronnays. Là, note Ariès, naissances et mariages sont mentionnés seulement comme points de référence dans la série continue des deuils.

La correspondance des femmes de la famille Manzoni relate maladies et décès sans aspirations anticipées vers l'au-delà. On énumère fidèlement les saignées (pratique thérapeutique si courante en Italie, et si désastreuse), les médicaments, les diètes prescrits au malade. Le scripteur rédige des épitaphes concises. Pour Henriette Manzoni, née Blondel, « Belle-fille, Épouse et Mère incomparable/sa belle-mère, son mari, ses enfants prient, pleurant à chaudes larmes, mais pleins de confiance/et implorent la gloire du ciel » (1833). Pour Giulia d'Azeglio Manzoni, « morte dans la paix du Seigneur/son mari et ses parents éplorés la recommandent à la miséricorde divine/et aux prières des fidèles » (1834). A l'érotisme macabre de Giulia Beccaria qui, au XVIIIe siècle, alors qu'elle n'était pas encore reconvertie, avait apaisé sa douleur à la mort de son amant Carlo Imbomati (1805) en le faisant embaumer, succèdent, sans sublimations littéraires sur « l'heureux passage » – comme l'appelait encore Henriette Blondel –, les modèles classiques et composites de l'épigraphie des cimetières du XIXe siècle.

Les mères

Le XIXe siècle, on le sait, est le siècle de la mère. La famille se transforme e[t] avec elle le rôle de ses membres. Pères et époux restent les figure[s] prééminentes mais la distance sociale entre les conjoints, entre parents et enfants, diminue. Dans la seconde moitié du XIXe siècle, Ernest Legouvé attribuait les nouveaux sentiments d'intense convivialité entre parents et enfants à la « prévoyance redoublée » liée à la « faiblesse et au relâchement de l'autorité », ce phénomène social inouï des « enfants rois » refusant d'obéir aux règles imposées par leur appartenance à une tranche d'âge et de plus en plus enclins à ne pas respecter les passages rituels[94]. Peut-on supposer que les « nouveaux enfants » sont eux aussi le résultat de la féminisation de l'éducation familiale ? Au début du siècle, un observateur attentif (laïque) des mœurs italiennes avait déjà semé ce doute. Les mères ne transmettaient plus à leurs filles le paradigme d'un modèle fort. Tout d'abord elles avaient « brisé le ressort du respect » sans obtenir davantage d'obéissance : « Aujourd'hui, une fillette arrivée à l'âge de raison tutoie sa génitrice et au lieu de l'appeler mère, l'appelle amie[95]. »

La culture catholique du XIXe siècle fonde la valorisation du rôle maternel sur les comportements sentimentaux de piété féminine. La maternité de la Vierge a effacé la faute d'Ève. C'est de cette image que procèdent, conjointement, une intense dévotion mariale et la récupération de la maternité comme valeur. En Italie, la mère de Don Bosco représente la synthèse d'un modèle que l'Église aimerait voir se généraliser. En 1846, elle suit son fils à Valdocco et organise la vie pratique de l'Oratoire. « Elle pensait et pourvoyait à tout » : c'est la preuve que les capacités domestiques peuvent aller au-delà de la petite dimension familiale[96]. Au début du siècle, des Pères faisant autorité lancent l'idée de la maternité spirituelle :

> « Comme tu te trompes, mon cher enfant, écrit Joseph de Maistre à sa deuxième fille Constance, en me parlant du mérite un peu vulgaire de faire des enfants ! Le mérite féminin consiste à bien administrer sa maison, à rendre son mari heureux, en le consolant et en l'encourageant à bien éduquer ses enfants, c'est-à-dire à faire des hommes ; voilà le grand accouchement, qui n'a pas été maudit comme l'autre[97]. »

Qu'y avait-il de directement maudit pour les femmes ? Le taux élevé de la mortalité en couches et de la mortalité infantile transformaient la maternité en une situation à risque, à la fois naturelle et effroyable. Dans la Vénétie des Habsbourg – période de 1839-1845, où le taux de natalité tournait autour de 40 pour mille et celui de mortalité autour de 31 pour mille et, la mortalité infantile constituant plus du tiers de l'ensemble des décès –, les fidèles faisaient face à cette fatalité naturelle en faisant baptiser leurs enfants un ou deux jours après la naissance. Les devoirs d'une mère catholique – don de soi, sacrifice, éducation religieuse – s'expliquaient par la conscience d'une relation mère-enfant directement liée au fil fragile de l'existence.

« J'ai bien connu une mère de famille qui n'était absolument pas superstitieuse, mais tout à fait dans le droit-fil de la croyance chrétienne et des exercices de la religion. Non seulement elle ne plaignait pas les parents qui perdaient leurs enfants en bas âge mais, au contraire, elles les enviait profondément et sincèrement car ces enfants s'étaient envolés au paradis sans péril et avaient libéré leurs parents du souci de les élever. S'étant elle-même trouvée plusieurs fois en danger de perdre ses enfants au même âge, elle ne priait pas Dieu de les faire mourir car cela, la religion ne le permet pas, mais elle se réjouissait de tout son cœur, et voyant son mari s'affliger et pleurer, elle se renfermait en elle-même et éprouvait un réel sentiment de dépit[98]. »

L'anti-mère catholique italienne, décrite par Giacomó Leopardi dans son *Zibaldone* ne peut être utilisée pour quelque généralisation que ce soit sur la substance affective de la relation mère-enfants. Il y a une pathologie de la maternité, dominée par la prévision statistique de la mort, chez cette obsédée de l'administration domestique qu'était la marquise Adélaïde Antici Leopardi (1778-1857). Mélanie d'Azeglio, grande aristocrate piémontaise, morte très jeune en 1841, dépasse l'angoisse de la mort en écrivant à sa petite fille Costanza une lettre d'adieu qui s'inspire directement de la correspondance que lui avait laissée sa grand-mère maternelle en 1805. Elle fait deux recommandations importantes à la fillette : s'habiller toujours de façon très simple et lire quotidiennement un chapitre de la doctrine chrétienne. La possibilité de recourir à une source épistolaire familiale console de l'inévitable et consolide la conscience qu'ont les femmes de la fragilité des liens terrestres unissant les mères à leurs enfants[99]. Pour Thérèse Martin (sainte Thérèse de Lisieux, 1873-1897), dernière-née d'une famille de neuf enfants (ses parents avaient perdu deux garçons et deux filles), la mort précoce était une expérience concrète depuis l'enfance. Sur le plan mystique, la petite Thérèse se vivra comme la préférée de sa mère. Orpheline à quatre ans, elle construira son modèle de sainteté en symbiose avec le bref amour offert par la mère[100]. La culture catholique du XIXe siècle attribue à la mère, guidée par un esprit de sacrifice illimité, un rôle primordial dans la formation religieuse et la correction morale de ses enfants. *La Femme et la Famille, journal de la vie domestique*, fondé à Gênes en 1862 par Felicita Bottaro, puis transféré à Paris en 1867, est l'un des exemples les plus résistants (il paraît jusqu'en 1917) de cette culture. L'éducation de la femme et des enfants, l'exaltation de la famille comme unique lieu de bonheur et, à partir des années 1870, la polémique contre l'instruction publique en sont les thèmes récurrents. Aux « pauvres femmes leurrées » par les idées d'émancipation, qui abandonnent leurs enfants pour abattre « l'odieux système » de la division des rôles, s'opposent les femmes bonnes, travailleuses et bienfaisantes, capables de « s'immoler tacitement pour une idée, pour un malheur », invincibles dans la force de l'amour et de la douleur[101].

Il existe sûrement des distinctions dans l'idéologie de l'abnégation naturelle aux femmes, telle que la formulent les laïques et les catholiques. Michelet appelait « amour » cette vocation sans limites. « Elle est l'autel », disait-il de la femme. Elle vit pour les autres et « c'est ce caractère relatif qui la met plus haut que l'homme et en fait une religion[102]. » C'est sur ces qualités communes – amour, abnégation et sacrifice de soi pour les autres – que se construit la série des « concepts », « types idéaux », « abstractions intuitives » du féminin qui habite encore de façon intensive l'histoire culturelle du XXe siècle. A combien de femmes s'adressait *l'Éternelle sacrifiée* (1906) de la féministe française Nelly Roussel ? « Que votre dévouement soit volontaire », recommandait-elle : mais c'était la forme et non la substance de la dévotion sacrificielle qui était contestée. Après la Première Guerre mondiale, l'Italienne Gina Lombroso a conceptualisé l'altruisme comme un caractère dominant de la psychologie féminine[103]. Chez Gertrud von Le Fort, cette théologienne allemande à laquelle Pie XII fait souvent référence, ce même altruisme se traduit en maxime existentielle : « Être l'autre, pour l'autre, à travers l'autre » (*la Femme éternelle*, 1936). L'essence sociale du féminin constituait la preuve d'un rapport privilégié à Dieu.

(Traduit de l'italien par Sylvia Milanesi et Pascale Koch)

8

De la femme protestante

Jean Baubérot

Existe-t-il un type spécifique des femmes protestantes ? Certainement pas si nous envisageons par là un modèle qui constituerait l'élément principal de leur personnalité. Mais cela ne signifie nullement que le protestantisme n'ait pas été, au XIXe siècle comme à d'autres époques, un agent actif dans la formation des femmes : simplement, il est impossible d'isoler son rôle parmi divers facteurs, liés de façon indissoluble, dans la réalité (classes sociales, pays, voire régions).

La Réforme est porteuse d'une conception de la femme qui se situe partiellement en rupture avec l'idéal catholique, puisqu'elle refuse toute valorisation de la virginité et de l'univers conventuel. Depuis ses débuts, le protestantisme considère la vie dans le monde et la vie de couple comme les cadres privilégiés où se réalise la « fidélité chrétienne ». La femme se trouve, cependant, insérée dans un système patriarcal qui subsiste dans les pays protestants. De même que le « suffrage universel » sera longtemps, en fait, un suffrage masculin, la doctrine du « sacerdoce universel » (tout croyant est prêtre de par son baptême) donne, avant tout, jusqu'au XXe siècle, un rôle de chef religieux au père de famille, même si « sa » femme prend une part non négligeable (et, en certaines circonstances, essentielle) à la transmission des croyances religieuses.

En fait, la doctrine du sacerdoce universel veut concilier une égalité d'essence avec des distinctions de fonction. Le propos complet de Luther est le suivant : tout chrétien baptisé « peut se vanter d'être déjà consacré prêtre, évêque et pape, encore qu'il ne convienne pas à tout un chacun d'exercer semblable fonction ». Ce passage de l'essence à la fonction peut signifier une possibilité de mobilité et de promotion sociale. Elle peut également entraîner, de fait, la reproduction dans la société ecclésiastique des distinctions qui existent dans la société globale, en l'absence d'une essence cléricale propre.

La situation des femmes dans le protestantisme va donc être marquée par une certaine ambivalence. D'un côté, la valorisation des laïcs, des chrétiens ordinaires, amène un souci précoce d'instruire des femmes qui n'appartiennent pas toutes à la bonne société (même si cet aspect entre aussi en ligne de compte). Une relative avance dans ce domaine est encore assez souvent perceptible au XIXe siècle dans des régions ou pays protestants. Et cela peut entraîner certaines conséquences. D'un autre côté, la conception sociale dominante de la répartition des rôles masculin et féminin se trouve, en général, largement partagée par les protestants. Elle bloque l'accès des femmes à certaines fonctions, et notamment à la fonction pastorale.

Dans bien des cas, cette contradiction se résout concrètement en confiant à la femme protestante la mission de seconder activement son mari et d'être pour lui un vis-à-vis. Elle apparaît, en grande partie, coresponsable à la fois de la réussite affective et de l'ascension culturelle et sociale du couple et de la famille. Cette attitude se manifeste particulièrement dans les milieux puritains anglo-saxons et les milieux piétistes du monde germanique et scandinave.

Le Réveil : une ouverture pour les femmes

A l'aube du XIXe siècle, c'est peut-être dans le Réveil, et particulièrement dans le méthodisme, que l'on trouve les indices les plus intéressants d'une évolution, certes limitée, de la situation religieuse des femmes protestantes. Pourtant, sur ce point comme sur beaucoup d'autres, le fondateur du méthodisme John Wesley (1703-1791) était attaché aux traditions et à l'ordre. Longtemps, il lui sembla impensable que des femmes pussent exercer une autorité religieuse. Au départ, la plupart des revivalistes masculins de la fin du XVIIIe comme du XIXe siècle partageaient ses vues. Elles apparaissaient légitimées par plusieurs passages des épîtres de l'apôtre Paul consacrés aux femmes. Mais divers éléments vont infléchir les pratiques revivalistes vers une place plus importante donnée aux femmes.

Le Réveil ne souhaitait pas créer des ruptures et amener l'instauration de nouvelles dénominations protestantes. Son but consistait à réinsuffler dans les Églises protestantes existantes, et notamment l'anglicanisme et les Églises presbytériennes ou réformées, l'élan de la Réforme. Le terme de « Réveil » est d'ailleurs, en soi, évocateur. Mais, bien sûr, là où elle se produit, la prédication revivaliste engendre des divisions entre ceux qui l'acceptent et ceux qui la refusent. Parmi les premiers se trouvent beaucoup de personnes plus ou moins socialement marginales ou en situation de dépendance. Ainsi, nombre de femmes mariées et de jeunes filles seront parmi les premiers « réveillés ».

Dans les classes populaires, maris et pères ne voient pas forcément cet engouement d'un bon œil. C'est un acte d'insoumission. Parfois, ils battent celles qui retournent écouter le prédicateur revivaliste, malgré l'interdiction qui leur en est faite, ou qui lui donnent de l'argent pour le développement de son mouvement. Pour éviter de tels sévices, ces diverses formes de participation à « l'œuvre de Dieu » se font souvent à l'insu des maris et des pères. Et voilà le Réveil, dont le contenu de la prédication n'est pas – sur ce plan comme sur d'autres – socialement subversif, complice implicite d'actes féminins d'insubordination face à la « puissance » maritale ou paternelle. Dans certaines communautés revivalistes, d'ailleurs, les « sœurs » se trouvaient traitées en égales des « frères », ce qui ne pouvait que renforcer la méfiance, voire l'hostilité des maris et des pères.

Dans des classes sociales plus aisées, des femmes furent également, assez souvent, plus attirées par le Réveil que leurs homologues masculins. Ceux-ci furent parfois atteints, grâce à elles, dans un second temps. Le Réveil leur donna donc une possibilité d'autonomie et d'influence. Il favorisa ainsi une certaine prise de responsabilité.

Plus généralement, des femmes bénéficièrent d'une certaine promotion des laïcs au sein du Réveil. Mouvement face à des institutions, il eut tendance à privilégier la ferveur au détriment du statut ecclésiastique. Dès les débuts, des prédicateurs laïcs jouèrent un rôle, notamment en Angleterre face aux pasteurs anglicans. Cet aspect est d'autant plus important que la structure cléricale (au sens neutre de ce terme) de l'Église d'Angleterre est plus proche de celle du catholicisme que ne l'est celle d'autres Églises protestantes. Il fallut recourir à une notion théologique, celle de « l'appel extraordinaire » par Dieu, pour justifier l'utilisation de prédicateurs laïcs dans un contexte qui leur était défavorable. L'appel extraordinaire touchait des gens qui n'avaient pas reçu l'ordination. Et parmi ces laïcs, des femmes, qui purent ainsi accomplir ce qui leur était traditionnellement interdit : donner un témoignage public de leur foi, prêcher.

Le rôle quasi pastoral de certaines femmes fut particulièrement net dans le Nouveau Monde où la demande considérable qui se fit jour allait contre la volonté de « prudence » dont voulaient faire preuve beaucoup de partisans du Réveil. En Angleterre, dès le XVIIIe siècle, Lady Huntington donna un appui officiel au mouvement et Lady Maxwell contribua fortement à l'introduire en Écosse. A la même époque, Barbara Ruckle Heck, qui n'avait pas leur position sociale, fut considérée comme la « mère du méthodisme américain », car elle fut à l'origine des premiers groupements dans la vallée du Saint-Laurent. Elle ne prêcha cependant pas. Mais dès la fin du XVIIIe siècle d'autres femmes le firent et/ou furent de fait « ministres itinérants ». Et cela continua au XIXe siècle. Parmi les plus célèbres, citons Hannah Pearce Reeves, Lydia Sexton et surtout les premières femmes noires prédicatrices, Jarena Lee et Rebecca Gould Steward.

De tels exercices d'autorité n'allèrent cependant jamais sans controverse ni difficultés. La transgression des limites d'un rôle social ne se fait pas sans risque. La situation la plus courante, dans le protestantisme du XIXe siècle, reste celle – nous l'avons dit – où la femme seconde l'homme. Dans le revivalisme (notamment américain), certaines femmes jouent ainsi une sorte de rôle d'« hôtesse » ; elles sont chargées d'organiser la venue des prédicateurs itinérants dans des lieux prévus pour cela. Bien qu'il soit subordonné à celui des prédicateurs (et qu'il ait pu ainsi s'exercer plus aisément), l'importance de ce rôle doit être soulignée : le succès de la venue du prédicateur, les foules qu'il déplaçait, l'influence durable qu'il pouvait exercer, dépendaient largement de la capacité d'organisation et du rayonnement religieux de l'« hôtesse ». Une des plus célèbres fut Catherine Livingston Garretson qui fonda, dans la vallée de l'Hudson, une sorte de quartier général pour prédicateurs itinérants, et écrivit un remarquable journal spirituel.

Femmes de pasteurs

La situation habituelle des femmes de pasteurs, dans les différentes Églises protestantes, n'était pas foncièrement différente de celle des « hôtesses » au sein du Réveil. Tout au long du XIXe siècle, elles se trouvent plus ou moins étroitement associées au ministère de leur mari, et son succès dépend en partie des qualités dont elles font preuve. Ces femmes ne disposent, cependant, d'aucun statut officiel, d'aucune légitimité institutionnelle. Mais, dans la plupart des cas, un certain nombre de fonctions leur sont, au moins de fait, reconnues : elles reçoivent et visitent, elles enseignent et soignent, elles peuvent assez souvent se rendre sans danger ni inconvenance dans des endroits où, normalement, une femme ne va pas et ne doit pas aller.

L'étendue de leur travail et de leur influence dépend de différents facteurs : la superficie de la paroisse, la dissémination de ses membres, entre autres. Quand le pasteur doit s'absenter souvent pour visiter des annexes, son épouse peut devenir un guide spirituel temporaire. Théologienne autodidacte, elle réconforte, conseille, explique la Bible, dirige même des réunions de prière. La pratique semblera d'autant plus naturelle que cette femme provient d'un milieu social et culturel élevé, et que ses auditeurs et auditrices sont, eux, de condition modeste. Mais cela n'est pas le seul cas de figure possible.

Enseigner et soigner sont pour la femme de pasteur des activités plus habituelles encore que d'assurer la suppléance religieuse. Qu'elle possède ou non un brevet d'institutrice, elle fait très souvent la classe aux enfants, mais dirige aussi, en certains endroits, l'instruction de femmes adultes. Dans bien des cas, elle donne certains soins aux femmes. Les conceptions dominantes de la pudeur et de la morale amènent plus ou moins à réserver à des femmes certaines tâches qui favorisent le contact ou mettent en jeu l'intimité avec d'autres femmes (notamment dans la première moitié du siècle, en ce qui concerne les soins). Alors apparaissent des formes de pouvoir féminin, dont les femmes de pasteurs ne sont d'ailleurs pas les seules à bénéficier. Ainsi, la non-mixité de l'école et son caractère généralement confessionnel conduisent un certain nombre de jeunes protestantes – des filles de pasteurs en particulier – à devenir institutrices. Il n'est pas rare non plus que la (ou les) bonne(s) de la famille pastorale devienne(nt) l'(ou les) auxiliaire(s) de la femme du pasteur dans ses tâches éducatives ou sanitaires. Un exemple frappant est celui de Mme Oberlin, femme du pasteur du Ban-de-la-Roche (Alsace). Secondée par sa bonne Louise Scheppler, elle fonde les premières salles d'asile (= écoles maternelles) françaises. A sa mort, Louise Scheppler dirige ces écoles.

Autour du pasteur gravitent donc des femmes – sa femme, ses filles, la ou les bonnes – qui éduquent d'autres femmes et peuvent leur donner le goût de l'initiative. Elles constituent, en effet, un modèle positif pour les autres protestantes, proposent de la femme une image dynamique, débarrassée de ses « langueurs » et autres « affections vaporeuses ». Ce modèle, cette image peuvent être d'autant plus attirants qu'ils ne paraissent pas (trop) inquiétants pour la mentalité masculine moyenne (et sont donc, en général, non conflictuels) : preuve est faite, là, qu'il est possible pour la femme de ne pas se limiter à son intérieur sans se départir de la « modestie qui sied à son sexe » et en gardant une « moralité irréprochable ».

Les diaconesses

La possibilité, pour des protestantes des couches moyennes, de manifester publiquement leur piété et d'exercer des activités caritatives et sociales conduisit aussi à la création du ministère de « diaconesse ». Les diaconesses sont nées de la vitalité sociale manifestée par le piétisme protestant, surtout germanique. Leur origine provient de la Société des Dames pour les soins aux pauvres et aux malades créée par Amalie Sieveking (1794-1859), fille d'un sénateur de Hambourg, en 1832. Mais la première Maison des diaconesses a été fondée par le pasteur Théodore Fliedner à Kaiserswerth, en Prusse rhénane. L'année suivante, la clinique Élisabeth, où les diaconesses donnaient des soins, fut ouverte à Berlin. La France prit le relais en 1841 avec la création de la Maison des diaconesses de Reuilly par le pasteur Antoine Vermeil et, en 1842, la Maison des diaconesses de Strasbourg par le pasteur François Haerter. Ces maisons se multiplièrent assez vite en Allemagne, dans les pays germaniques, mais aussi dans d'autres endroits.

La création d'établissements de diaconesses est liée au développement de la prise en charge sociale des pauvres, qu'il s'agisse de soins ou d'instruction. L'Église catholique possédait, grâce à différents ordres de religieuses, un personnel très nombreux et dévoué, capable de faire face à ces nouveaux besoins sociaux. Malgré l'existence de certaines œuvres, le protestantisme était loin d'avoir un dispositif comparable et certains catholiques ne se faisaient pas faute de le souligner. Ainsi, le docteur Sulzer écrivit : « La charité, cette fleur du ciel, ne peut croître sur le terrain sec et sablonneux de l'Église protestante. » Par ailleurs, l'instauration du ministère des diaconesses permettait, sans donner aux femmes l'accès au ministère pastoral, de répondre au besoin d'engagement total manifesté par certaines protestantes. S'intitulant « servantes des pauvres », les premières diaconesses déclaraient : « Depuis longtemps nous nous sommes données au Seigneur, il nous tarde de lui rendre, en servant l'humanité souffrante, l'amour qu'Il nous a témoigné en sauvant nos âmes du péché et de la mort. »

La maison de Kaiserwerth accueillit des « novices » d'autres établissements. Le pasteur Fliedner décrivait ainsi le séjour qu'elles y accomplissaient :

> « Nous estimons que la meilleure formation des sœurs consiste à faire des stages dans toutes les stations des malades, aussi dans le ménage, mais sans oublier l'instruction technique par un médecin, l'instruction dans la cure d'âme par moi-même et les soins à donner au corps par ma femme. »

D'autres diaconesses, qui se destinaient plutôt à devenir institutrices pour enfants pauvres, recevaient une formation un peu différente.

Les règlements rédigés lors de la fondation d'établissements de diaconesses insistent sur la théologie protestante de la « grâce seule ». Les diaconesses n'acquièrent aucun mérite et ne contribuent en rien à leur salut en se consacrant au service de « l'humanité souffrante ». Sur différents points, cependant, il existe des ressemblances entre le statut de diaconesse et celui de religieuse d'un ordre charitable. Ce qui provoqua, on s'en doute, des débats au sein du protestantisme.

Certaines maisons de diaconesses, celles de Kaiserwerth et de Reuilly notamment, étaient placées sous l'autorité d'un pasteur qui se consacrait à plein temps à la fonction de directeur et d'aumônier. D'autres, en revanche, établissent une sorte de démocratie féminine. Tel est le cas de la Maison des diaconesses de Strasbourg, dirigée conjointement par un Comité directeur (composé de dames non diaconesses) qui s'occupe de l'administration et par un Conseil intime (la « sœur supérieure » et des « sœurs conductrices » élues par l'ensemble des diaconesses) qui assure l'ordre, la paix et la bonne entente entre les membres de la communauté. On devient diaconesse après un noviciat d'un an. La diaconesse, entretenue par la communauté, ne reçoit ni ne perçoit aucun salaire. Elle doit obéissance à la sœur supérieure et ne peut quitter l'établissement qu'en informant la communauté un an à l'avance. Célibataire, elle porte un habit particulier.

Sur plusieurs points, la condition de diaconesse s'éloigne de la vision protestante classique de la vie chrétienne où le dévouement par amour n'implique pas une forme de vie spécifique. De nombreuses critiques se firent jour. Une des plus structurées fut écrite par une protestante réformée suisse, Mme de Gasparin, dans un ouvrage en deux volumes, *Des corporations monastiques au sein du protestantisme* (1854-1855). Selon cet auteur, la création de communautés de diaconesses ne peut s'inspirer d'aucun exemple biblique. Des paroles de Jésus qui concernent la conversion et la fidélité de tout chrétien sont détournées au profit d'une organisation qui rappelle les couvents créés au Moyen Age et abolis par Luther. L'instauration des diaconesses risque de provoquer, au sein du protestantisme, une dépréciation de la vocation du mariage et de la vie dans le monde. L'idée mise en avant

> « est fort nette, c'est la glorification du célibat, c'est la sanctification par la profession monastique, c'est la consécration exclusive opposée à la consécration partielle, c'est la séparation du monde que Jésus ne voulait pas, c'est Rome sans voile ».

Ces critiques ont été périodiquement reprises ensuite. Pour certains protestants du XIXe et du XXe siècles, par leurs vœux et leurs habits, les diaconesses représentent une forme catholicisante qui n'est pas exempte de dangers. Mais, en général, les diaconesses trouvèrent assez vite leur place au sein du protestantisme, toujours multiforme. Malgré l'aspect choquant, pour la logique protestante, de certains de leurs principes, la valeur de « témoignage » de leur action et la profondeur de leur spiritualité furent reconnues.

Des protestantes contre l'esclavage

Si la création du ministère de diaconesse a été considérée par certain(e)s protestant(e)s comme une sorte de régression, la participation active de protestantes à de grands mouvements de réformes sociales effraya, au contraire, par son audace. Ce fut le cas du rôle que jouèrent des femmes protestantes dans le mouvement antiesclavagiste. Et le féminisme protestant naquit de ces oppositions.

Les campagnes antiesclavagistes se développèrent dans le protestantisme américain grâce à William Lloyd Garrison, un journaliste de Boston, et à sa publication, *Liberator*. Ce calviniste rigoureux estimait que les préjugés raciaux du Nord constituaient, devant Dieu, un péché aussi grave que l'esclavage du Sud. Il réclamait l'émancipation immédiate et complète des Noirs. Il voulut s'adresser spécialement aux femmes, afin qu'elles luttent pour la libération des femmes noires, livrées à la cruauté et à la « concupiscence » des hommes. Son appel fut rapidement entendu par une poignée de femmes des classes supérieures qui consacrèrent leur vie et mirent en jeu leur position sociale pour organiser un mouvement antiesclavagiste féminin.

Trois sociétés antiesclavagistes féminines furent fondées. Deux d'entre elles mêlèrent, dès leurs débuts, femmes blanches et femmes noires dans un même combat, et favorisèrent des initiatives féminines autonomes. La Société de Boston s'organisa autour de Maria Weston Chapman et de trois de ses sœurs. Elle recruta des protestantes de diverses dénominations, principalement des membres des Églises unitarienne et épiscopalienne, et de la Société des Amis (quakers). Une de ses militantes, Lydia Maria Child, auteur réputé de nouvelles assez romantiques, écrivit le premier ouvrage antiesclavagiste américain : *An Appeal Behalf of That Class of Americans Called Africans* (1833). Ce livre prenait également à partie la manière dont les hommes libres noirs étaient traités dans les écoles et les églises, et combattait l'illégalité des mariages interraciaux. La Société de Philadelphie, fondée par Lucretia Coffin Mott, une quakeresse, réunissait surtout des membres de cette dénomination. Elle se distingua par la qualité de ses militantes noires : Sarah Mapps Douglas et les trois sœurs, Sarah, Margaretta et Harriet Forten, membres d'une famille active pendant l'ensemble du XIXᵉ siècle dans la lutte contre l'esclavage, pour le droit des femmes et d'autres changements sociaux importants.

Le troisième centre antiesclavagiste féminin fut New York. Il regroupait principalement des presbytériennes aux activités moins d'avant-garde : le comité des femmes resta surbordonné à celui des hommes ; femmes blanches et femmes noires s'organisèrent de façon séparée.

En 1837, le premier Congrès antiesclavagiste féminin se tint à New York. La même année fut organisée une grande tournée de conférences dans de nombreuses villes de la Nouvelle-Angleterre. Pendant six mois, deux militantes originaires de Caroline du Sud, Sarah et Angelina Grimké, prirent la parole, souvent dans des églises, devant de très nombreux auditoires masculins et féminins. La complicité des Églises dans le maintien d'une situation d'infériorité des Noirs, même libres, fut dénoncée. L'ampleur de cette prise de parole féminine, le contenu des discours tenus ne pouvaient que déplaire à une grande partie du clergé protestant. C'est pourquoi l'association des pasteurs congrégationalistes publia une lettre pastorale qui affirmait, citations du Nouveau Testament à l'appui, que le rôle des femmes ne consistait pas à traiter des affaires publiques.

A la question de l'esclavage s'ajouta donc une controverse sur les droits des femmes. Ce lien entre les deux problèmes est important, car certaines militantes auraient pu être impressionnées par les arguments des pasteurs s'il s'était seulement agi de leurs propres intérêts. Mais il leur semblait combattre pour une cause divine, et cela les aida à résister au discours religieux tenu contre elles. Cependant, les plus conscientes d'entre elles comprirent que désormais il fallait mener un combat global pour « un nouvel ordre des choses », et Angelina Grimké écrivit : « Ce n'est pas seulement la cause des esclaves que nous défendons mais celle de la femme comme être moral et responsable. » En 1838, sa sœur Sarah publia ses *Letters on the Equality of the Sexes, and the Condition of Woman*, premier manifeste du féminisme protestant contemporain.

Le féminisme protestant

Selon Sarah Grimké, la Bible, correctement traduite et interprétée, n'enseigne pas l'inégalité des hommes et des femmes. Elle affirme, au contraire, qu'ils ont été créés avec les mêmes droits et les mêmes devoirs. Le fameux verset de Genèse 3/16 (« Tes désirs se porteront vers ton mari et il dominera sur toi »), souvent mentionné pour justifier une relation de dépendance entre la femme et l'homme, lui apparaissait, par exemple, comme une simple prévision de ce qui allait arriver à la suite du péché originel et non un ordre de Dieu, la légitimation divine d'une supériorité masculine. C'est ainsi qu'une exégèse féministe de la Bible commença à être entreprise. A différents moments du siècle, dans les pays anglo-saxons notamment, d'autres féministes se feront théologiennes. Mentionnons, entre autres, Élisabeth Cady Stanton, théoricienne et propagandiste du féminisme anglais, qui publia vers les années 1890, sa *Women's Bible*, ensemble de commentaires exégétiques qui allaient à l'encontre du discours chrétien traditionnel sur les rapports homme-femme et la place des femmes dans la société. On connaît le mot d'ordre des militantes les plus convaincues du féminisme protestant anglo-saxon du XIXe siècle : « Priez Dieu, Elle vous exaucera » !

Le féminisme protestant du XIXe siècle, plus généralement, insiste sur la parole de Dieu rapportée en Genèse 2/18 : « Il n'est pas bon que l'homme soit seul, je lui ferai une aide semblable à lui. » La compagne de l'homme est donc « son égale »... « sinon sa supérieure » suggèrent même certaines protestantes, comme la Française Eugénie Niboyet. Très habilement, elle retourne les arguments traditionnels en faveur d'une prééminence masculine. Ève a été créée à partir de la côte d'Adam ? Or cette côte est une matière humaine, un matériau plus noble que l'argile, la poussière de la terre dont Dieu s'est servi pour créer le premier homme. On invoquera, à ce moment-là, l'ordre de la création : l'homme est d'abord amené à l'existence, la femme ensuite. Mais précisément, cet ordre manifeste une progression : les monstres marins, les animaux, l'homme, enfin la femme et rien au-dessus d'elle. Quand Ève fut créée, la création avait atteint son entière plénitude et Dieu pouvait prendre le repos du septième jour.

Ce radicalisme habile n'est cependant pas partagé par l'ensemble des protestantes qui se préoccupent, d'une façon ou d'une autre, de l'évolution des rapports entre les sexes. Rédactrice du journal *la Femme* à la fin du siècle, la diaconesse Sarah Monod s'estime souvent froissée « dans sa dignité de femme » par la manière dont les « droits ou prétendus droits » des femmes sont défendus par les féministes. Pour elle, le féminisme « doit avoir les vertus de la femme elle-même : digne sans raideur, tenace sans outrecuidance, persévérant sans âpreté, chaleureux sans passion. Le meilleur féminisme sera le plus féminin ». Le souci de ne pas se marginaliser et de conserver leur respectabilité marque donc souvent les protestantes. Mais ce cadre n'empêche pas certaines intitiatives. Plusieurs seront prises sous l'influence de Mme Necker de Saussure. Fondatrice d'un établissement guidé par des principes éducatifs novateurs et situé sur les bords du lac de Genève, elle publie en 1828, *l'Éducation progressive*. Souvent réédité, cet ouvrage prône une pédagogie de l'autonomie pour les filles comme pour les garçons et insiste sur la nécessité de retarder l'âge du mariage des jeunes filles pour qu'elles puissent devenir des « esprits éclairés » et des « créatures intelligentes ».

Cet accent mis sur l'éducation se retrouve chez des protestantes de milieux sociaux plus ou moins aisés. Leur message aux autres femmes de leur époque est, en substance : notre prétendue « infériorité » ne vient pas d'une « nature féminine », mais du fait que l'éducation des jeunes filles est si sommaire qu'il est impossible que leur intelligence parvienne à égaler, au bout du compte, celle des hommes. Les ouvrières ne doivent pas faire partie de la « lie du peuple » et être des « femmes dépravées » qui « pondent » dans les hospices sans connaître le nom de « l'homme aviné » qui s'est, un moment, rapproché d'elles, mais de vraies mères de famille se souciant autant qu'elles le peuvent de l'éducation de leurs enfants. Les femmes des classes élevées ne doivent pas se montrer « indolentes » ni se « farder à s'enlaidir » pour cacher quelques rides précoces, mais accomplir des « devoirs sociaux » qui sont, autant que les formules d'une prière générale, la marque de « la vraie piété ».

Cette conscience d'avoir des « devoirs sociaux » imprègne la dame d'œuvre protestante du XIXe siècle. D'un ensemble de fondatrices d'œuvres à portée locale, régionale, voire nationale, émergent de grandes figures féminines au rayonnement international, comme Joséphine Butler qui s'occupe des prostituées, Élisabeth Fry réformatrice de la condition pénitentiaire et Florence Nightingale qui organise le métier d'infirmière.

Féminisme et moralisme

Prenons l'exemple de Joséphine Butler, sans doute le plus significatif de l'articulation protestante du moral et du social. Cette femme de la classe moyenne va combattre, à partir de 1870, la réglementation de la prostitution, introduite en Grande-Bretagne quelques années auparavant. Justifiée par des motifs de contrôle social et sanitaire, la réglementation rend pratiquement impossible aux prostituées de quitter leur condition. Les « femmes tombées » sont ainsi condamnées aux « travaux forcés de l'infamie à perpétuité ».

L'action entreprise par J. Butler rencontre rapidement un grand écho dans les milieux protestants anglais (le journal *The Shield* est fondé pour la soutenir), mais aussi dans d'autres pays comme la Suisse (où Mme de Gasparin rédige un ouvrage intitulé *la Lèpre sociale*). Une Fédération abolitionniste internationale est créée en 1877 à Genève. La branche française va s'intituler la Ligue française pour le relèvement de la moralité publique et regrouper non seulement des protestant(e)s mais aussi des libres penseurs(ses), voire quelques catholiques.

Le mouvement ne reste donc pas réservé aux milieux protestants, mais il est nettement imprégné de préoccupations morales et religieuses d'origine protestante. Même tombée dans les « bas-fonds du vice », la prostituée garde un droit imprescriptible au salut. Elle est d'ailleurs, le plus souvent, moins une « coupable », qu'une « victime » de la « bestialité » de l'homme et de la « misère » engendrée par certains aspects de l'état social. La lutte contre le système de réglementation de la prostitution s'effectue au nom de la Bible et de la « Bible politique » (c'est-à-dire les grands principes constitutionnels anglo-saxons, les *Bills of rights*). Elle est menée dans plusieurs directions, liées entre elles. La première est la liberté de la femme, menacée par la « tyrannie médico-légale » et le « fétichisme de l'État ». Il faut lutter ensuite pour la moralité de l'homme et la « sainteté » de la famille (le « vice » n'est pas une « fatalité inévitable »). Enfin, le combat mené peut se teinter d'un certain réformisme social, surtout actif dans le milieu franco-suisse. Le pasteur Tommy Fallot, par ailleurs fondateur du mouvement du christianisme social, entreprend dans les années 1880 une « croisade » en faveur de la « femme esclave ». La cause principale de la prostitution est à rechercher dans une éducation négligée ou mal dirigée, dans des salaires insuffisants, dans l'absence de certains droits civils de la femme, bref dans un ensemble d'« iniquités sociales ». La Ligue ne se contente donc pas de demander le droit commun pour la prostituée, mais réclame aussi une refonte de l'éducation et du code législatif (égalité des droits civils) et une relative transformation « des rapports du capital et du travail ». Un juriste protestant suisse, Louis Bridel, se montre particulièrement actif dans ce combat (*la Femme et le droit*, 1884).

Le domaine d'action couvert est fort vaste. Il allie – dirait-on aujourd'hui – un certain moralisme et un certain féminisme. Ainsi la lutte contre la « débauche », l'affirmation que la « pratique de l'impureté est aussi répréhensible chez l'homme que chez la femme » (congrès de Genève, 1877), conduit à prôner « la même morale pour les deux sexes ». Cette préoccupation rejoint d'ailleurs celle d'autres protestant(e)s qui veulent développer une « fraternité intersexuelle ». Une des partisanes les plus convaincues de cette

« fraternité », Mme Pieczynska, indique les moyens d'y parvenir : une instruction sexuelle « judicieuse » pour la jeunesse, la mixité scolaire, l'introduction de la gymnastique pour les jeunes filles, la substitution d'une « communauté de travail » à la division du travail entre sexes. Dans plusieurs établissements protestants de pays scandinaves et anglo-saxons, l'« école mixte » est une réalité à la fin du XIXe siècle. En Suède, il existe alors des internats où la mixité, loin d'être considérée comme une « source d'immoralité », apparaît comme un moyen « d'améliorer les mœurs ».

D'une manière générale, les deux congrès internationaux des Œuvres et Institutions féminines, qui se tiennent à Versailles en 1889 et en 1900, sont largement dominés par les protestantes. On y constate que la « question de la femme » est « infiniment plus avancée » en Amérique, en Angleterre, au Danemark et en Suède qu'en France (Mme Legrand-Priestley). Ces congrès sont tout à fait représentatifs de ce qu'il est possible d'appeler le mouvement protestant féminin. Le « calme » et la « mesure » les imprègnent. Si les congrès n'excluent pas certaines revendications féministes, ils mettent l'accent sur la philanthropie. Grâce à elle, la femme exerce « sa mission sociale » et contribue à un nécessaire « rapprochement des classes ».

Pour l'accès au ministère

Le féminisme s'est, à ce moment, largement sécularisé et élargi à des références diverses. Il faut cependant noter le parallélisme entre la revendication d'un accès des femmes aux droits politiques (en particulier au droit de vote) et la demande du partage entre les sexes de toutes les formes d'autorité religieuse protestante, y compris le pastorat. Dans la célèbre Convention du « droit des femmes » de Seneca Falls (New York), en 1848, une résolution exigeait la fin du monopole masculin de la prédication en chaire. Ce qui avait été parfois possible, lié à une « vocation extraordinaire », dans le cadre du mouvement revivaliste, devait pouvoir devenir un exercice régulier et ordinaire dans les institutions ecclésiastiques protestantes. A terme, c'est l'ensemble des attributions pastorales qui se trouvaient en jeu.

Ces revendications se heurtèrent longtemps à de très fortes oppositions. Selon les autorités ecclésiastiques, il n'existait aucun passage de l'Ancien ni du Nouveau Testament permettant de penser que Dieu voulait que des femmes exercent des fonctions ministérielles. Hommes et femmes devaient rester dans le domaine que Dieu leur avait assigné. Cependant, après la guerre de Sécession, la puissance des organisations contrôlées par les femmes s'affirma au sein de plusieurs dénominations (baptistes, méthodistes, épiscopaliens, etc.), notamment en ce qui concerne les activités missionnaires. Leurs finances (gérées, dans le Nord, par les femmes elles-mêmes) et leur influence leur permirent d'amplifier leur pression.

Cette pression s'exerça d'abord au niveau du laïcat. Pourquoi des protestantes ne participeraient-elles pas au pouvoir ecclésiastique au même titre que les laïcs masculins ? Dans les années 1880, des femmes commencèrent à être élues déléguées d'Églises locales ou de synodes régionaux à des conférences ou synodes généraux. Mais on leur refusait le droit de parler publiquement dans ces assemblées où, dans le meilleur des cas, on limitait leur intervention à quelques minutes. Au tournant du siècle, toutefois, des Églises acceptèrent d'accorder les mêmes droits aux délégués laïcs, qu'ils fussent hommes ou femmes.

Le problème de la prédication en chaire commença à se poser sérieusement à partir des années 1870. Chez les quakers, il existe traditionnellement des prédicateurs féminins. L'une d'elles, Sarah Smiley, fut invitée, ces années-là, à prêcher dans quelques églises presbytériennes, à Brooklyn par exemple. Une « suffragette », Anna Howard Shaw, diplômée de la faculté de théologie de Boston, obtint la permission de prêcher dans des églises méthodistes. Quelques autres femmes s'engouffrèrent dans ces brèches avec plus ou moins de succès. Il fallait parler avec l'autorité d'un homme et la modestie d'une femme ! En 1888, Frances Willard, la directrice de la Ligue de tempérance des femmes chrétiennes, fit le point sur la question dans son ouvrage *Woman in the Pulpit*.

Malgré les difficultés, c'est en Amérique que la situation progresse. En revanche, nous ne trouvons pas d'évolution équivalente en Europe. Là, il semble bien que ce soit la guerre de 1914-1918 qui pose la question du « ministère féminin ». En effet, l'extension et la durée de la Grande Guerre entraînent l'absence prolongée d'un nombre important de pasteurs et créent de nouveaux besoins.

Si d'autres pays ont rencontré des problèmes analogues, la situation française est la mieux connue grâce à une enquête réalisée par Mme de Witt-Schlumberger (présidente de l'Union française pour le suffrage des femmes). La mobilisation d'un fort pourcentage de pasteurs crée un vide dans les églises locales. Dans une atmosphère globale de sacrifice et de mobilisation des énergies (donc sans esprit explicitement revendicatif), des femmes de pasteurs vont effectuer des tâches pastorales. Elles seront parfois troublées (choquées et fascinées) par cette nécessaire transgression. Trois types de situation vont se présenter :

D'abord le remplacement partiel (ou suppléance). La femme de pasteur se trouvait déjà associée au ministère de son mari. Elle va faire seule ce qu'elle avait l'habitude de faire sous son contrôle. Elle va aussi prendre quelques responsabilités nouvelles qui ne lui semblent pas incompatibles avec son statut de femme. Ainsi, elle assure le catéchisme, préside diverses réunions religieuses de la semaine, anime des mouvements de jeunesse, visite les malades, secourt les pauvres, etc. Les prédications et les actes pastoraux sont cependant en général assurés par un pasteur (âgé donc non mobilisé) d'une paroisse voisine. Cette situation est, sans doute, la plus courante.

Ensuite le remplacement plus complet (ou intérim). Là, la femme de pasteur tend à accomplir toutes les activités de son mari. Elle commence par la prédication : après avoir lu d'anciens sermons, des femmes estiment qu'il faut « s'adresser directement aux âmes ». Non sans « fortes émotions », elles se mettent à prêcher. Puis la nécessité conduit certaines d'entre elles à assurer des « actes pastoraux » : mariages et services funèbres. Reste l'administration des sacrements. L'enquête est presque muette, mais d'autres indices permettent de savoir que, parfois, les deux sacrements protestants (baptême et cène) ont été administrés, dans la discrétion, par des femmes. Bien que cela ait peu de justifications théologiques, les sacrements constitueront, dans la plupart des Églises protestantes, le dernier bastion du sacré que les femmes devront conquérir.

Enfin la substitution avec des innovations. L'intérim suppose la continuité. Mais peut-on s'en contenter quand on possède sa propre personnalité et que l'on vit une situation peu ordinaire ? Le message doit tenir compte des temps difficiles, générateurs de détresse. De nouvelles activités pour les mobilisés, les blessés et leurs familles, s'imposent. La culture propre des femmes de pasteurs permet des créations originales. L'orientation générale de la vie de la paroisse peut s'en trouver, finalement, infléchie. Quand le pasteur reviendra, il retrouvera une église locale modifiée et une épouse qui a fait preuve de sa capacité au ministère. A terme, ce n'est pas sans conséquence.

Ainsi, le XIXe siècle (au sens large) constitue une période de mutation pour les femmes protestantes. En liaison avec une évolution générale, leur condition change notablement, même si ce n'est pas au même rythme suivant les pays, les classes sociales et les Églises. Certaines de ces femmes sont des agents actifs de ces diverses transformations. Un combat reste inachevé : celui du ministère pastoral. Mais, de plusieurs façons, il est désormais engagé.

9

LA FEMME JUIVE

FORMATION ET TRANSFORMATIONS

NANCY GREEN

« C'est dur d'être juif, mais c'est encore plus dur d'être juive[1]. » « La » femme juive existe-t-elle ? Entre les « salonnières » du début du siècle à Berlin, et les « Yiddishe mame » nées dans les *shtetlekh* (bourgades) d'Europe de l'Est et transplantées en Amérique à partir des années 1880, il est impossible de parler d'un modèle unique de femme juive. D'abord, même dans sa forme la plus traditionnelle, le modèle religieux concernant la place de la femme dans le judaïsme et la société juive ne correspond pas toujours à la réalité. Comme l'a montré avec force le corps tout entier des *responsa* rabbiniques (correspondance sous forme de questions-réponses), la vie quotidienne a toujours été réinterprétée, à chaque époque et en chaque lieu où ont vécu les Juifs. De plus, le modèle religieux s'est lui-même transformé au long du XIXe siècle. Sous l'influence du mouvement de la Réforme du judaïsme en Allemagne, une synthèse nouvelle entre tradition et modernité a modifié, entre autres choses, les attitudes face au rôle des femmes dans la vie juive. Par ailleurs, la Diaspora moderne, la migration massive des Juifs de l'Est vers l'Ouest à la fin du XIXe siècle et au début du XXe, a transporté avec elle les germes d'un changement idéologique quant aux relations entre l'homme et la femme. Des contextes nationaux différents ont alors offert des possibilités d'éducation différentes et de nouveaux modèles à la femme juive.

Après avoir considéré le modèle religieux idéal, je décrirai trois exemples de femmes juives, et leur éducation respective, au XIXe siècle – les salonnières de Berlin, la femme traditionnelle du *shtetl* russe, et l'immigrée juive d'Europe de l'Est en Amérique –, afin d'analyser la formation de la femme juive et l'influence de cette formation sur les relations entre hommes et femmes au sein de la communauté. Pour rester dans le champ géographique de ce volume, nous nous occuperons uniquement des femmes ashkénazes. Les Séfarades méritent pourtant à elles seules un chapitre.

La vie religieuse au féminin-masculin

Dans le judaïsme, l'homme commence ses prières quotidiennes en remerciant Dieu de ne pas l'avoir fait femme. Le judaïsme impose d'ailleurs aux femmes un rôle tout à fait à part, à l'intérieur de la synagogue et de la culture juive en général, fondé sur l'idée que Dieu impose aux hommes un certain nombre de commandements *(mitzvot)* dont les femmes sont exemptes. Ainsi, seuls les hommes comptent pour la constitution d'un *minyan*, quorum nécessaire pour la prière publique. Les femmes ne sont en général pas initiées à la langue sacrée, l'hébreu. Elles sont assises à part dans une tribune de la synagogue, et elles ont moins d'obligations dans l'exercice du culte. Leur rôle consiste à préparer le repas de Sabbat, plutôt qu'à assister aux offices du vendredi soir.

La répartition des hommes et des femmes entre la sphère publique (la synagogue) et la sphère privée (le foyer) correspond non seulement à une division religieuse du travail, mais aussi à une stricte interprétation des relations entre les deux sexes. La loi juive cherche à protéger à la fois la pureté de la famille et le bon déroulement des études des hommes. Ces derniers ne doivent pas être détournés de leur consécration à Dieu et à la prière par les femmes, aussi les rapports sexuels et les relations quotidiennes des deux sexes sont-ils rigoureusement réglés. Un homme pieux ne doit pas regarder une femme dans les yeux et, selon la tradition, la femme pieuse, une fois mariée, doit couper ses cheveux et couvrir sa tête d'une perruque ou d'une écharpe. Pour favoriser la procréation, les relations sexuelles conjugales sont cependant encouragées. Leur régularité est même précisée dans le Shulkan Arukh, et varie selon la profession de l'homme. Les hommes avaient assez largement droit au divorce, mais, depuis le Moyen Age, on l'a également accordé aux femmes, du moins en théorie, dans le cas, entre autres, d'insatisfaction sexuelle. Rachel Biale suggère cependant que dans bien des domaines la Halakah (loi juive) tendrait, à propos de la sexualité, à être « plus permissive et plus généreuse envers les femmes que la vie elle-même [2] ».

La séparation sexuelle des hommes et des femmes a des conséquences importantes sur l'éducation. La valeur qu'accordent les Juifs au savoir est légendaire, mais celui-ci est théoriquement réservé aux hommes. Les hommes sont, en fait, obligés par la loi religieuse d'étudier la Torah, tandis que les femmes en sont dispensées. Cette dispense est quelque peu contradictoire, car les femmes sont, après tout, les praticiennes principales des lois régissant la vie quotidienne. Quoi qu'il en soit, il appartient aux hommes de réfléchir aux fondements théoriques de la loi, et aux femmes de l'appliquer, en tant que gardiennes des rites et du foyer kascher. Bien que l'on puisse trouver des commentateurs religieux démontrant que « dispense » ne signifiait pas nécessairement exclusion, pour la plupart d'entre eux, dans la société traditionnelle, l'étude de la Torah était interdite aux femmes, et même considérée comme un péché. Yentl, le personnage principal de la nouvelle d'Isaac Bashevis Singer *(The Yeshive Boy)*, est tellement décidée à étudier la Torah qu'elle change d'identité, enfreignant ainsi doublement la loi, puisqu'elle étudie à la yeshiva et porte des vêtements d'homme.

Le modèle religieux doit être nuancé de deux manières. Si la loi juive dispense les femmes de l'étude du Talmud et de la plupart des obligations publiques, la religion n'est pas absente de leur sphère privée. Elle prend plutôt une autre forme, que Barbara Myerhoff a appelée la « religion domestique [3] ». Les femmes juives, comme dans la plupart des sociétés, ont la charge importante de conserver et de transmettre le savoir informel de la vie et une piété plutôt affective, que les enfants décrivent souvent ensuite comme plus importants que l'apprentissage formel que représente l'école hébraïque.

En second lieu, tous les hommes, bien sûr, n'étudiaient pas le Talmud à plein temps, même si c'était là l'idéal. Cependant, le fait que les hommes étaient encouragés aux études religieuses entraînait un renversement des rôles dans la vie socio-économique. Le rôle public des hommes dans le monde sacré était parallèle à celui que jouaient les femmes juives dans le monde profane, et n'était possible que grâce à celui-ci. Dans la semaine, pendant que les hommes allaient à la synagogue, les femmes allaient au marché. L'accès croissant des femmes à la sphère publique profane allait avoir des conséquences importantes quand le judaïsme affronterait son propre mouvement de Réforme, et l'émigration.

Les salonnières de Berlin

Rien ne pouvait être plus éloigné du modèle religieux idéal de la femme juive que la vie des salonnières juives de Berlin à la fin du XVIIIe siècle et au début du XIXe. On les a tour à tour louées comme l'avant-garde de l'émancipation des femmes, condamnées comme l'exemple type de l'assimilation induite par le mouvement de la Réforme juive, ou blâmées comme les modèles de la « manie de conversion » des Juifs allemands à cette époque. Deborah Hertz a montré le fonctionnement de ces salons à un moment historique particulier de l'histoire de l'Allemagne : entre le siècle des Lumières et la défaite de la Prusse devant Napoléon à Iéna en 1806, alors que la protection royale des arts était en déclin et que le monde de l'édition n'était pas encore développé. Selon la formule de Hannah Arendt, ces Juifs devinrent les « bouche-trous » d'une situation sociale pas encore stabilisée[4]. Durant cette période du romantisme (avant que celui-ci ne se colore de nationalisme et d'antisémitisme), nobles désargentés, intellectuels roturiers et Juifs fortunés pouvaient se côtoyer dans ce que Jacob Katz a appelé une « société semi-neutre[5] ».

Mais les relations entre femmes juives et nobles prussiens ou écrivains étaient-elles réellement le signe de l'intégration des Juifs, ou restaient-elles une exception ? Hannah Arendt pensait que c'était plutôt leur marginalité même qui faisait des salons juifs un « territoire neutre ». Plus récemment, Marion Kaplan a mis l'accent sur le caractère exceptionnel de cette élite berlinoise : pour autant que l'assimilation des salonnières juives puisse être frappante, elle ne peut pas représenter la norme[6].

Néanmoins, comment rendre compte de ces conversions qui, même relativement rares, restent intéressantes à analyser ? Dorothea von Schlegel, née Brendel Mendelssohn (fille de Moses), s'est même convertie deux fois, d'abord au protestantisme, puis au catholicisme avec son mari Friedrich. Rahel Varnhagen (née Levin) s'est montrée catégorique au sujet de son attitude face au judaïsme, qu'elle appela « l'infamie de ma naissance », handicap auquel elle cherche à échapper jusque dans les derniers jours de sa vie[7].

La désaffection de ces femmes pour le judaïsme a été imputée à leur éducation. Elles avaient bénéficié de tout ce qu'une famille de la haute société pouvait offrir de meilleur à une fille : étude des langues (français, anglais, latin, hébreu) et de la musique, précepteurs privés, lectures guidées par des pères éclairés. Cependant, leur éducation était trop « décorative » selon certains de leurs contemporains mêmes, qui méprisaient les prétentions intellectuelles des femmes, et dangereusement laïque pour la plupart des historiens juifs. Deborah Hertz démontre pourtant d'une manière très convaincante que ce fut une conjoncture sociale, inscrite dans un cadre historique spécifique, et non pas leur éducation en tant que telle qui fut à l'origine de ces « mésalliances ».

La question essentielle que soulève le modèle des salonnières est aussi celle du défi qu'introduit la Réforme au sein du judaïsme. Car l'une des principales conséquences de ce mouvement de Réforme – conséquence à laquelle on n'a pas jusqu'ici accordé suffisamment d'attention – concerne précisément ses effets sur les relations entre les sexes. Le précurseur de ce mouvement, Moses Mendelssohn, chercha à la fin du XVIIIe siècle à concilier la pensée des Lumières avec les principes juifs, et à réinterpréter le judaïsme comme une religion de la raison. Bien que Mendelssohn lui-même ait maintenu toute sa vie les traditions dans son foyer, bon nombre de ses idées conduisirent ultérieurement des réformateurs à accepter une modification ou même un abandon total de la pratique des rites. N'était-ce, une fois de plus, qu'une adaptation historique du judaïsme à son environnement ?

L'éducation allait être particulièrement affectée par ces nouveaux courants idéologiques. La réforme s'articule autour de deux questions centrales : dans quelle mesure des thèmes laïques doivent-ils être introduits dans une éducation juive ? Et dans quelle mesure peut-on admettre que les femmes fassent des études ? Un des disciples de Mendelssohn, Naphtali H. Wessely, affirma que l'étude des matières laïques étaient nécessaires, et David Friedländer mit au point dans cet esprit, en 1778, une école libre juive (*Jüdische Freischule*). Cependant, il fallut attendre un demi-siècle encore avant que l'éducation formelle des filles devienne effective et, ironie du sort, ce fut Samson Raphaël Hirsch, leader du mouvement néo-orthodoxe, qui le premier proposa une éducation religieuse aux filles en 1855. Inquiet de voir que les enfants juifs entraient de plus en plus nombreux dans des écoles publiques, et que même les écoles juives modernes offraient trop peu d'éducation juive, Hirsch chercha à contrecarrer la Réforme par une modification de l'éducation traditionnelle. Cependant les études talmudiques restèrent le privilège des garçons.

Les penseurs de la Haskalah (les Lumières) comme les néo-orthodoxes comprirent que la disparité grandissante entre l'éducation religieuse masculine et l'éducation laïque des filles constituait peut-être en fin de compte une menace pour ce que le principe des sphères séparées cherchait à préserver : la pureté de la famille juive et le judaïsme en général. Alors que le compromis orthodoxe consistait à favoriser l'accession des filles aux études religieuses, les réformateurs voyaient la solution dans une éducation laïque plus développée, pour les garçons comme pour les filles. C'est ce modèle de judaïsme proposé par la Réforme, dans lequel l'éducation et l'identité religieuses étaient laissées à la sphère privée, où était permis un plus grand contact public entre les deux sexes, et où les femmes pouvaient servir comme auxiliaires à la synagogue, qui allait être transplanté par les Juifs allemands aux États-Unis au milieu du XIXe siècle.

Éducation dans le shtetl : exclusion, intégration, émigration

Le thé dégusté dans les salons de Berlin avait peu de rapports avec celui que servaient les femmes juives d'Europe de l'Est dans les samovars. Autre classe, autre lieu ; les femmes du modèle quasi mythique des shtetlekh nous ramènent à des relations plus traditionnelles entre les sexes au sein de la communauté juive. L'érudit du Talmud et la femme pieuse y persistaient comme idéal sinon comme réalité. L'éducation juive au début du XIXe siècle en Russie était réservée aux garçons et aux hommes. Mais, bien que l'élève fût promis aux distinctions les plus élevées, la description des conditions réelles d'études indique un écart important entre le statut et les conditions matérielles de cette éducation tant vantée. Entre cinq et treize ans, les garçons allaient au *heder* privé ou à la classe d'étude communale (*talmud torah*, pour les pauvres) où un professeur, souvent despotique, sale et mal payé, essayait de faire apprendre par cœur les bases de l'hébreu et de la Torah à des enfants récalcitrants. Dans les écoles secondaires, *yeshiva* et maison d'étude locale *(beit midrash)* pour les adultes, les conditions étaient moins chaotiques, mais le régime restait extrêmement rigoureux et souvent difficile pour le pauvre « yeshiva bokher » (étudiant de la yeshiva). Si celui-ci venait d'une autre ville, il dormait en général à la synagogue, et prenait ses repas chaque soir dans une famille différente. Celles-ci non seulement faisaient ainsi une bonne action, mais espéraient souvent s'attacher un élève brillant comme gendre.

Il arrivait que des jeunes filles fussent autorisées à fréquenter le heder, le plus souvent dans une salle à part, avec l'épouse du professeur comme enseignante. Mais la plupart ne recevaient pas cette instruction plus d'un an ou deux, juste le temps d'apprendre à lire et peut-être aussi à écrire le yiddish, et de mémoriser les prières indispensables en hébreu. Pour le plus grand nombre, surtout pendant les deux premiers tiers du XIXe siècle, l'éducation des filles demeura ce qu'elle avait toujours été, très informelle. Certaines avaient des frères qui pouvaient leur apprendre leurs leçons le soir. Les familles riches employaient parfois des précepteurs privés. Cependant, la plupart des filles et des femmes n'allaient pas au-delà du très populaire *Tseenah Ureenah* en yiddish, traduction de la Bible en langue vernaculaire, avec des commentaires écrits dans un style simple[8].

Les idées de la Haskalak se répandirent d'abord dans les zones les plus urbanisées de l'Europe de l'Est, vers le milieu du XIXe siècle, puis dans les shtetlekh rurales dès les années 1870-1880. La réforme de l'éducation était une fois de plus un enjeu crucial, provoquant des débats houleux : quels sujets enseigner, laïcs ou religieux ? dans quelle langue, hébreu, russe ou yiddish ? suivant quelles tendances politiques, bundiste ou sioniste ? mais aussi : à quels élèves, filles aussi bien que garçons ? Toutefois, c'est le tsar lui-même qui, par ses efforts pour « russifier » cette minorité, encouragea la création de nouveaux modèles d'éducation.

Jusqu'au milieu du siècle, le système d'éducation russe avait purement et simplement exclu les Juifs. Mais en 1844 un édit d'Ouvarov, ministre de l'Éducation de Nicolas Ier, mit en place des écoles élémentaires pour les enfants juifs, en même temps que deux séminaires rabbiniques. Les efforts du tsar (visant, entre autres choses, à « détruire les superstitions et les préjugés malfaisants diffusés par l'étude du Talmud ») ne connurent jamais un succès réel. Trois mille enfants juifs environ fréquentaient 70 écoles d'État en 1854, et à peu près 4 000 se répartissaient dans 98 de ces écoles en 1863. Cependant, le nombre des enfants inscrits dans les *hadarim* traditionnels ne cessait d'augmenter, passant de 70 000 en 1844 à 76 000 en 1847. Néanmoins, Michael Stanislawski l'a démontré de manière très convaincante, le nouveau système scolaire aida finalement à institutionnaliser et à consolider le mouvement de réforme[9].

A la suite des mesures plus libérales d'Alexandre II, les portes de l'enseignement supérieur russe s'ouvrirent plus largement aux Juifs. En 1870, les 2 045 élèves juifs fréquentant les lycées représentaient 5,6 % du nombre total d'élèves ; dix ans plus tard, ils étaient 12 % (7 004 élèves), pourcentage bien supérieur à celui de leur proportion dans la population totale. Néanmoins, 50 000 enfants fréquentaient encore les hadarim en 1879 et, à la fin du siècle, plus de 50 % des familles choisissaient ce mode traditionnel d'enseignement élémentaire pour leurs enfants[10].

Les filles commencèrent cependant à fréquenter les écoles d'État en nombre appréciable. Un rapport établit que, dès 1910, deux fois plus de filles que de garçons étaient inscrites dans les écoles officielles d'État de la Galicie voisine (Autriche-Hongrie ; presque 44 000 filles pour 23 000 garçons[11]). Comme en Allemagne, les Juifs orthodoxes s'inquiétèrent. Il y eut quelques tentatives pour mettre en place des écoles religieuses séparées, destinées aux filles, avant la Première Guerre mondiale. Mais c'est seulement en 1917 que les premières écoles orthodoxes, Bais Ya'akov, réservées aux filles, furent créées en Pologne.

Mais, à la fin du XIXe siècle, la majorité des Juives russes étaient, elles, illettrées. Selon le recensement russe de 1897, seules 33 % d'entre elles pouvaient lire et écrire (contre 67 % des hommes)[12]. Mais les filles fréquentaient en nombre croissant les hadarim modernes, « améliorés », et beaucoup de jeunes femmes de la bourgeoisie éclairée allaient, comme leurs frères, directement au lycée et à l'université russes. Les conflits familiaux reflétaient souvent les débats intellectuels sur l'utilité d'une instruction pour les femmes et d'un enseignement laïc en général, mais une minorité importante de femmes commençaient à explorer de nouveaux modèles de comportement.

L'assassinat d'Alexandre II, en 1881, bloqua l'accès des Juifs à l'enseignement russe, pour les hommes comme pour les femmes. Élizabeth Hasanovitz rappelle dans ses mémoires qu'il devint pratiquement illégal (bien que toléré moyennant finances) d'apprendre le russe à des enfants juifs. La petite salle de classe de son père était régulièrement envahie par des gardes, les cahiers précipités à la cave, « magnifique cachette pour ce crime : le vol d'une éducation russe[13] ». Le *numerus clausus* de 1887, qui limitait rigoureusement le nombre des élèves juifs admis à l'Université, fut un des facteurs importants qui stimulèrent l'émigration vers l'ouest. Les femmes, comme leurs frères, émigraient quelquefois *pour* s'instruire, et s'inscrivirent en masse dans les universités occidentales. A l'université de Paris, de 1905 à 1913, les femmes russes et roumaines représentaient plus du tiers des étudiantes, et à peu près les deux tiers du nombre total des étudiantes étrangères. Dans certaines disciplines, comme la médecine ou le droit, il y avait une fois et demie à deux fois plus de femmes d'Europe orientale que de Françaises inscrites[14].

Enfin, une minorité de Juives adoptèrent deux voies radicales différentes pour échapper aux normes communautaires qui régissaient les rapports masculins-féminins : la prostitution d'une part, les mouvements révolutionnaires d'autre part, deux phénomènes sociaux qui menaçaient également la société juive de bien des façons.

Au tournant du siècle, le grand débat sur la traite des Blanches (entre la Galicie, Rio de Janeiro et Buenos Aires), impliquant des Juifs comme prostituées et comme proxénètes, mit en cause l'enseignement laïc pour les femmes. Les orthodoxes imputaient la transgression des normes de pureté, de chasteté et de séparation des sexes, au manque d'éducation religieuse et morale des jeunes générations en général, et aux écoles d'État de Galicie en particulier. Cependant, Bertha Pappenheim et le Dr Sarah Rabinowitch, après une enquête sur la prostitution juive en Galicie en 1903, avancèrent l'idée que les filles ultra-orthodoxes étaient elles aussi vulnérables en raison de leur ignorance sexuelle et de la disparité d'éducation entre filles et garçons. L'interdit qui pesait sur les relations sexuelles extraconjugales, même au sein des foyers juifs non traditionnels, était si lourd qu'une fille, une fois « déchue », pouvait, comme Polly Adler, célèbre tenancière de maison close à New York au début du siècle, écrire dans ses mémoires qu'elle se sentait exclue de sa communauté [15].

Si les prostituées juives sont, depuis, effacées de la mémoire juive, il n'en est pas de même pour les femmes juives révolutionnaires d'Europe orientale. De « Rosa » (Luxemburg) à « Emma la Rouge » (Goldman), un grand nombre de femmes militantes, de la Pologne à l'Amérique, attirèrent l'attention des journalistes et celle des indicateurs de police. Comme Henriette Hertz ou Rahel Varnhagen un siècle plus tôt, les révolutionnaires juives, bien que peu nombreuses dans l'absolu, frappaient l'imagination : autre modèle radical d'émancipation féminine, elles renversent les rôles traditionnels des deux sexes, réclamant l'égalité dans le domaine public, refusant leur séparation ; elles pratiquent même ouvertement l'amour libre. Les jeunes travailleuses constituaient approximativement un tiers des membres du Bund (mouvement ouvrier juif), depuis ses débuts en 1897 [16], et les femmes se remarquaient aussi beaucoup dans les groupes sionistes. Peut-être l'aspect le plus important de ce nouveau rôle joué par les femmes fut-il leur intervention croissante et avérée dans la vie publique, et même politique. Comme Paula Hyman l'a très justement montré, la « nouvelle femme juive » prenait déjà forme en Europe de l'Est [17].

Pour beaucoup de femmes et d'hommes, le plus grand changement dans leur vie, celui qui devait affecter également les relations entre les deux sexes, fut l'émigration. Chassés de la Russie par un antisémitisme à la fois tsariste et populaire, ainsi que par les contraintes économiques, attirés vers le Nouveau Monde par le mirage de la réussite et de la liberté, plus d'un million et demi de Juifs émigrèrent vers les États-Unis entre 1881 et 1924. Certains partirent afin de poursuivre à l'étranger des activités politiques, d'autres pour leurs études. La plupart d'entre eux recherchaient de meilleures conditions économiques et une plus grande liberté – loin du tsar, ou peut-être loin d'un père despotique. Pour les femmes, l'émigration pouvait signifier soumission et dépendance aussi bien qu'émancipation. Hommes et femmes étaient désormais face à face sur un terrain nouveau, où le modèle traditionnel était abandonné depuis longtemps.

L'émigration et le modèle américain

Le samovar faisait partie du voyage. Lorsque s'organisa l'émigration en masse vers l'Amérique, les hommes partirent les premiers, laissant derrière eux femmes et enfants. Celles-ci continuaient à s'occuper des affaires, quelquefois pendant plusieurs années, en attendant le billet de bateau (qui dans certains cas ne venait jamais) ; par la suite, elles transportaient de l'autre côté de l'océan la literie, le samovar et autres objets nécessaires au ménage. Beaucoup de femmes partaient à contrecœur et avec crainte. Le pays pavé d'or, elles le voyaient aussi comme une terre païenne non kascher, où les hommes impies rasaient leurs barbes. Mais d'autres femmes faisaient le voyage avec une profonde détermination, se débarrassant en cours de route de leurs perruques.

Entre autres choses, ce nouveau pays offrait une instruction gratuite et obligatoire, aux filles comme aux garçons. L'instruction des filles fut peu à peu acceptée, même par les orthodoxes. Cependant, il fallut encore du temps avant que soient éliminées les discriminations entre les deux sexes. Les Juives russes qui arrivèrent aux États-Unis entre 1908 et 1912 étaient deux fois plus alphabétisées que celles dénombrées au recensement de l'empire tsariste en 1897 : 63 % et 33 %. Était-ce parce qu'elles avaient reçu une meilleure éducation, ou bien à cause d'une sélection par l'émigration ? Elles étaient aussi plus alphabétisées que la plupart des autres immigrées à cette époque. Néanmoins, ces femmes avaient un degré d'alphabétisation encore bien inférieur à celui des hommes (80 %)[18].

La première tâche de l'immigré, homme ou femme, instruit ou pas, était d'apprendre l'anglais. Les hommes y arrivaient presque tous et, d'après une estimation, 90 % des femmes de plus de quatorze ans apprirent également l'anglais, alors que 35 % seulement des autres immigrées y parvenaient[19]. Pour les travailleurs, hommes et femmes, l'instruction signifiait des cours du soir : cours d'anglais, cours élémentaires ou secondaires ou de formation professionnelle.

Les enfants, quant à eux, furent englobés dans le grand « melting pot » américain : l'école élémentaire. Celle-ci rassemblait garçons et filles, enfants américains et enfants d'immigrés. Sans doute tous les élèves n'étaient-ils pas aussi lyriques que l'écrivain Mary Antin dans leur vision des avantages de l'instruction publique. Pour elle, l'Amérique était la nouvelle Sion, la maîtresse d'école, un Moïse au féminin. « Jamais je n'avais prié, jamais je n'avais chanté les cantiques de David, jamais je ne m'étais adressée au Très-Haut avec une vénération et une foi aussi parfaites que lorsque je répétais les simples formules de la légende enfantine célébrant le patriote

George Washington[20]. » Les travailleurs sociaux remarquaient les bons résultats des immigrés juifs et leur désir manifeste d'instruction.

Cela ne signifie pas qu'il n'y avait pas de cancres, et des inscriptions nombreuses ne signifiaient pas nécessairement un taux égal de présence. Même si les Juifs et leurs enfants avaient tendance à être plus assidus que les autres immigrés, la pauvreté et la fatigue n'étaient pas sans effet sur eux. Aux cours du soir, il était souvent difficile de se concentrer après de longues journées dans les ateliers. Dans les écoles élémentaires, les classes de 60 à 100 enfants parfois devaient décourager plus d'un écolier. Il y avait le plus souvent conflit entre les ressources et l'instruction. Beaucoup d'enfants devaient quitter l'école tôt pour contribuer au revenu familial. C'étaient souvent les filles qui étaient sacrifiées, et elles gagnaient finalement de quoi payer la scolarité de leurs frères. Un historien note cependant que l'âge pouvait être plus déterminant que le sexe pour l'éducation d'un enfant ; les plus âgés aidaient à scolariser les plus jeunes[21].

En fait, des recherches récentes ont tenté d'équilibrer l'imagerie populaire qui lie avec un enthousiasme un peu exagéré les Juifs et les études, les études supérieures en particulier. Comme Selma Berrol et Sherry Gorelick l'ont toutes les deux remarqué, l'éducation resta certes à l'honneur dans le Nouveau Monde, mais ce sont les affaires qui entraînèrent la mobilité sociale. Surtout en ce qui concerne les premières générations, l'éducation fut le résultat et non la cause de l'ascension sociale[22].

L'éducation religieuse ne fut pas tout à fait abandonnée en Amérique. Elle devint plutôt une option facultative et extérieure à l'école. Les immigrants orthodoxes mirent en place des hadarim après la classe, d'après le modèle d'Europe orientale, et pour les garçons seulement. Un demi-millier de ces écoles accueillaient environ 1 million et demi de Juifs à New York, en 1917-1918. Des groupes yiddish, plus culturels que religieux, comme le Workmen's Circle, proposaient également des cours après la classe. Les filles y représentaient environ 37 % des élèves[23].

Enfin, il existait également des écoles du dimanche qui proposaient un enseignement plus laïc et moins « ethnique » à la jeunesse juive. Plus de la moitié des élèves étaient des filles et la plupart des professeurs des femmes. C'est Rebecca Gratz qui a organisé en 1838 la première école de ce type aux États-Unis, suivant le modèle protestant. Elle a même utilisé un livre de leçons protestant sur la Bible en y barrant les réponses contraires aux préceptes juifs[24] ! Les Juifs allemands, établis aux États-Unis depuis le milieu du siècle, avaient apporté avec eux les idées de la Réforme. Largement embourgeoisés entre-temps, ils regardaient avec une suspicion mêlée de crainte, en cette fin du XIXe siècle, l'afflux d'immigrés pauvres d'Europe de l'Est. A New York, par exemple, ils s'efforcèrent, de différentes manières, de mettre en place une nouvelle forme d'enseignement juif pour concurrencer les hadarim, « considérés du point de vue de l'hygiène, de la morale, et de l'américanisation... comme le type même de ce que l'Alliance pour l'éducation s'est donné comme but de faire disparaître[25] ». L'École libre hébraïque, d'un style très laïc, et l'Alliance pour l'éducation avec laquelle elle fusionna en 1899, puis le mouvement Kehillah (auquel se rattachaient les immigrants bourgeois), créé en 1910 et mettant l'accent sur un apprentissage religieux (trois écoles expérimentales de filles furent lancées), essayèrent de proposer des modèles nouveaux aux immigrés d'Europe orientale. Mais le juste équilibre entre un enseignement juif laïc et un enseignement religieux, ainsi que l'élaboration de programmes adéquats destinés aux filles comme aux garçons, était difficile à atteindre, et ces efforts subirent de violentes attaques de la part des orthodoxes d'une part, et des socialistes d'autre part.

L'enseignement public signifiait l'américanisation, et l'éducation religieuse dut elle-même faire face à des transformations de la pratique religieuse au sein de la vie américaine. Cependant, lorsqu'il fallait quitter l'enseignement formel pour gagner son pain, une grande partie de l'éducation se faisait à l'école informelle de la vie : le foyer, l'atelier ou la rue.

Le foyer familial, « sphère » de la femme, a souvent été idéalisé. S'il est vrai qu'il fonctionnait comme un lieu de continuité culturelle, l'expérience de l'émigration contraria la transmission en douceur de l'information de la mère à la fille. « Je suis américaine – tu n'es qu'une immigrée béjaune, criait une fille agacée, tu ne comprends même pas ce que je dis[26]. » La migration provoqua une inversion des rôles. Les enfants instruisaient désormais les parents et jouaient quelquefois des rôles d'adulte, du fait de leur meilleure maîtrise de l'anglais. Des conflits de générations éclatèrent au sujet de la séparation des filles et des garçons et l'inégalité des chances devant l'instruction. Il y eut également intrusion dans le foyer familial de travailleurs sociaux (de la bourgeoisie juive allemande) qui essayèrent d'inculquer l'épargne et l'hygiène aux nouveaux arrivants en organisant des réunions de mères de famille et des visites à domicile. Le célèbre *Settlement Cookbook* fut conçu comme instrument d'acculturation ; il ne comportait pas seulement des recettes kascher, mais aussi des explications précises à l'intention des ménagères immigrées : comment on débarrasse la table, comment on fait la vaisselle, etc. La presse yiddish prit part elle aussi au processus d'intégration, discutant du changement dans les relations entre les sexes, conseillant et encourageant l'instruction pour les filles et les cours du soir pour les femmes mariées. Une double image se dégage de l'immigrée mère de famille. Irritante à cause de ses vieilles manies, on l'admirait pourtant aussi pour sa force et pour ses ressources extraordinaires, ce qu'Ellen Schiff appelle le « don de la survie créative[27] ».

L'apprentissage de l'atelier, pour les jeunes femmes, ne consistait pas seulement à faire marcher leur machine à coudre jusqu'à seize heures par jour. Elles apprirent qu'elles étaient, pour leur patron, corvéables à merci, et souvent même sexuellement ; et beaucoup entendirent parler du socialisme. L'image du « Soulèvement des 20 000 », grève de trois mois dans l'industrie du vêtement en 1909-1910, reste l'un des souvenirs les plus émouvants de la participation des immigrées juives au mouvement ouvrier. Comme l'a montré Alice Kessler-Harris, les militantes juives étaient prises entre plusieurs identités différentes : identités de classe, de sexe, et d'ethnie. Pourtant, elles pénétrèrent dans la sphère publique en nombre nettement plus important que leurs consœurs italiennes, et surprirent leurs compatriotes masculins par la violence de leurs revendications [28].

Les filles, comme les garçons (et avec eux), apprirent aussi le mode de vie américain dans les rues, sur les toits en terrasse des immeubles, et dans les dancings, pendant que leurs mères tenaient salon dans leurs cuisines. Les réseaux de voisinage entre femmes représentaient un important mode d'apprentissage et d'action. Pendant le boycott de la viande kascher, à New York en 1902, et plus tard pendant les émeutes contre la vie chère (1907 et 1917), ainsi que pendant les grèves pour les loyers (1904 et 1908), les femmes cherchèrent du soutien de maison en maison et de synagogue en synagogue, testant les liens qui les unissaient, comme femmes et comme pauvres, contre des hommes (juifs et allemands) qui étaient leurs commerçants et leurs propriétaires [29].

Cependant, l'émigration représentait aussi une certaine perte de savoir, vivement ressentie par ceux et celles qui traversaient l'océan. Perte de savoir-faire pour certaines : « Quand je suis arrivée, j'en savais plus que maintenant. Je savais faire une robe entièrement », disait une ouvrière de la confection [30]. Perte de la langue pour tous : « Je suis venue d'Ukraine où j'étais une fille instruite, j'étais professeur, et venir ici, et ne pas connaître la langue, ne pas être capable d'aller au collège – ça a été terrible [31] ! » L'émigration signifiait de nouveaux rôles, de nouveaux accès à un enseignement formel et informel, mais à un certain prix.

S'il n'existe pas un modèle unique de femme juive en raison des différences liées à la Diaspora, on ne trouve pas non plus de modèle américain unique au tournant du siècle. La femme juive allemande était plus proche de ses sœurs non juives des classes moyennes que des immigrées russes. Un de leurs magazines éphémères, l'*American Jewess* (1895-1899), s'occupait d'éduquer les femmes en vue du mariage, de la maternité et du ménage, y compris par exemple de résoudre les problèmes posés par les domestiques. Dès la fin du XIXe siècle, les Juives allemandes accédaient déjà à l'enseignement supérieur et devenaient elles-mêmes éducatrices, tandis que les Juives russes avaient de la chance quand elles pouvaient garder les yeux ouverts à l'école du soir.

Juifs allemands et Juifs russes, séparés par la classe sociale, la langue et les attitudes religieuses, se considéraient mutuellement avec suspicion. Cependant, c'est à travers les femmes plutôt qu'à travers les hommes que se produisit le contact entre les deux groupes. Les travailleurs sociaux juifs allemands, comme Lillian Wald, organisèrent des foyers, où étaient proposés aux immigrées des services de soins, des conférences publiques et des cours de couture. Le Conseil national pour les femmes juives, mis en place pendant l'Exposition universelle de Chicago en 1893, voulait à travers la philanthropie, la religion et l'éducation, comme l'a expliqué une de ses fondatrices, élever la fonction « nourricière » des femmes vers la sphère publique. Si cela signifiait une intrusion dans la sphère privée des femmes russes, la femme juive allemande, comme le disent Baum, Hyman et Michel, était probablement le modèle réel d'Américaine le plus proche des immigrées[32].

Comme Gitl dans *Hester Street*, beaucoup d'immigrées restèrent plus longtemps que les hommes attachées aux traits caractéristiques de l'ancien monde en s'efforçant de garder le contrôle de leur sphère privée. D'autres combinaient les pratiques de l'ancien monde et les possibilités du nouveau, en réclamant à grands cris une participation aux affaires publiques. Pour les jeunes femmes surtout, l'émigration pouvait être une forme d'émancipation personnelle.

En 1934, Bertha Pappenheim, regrettant le rôle réservé historiquement aux femmes dans le judaïsme, évoqua « le péché commis contre l'âme de la femme juive, et, par là, contre le judaïsme tout entier ». Elle défendait leur droit à une meilleure instruction[33]. L'inégalité entre l'éducation des femmes et celle des hommes résultait de l'assymétrie de leurs rôles respectifs et renforçait celle-ci. Les barrières tombèrent progressivement au long du XIXe siècle, sous les effets combinés de la laïcisation (au sein de la société environnante), de l'émancipation (des communautés juives), et de la Réforme (au sein du judaïsme). Cependant, les relations entre les sexes restèrent différentes suivant les régions, suivant les positions vis-à-vis de la religion (orthodoxie, réforme), et suivant les classes.

Bien qu'il n'y ait donc pas de modèle unique de « formation » de la femme juive, on peut identifier au XIXe siècle plusieurs constantes concernant les relations entre les deux sexes, et l'éducation des femmes. Tout d'abord, l'accès des femmes à l'instruction demeura partout entravé par deux craintes : la conversion et le célibat. Alors que des parents allemands craignaient que l'enseignement laïc mène à l'apostasie, des mères et des pères russes se représentaient l'enseignement supérieur comme la voie vers le socialisme. De plus, dans toutes les classes et dans tous les pays, les parents anxieux partageaient l'idée que trop d'éducation empêchait les femmes de trouver un mari.

Par ailleurs, les chances de s'instruire, pour les filles encore plus que pour les garçons, dépendaient des ressources de leur famille. L'élite fortunée des Juifs « protégés » de Berlin et la bourgeoisie éclairée de Russie payaient des précepteurs privés à leurs filles, leur donnant ainsi un enseignement laïc et parallèle à la formation religieuse fournie à leurs fils. A la fin du XIXe siècle, surtout en Russie, les cours privés pour les hommes et pour les femmes étaient le seul espoir d'accéder à l'Université russe. Mais même aux États-Unis, où l'enseignement était gratuit, argent et savoir étaient liés. La pauvreté signifiait que les enfants devaient travailler tôt, et on donnait souvent la priorité à l'éducation des garçons. En règle générale, plus la famille était aisée, à Berlin, Saint-Pétersbourg ou New York, plus les chances étaient grandes pour que les femmes et les hommes aient un accès plus égal à l'éducation.

Enfin, pendant presque tout le XIXe siècle, le *shadkhen* (marieur), symbole des relations traditionnelles entre les deux sexes, continua à faire de bonnes affaires. En dehors du cercle béni des salons de Berlin, l'amour romantique ne put triompher des mariages arrangés avant le début du XXe siècle. Les mariages demeurèrent l'objet de commérages et de stratégies complexes au sein de la communauté. La lutte pour la liberté dans le mariage occasionna beaucoup de *tsores* (soucis), chez les couples contrariés comme chez les familles déçues. Peut-être est-ce le meilleur accès des femmes à l'éducation, entre autres, et de nouvelles formes de sociabilité qui leur permirent finalement de défier le monopole du marieur ?

(Traduit de l'américain par Geneviève Faure)

10

L'ÉDUCATION DES FILLES : LE MODÈLE LAÏQUE

FRANÇOISE MAYEUR

Le XIXe siècle européen conserve durant sa plus grande partie une éducation féminine soumise aux modèles établis de longue date par l'usage, plus qu'aux modèles proposés par Talleyrand et Condorcet aux Assemblées constituante et législative à l'aurore de la Révolution. Avec celle-ci se répète en effet ce « rendez-vous manqué de l'éducation des filles et des Lumières » récemment observé à propos de Paris au XVIIIe siècle[1]. La période qui suit la Révolution prolonge souvent, voire restaure, des situations antérieures. Modèles et pratiques doivent être cependant distingués : c'est au sein des pratiques que se développe la part du profane, avant même que s'élabore un système laïque au sens strict. C'est ce que définiront, en France du moins, la législation et les institutions à la fin du XIXe siècle. Aussi bien l'éducation ne saurait-elle se réduire à l'instruction proprement dite. La doctrine le plus communément adoptée d'un partage des attributions entre les sexes rend nécessaire l'éducation domestique pour les filles. A côté de celle-ci, l'instruction qui peut comprendre des disciplines proprement féminines prend une place grandissante. La France, surtout dans le secteur public, la Belgique surtout par initiative privée ou municipale, quelques établissements d'Allemagne ou de Suisse, dans les années 1880, instaurent un enseignement laïque au sens strict, c'est-à-dire dépourvu d'enseignement religieux, ou réduisent l'enseignement religieux à une place négligeable dans l'emploi du temps. Passé l'enseignement primaire commun aux deux sexes, un modèle laïque d'instruction des filles se crée donc, mais distinct autant qu'il se peut de l'éducation masculine par ses contenus.

Il sera donc intéressant de mesurer, à partir de la perfection des raisonnements édifiés à l'usage des Assemblées révolutionnaires, l'abîme qui les sépare des réalités scolaires féminines, le destin aussi qui leur fut assigné par la République enfin victorieuse. Par la suite, pour de multiples raisons, la croissance de l'école féminine ne se confond pas entièrement avec la croissance de l'école, et encore moins avec le progrès d'un modèle laïque.

La Révolution aurait dû, en principe, faire triompher un modèle laïque dans l'instruction des filles, puisqu'elle a fermé les couvents qui s'y consacraient et a provoqué la dispersion des congrégations enseignantes. Dans les faits, l'éducation féminine a continué de se faire suivant les usages antérieurs, ce qui fut d'autant plus facile qu'elle échappait encore largement à l'école. Mais, parallèlement à une scolarisation grandissante, lentement, l'envahissaient les savoirs profanes. Il fallut cependant presque un siècle pour que s'imposât dans la législation française un enseignement purement laïque, alors que l'Espagne et l'Italie restaient fidèles à la forme et à l'encadrement religieux de toute éducation dispensée hors du domicile familial. En Allemagne et en Grande-Bretagne, des traditions historiques différentes, la pluralité confessionnelle conduisaient à adopter d'autres solutions. Chaque communauté religieuse possédait son propre réseau d'écoles, mais à mesure que la puissance publique accordait des subventions, se répandait en Grande-Bretagne notamment l'usage de prières et de textes interconfessionnels dont tout le monde s'accommodait.

L'évocation de tels contrastes attire l'attention sur le rôle joué par le statut de l'école : la laïcité n'a de chance de s'introduire que si les pouvoirs publics, autorités locales ou État, affirment leur droit de regard sur l'école. L'éducation dite « laïque » apparaît ainsi liée à l'éducation « publique », c'est-à-dire celle qui n'est pas donnée au foyer. L'idée de laïcité, de fait, s'est développée dans l'éducation féminine au moment où celle-ci commençait à retenir l'attention des pouvoirs publics. En apportant une législation, des subsides, ce qui supposait un contrôle de leur emploi, les autorités étaient conduites à se poser la question de contenus admissibles par tous. Dès le milieu du XIXe siècle en France, l'État étend à un enseignement secondaire encore à créer son intérêt pour l'éducation féminine. C'est l'œuvre de la République, trente ans plus tard, de légiférer sur un enseignement secondaire d'État, dépouillé de toute référence religieuse et spécifique aux filles. Il fallait en même temps ne pas heurter les mœurs et donner à l'enseignement nouveau venu ses lettres de noblesse en montrant ses racines dans un lointain passé, à la fois philosophique, politique et pédagogique. Aussi les références révolutionnaires jouent-elles un très grand rôle sous la plume des pédagogues et des législateurs qui fondent l'enseignement secondaire des jeunes filles en France. Ils revendiquent alors une continuité par-delà les aléas de l'Histoire : l'institution jouit ainsi d'une longue légitimité républicaine et peut même se réclamer des grands classiques dont la série et les leçons sont elles-mêmes réinterprétées et recomposées. C'est dire le poids du politique dans l'élaboration du modèle laïque à l'usage des jeunes filles.

L'éducation laïque des filles : fondements et principes

Héritière sur ce point de Rousseau, la Révolution française a produit peu de réflexions sur l'éducation féminine. Elle a encore moins légiféré. Un courant cependant se distingue en faveur de l'égalité intellectuelle entre garçons et filles, qui supposerait une identité de contenus, si ne prévalait le principe d'un partage des tâches entre les deux sexes. Les garçons ont pour destination la vie publique, les travaux des armes et des lois. Les filles sont élevées pour le foyer et la vie conjugale. Dans la mesure où les préoccupations politiques sont toujours à la base des plans d'éducation, la femme, écartée « naturellement » de tout débat civique, se trouve négligée. Son influence indirecte n'est pourtant pas méconnue ; c'est pourquoi les membres de la Constituante ferment les couvents de femmes comme les couvents d'hommes. C'est dans les couvents, en effet, que les jeunes filles de la noblesse, et des milieux privilégiés en général, recevaient tout ou partie de leur éducation. Il entre dans l'hostilité marquée aux maisons religieuses une réelle aversion pour l'internat, forme ordinaire de scolarisation avant 1789, mais surtout le souci de dépouiller l'éducation de son orientation « dévote ». Les jeunes filles, dit-on alors, apprendront les devoirs de leur sexe et la véritable piété auprès de leur mère. Le principe de l'« éducation maternelle » l'emporte, pour plus des deux tiers du siècle qui va commencer. Une première ambiguïté de la laïcité résultant de la fermeture des couvents se fait jour alors. « Laïque » s'oppose à « clérical ». Mais le rejet d'une forme cléricale ne risque-t-il pas d'aller plus loin et d'aboutir à un rejet du religieux ?

Les quelques textes de Mirabeau relatifs à l'éducation féminine illustrent des principes communément admis. Les femmes, écrit-il, sont faites pour la « vie intérieure », c'est-à-dire le foyer. L'auteur réclame seulement le maintien des écoles de lecture, d'écriture et d'arithmétique qui existent pour les filles, et leur création dans toutes les municipalités qui n'en ont pas, sur le modèle des écoles de garçons. La partie scolaire de l'éducation féminine est donc réduite pour lui aux premiers éléments et à leur aspect pratique, sinon utilitaire, laissé à l'« industrie », entendons l'initiative, privée.

Tout autre est le projet véritablement systématique présenté par Talleyrand à la Constituante. L'instruction, dit-il, doit exister pour tous ; de même, tous ont vocation à instruire. Bien commun, l'instruction doit être donnée à l'un et l'autre sexe. D'où la nécessité de créer des établissements « dans chaque partie de l'Empire » ; d'où l'abolition de tout privilège sur l'instruction publique, puisque chacun peut instruire. Il appartient à la société de développer, faciliter, encourager tous les genres d'enseignement. Il faut créer promptement des écoles pour l'un et l'autre sexe et définir pour elles des principes d'instruction, regardés par l'évêque d'Autun comme les « véritables propagateurs de l'instruction ». Mais entre les principes et l'usage s'introduit une différence. Sans doute l'instruction due à tous se donnera-t-elle dans des écoles, marque tangible de l'intérêt de l'État à l'égard de tous. Mais, dans le plan de Talleyrand, les filles, à la différence des garçons, seront retirées de l'école dès l'âge de huit ans, pour recevoir chez elles l'éducation que leur dispenseront leurs pères et mères. Les institutions publiques de formation professionnelle ou d'éducation sont seulement destinées à celles que leurs parents ne peuvent élever. Le but est en effet la préparation des filles aux vertus de la vie domestique et aux talents utiles dans le gouvernement d'une famille.

L'éducation féminine relève donc, selon Talleyrand, des droits de la société et de l'État comme de la famille. Mais les filles ne sont pas traitées comme les garçons, au nom du bien commun :

> « Le but de toutes les institutions doit être le bonheur du plus grand nombre... Si l'exclusion des emplois publics prononcée contre les femmes est un moyen d'augmenter la somme de leur bonheur mutuel (celui des femmes et des hommes), c'est dès lors une loi que toutes les sociétés ont dû reconnaître et consacrer. »

Et d'invoquer à l'appui de cette idée « le vœu de la nature ». D'autres vont encore plus loin et réclament sous la Convention une éducation toute familiale. Comme chez Mirabeau, la reconnaissance d'une différence d'aptitudes et de fonctions entre hommes et femmes aboutit à un repli total de la femme sur la famille. L'exclusion du débat politique, le partage des tâches entre les sexes, mais aussi la distinction à maintenir entre les classes sociales amènent nos penseurs à rêver, après Rousseau, des contenus d'éducation évidemment spécifiques : après les rudiments, les filles devraient apprendre à filer et coudre, à cuisiner, tandis que les garçons s'initieront aux mathématiques et à la géographie ; les futures femmes du monde ajouteront à la science du ménage les arts d'agrément si nécessaires pour retenir leur époux au foyer, écrit Deleyre en 1793.

Ainsi se trouve tracé, par peu d'auteurs à vrai dire, le tableau des savoirs profanes qu'il convient de transmettre aux filles, sans qu'il soit toujours question d'une éducation religieuse, tant celle-ci va de soi. Tout autre est l'approche d'un Condorcet qui prône l'égalité d'éducation, puisque hommes et femmes ont les mêmes droits. Seul partisan de la mixité, il y voit un rempart contre l'influence des prêtres et contre les préjugés qui empêchent les mariages entre des classes sociales différentes. Même si pour le reste Condorcet renvoie les femmes à leur fonction d'épouse et de mère, sa vision d'un enseignement entièrement laïcisé n'est pas perdue pour ses successeurs de la Convention et servira de caution aux législateurs de la Troisième République.

Après les chimères et les ferveurs de plans comme celui de Le Peletier de Saint-Fargeau, plus proche de Sparte que des nécessités de son temps, l'enseignement public élémentaire, destiné aux filles comme aux garçons, fut réellement dispensé quelques années, comme une éducation républicaine où le civisme était la seule religion. Les mœurs et l'hostilité à la coéducation des sexes aidant, la ségrégation des sexes fut pratiquée, là où l'abondance des élèves et la présence de maîtresses qualifiées la rendaient possible. Mais l'enseignement de l'État fut bientôt victime de la désertion des élèves : les parents n'approuvaient pas l'endoctrinement, regrettaient souvent l'ancien système, tandis que les maîtres, qui cessaient d'être payés par l'État qu'absorbait l'effort de guerre, disparaissaient.

L'école universelle, obligatoire et laïque n'avait guère été au-delà du principe. Les raisons matérielles de son échec sont évidentes. Les autres causes tiennent à l'état des esprits et à des habitudes bien ancrées. Les filles devaient rester à la maison auprès de leur mère et c'est à elles surtout qu'étaient nécessaires les enseignements religieux. Clandestinement d'abord, puis ouvertement, les prêtres insermentés, les anciens religieux et religieuses revinrent et trouvèrent souvent dans l'enseignement les moyens d'existence dont ils étaient désormais dépourvus. Certains desservants se firent également instituteurs. La laïcisation de l'éducation apparaît alors sous un double visage : pour la plus grande partie des Français, restés attachés à la religion, une œuvre imposée d'en haut ; pour une moindre fraction, dans certaines villes ou communautés rurales, un pas vers l'affranchissement à l'égard de la « superstition ». L'ensemble de la population française présentait au reste de grandes inégalités dans l'alphabétisation, les femmes se trouvant nettement en retard sur ce point dans la grande moitié sud-ouest du pays.

Éveil d'une concurrence au modèle religieux

Tous les pays d'Europe n'ont pas introduit de la même manière le modèle laïque dans leur enseignement féminin. En France, le système public centralisé coexiste avec un secteur privé ; en Belgique au contraire, les catholiques et les laïques s'affrontent avec une telle vigueur, à partir des années 1860, qu'une loi d'inspiration libérale ne peut s'imposer. Ce sont alors les groupes privés, les sociétés de pensée, les collectivités locales qui introduisent l'éducation laïque des filles.

En Angleterre, une fois que l'Église anglicane a perdu sa suprématie légale sur le monde scolaire, et compte tenu de l'usage, plus répandu qu'ailleurs, même dans la moyenne bourgeoisie, de confier l'éducation privée à des gouvernantes et à des maîtres au cachet [2], la grande affaire est non de laïciser l'enseignement, mais de donner un enseignement religieux qui puisse convenir à toutes les dénominations et ne pas effaroucher les laïcs. La mise en place d'un enseignement d'État par le *Forster Act* (1870) crée un « compromis à l'anglaise [3] » entre influences et groupes d'opinion. Les commissions scolaires désignées par les autorités locales devaient déterminer la nature de l'enseignement religieux dispensé, mais la liberté de croyance était assurée par une disposition qui imposait de placer les cours d'instruction religieuse en première ou en dernière heure : les élèves qui voulaient s'en dispenser ne manquaient rien des autres cours. Dans les écoles publiques, l'enseignement religieux prenait une forme si générale que tous, même les agnostiques, s'en accommodaient. Il s'établit ainsi une rivalité entre l'école publique et l'école anglicane qui profita à la première, puisque près des deux tiers des enfants la fréquentaient en 1894. La fin du XIXe siècle fut marquée par de nombreuses constructions scolaires où l'architecture séparait filles et garçons. Des textes rendirent la fréquentation obligatoire jusqu'à onze ans en 1893, puis douze ans en 1899.

Dans les mêmes années furent créés, toujours en Angleterre, des instituts de formation d'instituteurs et de professeurs de l'enseignement secondaire :

la plupart de ces *training colleges*, bientôt rattachés aux universités, sont mixtes. L'enseignement secondaire lui-même ne devient cependant légalement distinct de l'enseignement primaire qu'en 1902. Le système évite chemin faisant la querelle de la laïcité, mais aussi celle de la place des femmes dans l'enseignement. Celles-ci en effet constituent la majorité du corps enseignant, de façon croissante : 70 000 en 1851, 172 000 en 1901, soit 74,5 % de l'ensemble[4]. Dès 1865, Cambridge ouvre ses examens *(local examinations)* aux jeunes filles. Ce n'est pas l'accès aux grades. On prend des précautions extrêmes contre tout scandale en installant un collège féminin d'abord fort éloigné de Cambridge. Une loi de 1875 autorise les universités à octroyer les grades aux femmes. Effet des résistances nombreuses, notamment en médecine, d'un manque d'ambition, d'un détournement vers le suffragisme des forces féminines ? Les femmes restent peu nombreuses dans l'enseignement supérieur en 1914.

La France connaissait comme l'Angleterre le régime de la liberté d'enseignement. Mais les collectivités locales ne jouissaient pas dans les deux pays du même degré de liberté. En France, c'est la loi, qui depuis la Révolution, donnait leur cadre aux relations entre l'école publique et les confessions reconnues officiellement. Il faut attendre les lois de 1882 (obligation et laïcité des contenus) et 1886 (laïcisation de principe du personnel) pour que naisse un modèle laïque d'école primaire publique. Mais, à moins que l'école soit aux mains de religieuses, la part de l'enseignement religieux se trouve progressivement limitée par les programmes dressés par les organisations pédagogiques (c'est-à-dire les plans d'études) de plus en plus complètes mises à la disposition des maîtres au cours du siècle. Encore cet enseignement religieux revêt-il une forme invariable, dans la loi de 1833 comme dans celle de 1850, « l'instruction morale et religieuse ». Les filles en reçoivent davantage l'empreinte puisqu'elles sont élèves, pour une part appréciable, des congréganistes. Cette mainmise de l'Église sur l'éducation féminine sert en grande partie d'enjeu au combat pour la laïcité mené par les républicains et les sociétés de pensée. Comment ne pas rapprocher la harangue d'un journaliste anversois, Arnould, devant la loge des Amis du Commerce et de la Persévérance réunis, à Anvers en 1864 : « Il faut refaire l'enseignement des femmes ; il faut le refaire par la science... elles seraient ainsi conduites immédiatement à écarter les hypothèses et les rêves arbitraires des religions contraires à toute conception positive », du discours de Jules Ferry, salle Molière, le 10 avril 1870 : « Il faut que la femme appartienne à la science ou qu'elle appartienne à l'Église » ?

C'est pourtant aux marges de l'enseignement féminin resté très marqué par la religion, d'autant que les rêves saint-simoniens, les spéculations fouriéristes et les bruyantes manifestations de 1848 ont entaché tout changement de ridicule, que naît un enseignement laïque des jeunes filles.

Protestante issue du saint-simonisme comme son mari, Élisa Lemonnier, durablement frappée par la misère et l'ignorance des femmes d'ouvriers durant la révolution de 1848, fonde, en 1862, une école professionnelle pour les jeunes filles pauvres. La seconde école ouvre en 1864 ; elle est dirigée par l'agnostique Clarisse Sauvestre, épouse du journaliste anticlérical et bonapartiste Charles Sauvestre. Les établissements, dans la pratique, sont ouverts aussi aux jeunes filles de la « classe moyenne » qui se seraient trouvées contraintes d'aller chercher hors du foyer une instruction professionnelle. C'est le premier type d'école laïque, puisque l'éducation religieuse des élèves est entièrement laissée au soin des familles. L'enseignement comporte trois « ordres » – cours généraux, cours spéciaux de commerce ou de dessin industriel, travail pratique à l'atelier –, les jeunes filles reçoivent en outre une éducation morale. Élisa Lemonnier veut en faire de « bonnes mères de famille », avec des habitudes de dignité personnelle, d'estime et de respect de soi. La directrice de la première école, Melle Marchef-Girard, devait devenir la première directrice du collège Sévigné. Elle constitue ainsi un lien symbolique entre l'œuvre d'Élisa Lemonnier et le premier établissement secondaire laïque de jeunes filles à Paris.

C'est en 1864 également, mais en Belgique, que se fonde l'Association pour l'enseignement professionnel des femmes, à l'initiative du sénateur Bischoffsheim. La première école professionnelle ouvre ses portes en avril 1865 ; privée, non confessionnelle, elle est adoptée par la ville de Bruxelles en 1868. Dix ans plus tard, il existe trois écoles de ce type. Le but de l'institution était d'aller plus loin que le simple enseignement ménager où les religieuses étaient censées cantonner les filles, pour dispenser aussi des enseignements théoriques. Mais le modèle féminin restait le même : la femme, par son activité domestique, contribue au « bonheur d'une maison[5] ».

C'est sans doute dans les contenus proposés par les forces laïques pour remplacer l'éducation donnée par les congrégations que se mesure le mieux l'ambiguïté du modèle nouveau, toutes classes sociales confondues. La femme n'est pas vouée sans frein à « la science », et au-delà de l'école primaire, les apprentissages qui lui sont offerts restent limités. Républicains français et libéraux belges n'ont pas, en effet, abandonné l'idéal de la femme au foyer. Ils craignent comme leurs concurrents et prédécesseurs que trop de connaissances livresques détournent les femmes de leur mission de mères et d'épouses. La laïcisation même de l'éducation féminine se fait la plupart du temps d'après des modèles antérieurs, compte tenu de la « faiblesse du sexe » et de l'emprise des mœurs. Les plus résolus laïcisateurs de l'enseignement public, en France et en Belgique, vouent la femme sans doute à la « science », mais dans l'intérêt de l'homme, fils ou mari : Jules Ferry veut donner des « compagnes républicaines aux hommes républicains », seul moyen d'éviter le divorce intime entre la femme croyante et le mari libre penseur. L'importance qu'il attache à cette conversion de l'éducation montre l'influence au moins indirecte qu'il reconnaît aux femmes, mais ne leur ouvre pas de longues études. L'école primaire républicaine est la même pour les deux sexes, aux travaux d'aiguille près, jugés indispensables dans une école de filles. Mais l'enseignement secondaire féminin n'a ni la durée ni l'ampleur des vues de son équivalent masculin et se refuse à enseigner aux filles le latin et la philosophie, comme les disciplines scientifiques développées.

De là, en France, une période de luttes et d'hésitations, commencée dès les années 1905-1914, pour assurer aux filles la possession du baccalauréat et donc l'entrée dans l'enseignement supérieur.

L'installation d'enseignements laïques

La question de la laïcité de l'enseignement primaire ne se présente pas dans les principaux pays d'Europe de la même manière qu'en France et en Belgique, pour des raisons qui tiennent à la fois aux civilisations et aux histoires particulières, à la tradition ou non d'engagement de l'État et à la situation religieuse : témoin l'Angleterre. En Belgique, la résistance des catholiques empêche une législation à la Ferry de s'installer durablement[6]. Le climat passionné qui accompagne les discussions sur l'école, le petit nombre de citoyens qui désirent voir leurs filles accéder aux universités expliquent les qualificatifs injurieux employés à l'égard des libres penseuses qui ont frayé un chemin à l'enseignement laïque des filles et la violence du ton des autorités ecclésiastiques. Le combat laïque commença par les salles d'asile, nom donné aux garderies destinées à la petite enfance. Une Société pour le soutien des écoles gardiennes (le nom indique bien le caractère de l'institution, entre l'œuvre de bienfaisance et l'entreprise éducative) ouvre une salle d'asile avec l'aide de la loge des Amis philanthropes, dès 1846 à Bruxelles. D'autres salles d'asile du même type s'ouvrent dans les grandes villes. Le conflit apparaît alors avec les congrégations qui avaient jusque-là le monopole des « salles gardiennes ». Nouvelle victoire du camp laïque, la première inspectrice de ces établissements, nommée en 1847, est Zoé de Gamond, fille d'un avocat bruxellois, fouriériste. Elle écrit en 1851 un *Manuel des salles d'asile et des écoles primaires*. Bientôt, les mêmes milieux favorisent la pénétration de la méthode Froebel, méthode de pédagogie active : un premier jardin d'enfants, créé à Ixelles en 1857, reçoit une subvention du gouvernement. Mais la collusion entre les disciples de Froebel et Isabelle Gatti de Gamond, fille de Zoé, les fait accuser d'athéisme[7]. Quelques filles de libéraux et de socialistes, dont celles de Proudhon, fréquentent une « école des pères de famille », payante, fondée aussi à Ixelles en 1857.

Socialistes et fouriéristes voulaient parvenir à une instruction gratuite ou du moins très peu payante pour les masses populaires. Ils recherchèrent donc les méthodes réputées à la fois les plus efficaces et les moins coûteuses : de là le succès de Froebel, et surtout de la méthode lancastérienne prônée par la gauche en France sous la monarchie de Juillet. Cette méthode d'enseignement mutuel, qui consiste à utiliser les enfants plus âgés comme moniteurs pour les plus petits, n'est pas seulement économique ; elle oblige à constituer des groupes d'élèves selon le niveau atteint, et permet l'apprentissage simultané de la lecture et de l'écriture.

Dans les années 1860, l'enseignement mutuel a vécu, tandis que les « libéraux » de tout genre, en France comme en Belgique, animés d'une foi très grande dans l'instruction primaire et gratuite pour tous, en font l'article principal de leur programme. En décembre 1864, naît en Belgique la Ligue de l'enseignement qui collecte bientôt, par ses sections ou des associations amies, assez d'argent pour entretenir en 1878 une école modèle, 6 écoles primaires et moyennes pour garçons et 7 pour filles[8]. Ces institutions sont souvent reprises au bout de quelques années par les autorités communales. L'enseignement primaire laïque féminin que tentait d'instaurer la loi de 1878 ne parvient cependant pas à s'installer comme en France, les conservateurs étant revenus au pouvoir en 1884.

En Belgique, l'enseignement secondaire des jeunes filles est né de quelques initiatives chèrement disputées par les communes et les associations à un épiscopat combatif, surtout à Liège et Tournai. C'est d'abord un enseignement moyen qui comporte les travaux manuels, l'économie domestique et la tenue des livres, avec des innovations pédagogiques comme la coordination des disciplines, l'usage parlé des langues, et les expériences pratiques, en sciences, qui furent fort critiquées par les adversaires d'un enseignement où pointait, selon eux, le naturalisme et le matérialisme. Il convient de rapprocher de ces efforts ceux qui visaient à introduire la neutralité dans les écoles de sages-femmes et d'infirmières. Ouverte en 1888 par un médecin socialiste, une première école d'infirmiers et infirmières laïques n'inspire pas la confiance. Une fille de pasteur, Édith Cavell, crée en 1907 la première école d'infirmières diplômées : l'institution rencontre elle aussi des oppositions violentes, mais essaime peu à peu. Quant à des athénées royaux pour les jeunes filles, ils ne font l'objet d'aucune initiative de l'État avant 1914. Le premier athénée fut créé à Gand, là encore par initiative privée.

L'institution par une loi votée à cette seule fin d'un enseignement secondaire de jeunes filles absolument laïque, dépendant de l'État, est donc vraiment une spécialité française en 1880. Miroir à la fois des audaces, des hésitations et des timidités du siècle, l'enseignement nouveau fut le véhicule de changements progressifs dans la condition féminine, surtout dans les classes moyennes. La loi Camille Sée qui lui a donné naissance est largement l'œuvre d'un isolé. Elle ne peut pourtant être séparée du reste de la législation Ferry, qui achevait une étape fondamentale pour la laïcité de l'école. Deux courants contradictoires se distinguent à ses origines : d'abord, comme dans tous les pays européens de développement comparable, elle correspond à un lent mouvement tendant à assurer à tous les enfants une formation scolaire, au-delà d'une alphabétisation en voie d'achèvement. Destinée aux filles de bourgeois à l'origine, elle veut représenter de surcroît une culture de la distinction, par rapport à la formation primaire réservée aux filles des classes populaires. Mais, d'un autre côté, cette loi qui plaisait aux républicains parce qu'elle se proposait d'« arracher les filles à l'Église » ne prétend pas donner aux filles la culture secondaire traditionnelle, réservée aux garçons. Une fois encore, il ne faut pas les détourner de ce qui est considéré comme leur mission : garder leur foyer. Ce qui exclut toute occupation professionnelle au-dehors. Ainsi la loi proposée par Camille Sée est-elle rupture avec l'usage qui consistait à envoyer sa fille au couvent, fût-on incroyant, mais conformité à une société dont l'équilibre reposait sur le partage des attributions entre hommes et femmes, du moins dans les classes privilégiées, puisque le travail de l'ouvrière apparaissait comme une nécessité.

Déposée en octobre 1878 par un député républicain d'origine israélite, la loi passa à une assez courte majorité au Sénat. Elle fut l'occasion d'un débat de fond entre les partisans de l'éducation laïque et les catholiques indignés de cette irruption de l'« irréligion » dans un domaine jusque-là réservé presque entièrement à l'Église. Camille Sée s'appuyait sur deux précédents et tenait à la constitution d'établissements semblables en somme par leur structure aux établissements masculins, avec une possibilité d'un internat. Une proposition concurrente, émanant de Paul Bert, plaidait pour de simples externats que Paul Bert appelait initialement des « cours ». Il restait fidèle à la formule inaugurée par Victor Duruy en 1867 : des associations avaient créé pour les jeunes filles des cours, généralement donnés par les professeurs du lycée le plus proche, dans des locaux fournis le plus souvent par les municipalités. Deux mille jeunes filles seulement avaient suivi cet enseignement, dont les défauts étaient nombreux : un corps enseignant souvent non adapté à cette tâche nouvelle, des heures de cours et des lieux peu propices à une éducation réglée. Il n'existait pas à proprement parler de plan d'études s'étendant sur plusieurs années et assurant l'harmonisation entre les différentes disciplines. Les « cours Duruy », qui pour la plupart n'ont duré que deux ans dans un nombre restreint de villes, représentaient cependant la première initiative de l'État dans un domaine réputé du for privé et introduisaient un enseignement totalement dégagé de l'emprise religieuse. A mesure que s'affermissaient, à la fin des années 1870, les municipalités républicaines, les plus résolument « laïques » reprirent l'idée des cours de jeunes filles. L'avantage en était la souplesse par rapport à un système complet d'enseignement secondaire et, pour des collectivités locales plus soucieuses de gestes symboliques que de dépenses jugées excessives, l'économie. De surcroît, cet enseignement restait étroitement placé sous l'autorité des municipalités qui en avaient pris l'initiative.

La commission qui examinait les projets de Camille Sée et de Paul Bert aboutit à un certain nombre de retranchements et d'aménagements qui se retrouvent dans le travail réglementaire ultérieur. Parce que l'enseignement est destiné à des jeunes filles, ne sont prises en considération que les disciplines estimées « utiles » en fonction de postulats non exprimés. La philosophie ne leur sera pas enseignée, tant on craint de former des « femmes savantes ». La tradition qui voulait donner aux filles un enseignement surtout littéraire s'impose : comme dès la fin de la monarchie de Juillet dans les bons pensionnats, on leur fait étudier la langue française et une langue vivante au moins, la littérature française, les littératures classiques d'après les traductions, et les littératures « modernes », entendons étrangères. Il convient d'y ajouter l'histoire, la géographie, l'arithmétique, quelques éléments de géométrie, l'histoire naturelle et la physique, sans compter le dessin, très peu de gymnastique et les travaux d'aiguille. Deux théories s'affrontaient sur l'enseignement religieux. Camille Sée pensait que « mieux vaut un prêtre qui vient, contrôlé par l'administration universitaire ». Paul Bert craignait la tendance à l'envahissement. Malgré les avantages pratiques de la première formule, pour un enseignement évidemment facultatif, ce fut la méfiance républicaine qui l'emporta au fil des débats.

Dans leur travail, outre le modèle des cours Duruy, les républicains pouvaient s'inspirer de la réflexion menée par l'administration depuis l'instauration en 1836 de l'examen des maîtresses de pension, et surtout du plan tout récent de la Société pour l'examen des questions d'enseignement secondaire, fondée en novembre 1879 et présidée par Michel Bréal. Le rapport d'une commission spéciale de la Société, adopté en 1881, prend place entre le vote de la loi, acquis en décembre 1880, et les décrets d'application qui s'inspirent largement de lui. Les disciplines mises au programme importent peut-être moins que les principes pédagogiques énoncés par le rapporteur, Maurice Vernes :

– L'éducation ne doit jamais être séparée de l'instruction : elle doit être conçue d'une facon libérale, le maître faisant appel avant tout aux sentiments de solidarité, de la dignité et de la responsabilité personnelles.

– A la méthode qui donne le principal rôle à la mémoire dans l'acquisition des connaissances, doivent être préférées, dans toutes les branches de l'enseignement, les méthodes qui font appel à l'intelligence et à la réflexion.

Dans ces principes, qui ne s'appliquent pas du reste à l'éducation d'un seul sexe, se retrouve l'accent des maîtresses de pension disciples de l'« auto-éducation » de Jacotot et de son appel constant à l'intelligence. En même temps se trouve bien définie l'« éducation de la conscience » telle qu'elle s'épanouit dans les meilleurs établissements secondaires féminins et à Fontenay sous la direction de Félix Pécaut.

Puisque l'enseignement est laïque, la Société consacre de longs développements à la morale. Ceux-ci doivent beaucoup à Clarisse Coignet, auteur en 1869 de *la Morale dans son principe et dans son objet* et d'un ouvrage, publié en 1880, qui est un cours de morale à l'usage des écoles laïques. L'intention de l'auteur n'est pas de s'opposer aux « doctrines métaphysiques et religieuses », mais de sauver la morale de leur ruine éventuelle. La morale, selon Mme Coignet, ne s'enseigne pas, elle se communique. De même, selon la Société, la morale, ou plutôt l'enseignement de la moralité, vise à « la formation du caractère ». Aussi faut-il connaître les jeunes filles une à une au long de leur scolarité. Les personnes chargées de l'enseignement secondaire féminin seront des femmes. Les professeurs ne devront pas être nombreux dans une même classe, « deux suffiront dans la division inférieure, dit le rapport, et trois dans la division supérieure ». A cet effet, les professeurs de langues étrangères pourraient enseigner en même temps une autre discipline. Dans son désir d'une « unité d'enseignement », la Société imagine même « une directrice de classe », ancêtre en quelque sorte du moderne « professeur principal ».

Ce désir d'intégrer l'éducation dans l'enseignement par l'apprentissage de la moralité, qui dépasse bien entendu les frontières d'une discipline déterminée, conduit la Société à opérer une sorte de révolution pédagogique que confirme sa vision de la discipline. « Tout vient de l'opinion, écrit Maurice Vernes citant Clarisse Coignet. Y rendre la jeunesse très sensible, c'est développer en elle le sentiment de l'honneur, qui fait aussi partie de la conscience. » A partir de tels principes, la discipline ne peut plus être mécanique. Elle repose sur un certain nombre de règles d'une « application rigoureuse », et les punitions doivent être « sobres et impersonnelles ». Les pensums, les retenues n'ont donc plus lieu d'exister. Ils sont remplacés par les mauvaises notes qui comptent dans le classement des élèves, par les blâmes, les exclusions temporaires et même définitives. Sans doute préparé par une tradition d'éducation féminine qui n'avait pas la sévérité du lycée napoléonien, le système fut adopté dans les lycées de jeunes filles, avec un plein succès en général.

L'enseignement lui-même abandonne la méthode dogmatique : « Il sera fait constamment appel, écrit toujours Maurice Vernes, à la réflexion et à la comparaison, l'effort pour comprendre étant partout préféré à l'acquisition purement mnémonique » ; les élèves, au début du moins, iront « du connu à l'inconnu ». Ces principes généraux de pédagogie républicaine connaissent tout de même quelques exceptions lorsqu'il s'agit des jeunes filles. L'enseignement des sciences exactes sera entièrement différent pour elles de ce qu'il est dans l'enseignement classique, parce qu'il serait fâcheux de développer chez les intéressées l'esprit d'abstraction et parce qu'elles n'auront que faire de mathématiques appliquées puisqu'elles ne seront pas ingénieurs. On le voit, ce n'est ni par un solide enseignement de la philosophie ni par un enseignement scientifique développé que les adhérents de la Société cherchent à affranchir les femmes des préjugés religieux. De même, les langues classiques ont tout juste droit de cité : elles apprendront à lire le grec, « non pour elles, mais pour leurs enfants ». Le thème de la Mère éducatrice aura donc traversé le siècle. Parallèlement, les idées novatrices de la Société appliquées aux filles révèlent quelque ambiguïté. L'essentiel en effet n'est pas de leur enseigner avec plus ou moins de profondeur telle ou telle discipline, mais de s'emparer de leur direction. Il importe alors de ne pas effaroucher les familles en changeant les contenus habituels et en détournant, à force de tâches scolaires, les filles de leurs obligations familiales.

Un établissement nouveau venu à Paris peut lui aussi servir d'exemple : c'est le collège Sévigné. Établissement privé laïque, il avait été fondé sous les auspices du même Michel Bréal. Après des débuts difficiles, le collège affirma sa personnalité sous la direction de Mathilde Salomon qui en fut l'âme et exerça une influence indirecte sur l'enseignement secondaire de l'État par son exemple et par la préparation des futurs professeurs de cet enseignement aux concours de recrutement.

Les débats sur la loi, à la Chambre, puis au Sénat, ne manquaient donc pas de références. Ils n'ont guère porté sur la pédagogie. L'opposition attaqua le parti républicain sur les deux thèmes de l'enseignement de la morale et de l'enseignement religieux. La simultanéité entre le débat au Sénat et les discussions à la Chambre sur les projets de gratuité et de laïcité de l'enseignement primaire a bien entendu donné une résonance particulière au débat sur l'enseignement secondaire féminin. L'ampleur de ce débat dépassa les craintes vite surannées au sujet du statut féminin dans la société et du « danger » de trop instruire les femmes. La loi était en effet envisagée par les conservateurs comme « la suite des entreprises faites contre Dieu et la religion », ce qui rappelle la levée de boucliers du monde catholique, entraîné par Monseigneur Dupanloup, contre les cours Duruy en 1867. Les accommodements imaginés par les hommes du centre, et même par Ferry, pour amadouer les sénateurs se heurtèrent à cette interprétation. Outre « la suppression complète de l'enseignement religieux », le grand chef d'accusation fut également de créer « l'aile féminine de l'Université ».

Pour les conservateurs, la loi est inutile, puisque les jeunes filles sont fort bien instruites par les religieuses. Elle entraînera des dépenses exagérées. Et les catholiques, adversaires acharnées douze ans plus tôt des cours Duruy, de chanter les vertus des cours secondaires, garantie de la liberté, contre les prétentions de l'État...

Aux yeux des parlementaires catholiques, la loi présentait également un danger moral. Contrairement aux établissements religieux, l'éducation serait dans le nouveau système subordonnée à l'instruction. Le thème devint par la suite un poncif. Les nouvelles maisons d'éducation faciliteraient la promiscuité entre personnel enseignant des deux sexes, et surtout assiéraient sur les mêmes bancs des élèves d'origines sociales diverses. Faute de la clientèle espérée – le législateur destinait l'enseignement qu'il fondait aux jeunes filles du monde et de la bourgeoisie aisée –, il faudrait recruter dans les « nouvelles couches de la société ». En créant ainsi des espérances qu'on ne pourrait satisfaire, on produirait « une immense catégorie de déclassées ». Les gymnases russes d'où sortait « le prolétariat lettré et frisé » permettaient d'agiter la perspective d'un possible nihilisme.

L'essentiel résidait pourtant ailleurs : dans cette part de laïcisation de l'enseignement que constituait la loi. « Respectueuse de la liberté de conscience, disait Camille Sée dans le rapport sur sa propre proposition, votre commission est d'avis que l'enseignement religieux ne doit pas trouver place dans les classes. C'est là un enseignement qui doit être donné à domicile par les soins des parents. » La question ne se posait que pour les jeunes filles internes. Les aumôniers furent autorisés à pénétrer dans l'établissement : preuve de conciliation, ou signe de méfiance ? Le comble, pour les députés catholiques, était l'enseignement moral, fixé en tête du programme et dégagé de toute référence religieuse. La thèse de la morale indépendante, héritée des encyclopédistes, fut défendue, à la Chambre d'abord, comme « la morale universelle ». Devant le Sénat, le rapporteur Broca présenta le programme dans ses différences avec celui des garçons. Le cours de morale était ainsi ce qui restait du cours de philosophie dans les lycées de garçons. L'addition de l'enseignement religieux était impossible en raison de « la multiplicité des cultes reconnus par l'État » et du principe de la liberté de conscience inscrit dans les lois. C'était d'autre part faire donner l'enseignement religieux par un professeur laïque « et un laïc n'a ni compétence ni autorité pour enseigner sa propre religion ».

Le principal argument des adversaires de l'enseignement religieux dans les externats féminins se résume dans cette question posée par un parlementaire : « Est-ce que l'enseignement religieux figure dans les programmes des lycées de garçons ? » De fait, il n'y figure pas et, disent les conservateurs, il n'y a pas lieu de s'en féliciter. Les ténors se réservaient pour la seconde délibération qui allait aboutir au vote définitif. Le duc de Broglie, au Sénat, dégage toutes les conséquences de la morale indépendante. Selon lui, c'est une expérience que d'en tenter l'enseignement. Sans doute n'est-il qu'une seule morale, « si on prend le mot dans la plus superficielle, la plus vulgaire de ses acceptions ». Mais un cours élevé de morale rencontre toujours les questions religieuses : ou bien on les évitera et le cours sera insignifiant, ou bien les questions religieuses et morales rentreront dans les programmes. Il en est ainsi dans les classes de philosophie des garçons : leur programme fourmille « de questions qui ne peuvent être résolues que par la religion ou par la philosophie », à commencer par le premier point : le fondement de la morale, et par le problème de la liberté morale. Il n'est pas, enfin, de morale sans sanction. Dans l'un des derniers articles du programme, se trouvent évoqués les devoirs envers Dieu. L'orateur qui a rappelé au passage « l'accolade au positivisme » donnée par Jules Ferry, chef du gouvernement, lors de sa réception cinq ans plus tôt dans la maçonnerie, conclut que la question est sans issue : « Il y a des omissions qui valent des négations positives. » Il faut donc reprendre « la vieille morale, celle du catéchisme », sinon, dit-il, « vous risqueriez d'ouvrir l'accès des jeunes intelligences à des négations détestables et à d'inextricables controverses ».

La loi fut adoptée le 21 décembre 1880 dans la forme qu'avaient désirée les républicains, non sans divisions à l'intérieur de leur groupe. Tous en effet étaient anticléricaux, mais beaucoup acceptaient fort bien que la part du religieux fût assumée par les femmes de leur propre famille. D'autres, les plus anciens, dont la plupart avait connu 1848, restaient déistes. Aussi n'est-il pas surprenant que le Conseil supérieur de l'Instruction publique, dominé par des universitaires qui professaient une doctrine modérée, ait inscrit dans le détail des programmes qu'il était chargé d'établir les « devoirs envers Dieu » qui ne disparurent, brièvement d'ailleurs, qu'en 1923.

Le « modèle laïque » d'éducation des jeunes filles était donc fondé en France. Il s'en fallait de beaucoup qu'il fût le modèle dominant. Les lycées et collèges de jeunes filles nés de la loi connurent une croissance constante, mais modérée, durant les vingt premières années de leur existence. Ils finirent cependant par s'intégrer au paysage pédagogique français, dans la mesure même où ils s'efforcèrent de ne pas heurter les mœurs et de ne pas apparaître comme le cheval de Troie de l'irréligion. Les familles catholiques soucieuses d'une instruction aussi complète que possible les préférèrent parfois aux établissements religieux. A la veille de 1914, les problèmes qui se posent aux quelque 33 000 jeunes filles des établissements secondaires féminins, comme à leurs professeurs, ne sont pas de nature confessionnelle. Il s'agit plus prosaïquement des débouchés dans le monde du travail que la législation républicaine, laïque mais conservatrice, leur a refusés.

Ouvrières d'une fabrique d'allumettes. Photographie ; avant 1910.
Paris, bibliothèque des Arts décoratifs.

Tête de femme, crayon de couleur sur papier (29,5 × 29,5) Khnopff, vers 1899.
Bruxelles, collection particulière.

11

FEMMES ET IMAGES

APPARENCES, LOISIRS, SUBSISTANCE

ANNE HIGONNET

La féminité est en partie une question d'apparence. La culture visuelle du XIXe siècle a produit d'innombrables images de femmes : beaucoup présentent une cohérence, certaines se contredisent, mais toutes concourent fortement à la définition sans cesse remise en cause de ce que signifiait alors être une femme. Ces images donnent aux courants socio-économiques toujours mobiles l'illusion de la permanence. Mais, pour la première fois dans l'histoire, les femmes sont en mesure, à l'égal des hommes, de représenter la perception du monde qui leur est propre.

Madone, séductrice, muse, tels sont les trois archétypes féminins qui ont hanté l'imagination du XIXe siècle. On les retrouve à tous les niveaux de la culture visuelle : dans les imprimés, les publicités, les photographies, l'illustration des livres, les productions artisanales, comme dans la sculpture et la peinture, que celle-ci soit officielle ou de circonstance. Alors que dans la plupart des pays d'Europe et aux États-Unis les archétypes féminins ont évolué tout au long du siècle du religieux vers le profane, leurs références et leurs objectifs témoignent d'une constance remarquable, et restent liés à des tendances similaires en littérature.

Archétypes

Les archétypes féminins acquièrent une vigueur particulière dans les périodes de crise, soit par un renouvellement des formes ou des thèmes, soit dans une répétition pure et simple. Ces périodes se situent à des époques et des endroits variés. On peut cependant repérer deux grandes crises au XIXe siècle : l'une vers les années 1860, l'autre à la fin du siècle. Dès 1860, les défis lancés par la bourgeoisie à l'art établi donnèrent naissance à de nouvelles images domestiques qui mirent l'accent sur la chasteté des femmes dans leurs rôles de filles, d'épouses et de mères. A la fin du siècle, des esthètes bourgeois entrèrent en réaction contre ces valeurs, avec un flot d'images qualifiées à juste titre par un auteur récent d'« idoles perverses ». Les archétypes féminins faisaient bien plus que refléter un idéal de beauté ; ils devinrent des modèles de comportement. Leur force de persuasion, bien que propre aux arts visuels, était stimulée par le contexte culturel.

Ces archétypes visuels excluaient toute attitude personnelle et entretenaient des distinctions rigides entre un nombre limité de comportements. La muse demeura ce qu'elle était auparavant : une figure allégorique ou l'incarnation d'une idée plutôt qu'une personne spécifique. Elle représentait manifestement des idéaux : par exemple, l'idéal de liberté incarné en 1884 par la colossale statue de Frédéric-Auguste Bartholdi, *la Liberté éclairant le monde* qui accueille aujourd'hui encore les voyageurs à l'entrée du port de New York. Mais les images de madones ou de tentatrices n'étaient pas moins abstraites. Elles organisaient la féminité autour de deux pôles : l'un normal, ordonné et rassurant, l'autre déviant, dangereux et séducteur. Autour du premier régnait la vertu domestique ; autour du second sévissaient les prostituées, les femmes exerçant un métier, les activistes et la plupart des ouvrières ou des femmes de couleur. Ces deux univers n'étaient pas mis sur le même pied : les femmes « normales » étaient dépeintes comme admirables, vertueuses, heureuses ou récompensées, tandis que celles qui affi-

Les femmes ne jouèrent de rôle directeur ni dans la révolution américaine de 1776 ni dans les révolutions françaises entre 1789 et 1871. Pourtant, lorsque le sculpteur Frédéric-Auguste Bartholdi et Gustave Eiffel firent le projet d'une statue de la *Liberté*, ils savaient qu'en Europe comme aux États-Unis seule la figure d'une femme pouvait lui servir de symbole.
Vue de l'Exposition universelle. Photographie anonyme, Paris ; 1878.

chaient une féminité déviante étaient représentées comme grotesques, dépravées, misérables ou punies.

Les images donnaient aux définitions de la féminité une aura de vérité, car elles transformaient des concepts abstraits en portraits concrets de personnes ou de lieux. D'une manière ou d'une autre, la plupart des arts visuels se voulaient réalistes, c'est-à-dire qu'ils devaient, après l'observation de phénomènes physiques réels, refléter ceux-ci avec objectivité ; plus on avance dans le siècle, plus cette doctrine gagne du terrain. Proche du positivisme en philosophie, des enquêtes de terrain dans le journalisme et en sociologie, et des expériences empiriques dans les sciences de la nature, le réalisme dans l'art garantissait la valeur universelle de ses points de vue. Pour une bourgeoisie en quête de légitimité, la consommation de l'art sous toutes ses formes, collections, expositions, critiques, reproductions, procurait une activité qui confirmait et valorisait la vision qu'elle avait d'elle-même.

Cependant, cette époque se caractérise aussi par le fait que toute position établie engendrait une opposition. Dans l'art comme ailleurs, l'individualisme déclencha une affirmation de soi inattendue de la part de groupes sociaux marginaux. Qui plus est, les arts majeurs commencèrent à se renouveler, le rythme des cycles de rejet et de cooptation s'accéléra, chaque génération gagnant ses lettres de noblesse et se rebellant contre la précédente. Au sein même d'une seule génération, les critiques, les artistes et les administrateurs rivalisaient dans leurs définitions de ce qu'est la valeur artistique. Tous ces changements donnèrent pour la première fois aux femmes la possibilité d'entrer dans le monde artistique, leur permettant ainsi d'accéder à une représentation visuelle d'elles-mêmes.

Il n'était pas facile, cependant, même pour les femmes, d'imaginer une identité féminine au-delà des rôles classiques. On ne faisait pas alors de distinction entre la nature et la culture. Il n'existait pour elles que des expériences culturellement déterminées portant en elles les raisons de leur propre invisibilité. La sécurité des femmes et leurs plaisirs faisaient intrinsèquement partie de leur féminité. En contestant d'autres aspects plus opprimants ou douloureux de leur identité, il leur était presque impossible de ne pas sacrifier cette part de leur identité. La plupart des femmes qui entreprirent des carrières artistiques d'envergure au XIXe siècle appartenaient à la bourgeoisie, c'est-à-dire au groupe qui avait le plus à perdre sur le plan social à vouloir gagner sur le plan féministe. Prises entre ces contradictions, les femmes ne donnèrent pas d'elles-mêmes des images d'un style et d'un contenu fondamentalement différents de celles que donnaient d'elles les hommes.

Mais l'entrée des femmes dans le monde des arts, majeurs ou mineurs, est en soi un pas important. De plus en plus nombreuses, et sur des bases de plus en plus professionnelles, elles transformèrent la conception qu'elles se

La Vierge Marie vue par Bouguereau est typique de l'iconographie religieuse du XIXe siècle. La seconde moitié de ce siècle vit s'opérer une coupure entre les artistes d'avant-garde, qui optèrent ostensiblement pour un modernisme profane, et les peintres académiques comme Bouguereau ou les auteurs d'images populaires, qui répétaient les archétypes génériques de ce genre.
Vierge aux Anges. Sculpture, Bouguereau ; avant 1900.
Paris, musée du Petit-Palais.

faisaient d'elles-mêmes par rapport à la culture visuelle. Elles devinrent des productrices actives et non plus seulement des sujets passifs de cette culture. Beaucoup réussirent des carrières extrêmement brillantes, aux confins des arts majeurs. Certaines, comme les Anglaises Beatrix Potter (1866-1943) qui illustra des livres d'enfants, ou Gertrude Jekyll (1843-1932) qui se consacra à l'aménagement de jardins, restent encore aujourd'hui des maîtres dans leurs domaines respectifs. Entrer dans les deux carrières les plus prestigieuses que sont la peinture et la sculpture coûtait très cher ; il fallait soit se conformer aux conventions artistiques, soit consentir des sacrifices personnels, souvent les deux en même temps. Pourtant, des femmes comme Rosa Bonheur (1822-1899) en France, ou Mary Cassatt (1844-1926) aux États-Unis, ont conquis une place prestigieuse dans l'histoire de l'art, et ont transmis aux générations suivantes des exemples et des modèles crédibles.

Le génie

Les nombreux facteurs qui entravaient la capacité des femmes à choisir une carrière, ou même à en avoir envie, sont analysés dans l'ensemble de ce volume. Dans le domaine spécifique des arts, le frein le plus efficace était l'idée que le génie est exclusivement masculin. Développé progressivement depuis la Renaissance, parallèlement à l'élaboration d'une hiérarchie entre les formes d'art, le concept de génie est censé expliquer la création artistique et sa qualité. On pensait qu'un grand artiste avait du génie dès sa naissance, que celui-ci triomphait de tous les obstacles circonstanciels et se manifestait par des chefs-d'œuvre d'une beauté transcendantale. Toutes les formes d'art étaient répertoriées suivant le degré de génie qu'elles supposaient. La peinture et la sculpture, historiques, mythologiques ou religieuses, se trouvaient au sommet de l'échelle, l'artisanat en bas, et tout le reste entre les deux. L'imagination était plus cotée que l'imitation, et le projet plus que l'exécution.

Les femmes dont le travail révélait du génie étaient considérées comme anormales, ou, au mieux, asexuées. Les attributs de la féminité étaient diamétralement opposés à ceux du génie ; dans la mesure où une femme aspirait à faire une grande carrière artistique, on la soupçonnait de trahir sa vocation domestique. Les formulations les plus complètes concernant la relation sexe/créativité se trouvent dans les récits de fiction dont les héros et les héroïnes sont des artistes. Des romans comme *le Chef-d'œuvre inconnu* d'Honoré de Balzac (1837), *le Faune de Marbre* de Nathaniel Hawthorne (1860) ou *The Awakening* de Kate Chopin (1899), traitent du génie. L'énergie, l'imagination, la production y apparaissent comme des

Jusqu'en 1951, ce tableau a été attribué à David. Ensuite, on l'attribua à Constance-Marie Charpentier (1767-1849), son élève. Mais l'idée persistant que le génie était masculin, l'attribution à Charpentier fut abandonnée ; le tableau est maintenant répertorié comme « anonyme ». Pourtant il existe une autre hypothèse : le modèle, Charlotte du Val d'Ognes (1786-1868), tient un attirail de peintre. Elle fut élève de David. Ne s'agit-il pas d'un autoportrait ?
Charlotte du Val d'Ognes. Peinture française anonyme ; vers 1800.
New York, Metropolitan Museum of Art.

valeurs liées à la sexualité masculine par opposition à la passivité, l'imitation, la reproduction, tout aussi indissociablement liées à la sexualité féminine. Les hommes créent des œuvres d'art originales, les femmes se recréent elles-mêmes dans leurs enfants. Tandis que les artistes et les critiques d'art parlaient du génie comme d'une valeur absolue, les œuvres littéraires qui traitaient de ce concept, à travers des personnages et des situations sociales, révélaient à l'évidence à quel point, dans la pratique, l'idée de génie était inscrite dans un système de séparation des sexes. Le génie aide à différencier féminité et masculinité en confirmant l'existence de deux identités culturelles liées à des sexualités distinctes, elles-mêmes fondées sur une différence biologique.

Madame de Staël (1766-1817) et George Sand (1804-1876) ripostèrent. La première dans *Corinne* (1807) et la seconde dans *Consuelo* (1842-1844) osèrent imaginer des héroïnes de génie dont aucune n'entrait dans une catégorie artistique conventionnelle. Corinne est à la fois poétesse, actrice, rhétoricienne et improvisatrice ; Consuelo est successivement diva, compositeur et chanteuse des rues. Les deux héroïnes sont menacées par la loi patriarcale, incarnée aussi bien dans les figures du père que dans l'autorité politique. Corinne succombe, mais Consuelo est sauvée par une mère, qui éveille sa conscience politique et l'aide à réconcilier sa sexualité avec son idéal intellectuel. Consuelo rejette toutes les différences que d'autres préservent avec tant d'acharnement ; sa maternité lui donne le pouvoir d'exercer un art où se mêlent création et représentation, art conçu à partir de la répétition et qui ne peut se développer qu'en marge de la société. Sand laisse entendre que si le talent peut être inné, ses manifestations et l'accueil qu'il reçoit dépendent entièrement du sexe de l'artiste, de sa fortune et de la classe sociale à laquelle il appartient. Paradoxalement, ce texte, le plus utopique et le plus excentrique des textes de Sand, plaide pour une vision de l'art féminin plus matérialiste que toutes celles qu'on trouve dans les romans réalistes ou dans la critique d'art.

Formes d'expression légitimes

Évoquée dans des œuvres de fiction ou analysée sous forme théorique, la relation des femmes à l'art se traduisit ensuite par l'éclosion de véritables professions ou gagne-pain. La majorité des femmes attirées par les arts choisissaient des domaines jouissant d'un très faible prestige culturel, où elles rencontraient moins d'obstacles et se sentaient en confiance, tant sur le plan artistique que sur le plan social. Dans la première moitié du XIXe siècle, les femmes riches pratiquaient souvent la peinture en amateur, tandis que celles qui devaient gagner leur vie se portaient vers ce qu'on appelle l'artisanat, ou les arts décoratifs, ou le « design ». Dans les domaines apparentés que sont la musique, la danse et le théâtre, il n'existait pas une distinction aussi nette entre la situation professionnelle des femmes et celle des hommes. Les femmes pouvaient poursuivre de brillantes carrières d'interprètes. Cependant, en fin de compte, les insignes du génie n'allaient pas à ceux qui exécutaient le travail, mais à ceux qui avaient composé la musique, créé la chorégraphie des ballets, écrit les pièces de théâtre : presque toujours des hommes.

Partout en Europe ou aux États-Unis, les femmes de la moyenne et de la haute bourgeoisie pratiquaient la peinture ou la musique en amateur. La plupart des filles apprenaient le piano ou le violon, le chant, le dessin ou l'aquarelle. On considérait ces activités artistiques comme des arts d'agrément et elles étaient censées développer la sensibilité des filles et les rendre plus attrayantes en société. Un grand nombre de femmes – peut-être une par famille – pratiquaient ainsi assidûment la peinture ou la musique, pour elles-mêmes, pendant plusieurs années, quelquefois pendant toute leur vie, le plus souvent en compagnie d'autres femmes, amies ou membres de la famille. Tandis que l'Anglaise Jane Austen (1775-1817) écrivait, sa sœur Cassandra (1773-1845) peignait. Les tableaux étaient exposés dans le salon familial, on jouait de la musique pour les invités de la famille, souvent très critiques. La Hollandaise Suzanne Leenhoff (1830-1906), par exemple, était bien connue des amis et confrères de son mari Édouard Manet pour ses interprétations de Chopin.

Sur leurs tableaux, les femmes de la bourgeoisie représentaient la vie domestique : les membres de la famille et les amis proches, la maison, les promenades dans les environs, les lieux de villégiature, des scènes de voyages en famille. Les portraits qu'elles peignaient étaient le plus souvent des autoportraits, ou ceux d'autres femmes ; les images qu'elles donnaient du foyer étaient centrées sur le salon des femmes. L'Américaine Sophie Dupont (1810-1888) a réalisé plus de 200 petites caricatures espiègles de la vie de famille dans le Delaware entre 1823 et 1833. Victor et Adèle Hugo (1806-1868) dessinaient tous les deux ; il imaginait des châteaux gothiques et des paysages fantastiques ; elle faisait le portrait de leurs enfants. Les femmes de l'aristocratie suivaient le modèle bourgeois. La reine Victoria (1819-1901) elle-même peignait presque toujours des scènes de sa vie privée ; et lorsqu'il s'agissait de scènes officielles, elle mettait l'accent sur les moments d'émotion, ou les relations entre les individus. Parmi les milliers de tableaux qu'elle a peints, une demi-douzaine à peine sont des portraits de son mari.

La peinture et la musique d'agrément apportent aux femmes une forme de culture de base, au même titre que le roman. Toutefois, en ce qui concerne les arts picturaux, la peinture réalisée en amateur et la peinture académique obéissent à des logiques fondamentalement différentes. Si plus tard dans le siècle cette situation sera bénéfique aux femmes qui entrent dans le monde de l'avant-garde, elle freine alors plutôt qu'elle n'accélère leur accession à un statut professionnel.

De petits formats, et fragiles, le plus souvent sur papier, les tableaux d'amateurs réalisés par des femmes s'inscrivent dans un contexte éphémère. Ils sont souvent regroupés dans des albums, où ils voisinent parfois avec des objets de toutes origines, trouvés ou créés par les femmes elles-mêmes. Celles-ci ajoutent des légendes. Ces tableaux n'ont d'autre ambition que d'être vus en société et de s'inscrire dans l'histoire familiale. Aucune image ne se veut autonome. Chacune existe en fonction d'autres images et dépend de la connaissance de son contexte, que lui apporte un public privé. Les femmes peintres amateurs sont plutôt des exécutantes que des auteurs. Elles ne cherchent pas à être reconnues à travers leur style ou un thème didactique ; elles ne travaillent pas pour un marché. Leurs œuvres n'ont donc pratiquement pas de valeur formelle, intellectuelle ou artistique, à l'aune des critères artistiques en vigueur à l'époque. De ce fait, elles ont presque toutes disparu.

Dans le même temps, les femmes appartenant à la classe ouvrière et à la petite bourgeoisie ont besoin de gagner leur vie. Mais peu de voies leur sont ouvertes, et rares sont les carrières qui ne les obligent pas à déchoir. Ce sont celles qui se distinguent par une dimension esthétique associée à une notion de féminité. En Europe et en Amérique, rapportent des auteurs de l'époque, des travaux tels que la miniature, le papier peint, la peinture sur porcelaine, la fabrication de fleurs artificielles ou de plumes pour chapeaux, les émaux, le coloriage manuel et la création de motifs pour les textiles sont surtout effectués par des femmes, auxquelles ils procurent en permanence des emplois. En 1894, un auteur estime que 10 000 femmes sont ainsi employées aux États-Unis, dont 2 000 à New York[1], où la Cooper Union School, fondée en 1859 et dirigée à ses débuts par un « conseil d'administration de dames », a mis sur pied un programme de formation pour les jeunes femmes ayant de faibles ressources.

Alors que ces métiers d'artisanat sont souvent aussi ennuyeux, méticuleux et mal payés que d'autres, ils passent pour artistiques, ce qui les hisse au rang de tâches « nobles » ou « respectables ». Ils exigent de la patience et de l'adresse, mais peu de force physique. La plupart sont pratiqués dans des ateliers qui n'emploient que des femmes, ou parfois même exécutés à domicile. Ils permettent donc de réconcilier le sexe, la classe sociale, et la nécessité de subvenir à ses besoins.

Le « goût » est devenu un atout financier pour les femmes, particulièrement pour les couturières et les modistes. Dans les guides sur Paris, on qualifie d'artistes les modistes talentueuses et les magasins de luxe rivalisent

Sur cette planche de modèles pour couturières ou modistes, de 1828, le besoin de paraître, propre à la bourgeoisie, rejoint les nécessités vitales de la classe artisanale. Les femmes qui tenaient commerce de mode de luxe gagnaient leur vie en encourageant les caprices vestimentaires coûteux du XIXe siècle et les changements de style fréquents. Mais en même temps, de nombreuses femmes cousaient pour un salaire de misère, tandis que la créativité investie dans la haute couture renforçait une stratification esthétique de classe.

davantage par le style et la mode que par les prix et la solidité. Margaret Oliphant a décrit dans son roman *Kirsteen* (1895) une réussite de rêve, sur le plan artistique et commercial. Kirsteen, qui est écossaise, fait carrière grâce à son travail, mais aussi grâce à son flair qui lui permet de construire sa propre affaire. Son inspiration lui est venue de l'observation de gravures de mode qui ornaient les murs de son premier atelier, objets souvent réalisés par des femmes pour un public féminin.

Le fait que beauté et féminité soient associées encourage les femmes à attribuer à leur travail une valeur esthétique. Que ce soit pour réaliser des produits plus rentables, ou pour rendre plus attrayant un travail d'amateur, elles affirment leur droit au goût. La broderie, par exemple, a une valeur décorative qui la distingue des ordinaires travaux d'aiguille, et en fait le passe-temps favori des femmes de la classe moyenne. La confection de courtepointes en patchwork, qui à l'origine n'avait pour raison d'être que d'utiliser des restes de tissus, devient une forme d'art spécifiquement américaine, pratiquée presque uniquement par les femmes de toutes classes sociales. Certaines courtepointes sont réservées aux cérémonies, d'autres servent dans la vie quotidienne, certaines sont en soie, d'autres en coton. Mais leur beauté dépend du sens de la couleur et de la composition de leur auteur. Sont-ce des œuvres d'art ou des objets usuels ?

Certaines femmes esclaves travaillant dans les plantations sont reconnues pour leur talent et contraintes à fabriquer à plein temps des courtepointes pour leurs maîtres. Étaient-ce des professionnelles ?

Certaines femmes ne se contentèrent pas de transformer leurs occupations en professions ; elles orientèrent leurs activités vers de nouveaux objectifs. L'Américaine Elizabeth Keckley (1840-1900) était née esclave dans le Sud. Elle mit ses dons artistiques et son immense énergie au service de ses convictions politiques et réussit à racheter non seulement sa liberté mais aussi celle de son fils en 1855. Pendant la guerre de Sécession, qui conduisit à l'abolition de l'esclavage, elle devint la couturière et la confidente de Mary Todd Lincoln, femme d'Abraham Lincoln, président des États du Nord. Elizabeth Keckley continua à mettre ses talents de dessinatrice au service des droits civiques et réalisa par exemple une splendide courtepointe célébrant la Liberté avec des morceaux de robes de Mary Todd Lincoln. En France, trois sœurs : Héloïse Leloir (1820-1873), Anaïs Toudouze (1822-1899) et Laure Noël (1827-1878), nées Colin, figurent parmi la poignée d'artistes qui ont défini dans les années 1840 les règles régissant la profession de dessinateur de mode. Artistes, les sœurs Colin produisaient des croquis et des aquarelles à partir desquels étaient réalisées les planches gravées servant à l'impression et ensuite coloriées à la main. Le remarquable travail des sœurs Colin ne cessa de paraître dans les plus importantes revues féminines pendant près d'un demi-siècle.

Les travaux d'aiguille passaient pour une activité convenant aux femmes de tous âges et de toutes classes ; ils permettaient de réconcilier la destinée domestique avec la fierté du travail et le désir d'expression de soi. Mais le titre du tableau *(Le Travail)* attire aussi l'attention sur la femme plus modeste, à droite, probablement une dame de compagnie en train de faire la lecture à haute voix.
Le Travail. Peinture, Jules Trayer ; fin du XIXe siècle.
Carcassonne, musée municipal.

Réformes

Elizabeth Keckley utilisait les techniques d'aiguille que toutes les femmes se transmettaient en famille. Les sœurs Colin avaient appris à dessiner avec leur père dans son atelier quand elles étaient enfants, et elles avaient commencé à gagner de l'argent grâce à leur art dès l'adolescence. Là aussi, les recherches n'ont pas été poussées assez loin pour qu'on puisse généraliser. Mais on peut avancer que la nouveauté n'est pas la présence des femmes dans les activités artisanales, mais que ces dernières soient considérées comme des professions. Nous savons que, pendant des siècles, les femmes des artisans ont travaillé dans l'entreprise familiale. Avec l'avènement du capitalisme, elles durent soudain pénétrer sur le marché du travail, et postuler à des emplois dont leurs mères et grands-mères, elles, avaient hérité par tradition.

Dès la deuxième moitié du siècle, en raison du déclin de l'organisation familiale du travail, les jeunes cessèrent d'être formées comme l'avaient été Elizabeth Keckley et les sœurs Colin. Pour pouvoir postuler à des emplois dans l'artisanat, et plus encore dans le dessin industriel, qui supplantait alors certaines activités artisanales, les femmes durent réclamer des pouvoirs publics une formation. De plus, certaines aspiraient désormais à se faire une place dans les beaux-arts, et comprirent qu'elles ne pourraient l'obtenir sans une qualification et une reconnaissance officielles. Si on peut reconnaître en l'Américaine Jennie Louise Bethune (née Blanchard, 1856-1913) l'une des toutes premières femmes architectes, c'est qu'en 1888 elle fut la première à être acceptée à l'American Institute of Architects, aujourd'hui encore la plus importante organisation professionnelle d'architecture des États-Unis. La convergence des aspirations économiques et artistiques des femmes provoqua des débats sur leur admission dans les institutions culturelles à travers toute l'Europe et aux États-Unis.

Les résulats dans le dernier tiers du siècle furent plus ou moins les mêmes dans tous les pays. Les opposants à l'idée d'une éducation artistique pour les femmes soutenaient que celles-ci devaient rester à la maison ; ses partisans expliquaient que toutes les femmes ne peuvent se le permettre (surtout les célibataires), et qu'une éducation artistique pouvait, mieux que toute autre, rehausser plutôt que ternir la féminité d'une jeune femme. Cependant, la chronologie des revendications et des concessions varia suivant la mobilisation des femmes artistes, et suivant les tendances des établissements nationaux ou municipaux.

Parce que Paris à cette époque était le centre du monde des arts, le cas de la France est à la fois le plus original et le plus important[2]. Dès la fin du siècle, toutes les femmes qui devaient devenir les femmes peintres les plus éminentes de leurs pays respectifs (Belgique, Grande-Bretagne, Finlande, Allemagne, Hollande, Italie, Norvège, Russie, Suisse et États-Unis) étaient allées faire leurs études à Paris.

En France est née l'une des premières écoles publiques d'art pour femmes. Fondée à Paris, en 1803 par deux femmes, l'École gratuite de dessin pour les jeunes filles servit de modèle dans d'autres pays. Elle proposait un cours élémentaire de dessin qui orientait la plupart des élèves vers l'artisanat. Dès les années 1860, de nombreuses villes de province possédaient des écoles analogues et, dès 1869, il en existait une vingtaine à Paris, alors qu'il n'existait que sept écoles du même genre pour les hommes. L'enseignement des arts devint partie intégrante de la scolarité des filles dans les écoles publiques, ce qui créa de nouveaux postes d'enseignement féminins. A la fin du siècle, l'Union centrale des arts décoratifs ouvrit une section féminine afin d'obtenir de meilleurs résultats dans ce domaine, en nombre comme en qualité.

Les femmes dont les tableaux ou les sculptures étaient retenus par le jury pouvaient exposer au prestigieux Salon, sous l'égide de l'État et de son organe artistique, l'académie des Beaux-Arts. En 1800, 66 œuvres exposées au Salon, c'est-à-dire 12,2 % du nombre total, étaient des œuvres de femmes. En 1900, les chiffres avaient sérieusement augmenté : 609 œuvres de femmes, c'est-à-dire 21,2 % du total. Les femmes exposaient moins de sculptures et davantage d'aquarelles, la peinture à l'huile gagnant peu à peu du terrain. Pour affronter une exposition, cependant, c'est-à-dire défier non seulement la critique mais aussi le marché, elles ne bénéficiaient pas de la même préparation que les hommes. Le célèbre peintre Charles Chaplin ouvrit vers 1860 un cours professionnel destiné aux femmes. Il fut suivi par d'autres, notamment Tony Robert-Fleury à l'académie Julian à partir des années 1870. Mais, même dans ces ateliers sérieux, la formation donnée aux femmes n'était pas tout à fait la même que celle dont bénéficiaient les hommes : les horaires étaient différents, les professeurs moins nombreux, les études d'après nu non autorisées, et les études d'anatomie non proposées.

Les femmes finirent par se rendre compte qu'elles devaient prendre elles-mêmes les choses en main. En 1881, la sculpteur et éducatrice Mme Léon Bertaux (née Hélène Pilate) fonda l'Union des femmes peintres et sculpteurs, qui connut des équivalents ailleurs en Europe. L'Union commença par organiser une exposition d'art annuelle, indépendante, en 1882 ; le nombre des exposantes passa de 38 cette année-là à 942 en 1897. En 1890, année où commença à paraître son *Journal des femmes artistes*, l'Union comptait 500 membres. Grâce à son périodique et à l'infatigable Mme Bertaux, l'Union mena une campagne énergique en faveur de l'admission de femmes à l'école d'art la plus prestigieuse d'Europe : l'École des beaux-arts, fondée et dirigée par l'État. Elle finit par obtenir gain de cause en 1896, bien après que des écoles similaires danoises, allemandes, russes et anglaises, eurent capitulé, notamment la célèbre South Kensington School en Angleterre. Les femmes demeuraient néanmoins exclues des cours d'après nature à l'École des beaux-arts, ainsi que du concours pour le prix de Rome, qui représentait, pour l'école, la récompense la plus élevée.

Des victoires comme celle de l'Union ne donnèrent malheureusement aux femmes que le droit à des privilèges dépassés. Dirigeantes et membres de l'Union avaient compris qu'une carrière artistique significative devait avoir des bases institutionnelles, et c'est avec raison qu'elles avaient mis l'accent sur le principe d'égalité entre les sexes ; mais elles se trompaient sur la nature des véritables enjeux de leur époque. Tandis qu'elles essayaient d'accéder à l'École des beaux-arts, le pouvoir culturel s'était déplacé de la sphère de l'État vers les expositions indépendantes, les mouvements d'avant-garde, et les galeries privées. Dans ce monde moderne de l'art, tellement plus volage, plus égocentrique et individualiste que précédemment, les femmes étaient moins protégées que jamais.

Spectacle et sexualité

Les représentations visuelles continuaient à refléter ce que les hommes donnaient à voir aux femmes sur la sexualité, la classe, la race, le travail et l'art.

Les artistes masculins gardaient le contrôle de leurs sujets féminins. Non seulement les hommes représentaient la femme comme un objet soumis à l'autorité de leur regard, mais souvent cette relation de domination se doublait d'un déclassement social de la femme. Peintres et sculpteurs aspiraient à un statut bourgeois ; les modèles qu'ils louaient appartenaient à la classe ouvrière. Graveurs et photographes posaient de même un regard de bourgeois à la fois condescendant et concupiscent sur leurs sujets féminins issus des classes laborieuses.

Cette relation de domination entre l'artiste et le modèle ne fut jamais plus évidente que dans les représentations de nus. Le nu dans l'art signifiait le nu féminin. Mais s'agissait-il de corps de femmes ou de fantasmes érotiques masculins ? Les peintres montraient habituellement des corps sexualisés de femmes à la fois soumises et étrangères d'une manière ou d'une autre : femmes d'autres temps, d'autres lieux, d'autres cultures, d'autres mondes, esclaves complaisantes, séduisantes, odalisques attirantes, déesses étendues. Les femmes qui posaient pour ces tableaux se voyaient elles-mêmes investies

Lorsque Courbet peignit ces femmes en 1866, on commençait tout juste à parler d'un comportement sexuel qui n'avait été auparavant ni entièrement identifié ni particulièrement scandaleux. S'il ne s'agit pas d'amour lesbien, on peut en revanche affirmer que l'image des deux femmes nues enlacées fournissait un sujet excitant pour les hommes, fréquemment repris dans l'imagerie pornographique en général.
Le Sommeil ou les deux amies. Peinture, Courbet ; 1866.
Paris, musée du Petit-Palais.

par le mythe. Il était couramment admis que les modèles entretenaient des relations sexuelles avec les artistes pour lesquels elles travaillaient. Que ce fût vrai ou non dans la réalité, le mythe du modèle exprimait indirectement les relations imaginaires entre le regard masculin et le nu. Les images pornographiques offraient plus directement le corps féminin aux regards concupiscents. Les lithographies reproduites en séries, les gravures sur bois, et plus tard la photographie firent disparaître l'idéalisation des arts académiques et fournirent à un marché naissant l'étalage explicite de la sexualité. En 1874, la police saisit, en une seule fois, dans un seul magasin de Londres, 135 248 photographies qualifiées d'obscènes[3].

Dans cette production pléthorique, tous les niveaux d'esthétisme pouvaient se rencontrer et les premiers daguerréotypes notamment apportent un certain soin dans la composition de la scène et l'usage du gros plan, qui accentue l'érotisme de l'image.

Les corps féminins dépourvus d'attraits pour les hommes étaient bien difficiles à représenter. Les vieilles apparaissent rarement dans l'imagerie du XIXe siècle, sauf dans les caricatures, sous forme de stéréotypes édulcorés ou encore comme portrait de « la mère de l'artiste ». Le travail physique des femmes n'apparaît pratiquement pas. De même que le mythe du modèle laissait dans l'ombre les conditions réelles de son emploi pour mettre l'accent sur ses mœurs sexuelles, de même les autres travailleuses étaient soit ignorées soit érotisées. L'imagerie populaire ne montrait que des femmes bien habillées, dans des métiers traditionnellement féminins comme celui de modiste, ou plus tard dans des emplois récemment féminisés comme le standard téléphonique.

Les femmes dans le monde du spectacle, en revanche, s'exhibèrent de plus en plus. Des chanteuses comme la Malibran (1808-1836), des actrices comme Sarah Bernhardt (1844-1923), des danseuses comme Carlotta Grisi (1819-1899) et Marie Taglioni (1804-1884), ont fasciné toute l'Europe et les États-Unis. Dans leur sillage fleurit une imagerie populaire qui fit autant pour leur célébrité que le spectacle proprement dit. Vers le milieu du siècle, certaines firmes photographiques réalisaient plus du tiers de leurs affaires avec les portraits d'actrices ou de chanteuses[4]. Ces portraits de célébrités nourrissaient les mythes relatifs au corps féminin mais célébraient aussi l'habileté de ces artistes à plier leur propre corps aux contraintes de la perfection technique. Les ballerines Taglioni et Grisi, par exemple, se rendirent célèbres grâce à la fameuse technique des pointes qui donnait l'illusion qu'elles flottaient sur scène.

Mais c'est à la Vierge Marie que revient la palme de la célébrité. En dépit du déclin de la représentation religieuse dans l'imagerie populaire et l'art, le XIXe siècle voua un véritable culte à Marie. La proclamation en 1854 par Pie IX du dogme de l'Immaculée Conception, le succès des congrégations du

Dans leurs peintures, les Impressionnistes explorèrent non seulement les apparences, mais aussi la psychologie des relations entre les individus. Manet représente ici le fils du propriétaire d'un restaurant flirtant hardiment avec une cliente. Elle est assise, sa posture est soigneusement étudiée. Lui semble prendre possession de l'espace qu'elle occupe. Succombera-t-elle ?
Chez le Père Lathuille. Peinture, Manet ; 1879.
Tournai, musée des Beaux-Arts.

Sacré-Cœur dans les écoles pour filles, soulignent l'importance pour le siècle des modèles féminins sacrés. Des préraphaélites aux imprimeurs d'images de piété – l'équivalent religieux de la carte postale – les artistes campaient Marie en mère, issue de la classe moyenne, un modèle que même les protestants pouvaient accepter.

L'Anglaise Anna Jameson (1794-1860), la première historienne de l'art connue, a consacré un très important volume de son fameux *Legendary and Sacred Art* (Art sacré et légendaire) aux « légendes sur la Madone ». Elle y présente les peintures de la Madone à l'Enfant comme « le type même de ce qu'il y a de plus glorieux, pur, élevé et saint dans la féminité[5] ».

Production et consommation

Parallèlement aux gravures populaires, la photographie élargit considérablement le champ de la culture visuelle. Son développement, commencé dans les années 1830 et qui s'accéléra au long du siècle, popularisa le sujet féminin, rencontra aussi une audience spécialement féminine et produisit de nouveaux modèles visuels d'identification. Les femmes devinrent capables de créer ou d'acquérir des images beaucoup plus facilement qu'avant, mais en même temps leur implication plus profonde dans la représentation visuelle les rendit aussi plus sensibles à ses suggestions.

Grâce à la mécanisation des appareils photographiques et de l'imprimerie, la notion d'auteur s'étend à la photographie. Des femmes sans formation professionnelle comme l'Anglaise Julia Margaret Cameron (1815-1879) purent prendre un appareil de photographie et se tailler une place de choix dans un domaine où la frontière entre l'art et la science, ou entre l'amateurisme et le professionnalisme, n'était pas encore précise. Dans le studio du photographe, les relations entre l'artiste et son modèle pouvaient presque s'inverser ; il arrivait que le photographe restât passif tandis que son sujet se mettait elle-même en scène, se façonnant sa propre identité que le mécanisme de l'appareil photographique était chargé d'enregistrer.

Virginia Verasis, comtesse de Castiglione (née Oldoini, † 1899), Augustine, une Française anonyme, et l'Anglaise Hannah Cullwick (1833-1909) utilisèrent toutes trois la photographie pour produire des séries d'images d'elles-mêmes aussi extravagantes qu'évocatrices. La comtesse de Castiglione se fit représenter en lascive courtisane ; Augustine, patiente de Jean-Martin Charcot, à l'hôpital psychiatrique pour femmes de la Salpêtrière, mit en scène les phases de sa propre hystérie sur des clichés que Charcot utilisa dans ses observations cliniques ; Hannah Cullwick, simple bonne à tout faire, se représenta en divers personnages, de l'esclave à la femme du

Dès les débuts de sa longue carrière, Sarah Bernhardt sut mettre les plus récentes techniques de l'image au service de sa notoriété. Pour cela, elle collabora avec des artistes masculins : Nadar la voit ici comme un objet de beauté et utilise les ressources de la composition et de l'éclairage pour élever la photographie au rang d'œuvre d'art. Cette nouvelle culture de l'image transforma l'idole féminine en une *star* pour les nombreuses acheteuses des photographies de l'actrice.
Sarah Bernhardt. Photographie réalisée par Nadar ; 1864.

monde, pour plaire à Arthur Munby, un excentrique, collectionneur de photographies, qui finit par l'épouser. Ces femmes s'exprimaient-elles ou s'exploitaient-elles ? Affirmaient-elles une identité marginale, ou étaient-elles piégées par la symbolique des rôles que fixaient leurs portraits ? Les contradictions contenues dans ces représentations explicitent en les exagérant les tensions inhérentes à toute identité féminine, dans une culture de consommation industrielle moderne.

En achetant des images, les femmes prirent du pouvoir sur elles, mais inversement, les images eurent sur les femmes le pouvoir qui poussaient celles-ci à les acheter. Avec l'industrialisation, la pratique féminine traditionnelle de l'image fut remplacée par la reproduction d'images en série. Les femmes cessèrent peu à peu de remplir leurs albums d'images peintes à la main, pour y mettre des photographies sur les mêmes sujets. Dans leurs œuvres d'amateur, les femmes s'imaginaient dans leur univers domestique ; désormais, les gravures, les photographies et surtout les gravures de mode relayèrent l'ancienne imagerie pour donner une représentation plus commerciale de la femme. Les gravures de mode et les magazines féminins qui les véhiculaient existaient depuis la fin du XVIIᵉ siècle, mais leur rayonnement culturel ne date que des années 1840. En Amérique, le *Ladies Book* de Godey, édité par Sarah Josepha Hale, comptait 40 000 abonnés en 1849 ; en France, plusieurs magazines féminins, comme le *Petit Écho de la mode*, étaient tirés à 200 000 exemplaires dès 1890. Chaque numéro vendu était lu par de nombreuses lectrices. La population féminine représentait un marché et une cible pour les industries du vêtement et de l'édition. Avec la gravure de mode, les femmes connurent la publicité, dont l'association exemplaire d'images et d'informations valorisait la marchandise en la présentant comme un idéal pour leur sexe et pour leur classe sociale.

La publicité forgea une nouvelle définition de la féminité à partir des apparences et des objets : vêtements, cosmétiques et accessoires. Les femmes changèrent : de productrices travaillant chez elles, elles devinrent consommatrices dépensant au-dehors. La publicité joua un rôle visuel dans ce processus, en transformant la manière dont les femmes s'exprimaient. Ces nouvelles images de femmes étaient des marchandises accessibles à toutes contre de l'argent, celles qui s'y miraient se muaient peut-être elles-mêmes en marchandises.

« Les hommes agissent, les femmes se montrent », disait le critique John Berger. L'apparence devenant une part de plus en plus considérable de l'identité féminine, les images jouèrent un rôle d'autant plus important dans la perception que les femmes avaient d'elles-mêmes. Le nombre sans précédent de femmes abordant les professions artistiques correspond à cette association entre la femme et l'image. En pénétrant dans le monde de

A la fin du siècle dernier, la réclame était devenue un élément constitutif de l'imagination visuelle de tout le monde.
De nombreuses campagnes de publicité visaient un public de femmes, identifiant ainsi la nature féminine avec les plaisirs, les luxes et les fantaisies de la consommation.
Halles de Flers, dans l'Orne. Photographie anonyme ; vers 1910.

l'art, les femmes perpétuaient certains stéréotypes, mais leur talent leur forgea aussi une apparence nouvelle.

Stratégies

Ambiguïté et compromis caractérisent la production culturelle féminine, de manière négative et positive à la fois. Les carrières artistiques féminines les plus réussies – que l'on mesure le succès à l'approbation sociale, à la renommée, à la fortune, ou à l'influence – reposent moins sur une revendication d'égalité devant les institutions masculines et les privilèges officiels, que sur une capacité à fonctionner à la limite de ces institutions tout en gardant le contact avec la tradition du travail amateur, ou avec les professions artisanales.

Les hommes artistes constituaient l'un des meilleurs recours pour les femmes qui avaient des aspirations artistiques. Même si s'associer avec un collègue masculin comportait non seulement le risque d'entacher une réputation (le mythe du modèle de l'artiste), mais aussi le danger que l'inspiration et l'exécution de l'œuvre soient attribuées à l'homme. Pourtant, la plupart des artistes connues ont été au moins quelque temps le modèle, la compagne, ou la pupille d'un personnage masculin important du monde des arts. La brodeuse anglaise May Morris (1862-1938) était à la fois la fille et l'élève du dessinateur William Morris ; Clara (1819-1896) et Robert Schumann, compositeurs tous les deux, étaient mari et femme ; Carlotta Grisi était la maîtresse du chorégraphe Jules Perrot ; Berthe Morisot (1841-1895) posait pour son confrère Édouard Manet. La fréquence de ce phénomène laisse supposer que les femmes dépendaient encore des hommes, sur le plan pratique, pour être introduites dans le monde des arts, et qu'elles éprouvaient toujours le besoin psychologique d'être valorisées par un homme.

Quelques femmes firent une carrière marginale dans des domaines inexplorés qu'elles pouvaient revendiquer pour elles seules : en choisissant d'illustrer des livres, comme Potter et sa compatriote Kate Greenaway (1846-1901) ; en se spécialisant dans un style de peinture inhabituel et marginal : les animaux de Rosa Bonheur ou les scènes militaires de lady Elizabeth Butler (1846-1933) ; en travaillant dans des domaines nouveaux, comme les sœurs Colin dans la mode, ou Cameron dans la photographie ; en écrivant sur l'art, comme le fit la Russe Marie Bashkirtseff (1859-1884) avec son journal célèbre, ou l'Anglaise Anna Jameson, les femmes pouvaient faire du chemin sans avoir l'air d'enfreindre les règles.

Une autre stratégie féminine consistait à installer l'art dans un cadre

Malgré ses immenses talents musicaux personnels, Clara Schumann surbordonna totalement sa carrière à celle de son époux et aux besoins de sa famille. Mais la respectabilité de sa situation sociale et les dénégations toutes « féminines » par lesquelles elle minimisait l'influence de son œuvre la protégèrent de toute critique et l'introduisirent dans les cercles les plus fermés de l'univers musical.
Robert et Clara Schumann. Gravure, d'après un dessin de Erwald Kaiser ; 1847.

domestique. Certaines femmes réorganisèrent l'artisanat, la peinture, l'architecture, ou la nature elle-même, dans des projets qui étaient des œuvres d'art composites à part entière. L'Américaine Edith Wharton (1862-1937) écrivit en 1897, en collaboration avec Ogden Codman, le premier ouvrage professionnel consacré à la décoration intérieure, *The Decoration of Houses*. Gertrude Jekyll dessinait des jardins et des plantations autour des maisons. Aux États-Unis, Isabella Stewart Gardner (1840-1922) fonda, dessina et installa, avec sa propre collection et celle de son mari, un des musées-maisons les plus importants du monde : une institution publique créée sur le modèle d'une habitation privée.

Les femmes ne pouvaient pas séparer leur vie professionnelle de leur vie privée aussi facilement que les hommes. Certaines savaient en profiter, d'autres échouaient. Une carrière audacieuse pouvait être compensée par des sujets traditionnels. Mary Cassatt et Berthe Morisot, les deux femmes peintres d'avant-garde les plus importantes de la fin du XIXe siècle, ont travaillé exclusivement sur des sujets féminins conventionnels de la tradition amateur. Toutes les deux avaient une vie privée sage et bourgeoise. Avoir de l'audace à la fois dans son milieu, dans sa carrière, et dans sa conduite personnelle, pouvait conduire à la catastrophe. Camille Claudel (1864-1943) est devenue l'archétype mythique de la femme géniale maudite. Elle a osé travailler dans la sculpture, milieu masculin s'il en fût, elle a osé servir de modèle à un grand artiste, Auguste Rodin, travailler avec lui, et le prendre ouvertement pour amant ; enfin elle a osé représenter dans ses œuvres le désir érotique des femmes. Sa famille et Rodin l'ont abandonnée, elle a perdu la raison, et l'histoire de l'art l'a oubliée pendant trois quarts de siècle.

Les femmes ont été confrontées à des représentations de valeurs esthétiques, économiques, sexuelles, technologiques, politiques complexes et changeantes, s'incarnant dans des formes, des institutions ou des industries artistiques qui constituaient ensemble une culture visuelle. Certaines de ces valeurs étaient compatibles avec celles de la féminité, beaucoup ne l'étaient pas. Les femmes durent concilier ces valeurs contradictoires et trouver de nouveaux chemins pour se faire une place dans un domaine dont elles étaient absentes auparavant. Elles inventèrent des carrières, des formes d'art, et des formes de féminité. Pour mesurer ce qu'elles ont accompli, nous devons élargir le point de vue très limité que nous offrent la peinture et la sculpture sur l'histoire culturelle, et considérer le champ tout entier de la culture visuelle dans son contexte historique. Il nous apparaît alors combien le travail des femmes a été à la fois courageux, astucieux, lucratif, divers, créatif et, pour toutes ces raisons, magnifique.

(Traduit de l'américain par Geneviève Faure)

Camille Claudel et Jessie Lipscomb commencèrent ensemble leurs études, mais suivirent rapidement des routes sensiblement divergentes. Lipscomb s'installa dans le conformisme, tandis que Claudel refusa tout compromis et eut à supporter la réprobation de la société. Aucune des deux ne se vit offrir d'autres possibilités.
Camille Claudel et Jessie Lipscomb dans leur atelier. Photographie ; 1888.
Paris, musée Rodin, collection du musée.

Les Affiches parisiennes à la pointe Saint-Eustache. Peinture, A. Depré ; vers 1900.

12

FEMMES ET IMAGES

REPRÉSENTATIONS

ANNE HIGONNET

Il existe bien des façons de regarder les images. On pourrait comprendre les illustrations de ce quatrième volume de l'*Histoire des femmes en Occident* en lisant simplement les légendes qui les accompagnent. On pourrait aussi les comprendre plus largement comme des équivalents, des compléments ou des prolongements des différents thèmes qui y sont abordés : révolution, subversion, sexualité, famille, travail, féminisme, identité et représentation. Le chapitre précédent, « Apparences, loisirs et subsistance », situe la relation femmes/images entre ces deux registres, l'un très formel, l'autre très contextuel, dans l'histoire spécifique de la culture visuelle du

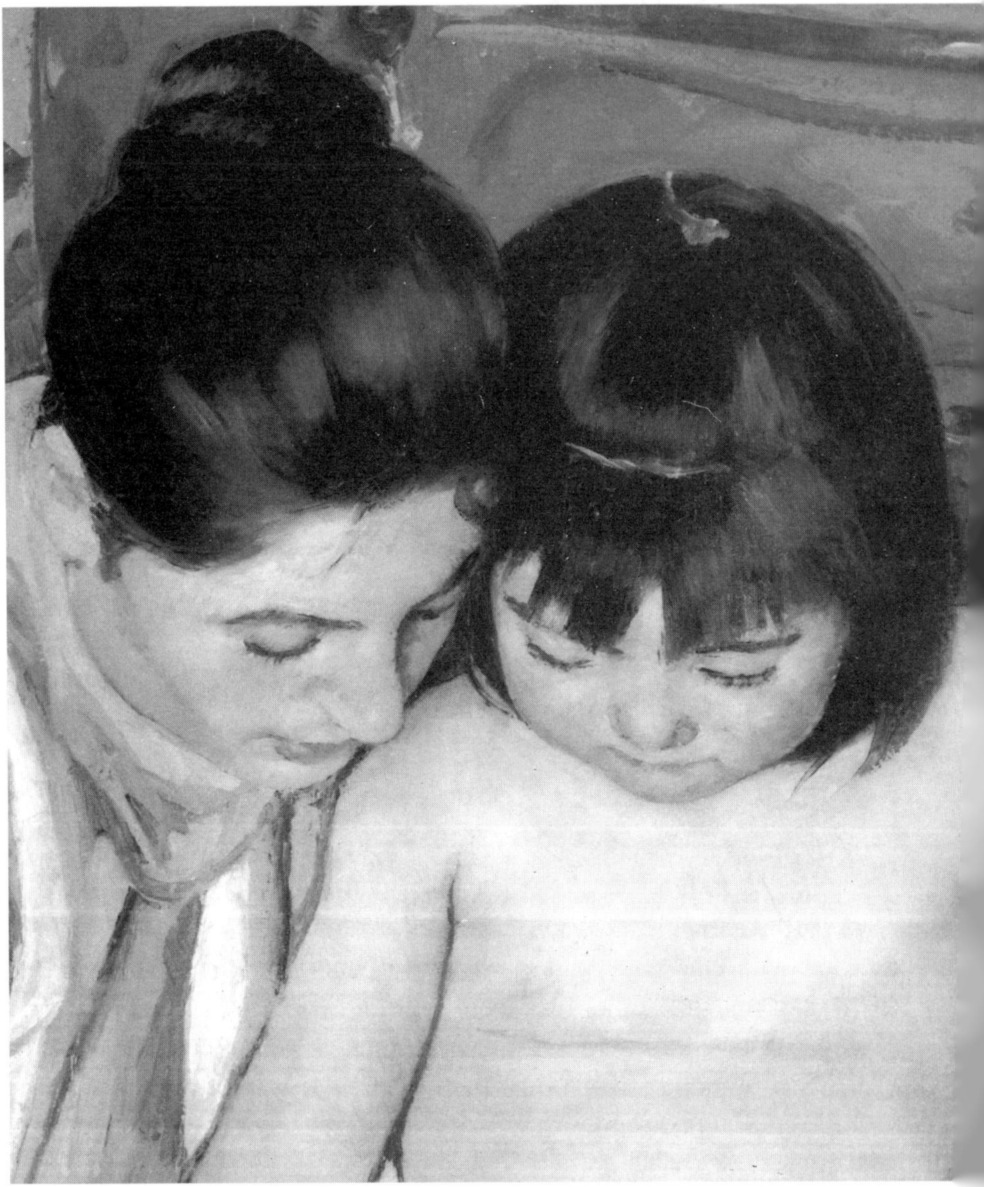

1. *Le Bain.*
Peinture à l'huile,
Mary Cassatt ; 1891.
Chicago, Art Institute of Chicago.

XIXᵉ siècle. Ce deuxième volet, « Représentations », se veut un commentaire direct, éclairant des images précises, informant sur leurs créateurs et attirant l'attention sur leurs stratégies visuelles.

Stéréotypes artistiques et idéologiques

Le Bain, de Mary Cassatt (1891-1892) *(fig. 1)*, *Judith* de Gustav Klimt, 1901 *(fig. 2)*, et *la Liberté guidant le peuple* d'Eugène Delacroix (1830) *(fig. 3)* reprennent les trois stéréotypes féminins des arts majeurs : la madone, la séductrice, la muse. Mais ces tableaux modernisent les stéréotypes d'une manière propre au XIXᵉ siècle.

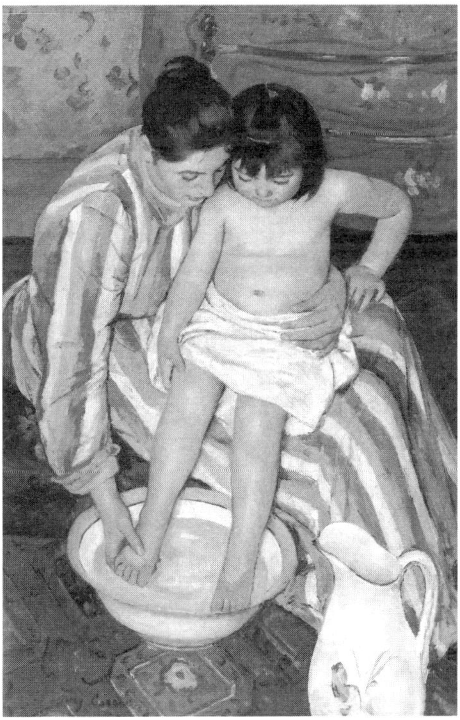

La madone de Cassatt *(fig. 1)*, une mère bourgeoise avec sa fille, marque le déclin des sujets religieux dans l'art, en pays protestant mais aussi en France ; elle marque aussi un intérêt croissant pour les portraits de petites filles et le problème des relations mère-fille. Cette mère peinte par Cassatt donne le bain à son enfant ; événement banal auquel tout spectateur bourgeois pouvait s'identifier. Cassatt maintient la tradition, en mettant l'accent sur les liens physiques de la maternité ; l'axe central de son tableau passe par le contact entre les deux peaux.

Comme l'esthétique fin de siècle étalait une sexualité exubérante, on vit resurgir la crainte latente du pouvoir

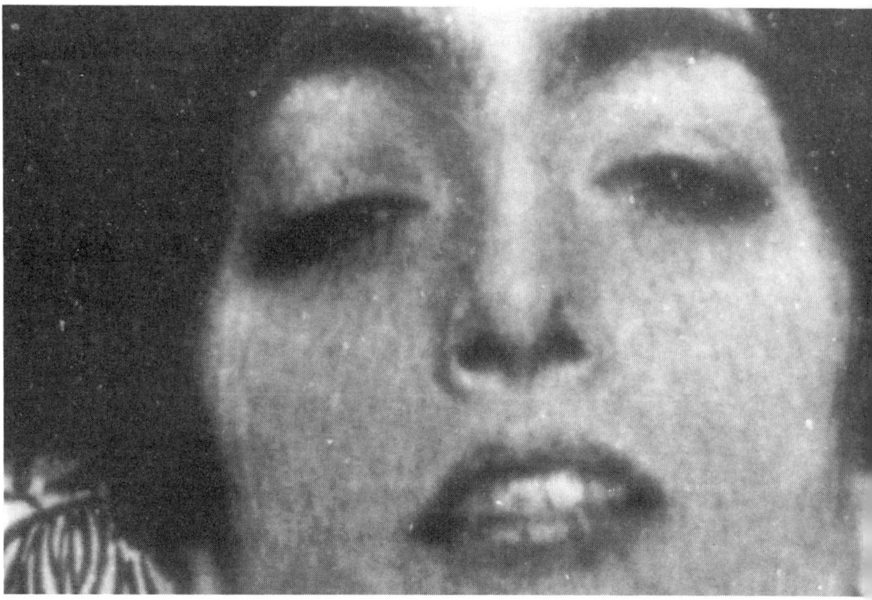

2. *Judith.*
Peinture à l'huile,
Gustav Klimt ; 1901.
Salzbourg, Verlag Galerie Weltz.

sexuel des femmes. L'image du corps féminin proposée pa Klimt joue avec le contraste entre la luxuriance de la chai et la richesse des motifs dorés. La sensualité palpable d Judith *(fig. 2)* inspire à la fois attirance et répulsion. Elle v vers le spectateur, elle l'invite de sa bouche ouverte e brillante, et de sa poitrine offerte. Mais son nom rappell qu'elle est une femme dangereuse, une femme qui sédui pour mieux détruire.

La Liberté de Delacroix *(fig. 3)* entraîne les homme

JVDITH UND
HOLOFERNES

3. Stéréotype féminin républicain par excellence en France, au XIXe siècle : la Liberté sous les traits de Marianne coiffée du bonnet phrygien à cocarde.
La Liberté guidant le peuple. Peinture à l'huile, Eugène Delacroix ; 1830.
Paris, musée du Louvre.

dans la révolution, en leur promettant la démocratie. Delacroix l'a imaginée sans problème en femme du peuple, brune et musclée, qui s'avance vers nous en franchissant les barricades. Elle demeure l'incarnation inégalée de Marianne, emblème de la République française.

David a résumé à l'avance la place des femmes dans l'idéologie de la Révolution de 1789, avec son *Serment des Horaces*, 1784-85 *(fig. 4)*. Les trois Horaces jurent de vaincre les Curiaces corrompus ou de perdre la vie. D'un côté, sont les hommes ; étroitement unis, tendus vers un but commun, exhortés par leur père à devenir des instruments de la justice aussi impitoyables que les épées qu'il serre dans sa main. De l'autre côté, sont les femmes ; en proie à une visible émotion, gracieusement rassemblées dans un mouvement souple de gestes et de draperies. Chaque côté donne à l'autre sa signification : masculinité et féminité se définissent l'une par rapport à l'autre. Le seul lien entre les deux est ce petit garçon qui échappe à l'attention des femmes pour s'instruire à l'exemple des hommes.

4. *Le Serment des Horaces.*
Peinture à l'huile,
Jacques-Louis David ;
1784-1785.
Paris, musée du Louvre.

David a mis ses idées en pratique dans les projets qu'il a conçus pour les fêtes révolutionnaires. Bien qu'elles aient célébré avec passion les nouveaux idéaux politiques, les femmes y sont restées confinées dans des rôles traditionnels : lors de la fête de l'Être suprême *(fig. 5)*, en 1794, les femmes étaient rassemblées en groupes de vierges vêtues de blanc et servaient à illustrer soit l'allégorie de l'Abondance conduisant son chariot débordant, soit celle de la Sagesse apparaissant derrière un brasier qui consume le rempart de l'athéisme. Les femmes n'étaient en fait jamais représentées comme des individus

5. La Montagne élevée au Champ-de-Mars pour la fête de l'Être suprême, le 8 juin 1794.
Gravure d'après la maquette de Jacques-Louis David.
Paris, Bibliothèque nationale.

ELEVÉE AU CHAMP DE LA REUNION

Suprême le Decadi 20 Prairial de l'an 2me. de la Republique Française

s, aux deux Colonnes, près la Fontaine Severin, No. 257.

6. *Newport Pagnell. Danse chez Mme Hurst, le 17 septembre 1816.*
Page d'un album de famille, plume et aquarelle de Diana Sperling ; 1816. *Collection privée.*

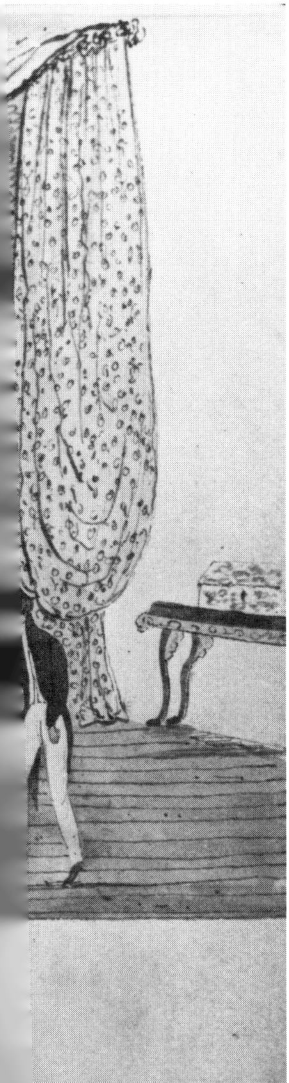

prenant activement part à la Révolution, mais plutôt comme les comparses d'une action idéologique collective rendue nécessaire par des raisons matérielles et plus souvent encore comme des symboles de chasteté et de vertu domestique, garantissant la pureté des intentions de la Révolution.

L'espace domestique

L'idéologie bourgeoise des premières décennies du XIXe siècle remit résolument les femmes à la maison. Dans l'art amateur, si répandu à travers l'Europe de la première moitié du siècle, les femmes se représentaient elles-mêmes dans leur rôle domestique, et quelquefois avec humour ou lucidité. Dans une aquarelle très colorée de 1816, Diana Sperling montre une soirée dansante en famille *(fig. 6)*. Les femmes sont plus nombreuses que les hommes ; une femme danse seule, joyeusement ; une fillette nous regarde, assise en bordure du tableau. L'accompagnatrice musicale est une autre artiste amateur, le double de Sperling en matière de musique.

Mme Millet, probablement originaire de Brémoy dans le Calvados, artiste amateur typique, remplit, entre 1825 et 1831, un carnet de dessins et d'aquarelles qui marquent bien les contours de son rôle féminin : la maison, les enfants, l'époux *(fig. 7)*. Elle apporte un soin scrupuleux à représenter sa maison, une tendre spontanéité à figurer son enfant et, pour son époux, elle se penche vers le souvenir de leurs tendres années. Comme beaucoup d'autres femmes de sa classe douées de penchants artistiques, Mme Millet réalisa la plupart de ces compositions à un moment de transition dans sa vie, alors qu'elle s'adaptait au mariage et à la maternité.

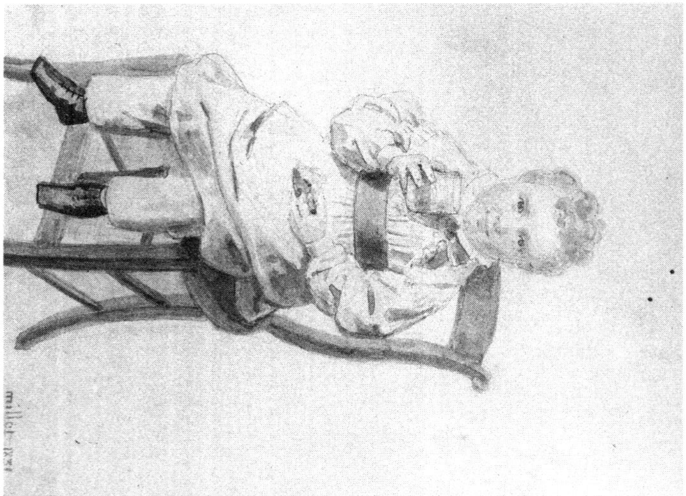

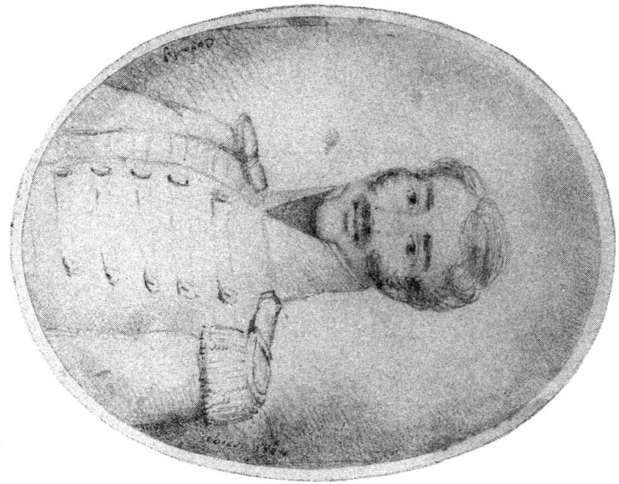

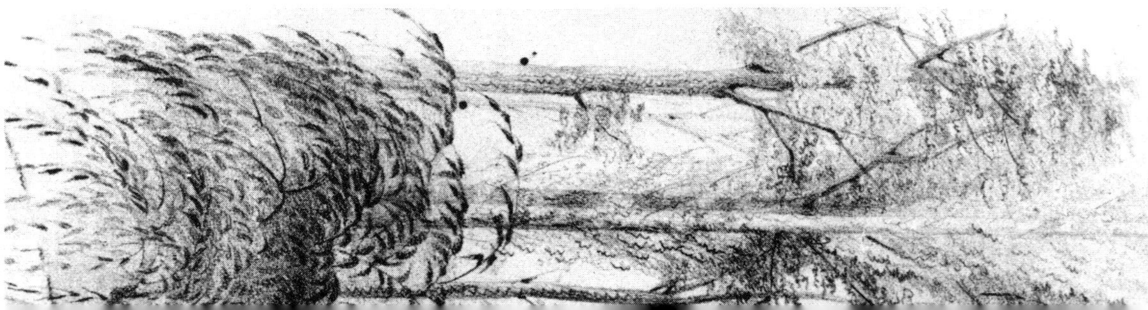

7. Carnet de dessins de Madame Millet.
A gauche, son mari, deux ans avant leur mariage,
« dessiné de souvenir » ; son fils « en robe » ;
ci-dessus, le château.
Dessins et aquarelles, réalisés entre 1825 et 1831.
Collection privée.

8. *Companion to Manhood* (la Compagne), détail. Peinture à l'huile, George Elgar Hicks ; 1863. *Londres, Tate Gallery.*

L'art amateur des femmes demeurait domestique ; les hommes peignaient des tableaux de la vie privée, mais destinés à la sphère publique. *Companion to Manhood (fig. 8)*, de George Elgar Hicks, élément du triptyque appelé *Women's Mission*, fait partie de ces nombreuses scènes domestiques du milieu du siècle produites par et pour la bourgeoisie. Au milieu des attributs respectables de la vie domestique, âtre, tapis, table dressée pour le petit déjeuner, argenterie brillante, une femme console son mari qui vient d'apprendre un décès. Elle est pour lui un tendre réconfort, il est pour elle un robuste équilibre. Les tableaux de Sperling et de Millet ont été peints sur des feuilles de papier, montés en albums, et transmis à leurs familles. Le tableau de Hicks a été peint avec virtuosité et réalisme, selon la technique prestigieuse de l'huile sur toile ; aussitôt terminé, il a été exposé, et fait aujourd'hui partie des collections du musée national de la Tate Gallery, en Angleterre.

Le symbole vestimentaire

Rien ne différencie les deux sexes de manière plus superficielle et plus tenace à la fois que l'habillement. A aucune autre époque qu'au XIXe siècle les vêtements masculins et féminins n'ont été aussi différents, ni les transgressions vestimentaires aussi attentivement contrôlées et aussi volontiers utilisées pour illustrer la conformité ou la subversion. La *Jeune Saint-Simonienne (fig. 9)* peinte en 1832 par Maleuvre paraît coquette selon les critères du XXe siècle, mais pour un spectateur du XIXe siècle sa tenue est en accord avec sa pensée révolutionnaire. Sa robe volontairement simple lui arrive juste au-dessous du genou – assez courte pour que ses dessous apparaissent comme des culottes. La culotte est synonyme de masculinité. La porter revenait à réclamer des droits égaux à ceux des hommes. L'accoutrement entièrement masculin de George Sand exprimait ses idées plus nettement que son pseudonyme, ou même que le contenu de ses écrits. Son aspect extérieur avait le pouvoir de renforcer l'esprit de ses entreprises. Le portrait de Sand par Lorentz, en 1842 *(fig. 10)*, se moque des opinions politiques de l'écrivain, qu'il représente comme des feuilles volantes, et tourne son apparence en ridicule. Ce que démontre Sand, nous dit la légende, c'est que le « Génie... n'a pas de sexe ». Cette démonstration est elle-même moquée, mais du moins a-t-elle été bien comprise et bien énoncée.

9. ***Jeune Saint-Simonienne.***
Gravure de Maleuvre ; 1832.
Paris, Bibliothèque nationale.

10. *George Sand.*
Lithographie d'Alcide Lorentz ; 1842.
Paris, Bibliothèque nationale.

MIROIR DROLATIQUE.
4
CHAMBRE DES DÉPUTÉES
CHAMBRE DE MÈRES !
INDIANA
JACQUES
LÉLIA
Si de Georges Sand ce portrait
Laisse l'esprit un peu perplexe,
C'est que le génie est abstrait,
Et comme on sait n'a pas de sexe.

Chez Aubert & Cie Pl. de la Bourse. — Imp. d'Aubert & Cie

Une femme comme moi ... remettre un bouton ?... vous êtes fou !....
Allons bon !.. voila qu'elle ne se contente plus de porter les culottes .... il faut encore qu'elle me les jette à la tête !....

« Je me fiche bien de votre Mme Sand qui empêche les femmes de raccommoder les pantalons... », lance un mari offensé à son épouse éprise d'indépendance, dans la légende d'une lithographie d'Honoré Daumier. Daumier, pourtant progressiste engagé, éprouvait une ire toute conservatrice devant les féministes aux aspirations littéraires. Sur une autre page de sa série « Bas-Bleu », une épouse refuse avec colère de recoudre un bouton au pantalon de son mari. Celui-ci, debout, l'air malheureux, cachant vaguement son sexe avec ses mains, fait ce commentaire : non seulement sa femme « porte la culotte », mais voilà maintenant qu'elle la lui renvoie à la figure *(fig. 11)*.

Les œuvres de Maleuvre, de Lorentz et de Daumier expriment une opinion sur la féminité, démarche inimaginable dans les arts majeurs. Les progrès accomplis dans les techniques de la lithogravure et de la gravure sur bois durant les premières décennies du siècle facilitèrent une large distribution d'images bon marché qui commentaient l'actualité par le jeu de l'interaction des illustrations avec des légendes. La féminité comme il faut acquit une représentation populaire par rapport à laquelle toute déviance pouvait être facilement dénoncée. Les images devinrent des outils efficaces dans les débats sur la place des femmes dans la société ; elles servaient de référence comme si elles étaient des faits établis.

11. *Les Bas-Bleus.* Lithographie d'Honoré Daumier, dans *le Charivari* du 23 mai 1844. *Paris, Bibliothèque nationale.*

Au même moment, le romantisme produisait de nouvelles représentations de la féminité. Il y avait certes les caricatures de George Sand, mais il existait aussi des portraits d'elle en auditrice exaltée de la musique de Franz Liszt *(fig. 12)*. Si, comme le disaient les romantiques, l'inspiration artistique vient des forces universelles de la nature, alors tous les arts ont la même origine, et si tous les êtres humains sont égaux devant la nature, alors tous les artistes sont égaux devant le génie. Danhauser peint Sand parmi un groupe de musiciens et d'écrivains sans distinction de rang. Sand, à gauche, est à la fois comparée et opposée à Daniel Stern (pseudonyme de Marie d'Agoult), à droite ; elle porte des habits d'homme, fume la cigarette, tandis que Stern porte un élégant costume féminin. Sand appartient au groupe des génies mâles sur la gauche et, de fait, on ne la distingue pas des autres.

Nimbée de tulle blanc, la ballerine de l'époque roman-

12. *Franz Liszt au piano.* (De g. à d., Dumas, Berlioz, Sand, Paganini, Rossini, Liszt, Marie d'Agoult, *alias* Stern.) Peinture à l'huile, Joseph Danhauser ; 1840.
Berlin, Archiv für Kunst und Geschichte.

13. *Marie Taglioni.* Lithographie d'Achille Devéria ; 1840. *Cambridge (MA), Harvard University Theater Collection.*

tique porta l'idéal de la féminité désincarnée à son sommet. Dans deux ballets à grand succès de l'époque, *la Sylphide* monté une première fois en 1832 avec Marie Taglioni en vedette et *Giselle* dont la première fut donnée en 1841 avec Carlotta Grisi dans le premier rôle, les héroïnes féminines sont de purs esprits. La fragilité de leur apparence rend encore plus poignantes la force et l'abnégation de leur amour tragique. Taglioni fut la première ballerine à danser sur les pointes de ses orteils, technique épuisante visant à créer l'illusion de l'apesanteur. Devéria, sur une des nombreuses images populaires représentant Taglioni *(fig. 13)*, a carrément supprimé les chaussons de pointe, la montrant flottant pieds nus au-dessus du sol.

14. Image de piété représentant la Vierge (recto et verso).
Gravure coloriée, antérieure à 1860.
Collection privée.

L'image industrielle

Une certaine imagerie traditionnelle garde son emprise sur l'imagination féminine, mais elle se signale désormais par une production industrielle et une inspiration sociale donnée par la moyenne bourgeoisie. L'image pieuse *(fig. 14)* a toujours fait partie du répertoire populaire. Avec les progrès technologiques accomplis dans l'impression à grand tirage, elle connaît un regain de diffusion et de consommation. De petit format, parfois rehaussées de couleurs à la main, après impression, bordées de découpages en dentelles, ces images de piété marquaient les pages des missels. Les saints personnages n'avaient plus cette majesté implacable des images d'autrefois ; leur aspect androgyne traduisait la féminisation de la religion au XIXe siècle. Beaucoup de ces images pieuses semblent avoir été dessinées spécialement pour encourager les filles à s'investir dans des modèles catholiques, dans celui de la Vierge Marie en tout premier lieu.

L'expansion et la diversification du marché de l'édition provoquèrent sa spécialisation. Un certain type de publication représentant la féminité bourgeoise, et destiné à une clientèle féminine bourgeoise, proliféra à partir des premiè-

15. ***Femme et enfants dans un jardin.***
Lithographie coloriée, diffusée par la firme Kronheim de Londres entre 1850 et 1860.
Collection particulière.

res décennies du siècle *(fig. 15)*. Ces publications occupèrent une position à mi-chemin entre la peinture amateur, que les femmes avaient pratiquée pour se représenter depuis le XVIIIe siècle *(fig. 6 et 7)*, et les gravures de mode à leur image qui se répandirent après les années 1840 *(fig. 16)*. Ces dernières constituent une transition entre des images censément neutres et celles qui, à partir du dernier tiers du siècle, utilisèrent la représentation féminine à des fins ouvertement commerciales. La publicité *(fig. 17)*, les

16. *Gravure de mode.*
Gravure sur bois, planche de Laure Noël pour *le Papillon*, nº 427 ; v. 1855.

17. *Grands Magasins du Louvre.* Annonce publicitaire pour l'inauguration générale des nouveautés d'automne et d'hiver parue dans *l'Illustration* du 1er octobre 1881.

gravures de mode, les publications féminines faisaient des femmes des mannequins statiques, muets, inexpressifs, vêtus avec soin et placés dans des décors symboliquement féminins. Intérieurs domestiques, jardins, lieux de vacances familiales, églises et salles de bal furent peu à peu relayés par des lieux plus citadins comme les musées, les magasins, les gares. L'identité proposée ne se référait pas à la psychologie individuelle mais à un spectacle de la féminité défini par le cadre et l'habillement.

La comtesse de Castiglione affiche ce goût du spectacle sur les quelque 400 photographies qu'elle a fait prendre d'elle-même entre 1856 et 1865 environ, et autour des années 1895-1898. Elle y porte des costumes extravagants, prend des poses audacieuses de courtisane et s'affirme ouvertement comme un objet de consommation sexuelle. Pour être plus claire encore, elle utilise des encadrements de tableaux et des miroirs sur de nombreuses photographies *(fig. 18)*. Elle se nie catégoriquement toute intériorité et n'admet d'identité que dans l'apparence : elle ne peut créer, elle peut seulement refléter.

18. La Comtesse de Castiglione. Photographie de Mayer et Pierson ; v. 1850-1860. *Colmar, musée d'Unterlinden.*

Sécurité, marginalité

Les femmes artistes évitaient les domaines contestés des arts majeurs et de la sexualité, ce qui réduisait leur prestige mais leur facilitait la vie sur le plan économique et sur celui de l'expression. L'artisanat et les genres mineurs en peinture leur permettaient de gagner de l'argent hors de la maison, et leur offraient aussi un moyen d'échapper au dilemme du sujet féminin. L'autoportrait miniature sur émail de Marthe Leclerc *(fig. 19)*, qui date pourtant de 1917, exprime la sécurité qu'offrait la carrière d'artisan au XIXᵉ siècle. Ses outils la mettent à l'abri dans un espace protégé. L'image qu'elle donne d'elle-même contient autant d'artifices que celle de la Castiglione (moulage en plâtre, tableaux, chandelier vide, vitre ouverte reflétant l'extérieur), mais Marthe Leclerc se voit absorbée dans son travail plutôt qu'offerte aux regards.

Les femmes dessinaient des mondes où la différence entre les sexes était atténuée. Chacune d'une manière très

19. *Autoportrait à l'atelier.* Miniature en émail de Marthe Leclerc ; 1917. *Genève, musée de l'Horlogerie et de l'Émaillerie.*

différente, Rosa Bonheur (1822-1899) et Beatrix Potter firent des carrières extrêmement rémunératrices en dessinant des animaux. Rosa Bonheur – célèbre comme George Sand pour ses vêtements d'homme – reçut une médaille d'or à l'exposition officielle du Salon de 1848, la Légion d'honneur en 1865, et devint officier de la Légion d'honneur en 1894. Ses tableaux et les droits de reproduction lui rapportèrent des sommes très importantes. *Le Marché aux chevaux,* 1853 *(fig. 20),* fut vendu 40 000 francs à un marchand londonien, et plus tard 55 000 dollars à un collectionneur américain. Les aquarelles de Potter sont aussi petites et imaginatives que les huiles de Bonheur sont immenses et réalistes. Avec le temps, le succès de la première a éclipsé celui de l'autre. Potter n'avait aucune

formation professionnelle, et ses premiers livres pour enfants furent constitués à partir de lettres illustrées qu'elle envoyait à ses jeunes amis. Le premier s'intitula *Peter Rabbit (fig. 21)*. Tiré d'abord à 8 000 exemplaires en octobre 1902, il fut réédité deux fois avant la fin de l'année pour atteindre 28 000 exemplaires. La popularité de Potter n'a fait que croître ; son travail a été reproduit et imité sous toutes les formes et ses livres sont toujours réédités ; ses dessins originaux sont maintenant rassemblés dans des musées et ont récemment fait l'objet d'une exposition.

C'est dans le même esprit que l'on s'efforce d'arracher à la marginalité les couvertures piquées confectionnées par les Américaines. Autrefois voué à l'anonymat, cet artisanat est désormais prisé à la fois pour la créativité individuelle

20. *La Foire aux chevaux.* Peinture à l'huile de Rosa Bonheur (244,5 × 406,8 cm) ; 1853.
New York, Metropolitan Museum of Art.

21. *Peter Rabbit le lapin.* Détail de la couverture dessinée par l'auteur, Beatrix Potter ; édition Frederick Warne & Co., 1902.
Londres, Frederick Warne Archives.

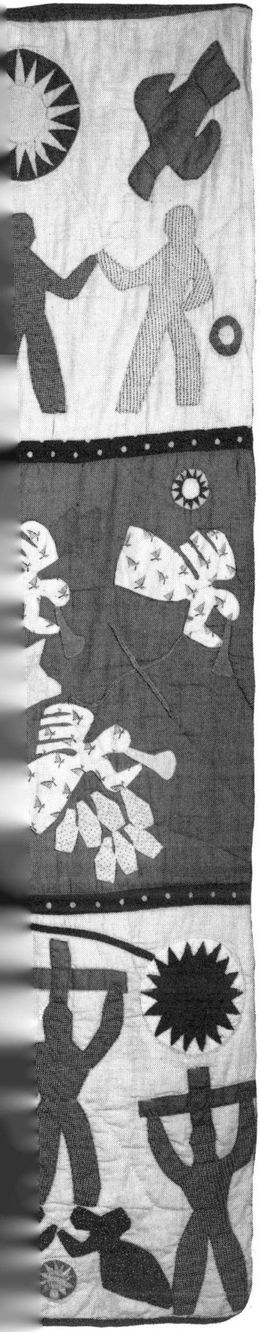

22. *La Création des animaux* (et détail).
Couverture en patchwork (265 × 160 cm environ) réalisée par Harriet Powers vers 1889. *Boston, Museum of Fine Arts.*

que révèlent les plus belles pièces et pour le travail d'équipe que représente la couverture montée. Pour confectionner ces couvertures, les Américaines choisissaient habituellement des motifs abstraits ou très stylisés. Mais leurs thèmes figuratifs traitaient non seulement de différents aspects de la vie privée, comme l'amitié, la mort, la religion et le mariage, mais aussi de problèmes d'ordre public, comme la religion, l'abolition de l'esclavage et la prohibition de l'alcool. Harriet Powers a représenté quinze scènes de l'Apocalypse, le châtiment des infidèles et la rédemption des innocents, sur son *Bible Quilt* de 1886 *(fig. 22)*. Ce *quilt* fait partie des rares ouvrages artistiques témoignant encore de l'héritage visuel africain chez les Noirs américains. Powers a réalisé la synthèse habile de deux styles et de deux techniques : celle des « appliqués » du Dahomey et celle des « quilts » américains ; son œuvre offre une image vibrante et raffinée des humains, des animaux, de Dieu et du paradis. Au milieu du bord inférieur de la toile, une truie, symbole d'indépendance, fait référence à la route parcourue par les esclaves vers la liberté.

L'artiste

L'idée que les femmes se faisaient de leur place dans les arts majeurs, ainsi que les attitudes des hommes envers elles changèrent peu à peu. Edgar Degas, peintre et graveur, s'intéressa suffisamment à la représentation de sa collègue

23. *Mary Cassatt et sa sœur au Louvre.*
Gravure, Edgar Degas, 1885.
Chicago, Art Institute of Chicago.

Mary Cassatt visitant le musée du Louvre, pour la retravailler vingt-quatre fois *(fig. 23)*. Il la montre de dos, tournée vers des tableaux, son attention soulignée par l'alignement de la tête et des épaules avec l'axe des encadrements des tableaux. Mais elle ne peint pas, elle regarde les tableaux. Édouard Manet a peint onze portraits de sa consœur Berthe Morisot *(fig. 24)* et, bien qu'il ait rendu hommage à son intelligence autant qu'à sa beauté, il ne l'a pas représentée une seule fois comme peintre.

24. *Berthe Morisot étendue*
(détail).
Édouard Manet, 1873.
Peinture à l'huile,
(26 × 34 cm).
Collection privée.

Néanmoins, les impressionnistes donnèrent à Cassatt et à Morisot confiance en elles-mêmes. En 1893, Morisot peignit un tableau *(fig. 25)* qui met l'accent sur la multiplicité de son identité. A l'arrière-plan du portrait de sa fille, Morisot reproduit, sur la droite, une petite partie du portrait de son mari peint par Degas, sur la gauche, un portrait d'elle-même par Manet *(fig. 24)*. Morisot s'est mise en parallèle avec son mari et a donné à son enfant un lignage – lignage nettement plus conséquent du côté paternel. De plus, Morisot donne à la relation mère-enfant une nouvelle dimension, car, en se représentant avec sa fille sur le même tableau, mais dans différents registres, elle décrit le lien qui les unit comme plus intellectuel que physique. Mère et fille ont chacune des préoccupations artistiques, la peinture et la musique, qui les lient et les séparent à la fois. Tout en reconnaissant que son identité d'artiste passe par le fait qu'elle est le modèle de Manet, Morisot s'approprie l'image qu'il a donnée d'elle pour en disposer à sa guise.

Le travail occulté

Combien il paraissait plus simple de représenter les femmes faisant ce qu'elles étaient censées faire, là où l'on s'attendait à les trouver ! Du début à la fin du siècle, l'activité féminine la plus représentée fut la couture *(fig. 26, 28, 29)*. La couture était beaucoup plus associée au sexe qu'au milieu social, et procurait ainsi une image du travail des femmes qui évitait toute controverse sur les différences

25. *Julie au violon* (détail).
Peinture à l'huile
(65 × 52 cm), Berthe Morisot ;
1893.
Hermann Mayer Collection.

26. ***Intérieur de cuisine.*** **Peinture à l'huile, Martin Drölling ; fin du XIXe siècle.** ***Paris, musée du Louvre.***

sociales et économiques comme sur le travail industriel, privilégiant un modèle consensuel. Lorsqu'on voulait représenter les ouvrières, on les montrait le plus souvent dans leur cuisine, occupées à des tâches domestiques rassurantes, comme la préparation des repas ou la couture *(fig. 26 et 27)*.

Les publicités pour les machines à coudre misaient sur l'association entre couture et féminité, et promettaient de meilleures performances dans les tâches traditionnelles. En 1896, une publicité de la marque Singer, par exemple, vante son produit en ces termes : « La machine de la mère » ou « le cadeau de mariage le plus apprécié », qui « ajoute beaucoup au bonheur domestique » ; une lettre, un « S » géant, s'enroule autour de la silhouette rassurante d'une matrone joufflue pleine d'assurance *(fig. 28)*. Cette idée de la féminité se prolonge malgré la révolution industrielle,

27. *La Cuisine à la ville.* Chromolithographie tirée d'un livre pour jeunes filles, avec « des images destinées à l'éducation visuelle de la jeunesse » ; 1889. *Collection particulière.*

28. Publicité pour la machine à coudre Singer, dans le numéro d'octobre 1896 de *Mc Lure's Magazine.*

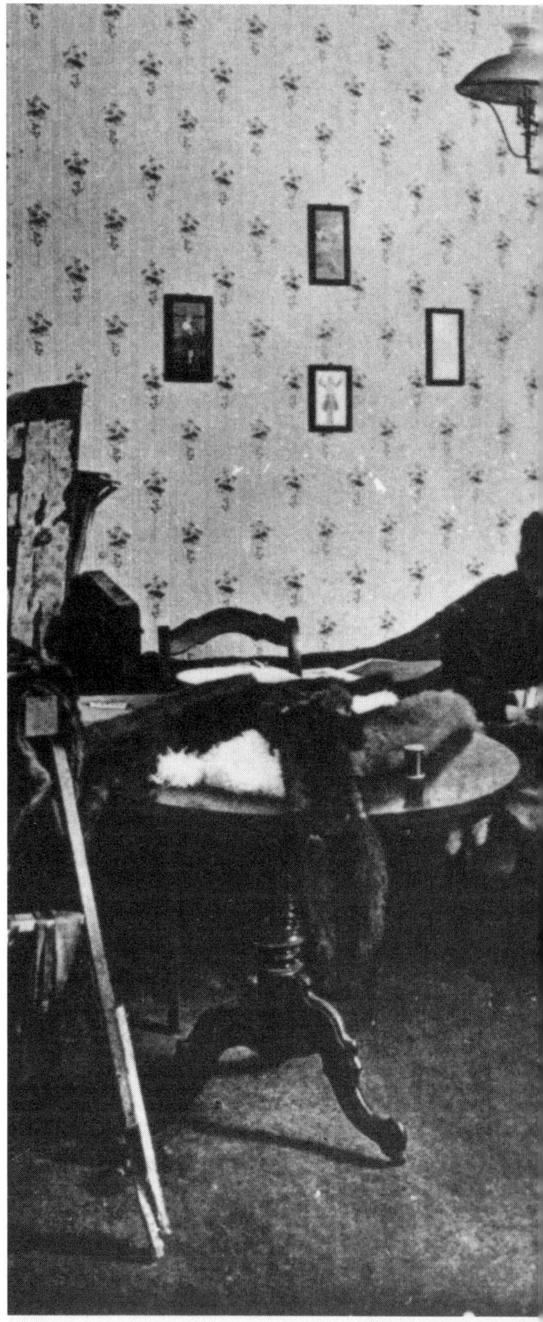

29. *Pièce servant la nuit de chambre à coucher et le jour d'atelier de confection de vêtements en peau.* Photographie parue dans une enquête sur le logement par la Berliner Ortskrankenkasse ; 1910.
Berlin, Archiv für Kunst und Geschichte.

puisque les femmes, à l'usine comme à la maison, travaillent sur des machines à coudre *(fig. 29).*

Les nouvelles publications gommèrent également l'émergence du travail féminin dans l'industrie en recourant à des illustrations conservatrices. Une lithogra-

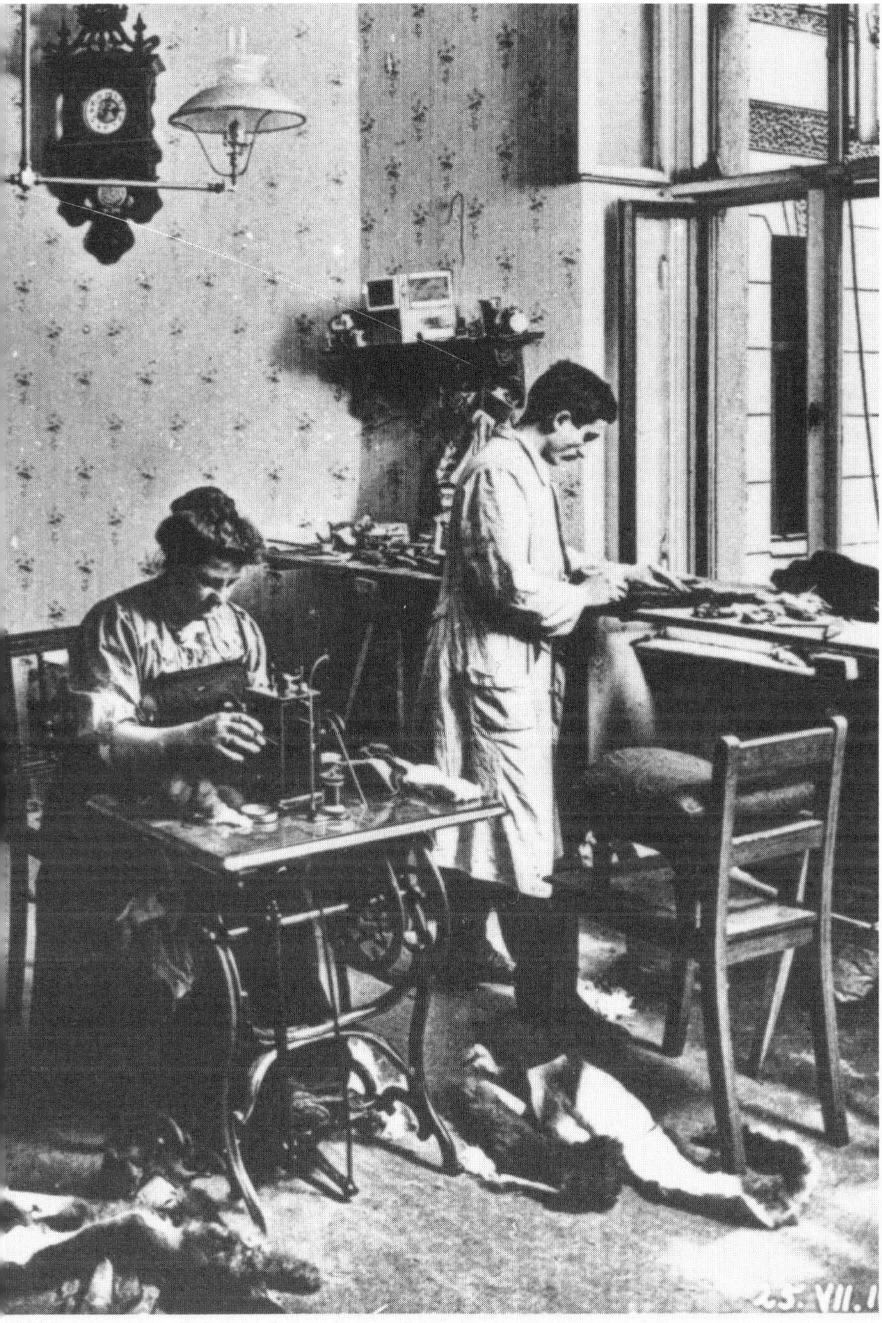
VII.

30. *Vois-tu ! Il me suit.*
Lithographie de Langlume ;
v. 1810.
Paris, musée Carnavalet.

phie populaire de Langlume *(fig. 30)* montre deux appren ties modistes livrant leur ouvrage en ville. Bien que leu: présence dans les rues de Paris fasse partie de leur travail Langlume la transforme en rencontre amoureuse. « Vois-tu il me suit », chuchote l'une des jeunes filles à l'autre. L: liberté dont deux ouvrières ont pu s'amuser est ici réinter

31. *Dans l'atelier... petit travail, grande toilette.* Photographie de M. de Charly ; 1862. *New York, International Museum of Photography.*

prêtée en image de femmes libres qui séduisent et encouragent un prédateur masculin.

Les ouvrières confortaient elles-mêmes les stéréotypes les concernant en empruntant, dès qu'elles étaient en représentation, une tenue bourgeoise qui leur conférait une certaine dignité. Pour se faire photographier par un certain

M. de Charly en 1862, les deux couturières *(fig. 31)* ont revêtu une tenue aussi élégante que celle de leur clientèle. Autour d'elles, sont disposés des tissus et des vêtements qu'elles ont confectionnés ; au mur, est accrochée une gravure de mode qui les a inspirées et a stimulé leur talent.

Les formes de travail moins féminines s'intégraient beaucoup plus difficilement dans la culture visuelle. Même le travail agricole traditionnel des femmes choqua la bourgeoisie quand Millet montra des paysannes penchées sur leur labeur, mais grandies par cet art prestigieux qu'est la peinture *(fig. 32)*. Les publications populaires préféraient s'étendre sur des activités relativement privilégiées, comme la mode, associées à la frivolité féminine, ou exercées, croyait-on, par des

32. *Les Glaneuses.*
Peinture à l'huile,
Jean-François Millet ; 1857.
Paris, musée du Louvre.

33. *Standardistes à Londres vers 1890.*
Photographie anonyme.

femmes susceptibles de séduire les hommes de la bourgeoisie. Un peu plus tard, des métiers liés à l'industrie, nouveaux mais tout aussi féminisés, comme le secrétariat ou le standard téléphonique *(fig. 33)*, remplacèrent les anciennes activités artisanales féminines dans l'imagerie populaire.

Arthur Munby est l'exception qui confirme la règle. Munby collectionnait des photos de femmes récurant les arrière-cuisines, travaillant dans les pêcheries ou dans les mines *(fig. 34)*. Plus le travail était sale, moins le physique ou la tenue étaient féminins, plus le cliché l'intéressait. Mais, Munby explique dans son journal que, la plupart du temps, il devait passer commande de ces documents ou les réaliser lui-même, car ce genre d'image n'existait pratiquement pas. Les ouvrières se donnaient l'apparence de bourgeoises lorsqu'elles allaient de leur propre gré chez le photographe. Quant aux socialistes, qui pouvaient se montrer très hardis

34. *Femme travaillant dans la mine à Wigan.*
Photographie appartenant à la collection de Arthur Munby ; entre 1867 et 1878.
Cambridge, Trinity College.

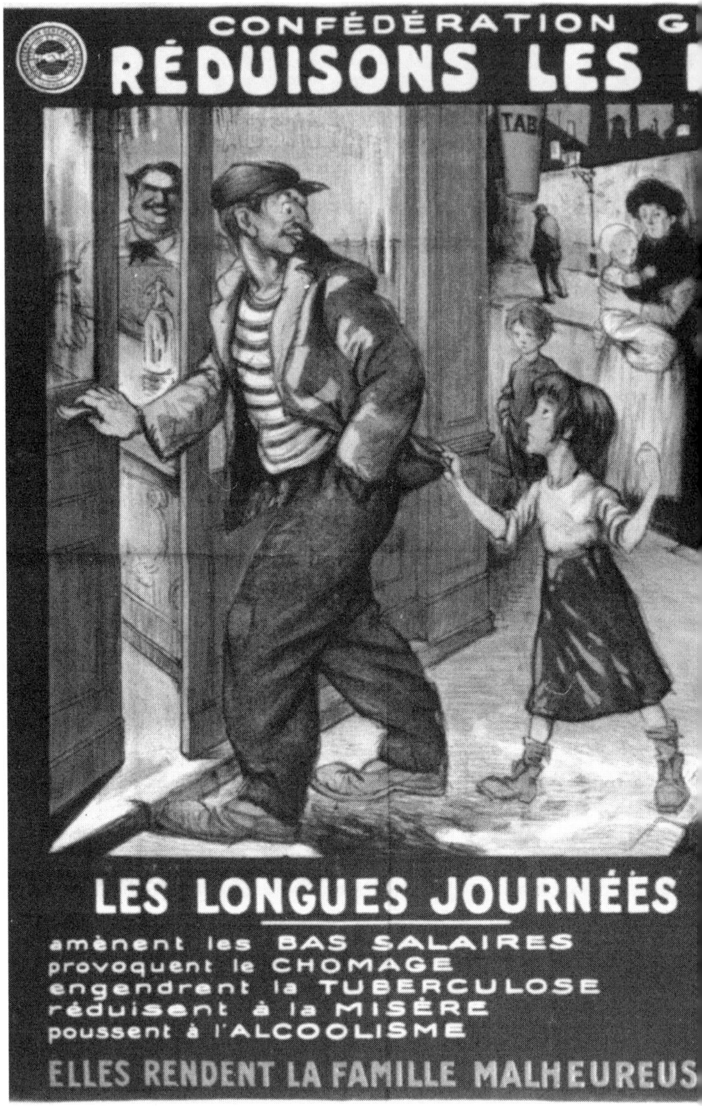

sur certains plans, ils n'utilisaient que des images conservatrices pour soutenir leurs causes. Ainsi, dans sa campagne pour la réduction de la journée de travail, la C.G.T. française ne craignit pas de s'appuyer sur l'image du couple bour-

35. *Réduisons les heures...* Campagne de la C.G.T. pour la journée de huit heures ; mai 1913. Affiche de Paul Poncet. *Collection privée.*

geois *(fig. 35)* : « Les longues journées rendent la famille malheureuse », proclame l'affiche de 1913 : un homme entre dans un bar malgré les supplications de son enfant décharné, tandis que sa femme désespérée reste dans la

36. *Home of an italian Rag-picker* (Chez un chiffonnier italien). Photographie de Jacob Riis, extraite de *How the Other Half Lives* (Comment vit l'autre moitié) ; 1889. *Museum of the City of New York.*

37. *Attitudes passionnelles - Menace* (à droite). Photographie extraite de *Iconographie photographique de la Salpêtrière*, de Bourneville et Régnard ; 1878. *Paris, bibliothèque Charcot de la Salpêtrière.*

rue. « Les courtes journées rendent la famille heureuse » : sur le seuil d'un foyer, un homme brandit un bébé joufflu. La pièce est impeccablement tenue par la maîtresse de maison.

La photographie

La photographie chercha à capter des aspects de la vie des femmes jusque-là invisibles. Des réformateurs sociaux comme Jacob Riis emportaient des appareils photographiques dans les bas quartiers des villes pour révéler une pauvreté et une dégradation des conditions de vie que beaucoup de bourgeois ne soupçonnaient pas. Les photos de Riis choquèrent : elles montraient non seulement la

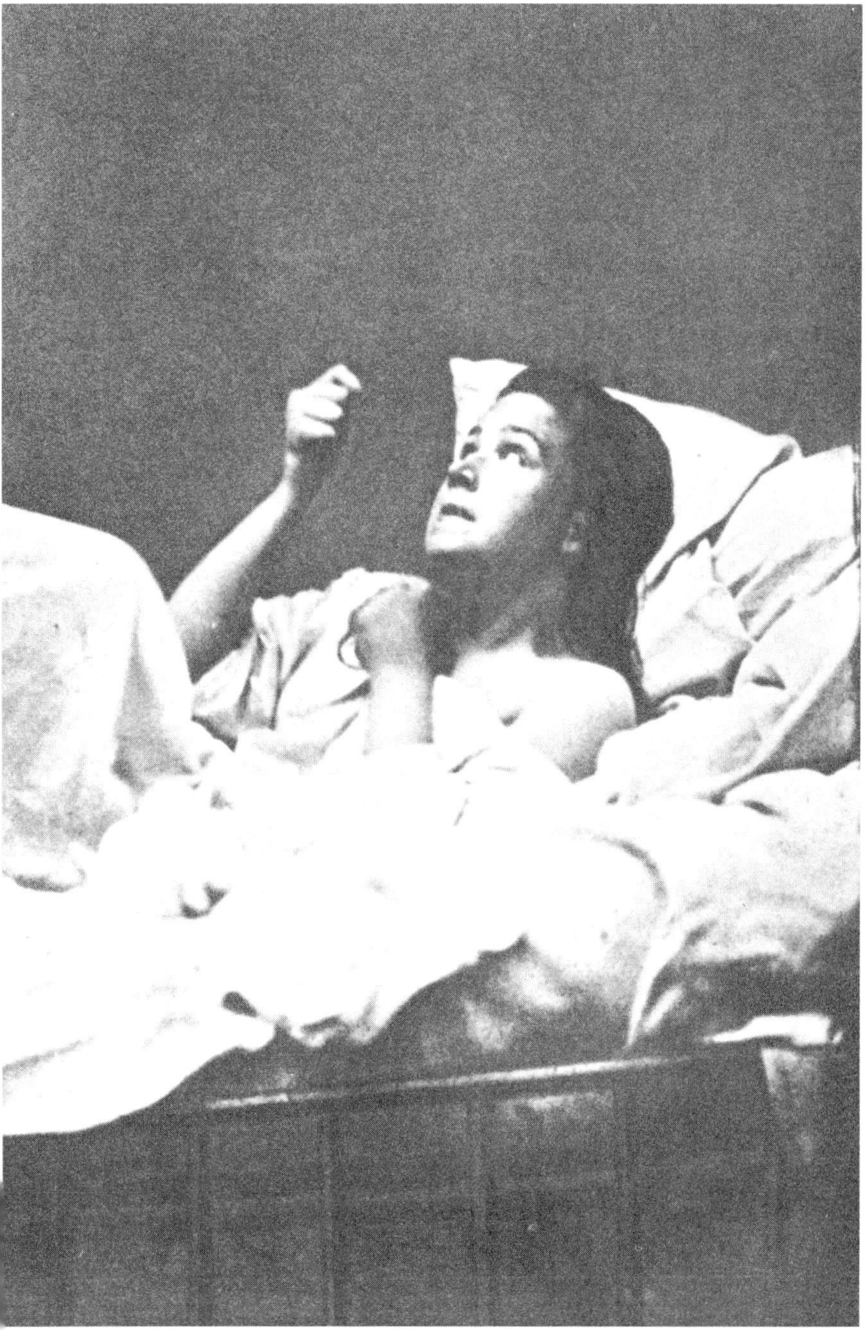

condition des immigrants, mais aussi une misère pathétique qu'il soulignait à dessein. *Home of an italian Rag-picker*, en 1889, est une traditionnelle madone à l'enfant, parmi des ballots de guenilles *(fig. 36)*. La photographie permet à notre regard de s'introduire dans la vie d'une personne, tout en gardant de la distance. La femme a un regard douloureux, tourné vers le haut ; Riis a utilisé un flash puissant.

Les médecins se mirent à utiliser la photographie pour remplacer ou compléter les descriptions verbales ou écrites des maladies ; Charcot est sans doute celui qui l'utilisa à la plus grande échelle pour illustrer son analyse de l'hystérie féminine. Pour lui, la photographie de l'enveloppe corporelle était susceptible de révéler un état d'esprit. Il choisit des patientes présentant des symptômes somatiques particulièrement frappants de leur désordre mental, et de plus capables de les réactiver devant l'appareil. Charcot classait et étiquetait les images selon les étapes de l'hystérie (ainsi la figure 37, *Attitudes passionnelles - Menace*), de manière à les utiliser par la suite comme outils pédagogiques et de diagnostic.

Dès son invention, la photographie engendra son propre style de pornographie. Les poses et les thèmes des anciennes publications pornographiques furent réutilisés, mais la

38. Photographie érotique. Photographie stéréoscopique anonyme coloriée à la main ; seconde moitié du XIXe siècle. ***Collection Gérard Lévy.***

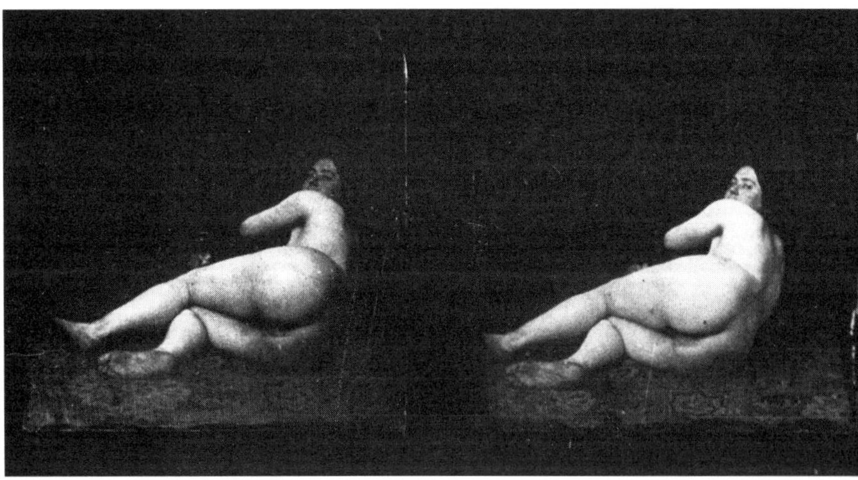

photographie insista moins sur les mouvements suggestifs ou les décors évocateurs que sur une exposition détaillée des parties génitales. On pouvait regarder ces photographies stéréoscopiques colorées à la main grâce à des dispositifs que l'on se mettait devant le visage, et qui donnaient l'illusion d'une troisième dimension. Ce procédé procurait une sensation frappante d'intime proximité *(fig. 38).* Réformateurs sociaux, scientifiques et pornographes fondaient tous la valeur de leurs photographies sur la précision optique de leur outil. Mais, ce que l'appareil enregistrait fidèlement, c'était ce qu'on avait choisi de placer devant l'objectif ; décor, pose, cadre, modèle, choix du moment, tout cela pâtissait, autant que les images peintes à la main, des préjugés culturels pesant sur la pauvreté, la richesse, ou la sexualité féminine.

Le désir féminin

Quel que fût son support, l'image érotique fut presque toujours réalisée par des hommes. Les femmes étaient rarement autorisées à suivre des cours d'anatomie, ou à travailler le nu, dans les écoles d'arts plastiques. Les mœurs bourgeoises interdisaient la représentation de la nudité masculine par les femmes et considéraient comme anormal le désir sexuel féminin ; deux tabous que viola hardiment Camille Claudel. Les sculptures d'Auguste Rodin, représentant l'amour hétérosexuel, comme *le Baiser*, 1886 *(fig. 40)*, furent saluées comme autant de représentations classiques de la force universelle de la vie, mais l'œuvre très semblable, *l'Abandon*, de Camille Claudel, 1888-1905 *(fig. 39)*, contribua à marginaliser cette dernière. Si, comme on l'a couramment prétendu, Camille Claudel n'avait fait qu'imiter Rodin, son seul geste aurait déjà eu le mérite d'affirmer que les femmes comme les hommes peuvent traiter des sujets érotiques. Mais *l'Abandon* est juste assez différent du *Baiser* pour suggérer une autre image du désir féminin, exemple absolument exceptionnel dans l'histoire de l'art du XIXe siècle. Camille Claudel imaginait le désir non comme un rapport de forces, dans lequel une femme s'accroche à un homme qui la domine, mais comme le désir mutuel et

39. *L'Abandon.*
Sculpture en marbre de Camille Claudel ; 1905.
Paris, musée Rodin.

40. *Le Baiser.* ▶
Sculpture en marbre d'Auguste Rodin ; 1886.
Paris, musée Rodin.

réciproque de deux corps. Le personnage masculin, d'une sveltesse sensuelle, s'agenouille avec ardeur devant la femme ; elle, solide et musclée, se donne à lui. La maîtrise de Camille Claudel dans les techniques du modelage et de la taille donnait une présence physique à sa conception de la sexualité. Aucune autre artiste, pas même Suzanne Valadon, modèle issue de la classe ouvrière, et qui peignait d'audacieux nus féminins, n'enfreignit autant de règles culturelles.

La consécration ?

Les femmes ont contourné de toutes les façons les domaines artistiques à elles interdits. Gertrude Jekyll est la plus réputée de ces paysagistes qui surent faire de leurs compositions spatiales et temporelles des œuvres d'art, comparables aux meilleures réalisations architecturales. Non seulement elle dessina le célèbre jardin de Munstead Wood, qui entoure les bâtiments construits par l'éminent architecte Edwin Lutyens, mais elle photographia son travail pour illustrer les quatorze livres sur le jardinage qu'elle publia entre 1899 et 1925 *(fig. 41)*. Isabella Stewart Gardner et Nélie Jacquemart fondèrent des musées pour institutionnaliser les collections d'œuvres d'art qu'elles avaient rassemblées avec leurs maris. Après la mort du sien, Gardner dessina les plans d'un musée auquel elle donna son propre nom : c'est un mélange parfait d'architecture, de peinture, d'arts décoratifs et de plantes vertes, qui projette un univers privé féminin dans le domaine du public. Ce musée s'ouvre vers l'intérieur sur une cour centrale *(fig. 42)*, et comporte un logement de fonction pour le directeur. Comme dans tous les musées privés constitués à partir d'une demeure personnelle, les objets sont exposés dans des pièces ressemblant aux pièces d'une maison, mais Gardner est allée plus loin : elle a toujours subordonné les chefs-d'œuvre exposés à des installations dessinées par elle *(fig. 43)* et qu'elle protégea par un testament.

41. ***Plate-bande d'automne vue à travers Laburnam Arch.*** **Le jardin de Munstead Wood dessiné par Gertrude Jekyll ; photographie de Gertrude Jekyll publiée en 1908.** ***Berkeley, Documents Collection, The College of Environmental Design, University of California.***

Dès le tournant du siècle, les femmes réclamèrent le moyen de pénétrer plus directement dans la sphère publique. Les premières universités féminines ont été fondées en

Amérique et en Angleterre au milieu du siècle. Les albums de photographies de ces universités, et plus tard leurs « yearbooks », retracent l'adaptation des femmes à la représentation universitaire. Au début, les femmes ne se présentent en toge devant l'objectif qu'à titre de mascarade. Puis les coiffures et les toges apparaissent de plus en plus fréquemment, surtout pour les cérémonies, et finalement, dans les années 1880, les femmes posent pour les photos de groupes, aux remises de diplômes, parées de tous les insignes universitaires, imposant ainsi une image qui prouve leur appartenance à la communauté et à la tradition intellectuelle *(fig. 44)*.

Les étudiantes de Wellesley College revendiquèrent leur appartenance à la faculté pour la première fois en 1885 :

42. Cour intérieure du Isabella Stewart Gardner Museum, construit d'après les plans de Isabella Stewart Gardner ; 1898-1903.
Boston, Isabella Stewart Gardner Museum.

43. *The Titian Room.*
Pièce installée par
Isabella Stewart Gardner
dans le musée qui porte
son nom ; 1898-1903.
*Boston, The Isabella
Stewart Gardner Museum.*

44. Photographie d'une promotion d'étudiantes de Wellesley College (MA) en uniforme (toge et chapeau). *Wellesley College (MA) Clapp Library Archives.*

« Nous reconnaissons que ce changement va faire parler de lui et que beaucoup le considéreront comme trop hardi, mais nous nous sentons prêtes à affronter la discussion et à défendre notre position avec des arguments qui nous justifieront aux yeux du monde. »

C'est par le spectacle que les femmes attirèrent l'attention internationale sur leur campagne pour le droit de vote. En Angleterre surtout, les femmes déployèrent des banderoles *(fig. 45)*, distribuèrent des badges, des affiches, des rubans aux couleurs symboliques, organisèrent des cortèges et, par-dessus tout se montrèrent *(fig. 46)* pour rendre leur cause plus visible. Pour la première fois, des groupes organisés de femmes prenaient le contrôle de leur propre image afin de créer leur propre identité publique et politique.

45. Bannière féministe dessinée par Mary Lowndes réalisée par les étudiantes d collèges de Girton et de Newnham à l'occasion de la NUWSS procession du 13 ju 1908 à Cambridge. *Cambridge, Newnham College.*

46. Suffragettes manifestant en faveur du vote des femmes ; 1905. Photographie anonyme. *Collection particulière.*

La Artist's Suffrage League et le Suffrage Atelier engagèrent des dizaines, voire des centaines de prosateurs pour inscrire sur plus de 150 nouvelles bannières des slogans du genre « Plutôt la sagesse que la guerre » *(fig. 46)*. C'est en brandissant ces emblèmes que 3 000 femmes en 1907, entre 10 000 et 15 000 en 1908, 30 000 à nouveau en 1908, 40 000 en 1911 manifestèrent dans les rues de Londres.

La photographie de Stella Duckworth *(fig. 47)*, prise en 1867 par Julia Margaret Cameron, évoque l'héritage artistique laissé aux femmes du XXe siècle par celles du XIXe. Cameron, comme beaucoup d'artistes ambitieuses, avait un immense talent et quasiment aucune formation professionnelle ; elle mena une carrière courte et dynamique dans un domaine marginal lui permettant de concilier ses obligations familiales et ses ambitions artistiques en travaillant chez elle. Elle faisait le portrait des personnes qui l'entouraient, ses amis et les membres de sa famille, comme sa nièce Stella Duckworth. Aux yeux de la fille de Stella, Virginia Woolf, Cameron apparut à la fois comme une excentrique et un modèle à suivre. Woolf a écrit une comédie sur sa grand-tante, mais elle a aussi été la première à rééditer les photographies de Cameron après sa mort. Le recueil *Victorian Photographs of Famous Men and Fair Women* parut en 1926 avec une préface de Woolf. Ainsi les femmes artistes du XIXe siècle ont jeté les bases culturelles sur lesquelles ont bâti et bâtissent encore les femmes contemporaines.

(Traduit de l'américain par Geneviève Faure)

47. *Mrs. Herbert Duckworth.* Photographie au bromure d'argent de Julia Margaret Cameron ; 1867. *Austin, Gernsheim Collection, University of Texas.*

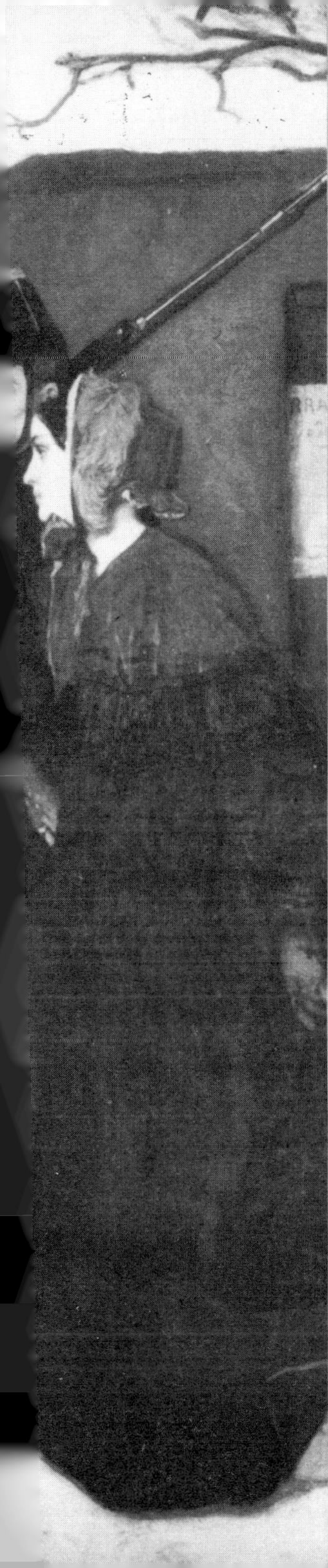

LA FEMME CIVILE, PUBLIQUE ET PRIVÉE

Ce qu'on appelle vagabondage.
Peinture, Alfred Stevens ;
1855.
Paris, musée d'Orsay.

La redéfinition du politique au XIXe siècle a pour corollaire celle de la société civile dotée d'une consistance particulière. Théoriciens (anglo-saxons surtout) et organisateurs distinguent « public » et « privé » et tentent d'établir une équivalence entre les « sphères » et les sexes. Mais, en dépit de leurs efforts, sphères et sexes s'enchevêtrent et se chevauchent autour de frontières indécises et fluctuantes. Tout le public n'est pas masculin, tout le privé n'est pas féminin. Les femmes circulent dans l'espace public et, par le salon, leur maison demeure ouverte sur l'extérieur. Les hommes ne sont pas davantage absents du privé, et les pouvoirs du père pèsent sur la famille. La femme civile est à la fois publique et privée, chez elle et dans la ville, dans la parenté et dans la société. Il importe à cet égard de déjouer les pièges du discours et de déconstruire les stéréotypes traditionnels.

Corps, cœur, sexualité, travail, solitude dessinent des transversales à travers l'épaisseur sociale. Le corps des femmes est à la fois public et privé. L'importance de leur image fait que leurs apparences – beauté, tenue, vêtement... – sont un enjeu. Les femmes de la « classe de loisir »

(Veblen), aristocratiques ou bourgeoises, sont vouées à la scène du monde, substitut de la Cour, et régi, comme elle, par une étiquette contraignante : celle de la mode. Au reste, de la production à la consommation, l'industrie du vêtement est féminine par excellence. C'est par là sans doute que s'est développée une première forme de conscience économique des femmes.

L'enfantement met le corps des femmes au centre du dispositif social. La naissance devient affaire d'État. Les médecins relaient les sages-femmes au chevet des parturientes, tandis que les démographes s'insinuent dans les secrets d'alcôve, soupçonnant dans l'avortement, pratiqué par un nombre croissant de femmes mariées multipares, une forme insidieuse de contrôle des naissances. L'appel des néo-malthusiens pour la « libre maternité » a beau n'être encore que faiblement entendu, une volonté des femmes d'intervenir dans la limitation de la taille de la famille s'affirme et fait d'elles des actrices démographiques avec lesquelles il faut désormais compter.

Publique aussi la « fille » dont le commerce est de plus en plus réglementé au nom de l'hygiène et de la « race ». Quels que soient les efforts masculins pour distinguer la chambre conjugale du bordel et de la maison de rendez-vous, l'interpénétration est fréquente. Les méthodes contraceptives s'apprennent dans les maisons closes. Les maladies sexuellement transmissibles passent – par les hommes – du bordel au foyer. La prostituée elle-même est une passagère qui trouve aisément place dans une vie familiale normale, bien que les frontières de la respectabilité s'épaississent à la fin du XIXe siècle et que les ségrégations s'accentuent entre les femmes « honnêtes » et les autres.

La prostituée constitue pour les femmes elles-mêmes une figure ambiguë : objet de crainte, de mépris, mais aussi de compassion et de solidarité, image d'une liberté fantasmée ou, au contraire, symbole même de la plus grande oppression. C'est au nom de la « pureté » qu'a lieu – à Londres en 1885 – un des plus grands meetings de femmes du XIXe siècle, poussées dans la rue par l'opprobre jeté sur leur sexe. Par lui – le plus intime –, elles acquièrent un rôle public.

Le sexe, leur sexe : les femmes aussi s'en approprient quelque chose, animées par une « volonté de savoir » qu'atténue cependant le poids des tabous. Ce siècle ne sera pas celui de leur « libération » charnelle. Les lesbiennes vivent dans l'ombre une sexualité tolérée parce que mal connue et à peine reconnue (« pseudo-homosexualité », dit-on), et de toute manière jugée beaucoup moins scandaleuse que l'homosexualité masculine. Elles échappent de ce fait aux tracasseries du pouvoir et protègent leur intimité.

S'agissant du travail des femmes, on ne saurait le comprendre en le séparant de la famille. C'est elle qui forme le nœud du statut de la travailleuse, dont le mariage, le nombre et l'âge des enfants règlent l'accès au marché du travail salarié. Un travail dont les modalités féminines n'ont pas été totalement bouleversées par l'industrialisation qui investit le domicile, ni par l'urbanisation qui multiplie les opportunités du travail domestique. C'est d'ailleurs seulement dans la seconde moitié du XIXe siècle que la domesticité se féminise massivement. Le discours de l'économie politique énonce les caractères du travail féminin et tente de fonder en nature les notions de « travaux » et de « métiers de femme ». On verra comment la division sexuelle du travail est un produit du langage, conjugué par les économistes, les employeurs et les syndicats, et qu'il convient par conséquent d'analyser. Souvent, la différence des sexes est un artifice social.

La solitude des femmes est tout aussi difficile à apprécier, tant elle est voilée de stigmates qui masquent sa réalité. Relation – au temps, aux autres, à soi-même –, elle bouge sans cesse. Transitoire, elle est une expérience que toute femme fait à un moment de son existence. L'écart grandissant entre l'espérance de vie masculine et féminine accroît le nombre et la diversité des veuves, qui mériteraient une étude à part entière, comme l'histoire sexuée de la vieillesse. Mais il est des solitudes plus absolues. De la solitude subie des laissées-pour-compte à la solitude des indépendantes qui préfèrent payer du célibat une plus grande liberté – la « fille majeure » est juridiquement l'égale de l'homme –, il y a place pour toute une gamme de situations conflictuelles.

Bien d'autres zones de rencontre auraient pu être explorées : l'argent, la sociabilité, la violence, par exemple. Les mutations des contrats de mariage et celles de la dot, les pouvoirs de gestion économique et domestique des femmes (ressources du ménage, ressources propres), leur rôle dans l'entreprise ou la constitution du patrimoine... appellent des recherches comparatives.

De même faudrait-il parcourir l'espace public occidental, urbain surtout, en observant, comme le faisaient les voyageurs du XIXe siècle – Tocqueville, Flora Tristan, Vallès... –, comment s'y rencontrent les hommes et les femmes, la volonté de ségrégation étant constamment contrariée par les circulations spontanées. Féminisés, les salons sont-ils encore un centre de pouvoir féminin ? Les cafés sont-ils aussi masculins qu'on le dit ?

La violence, subie ou exercée par les femmes, dans la famille ou dans la société, est un prisme particulièrement signifiant des persistances – et des reculs – du patriarcat. L'inceste, le viol, le harcèlement sexuel de l'atelier ou de l'usine, la séduction forcée (dite « dolosive » : frauduleuse), la privation de nourriture, les coups révèlent un assujettissement du corps des femmes dont il est difficile de mesurer l'ampleur[1]. *A l'inverse, la « femme criminelle », dont on parle beaucoup alors qu'elle ne cesse de disparaître à l'horizon pénal (partout moins de 20 % des accusées), montre quels fantasmes nourrissent la crainte de l'égalité et la peur de la révolte. Alexandre Dumas fils associe* les Femmes qui tuent et les femmes qui votent *(1880), en invitant d'ailleurs aux réformes nécessaires. Donnez-leur des droits, suggère-t-il, ou elles nous tueront*[2] *! Dans ses excès mêmes, le discours criminologique (autre exemple d'un langage à analyser) traduit la tension sexuelle.*

G.F. - M.P.

Page suivante :
Ouvrières travaillant à la fabrication de boîtes métalliques (collage des joints).
Photographie ; 1911.
Paris, collection Boyer-Viollet.

13

CORPS ET CŒURS

YVONNE KNIBIEHLER

Vers 1800, le nouveau petit meuble à la mode est la « psyché ». Dans ce miroir, mobile autour d'un axe horizontal, on peut se voir de la tête aux pieds. Le mot psyché signifie âme ! Est-ce la chance d'une identité nouvelle où s'intégrerait le corps tout entier ? Pas encore. Les femmes du XIXe siècle, croyantes sinon pieuses pour la plupart, ont appris que le corps est l'ennemi de l'âme, l'obstacle majeur sur la voie du salut. D'ailleurs, souvent invalidé par les grossesses, l'accouchement, l'allaitement, il incarne leur aliénation au service de l'espèce. Comment pourraient-elles s'identifier à lui ?

En revanche, le cœur est au centre de l'identité féminine.

Sur ce point aussi, la société profane et la religion sont d'accord. Anthropologues et médecins enseignent que la sensibilité, les émotions, les impulsions, très riches chez les femmes, sont la source de qualités indispensables au bon fonctionnement de la société. La dévotion au Sacré-Cœur de Jésus connaît en pays catholique un essor spectaculaire. L'iconographie qu'elle inspire montre une poitrine ouverte, à l'intérieur de laquelle le cœur lui aussi est ouvert par une blessure profonde : signes symboliques d'une communication, d'une communion directe et intense qui ne passe ni par la raison ni par la science, mais par le miracle de l'amour [1].

Cependant, les progrès de l'hygiène commencent à préciser l'image du corps, jusque-là floue et fragmentée ; ils multiplient les égards que l'on a pour lui ; et la réduction des naissances en modifie les fonctions. En même temps, la culture savante pénètre l'enseignement féminin et tend à submerger la culture affective. Une dérive lente et discrète, mais sans retour, écarte peu à peu la conscience féminine de ses ancrages traditionnels.

Corps

Si le corps n'inspire guère de discours [2], la beauté, elle, retrouve son prestige au lendemain de la crise révolutionnaire. Le naturalisme des Lumières l'a réhabilitée, alors que les moralistes chrétiens la tenaient en suspicion. Non seulement elle est utile pour inciter l'homme à l'acte générateur, mais c'est l'arme spécifique, et légitime, du sexe faible, qui peut grâce à elle compenser sa faiblesse en apprivoisant le sexe fort. A condition toutefois d'affirmer sa différence. Le dimorphisme sexuel s'impose alors comme un dogme, au mépris des morphologies individuelles. Tout ce qui traduit la sensibilité et la délicatesse est valorisé : une peau fine où affleurent les ramifications nerveuses, des chairs moelleuses pour bercer l'enfant ou le malade, un squelette menu, de petites mains, de petits pieds. Mais aussi ce qui traduit les fonctions naturelles de la reproductrice : hanches rondes, seins copieux, tissus bien nourris.

La définition sociale : fonctions nouvelles de la beauté

Toute ressemblance avec l'homme devient inquiétante anomalie.

C'est ce qui explique le succès durable du corset qui ressuscite vers 1810. Moins haut, moins rigide que l'ancien corps à baleines, il a désormais une mission esthétique : affiner la taille, faire saillir la croupe et la poitrine. Le corset permet en outre à la femme « comme il faut » de maîtriser constamment ses formes et ses poses ; il sert de tuteur à sa dignité, physique et morale. Sa permanence n'empêche pas l'évolution des formes. En témoignent deux étoiles de renommée internationale : au seuil du siècle brille la fine, blanche et chaste Juliette Récamier ; sur l'autre versant s'étale l'opulente sensualité de la comtesse de Castiglione.

Le romantisme rêve d'une femme immatérielle, et les ballerines de l'Opéra la figurent avec talent. L'invention d'une nouvelle technique, les « pointes », élance leur silhouette et permet des envols d'une légèreté aérienne. Des ballets tels que *la Sylphide* (1832) ou *Giselle* (1841) arrachent pour un temps la femme à sa pesanteur charnelle. Les héroïnes de romans sont graciles, délicates. Leur visage, miroir de l'âme, exprime des orages intérieurs. Les souffrances du moi romantique s'y traduisent en une pâleur languide, qui se porte si possible avec des cheveux noirs, des yeux cernés, et un nuage de poudre de riz.

Vers le milieu du siècle, la bonne santé retrouve droit de cité. L'embonpoint s'exhibe le soir en décolletés charnus et laiteux. Pour offrir aux regards masculins un buste épanoui, une émouvante « chute de reins », les femmes bombent le torse, cambrent le dos : la lordose devient une difformité spécifique du sexe faible... Même lorsque la pâleur se démode, la clarté du teint reste un critère inébranlable de la beauté. Les dames s'efforcent de conserver une carnation de perle, de nacre, attestant qu'elles sortent peu, qu'elles aiment leur intérieur. Comme les rondeurs et les blancheurs, l'abondance et l'éclat de la chevelure distinguent la beauté. Longues boucles « anglaises » dans lesquelles on glisse un doigt, coques bouffantes, bandeaux épais, chignons lourds, la richesse capillaire s'obtient au moyen de postiches. Ce qui permet aux paysannes pauvres de gagner un peu d'argent en vendant leurs cheveux : cruel sacrifice, toujours mal vécu, surtout par les maris. On ne lave pas la chevelure, par crainte des rhumes, on la brosse longuement. Son odeur est censée troubler les hommes. Mais la sensibilité olfactive s'affine. Les émanations du corps féminin, longtemps considérées comme aphrodisiaques (Michelet encore...), commencent à inspirer quelque répugnance, peut-être à cause des confinements urbains, peut-être en raison du raffinement croissant des rapports amoureux. Aussi l'eau de Cologne connaît-elle durant tout le siècle un long apogée.

Depuis la Révolution, le recul des privilèges impose au costume masculin une austère sobriété. C'est sur le corps des femmes, épouses ou maîtresses, à travers leur prestance et leur parure, que s'affichent la réussite ou la prétention des ambitieux. Jamais peut-être les dames n'avaient employé autant d'étoffe pour se vêtir. Les robes, encore étroites et tubulaires sous le premier Empire, s'élargissent ensuite jusqu'à l'ère des crinolines (entre 1854 et 1868) : une jupe peut alors atteindre 3 mètres de diamètre et nécessiter 30 mètres de tissu. Idole imposante, madame tient à distance tout son entourage ; elle a quelque peine à se déplacer, à s'asseoir ; elle mobilise une femme de chambre pour aller aux lieux d'aisances... A ces monuments vestimentaires succèdent des tournures, des traînes, des poufs qui soulignent les formes avec humour, avec élégance. La hauteur de la taille, la forme des manches et des encolures connaissent désormais des variations saisonnières. La mode accélère la production de l'éphémère pour interdire toute démocratisation. A ce jeu les grandes dames se laissent distancer par les demi-mondaines : la discrétion devient alors le signe de la véritable élégance, de l'authentique distinction.

Une innovation importante apparaît avec l'installation des hommes dans l'industrie de la mode. Sous le premier Empire, Leroy avait su s'imposer. Mais le véritable père de la « haute couture », c'est Worth : il invente les défilés, les femmes mannequins ; il stimule la fabrication de tissus chatoyants, d'ornements gracieux qui personnalisent une toilette. Ses créations féeriques et ses factures ahurissantes sont aussi célèbres que son arrogance : chez lui, les plus grandes dames font antichambre.

Les couturières indépendantes ont pourtant de beaux jours devant elles, et deviennent innombrables. Mais leur carrière est menacée d'un autre côté par l'industrie de la confection, qui transforme toutes les habitudes. Au début du siècle, beaucoup de vêtements et de colifichets passent d'une classe à l'autre : la « marchande à la toilette », redoutable tentatrice, un peu entremetteuse, achète d'occasion des robes, des mantelets, des bonnets, des peignoirs, qu'elle propose ensuite à de jeunes coquettes. Puis de nouveaux magasins se mettent à vendre du neuf tout fait. Spacieux, bien éclairés, avec des étalages où on peut voir, palper, essayer, ils offrent aux femmes une véritable fête des yeux, du toucher, de l'imaginaire, un nouveau lieu de bonheur. Les courses, désormais pleines d'imprévu et de tentations, deviennent d'autant plus excitantes que les prix baissent. Des bourgeoises modestes, des ouvrières même, accèdent à l'euphorie d'un choix vestimentaire jusque-là hors d'atteinte. Celle qui portait jadis pendant dix ans une robe de drap gris ou bleu sans la laver peut s'offrir, chaque année, plusieurs robes d'indienne de toutes les couleurs !

Cette contagion rencontre pourtant quelques résistances. Les campagnes sont longtemps restées en marge des modes citadines. Certes, la prospérité qu'elles connaissent après 1850 s'affiche dans de beaux atours ; mais elle enrichit d'abord les costumes vernaculaires. Les plus pittoresques fleurissent en Hollande, en Bavière, en Alsace, en Bretagne, au pays d'Arles. Conventions et traditions s'y expriment en un code complexe : forme, couleur, dimensions, ornements de la coiffe, du fichu, du tablier, de la jupe, tout est signe. Soudain, après 1880, en quelques années, les costumes régionaux disparaissent, ou sombrent dans la folklorisation.

Les costumes religieux subsistent plus longtemps[3]. On s'émerveille devant l'invention vestimentaire des nouvelles congrégations, alors si nombreuses. Une incroyable minutie préside au choix de la cornette, du voile, des bandeaux, du collet, du scapulaire, des manches et manchettes, et des couleurs et des tissus... Ici le vêtement est symbole mystique, chaque pièce exprime l'esprit de pénitence. A une époque où tant de femmes ne savent pas lire, l'habit délivre encore, au-delà des mots, une instruction très forte : il dit le corps, ses devoirs, son destin.

Il dit l'innocence des filles. Blanche est désormais la robe de mariée, au moins en ville ; blanche la robe de première communion ; blanche la mousseline transparente de la première robe de bal qui voile une pudeur intacte. La demoiselle est un lys, une colombe : sa fraîcheur candide évoque le printemps du monde. Elle n'a pas droit au luxe : la modestie est son lot. Mais le faste de sa mère lui présente le mariage comme un épanouissement prochain de sa parure et de sa beauté[4]. La toilette souligne aussi les étapes de la croissance, la formation de la personnalité. La jupe de la jeune fille touche au sol et sa coiffure est élaborée. La « grande fille », qui traverse la crise pubertaire, natte ses cheveux, ou les serre dans une résille, sa jupe atteint la cheville. La « petite fille », avant l'âge de raison, porte ses cheveux épars ; sa robe laisse voir ses bottines et même ses pantalons. Notons la vigueur avec laquelle les petites filles, modèles ou non, émergent en littérature grâce à la comtesse de Ségur et à Lewis Carroll. Sophie, à quatre ans, est déjà rebelle, et Alice traverse le miroir pour découvrir seule le pays des merveilles[5].

Le pantalon, la culotte connaissent un curieux destin : vêtements interdits au début du siècle, ils deviennent sous-vêtement à la fin. Il est vrai que l'interdit n'a pas empêché quelques femmes de s'habiller en hommes, soit par commodité – telle Mme Marbouty ravie de se déguiser pour accompagner Balzac à Turin en 1836 – ou par esprit d'émancipation – telle George Sand, séparée de son mari, telles les Vésuviennes en 1848. Mais ce sont là des exceptions. Pendant ce temps, la culotte de lingerie progresse. On l'avait imposée d'abord, par décence, aux danseuses de l'Opéra (c'est l'origine du « tutu »), ensuite aux fillettes turbulentes. Les prostituées l'ont essayée, vers 1820, avec grand succès. Les honnêtes femmes l'adoptent quand la cage de la crinoline, écartant jupes et jupons, aère un peu trop la partie du corps située entre le corset et les jarretières. Mais, pour couvrir cette zone, était-il nécessaire de séparer les cuisses et de barrer le sexe ? Si la culotte triomphe, c'est bien plutôt comme symbole : la « dispute pour la culotte », thème permanent de l'imagerie populaire, indique l'importance de l'enjeu... Le pantalon féminin de lingerie devient à la fois « l'indispensable » et « l'inexpressible » : on ne peut le nommer en raison de ce qu'il suggère. Les cuisses, les jambes même sont à présent indécentes sur toute leur longueur. La pudibonderie victorienne va jusqu'à vêtir les pieds des tables. Est-ce un hasard si le fameux french-cancan de la Belle Époque, pétulante expression d'une contre-culture, exhibe à profusion des jambes, des jambes, des jambes, qui gigotent éperdument ?

Culottes, chemises, cache-corsets, canezous de dentelle, jupons multiples, camisoles, guimpes et autres modesties : l'époque a connu un foisonnement inouï des dessous féminins. La mécanisation des industries textiles, la baisse du prix des cotonnades ne l'expliquent qu'en partie. Ce souci presque névrotique de couvrir, envelopper, cacher, exprime peut-être la quête de nouvelles règles dans l'échange amoureux, le désir de ménager à la fois la pudeur et l'érotisme au cours d'un rapprochement plus lent, plus doux, plus tendre. Est-il besoin d'ajouter que les froufrous constituent un luxe inaccessible pour la majorité des femmes, qui n'ont que leur chemise, qui fabriquent des jupons avec leurs vieilles robes, qui ignoreront la culotte jusqu'à après la Première Guerre mondiale ? Les orphelines du Bon Pasteur, en 1903, n'ont pas de linge du tout : on ne leur donne qu'un jupe grossière, lavée seulement tous les trois mois, même si elle est souillée au moment des « accidents du sexe ».

Un oreiller gréé de dentelles, des draps artistement brodés parent aussi la beauté de madame. Là elle vivra les émois de sa nuit de noces, là ses enfants viendront au monde. Avec le linge de corps, le linge de maison accompagne et sert les fonctions féminines, au lit, à la toilette, à table. C'est ce qui fait la valeur du trousseau de la mariée, trésor personnel, richesse inaliénable. Sa confection constitue une étape importante de l'éducation des filles : apprentissage des travaux d'aiguille, mais plus encore apprentissage du labeur patient et de l'immobilité, longue méditation sur le corps, ses parties, ses fonctions. Depuis sa puberté jusqu'à sa noce, la fille « marque » son linge en y brodant ses initiales, entourées de motifs de plus en plus élaborés. L'ensemble, rangé avec amour, peu utilisé, conserve le souvenir des années virginales, comme un symbole d'autonomie. Le culte du trousseau existe surtout dans le sud de l'Europe (France méridionale, Espagne, Italie), où les femmes étaient plus étroitement dominées. Serait-ce l'expression naïve et têtue d'un narcissisme irréductible[6] ?

La lingère, la corsetière, la blanchisseuse comprennent, partagent, flattent cet amour du beau linge fin, immaculé. Leurs métiers leur donnent droit de regard sur le corps et l'intimité de leurs clientes. Informées de bien des secrets, elles assurent une complicité discrète entre femmes, par-delà les distances sociales. Ces ouvrières sont légion ; elles gagnent souvent bien leur vie, et en sont fières, comme Gervaise dans *l'Assommoir*.

Au seuil du XXe siècle, l'apparence du corps féminin subit une radicale transformation. Le couturier Poiret ose abolir le corset vers 1905 : il dessine des robes lisses et fluides, d'une sobre élégance, qui suivent de près des formes amincies. Au même moment, la danseuse américaine Isadora Duncan démode à la fois le tutu et le chausson. Elle danse pieds nus et porte des tuniques inspirées de la Grèce antique. Son succès rapide, son immense prestige révèlent un désir d'émancipation parmi les femmes.

Quand s'effondrent les volumes textiles qui boursouflaient le corps féminin, ce n'est pas la mode qui change, c'est une révolution culturelle qui s'accomplit. Certains y voient « le krach de la beauté ». Zola, plus lucide, écrit : « ... l'idée de beauté varie. Vous la mettez dans la stérilité de la femme, aux formes longues et grêles, aux flancs rétrécis[7] ». Tout le siècle avait marché, à l'aveuglette, vers cette mutation. Mais, à mesure que sa fécondité diminue, la reproductrice devient l'objet d'égards de plus en plus attentifs.

La définition biologique : la médicalisation

« Les femmes enceintes doivent devenir l'objet d'une bienveillance active, d'un respect religieux, d'une sorte de culte », écrit le docteur Marc en 1816[8]. Cette sollicitude s'adresse surtout au fœtus, mais profite à celle qui le porte. Marc propose des mesures qui en disent long sur le sort des femmes à protéger. Il veut réprimer la violence qui règne dans le bas peuple : nombre d'avortements ont pour cause la brutalité des maris, quand ils sont ivres. Il veut exempter les femmes grosses des travaux pénibles, dont il donne une description accablante. Ces idées commencent à se répandre. Elles n'ont pas que des conséquences agréables pour les intéressées : Marc et ses pareils prétendent les garantir aussi contre elles-mêmes, en surveillant sévèrement toutes leurs activités, en limitant leurs ébats dans les fêtes : la balançoire, la valse sont à proscrire. Le paternalisme des médecins rêve de transformer la grossesse en une ascèse contrôlée. En dépit de ces intentions précoces, la protection des futures mères ne s'organisera vraiment qu'à la fin du siècle, dans le cadre de la législation du travail[9].

En attendant, sous l'effet de la pudibonderie victorienne, la grossesse devient tabou : celle qui se trouve dans cette « position intéressante » sort peu de chez elle, se montre le moins possible. Un tabou analogue pèse sur la naissance : en Alsace, une cigogne apporte le bébé, ailleurs, il naît dans un chou, ou la sage-femme vient le livrer. Il s'agit de ménager l'innocence des enfants et des jeunes filles ; mais il s'agit aussi, n'en doutons pas, de nier ou du moins de masquer l'animalité de l'espèce humaine. Pendant ce temps, les prostituées enceintes sont particulièrement recherchées par les clients des bordels.

La médicalisation de l'accouchement, commencée au XVIIIe siècle, s'impose massivement au XIXe. Le facteur initial est une sorte de snobisme. Comme le médecin se fait payer trois ou quatre fois plus cher que la sage-femme, c'est un signe d'aisance que de l'appeler. Les parturientes plus modestes restent fidèles aux sages-femmes, les très pauvres vont à l'hôpital. La diversité géographique des comportements s'explique souvent par des raisons économiques. A Londres, en 1892, dans les quartiers pauvres de l'East End, la moitié des accouchées appellent une sage-femme ; dans le West End, 2 % seulement[9]. A Boston, il semble que dès 1820 toute l'obstétrique ou presque soit déjà aux mains des hommes[10].

Rien n'assure que l'intervention de l'homme de l'art ait réduit la mortalité (avant 1870). A Rouen, où la médicalisation est avancée, mais où de nombreux pauvres s'entassent dans les taudis, la mortalité maternelle se maintient autour de 11 %. Dans l'Utah où règne encore l'empirisme des matrones, les pertes sont d'environ 6 % : on est là dans un espace ouvert au pied de superbes montagnes, véritable paradis anti-épidémique[11].

Rien n'assure non plus que le médecin atténuait les souffrances. L'anesthésie essayée à la fin des années 1840, grâce à l'éther et au chloroforme, fait aussitôt l'objet d'une forte demande, en dépit de la morale chrétienne qui prescrit aux filles d'Ève d'accepter cette souffrance et d'en faire oblation. La reine Victoria demande du chloroforme pour mettre au monde son huitième enfant, en 1853. Mais les médecins freinent cette pratique en raison des accidents possibles. L'impératrice Eugénie, qui subit en 1856 des couches très éprouvantes, refuse ce soulagement. Elle n'aura pas d'autre enfant... Les sages-femmes accusaient les médecins de manquer de patience et de recourir trop vite au forceps.

Ce n'est pas au domicile des accouchées que s'accomplissent les grands progrès de l'obstétrique, c'est dans les hôpitaux. Ne viennent là que les malheureuses réduites à la plus extrême misère car, aux yeux de tous, il reste indécent, inconcevable, qu'un enfant naisse ailleurs qu'au foyer de ses parents. Dès le début du siècle, quelques efforts sont faits pour mieux accueillir ces marginales. Au mieux, on crée des établissements nouveaux, comme la maternité de Port-Royal à Paris, ouverte en 1794. Au minimum, on réserve dans l'hospice une ou plusieurs salles spéciales. Les statistiques, assez régulièrement tenues à partir des années 1850, révèlent que la mortalité demeure en ces lieux très élevée, de 10 à 20 %. Cela tient en partie à ce que les mères qui viennent là sont fréquemment rachitiques, tuberculeuses, en plein désarroi. Mais le facteur majeur c'est la fièvre puerpérale transmise par l'accoucheur lui-même et ses étudiants, qui pratiquent alternativement, sans précaution, des autopsies et des touchers obstétricaux. Le médecin autrichien Semmelweiss avait soupçonné dès les années 1840 les origines de l'infection, et il avait réduit la mortalité dans son propre service en obligeant ses subordonnés à nettoyer leurs mains. En France, Tarnier fut lui aussi un véritable précurseur. Mais le progrès ne devient effectif qu'après la mise au point des principes de l'antisepsie. Entre 1870 et 1890, tous les hôpitaux d'Occident se convertissent aux règles nouvelles. Vers 1900, la mortalité maternelle tombe à environ 2 %. Alors, mais alors seulement, il est plus sûr d'accoucher à l'hôpital que chez soi. La combinaison de l'anesthésie, de l'antisepsie, et des progrès en matière de suturation, permettent une chirurgie audacieuse : l'opération césarienne devient, au seuil du XXe siècle, une pratique courante.

Pendant ce temps, la clientèle des sages-femmes diminue : la pratique libérale cesse d'être rentable. Les sages-femmes entrent comme salariées dans les hôpitaux et les cliniques privées : elles s'y trouvent en position subalterne, aux ordres des médecins désormais tout-puissants, non plus à la disposition des parturientes. Une forme traditionnelle de solidarité féminine se désorganise, et les femmes perdent toute autonomie dans le domaine de la reproduction. Les barrières de la pudeur cèdent très vite : rien ne montre mieux leur origine culturelle, et non point « naturelle ». Désormais, le protecteur naturel d'une femme en mal d'enfant n'est plus son mari, mais le médecin.

Les sages-femmes n'ont pas été les seules victimes du progrès médical. D'autres soignantes traditionnelles ont vu leurs savoirs et leurs pratiques disqualifiés. Religieuses, garde-malades, guérisseuses ont été promptement subordonnées et même domestiquées par les médecins, à partir de l'ère pasteurienne. En pays anglo-saxon cependant, les *nurses* ont pu garder quelque autonomie grâce à l'énergie de personnes comme Florence Nightingale. Il est vrai que les femmes sont bientôt rentrées par la grande porte dans les pratiques médicales, puisqu'elles-mêmes sont devenues médecins. Mais leur accès à ce métier a été tardif et lent. Longtemps suspectes à leurs confrères masculins, elles se comportaient en élèves dociles pour mieux se faire accepter ; elles n'osaient pas prétendre à des postes d'initiative et de responsabilité. Elles n'étaient donc pas en mesure, à quelques rares exceptions près [12], de donner à la médecine des femmes une impulsion décisive.

Or la femme du XIXe siècle est une éternelle malade. La médecine des Lumières présente les étapes de la vie féminine comme autant de crises redoutables, même indépendamment de toute pathologie. Outre la grossesse et l'accouchement, la puberté et la ménopause constituent aussi désormais des épreuves plus ou moins dangereuses, et les menstrues, blessure des ovaires, ébranlent, dit-on, l'équilibre nerveux. Toutes les statistiques prouvent en effet que les femmes subissent, au XIXe siècle, une morbidité et une mortalité supérieures à celles des hommes [13]. L'opinion et de nombreux médecins incriminent la « faiblesse » de la « nature féminine » : « cause » biologique, supposée éternelle et universelle, qui risquait de nourrir un fatalisme insurmontable. En fait, les filles et les femmes étaient malades en raison des conditions de vie qui leur étaient imposées ; mais peu de médecins savaient alors tenir compte des facteurs sociaux.

« Les filles sont la portion la plus délicate et la plus maladive du genre humain », affirme le docteur Virey en 1817 [14]. La surmortalité des filles est en effet patente, dès l'âge de cinq ans, dans tous les pays occidentaux. Visible déjà au cours du XVIIIe siècle, elle s'accuse entre 1840 et 1860, plus durement en France et en Belgique, semble-t-il[15].

La « phtisie » est la maladie la plus meurtrière : en Belgique, elle tue 20 % des filles de sept à quinze ans, 40 % des filles de quinze à vingt et un ans. De manière générale, elle frappe deux fois plus les filles que les garçons. Les médecins qui soignent les familles riches comprennent mal que des jeunes filles choyées, dorlotées, soient si vulnérables. L'urbanisation, il est vrai, favorise la contagion ; mais les meilleurs médecins, le grand Laennec lui-même, soupçonnent tout autant les chagrins, les déceptions, les peines de cœur. Le cas des sœurs Brontë plaide pour ce genre d'explication. Est-ce un hasard si la tuberculose est la maladie romantique par excellence ? Les chagrins et les déceptions, l'affaissement moral et le dégoût de vivre sont eux-mêmes des conséquences de conditions plus générales : dès la naissance, les filles sont moins bien accueillies ; consciemment ou non, on les néglige. Un préjugé tenace, dont Michelet se fait l'écho, écarte les viandes, surtout les viandes rouges, de leur alimentation. Les principes de la bonne éducation confinent les demoiselles à l'intérieur d'appartements sombres, privées d'air, de soleil, d'exercice, courbées sur des travaux d'aiguille. Dans les milieux modestes, on leur impose très tôt des tâches domestiques parfois accablantes ; ou bien elles vont aux champs, à l'usine, à l'atelier, pour de très longues journées.

La tuberculose compte également parmi les facteurs essentiels de la mortalité dite maternelle, laquelle est, bien souvent, une sanction de l'éducation des filles. On peut en dire autant du rachitisme, autre conséquence, alors fréquente, de la misère physiologique. Les femmes pauvres ont des bassins étroits qui compromettent l'accouchement. Mais les demoiselles elles-mêmes souffrent de déficiences osseuses qui déforment leur « épine dorsale » (scoliose, cyphose, lordose émergent dans le vocabulaire médical), avant de compliquer leurs parturitions.

Autres maladies significatives : celles des organes génitaux. Les médecins les connaissent mal, car ils n'osent imposer des examens à leurs pudiques patientes. Beaucoup croient d'ailleurs la métrite inévitable, universelle. Ils n'ignorent pas les contagions vénériennes, mais ils ne s'y attardent guère : « La vérole se partage entre époux comme le pain quotidien[16]. » La chaste épouse, victime ordinaire de ce « partage », est souvent tenue dans l'ignorance de son mal pour sauvegarder la paix du ménage ; et le médecin ne la traite qu'avec l'autorisation du mari, car le traitement est révélateur. Nous ignorerons toujours combien de jeunes femmes, mariées pour leur bien, ont été sacrifiées à cette complicité masculine. Elles n'étaient pas toutes dupes, pas toutes résignées, quel que fût leur milieu. Deux exemples : Cristina Trivulzio, princesse Belgiojoso, riche aristocrate lombarde, et Suzanne

Voilquin, ouvrière brodeuse à Paris, ont affronté cette épreuve, qui a transformé leur vie. L'une et l'autre ont obtenu de l'époux pollueur une séparation à l'amiable. L'une et l'autre sont devenues des soignantes avisées. Cristina, qui souffrait d'abominables névralgies, acquit par expérience une connaissance fine de la pharmacopée de son temps, ce qui lui permit de soulager ses proches et ses amis. Pendant le siège de Rome, en 1849, elle organisa et dirigea les hôpitaux et ambulances de la ville, avec une efficacité qui força l'admiration de tous. Suzanne s'initia d'abord à la médecine homéopathique du docteur Hahnemann. Plus tard, au Caire où elle avait rejoint ses amis saint-simoniens, elle s'habilla en homme pour pouvoir suivre des cours dans un hôpital ; munie d'un brevet de sage-femme, elle exerça ce métier en France et en Russie. A la fin du siècle, lorsque la syphilis devient un véritable épouvantail, les médecins obtiennent enfin le droit de traiter les honnêtes femmes, même mariées...

Il est admis, aussi, que toutes les femmes sont nerveuses, l'ont été, ou le seront. A cette époque où la paix des champs inspire encore une inquiète nostalgie, les médecins accusent volontiers la vie urbaine, qui transforme il est vrai le statut, les fonctions, les conditions de vie de l'épouse-mère. Quelques-uns s'irritent contre les « poupées à migraine » qui tiennent en échec toutes les thérapeutiques. On est là dans le domaine mystérieux de ces affections invalidantes qui peuvent être simulées, ou cultivées. Dans quelle mesure la migraine a-t-elle servi de refuge ou de prétexte à des femmes déçues, excédées ? Dans quelle mesure signale-t-elle des crises douloureuses de l'identité, de la conscience ? La comtesse de Ségur subit pendant sa ménopause de terribles séquences de céphalées et de léthargie ; sa guérison coïncide avec son entrée en littérature [17]. Contre-exemple : Mme Vrau-Aubineau, bourgeoise du nord de la France qui abandonne par force ses activités industrielles, sombre dans les migraines jusqu'à la fin de ses jours [18].

Bien plus encore que la migraine, l'hystérie est alors par excellence, si l'on ose dire, la maladie du sexe faible ; d'aucuns la considèrent comme inhérente à la « nature féminine ». En fait, cette pathologie jette la perturbation dans les familles, dans la société, dans la science médicale même : tout le monde souffre et subit. Redoutant la crise, les proches ménagent la malade, qui obtient ainsi des égards gratifiants, et même parfois un pouvoir discrétionnaire. La contagion peut entraîner des manifestations collectives impressionnantes, comme ce fut le cas à Morzine entre 1857 et 1873. Filles et femmes hurlent, se tordent, injurient et battent leurs pères et maris, boivent de l'alcool, refusent de travailler. Les pouvoirs publics, déconcertés, entreprennent une véritable croisade pour arracher toute une population rurale à l'isolement et à la misère : ils ouvrent des routes, installent une garnison, organisent des bals... La théâtralisation qui se déploie à la Salpêtrière entre 1863 et 1893 provoque, exhibe, pousse à l'extrême l'angoisse et la souffrance des patientes ; elle révèle aussi la fascination que subit le corps médical. Freud le premier s'efforce d'entendre réellement ces malheureuses. Il réhabilite leur bavardage, leurs rêves, même leur sexualité ; il accepte de les écouter parler d'elles-mêmes, indéfiniment...

L'audience des médecins augmente au cours du siècle, surtout à partir de l'ère pasteurienne, et les valeurs qu'ils défendent progressent. Le naturalisme des Lumières affirmaient déjà que l'hygiène est aussi la vraie morale, celle qui protège à la fois le corps contre les maladies et l'âme contre les vices. Mais l'hygiène bute sur deux obstacles. Sur la pudeur d'abord : laver le corps avec trop de complaisance passe pour du libertinage, surtout la toilette intime ; on préfère changer de linge. L'autre obstacle, c'est l'absence d'eau courante et de tout-à-l'égout. On se lave le visage et les mains dans une cuvette chaque jour (ou presque), le reste du corps une fois par semaine (au maximum). La douche, le bain restent longtemps réservés aux malades (c'est l'hydrothérapie). Les privilégiées qui possèdent une baignoire se baignent une fois par mois, après les règles. Les pays anglo-saxons ont inventé le *tub*, qui se répand sur le continent à la fin du siècle. On peut voir à travers l'œuvre de Degas, entre autres, combien l'habitude de laver tout le corps à grande eau transforme la représentation du nu féminin : la femme à sa toilette devient un sujet presque trivial.

Une bonne hygiène exige aussi des exercices au grand air : prescription redoutable pour les femmes, tant que leur peau doit rester immaculée. Pourtant, dès les années 1820, Marie de Flavigny (future comtesse d'Agoult) avait un « maître de grâces », c'est-à-dire un maître à danser pénétré de son importance, et une maîtresse d'armes qui l'exerçait au fleuret ; elle montait souvent à cheval. On voit évoluer les programmes des pensionnats de demoiselles : aux « leçons de maintien » qui enseignaient l'attitude correcte pour chaque moment de la journée et de la vie, succèdent peu à peu au début des années 1880 des exercices de gymnastique, exécutés sans corset, à l'aide d'engins et même d'agrès. C'est probablement la vogue des bains de mer qui a accéléré la libération des corps féminins. Plutôt que leur liberté, d'ailleurs, on veut désormais cultiver leur vigueur, leur énergie, dans une perspective souvent nationaliste, ou même raciste.

Commencée en Allemagne et en Angleterre, la croisade pour la gymnastique féminine conquiert l'Europe latine à la fin du siècle. Elle a déchaîné des enthousiasmes fanatiques dont témoigne, parmi d'autres, un roman plein de malice et de sensualité d'Edmondo de Amicis [19]. Le sport féminin, surtout la compétition, a suscité plus de résistance, et même parfois une violente hostilité. Les observateurs dénonçaient la laideur de la femme en plein effort, regrettaient sa gracieuse faiblesse, redoutaient qu'un développement musculaire excessif n'endommageât la future procréatrice. Pourtant, la natation, le tennis ont très vite conquis les femmes de milieu aisé [20]. Diverses associations ont promu, en milieu populaire, le cyclisme, la course, le saut, l'athlétisme. Et, malgré la résistance de Pierre de Coubertin, les femmes ont participé aux jeux Olympiques dès 1912.

Ajoutons qu'à la même époque l'éducation sexuelle des jeunes filles est réclamée avec insistance par les médecins, pour combattre la syphilis. Une jeune fille avertie résisterait mieux à la séduction, elle pourrait exiger de son fiancé les preuves d'une santé intacte. Des manuels d'information paraissent. Mais que les femmes aient acquis droit de regard sur leur corps représentait déjà une révolution. Comment leur accorder droit de contrôle sur le corps de l'homme ?

Corps ou cœurs ?

Les « rapports du physique et du moral de l'homme[21] » ont beaucoup préoccupé les médecins des Lumières. L'amour conjugal, l'amour maternel, dont la société a tant besoin, sont-ils de nobles sentiments inscrits de toute éternité dans l'âme féminine ? Ou ne sont-ils que les produits, incertains et caducs, d'une matrice affamée de sperme et de fœtus ? Entre corps et cœurs, la relation reste mystérieuse. Les changements qui, au cours du siècle, transforment les rôles sociaux et familiaux du sexe faible, contribuent-ils à préciser ou à modifier cette relation ? Comment évolue la rencontre entre la femme et l'homme, entre la femme et le petit d'homme ?

Le sexe des anges

Durant les années 1840, le mot français « frigidité » commence à désigner le manque d'appétit sexuel des femmes. L'ère victorienne a d'ailleurs vu naître une littérature qui nie cet appétit. On sait que Michelet, par exemple, n'arrivait pas à faire « vibrer » Athenaïs, qui se contentait d'être objet de désir, de bien manger, de bien dormir : c'était là toute sa sensualité. Puisque c'est devenu un problème que de réveiller madame, le docteur Debay, médecin militaire très réaliste, cent fois réédité entre 1848 et 1888, indique en détail les diverses manières d'émouvoir une femme[22]. Mais William Acton, autre médecin, très lu en pays anglo-saxon, affirme, lui, que la sexualité féminine est comblée par l'enfantement et la vie domestique[23]. Il a beaucoup contribué à la définition de la *true womanhood* et à la séparation des « deux sphères ».

Il faut rappeler cependant que le moralisme victorien se méfie du sexe en général. Le même Acton invite les messieurs à freiner leur activité sexuelle : un rapport tous les sept ou dix jours, c'est assez ; et plusieurs praticiens français sont du même avis. La plupart des médecins recommandent un coït rapide, pour économiser les forces masculines, ce qui ne pouvait guère favoriser l'orgasme simultané. En outre, l'ovologie, en plein essor entre 1840 et 1860, établit que la jouissance féminine n'est pas nécessaire à la fécondation : cette découverte confirme la vocation maternelle de la femme, justifie l'égoïsme masculin et fonde l'hostilité contre l'inutile clitoris [24]. Bref, plusieurs facteurs combinés imposent une nouvelle conception et une nouvelle pratique des rapports sexuels : il faut éviter des fatigues à l'époux qui doit accomplir un travail productif ; il faut consacrer l'épouse aux tâches maternelles et domestiques ; il faut enfin ne pas trop engendrer. Ce qui est déterminant pour les femmes, ce n'est pas leur appétit sexuel, ce sont les contraintes qu'elles subissent...

Élisabeth Blackwell, qui fut en 1845 la première femme médecin aux États-Unis, affirme que la frigidité est d'abord un produit de l'éducation : on enseigne aux filles que c'est péché de penser au sexe [25], le but étant de les garder vierges jusqu'au mariage.

La jeune fille, en effet, n'est pas un être « naturel » : pubère entre douze et quinze ans, elle ne se marie en général qu'au-delà de vingt ans ; ce délai imposé par la société contrarie la nature. Pour la faire attendre sans trop de contrainte, le meilleur moyen est de retarder l'éveil du désir, en occultant toutes les réalités charnelles du sexe. La fille « pure » ne sait rien et ne soupçonne rien. A ce compte, la virginité n'est plus une vertu chrétienne, et d'ailleurs les pères et maris libres penseurs y tiennent autant que les dévots ; c'est un label à l'intention du futur époux.

Des principes étroits règlent donc l'éducation virginale, dont la mère est responsable. Les manuels d'éducation précisent l'hygiène alimentaire (des mets peu échauffants, du lait le soir), et l'hygiène du sommeil (un lit pas trop douillet, un lever toujours matinal). La masturbation est difficile à empêcher ; les médecins prétendent qu'elle est plus répandue chez les filles que chez les garçons. Une militante de la Social Purity, apôtre enthousiaste de la chasteté, découvrit avec horreur, en lisant des pamphlets qui dénonçaient le « vice solitaire », qu'elle s'y était adonnée en toute innocence, des années durant [26]. Une fille bien élevée garde sa chemise pour faire sa toilette, même pour prendre un bain ; elle ferme les yeux pour changer de chemise.

Sa mère est supposée l'avertir à l'approche de la menstruation. Les prêtres eux-mêmes le souhaitent : on peut utiliser l'*Ave Maria* (« Jésus le fruit de vos entrailles ») pour éveiller l'attention de l'enfant et lui expliquer que les règles rappellent chaque mois à la femme sa véritable destinée. Combien de mères osaient parler ? Madeleine Pelletier, issue d'un milieu populaire, raconte qu'un jour (c'était en 1886, elle avait douze ans) elle arriva à l'école angoissée avec sa jupe tachée de sang. Rabrouée par la religieuse, elle retourna chez elle où sa mère, bigote rigide, refusa de répondre à ses questions ; et c'est finalement son père, infirme, qui en quelques phrases brutales fit d'un seul coup son éducation sexuelle[27]. Madeleine devint médecin, mais ne put jamais se laisser approcher par un homme. Nul doute que certaines vocations religieuses s'expliquent par des circonstances analogues. Pourquoi s'étonner ? Des mères élevées dans le mépris de leur corps et la honte de leur sexe ne pouvaient transmettre qu'une passivité aveugle et routinière. De même, à la veille des noces, bien des filles ignorent ce qui les attend. Les mères, là encore, se taisent. Peut-être redoutent-elles d'inspirer du dégoût pour l'acte sexuel, en l'évoquant en paroles, dissocié des sensations et des caresses qui le font accepter. Cette crainte n'est pas vaine : Zélie Guérin, future mère de Thérèse de Lisieux, voulait beaucoup d'enfants ; mais elle reçut un choc terrible en apprenant ce qu'elle aurait à subir ; son époux, compréhensif, attendit plusieurs mois avant de consommer le mariage.

On cherche pourtant à éveiller « l'instinct maternel ». Joséphine de Gaulle, grand-mère du général, auteur de nombreux livres pour enfants, suggère de confier à l'adolescente l'élevage d'un petit chat, d'un petit chien. La « grande fille » peut aussi devenir marraine (mère spirituelle, lui explique-t-on), et participer à l'éducation morale d'un enfant. Mais la poupée devient un instrument de choix pour la préparation à la maternité. Ce jouet connaît une expansion rapide, en même temps qu'une mutation radicale. Au début du siècle la poupée gardait l'apparence d'une jeune femme élégante, comme pour donner à la petite l'envie de grandir et d'être belle. Vers 1850, les fabricants présentent des poupées-bébés qui connaissent un succès immédiat. Ces bébés sont asexués et le resteront jusque bien après la Seconde Guerre mondiale. Avec eux, la fillette « joue à la maman ».

Pour la fille « innocente », la pudeur devient une sorte d'habitus, en deçà de la conscience : telle est l'« oie blanche ». L'angélisme se renforce encore au tournant du demi-siècle, et pourtant son emprise n'est ni totale ni universelle. Dans les campagnes où chacun peut voir les bêtes s'accoupler et mettre bas, il est difficile de préserver l'innocence des filles. Des rites et des fêtes d'origine païenne contribuent à l'éveil de leur sexualité. En Provence, au temps du Carnaval, les garçons poursuivent les filles et les barbouillent de boue, sur les seins et les cuisses[28]. Dans le centre et l'ouest de la France, il existe des « foires aux filles[29] ». Et même si la société rurale exerce un contrôle sur les jeunes, la fréquentation reste assez libre. Dans le Marais vendéen, les amoureux, à l'abri d'un vaste parapluie, se livrent à des approches tolérées par la famille : baisers prolongés, masturbation réciproque ; les filles ont la curiosité d'essayer plusieurs galants. L'offensive catholique de la fin du siècle a eu beaucoup de peine à leur imposer la vertu. Dans les milieux populaires des villes, les relations préconjugales semblent avoir été monnaie courante[30].

Aux États-Unis, en pleine ère victorienne, le flirt est pratiqué sans entraves.

Liberté qui surprend les visiteurs européens, depuis Tocqueville (années 1830) jusqu'à Mlle Marie Dugard qui représenta l'enseignement secondaire français à l'exposition internationale de Chicago (1893)[31]. Les jeunes filles sortent sans chaperon avec les garçons de leur choix et rentrent tard dans la nuit : journaux intimes et correspondances révèlent le plaisir qu'elles éprouvent à être embrassées, caressées, et à rendre au centuple[32]. Vingt flirts ne les empêcheront pas de se marier et de devenir d'excellentes épouses.

Même dans les milieux les plus guindés de la vieille Europe, la jeune fille bien élevée peut se laisser approcher : au bal par exemple. Quadrilles et contredanses miment les moments de l'amour : rencontre, séparation, retrouvailles ; seules les mains s'effleurent ou le bout des doigts. Mais la valse ouvre un monde d'émotions et de sensations. Les partenaires enlacés tourbillonnent corps à corps : rythme, vertigineuse intimité, fête et désordre des sens... La demoiselle peut en outre bénéficier d'une « culture sauvage » procurée par les domestiques[33], ou trouvée dans les livres défendus : Louise Weiss descendait chaque nuit dans la bibliothèque paternelle pour s'informer dans les dictionnaires[34]. D'ailleurs, le flirt est attesté en France au seuil du XXe siècle[35].

Oie blanche ou vierge immaculée, la jeune fille devient un jour une épouse. Même si sa nuit de noces s'est bien passée, elle trouve bientôt de nouveaux obstacles sur la voie de l'épanouissement sexuel : l'enfantement est de loin le plus lourd. Nombreuses sont encore celles qui croient les rapports nuisibles pour l'enfant pendant la grossesse et l'allaitement (soit durant deux années). Mais de plus en plus nombreuses sont celles qui souhaitent réduire les naissances. La crainte d'être enceinte inhibe le désir à une époque où l'on pensait encore que la jouissance favorisait la conception. Certes, ce sont surtout des hommes, anglo-saxons pour la plupart, qui réclament la contraception : Malthus, Francis Place, Richard Carlyle, Charles Knowlton. Les femmes, même féministes, resteront longtemps timides. Mais en confidence, dans des lettres ou des journaux intimes, elles avouent leur lassitude et leur répugnance. La reine Victoria n'est pas une mère triomphante : elle a vécu ses neuf grossesses et ses accouchements comme autant de calvaires, qui ont gâché sa vie conjugale et aliéné sa liberté. Son horreur des familles nombreuses est largement partagée dans les couches supérieures, pourtant prolifiques, de la société britannique.

Cependant, la contraception ne progresse que lentement et les différences entre les pays sont difficiles à expliquer. Les deux nations les plus précoces sont la France – où le déclin des naissances se marque fortement dès 1790 – et les États-Unis où le même phénomène apparaît après 1800. Deux nations qui ont en commun d'avoir fait une révolution, d'avoir proclamé les droits de l'homme et les libertés individuelles. On aurait pourtant du mal à prouver que ce fut là un facteur déterminant. Les pays du nord de l'Europe ne réduisent les naissances qu'après 1870, plus tard encore ceux du sud. On ne peut pas dire que ce déclin est lié à l'industrialisation, puisqu'il la précède en France et aux États-Unis. Ni qu'il correspond au recul de la mortalité infantile, laquelle ne régresse massivement qu'après la révolution pasteurienne. Ni qu'il est le fait de populations protestantes, attachées à la liberté de conscience, puisque la France est très majoritairement catholique. Le comportement des différents milieux sociaux est tout aussi déconcertant. Ce ne sont pas les couches supérieures, riches et cultivées, qui prennent l'initiative : en France, les dames de l'aristocratie et de la grande bourgeoisie restent les plus prolifiques. Les paysannes, réputées conservatrices, ont su parfois très tôt maîtriser leur fécondité (ainsi dans le Bassin aquitain), cependant que les ouvrières continuent partout à engendrer beaucoup, au moins jusqu'à ce que le travail des enfants soit interdit. Aux États-Unis, on observe que les femmes nées en Amérique ont moins d'enfants que les immigrantes. Il arrive d'ailleurs que des immigrantes voient croître leur fécondité après leur installation : c'est le cas des Brabançonnes arrivées au Wisconsin entre 1852 et 1856[36]. La réduction des naissances est un phénomène complexe, où s'emmêlent des facteurs économiques, culturels, psychologiques : chaque cas est particulier. A peine ose-t-on avancer que les classes moyennes y ont tenu le premier rôle[37].

Les procédés employés sont loin d'être équivalents. Ce n'est pas leur efficacité qui est ici en cause, mais leur signification : quelle part d'initiative, de responsabilité, de liberté chacun d'eux accorde-t-il à la reproductrice ? Quel pouvoir sur son propre corps ? Quelles chances de plaisir sexuel ?

La pratique ancienne, fondée sur le mariage tardif, l'allaitement prolongé et un taux élevé de célibat, persiste dans de nombreuses zones rurales (Irlande, péninsule Ibérique, zones montagneuses de France et d'Italie). Mais elle devient insuffisante avec le recul de la mortalité : pour éviter la surcharge démographique, il aurait fallu, à la fin du siècle, que les filles se marient après trente-cinq ans ou que 40 % d'entre elles restent célibataires. Or, vers 1850, dans les campagnes françaises, les filles se marient autour de vingt-cinq ans, et 13 % restent célibataires.

Certains couples font chambre à part : usage sans doute plus fréquent chez les gens riches et bien logés. L'efficacité est certaine, mais la séparation peut être frustrante. Pour qui ? Le monsieur qui « respecte » son épouse hésite rarement à la tromper, soit avec des femmes entretenues, soit, s'il est économe, avec une domestique. Mais la dame ?

Dans les couches moyennes, les époux s'exercent plutôt à esquiver la fécondation. Certains moyens, connus de longue date dans les milieux de la galanterie, pénètrent peu à peu dans les ménages légitimes. Ceux qui exigent des instruments n'ont qu'un succès tardif et limité : condom, diaphragme, seringue à injection restent longtemps coûteux et incommodes. La sodomie, la fellation motivent quelques procès en séparation de corps, mais on ignore leur diffusion réelle. Tout indique que la priorité revient presque partout au coït interrompu, simple et gratuit. La méthode exige de l'homme une ascèse difficile et dépend donc essentiellement de son initiative. On reste là dans la logique patriarcale, où la femme se soumet passivement au « devoir conjugal ». Et pourtant, tout change : l'homme ne cherche que le plaisir, il donne l'exemple à sa compagne, il lui permet au moins une prise de conscience. En outre, même s'il ne vise qu'à alléger ses charges de famille, le mari ménage les forces, la santé, la liberté de la génitrice ; il lui offre la chance d'une vie différente, délestée des charges maternelles.

Le clergé catholique n'a réagi que très tard, à un moment où la pratique était devenue générale et habituelle. Pourquoi si tard ? Parce que depuis la Révolution ce sont surtout les femmes qui vont à confesse : elles n'abordent pas spontanément cette question, elles acceptent mal qu'on la leur pose. La plupart se sentent irresponsables, parce que soumises à leurs maris. Certaines s'avouent complices, alléguant qu'elles n'ont pas cru pécher, mais au contraire agir avec prudence. Le prêtre n'insiste pas : la procréation est une affaire d'hommes. La protestation des médecins a été plus nette et plus précoce. Plusieurs s'inquiètent de la frustration des épouses, suggérant ainsi qu'elles ne sont pas aussi frigides qu'on se plaît à le dire. Le docteur Bergeret[38], dont le livre, traduit en anglais, fut très lu en pays anglophone, menace les « fraudeurs » des maladies les plus graves, sans réussir à les intimider.

L'emploi des techniques contraceptives n'a pas eu pour résultat l'espacement des naissances, mais l'arrêt précoce de l'enfantement[39]. Apparemment, les femmes ne souhaitaient pas étaler les maternités ; elles préféraient en finir au plus tôt avec cette lourde charge ; elles voulaient conquérir du temps libre pour une autre part de vie, plus personnelle.

L'avortement est souvent présenté comme une pratique spécialement populaire, et féminine. Il faut nuancer. Pratique populaire oui, mais on avorte aussi dans d'autres milieux. Témoin lady Henrietta Stanley qui, enceinte pour la dixième fois, se délivre grâce à une purge, un bain très chaud, une longue marche à pied, ... et en informe lord Edward, son époux. Pratique féminine sûrement : depuis toujours, de nombreuses femmes y recouraient seules, ou en s'entraidant, sans se croire coupables, persuadées que le fœtus ne vit que quand il bouge, c'est-à-dire à partir du quatrième mois (ce que les lois anglaises et américaines semblaient admettre[40]). Mais malgré son ancienneté, l'avortement change de caractère et de signification en raison des progrès techniques, et à mesure que les hommes s'en mêlent. Une meilleure connaissance de l'anatomie et de la physiologie féminines permet l'emploi de méthodes moins traumatisantes que les drogues et les chutes d'antan : on se sert d'une aiguille à tricoter pour percer la poche des eaux ; puis, de plus en plus souvent, d'une canule permettant une injection d'eau savonneuse dans l'utérus ; si les précautions d'asepsie sont respectées, les risques sont très réduits[41]. Vers 1910, ce dernier procédé est devenu banal : des professionnels, médecins et sages-femmes, proposent leurs services de manière à peine voilée. Quel que soit le moyen employé, le nombre des avortements augmente partout dans la seconde moitié du siècle. Ce n'est plus seulement l'acte désespéré de filles séduites ou de mères de famille nombreuse, c'est un procédé de limitation des naissances. Une pratique jadis privée, discrète, au sein du monde des femmes, se commercialise dans le monde des hommes : à Londres, les Chrimes brothers, en 1898, ont au moins 10 000 clientes.

La réaction qui se déclenche à la fin du siècle étonne par son ampleur et sa vigueur : elle hausse l'avortement au rang de problème politique majeur. Aux États-Unis, elle est consécutive à la guerre civile ; en Angleterre, elle n'est pas sans rapport avec la dure guerre des Boers ; en France, le désir de revanche sur les Prussiens après la défaite de 1870 en est une cause indirecte. Après toute guerre, la vie est sacrée ! On tend alors partout à assimiler l'avortement à l'infanticide : le fœtus, et même l'embryon, deviennent des êtres humains à part entière. C'est bien ce qu'enseignait depuis toujours la doctrine chrétienne. Mais tout se passe comme si la société profane laïcisait soudain cette révélation, ou comme si elle décidait pour la première fois d'en affronter toutes les conséquences.

Pour en revenir à la sexualité féminine, l'avortement alors si douloureux, parfois si mutilant, n'était sûrement pas un moyen de la promouvoir. Les archives de police révèlent que de nombreuses femmes du peuple refusaient « le devoir » à leur mari, au risque d'être rouées de coups. Mais l'une d'elles se masturbe couchée à côté de l'homme qu'elle vient de repousser[42]. Toutes ces femmes s'expliquent en disant qu'elles veulent éviter la grossesse ou, plus rarement, la vérole. Tant que de tels obstacles subsistent, comment l'érotisme pourrait-il s'introduire dans le lit conjugal ?

Les Américaines, plus résolues que les Européennes, ont tenté une vigoureuse offensive durant les deux dernières décennies du siècle[43]. Peut-être dans l'espoir de limiter les grossesses, elles s'appuient sur la religion pour contester explicitement les rôles sexuels et les droits du mari. Les militantes du mouvement *Social Purity* proclament que c'est à l'épouse de déterminer la fréquence et le moment des rapports, puisque la doctrine des « deux sphères » lui accorde tout pouvoir dans la vie privée. Il est faux, disent-elles, que les femmes éprouvent moins de désirs que les hommes, mais elles savent se maîtriser ; les hommes cèdent trop à leur lascivité. Quel fut l'impact de cette croisade, puritaine et non pas féministe ? Une enquête du docteur Clelia Mosher, réalisée à partir de 1892, suggère qu'une sorte de compromis s'est établi : les couples ont en moyenne deux rapports par semaine, alors que les hommes en voudraient trois et les femmes un seul...

La réduction des naissances commence cependant à transformer la sensibilité féminine. Même si l'angélisme persiste jusqu'à la fin du siècle comme code de bonne conduite, du moins le sexe n'est-il plus une honte et l'amour conjugal plus seulement un devoir. Disponible pour le plaisir, l'épouse devient une partenaire plus sensible et plus active, mais aussi plus exigeante. Ainsi s'explique le désir d'intimité du couple : malgré les protestations des médecins, la mode du voyage de noces s'impose rapidement, parce qu'elle permet aux nouveaux époux d'échapper aux questions indiscrètes, aux allusions, aux sourires complices. La chambre conjugale devient un refuge inviolable. Et pourtant, en même temps, la familiarité s'exhibe : on appelle monsieur « Chéri » et on l'embrasse en public... Les rapports conjugaux s'affinent, procurent des joies plus intenses, mais aussi des déceptions, des lassitudes. Quoi qu'en disent les lois, le mari n'est plus, ne sera plus jamais, un seigneur et maître. Il peut devenir un amant, pour le meilleur et pour le pire. Les sentiments maternels sont, eux aussi, bouleversés. La fonction génitale recule au profit de la fonction éducative : la mère d'enfants rares est plus présente auprès de chacun d'eux, plus attentive, plus tendre ; l'idylle mère-enfant est vécue à loisir.

La femme et le nourrisson

La femme qui allaite est-elle une femelle ou une mère ? Quelle est la part de l'instinct animal et celle du sentiment humain dans son comportement ? Les sociétés occidentales ne sont pas sûres de la réponse. Deux figures assez pitoyables font les frais de cette incertitude : la nourrice et la fille mère.

En dépit de Rousseau, l'industrie nourricière prospère dans tout l'Occident, avec quelques variantes : la nourrice noire domine au sud des États-Unis ; les Anglais emploient des filles mères ; les Français préfèrent les paysannes mariées. L'usage tient au tabou qui pèse toujours sur les relations sexuelles pendant l'allaitement. Quand Ève accouche, « Adam s'en va du paradis », déplore Michelet[44]. « Les plaisirs conjugaux doivent être modérés sinon bannis », confirme en 1879 le docteur Garnier[45]. Soulignons que la décision relève toujours, en principe, du père.

La nouveauté, au XIXe siècle, c'est l'essor de la nourrice « sur lieu », qui vient habiter chez les parents du nourrisson. Ceux-ci, en effet, connaissant la mortalité qui frappe les enfants laissés à une femme ignorante, veulent veiller sur leur nouveau-né. Le problème est celui des rapports, parfois difficiles, entre madame et sa « remplaçante ». La jeune mère se montre désormais jalouse de ses prérogatives ; elle a parfois dépensé une fortune pour le trousseau, le berceau et l'aménagement de la nursery ; elle veut se parer de son « baby » et profiter des premiers sourires. Mais elle n'ose contrarier la nourrice dont le lait pourrait s'altérer. Celle-ci, jouant de cet avantage, se montre parfois exigeante, capricieuse.

La nourrice est avant tout un corps, bien traité, mais domestiqué. Comme elle constitue pour ses patrons un signe extérieur de richesse, elle est toujours coquettement attifée. A la maison, elle est choyée ; ses gages sont élevés, elle reçoit beaucoup de cadeaux. Elle dort dans la chambre de l'enfant, non pas dans une mansarde comme les autres domestiques. On lui impose une propreté rigoureuse, mais elle mange ce qui lui plaît, et ne travaille guère : un peu de savonnage, de couture. Dans la rude existence d'une femme pauvre, c'est là une étrange parenthèse, qui peut laisser des traces indélébiles.

Mais l'expérience comporte de durs sacrifices : la nourrice quitte sa famille et surtout son propre nourrisson qu'une autre femme essaie d'élever. Avant l'embauche, le docteur a palpé ses seins, goûté son lait, flairé son haleine. Les relations sexuelles lui sont sinon interdites (on n'ose pas écarter totalement le mari) du moins fermement déconseillées. Un médecin le dit crûment : « ... une nourrice ne doit être considérée que comme une vache laitière. Du moment où elle perd cette qualité elle doit être immédiatement renvoyée[46]. » La sensibilité démocratique, qui grandit en France sous la IIIe République, dénonce sa condition comme scandaleuse, et l'assimile à celle de la prostituée.

Pourtant, l'industrie nourricière n'a pas pour seule origine l'égoïsme des classes riches. Il faut bien recourir à des nourrices mercenaires pour les enfants abandonnés, et pour ceux dont les mères sont obligées de travailler. Ils sont nombreux dans les pays catholiques, et particulièrement en France[47]. Les paysannes qui consentent à élever ces petits pauvres vont les chercher en ville dans les hospices ou dans des bureaux spécialisés. C'est parmi elles surtout que s'accomplit à la fin du siècle la double révolution du nourrissage : le triomphe du biberon, et la médicalisation.

Les petits que ces femmes ramènent sont souvent chétifs et de faible rapport. Harcelées de tâches diverses, elles leur consacrent peu de temps et les voient mourir sans trop d'émotion. En 1870, dans le Morvan, région nourricière, la mort frappe 65 à 70 % des « Petits Paris » (enfants assistés apportés de Paris), 33 % des enfants assistés d'origine locale, 16 % des enfants élevés par leur mère. Médecins et philanthropes s'en inquiètent, longtemps en vain. Mais la défaite de 1870 sonne l'alerte ; si l'on veut assurer plus tard la revanche, si l'on veut accroître le nombre des futurs conscrits, il faut lutter efficacement contre la mortalité infantile. On prend modèle chez les vainqueurs, car la Prusse de Birmarck a développé des mesures sociales efficaces.

La loi Roussel (1874) organise le contrôle des nourrices par des médecins inspecteurs. Au cours de leurs visites, ceux-ci découvrent les conditions d'« élevage » (c'est le mot employé, dont la connotation animale ne choque personne) et s'en offusquent. Ils dénoncent, comme au temps de Rousseau, l'ignorance et les préjugés des paysannes, surtout des plus vieilles. Mais ils découvrent aussi la misère de l'habitat rural, véritable défi à l'hygiène, et réclament des critères pour le recrutement des nourrices. Sous l'influence des règlements qu'ils inspirent, le milieu se transforme : les rapports des années 1900 décrivent des maisons mieux aménagées, avec plusieurs chambres, des fenêtres, des meubles. La nourrice elle-même subit des examens médicaux.

Les inspecteurs observent encore l'invasion rapide du biberon : les nourrices réservent leur lait à leur propre enfant. Dans la mesure où les principes pasteuriens permettent désormais d'éliminer microbes et infections, les médecins tolèrent, puis encouragent cette pratique. Une carte de l'allaitement révèle qu'en 1900 [48] la moitié nord de la France, plus industrielle, plus riche, plus instruite, est majoritairement convertie à l'allaitement artificiel ; la moitié sud reste fidèle au sein pour une vingtaine d'années encore.

Ce triomphe du biberon transforme la relation entre femmes et nourrissons, au plan symbolique comme au plan pratique [49]. L'activité de la nourrice dépendait de sa fécondité. Elle risquait d'enfanter uniquement pour abandonner son enfant et tirer profit du lait qu'il aurait dû boire. Les critères de sélection étaient fondés sur des caractères physiques. L'allaitement artificiel supprime cet investissement corporel. La nourrice, même si on lui conserve ce nom, n'est plus en fait qu'une éleveuse, une gardienne, dont l'âge et la fécondité n'ont plus d'importance. En même temps, l'allaitement au sein devient une exclusivité de la mère : plutôt que de faire téter à l'enfant un sein étranger, on lui donnera au besoin du lait de femme dans un biberon. Dès lors, l'allaitement au sein pourra connaître une valorisation affective : une femme allaitant n'est plus une « vache laitière », c'est une tendre maman.

Le triomphe du biberon a pour autre conséquence de favoriser l'intrusion des médecins dans cette relation femme-nourrisson qui leur avait si longtemps échappé. Ils peuvent enfin étudier la quantité et la qualité de lait dont un enfant a besoin aux différents âges, ainsi que la meilleure répartition de ses repas. Ils sont bientôt en mesure de diriger et de conseiller mères et nourrices. Mais un autre facteur stimule leur intervention : la détresse des filles mères.

L'expression « fille mère » qui s'est imposée dans la langue française pendant la Révolution est à présent en voie de disparition. Durant deux siècles, elle aura servi à désigner des personnes qui font vaciller la logique patriarcale. Accorder une place dans le discours et dans la société aux mères sans mari, c'est admettre, consciemment ou non, que des femmes répon dent seules de leurs enfants, que le couple mère-enfant puisse ignorer le père et se passer de lui ; c'est ébranler le pilier central de l'ordre familial et de l'ordre social.

Les naissances illégitimes n'étaient certes pas inconnues aux siècles précédents. Mais entre 1750 et 1850, elles changent de statut, en quelque sorte : parce que leur nombre s'accroît, parce que les « séducteurs » deviennent irresponsables, parce que les pouvoirs publics se sentent de plus en plus concernés. Leur nombre s'accroît partout, avec quelques décalages dans le temps [50]. En France, la progression s'accélère entre 1790 et 1840 (de 3,3 % à 7,4 % des naissances), pour se stabiliser entre 7 et 8 % au seuil du XXe siècle. Mais à Paris, où affluaient les filles en peine, le taux s'est élevé jusqu'à 30 % dans les années 1830-1840. En Angleterre, la croissance commence plus tôt, vers 1750, mais prend moins d'ampleur [51] : à Londres, en 1859, le taux n'est que de 4 %. En revanche, à Vienne, en Autriche, il semble que le nombre des naissances illégitimes ait dépassé le nombre des légitimes. Certaines femmes vivent en concubinage avec le père de leurs enfants, reconnus ou non. Mais les véritables « filles mères » sont dépourvues de tout appui masculin. Presque toutes ont cédé à la force, à l'intimidation, à des promesses de mariage. Mal protégée par la loi, la fille sans défense reste une proie, aussi bien à la campagne qu'en ville. L'opinion, en fait, admet le viol [52]. Celle qui a cédé, même par force, est « perdue », « tombée », indigne d'estime comme d'égards. Enceinte, elle est, sauf exception [53], réduite à ses propres ressources.

L'infanticide ne disparaît pas, il évolue en raison inverse de l'avortement. Toute fille mère qui laisse vivre son enfant doit choisir entre deux solutions également accablantes : l'abandonner ou tenter de l'élever seule. C'est ici qu'interviennent les pouvoirs publics. Les diverses mesures qu'ils mettent en œuvre sont riches de sens. En pays latin et catholique, les municipalités ont longtemps favorisé l'abandon. Les « tours » des hospices, fermés pendant la Révolution, sont rétablis en 1811 : parce que la possibilité d'abandon anonyme réduit le risque d'infanticide ; parce que l'abandon rend à la fille coupable sa liberté. En réalité, la fille a perdu son « honneur » : même délivrée de son fardeau, l'opprobre et le mépris la guettent. Au plan moral, elle échappe rarement à l'angoisse et au remords : sur le nourrisson abandonné, on trouve souvent un signe de reconnaissance, un billet exprimant ses regrets, demandant qu'on en prenne soin. Pourtant, aux yeux des responsables, une femme ne saurait aimer la preuve vivante de sa déchéance ; et l'enfant ne peut que mépriser ou haïr celle qui lui a infligé une telle vie. La fille non mariée ne saurait être une mère.

Mais le tour coûte cher aux pouvoirs publics. En facilitant l'abandon, il l'encourage. Des couples légitimes, plus ou moins besogneux, se débarrassent par ce moyen d'une progéniture encombrante. Débordées, les municipalités ferment les tours : en France le dernier est supprimé en 1860, en Italie en 1880. A la place s'ouvrent des bureaux où l'abandon reste possible, mais n'est plus anonyme. C'est seulement en 1904, en France, qu'une loi permettra à nouveau l'anonymat de l'accouchement et de l'abandon.

Pendant ce temps, le modèle anglo-saxon pénètre en pays latin : il consiste à aider la fille en lui attribuant un secours. C'est ce que font, en Angleterre, les sociétés de charité maternelle, œuvres privées. L'idée seule scandalise en France et en Italie les catholiques rigoristes qui redoutent d'encourager le vice. Mais le temps joue en faveur du secours. En France, la dénatalité inquiète les économistes : à leurs yeux, l'enfant dit naturel vaut autant qu'un autre ; le confier à sa mère semble le moyen le moins coûteux et le plus sûr de l'élever. Du côté chrétien, on admet peu à peu qu'en prenant soin de son petit, la fille fait pénitence et mérite rédemption : ainsi accède-t-elle subrepticement à la dignité de mère. La crise révolutionnaire de 1848 accélère cette évolution. Le secours, réglementé, est attribué par un comité de patronage qui exerce une étroite surveillance sur la moralité de l'assistée. La puissance publique remplace le mari-père, pourvoyeur de fonds, et s'attribue une part de son autorité. Reste que le secours constitue un petit revenu, il aménage le statut de la fille mère au point de le rendre enviable. Aussitôt l'ambiguïté s'installe : la fille mère garde-t-elle son petit par amour, ou pour l'argent ? Une nouvelle supercherie s'organise : pour toucher la prime, celle qui a un concubin dissimule sa liaison, et retarde un éventuel mariage...

La fille qui accouche à l'hôpital est plus ou moins bien traitée. La Prusse de Bismarck a organisé avant la fin du siècle des maisons maternelles où la future mère peut séjourner dans de bonnes conditions. En France, en Italie, l'accueil est plus fruste. Objet d'études pour les carabins, sans égard pour sa pudeur, l'accouchée se voit en outre confier deux ou trois nourrissons à allaiter, mais on éloigne le sien qu'elle pourrait être tentée de favoriser. Le docteur Fodéré observe ces mœurs à l'Hôtel-Dieu de Marseille au début du siècle et les condamne vivement, en vain[54]. La pratique persiste aussi à Milan (en juillet 1899 on trouve à l'hôpital 74 nourrissons pour 32 nourrices), et à Mantoue, où une fille, accouchée en janvier 1900, donne le sein à 18 nouveau-nés entre mars et novembre. Certains petits, atteints de syphilis, risquaient d'infecter la nourrice qui transmettait le mal à d'autres enfants, lesquels, envoyés ensuite chez d'autres nourrices, les contaminaient à leur tour. Mais les médecins rendent les nourrices seules responsables : ils dénoncent la promiscuité de l'allaitement, l'échange fréquent des nourrissons entre nourrices par amitié ou pour de l'argent.

Dans ce grouillement des corps et des microbes, l'hygiénisme pasteurien entre en force. L'élevage humain s'humanise, mais en passant sous contrôle médical. Les hommes de l'art entreprennent donc l'éducation patiente et méthodique des mères et des nourrices.

Ils commencent par dévaluer l'« instinct maternel » qui avait jusque-là fondé la séparation entre le monde des femmes, empirique, affectif, coutumier, et le monde des hommes, novateur, rationnel, scientifique. La maternité, même dans ses aspects les plus charnels, exige désormais, disent-ils, une culture d'origine savante. Avec les femmes des milieux aisés, les médecins de famille gardent un ton amicalement condescendant. Avec les plus modestes, le ton se fait impératif : nombre et heure des repas, stérilisation des biberons et tétines, rite des toilettes et des bains, temps de sommeil, usage du thermomètre, tout est fermement prescrit. Pour instruire les femmes du peuple, les accoucheurs adjoignent une consultation de nourrissons à leur clinique d'obstétrique. Des œuvres privées (en France les « Gouttes de lait ») proposent aussi leurs services. Les mères consultent avec empressement et se montrent, semble-t-il, dociles aux directives. Un livret de santé est établi pour chaque enfant. Le premier modèle, inventé par le docteur Fonssagrives en 1869, a franchi l'Atlantique grâce au docteur M.-W. Garrisson : on y inscrit le poids, la taille, le régime, les vaccins, les maladies. Des dames charitables assistent les médecins, nouent des relations avec les consultantes, vont les voir à domicile pour s'assurer qu'elles ont bien compris les prescriptions : une forme nouvelle d'entraide s'ébauche entre femmes, mais privée de toute autonomie, entièrement sous contrôle.

Certains auraient voulu inscrire la puériculture dans les programmes de l'enseignement féminin, primaire et secondaire, afin de préparer les jeunes filles à la fonction maternelle, qui restait aux yeux de tous le rôle social par excellence du deuxième sexe. Nulle part ce projet n'a pu aboutir. Les programmes des jeunes filles se sont progressivement modelés sur ceux des garçons, ce qui devait, à plus ou moins brève échéance, effacer la spécificité des rôles féminins, dans la famille et dans la cité.

Cœurs

Du fait du développement culturel et économique, la répartition des rôles et des fonctions selon le sexe est en voie de remaniement. Pourtant, chacun, chacune admet, en théorie comme en pratique, la distinction entre la vie publique où s'activent les hommes, et la vie privée, royaume des femmes : ce sont là les « deux sphères », comme on dit aux États-Unis. Un monde féminin existe donc, où s'élabore et se transmet en permanence une culture spécifique encore essentiellement charnelle et affective. Comment se jouent les relations interpersonnelles, entre ces femmes qui vivent ensemble ? entre elles et les hommes qui les entourent ? L'éducation contribue à former des personnalités de plus en plus affirmées, de plus en plus autonomes. Comment chacune concilie-t-elle ses propres objectifs avec ce qu'elle doit à ses proches ?

Entre femmes

Victor Hugo décrivant la chambre de Cosette, Balzac meublant celle de Césarine Birotteau, nourrissent leurs propres fantasmes. Les jeunes filles, elles, aiment tout simplement disposer d'une chambre à soi. Aucune n'a jamais dit regretter la chaude promiscuité des anciennes fratries. La chambre, où l'on garde les vieilles poupées, où l'on cache des souvenirs, où l'on s'enferme pour rêver ou pleurer, la chambre est le refuge d'une autonomie naissante, le premier espace où s'exprime la personnalité. Le journal intime est une autre affirmation de soi[55]. L'usage n'est pas nouveau, mais il se répand et change de sens. Au début du siècle domine encore l'examen de conscience, pratique chrétienne liée à l'esprit de pénitence : les fillettes recensent par écrit leurs péchés, leurs tentations, et prennent de bonnes résolutions. Mais bientôt la diariste s'exerce à la méditation, au déchiffrement de soi, à l'introspection comme disent déjà les psychologues. Les jeunes filles expriment leur angoisse devant l'avenir, ou bien leur révolte, leur désir d'indépendance, ainsi fait Marie Bashkirtseff. Quand des femmes adultes restent fidèles à leur journal, c'est souvent pour combler une sorte de vide intérieur, pour ressaisir des journées qui s'écoulent sans laisser de trace : telles Eugénie de Guérin, Alix de Lamartine[56].

Pour la fillette et même pour la jeune fille, l'éducation maternelle est jugée préférable à toute autre parce qu'elle prépare mieux à la vie privée. Les lettres, les journaux intimes la révèlent douce et tendre, tissée de câlins et de complicité. Les caresses, le tutoiement se généralisent, les châtiments corporels disparaissent, au moins dans les couches moyennes, car l'aristocratie et les familles rurales maintiennent plus longtemps les distances et les traditions[57]. Les mères se font volontiers institutrices, ou répétitrices, et surtout l'éducation morale relève d'elles seules. Nombre d'entre elles se lancent dans la littérature éducative. Jamais auparavant, semble-t-il, la relation mère-fille n'avait atteint un tel degré d'intimité : c'est que jamais la différenciation des rôles sociaux entre les sexes n'avait été plus accusée. En outre, la réduction des naissances permet des rapports plus suivis, plus personnels. Mais l'ambiguïté demeure. La mère est souvent déçue de donner le jour à une fille « tant l'idée de la supériorité de l'homme en bonheur et en dignité est enracinée ». Elle risque de mépriser son propre sexe à travers l'enfant, qu'elle délaisse : les exemples ne manquent pas. Ou bien au contraire, éblouie par un « sentiment d'identité », elle veut en faire « une autre elle-même, beaucoup plus parfaite[58] », un double idéalisé. Dans ce cas, l'inquisition menace. Reste que le deuil d'une mère est souvent le pire de tous pour une jeune fille. Même entourées de parentes et d'amies, Caroline Brame[59], Stéphanie Julien[60] se sentent cruellement seules, surtout au moment de décisions graves, comme le choix d'un mari.

A la fin du siècle, la douce intimité subit d'autres atteintes. La mère ne discerne plus clairement ce qu'elle doit transmettre. Clémence Royer, femme de science, se voit comme un être hybride. Tout ce qu'elle demande à une fille c'est de la « remplacer sur le champ de bataille[61] ». Du côté des filles, ce que Louise Weiss appelle la « puberté morale » peut conduire l'adolescente à juger sa mère, parfois sévèrement. Instruite, diplômée, avide d'indépendance, la jouvencelle renie le modèle maternel, sans pour autant renoncer à plaire aux hommes, à trouver un époux, à enfanter. Ces désirs contradictoires engendrent une tension difficile à vivre. Faut-il voir là un facteur originel de cette étrange maladie que le docteur Lasègue décrit en 1873 sous le nom d'anorexie[62] ?

En pratique, peu de filles sont élevées entièrement à la maison. Grâce aux pensionnats, les mères se déchargent volontiers des soucis que donne l'âge ingrat. L'internat cache et amortit la crise : la demoiselle trouve d'autres confidentes ; la bonne distance entre mère et fille peut s'établir. Ainsi, Marie de Flavigny, entrée au Sacré-Cœur, se prend d'un vif attachement pour Mme Antonia, religieuse de haute naissance, pleine de distinction et de charme. A l'autre bout de l'échelle sociale, la petite Marie-Claire, élevée dans un orphelinat, y trouve la tendresse protectrice de sœur Marie-Aimée. Les institutrices laïques ont moins bonne renommée.

Beaucoup d'adolescentes découvraient au pensionnat la joie des compagnes, la fraternité au féminin. Il n'était pas rare que deux cœurs juvéniles se lient d'une amitié passionnée, deviennent inséparables, échangent des serments, des portraits, des cheveux tissés ou tressés, des anneaux, des bracelets, symboles d'éternelle affection. Dans les couvents catholiques, une surveillance vigilante empêchait les « pratiques coupables », mais ne freinait pas les épanchements sentimentaux. En pays anglo-saxon, la liberté semble avoir été sans limite : les correspondances révèlent que les jeunes internes anglaises ou américaines peuvent vivre dans une intimité totale, échangeant leurs vêtements, couchant dans le même lit, cuisinant l'une pour l'autre, se réfugiant dans « a snug little room » pour faire de la musique[63].

Le mariage, sur le continent européen, distend ces liens. Mais, en Amérique, la passion réciproque résiste souvent aux séparations. Entre autres exemples, Mary Hallock Foote et Helena Dekay Gilder échangent des lettres plus que tendres, où s'exprime un ardent désir physique : il leur tarde de se voir, de s'étreindre, de coucher ensemble en échangeant mille caresses. Faut-il parler d'homosexualité ? Les intéressées ne pensent pas en ces termes, leur culture ne leur en donne ni les concepts ni les mots[64]. D'ailleurs, elles appartiennent à des familles respectables, conservatrices, qui acceptent ces relations sans inquiétude, et qui semblent les juger compatibles avec le mariage. Les maris eux-mêmes ne s'en offusquent nullement : ils savent le monde des femmes riche d'émotions, d'affectivité et même d'une sensualité particulière qu'ils ne songent pas à réprimer parce que, le plus souvent, ils la dédaignent. L'éthique victorienne, souvent dénoncée comme rigide et répressive, fait ici preuve d'une souplesse qui s'adapte aux besoins de chacune.

Sœurs et cousines formaient des sortes de clans dans les familles. Il n'était pas rare en pays catholique que plusieurs entrent ensemble en religion : les sœurs Martin (les sœurs de Thérèse de l'Enfant-Jésus) ne sont pas une exception. Le désir de vivre entre femmes est probablement une composante de la vocation religieuse : en même temps qu'elles échappent à la férule d'un père et d'un mari, aux périls et aux soucis de la maternité, ces saintes filles s'assurent pour toujours une mère et des sœurs. Leurs relations en vase clos provoquent parfois des explosions de jalousie et de rancune, mais la confession publique, chaque semaine, permet d'évacuer les conflits[65]. Les sœurs jouent un rôle social considérable : lorsqu'elles ouvrent, à la campagne ou en ville, un dispensaire et une école de filles, elles deviennent rapidement le centre des solidarités féminines[66]. Quelques personnalités accèdent à un véritable pouvoir : dans les années 1840, sœur Rosalie, providence des « classes dangereuses » à Paris, était, dit-on, capable de modifier la composition d'un ministère ; et mère Javouhey fut élue député en 1848, bien que non éligible, par les citoyens français noirs de Mana, en Guyane, anciens esclaves qu'elle avait émancipés.

Hormis ces « sororités » institutionnalisées, les relations entre femmes sont déterminées par les structures familiales et par les conditions économiques. Elles sont loin d'être toujours édéniques. Dans certaines régions rurales pauvres, attachées aux traditions, les femmes vivent dans la méfiance et l'hostilité réciproques. Ainsi en est-il encore au seuil du XXe siècle dans la province italienne du Frioul[67]. La cohabitation persiste entre plusieurs générations. La puissance de la belle-mère dérive de son rôle reproducteur, c'est-à-dire de ses fils qui la protègent contre le despotisme du mari. Quand un fils se marie, la bru apparaît comme une rivale : humiliée, exploitée, elle ne verra son statut s'améliorer que si elle engendre à son tour un fils. D'où la haine de la belle-mère pour la bru enceinte, qui ne fait l'objet d'aucun ménagement, au contraire : on la fait travailler jusqu'au dernier jour, on la laisse accoucher seule, sans prévenir sa mère ni ses sœurs ; parfois une voisine lui vient en aide. Plus tard, la bru traitera de même sa propre bru. Ces femmes divisées au sein de la famille, incapables de la moindre solidarité, témoignent de la barbarie du monde rural méditerranéen, dominé par les hommes.

Mais l'évolution économique fait éclater les structures familiales anciennes en une diversité foisonnante. Même à la campagne, on trouve au XIXᵉ siècle des formes multiples de rapports entre femmes. Les paysannes de Minot, par exemple, nous aident à comprendre que ces relations ne se réduisent jamais à la vie privée : c'est dans le cadre de la collectivité villageoise qu'elles s'organisent, et leur richesse, à ce niveau, compense largement l'étroitesse et les mesquineries éventuelles du cadre familial. D'ailleurs, elles ne sont jamais figées, mais en perpétuelle évolution.

En ville, les dames « comme il faut » savent elles aussi construire un monde à leur goût et à leur mesure. Le meilleur exemple est celui des bourgeoises du nord de la France à partir des années 1850-1860[68]. Au début du siècle, elles participaient encore à toutes les activités de leurs pères et maris négociants. Leurs fonctions proprement féminines restaient alors au second plan : elles confiaient leurs enfants à des domestiques, se montraient peu soucieuses de leur intérieur, et peu dévotes. L'essor industriel de la seconde moitié du siècle éloigne les usines de la résidence familiale, matérialise la séparation entre les deux sphères, et renvoie les épouses mères à la vie domestique. Elles s'y installent avec autorité et définissent leurs propres valeurs qu'elles opposent presque terme à terme à celles des hommes.

Ainsi, face à la production des biens et des richesses, elles exaltent la famille et la reproduction. Alors que la réduction des naissances s'affirme partout, elles ont plus d'enfants que leurs mères n'en avaient eu. Enfanter devient pour elles une manière d'affirmer leur spécificité et de lui donner de l'importance. Elles s'occupent elles-mêmes de leur progéniture. Sœurs et cousines, voisines et amies vivent dans une succession ininterrompue de grossesses, d'accouchements, de nourrissage, de sevrage, de retour de couches et de retour d'âge. La biologie fait à la fois leur faiblesse et leur force, fonde leur solidarité, leur identité. Elles veillent aussi sur les études et l'éducation morale, avec rigueur. Ces maisonnées pleines d'enfants alourdissent leurs tâches ménagères. Mais au lieu de chercher à les simplifier, ces dames les compliquent à plaisir : la cuisine est toujours plus recherchée, la table plus luxueuse, les bibelots plus nombreux. La dépense est considérable, et les hommes se plaignent que leurs épouses ne connaissent pas la valeur de l'argent ; elles tiennent pourtant méticuleusement leurs livres de comptes, mais elles sont détachées des objectifs économiques. Le personnel de maison, nombreux, se féminise. La relation avec les bonnes reste une dépendance de caractère quasi féodal, un lien personnel : la bonne fait partie de la famille, ce qui signifie qu'elle n'existe pas par elle-même, ne peut être, en principe, ni mariée ni mère, n'a droit à aucune liberté, reste soumise au rythme quotidien d'un travail qui ne connaît ni résultat ni fin.

Les bourgeoises du Nord placent la foi au centre de leur univers, et le sacré imprègne tous les instants de leurs journées. Leur dévotion refuse la science, ignore toute perception rationnelle de la causalité : la maladie, la mort, la misère, expressions de la volonté divine, sont acceptées avec résignation. Marie reine du Ciel symbolise toutes les valeurs féminines : à la fois vierge et mère, elle défie la nature et la science ; elle exprime le rêve d'une reproduction désincarnée dissociée de la conjonction charnelle et des accouchements sanglants. Par charité chrétienne, ces dames fondent des crèches, des jardins d'enfants, des patronages, des ouvroirs, mais elles réservent leurs secours aux familles légitimes et baptisées. Sûres de leurs valeurs, elles veulent en assurer le triomphe dans la vie publique : elles créent des ligues contre la presse athée, des ligues patriotiques, des ligues de mères.

Ainsi, au lieu de fonctionner sur un mode complémentaire, les deux « sphères » se séparent, parfois s'opposent. On observe des phénomènes comparables au cours de grands réveils religieux en pays protestant. Les liens affectifs et personnels suffisent-ils à rapprocher les deux sexes au sein de la famille ?

Les femmes et les hommes

Il y eut peut-être au temps des Lumières, et encore au début du XIXe siècle, une sorte d'idylle entre pères et filles. Les hommes se laissent alors émouvoir par la fragilité de l'enfant fille, et aussi par sa délicatesse, sa docilité, son affection expansive et désarmante. Tout conduit d'ailleurs la fillette à rechercher l'estime et la faveur du maître de maison : c'est la meilleure préparation au mariage, disent les éducatrices. Mais il semble que désormais certaines adolescentes se laissent volontiers attirer, séduire par l'intelligence du père. L'attachement de Germaine de Staël pour Jacques Necker se fonde sur une admiration de cette sorte. De même, le comte de Flavigny, adoré de sa fille Marie, était un homme des Lumières, éveilleur d'idées, dispensateur de savoir. Les exemples ne sont pas rares au début du siècle : tant que les messieurs ont des loisirs, ils parlent avec leurs filles, guident leurs lectures, cultivent leurs dons éventuels pour les arts ou l'écriture. Mais bientôt, absorbés par leurs affaires, les pères du XIXe siècle auront de moins en moins de temps à consacrer aux tâches éducatives et aux échanges individuels. Ils tendent alors à subordonner leurs filles, plus dociles que leurs fils, à leurs propres objectifs. Devenir l'assistante d'un père actif peut avoir quelque avantage : ainsi Mlle Dubois, initiée à la vente des batistes, continua toute sa vie ce commerce rémunérateur, malgré un excellent mariage[69]. Mais trop souvent cette collaboration ressemble à une exploitation pure et simple : la demoiselle sert de copiste ou de secrétaire non rétribuée, sans espoir de promotion. De même, souvent, la jeune paysanne doit « aider » son père jusqu'à la limite de ses forces. Et, dans tous les milieux, on attend que la fille joue la garde-malade auprès de l'auteur de ses jours devenu vieux.

Dès que la jouvencelle manifeste son désir d'émancipation, les conflits éclatent. Par exemple à propos du choix d'un époux : car les pères les plus libéraux (en politique) renoncent difficilement à contrôler l'engagement de leurs filles. Victor Hugo, Karl Marx, pères vénérés, pères despotes, ont ainsi persécuté les leurs avec les meilleures intentions [70]. La tendre Élisabeth Barrett dut consentir à se laisser enlever, à presque quarante ans, par le très respectable Robert Browning pour échapper à un père abusif. Un autre conflit peut surgir, lorsqu'une fille veut entreprendre des études supérieures au lieu de se vouer à la vie domestique. Louise Weiss [71] ne fut autorisée à s'inscrire à la Sorbonne qu'après avoir passé une année en Allemagne dans un institut d'enseignement ménager. Pourtant, les pères ont bientôt appris à tirer fierté des succès scolaires de leurs filles et même à investir sur elles, surtout si le fils manquait. La fille elle-même, quand elle accède à une conscience politique, suit souvent la voie du père [72]. Bref, au-delà des conflits, au-delà même de la tendresse réciproque, père et fille découvrent de mieux en mieux leurs affinités culturelles.

A défaut de son père, il arrive que la jeune fille trouve appui et affection auprès d'un frère : relation qui devient particulièrement riche et fréquente au temps du romantisme. Les exemples abondent dans tous les pays [73]. Les parents voient cela d'un bon œil. Ils comptent sur la sœur pour moraliser le frère : plus âgée, c'est une seconde mère ; plus jeune, sa faiblesse enseigne les égards dus aux inférieurs ; dans tous les cas, son innocence en impose au jeune mâle. Mais d'autres facteurs ont joué : pour la fille, son frère est un des rares jeunes hommes qu'elle peut approcher, à qui elle peut parler de façon libre et familière ; et la réciproque est vraie. Il y a plus : chez le garçon se manifeste souvent le désir de trouver un miroir, un reflet, un double ; ou encore il essaie de jouer les Pygmalion. La fille voit aussi son frère comme un intermédiaire : à travers lui, elle recevra les échos de cette vie publique où elle n'a pas accès. Afin qu'il puisse faire de fortes études et atteindre une belle position, elle sacrifie volontiers sa dot, donc son propre avenir. Si elle sent que l'impiété le guette, elle multiplie les prières, les dévotions, les oblations : ainsi font Eugénie de Guérin, ou Caroline de Gobineau.

La littérature laisse affleurer des fantasmes d'inceste. Par exemple dans *les Hauts de Hurlevent*, d'Emily Brontë, ou dans *l'Homme sans qualités* de Robert Musil [74]. Certains auteurs masculins ont rêvé l'inceste avec leur mère : c'est le cas bien connu de Freud, c'est aussi celui de Jules Renard. Magistrats, médecins légistes, observateurs sociaux constatent la fréquence de l'inceste père-fille (notamment), à la campagne comme en ville ; mais ils ont tendance à le reléguer parmi les marginaux. Codes et tribunaux l'ignorent à peu près[75]. La famille doit rester au-dessus de tout soupçon. Et les victimes se taisent[76].

Tout homme est fils de sa mère, dit en substance Michelet. Il n'est pas seul à remarquer l'immense influence, le pouvoir sans limite de la mère sur le petit enfant, surtout s'il est unique. Mais la valorisation de l'amour maternel est alors si forte que personne ne redoute ce pouvoir, même sur l'enfant de sexe masculin. De fait, la part de la mère dans l'éducation des garçons ne cesse de s'étendre, à mesure que les pères vont travailler hors du foyer[77]. Au début du siècle, le fils pouvait être interne au collège dès l'âge de sept ans ; à la fin du siècle, il n'y va qu'à douze ans. Et l'internat perd du terrain : la mère, approuvée par le père, désire veiller sur la santé et sur les études du fils, l'aider à faire ses devoirs, à étudier ses leçons. Elle veut surtout garder le contrôle de l'éducation morale et religieuse. C'est sur ce terrain le plus souvent qu'elle cherche et trouve une communion profonde et durable avec l'enfant. Edgar Quinet appelle sa mère « mon oracle » et l'assimile à un maître spirituel ; il s'accusera plus tard de l'avoir trop vénérée[78]. C'est souvent un problème pour la mère que de se situer entre le père et le fils : en général, elle tolère mal la rigueur masculine, proteste contre les châtiments corporels ; mais elle redoute aussi sa propre faiblesse qui risque de produire un « enfant gâté ». Nombreuses sont celles qui voudraient retenir leur fils auprès d'elles ; nombreuses aussi celles qui essaient d'orienter l'avenir, de peser sur le choix du métier, sur le choix de la future épouse. Ces comportements se développent surtout dans les classes moyennes, où le désir d'ascension sociale est vif, où le tête-à-tête familial est souvent étroit, borné, sans issue. La littérature est fortement marquée par la relation complexe entre mère et fils. Des hommes comme Baudelaire ou Proust ne se sont jamais détachés de leurs mères. Au contraire, Jules Vallès, Arthur Rimbaud, Jules Renard ont appris la révolte en s'opposant à leur mère. Faut-il s'étonner que Freud ait découvert « l'œdipe » à la fin du XIXe siècle ? Des conditions historiques particulières orientaient alors la relation mère-enfant, plus spécialement la relation mère-fils, sur les voies de la pathologie.

Les femmes s'accrochaient-elles à leurs fils faute de rapports harmonieux avec leurs maris ?

Ménage et couples

Celle qui se marie « entre en ménage », « fonde une famille ». Va-t-elle aussi former un couple ? Le souhaite-t-elle ? Y réussira-t-elle ? Le ménage, la famille, sont des institutions traditionnelles, codifiées, sans surprise. Le couple est une réalité nouvelle, en cours d'invention. On n'impose plus un mari à une fille, on la laisse presque toujours choisir entre plusieurs partis. Or, choisir, c'est manifester une préférence, une inclination, un désir d'amour : l'espoir d'une union plus intime et plus parfaite. A quelles conditions ce désir, cet espoir seront-ils comblés ?

L'importance accordée à la dot varie selon les pays. Le monde anglo-saxon, qui la dédaigne, laisse aux jeunes gens plus de liberté, ce qui ne compromet guère l'homogamie. Dans les pays latins, et notamment en France, une fille ne se marie pas sans dot, même chez les moins riches. Il s'ensuit des stratégies matrimoniales soigneusement élaborées, notamment parmi les paysans aisés et dans les milieux industriels ou négociants. Les filles s'y plient, conscientes des enjeux, sans se croire « sacrifiées », tant que les maris qu'on leur propose sont de leur rang, ou dignes d'elles. On leur explique d'ailleurs que l'amour vient *après* le mariage. S'il ne vient pas, elles s'en passent : le mariage est pour elles l'acquisition d'une identité sociale, bien plus qu'une source de bonheur affectif. Mais l'idée qu'on se fait de la dot commence à évoluer : on apprécie de plus en plus les qualités, les savoirs, les savoir-faire qui permettront à la future épouse d'être utile à son mari. Un tailleur courtise volontiers une couturière. Un petit commerçant souhaite que sa femme soit assez instruite pour tenir ses livres de comptes. A la fin du siècle, certains économistes, tel Paul Leroy-Beaulieu, voudraient qu'en milieu ouvrier la compétence ménagère soit estimée comme dot.

Autant que la dot, l'âge respectif des époux au moment du mariage risque de peser sur leur relation. A Amsterdam, au début du siècle, l'épouse est plus âgée que l'époux dans 29 % des cas[79]. En revanche, en Amérique, la rareté des femmes entraîne la précocité de leur mariage[80]. Les effets de ces différences sont difficiles à préciser.

La libre Amérique offre le curieux exemple des mormones qui nient le couple au lieu de le fantasmer[81]. Acceptant la polygamie masculine, elles s'installent dans la double morale avec l'intention d'en tirer parti. Puisque la sexualité masculine est « par nature » (disent-elles) plus exigeante que la sexualité féminine, il est bon que l'homme ait plusieurs épouses : ainsi évite-t-on l'adultère, les naissances illégitimes, l'infanticide, la prostitution ; chaque homme élève *tous* ses enfants. Pour une femme chaste, il vaut mieux épouser un homme honnête, même déjà marié, que de vivre seule, ou avec un dépravé. Enceinte ou allaitant, elle pourra sans remords espacer les rapports sexuels au profit de son enfant ; elle contrôlera mieux sa fécondité. En fait, la maternité passe pour elle au premier plan. Certes, le partage de l'époux ne va pas de soi. Janet Snyder résiste durant trois ans quand son mari veut prendre une seconde femme ; c'est finalement une vision qui la convertit. Plus tard, elle explique à une amie qu'il faut alors s'endurcir, ne plus trop penser au mari. Elle-même oublie si bien le sien qu'un jour elle se met à table avec ses enfants sans songer à l'appeler. Cette solitude relative laisse beaucoup d'autonomie. Il arrive aussi que les coépouses s'entendent bien et forment de joyeuses communautés... Rappelons que la polygamie a été interdite en 1890.

De plus en plus nombreuses sont les jeunes filles qui rêvent d'intégrer un amour parfait dans la vie conjugale. Telles Bessie Lacy, fille d'un planteur de Caroline du Sud, ou Fanny Arnaud, fille d'un médecin d'Aix-en-Provence. Anxieuses fiancées ! Bessie[82] accepte en 1851 (elle a dix-neuf ans) la demande de Thomas W. Dewey, frère d'une amie de pension. Pendant un an, leur relation se limite à une active correspondance. Les premières lettres sont conventionnelles. Mais très vite Bessy aspire à plus d'intimité ; elle voudrait exprimer ses sentiments, parler d'amour, être « modelée » par Thomas, pour Thomas (« Mould me as you please »), et qu'il l'appelle « dearest ». Mais Thomas reste à distance : il prépare son établissement. Alors Bessie, peu à peu, renonce : dans ses dernières lettres, elle expose ses droits et ses devoirs, les droits et les devoirs de Tom. Elle rétablit entre eux la séparation qu'elle avait voulu abolir : en marquant son territoire, elle se protège des passions et des déceptions.

Fanny[83], bien dotée et fort jolie, choisit parmi ses prétendants Charles Reybaud, fils d'un industriel marseillais ; elle a vingt ans, on est en 1822. Elle aspire à se donner toute dans une transparence absolue, mais redoute de ne pas obtenir la réciprocité. « Je n'ose point trop me fier à l'avenir, écrit-elle à une amie ; il me semble qu'il ne me sourit que pour me tromper. » Difficile en effet de promouvoir le couple idéal dans un monde où persistent la ségrégation des sexes, la souveraineté du mari, la double morale ! Quelles étaient les chances de réussite de Bessie et de Fanny ?

L'Amérique offrait, semble-t-il, le terrain le plus favorable. La définition des « deux sphères », prêchée à tous les échos, constituait une reconnaissance, une valorisation réelle des fonctions féminines. Épouse, mère, éducatrice, la femme mérite autant d'égards et de respect que l'homme producteur de biens et pourvoyeur de fonds. Son domaine propre est d'ailleurs sans limite : au nom de sa responsabilité morale, elle veille sur la vertu de tous les siens, elle intervient partout où cette vertu est en péril. Le mari accepte des observations, même sur sa propre conduite. Harriett Beecher Stowe morigène Calvin, son époux : ministre de l'Évangile, il lit trop de livres profanes, il s'occupe trop de Luther et pas assez du Christ, il contrôle mal ses pulsions sexuelles, etc.[84]. Tous les voyageurs venus d'Europe, Tocqueville en tête, constatent l'importance accordée aux femmes, à leurs avis, à leurs réclamations. L'harmonie affective est également soulignée : les hommes mariés ont rarement des maîtresses. Les couples prennent ensemble toutes les décisions importantes. Bessie a fait bon ménage avec Tom (et peut-être aussi bon couple ?). Tom a été un banquier actif, Bessie a milité dans diverses associations ; ils ont mis au monde et élevé plusieurs enfants.

En revanche, Fanny a manqué sa vie conjugale. Charles s'est montré jaloux en même temps que dissipé. Les succès de sa femme l'offusquaient, mais de son côté, il ne se résignait pas à « enterrer sa vie de garçon » : il multipliait les escapades, surtout quand Fanny fut enceinte. Désillusionnée, la toute jeune femme exigea une séparation après seulement trois ans de vie conjugale, et malgré la naissance d'un fils. Elle devint bientôt l'une des romancières les plus lues de sa génération. Ce cas est assez typique : l'adultère masculin était toléré par la loi et par l'opinion ; les épouses se résignaient, ou se réfugiaient dans une séparation (officieuse ou judiciaire) qui ne leur rendait ni leur liberté ni leur dot. Quand le divorce devient possible (en France à partir de 1884), la demande féminine est majoritaire, mais l'adultère du mari n'en est pas le motif principal : les plaignantes invoquent plutôt les mauvais traitements, ou le manque de ressources, plus choquants aux yeux des juges. En même temps, l'adultère féminin devient peu à peu un délit mineur et les maris n'osent plus s'en plaindre, de crainte du ridicule.

Dans les milieux populaires les épouses redoutent aussi la brutalité des maris, et leur avarice. A la campagne ou dans l'artisanat, le partage des tâches n'a jamais aboli la férule du mari. De nombreux proverbes le rappellent. Dans quelques provinces pauvres, ce pouvoir a pris la forme d'une oppression brutale : les paysannes du Gévaudan n'avaient pas la clé du garde-manger ; privées de tout, elles étaient parfois obligées de voler pour survivre. Partout, aux champs ou dans l'atelier familial, la femme est considérée comme l'auxiliaire de l'homme ; mais, en retour, elle n'est jamais aidée dans ses propres tâches ; si bien qu'il lui arrive trop souvent de travailler au-delà de ses forces, de vieillir tôt, de mourir jeune. Le thème de la « fée du logis » pénétrera difficilement dans ces milieux : la paysanne ne se voit guère comme une « femme au foyer ».

Au contraire, la « ménagère » devient peu à peu le centre de gravité de la famille ouvrière. Le mari apprécie à leur juste valeur les services qu'elle assume : l'élevage des petits, la préparation de la nourriture, l'entretien du linge et des vêtements, les soins aux malades. Pourtant, deux sources de conflit enveniment souvent les relations de couple : la pratique religieuse et la gestion du budget. La femme du peuple reste volontiers fidèle à la religion de son enfance, dont elle aime les fêtes, la pompe, les cérémonies. Elle écoute le prêtre, les bonnes sœurs, et leur donne volontiers un peu d'argent : elle achète ainsi sa part de paradis, que personne ne pourra lui prendre, et elle espère attirer la protection de Dieu sur les siens. Le mari, souvent libre penseur, parfois franchement anticlérical (surtout en pays catholique), n'ose pas interdire ces pratiques, car la piété de sa femme est aussi une garantie de vertu ; mais il arrive à mépriser la « bigote », à l'injurier, à la frapper. Quant à l'argent du ménage, c'est l'homme qui le gagne et il n'accepte pas toujours de s'en dessaisir. Vers le milieu du siècle, Le Play note qu'en France (mais pas en Angleterre) de nombreux ouvriers remettent leur paie à leur femme, non sans disputes, parfois violentes. Les archives judiciaires jettent une lumière crue sur ces disputes et aussi sur l'énergie de ces femmes. Dans les procès en séparation[85], elles accusent leurs conjoints de paresse et d'ivrognerie ; elles se plaignent d'être laissées sans ressources avec leurs enfants, pendant que l'homme « court » on ne sait où. Elles veulent un chez-soi, avec des meubles à elles, et non plus vivre en garni. Battues, certaines rendent coup pour coup avant de s'enfuir.

Il faut le savoir : le couple devient un des problèmes centraux de la société occidentale au XIXe siècle. Un problème qui affecte tous les milieux et déborde largement le domaine de la vie privée. On est bien loin d'en avoir fait le tour.

Les femmes réputées heureuses en ménage sont, dans l'optique du temps, celles qui s'assimilent à leur mari. Les voyageurs observent avec surprise qu'en France, dans les boutiques, maman tient la caisse pendant que papa fabrique : cette solidarité économique serre le lien entre les époux. Michelet admire Mme Pouchet[86] qui, tout en servant d'objet d'études à son mari médecin, est aussi capable de rédiger la correspondance scientifique, sans dédaigner les plaisirs conjugaux. Certaines femmes d'écrivains ou d'artistes, telles Julia Daudet ou Alma Mahler, se rendent indispensables en servant efficacement la carrière de leur mari, au mépris de la leur. Auprès d'un homme politique, la collaboration est plus difficile. La malicieuse Mary Waddington, mariée à un ambassadeur, trouve qu'en France les épouses des parlementaires sont un peu trop « popotes », incapables de parler d'autre chose que de leurs enfants. Alors qu'en Italie, en Angleterre, aux États-Unis, les épouses des hommes politiques sont à l'aise sur tous les sujets[87].

Un certain âge

Le seuil de la vieillesse, imperceptible chez l'homme, est repérable chez la femme grâce à la ménopause. Les médecins observent de mieux en mieux ce phénomène ; d'aucuns y voient un « été indien » de la vie féminine[88] ; mais la plupart en restent aux conseils traditionnels de renoncement et de modération. Les femmes elles-mêmes avouent l'ambivalence du « retour d'âge ».

A ce moment-là, elles assument de nouveaux rôles : belle-mère, grand-mère, veuve. La belle-mère est de plus en plus décriée : à l'âge classique elle tourmentait sa bru, à présent son gendre aussi la trouve envahissante. C'est qu'elle ne peut se détacher de ses enfants mariés, après leur avoir voué tous ses instants ! Comme grand-mère, elle est mieux acceptée. Si, privée de ressources, elle tombe à la charge des siens, ceux-ci la supportent d'autant mieux qu'elle rend encore des services : la grand-mère qui tricote en gardant les petits-enfants est une image caractéristique du XIXe siècle. Partout on apprécie qu'elle transmette les traditions familiales et les savoirs anciens, les comptines et les berceuses, les recettes de confitures, les histoires à faire peur ou à faire rêver. Mais le médecin, lui, se méfie d'elle. Quand elle ne peut plus rien faire d'utile, elle risque d'être délaissée, rejetée. Il existe bien quelques institutions charitables qui recueillent les personnes âgées ; mais, à la fin du siècle, le poids des vieux commence à préoccuper les pouvoirs publics[89].

Dans les milieux fortunés, les mères et les aïeules atteignent à la puissance : souvent veuves, elles disposent librement de biens considérables, qu'elles gèrent avec une prudence toute conservatrice[90]. Elles règnent en « matriarches » sur une descendance aux petits soins.

Écrivains et poètes sont toujours aussi cruels à l'égard de celles qui ont perdu jeunesse et beauté. « Ombres ratatinées », « débris d'humanité », dit Baudelaire. Mais les sarcasmes ne peuvent rien contre un processus désormais irréversible. La santé des femmes s'améliore et leur vie s'allonge (l'espérance de vie à la naissance passe, pour les Françaises, de trente-quatre à cinquante-deux ans au cours du siècle) ; la vieillesse vient donc plus tard. Or le temps des maternités, lui, s'achève plus tôt. L'âge mûr s'épanouit. Et dans les meilleurs cas, il offre aux femmes un bel horizon de liberté.

Page suivante :
Portraits de criminelles. Photographies parues dans *l'Homme criminel*, Cesar Lombroso ; 1887.
Paris, Bibliothèque nationale.

14

SEXUALITÉS DANGEREUSES

JUDITH WALKOWITZ

Rien n'est naturel, inévitable ni définitif en matière de sexualité. Pour citer les historiennes Kathy Peiss et Christina Simmons, la sexualité n'est pas « une réalité biologique immuable ni une force naturelle universelle », mais plutôt « le résultat d'un processus politique, social, économique et culturel ». En d'autres termes, la sexualité a une « histoire[1] ». Tandis que certains schémas de comportement et de signification ont prédominé pendant longtemps – par exemple le travestisme ou l'image maternelle de l'entremetteuse –, d'autres pratiques se montrent considérablement changeantes. Même l'interdit de l'inceste, fondement supposé des tabous sociaux, a tantôt repoussé, tantôt resserré les limites des relations sexuelles permises, tout au long de l'histoire européenne.

Les cultures sexuelles du XIXe siècle montrent bien le caractère socialement construit de la sexualité. La sexualité était alors un lieu de vive contestation, où se jouaient, en privé et en public, des conflits de classe, de race et de sexe. A coup de terrorisme moral, de scandales sexuels et de mesures législatives, différents groupes sociaux et professionnels essayèrent d'étendre leur influence culturelle et politique. Au grand jour, hommes et femmes prirent part à des luttes qui contribuèrent également à redéfinir leur identité et leur subjectivité les plus intimes.

Quand les victoriens (qu'ils soient anglais ou plus largement européens) parlaient de sexe, ils visaient surtout la sexualité dangereuse, la prolifération, hors du sacro-saint foyer familial, de pratiques sexuelles détachées de l'acte procréateur. Cependant, cette explosion de désordre tenait aussi au bouleversement des normes conjugales de la classe moyenne et aux tensions qui en résultèrent ; la chute du taux de natalité montrait de plus en plus nettement que le lit conjugal était à présent aussi le lieu de relations sexuelles non procréatives et d'une plus grande intimité, permettant l'épanouissement de l'individu. Parce qu'il mettait en cause toute normalisation de la féminité, l'acte sexuel non procréatif à l'intérieur du mariage paraissait aux victoriens aussi troublant que le développement du commerce du sexe ou que les relations entre personnes d'un même sexe hors de l'hétérosexualité domestique. En même temps que se développait le culte de la vie domestique dans la classe moyenne, on célébrait la « vraie » femme bourgeoise en tant que mère et on dénigrait avec insistance la sexualité féminine non reproductrice. Ce modèle bourgeois d'asexualité féminine fut de plus en plus somatisé au long du XIXe siècle, entretenu par des spécialistes médicaux soucieux d'étendre au corps de la femme leur autorité culturelle. Les médecins discutaient du degré de passivité de la femme, mais tous s'accordaient à penser qu'une femme respectable n'a qu'une sexualité secondaire, relative, asservie au plaisir masculin, sans autonomie propre, pâle imitation du désir érotique masculin.

La passivité féminine prenait tout son sens quand on l'opposait à la sexualité active des hommes et aux pratiques féminines transgressives, que l'on avait tendance à qualifier de masculines ou de « déclassées ». Au XIXe siècle, quatre pratiques féminines – prostitution, avortement, travestisme et amitié romantique – ont été considérées comme des transgressions sexuelles parce qu'elles impliquaient une activité et un choix de la part des femmes. Ces pratiques existaient toutes auparavant, mais elles prirent une position nouvelle dans le paysage urbain moderne – soit parce qu'elles furent associées à de nouveaux groupes sociaux de femmes, soit parce qu'elles acquirent un poids et un sens nouveaux, en posant un problème social et un problème d'identité. A différents moments du siècle, ces quatre pratiques furent consignées dans les définitions officielles concernant les activités illicites de femmes sexuellement déréglées. Cependant, il ne s'agissait pas simplement de conduites sexuelles déviantes : ces pratiques avaient à voir avec le travail des femmes, avec leur style de vie, avec leurs stratégies de reproduction, avec la mode et la représentation de soi, avec les attachements non familiaux, tout autant sinon plus qu'avec une activité sexuelle non procréatrice.

L'histoire des sexualités dangereuses au XIXe siècle illustre la suite compliquée d'échanges et de débats culturels qui ont construit la sexualité victorienne. Débats et échanges culturels concernant les formes dangereuses de la sexualité féminine traversèrent au XIXe siècle tous les milieux sociaux et un grand nombre d'espaces urbains : le bordel et la rue, le cabaret et le dispensaire, les ruelles des bas quartiers et les salons confortables de la bourgeoisie. Hommes et femmes utilisaient toutes sortes de discours pour interpréter les expériences sexuelles, depuis le langage qu'emploient le commerce du sexe et les périodiques à sensation, jusqu'au langage péremptoire de la loi et de la médecine. Dans ces discussions revenaient toujours les transgressions relatives au sexe, et toute identité sexuelle construite en relation avec ces pratiques était par essence instable et contradictoire.

Le XIXe siècle fut une époque historique importante, puisque les femmes de la bourgeoisie purent enfin parler en public de problèmes sexuels, grâce aux nouveaux médias et aux nouveaux réseaux politiques disponibles dans un domaine public redéfini. Bien qu'innovatrices, ces femmes avaient encore l'imagination bridée par un outillage culturel limité qui devait servir à remodeler des signifiants culturels selon certains paramètres. Elles ne pouvaient pas faire simplement l'expérience des passions sexuelles et trouver naturellement les mots qui expriment ces sentiments ; elles ne pouvaient pas non plus faire l'expérience des dangers liés au sexe et trouver ensuite les mots pour exprimer ces dangers. Elles devaient s'appuyer sur les constructions existantes pour pouvoir dire leur « vérité ».

La prostitution

L'étendue, la visibilité, et la nature protéiforme de la prostitution étaient des traits distinctifs des villes au XIXe siècle. Les observateurs, offusqués à la vue de ces « créatures peinturlurées » qui arpentaient les artères principales comme les rues secondaires de la ville, avec leurs vêtements voyants et leurs regards agressifs, comptaient les prostituées dans les grandes villes par dizaines de milliers (il est reconnu cependant que ces chiffres officiels n'étaient pas fiables). La hiérarchie sociale des prostituées reflétait la structure de classe et la répartition sociale des centres urbains. A New York, ce demi-monde s'activait, des immeubles cossus de la Cinquième Avenue, où les hommes fortunés entretenaient leurs maîtresses, jusqu'aux bureaux de tabac de Canal Street, où s'approvisionnaient travailleurs et marins. A Londres, la géographie sociale du vice s'étendait des courtisanes de St John's Woods aux péripatéticiennes élégantes qui parcouraient le quartier commerçant chic de Regent Street, mêlées aux dames respectables, et aux femmes sans le sou – « genoux flageolants » et « Marie-couche-toi-là » – qui commettaient des « actes indécents » dans les ruelles et les cours mal éclairées des bas quartiers afin de se payer un logement pour la nuit. Aux États-Unis, la ségrégation raciale aussi structurait le marché de la prostitution : à La Nouvelle Orléans, les bordels pour les Noirs côtoyaient ceux réservés aux Blancs ; dans les lupanars à étages de San Francisco, les Européennes et les Américaines occupaient les étages supérieurs, tandis que les Mexicaines, les Japonaises et les Chinoises étaient reléguées aux étages inférieurs. Dans ces centres urbains, la géographie de la prostitution changeait sans cesse, selon les modifications de l'environnement physique et social. A Berlin, Paris ou Londres, les prostituées pauvres exerçaient souvent leur métier dans les zones traditionnelles de prostitution, le plus souvent les vieilles rues étroites des quartiers populaires, mais l'apparition de nouveaux centres de divertissement, ou la construction d'une gare terminus, pouvaient aussi exercer une forte attirance sur les filles publiques.

Contrairement à la prostitution masculine, la prostitution féminine pouvait constituer un commerce très visible et à gros capitaux, avec une infrastructure et une organisation du travail élaborées. C'était certainement le cas pour les prostituées les mieux organisées qui travaillaient dans des maisons closes, ou bordels, où elles étaient salariées, vêtues, nourries et logées. Ou alors, la prostitution pouvait être une forme de travail indépendant, en particulier pour les nombreuses femmes qui faisaient le trottoir et fréquentaient les tavernes ou traînaient autour des théâtres. Tout au long du XIXe siècle, le commerce du sexe s'est étendu aux salons de massage, aux établissements de bain, aux dancings, aux tableaux vivants, aux cafés chantants et aux cabarets. Pour se familiariser avec les marchés locaux du vice, un visiteur se sentait souvent obligé d'acheter un petit fascicule ou « guide du gentleman » qui le renseignait sur les prix, les emplacements et les services des différents établissements de la ville.

Que leur métier s'exerçât dans un lieu fixe ou le long des rues, qu'il fût très organisé ou accidentel et impromptu, les prostituées étaient les « filles non qualifiées des classes non qualifiées [2] ». Leur vie était identique à celle de la nombreuse cohorte des travailleuses qui habitaient loin de leurs familles et devaient trouver à gagner leur maigre pitance sur le marché urbain du travail. Les enquêtes sociologiques sur la prostitution dans différentes localités identifiaient ces femmes comme des migrantes récemment arrivées de la proche campagne ou comme des filles d'artisans dont les métiers déclinaient. Ces femmes avaient auparavant occupé des emplois qui au mieux assuraient leur subsistance, par exemple les postes les plus humbles dans le service domestique, la lessive, le racommodage, et certaines formes de travail en usine. Un schéma de recrutement légèrement différent se développa dans les dernières décennies du XIXe siècle : on vit arriver dans les rangs des prostituées des vendeuses, des bonnes, des serveuses, ce qui signalait bien l'apparition, pour les femmes, d'emplois nouveaux dans le secteur tertiaire de l'économie, mais toujours au niveau le plus bas, et tout aussi peu qualifiés. Cela reflétait aussi le déplacement de la prostitution de la rue vers de nouveaux lieux de commerce du sexe. Le caractère fluide et non institutionnalisé de la prostitution sur la voie publique permettait à un grand nombre de travailleuses de compléter leurs salaires insuffisants en faisant commerce de leurs charmes dans les rues. Même pour celles dont le principal revenu était la prostitution, la vie de « fille de joie » n'était qu'un « refuge » temporaire « dans une situation difficile [3] » ; la plupart des jeunes femmes quittaient ce métier à l'approche de la trentaine.

En tant que prostituées, les femmes participaient à une vie collective particulière. En entrant au bordel, une femme recevait souvent un nouveau nom et apprenait de nouveaux rituels, ainsi qu'un argot compliqué propre au commerce du sexe. En dépit de l'exploitation économique des pensionnaires, des contraintes qui pesaient sur leur liberté, des tensions survenant entre elles ou entre la mère maquerelle et elles, la maison close fonctionnait souvent comme un substitut de la famille, comme un système d'assistance pour les femmes. Les observateurs des classes moyennes condamnaient la vie au bordel parce que trop pénible, cloîtrée et, comme nous le verrons plus loin, perverse ; mais il n'est pas évident que les travailleuses s'en plaignaient pour ces motifs-là (même si elles avaient d'autres griefs). La vie au bordel laissait du temps libre, permettait des activités de loisir – piano, bavardage, lecture de romans à l'eau de rose – qui pouvaient constituer un réel plaisir pour des ouvrières jusque-là vouées aux tâches de couturières ou de domestiques.

Les prostituées qui arpentaient les rues et vivaient en meublés participaient elles aussi à une sous-culture qui, d'une part, défiait le code de la respectabilité féminine et, d'autre part, était conditionnée par cette vie précaire et constamment menacée. Les commentateurs de la classe moyenne se plaignaient avec insistance d'être agressés par l'apparence et les gestes de « ces femmes fardées et fringantes paradant le long des rues » vêtues de « mousseline blanche crasseuse et de mauvaise soie bleue tachée de gras [4] ». Sans coiffe, sans châle, lançant des « œillades vicieuses », ces femmes s'offraient « en spectacle » aux passants. Un code vestimentaire servait de publicité aux prostituées et les aidait à attirer le client. Certaines allaient même plus loin pour montrer leur marchandise : elles dénudaient leurs chevilles, leurs jambes, leur gorge, suçaient ostensiblement leur pouce pour bien indiquer quel genre de service elles pouvaient offrir.

Les clients se trouvaient souvent déçus par ces services sexuels. Dans les lupanars à quatre sous de San Francisco, les hommes attendaient, assis sur des bancs de bois, pour une passe si rapide qu'ils avaient à peine le temps de baisser leurs pantalons. Même dans les maisons plus chères, on insistait sur l'orgasme rapide, l'absence totale de relation émotionnelle et de réciprocité. Un jeune homme, amené par son père dans un luxueux lieu de plaisir de La Nouvelle Orléans pour y faire son éducation sexuelle, décrivit plus tard cette expérience comme une « procédure mécanique... qui dura peut-être une minute[5] ». Les clients préféraient peut-être les divertissements de voyeurisme proposés par les grandes maisons closes de la fin du XIXe siècle, tels que tableaux vivants, strip-teases, et scénarios lesbiens.

Les clients étaient particulièrement contrariés quand ils attrapaient une maladie vénérienne à la suite d'une passe, ou lorsque les prostituées se transformaient en voleuses, considérant cette activité comme plus lucrative que le travail sexuel. Les péripatéticiennes travaillaient ordinairement deux par deux, à la fois pour se protéger des clients brutaux et pour maîtriser et dévaliser ceux qui étaient ivres. Dans la presse locale, les chroniques policières étaient remplies de comptes rendus de querelles d'ivrognes ou de petits larcins entre les prostituées et leurs clients. Ce comportement violent et prédateur n'était pas réservé au monde des prostituées et de leurs clients. La violence physique était un trait habituel des relations hétérosexuelles, dans le monde rude des travailleurs. Lorsque les enquêteurs sociaux essayaient de saisir la nature des relations sexuelles entre hommes et femmes des classes pauvres et dépourvues de qualification de Londres et de Paris, ils se retrouvaient souvent, comme le dit Ellen Ross, dans une « région incompréhensible où les femmes ne paraissaient ni respectables ni respectueuses, où les hommes bataillaient pour conserver leur autorité sur elles, où les "antagonismes sexuels" étaient ouvertement reconnus[6] ».

Pourtant, les prostituées se distinguaient de plusieurs manières du milieu des travailleurs où elles vivaient. D'abord, leur niveau de vie était souvent plus élevé. Malgré l'irrégularité de leurs revenus, les dangers et les risques professionnels liés au travail sexuel, les prostituées étaient en général mieux habillées que les autres femmes de leur entourage et pouvaient dépenser autant d'argent que leurs voisins masculins. Ensuite, celles qui vivaient en meublé ou dans les bordels étaient complètement coupées du système familial qui représentait pour les communautés de travailleurs le principe de l'organisation économique et sociale.

Néanmoins, parmi les travailleurs occasionnels les plus pauvres, habitués à une vie difficile, et qui devaient aussi faire face à d'urgentes contraintes sociales, les prostituées jouissaient d'une certaine intégration sociale. Dans son étude sur les prostituées parisiennes en 1836, Parent-Duchâtelet montre à l'évidence la complicité et la tolérance de la classe ouvrière envers les prostituées : la moitié environ de celles qui se mariaient choisissaient des hommes vivant dans la même rue, voire le même immeuble, alors que la moitié environ des femmes que leurs parents avaient arrachées à la prostitution n'avaient jamais quitté le domicile familial[7]. Certaines institutions du milieu ouvrier encourageaient cette intégration, en particulier les tavernes et les cabarets, où les observateurs de la classe moyenne étaient choqués par le « voisinage du vice et de la vertu[8] ». On put constater l'esprit de camaraderie qui régnait dans les pubs lors des obsèques de l'une des victimes de Jack l'Éventreur, en 1888. Le cercueil de Mary Jane Kelly était couvert de couronnes mortuaires offertes par les amis « qui fréquentaient les mêmes auberges que la victime[9] ».

Hors des tavernes, les femmes respectables n'avaient pas toutes une attitude aussi bienveillante. La tolérance d'une communauté de travailleurs à l'égard des prostituées dépendait des caractères spécifiques du milieu environnant : son origine ethnique ou raciale, son niveau de respectabilité et de prospérité. Elle dépendait aussi de la pression extérieure exercée sur les pauvres pour leur faire accepter un modèle plus strict de respectabilité sexuelle. Cette intervention extérieure affectait directement la structure du marché de la prostitution, aussi bien que le caractère de la relation entre ces femmes et la communauté des travailleurs pauvres.

L'activité si visible et si déréglée des prostituées troubla profondément tout un groupe de réformateurs de la classe moyenne au milieu du XIXe siècle. A la suite des révolutions populaires et des épidémies dévastatrices de choléra des années 1830 à 1850, les réformateurs hygiénistes et les commentateurs de « statistiques morales » se montrèrent obsédés par l'immoralité, par le pourrissement de la cité, par la contagion et par le désordre social émanant de la populace. La prostituée incarnait pour eux, au propre comme au figuré, la contamination de la société respectable – un « foyer d'infection », une peste, un ulcère. Comme les taudis d'où elle était issue, on pensait qu'elle charriait avec elle, dit Alain Corbin, l'« odeur lourde des masses », avec ses « réminiscences troublantes de vie intime ». Elle évoquait le souvenir sensoriel de tous les « corps de femmes résignées » qui répondaient aux besoins physiques des hommes de la haute société dans les beaux quartiers : la nourrice, la vieille servante, la « femme du peuple au cœur du foyer bourgeois qui satisfait les besoins corporels » – qui obéit « aux moindres volontés du corps bourgeois[10] ».

La prostitution étant officiellement considérée comme une forme dangereuse d'activité sexuelle, dont les limites devaient être contrôlées et définies par l'État, on aboutit au cours des années 1860 à une série de réglementations dans presque tous les pays d'Europe. S'appuyant vaguement sur le modèle napoléonien, les systèmes de réglementation exigèrent des prostituées qu'elles se fassent inscrire auprès d'une police des mœurs et qu'elles se soumettent à une visite médicale pour déceler les maladies sexuellement transmissibles. Certains systèmes exigèrent, en outre, que les prostituées résident dans des maisons closes enregistrées. Dans tous les pays, à l'exception de la Grande-Bretagne et de la Belgique, la réglementation policière de la prostitution se développa comme une procédure administrative, plutôt que par décret statutaire.

Les partisans de la réglementation prônaient le contrôle et l'inspection des prostituées comme une défense de la santé, de la décence et de l'ordre publics. En traitant la prostitution comme un mal nécessaire, ils maintenaient une double morale de la sexualité et justifiaient qu'une classe de femmes déchues fût mise à la disposition des hommes. Ils croyaient à l'urgence physiologique du désir masculin, mais ils hésitaient à admettre une réciprocité féminine. D'un côté, les partisans de la réglementation accusaient les prostituées de transgression sexuelle flagrante : elles étaient asexuées au point d'afficher un désir masculin ; d'un autre côté, ils insistaient sur le fait que le désir sexuel des prostituées ne devait pas être pris en considération. Un rapport parlementaire britannique souligna en 1871 qu'il n'y avait « aucune comparaison à faire entre les prostituées et les hommes qui vont avec elles. Pour les unes, le délit est commis dans le but de gagner de l'argent ; pour les autres, il s'agit d'un abandon accidentel à un instinct naturel[11] ».

Les défenseurs de la réglementation affirmaient qu'une inspection sanitaire limiterait la propagation des maladies vénériennes. Ils s'appuyaient pour cela sur l'hypothèse que la syphilis, à l'état endémique chez certaines populations, se propageait par contact sexuel avec des prostituées contaminées, et que l'on pouvait, grâce à un diagnostic et des méthodes thérapeutiques adéquats, assurer l'inspection et le traitement de ces prostituées. Aux critiques affirmant que la contagion affectait également les hommes et les femmes, qu'examiner et mettre à l'écart un seul sexe revenait à vacciner un seul sexe, les partisans de la réglementation rétorquaient que seules les femmes étaient « à l'origine de la contagion », « exerçaient un métier » et « pouvaient aussi facilement dissimuler la maladie[12] ». Des préjugés de classe et de sexe sous-tendaient toute la procédure d'inspection sanitaire des prostituées. Les médecins s'étonnaient de l'hostilité manifestée par les femmes fichées contre le spéculum, qu'elles appelaient le « pénis du gouvernement[13] ». Les prostituées interprétaient manifestement l'examen au spéculum comme un acte de voyeurisme humiliant qui infligeait à la femme une souffrance aussi bien mentale que physique.

Un système de police des mœurs, affirmaient les partisans de la réglementation, contribuerait également à la décence publique en limitant le spectacle du vice. Cela devint un des objectifs primordiaux de la police dans la deuxième moitié du XIXe siècle, car une pression croissante la poussait à chasser les prostituées des voies publiques et des salles de spectacle, de façon à faire place aux femmes respectables. A Paris, on interdit aux prostituées d'apparaître en public dans une tenue attirant l'attention, tant que les rues n'étaient pas éclairées ; elles devaient être vêtues décemment. A Hambourg, le code municipal réglementa en détail le costume des femmes de mauvaise vie et les quartiers où elles étaient autorisées à circuler. Partout, l'idée était de contrôler les péripatéticiennes clandestines, ces femmes non fichées qui, par des « couleurs voyantes », une « tenue provocante » et des clins d'œil scandaleux, tentaient d'attirer l'attention des passants[14].

Tout aussi cruciale pour le maintien de l'ordre public était la ségrégation des prostituées, leur mise à l'écart de la communauté ouvrière. A cette fin, les partisans de la réglementation se montraient tout à fait favorables à l'intervention de l'État dans la vie des pauvres. Les policiers de Dantzig affirmaient que les maisons closes non surveillées devenaient le refuge de la criminalité et du désordre social. Si on retirait les prostituées des bordels contrôlés pour les mettre dans des chambres ou des logements privés, avertissaient-ils, on provoquerait une démoralisation générale des familles pauvres, qui seraient encouragées au proxénétisme et à toutes autres activités liées au commerce du sexe. Par des procédures de stigmatisation publique – visites domiciliaires de la police, avertissements aux employeurs et aux familles à propos des femmes qui rôdaient « en ville », obligation faite aux prostituées de se présenter à un dispensaire public –, les responsables de la réglementation tentèrent de clarifier les relations entre les pauvres gens respectables et ceux qui ne l'étaient pas et, plus précisément, de forcer les prostituées à accepter leur statut de femmes publiques, en détruisant les liens privés qu'elles entretenaient avec la communauté ouvrière.

Cette réglementation fut controversée, cependant, et pas seulement par ses victimes. Une opposition politique s'éleva d'abord en Grande-Bretagne, en 1869, lorsqu'une coalition de moralistes réformateurs de la classe moyenne, de féministes et de travailleurs radicaux, réclama l'abolition des décrets sur les maladies contagieuses, décrets qui établissaient un système d'inspection policière et médicale des prostituées dans les villes de garnison et les ports de l'Angleterre méridionale. Sous la direction charismatique de Joséphine Butler, la campagne pour l'abolition fit entrer des milliers de femmes dans l'arène politique pour la première fois, en les encourageant à affronter les pouvoirs masculins – comme la police, le Parlement, les institutions médicales et militaires – chargés d'appliquer ces décrets. La participation des femmes de la classe moyenne à ce combat révisionniste choqua beaucoup d'observateurs contemporains qui virent avec horreur des dames monter sur des estrades, en public, dans tout le pays, afin de dénoncer ces décrets qui « sacrifiaient les libertés des femmes » pour les asservir à « la domination lubrique des hommes » et de décrire par le menu ce « viol instrumental » qu'était pour elles l'examen gynécologique[15].

Les féministes du milieu de l'époque victorienne dénoncèrent la réglementation, véritable agression corporelle et violation des droits constitutionnels des travailleuses. Elles voyaient la prostitution à la fois comme un esclavage sexuel et comme le résultat des contraintes artificielles imposées aux activités sociales et économiques des femmes : des salaires insuffisants et les restrictions à l'emploi des femmes dans l'industrie poussaient certaines d'entre elles dans la rue où elles s'adonnaient à « l'activité la mieux payée » – la prostitution. A certains moments, elles proposèrent une interprétation subtile de la relation entre la prostitution et les mœurs des travailleurs. « Parmi les pauvres, déclarait Joséphine Butler, les frontières entre la vertu et le vice s'effacent progressivement et imperceptiblement », si bien qu'il devient « impossible de désigner distinctement les prostituées ou de les classer de manière infaillible » dans une catégorie de réprouvés[16]. C'est le système de la réglementation, disaient les féministes, et non pas la prostitution en soi, qui condamne les femmes fichées à une vie de péché en les stigmatisant et en les empêchant de trouver un autre emploi respectable.

Les féministes dénonçaient également la réglementation parce qu'elle autorisait le « vice » masculin et en assurait l'hygiène. Elles prônaient à la place un modèle unique de sexualité, appuyé sur l'idéal de la chasteté féminine. Non seulement elles critiquaient la sexualité agressive des hommes, mais elles exprimaient aussi une ambivalence et une répugnance profondes à l'égard des prostituées, surtout celles qui ne voulaient pas changer de métier et traitaient leur sexualité comme une marchandise. « Elle avait traversé de nombreuses villes, déclare Butler, et elle n'avait trouvé aucune malheureuse qui n'ait conservé un peu de modestie... » Mais lorsqu'elle arriva dans les villes où était appliquée la réglementation, elle rencontra des prostituées sans remords qui « ne lui parlaient pas avec franchise. Elles paraissaient froides et dures, et lui dirent crûment qu'elles étaient fichées, qu'elles ne faisaient rien de mal, et ne nuisaient à personne, puisqu'elles allaient se faire examiner régulièrement[17] ». Néanmoins, en tant que libertaire hostile à l'État, Butler prêchait, pour les prostituées, la retenue volontaire et le salut par le travail plutôt que la réglementation ou la répression. Si les prostituées choisissaient de vendre leur corps sur la voie publique, elles avaient le droit de le faire sans être molestées par la police.

L'exemple de Butler poussa les femmes de la plupart des pays d'Europe à s'attaquer au problème de la prostitution. L'opposition des féministes américaines empêcha l'introduction de la réglementation aux États-Unis, sauf à Saint Louis, où elle fut introduite en 1874 ; mais même là, elle fut bientôt abrogée, devant une opposition religieuse et féministe massive. Cependant, de nombreux disciples de Butler ne partageaient pas ses vues libertaires. Sa prééminence et sa politique furent rapidement remises en question, aussi bien en Grande-Bretagne qu'à l'étranger. Beaucoup de femmes des associations morales germaniques, par exemple, condamnaient la prostitution comme un crime et accusaient le gouvernement d'être, à travers son système de police des mœurs, complice de ce crime ; parallèlement, les abolitionnistes allemands avaient adopté une attitude plus libérale, concentrant toute leur énergie sur l'abolition du réglementarisme d'État.

Au nom de la salubrité publique, et du modèle unique de sexualité, de nombreux abolitionnistes britanniques s'associèrent à l'assaut massif lancé contre la sexualité extraconjugale et non procréative. Après la suppression du système de réglementation, en 1883, Butler et ses alliées concentrèrent leur attention sur le trafic international des femmes et sur la prostitution des enfants qui se développait à Londres. Elles persuadèrent le journaliste W.T. Stead de publier un article sensationnel sur la prostitution des enfants, « Le tribut des vierges à la Babylone moderne », dans la *Pall Mall Gazette*, en 1885. « Le tribut des vierges » produisit un effet fulgurant sur l'opinion publique et força le Parlement britannique à voter en 1885 l'Acte d'amendement de la loi criminelle, élevant à seize ans l'âge de consentement des filles et donnant également à la police un pouvoir global plus important pour la répression des tenanciers de bordels et des péripatéticiennes. Une clause supplémentaire du décret déclarait illégal tout acte indécent entre deux hommes adultes consentants. A travers toute la Grande-Bretagne, des comités de salubrité publique d'essence populaire se formèrent pour surveiller l'application locale de ce décret. Ces comités dirigèrent bientôt leur attention vers les livres obscènes, la littérature relative au contrôle des naissances, les publicités pour les contraceptifs, les divertissements de cabaret, et le nu dans la statuaire. Pour les acteurs de cette croisade, la culture pornographique, définie d'une manière très large, était l'expression ignoble de « la luxure masculine indifférenciée[18] » menant finalement à l'homosexualité et à la prostitution.

Ces mobilisations eurent un effet complexe sur l'organisation de la prostitution. La répression légale modifia la géographie sociale du vice, surtout en Grande-Bretagne et aux États-Unis où les comités de salubrité avaient forcé la police à démanteler la prostitution dans la rue et dans les maisons closes. Résultat de la répression policière : les prostituées furent déracinées de leur milieu habituel et forcées de trouver un logement dans d'autres quartiers de la ville. Coupées de toute autre relation de soutien, elles durent s'en remettre de plus en plus aux proxénètes, pour leur sécurité affective comme pour la protection contre les autorités légales. A ce point de vue, et à d'autres encore, l'aggravation de la politique de répression dressa des obstacles entre les prostituées et la communauté ouvrière. Il s'ensuivit une dispersion de la prostitution, rendue plus insaisissable et liée à un milieu criminel souterrain. Aux États-Unis, la répression de la prostitution renforça également les préjugés raciaux. La fermeture des quartiers « chauds » coïncida avec la migration en grand nombre des Noirs du Sud vers les cités du Nord. Alors que la prostitution des Blanches devenait presque invisible, les femmes noires qui se mettaient sur le trottoir avaient plus de chances de se faire arrêter.

En Europe, même sans que l'administration de la police ait changé, les maisons closes réglementées étaient déjà en déclin et la proportion de prostituées clandestines échappant aux filets de la police paraissait augmenter. En gros, le système des maisons closes était victime du changement de goût des consommateurs : « Le public a perdu l'appétit pour les lieux de rendez-vous officiels », expliquait un observateur français, « ... la profession incline plutôt vers les maisons de rendez-vous où on pratique une plus grande discrétion et où, avec un peu d'imagination, on peut sentir un petit air d'aventure[19] ». « Les femmes aussi, ajoutait l'abolitionniste Abraham Flexner, brûlent du désir de profiter de leur liberté. Elles préfèrent l'indépendance risquée des rues, des cafés et des théâtres[20] ». A Londres et à Paris, « toutes sortes de subterfuges » étaient imaginés pour promouvoir une prostitution clandestine : on proposait des chambres à louer, on offrait des cours de langues étrangères, on « appâtait le curieux » avec des travaux de couture ou des massages[21]. Les abolitionnistes l'affirmaient : les grands bordels qui subsistaient ne pouvaient survivre qu'en offrant des services sexuels « exotiques » et en déployant un luxe extraordinaire.

Pour les femmes comme pour les hommes, la prostituée occupait une place profondément symbolique et équivoque dans le paysage imaginaire urbain. Les femmes des classes moyennes construisaient leur propre identité autour du personnage de la « femme déchue », image qu'elles modelaient et manipulaient pour explorer leur propre subjectivité. La plupart des femmes considéraient la prostituée comme « l'Autre », dégradée, version sexualisée et avilie de la féminité domestique et maternelle. Quand Margret Boveri, vingt ans, demanda à sa mère ce que signifiait le mot prostituée, elle reçut la réponse suivante : « Les prostituées sont des filles perdues, à vendre, qui font ça pour l'argent – et qui y prennent même du plaisir[22]. » Même les réformatrices sensibles à la condition des prostituées, qu'elles considéraient comme des femmes économiquement opprimées, ne pouvaient s'empêcher de haïr leur péché et soutenaient l'idée d'une opposition binaire entre femmes bonnes et femmes mauvaises, entre madones et Madeleines.

Joséphine Butler tenta de dépasser cette opposition en transformant les prostituées en mères Madeleines, et en victimes innocentes du vice masculin. Dans sa propagande abolitionniste, elle utilisa les thèmes traditionnels des mélodrames féminins pour raconter l'histoire des femmes en carte, donnant pleinement la parole à des Madeleines déchues qui maudissaient les hommes pour leur iniquité.

L'identification qu'opérait Butler avec la « féminité en souffrance » était encore chargée de contradictions et de difficultés. Tout en défendant la cause des femmes déchues et des filles « en danger », les réformatrices établissaient une relation de hiérarchie et de tutelle avec ces « filles » qu'elles avaient décidé de protéger. Leur discours mélodramatique sur l'avilissement des femmes privait les prostituées de tout libre arbitre et de toute épaisseur subjective : il pouvait seulement les montrer comme d'innocentes victimes entraînées perfidement dans le vice – actrices involontaires de leur propre histoire, dénuées de passions sexuelles, n'ayant pas encore « bu toute honte » ni perdu toute « pudeur féminine ».

Il se peut que la politique féministe ait eu un impact ambigu sur la prostitution, mais elle a certainement donné aux femmes des classes moyennes la possibilité d'accéder à l'espace public et de s'y exprimer avec une « licence » nouvelle sur les problèmes sexuels. Ces campagnes amenaient au grand jour les « ombres sinistres », les « spectres » et les « peurs obsédantes » qui obscurcissaient le regard des femmes sur les relations hétérosexuelles. L'article sur le « tribut des vierges », déclarait une féministe de Londres, ouvre de « nouvelles perspectives[23] ». Les révélations de Stead, déclarait une autre, « font tomber des barrières devant les femmes » ; « Dorénavant plus personne n'était réduit à l'ignorance[24] ». Poussées à « parler » par la « peur[25] », des progressistes parmi les femmes nouvelles de la fin du siècle – l'écrivain Olive Schreiner, par exemple – transgressèrent les barrières sociales de la « pureté » et du détachement pour méditer sur le désir hétérosexuel. Leurs recherches, aussi pionnières fussent-elles, restaient obscurcies par un sentiment de vulnérabilité sexuelle et par certaines réserves au sujet des hommes. Pour ces femmes, comme pour d'autres plus attachées aux conventions, la prostituée demeurait un symbole troublant et menaçant, un exemple de non-liberté sexuelle des femmes, puisque sa sexualité était liée au besoin d'argent.

Pour les femmes de la classe ouvrière aussi, la prostituée se trouvait au centre du spectacle fantasque et varié de la ville. Dans les lieux publics, une femme pauvre courait constamment le risque d'être prise pour une prostituée ; elle devait sans cesse montrer par ses vêtements, ses gestes et ses mouvements, qu'elle n'était pas une femme « de rien ». Comme leurs sœurs des classes moyennes, les femmes de la classe ouvrière prouvaient leur respectabilité par leur apparence extérieure et par leur identité d'épouses et de mères. « Épouses acharnées au travail », « mères inquiètes » et « pauvres veuves », les femmes de la classe ouvrière envoyaient des pétitions aux responsables municipaux, en Grande-Bretagne et aux États-Unis, pour qu'ils ferment les « mauvaises » maisons, où leurs maris et leurs fils attrapaient des maladies vénériennes et dépensaient l'argent de leur pauvre ménage, où « une de leurs filles, une fille qui allait à l'école du Dimanche » (au catéchisme), trouvait sa « perte[26] ». Les matrones locales s'inquiétaient en particulier de l'envie que la relative richesse des prostituées inspirait, par comparaison, à leurs rejetons impressionnables.

Pourtant, les travailleuses respectables considéraient aussi les prostituées comme des « filles rebelles », hors norme, mais puissantes et dangereuses. Ces femmes étaient payées pour ce qu'elles « faisaient » ; c'est ce que souligne une épouse de docker, comme pour marquer la différence avec les femmes mariées comme elle, qui devaient offrir les mêmes services sexuels « gratuitement. Elle ne touchait rien pour ça, elle[27] ».

Pour ses voisines aussi, la prostituée était un objet de fascination : « farouche » et indépendante, il valait mieux ne pas avoir affaire à elle ; mais aussi, parfois, « la plus jolie femme de l'East End », qui « aurait pu avoir tous leurs maris[28] ».

Les prostituées pouvaient également tenir différents discours sur leur propre situation. Elles n'étaient en aucun cas coupées des débats qui les concernaient. Pendant la campagne abolitionniste en Grande-Bretagne, les prostituées en carte utilisèrent le langage du droit pour défendre l'intégrité de leur corps contre une surveillance médicale et politique envahissante. Grâce à leurs manifestations, les féministes abolitionnistes avaient réussi à ouvrir une arène politique, ce qui permettait aux prostituées de résister aux lois importunes de réglementation, « pour bien montrer aux autorités », selon les mots de l'une d'elles, « que nous avons du respect pour notre propre personne[29] ».

Quand elles parlaient d'elles-mêmes devant un juge ou devant le responsable d'une œuvre de charité, les prostituées racontaient souvent « l'histoire de leur malheur », dans les mêmes termes, convenus et mélodramatiques, qu'employaient les bourgeoises pour expliquer la prostitution : séduction d'innocentes filles par les méchants coureurs de jupons de l'aristocratie. Cette argumentation stratégique s'étalait à travers la littérature et le théâtre populaires : à travers les romans pour midinettes, les « publications bon marché, insipides et ineptes[30] » que les observateurs des classes moyennes condamnaient comme le premier pas de beaucoup de filles vers leur « perte ». D'un autre côté, leur vie prenait un sens à travers le trafic du sexe. « J'ai démarré dans la vie de plaisir pour des raisons d'argent et rien d'autre », explique une tenancière de bordel de Denver. « C'était, pour une femme, un moyen de faire de l'argent, dans ce temps-là, et j'en ai fait[31]. » Deux filles des usines de confiture Crosse and Blackwell, qui arpentaient les rues la nuit, montrent moins d'enthousiasme pour cette besogne : elles déclarèrent à W.T. Stead qu'elles préféraient « le travail en usine à celui de la rue. Mais il y avait une très grande différence de salaire. Les temps étaient difficiles et les malheureux n'avaient pas le choix[32] ».

L'avortement

En dépit de son statut illégal tout au long du XIXe siècle, l'avortement, comme la prostitution, était pratiqué ouvertement et représentait, dans les centres urbains d'Europe et des États-Unis, un secteur prospère d'activité. Comme la prostitution, il provoqua une violente réaction de la part du corps médical, des groupes de pression s'efforcèrent de priver les femmes du libre accès à l'avortement et de réserver à la seule discrétion des médecins la décision d'avortement thérapeutique. De même, les significations données à l'avortement étaient multiples et contestées sur le plan social. Cependant, dans l'imaginaire, la femme débauchée qui avortait n'était pas une simple fille du peuple, comme la prostituée, mais plutôt une femme des classes supérieures, mariée, désœuvrée et encline à renier sa vocation maternelle. L'iconographie représentant l'avortement de la privilégiée transforma aussi le paysage social où étaient censées avoir lieu les transgressions. Les débats publics sur l'avortement visaient autant les classes moyennes et leurs comportements spécifiques dans le mariage et la vie de famille, que les ruelles mal famées où les avorteurs et les prostituées exerçaient leur métier.

L'avortement était lié à une stratégie générale de maîtrise de la reproduction, à une époque où on voyait s'effrondrer les taux de natalité dans les classes moyennes, alors que les contraceptifs disponibles étaient peu fiables et souvent inefficaces. La chute du taux de natalité en Europe de l'Ouest et aux États-Unis atteste les efforts des couples, tant bourgeois qu'ouvriers, pour limiter leur progéniture. A l'avant-garde de ce courant vient la France où l'on constate un déclin précoce de la natalité dès le XVIIIe siècle : et en 1854 (année exceptionnelle, il est vrai), on y enregistre plus de décès que de naissances. Aux États-Unis, la fertilité décroît de moitié chez les Blancs entre 1800 et 1900, tandis que les travailleurs immigrés continuent à avoir des familles nombreuses. Dans les années 1870, des observateurs commencent à noter, en Allemagne et en Grande-Bretagne, un déclin significatif de la fertilité ; en moins de deux générations, le taux des naissances décroît en Allemagne de 60 %, cependant qu'en Angleterre le nombre moyen d'enfants par famille tombe de 6,6 à un peu plus de 2 dans les années 1920.

L'utilisation de techniques contraceptives, démontrent les historiens, rendait pensable la pratique de l'avortement au sein du mariage. Tout d'abord, l'usage de contraceptifs forçait les couples à prendre mieux conscience de leur sexualité, à penser l'acte sexuel comme dissocié de l'acte procréateur. Mais l'avortement, parce qu'il était une pratique essentiellement féminine, ajoutait une dimension supplémentaire à cette prise de conscience sexuelle : il faisait des femmes les actrices principales du jeu sexuel, indiquant par là que « les femmes qui l'utilisent s'engagent dans l'acte sexuel sans chercher à procréer, pour le seul intérêt de l'acte lui-même (pour satisfaire le désir masculin sinon le leur)[33] ».

Les hommes et les femmes disposaient au XIXe siècle de toute une série de techniques contraceptives : l'abstinence, le *coitus interruptus*, la méthode cyclique fondée sur l'idée fausse d'une « période sûre », les seringues pour douches postcoïtales, et le condom. Tous ces procédés nécessitaient du temps, de l'argent, de la place, de la persévérance : on ne pouvait pas toujours s'y fier et ils dépendaient beaucoup de la coopération masculine. L'avortement était un dernier recours pour les femmes en cas d'échec de la contraception. Bien que dangereux et illégal, il présentait l'avantage de donner à la femme, surtout dans la classe ouvrière, un contrôle sur sa propre personne, en particulier dans le cas où son partenaire refusait d'utiliser la contraception. Il n'était pas cher et ne nécessitait pas de décision préalable, d'organisation ni de préméditation.

La première stratégie d'une femme voulant avorter consistait à déclencher elle-même un processus qui impliquait la complicité des autres, car l'avortement n'est pas un acte solitaire (contrairement à l'infanticide). Des réseaux d'entraide parmi les femmes de la classe ouvrière propageaient des informations sur l'avortement entre voisines ou collègues de travail. « Les femmes... ne font aucun mystère de ces pratiques (d'avortement), expliquait la féministe française Madeleine Pelletier. Sur le palier de l'appartement, chez le boulanger, le boucher, l'épicier, les femmes de la classe ouvrière, à qui leurs maris, aussi bêtes que brutes, infligeaient des grossesses non désirées se donnaient des conseils entre voisines[34]. »

Les Françaises recommandaient sans doute une infusion d'une de ces plantes abortives traditionnelles comme la rue, la sabine ou l'ergot de seigle. Les médecins pensaient que certains de ces remèdes traditionnels agissaient comme des poisons ou produisaient une irritation des intestins suffisante pour entraîner l'expulsion du fœtus. Aux États-Unis, les différents groupes raciaux et ethniques se transmettaient également leur connaissance traditionnelle de l'avortement : les guérisseurs et les sages-femmes indiens prescrivaient en général des racines ou des herbes ; tandis qu'au milieu du siècle, les femmes noires du Texas employaient l'indigo ou un mélange de calomel et de térébenthine pour « décrocher » le fœtus ou provoquer une fausse couche. Vers 1890, les femmes de la classe ouvrière, dans le nord d l'Angleterre, commencèrent à avaler des pilules de plomb parce qu'on avait constaté que les travailleuses des usines de blanc de plomb faisaient de fréquentes fausses couches. Si les drogues n'opéraient pas, les femmes essayaient les saignées, les bains chauds, les exercices violents.

Si elles n'obtenaient toujours aucun résultat, elles s'en remettaient à une avorteuse qui provoquait la fausse couche par des moyens mécaniques, ou bien elles répondaient aux publicités offrant des « remèdes de femme », publiées par les mêmes journaux et magazines populaires qui proposaient des « Guides du gentleman » pour le marché du vice, et des « leçons de français ». Au milieu du XIXe siècle, l'avortement commercialisé était devenu une « industrie », une source de profits considérables pour les médecins, les pharmaciens, les herboristes, les vétérinaires, les masseurs et les charlatans, comme pour l'industrie pharmaceutique. Les avorteuses devinrent des personnages notoires, comme Mme Restell à New York, ou son homologue française « la Cacheuse ». Un responsable français rapporte que cinquante avorteuses proposaient leurs services par l'intermédiaire des journaux de Paris, à la fin du siècle. Les faiseuses d'anges se rassemblaient souvent aux alentours des gares et des grands magasins, pour s'occuper des femmes qui arrivaient de la campagne, mais elles exerçaient également leur activité dans les quartiers pauvres et mal famés.

Une série de lois inefficaces tentèrent de contrôler ce marché illégal, sans faire grand-chose pour supprimer tout à fait l'avortement. La Grande-Bretagne fut une des premières nations à introduire une nouvelle législation criminelle, en 1803, révisée en 1837 et renforcée en 1861. En France et en Belgique les lois dataient de 1810, elles étaient fondées sur le code Napoléon. De nouvelles lois contre l'avortement apparurent dans les différents États des États-Unis, au cours des années 1820, et furent modifiées de manière significative dans la période 1860-1880. Dans la deuxième moitié du XIXe siècle, des lois criminelles semblables furent votées en Scandinavie, en Allemagne et en Italie. La plupart de ces lois stipulaient des peines pour la femme aussi bien que pour l'avorteuse ; les peines allaient de six à dix ans de travaux forcés pour la femme, jusqu'à la prison à perpétuité ou la mort pour l'opérateur ou l'opératrice ; mais, en général, il n'y avait de poursuite contre les avorteurs que dans le cas où les femmes mouraient ou tombaient gravement malades.

Ces lois furent introduites pour diverses raisons selon les moments. Elles attestent par-dessus tout la volonté des autorités légales et médicales d'intervenir dans les stratégies féminines de reproduction. Au début du XIXe siècle, les législateurs eurent tendance à faire passer les nouvelles lois criminelles pour des mesures de « mise en ordre » dans le cadre de la réforme légale des lois sur l'infanticide. En Grande-Bretagne et aux États-Unis, ces premières lois interdisaient seulement l'avortement après l'« animation » (moment où la femme sent la vie bouger en elle, au troisième ou quatrième mois de grossesse environ) et insistaient surtout sur les dangers des abortifs pour la santé de la mère. La loi de 1803, en Angleterre, ne satisfit pas le lobby des médecins qui trouvait la notion d'animation trop imprécise et fondée sur un savoir féminin ; par déférence envers l'opinion médicale, la loi de 1837 interdit l'avortement à n'importe quel stade de la grossesse, sans faire référence à l'animation. Vers le milieu du XIXᵉ siècle, en France et aux États-Unis, l'avortement ne représentait plus aux yeux des médecins, le dernier recours des non-mariées, mais une forme d'entraide utilisée par les femmes mariées pour réduire les naissances. Une des conséquences de ce changement de point de vue fut l'intensification de la propagande publique et des mesures légales contre celles qui avortaient.

Aux États-Unis, les adversaires de l'avortement, avec à leur tête des docteurs en médecine, entamèrent une campagne, État par État, pour obtenir un durcissement de la loi. Entre 1860 et 1880, l'American Medical Association organisa une importante campagne pour la suppression de l'avortement, en faisant appel aux associations médicales gouvernementales, aux assemblées législatives, aux journaux professionnels et à la presse populaire. Son but était d'obtenir la criminalisation de l'avortement, à n'importe quel stade de la grossesse, sauf dans le cas où la vie de la femme en dépendait.

Il se peut que les médecins américains aient été plus actifs que leurs homologues européens pour remettre en question les avortements illégaux, mais les médecins français, anglais et russes exprimaient le même souci quant à la concurrence professionnelle que leur faisaient les avorteuses, quant à la mauvaise conduite des femmes et aux menaces que l'avortement faisait peser sur l'ordre social. Partout, les préoccupations du corps médical au sujet de l'avortement et de la contraception montraient bien que « le médecin remplaçait le prêtre » – c'est-à-dire qu'il assumait un rôle nouveau, joué autrefois par les autorités religieuses, dans le domaine du sexe et de la famille.

Les médecins furent les principaux acteurs et inspirateurs de ces campagnes, mais ils cristallisaient sans aucun doute des craintes largement répandues dans la population, à propos des classes, des races et des sexes. Ils s'inquiétaient surtout du fait que des mères de familles privilégiées adoptaient l'avortement, activité « dépravée ». « Nous avons maintenant des dames », s'exclamait la Société médicale de Buffalo en 1859, « oui, des dames bien élevées et raffinées[35] », qui avortent. En répandant cette image de la « dame de la haute société » qui se permet tout, qui abandonne ses devoirs de mère dans un but « égoïste et personnel », les médecins exprimaient leur anxiété devant ces femmes apparemment séduites par les valeurs en vogue, celles du plaisir et de la consommation, mais aussi par le féminisme.

Poursuivant leurs intérêts personnels, rebelles au sacrifice traditionnel de la féminité reproductrice, ces femmes renonçaient à toute loyauté envers leurs maris et se livraient à des avorteurs immoraux. L'American Medical Association's Committee on Crimimal Abortion résumait ainsi cet état de fait :

> « Elle ne tient plus compte du destin prévu pour elle par la Providence, elle néglige les devoirs que lui impose le contrat de mariage. Elle cède aux plaisirs – mais refuse les souffrances et les responsabilités de la maternité ; et, déchue de toute délicatesse, de tout raffinement, elle s'abandonne corps et âme aux mains d'hommes pervers et sans scrupules[36]. »

La fuite des femmes devant la maternité, prétendaient les médecins français, anglais et américains, conduisait au « suicide de la race ». En exprimant ces soucis, les médecins appliquaient certains éléments de la pensée de Darwin aux problèmes de population de leurs pays. Pour les eugénistes et les darwinistes sociaux, une « souche raciale » de qualité supérieure était indispensable pour assurer la survie des mieux adaptés dans les luttes de classes et les luttes nationalistes. Aux États-Unis, des alarmistes s'inquiétaient de ce que les femmes de « bonne souche » – prospère, blanche, et protestante – n'avaient pas assez d'enfants pour maintenir la domination politique et sociale de leur groupe. En Grande-Bretagne, les eugénistes s'inquiétaient de ce que les femmes de la moyenne et de la haute bourgeoisie n'assuraient pas le même taux de reproduction que les classes inférieures. A la fin du XIXe siècle, les démographes français imputaient le problème de population de la France à la décadence générale de la société et au fait que les femmes, égoïstes et indépendantes, manquaient à leur devoir civique de pourvoyeuses d'enfants pour la défense de la république.

Finalement, les médecins adversaires de l'avortement reprochèrent aux médecins « irréguliers » et autres praticiens de la santé de réaliser des avortements illégaux. Dans tous les pays, les médecins allopathes devaient lutter, pour être reconnus et garder une clientèle, contre une armée de praticiens populaires comprenant des pharmaciens, des herboristes, des hydropathes et des sages-femmes. Les médecins « réguliers » s'alarmèrent de plus en plus lorsque leurs concurrents commencèrent à proposer ouvertement leurs services pour des avortements, surtout après les années 1840. La compétition entre médecins « réguliers » et « irréguliers » fut particulièrement acharnée aux États-Unis, ce qui explique en partie les efforts concertés de l'American Medical Association pour criminaliser l'avortement. Cependant, les médecins européens manifestaient une inquiétude semblable à propos des statuts professionnels. Nombre de leurs collègues pratiquaient des avortements, en particulier pour des patientes aisées, mais les médecins français et britanniques concentraient leurs critiques sur les sages-femmes.

Dire que celles-ci gagnaient plus sur les avortements que sur les accouchements devint un lieu commun dans les années 1890.

Vers la fin du XIXe siècle et au début du XXe, on put entendre quelques voix s'élever en faveur d'une réforme des lois sur l'avortement, bien que le mouvement en faveur de cette réforme fût postérieur d'une génération et plus à celui qui réclamait la liberté de la contraception. Durant les années 1880-1890, les obstétriciens subirent une forte pression de la part de leurs patientes pour que fussent définies les conditions justifiant l'avortement. Dans l'ensemble, leurs associations professionnelles ne tinrent pas compte de ces pressions. Certains médecins français commencèrent à contester la réglementation de l'avortement, selon eux trop rigide, marquée par l'esprit de classe, et périlleuse pour la santé publique puisqu'elle forçait les femmes à recourir aux avortements illégaux, dangereux. La Suède modifia sa législation en 1890, pour permettre que l'interruption de grossesse s'effectuât en milieu authentiquement médical. En 1910, un congrès de gynécologie, en Russie, vota la décriminalisation de l'avortement, ce qui revenait à admettre que l'avortement serait désormais pratiqué sous la responsabilité d'un médecin. A l'exception de femmes comme Madeleine Pelletier, peu de voix s'élevèrent pour défendre le droit des femmes à des choix personnels en matière de reproduction, indépendamment de la responsabilité médicale.

Les médecins blâmaient souvent les « fortes têtes » et accusaient le féminisme de pousser les femmes à fuir la maternité ; pourtant les leaders du mouvement des femmes ne cherchaient aucunement à excuser celles qui choisissaient d'avorter. Au contraire, les féministes américaines répondirent favorablement à la campagne menée par les médecins pour mettre l'avortement hors la loi, à la fin du XIXe siècle. Elles condamnaient l'avortement, car il participait à la dégradation et à l'exploitation des femmes, mais elles mettaient l'accent sur les causes de l'avortement – des relations sexuelles abusives qui rendaient l'avortement nécessaire – plutôt que sur les conséquences.

L'opposition des féministes à l'avortement, mais aussi à la contraception, reflétait une attitude complexe face à la sexualité et à la reproduction. Les luttes concernant la réglementation gouvernementale de la prostitution avaient rendu les féministes méfiantes vis-à-vis des médecins, arbitres non légitimes du destin biologique des femmes et défenseurs de la double morale. Dans le même temps, les féministes faisaient front contre les médecins qu'elles considéraient comme les principaux adversaires des droits et de l'éducation des femmes. Pourtant, les féministes, comme les médecins, s'opposaient à la séparation entre sexualité féminine et reproduction. Elles aussi pensaient que l'accès à la contraception et à l'avortement rendait les femmes « impures », trop semblables aux prostituées – souillées par le désir sexuel, et sans défense face aux exigences sexuelles masculines.

Au lieu de quoi, les féministes britanniques et américaines célébraient la maternité comme le plus haut devoir de la femme, mais elles plaidaient pour une stratégie sexuelle de « maternité volontaire » qui permettrait aux femmes d'exercer un contrôle sur la reproduction par l'abstinence. De cette manière, l'exaltation de la maternité en France, en Grande-Bretagne et aux États-Unis, pouvait inviter à sa restriction consciente, avec des nuances importantes suivant les classes et les races. Lorsque les féministes blanches reliaient l'idée de « maternité volontaire » à l'idée que les femmes doivent « améliorer la race » en « enfantant moins et mieux[37] », elles exprimaient les mêmes inquiétudes de classe et de race que celles qui animaient les campagnes médicales contre l'avortement. D'ailleurs, même la minorité de féministes qui se joignirent aux néo-malthusiens, au tournant du siècle, pour promouvoir le contrôle des naissances, se montraient inflexibles sur la distinction entre contraception et avortement : la première était une pratique prudente et digne, la deuxième une affaire « très risquée » et méprisable.

Pourtant, beaucoup de femmes de la classe moyenne recouraient à l'avortement justement pour remplir le rôle de mère de famille bourgeoise qui convenait à leur classe et à leur sexe. Le « culte de la vraie féminité », ont expliqué les chercheurs féministes, poussait à des stratégies à la fois pronatales et antinatales. Il exaltait la maternité, comme une profession sacrée, mais il exigeait aussi de la femme qu'elle se conforme aux valeurs d'épargne et d'organisation qui assureraient le statut social de sa maisonnée. Au début du XIXe siècle, une famille moins nombreuse était devenue le signe d'une identité bourgeoise. Le planning familial faisait partie d'une éthique bourgeoise de la famille, selon laquelle le devoir maternel des femmes était d'« enfanter moins et mieux ». Loin de représenter une fuite devant la maternité, l'avortement, secondant la contraception, aidait la femme à remplir ses devoirs vis-à-vis de ses enfants, de sa classe, de sa race.

Les femmes de la classe ouvrière approuvaient ouvertement l'avortement, pour ces mêmes raisons et pour d'autres. Les médecins français et britanniques étaient troublés par l'attitude désinvolte des femmes de la classe ouvrière face à l'avortement, qu'elles tenaient pour une méthode parfaitement légitime et non pas pour un meurtre. Jusqu'à l'« animation » du fœtus, les femmes ne se pensaient pas enceintes mais privées de règles. Les abortifs vendus dans le commerce répondaient à cette idée par leurs réclames qui promettaient de guérir l'aménorrhée et de faire revenir les « menstrues ».

Les femmes de la classe ouvrière se cramponnaient bien sûr à l'idée traditionnelle selon laquelle il n'y a « pas de bébé » avant l'« animation » ; pourtant, à la fin du XIXe siècle, elles pouvaient aussi avancer une défense idéologique plus moderne de l'avortement. Comme les prostituées, les femmes mariées des classes laborieuses ne restaient nullement à l'écart des controverses que suscitait leur conduite. Pour parler de leur situation, elles se mirent elles aussi à employer un discours civique, qui faisait écho à la notion d'intégrité du corps et aux débats publics sur la fécondité et le « suicide de la race ». Lorsque la Women's Cooperative Guild de Grande-Bretagne demanda à ses membres, pour la plupart femmes d'ouvriers qualifiés, de décrire leur expérience de grossesse, nombre d'entre elles répondirent en invoquant le concept de maternité responsable, qui impliquait une planification rationnelle tenant compte du budget. Comme leurs sœurs des classes moyennes, elles considéraient comme un devoir maternel d'« enfanter moins et mieux » : « Je n'ai pas eu des enfants aussi rapprochés que certaines... non parce que je ne les aime pas, mais parce que si j'en avais eu plus, je ne pense pas que j'aurais pu alors accomplir mon devoir envers eux en toutes circonstances[38]. » Les femmes françaises allaient même plus loin dans la revendication du droit à l'avortement : les médecins se montraient choqués en constatant qu'« elles racontent librement leur affaire, sans la moindre honte ni l'ombre d'un remords, car, disent-elles, "la femme doit avoir la liberté de son corps"...[39] » Ainsi que l'observe Rosalind Petchesky, il ne s'agissait pas là d'une liberté positive d'accomplissement sexuel, mais d'une liberté négative des femmes face aux « sexe et aux grossesses non désirés », comme le voulait la doctrine de la maternité volontaire dans les classes moyennes[40].

Attachements homosexuels

Le travestisme et les amitiés romantiques sont deux formes culturelles de relation par lesquelles les femmes du XIXe siècle ont exploré les relations homosexuelles. Bien que le travestisme ait été généralement associé au comportement prolétarien, il fit des adeptes parmi les femmes des classes moyennes qui rivalisaient avec les prérogatives des messieurs, allant même parfois jusqu'à l'agression sexuelle à l'égard d'autres femmes. Les amitiés romantiques entre femmes constituaient un trait notable et publiquement admis de la culture féminine bourgeoise ; là aussi, des témoignages historiques font apparaître un phénomène de translation culturelle, en particulier aux États-Unis, parmi les ouvrières d'usine sachant lire et écrire qui promettaient à leurs amies un amour éternel à travers des lettres sentimentales au style très orné.

Le travestisme

Le travestisme féminin, avec l'adoption des vêtements et/ou du style de vie, du travail, des manières du sexe opposé, était une tradition populaire vieille d'au moins quatre siècles, transmise par les chansons populaires, le théâtre, la culture écrite et le bouche à oreille. Certains historiens placent son apogée aux XVIIe et XVIIIe siècles, en particulier pour la Hollande et l'Angleterre. Les historiens américains notent cependant, dans les articles de journaux, une augmentation du nombre des travesties après 1850. De toute façon, les femmes qui adoptaient le travesti savaient que d'autres femmes les avaient précédées. De vieilles histoires de « femmes fier-à-bras » et de « maris féminins » circulaient encore dans la culture écrite au XIXe siècle. Lorsque Emma Edwards lut le conte populaire *Fanny Campbell ou la Capitaine de pirates* (1815), il lui vint à l'esprit qu'elle pouvait, tout comme Campbell, vivre « la liberté et la glorieuse indépendance de la masculinité [41] » rien qu'en coupant ses cheveux et en endossant des vêtements d'homme. C'est ce qu'elle fit ; elle s'enfuit de chez elle, se maria « presque » à une jolie fille de Nouvelle-Écosse et, finalement, s'enrôla dans l'armée de l'Union pendant la guerre de Sécession.

Edwards expliqua sa décision de se travestir par son désir d'accéder à la liberté et aux privilèges des hommes. Pour les femmes travesties, ces privilèges pouvaient signifier un salaire d'homme, des occasions de travail, une plus grande mobilité et une vie aventureuse. Cela pouvait aller jusqu'à faire la noce avec des prostituées et se marier avec une femme. Se construire une identité masculine pouvait les conduire à exercer un métier qualifié ou un travail de force, ou encore à devenir le marin le plus courageux du navire ; pour Eliza Ogden, la fille portefaix de Shoreditch, cela signifiait aussi fumer et boire avec les collègues de son frère et faire la cour à « toutes les jolies filles qui croisaient son chemin ». En bref, Ogden était un « roué supposé et un romancier réel ». Mary Chapman, rapporte le *Times* de Londres en 1835, obtint elle aussi un « brevet supérieur de virilité » : elle boxait, jurait, et entretenait une maîtresse en même temps que sa femme [42].

Certaines ne revêtaient des habits masculins que pour des occasions spéciales ou n'essayaient pas de passer complètement pour des hommes : l'écrivain George Sand et l'artiste Rosa Bonheur sont deux exemples célèbres de femmes de la bourgeoisie ou de la haute société qui s'efforcèrent de se libérer des contraintes de leur sexe. Certaines femmes qui passaient effectivement pour des hommes étaient capables d'atteindre un certain degré de respectabilité sociale ; d'autres se mêlaient au monde souterrain du sexe. Dans les années 1850, Lucy Ann Lobdell quitta son mari, au nord de l'État de New York, et se fit passer pour un homme afin de gagner sa vie. « J'avais décidé de mettre des habits d'homme et de chercher du travail, expliqua-t-elle, et de gagner le salaire d'un homme. » Elle devint plus tard le révérend Joseph Lobdell et se mit en ménage avec Maria Perry [43]. Dans les années 1870, l'immigrée française Jeanne Bonnet, fréquemment arrêtée par la police parce qu'elle portait des vêtements d'homme, fréquenta une maison close en tant que client masculin ; elle tomba amoureuse d'une prostituée, Blanche Bruneau, qu'elle persuada de quitter la profession. En 1876, un maquereau en colère la tua d'un coup de revolver alors qu'elle était au lit avec Bruneau. Dans les deux cas, le rôle conventionnel des sexes était strictement observé, la travestie jouant la domination masculine, et l'autre femme jouant la passivité traditionnelle de la femme ou de la maîtressse.

Comme l'avortement et la prostitution, le travestisme engageait souvent la complicité d'autres personnes. Des hommes d'Église acceptaient de marier des couples de femmes, les collègues de travail et la famille gardaient le secret, certaines personnes décidaient tout bonnement de croire que leur vieille amie était devenue un homme. A la mort de son mari, une Londonienne se prétendit surprise de découvrir que son compagnon depuis vingt et un ans était une femme. Mais cette acceptation implicite de la communauté restait provisoire ; si la travestie était poursuivie (pour fraude ou inconduite), la loi et la communauté locale avaient tendance à s'en prendre au « mari » et à laisser la femme tranquille.

Tout au long du XIXe siècle, le travestisme resta une pratique suspecte : une forme interdite de transgression sexuelle, aux relents d'hypersexualité ou de sodomie. Les lois interdisaient le travestisme, considéré comme comportement déréglé ; sur le plan culturel, il restait la métaphore banale d'un déséquilibre féminin et d'un empiètement sur les prérogatives masculines. Les caricatures montraient des épouses querelleuses et des femmes agressives sous les traits masculins de viragos essayant de porter la culotte ; le terme péjoratif de George-Sandisme apparut en anglais, en français, en allemand et en russe, pour dénoncer les femmes qui osaient imiter la vie et la conduite scandaleuses de George Sand. En revanche, il arriva souvent que des femmes rebelles choisissent le rôle de travestie : les saint-simoniennes portaient des pantalons, tandis que le mouvement Bloomer, au milieu du siècle, tenta de persuader les femmes d'endosser des vêtements intermédiaires, des culottes turques discrètement orientales, de manière à ne pas avoir l'air de vouloir passer pour des hommes. Au lieu d'injurier George Sand, les féministes de la fin de l'époque victorienne l'adoptèrent avec son côté dangereux comme une incarnation du génie féminin, même si elles n'allaient pas elles-mêmes jusqu'à porter des pantalons.

Au niveau du fantasme, le travesti exerçait une force encore plus grande sur l'imagination féminine : s'habiller comme un homme et gagner la mer ou l'armée était le fantasme le plus souvent exprimé dans les journaux intimes des adolescentes britanniques tout au long du siècle. Le fantasme du travesti trouva également un puissant moyen d'expression quand le spiritisme fit fureur : lorsque les jeunes femmes médiums faisaient appel aux esprits pour communiquer avec les morts, ces esprits guides se trouvaient souvent être des marins ou des soldats hyper masculins. Lorsque les mâles supposés, sur la scène des cabarets, revêtaient leurs habits de soirée pour singer les messieurs en goguette, ils se moquaient souvent du « toupet monstre » des petits employés présents dans le public et qui aspiraient à devenir eux-mêmes des « gandins ».

A la différence de la prostitution féminine ou de l'homosexualité masculine, on trouve peu de traces d'une sous-culture travestie ou lesbienne au XIXe siècle. Paris représente une exception remarquable : dès les années 1890, des observateurs avaient repéré un réseau de cafés, de restaurants, de lieux de rendez-vous pour les travesties, les prostituées lesbiennes et l'ensemble de la bohème. On trouve d'autres centres urbains où le lesbianisme fut associé à la prostitution. En 1900, on commença à utiliser le terme de *bulldyke* (gouine) dans les quartiers chauds de la prostitution à Philadelphie, pour désigner une partenaire lesbienne. Dès 1920, le milieu noir et les quartiers où l'on trouvait des garnis proposèrent des facilités et des lieux de divertissement pour les lesbiennes de la classe ouvrière. La chanteuse de blues Bessie Jackson immortalisa l'esprit rebelle de la *Bull-dagger Woman*, une lesbienne qui adoptait un style masculin. Une sous-culture lesbienne naissante de femmes écrivains et artistes de la classe moyenne émergea également dans les premières années du XXe siècle à Paris et à New York, une sous-culture de salons, de bars et d'appartements partagés, célébrée par des poèmes, des romans et des pièces de théâtre, qui synthétisèrent les traditions de travestisme et d'amitiés romantiques décrites plus loin.

Les amitiés romantiques

A l'époque victorienne, les femmes des classes moyennes, développèrent une autre sorte de relation homosexuelle sous la forme d'amitiés romantiques. Ces amitiés étaient, en partie, la conséquence d'une ségrégation sexuelle dans la vie bourgeoise. La socialisation des femmes encourageait entre elles la création de liens qui, partant des années d'école, devenaient souvent des amitiés pour la vie. Bien que ces amitiés romantiques fussent socialement admises, une tension subsistait toujours entre ces attachements féminins intimes et les obligations familiales.

Les femmes jouissaient d'une certaine licence culturelle pour exprimer leur désir amoureux, affectif, spirituel, et physique, à travers des relations homosexuelles, parce que celles-ci paraissaient distinctes des relations hétérosexuelles associant sexualité et reproduction. « J'avais tellement envie de prendre mon amie dans mes bras, mon amie entre toutes, et lui dire... Je l'aime comme une épouse aime son mari, comme s'aiment deux amies qui se sont choisies pour la vie et je crois en elle comme je crois en Dieu[44]. » Des lettres de cette sorte étaient fidèles aux conventions de la littérature sentimentale ; au « langage sentimental des émotions, de l'élévation morale, et des plaisirs du cœur », qui habituait les femmes de l'époque victorienne à « refuser la passion sexuelle, la colère, l'ambition mondaine[45] ».

Un ensemble de rites propres à chaque groupe favorisait des inclinations, des éclats, des délires caractéristiques de la vie de pensionnat au XIXe siècle. A travers ces béguins d'écolière, pour une femme plus âgée qui avait déjà réussi, ou pour une camarade plus expérimentée, les filles apprenaient à canaliser le désir érotique en reniant leur corps, pour un idéal « plus élevé ». Ces amours insatisfaites apprenaient aussi aux filles la maîtrise de soi et l'abnégation ; c'est ce que l'historienne Christine Stansell appelle « la réserve face à la légitimité de son propre désir[46] ».

Tandis qu'au début du siècle les femmes ne pouvaient pas espérer vivre avec leur bien-aimée après les années d'école, dans les dernières décennies, de nouvelles possibilités d'une vie distincte de l'hétérosexualité domestique permirent à certaines femmes d'y parvenir. Parmi les « célibataires glorieuses » et les nouvelles femmes de la fin de siècle, les mariages féminins ou « mariages de Boston » devinrent courants. De nouveaux emplois dans les professions d'« assistance », de nouveaux espaces sociaux – l'université et le centre social, mais aussi l'accès à des appartements et à des résidences pour dames en Grande-Bretagne et aux États-Unis – encouragèrent certaines femmes à choisir le célibat et la compagnie d'une amie fidèle. Une énorme proportion de diplômées américaines ne se marièrent jamais : entre 1889 et 1908, 53 % des diplômées de Bryn Mawr restèrent célibataires. D'après un rapport de 1909, seules 22 % des 3 000 femmes entrées à l'université de Cambridge s'étaient mariées. Les établissements d'enseignement supérieur étaient devenus, selon un observateur, « des foyers d'amitiés sentimentales particulières[47] » ; dans le corps enseignant ces couples devenaient de tradition, béguins et amours fous étaient de règle parmi les étudiantes.

Contrairement aux couples féminins de la classe ouvrière qui devaient vivre cachés, les mariages de Boston se montraient en public et étaient reçus dans les cercles d'élite de la société. Ces femmes vivaient ensemble, possédaient des biens, voyageaient ensemble, participaient aux fêtes de famille et dormaient dans le même lit. Dans son autobiographie de 1889, Emma Willard, leader américaine d'une ligue antialcoolique, vantait les vertus du compagnonnage féminin, donnant ouvertement des détails sur ses propres « histoires de cœur » et soulignant le fait que « les amours entre femmes devenaient plus nombreuses chaque jour[48] ».

Avant la fin du XIXe siècle, peu de commentateurs associèrent cette intimité physique entre femmes respectables à l'idée d'une sexualité illicite : ils étaient persuadés que ces femmes ne pouvaient pas éprouver un désir érotique autonome en dehors de la sexualité reproductive. Cependant, le refus de la maternité, manifesté à la fois par la volonté de célibat et par les stratégies de contraception des femmes mariées, forcèrent les médecins à étudier plus attentivement les conduites sexuelles des femmes, et leurs objectifs. Dès 1880, des théoriciens de la médecine avaient commencé à ravaler travesties et amies romantiques au rang des inverties sexuelles ou lesbiennes.

La sexologie, étude scientifique de la sexualité, émergea en Europe comme une sous-spécialité de la médecine légale. Un de ses fondateurs fut Richard von Krafft-Ebing, professeur de psychiatrie à l'université de Vienne ; une partie de ses tâches professionnelles consistait à trouver des preuves de morbidité ou de dégénérescence chez les délinquantes sexuelles traînées devant la cour, pour déterminer si on pouvait les considérer comme responsables de leurs actes. Il rassembla et publia ses dossiers dans *Psychopathia Sexualis* (1886), étude de l'anormal par la médecine légale. Bien que les descriptions relatives au sexe fussent publiées en latin, le livre provoqua une réaction spectaculaire, aussi bien dans le public que parmi les experts. Krafft-Ebing se trouva submergé de lettres de personnes souffrant de misère sexuelle, ou victimes d'oppression sexuelle. De 45 cas et 110 pages en 1886, *Psychopathia Sexualis* passa à un total de 238 cas et 437 pages pour la douzième édition, en 1903. La parution de *Psychopathia Sexualis*, note Jeffrey Weeks, marqua l'« irruption soudaine en librairie de la parole de l'inverti(e), individu marqué ou même détruit par ses pulsions sexuelles [49] ».

Dans leurs taxinomies du sexe, les sexologues de la fin du XIXe siècle ont mis en lumière l'« instinct sexuel contre nature » ou « inversion sexuelle ». Ils n'ont pas inventé tout seuls cette catégorie d'inverti sexuel : ils ne faisaient que reproduire des catégories et des préjugés culturels du XIXe siècle, en usage en milieu prolétaire comme parmi l'élite. Comme nous l'avons vu, les communautés prolétaires avaient leur propre interprétation du « mari féminin » : une femme jouant le rôle de l'homme. La prostituée lesbienne était déjà un cliché littéraire pour des écrivains esthètes décadents comme Baudelaire et Gautier, eux-mêmes redevables aux études de Parent-Duchâtelet sur la prostitution. D'ailleurs, les sexologues ne débouchèrent pas sur une interprétation cohérente de l'inversion sexuelle : pour classer les innombrables variétés d'expériences sexuelles qu'ils découvraient, ils eurent recours à des explications enchevêtrées, confuses et contradictoires. Cependant, ils sont à l'origine d'un vocabulaire nouveau qui énonçait à la fois la problématique des pratiques homosexuelles féminines, et donnait aux personnes concernées les moyens de dire la vérité sur elles-mêmes.

Dans les années 1860, Karl Ulrichs fut le premier à proposer une explication congénitale de l'inversion sexuelle masculine ; il démontra que l'onanisme résultait d'une anomalie dans le développement embryonnaire : une conscience féminine dans un corps masculin. En 1869, le docteur C. Westphal, psychiatre allemand, étendit ce concept aux femmes. Il publia l'étude du cas d'une jeune femme, Mlle N., qui depuis l'enfance préférait s'habiller en garçon, se sentait attirée par les femmes et se voyait, dans ses rêves voluptueux, sous la forme d'un homme. Son cas, conclut Westphal, était celui d'un « tempérament sexuellement inverti », défaut congénital tout à fait analogue à l'homosexualité masculine[50].

Mlle N. trouva finalement une place au panthéon des invertis sexuels de Krafft-Ebing. Celui-ci établit une échelle ascendante de l'inversion sexuelle féminine, allant de la femme qui ne montre pas son « anomalie dans son apparence extérieure », à celle qui manifeste une préférence marquée pour les vêtements masculins, puis à celle qui joue un rôle masculin, enfin à la forme d'homosexualité la plus dégénérée : la femme qui n'est féminine que par ses organes génitaux, mais dont les pensées, les sentiments, les actes et même l'aspect extérieur sont ceux d'un homme.

Krafft-Ebing et ses amis sexologues ne pouvaient imaginer l'érotisme lesbien que comme une transposition du désir masculin : l'expression d'une concupiscence masculine de la part d'une femme pour une autre femme. Cependant, ils reconnaissaient que la sexualité est plus qu'un acte génital : elle comprend des sensations, des pulsions, des émotions, aussi bien que des vêtements, une démarche, une physionomie, un style de vie. Les premiers sexologues s'imaginaient que la femme invertie congénitale était une travestie complète, dans ses pensées et ses actes ; ils ne tenaient aucun compte de l'élément féminin du couple féminin. En 1883, par exemple, aux États-Unis, le docteur Kiernan distingua l'« invertie sexuelle » congénitale de la « jeune fille qu'elle épousait[51] ».

Dans son étude sur l'*Inversion sexuelle* (1897), Havelock Ellis réduisit les quatre catégories d'inversion sexuelle féminine de Krafft-Ebing à deux : l'inversion sexuelle congénitale et le vice sexuel acquis. L'invertie congénitale était la femme agressive et masculine représentée par la travestie populaire. Ellis s'intéressait également à celle qui jouait le rôle passif de la femme. Se référant à la « contrefaçon » de la « perversion sexuelle » que l'on trouve chez les femmes « normales » qui cherchent à copier les inverties congénitales, il donnait une description de l'environnement social qui favorisait ce comportement acquis : essentiellement celui de la femme nouvelle, cultivée, instruite. Portant son attention sur les « amitiés passionnées » entre femmes, il affirma qu'elles avaient un « caractère sexuel plus ou moins inconscient[52] ». Grâce au mouvement moderne d'émancipation, prétendait Ellis, il y avait une augmentation de l'homosexualité parmi les femmes en Amérique, en France, en Allemagne et en Angleterre. Carroll Smith-Rosenberg démontre qu'Ellis, en « arrachant son manteau de respectabilité à la femme nouvelle », présentait « les femmes distinguées, instruites, parfaitement féminines dans leur apparence, leur pensée et leur conduite » comme des lesbiennes potentielles[53]. Les historiens, cependant, ne s'accordent pas sur les conséquences de ce savant exposé : pour certains, il ôtait aux femmes un « masque protecteur », pour d'autres au contraire il procurait aux homosexuelles un nouveau discours sur le sexe. De plus, on ne sait toujours pas quelles furent la pénétration et l'influence du « modèle médical ». Un rapide survol des pratiques et du discours féminins après 1890 révèle à la fois une continuité et une discontinuité dans l'expression de l'homoérotisme féminin.

Certaines femmes saisirent l'occasion offerte par les nouvelles études de sexologie pour raconter leur histoire. Dans une lettre à Magnum Hirschfeld, autre éminent sexologue, qui avait affirmé avec force que les homosexuels constituaient un « type sexuel intermédiaire », une Allemande écrivait que les travaux de Krafft-Ebing lui avaient « ouvert » les yeux. « Je me suis sentie si libre et si lucide après avoir lu ces travaux ! » Se décrivant elle-même en ces termes : « Nous autres, exceptions au modèle habituel et à la loi ancienne et éternelle de la nature ... », elle racontait l'histoire de sa vie et terminait par une idylle domestique : « Ma jolie petite femme dirige et guide avec confiance notre heureux foyer comme une vraie maîtresse de maison allemande et moi je travaille pour subvenir à nos besoins comme un homme plein d'énergie et de gaieté[54]. » Radcliffe Hall a immortalisé le modèle d'inversion sexuelle féminine proposé par les sexologues dans un roman lesbien hors du commun, *The Well of Loneliness* (1928), *(le Puits de solitude)*, qui met en scène une lesbienne hommasse de la haute société, amoureuse d'une autre femme.

Par moments, les femmes se sont senties profondément menacées par la sexualisation et la tentation morbide des amitiés féminines. Certaines ont pris à cœur les menaces des sexologues : en 1908, Jeanette Marks (qui avait elle-même contracté un mariage bostonien) écrivit un essai non publié, « Les amitiés imprudentes à l'université », qui mettait en garde contre le caractère anormal et malsain des amitiés sentimentales[55]. Au contraire, Johanna Elberskirchen, auteur et avocate des droits de la femme, protesta violemment contre l'interprétation qui voyait un « penchant masculin » dans l'amour d'une femme pour une autre femme[56]. Dans les années 1920, un groupe de lesbiennes de Salt Lake City accusa en privé *The Well of Loneliness* d'avoir fait connaître leur existence, les privant ainsi du voile protecteur dont elles jouissaient en des temps plus discrets[57].

Cependant, les anciennes formes d'attachement homosexuel ont persisté au XIXe siècle. Nous avons déjà vu à propos de la *Bulldagger* que certaines images de la femme travestie se retrouvent parmi les lesbiennes de couleur des classes ouvrières. De même, les femmes des classes moyennes continuèrent à pratiquer les mariages bostoniens et les amitiés romantiques. Au XXe siècle, dans les mouvements féministes de Grande-Bretagne, d'Allemagne et des États-Unis, les relations de couple persistèrent en même temps que le culte du héros et le dévouement à un leader charismatique. Ces femmes se considéraient rarement elles-mêmes comme des lesbiennes, mais elles ne sortirent pas indemnes des changements sexuels et sociaux qu'a connus le XXe siècle. Comme le fait remarquer Leila Rupp, « dans un monde où certaines femmes revendiquent une identité de lesbienne et bâtissent des communautés de lesbiennes, le fait de refuser cette identification est significatif en soi[58] ».

Pendant tout le XIXe siècle, des réformateurs issus des classes moyennes ont utilisé une politique médico-morale pour stigmatiser les prostituées, les mères qui avortent, les travesties et les amies passionnées, comme des êtres dangereux et hors la loi. Leur mobilisation servit non seulement à repérer les déviantes qui s'écartaient de la norme féminine, mais aussi à préciser cette norme, à l'étayer, à apaiser une inquiétude croissante due au fait que l'érotisme avait perdu ses amarres et l'identité stable d'une sexualité reproductive. En dépit de leurs efforts, ces autres femmes ne purent demeurer à l'écart, détachées de la société respectable. Elles restaient mêlées à la féminité bourgeoise, dans les rues commerçantes du West End, à Londres, où les prostituées côtoyaient les dames élégantes, dans le malthusianisme des mères avortées, dans la supériorité morale des réformatrices qui parcouraient les rues pour sauver les prostituées, dans la préférence de célibataires orgueilleuses pour la compagnie des femmes, et même dans l'acceptation par les travesties d'identités distinctes féminine et masculine.

Bien qu'on ait fréquemment fait appel au pouvoir institutionnel de la loi et de la médecine pour contrôler, définir et réprimer les conduites féminines désordonnées, la loi et la médecine n'étaient pas les seules forces mises en œuvre. Dans le cas particulier de la prostitution, les tentatives de réglementation gouvernementale rencontrèrent l'opposition du public et la résistance féminine. Les femmes des classes moyennes en profitèrent pour faire de la prostitution une histoire de victimes et de séduction sexuelles. A travers cette histoire, elles exprimaient leurs propres griefs vis-à-vis des hommes et elles établissaient leur autorité sur les autres femmes. La possibilité de parler du sexe leur ouvrit de nouvelles perspectives, mais pas à celles qui étaient l'objet de leur sollicitude : les « filles du peuple ». La vie sexuelle des travailleuses et leur subjectivité changèrent également, du fait des vérifications et des réglementations officielles, et grâce aux nouvelles facilités offertes par les pratiques commerciales urbaines. Certaines femmes, tant parmi les prolétaires que parmi les privilégiées, profitèrent de la création de nouveaux espaces publics, de l'anonymat et des services particuliers offerts par les villes du XIXe siècle, pour dissimuler leurs actes illicites ou pour forger des identités ambiguës dans un milieu sexuel interlope.

(Traduit de l'américain par Geneviève Faure)

15

LA TRAVAILLEUSE

JOAN W. SCOTT

La travailleuse acquiert au cours du XIXe siècle un relief extraordinaire. Certes, elle existait longtemps avant l'avènement du capitalisme industriel, gagnant sa vie comme fileuse, couturière, ouvrière dans l'orfèvrerie, la brasserie, la métallurgie, comme boutonnière, dentellière, bonne d'enfants, fille de laiterie ou femme de chambre dans les villes et les campagnes d'Europe et d'Amérique. Mais, au XIXe siècle, elle est observée, décrite, étudiée, avec une attention sans précédent, au moment où les contemporains discutent de l'opportunité, de la moralité et même de la légalité de ses activités salariées. La travailleuse est un produit de la révolution industrielle, non pas tant parce que la mécanisation a créé des emplois pour elle là où où il n'en existait pas auparavant (bien que cela se soit produit sans doute à certains endroits), que parce qu'elle est devenue pendant cette période un personnage soudain visible et troublant.

La visibilité de la travailleuse tient au fait qu'on la perçut alors comme un problème qui venait de surgir et qu'il était urgent de résoudre. Ce problème enveloppait la signification même de la féminité et sa compatibilité avec une activité salariée ; on le posait et on en discutait en termes moraux et catégoriques. Que la personne en question fût une obscure ouvrière d'usine, une couturière ou une typographe émancipée ; qu'elle fût présentée comme une fille célibataire, jeune, une mère de famille, une veuve vieillissante, ou la femme d'un travailleur sans emploi, ou d'un artisan qualifié ; qu'on la montrât comme l'exemple extrême des tendances nocives du capitalisme ou comme la preuve de son progrès potentiel, les questions qu'elle suscitait étaient toujours les mêmes : une femme doit-elle travailler pour de l'argent ? Quelle est l'influence du travail salarié sur le corps d'une femme et sur sa capacité à remplir son rôle de mère de famille ? Quelle sorte de travail est convenable pour une femme ? Tout le monde n'était pas d'accord avec le législateur français Jules Simon qui déclarait en 1860 qu'« une femme qui se met à travailler n'est plus une femme », mais la plupart de ceux qui prenaient part au débat sur le travail des femmes organisaient leur argumentation autour d'une prétendue opposition entre foyer et travail, maternité et salariat, féminité et productivité [1].

Les débats du XIXe siècle reposaient habituellement sur une interprétation implicite de la révolution industrielle qui fut tenue pour acquise dans la plupart des travaux ultérieurs sur le travail des femmes. Cette interprétation consistait à situer la source du problème posé par le travail des femmes dans le déplacement de la production de la famille vers l'usine tout au long de la période d'industrialisation. On pensait que les femmes avaient réussi, pendant l'époque préindustrielle, à combiner une activité productive et la charge des enfants, le travail et le ménage, mais qu'un changement présumé de l'emplacement du travail rendait désormais ce cumul difficile, voire impossible. On prétendait donc que les femmes ne pouvaient travailler que pendant de courtes périodes de leur vie, abandonnant les emplois salariés dès qu'elles se mariaient ou avaient des enfants, reprenant un travail beaucoup plus tard, seulement si leur mari ne pouvait subvenir aux besoins de la famille. De là vient qu'elles furent maintenues dans certains emplois mal payés, non qualifiés, situation qui reflète bien la priorité de leur engagement maternel et domestique sur une identité professionnelle à long terme. Le problème posé par la travailleuse est donc qu'elle représentait une anomalie dans un monde où le travail salarié et les responsabilités domestiques étaient devenus des activités à plein temps et séparées dans l'espace.

La « cause » du problème était inévitable, puisqu'elle se trouvait dans le processus de développement industriel capitaliste, avec sa logique propre.

Je voudrais démontrer que la légende de la séparation entre foyer et travail, au lieu de refléter un processus objectif de développement historique, fut un facteur de ce développement. Elle a produit des légitimations et des explications qui ont construit le « problème » de la travailleuse en minimisant la continuité, en prétendant que toutes les femmes vivent les mêmes expériences, et en mettant l'accent sur les différences entre hommes et femmes.

En présentant l'ouvrier qualifié comme le travailleur modèle, cette interprétation gommait les différences de formation, de stabilité dans le travail entre les hommes ouvriers, mais aussi, du même coup, les ressemblances entre hommes et femmes en ce qui concerne l'irrégularité et les changements d'emploi. L'idée que les hommes sont attachés pour la vie à un seul emploi alors que les carrières des femmes sont interrompues imposait un ordre particulier à une réalité beaucoup plus diverse (certaines femmes occupaient des postes stables et beaucoup d'hommes allaient d'un emploi à un autre, subissant des périodes de chômage continu). En conséquence, la différence de sexe était présentée comme la seule différence entre l'homme et la femme sur le marché du travail, alors qu'on aurait pu la mettre en relation avec le marché, les fluctuations économiques, et les relations changeantes entre l'offre et la demande.

Le fait de séparer foyer et travail sélectionne et organise l'information de manière à produire un certain effet, qui souligne les différences fonctionnelles et biologiques entre les hommes et les femmes, ce qui justifie et institutionnalise ces différences pour en faire le fondement de l'organisation sociale. Cette interprétation de l'histoire du travail des femmes inspire et alimente l'opinion médicale, scientifique, politique et morale que l'on a appelée tantôt « idéologie domestique » tantôt « doctrine des sphères séparées ». Il serait préférable d'en parler comme du discours qui a conceptualisé la division « naturelle » du travail selon le sexe au XIXe siècle. En fait, je voudrais montrer que l'attention portée au sexe comme discriminant dans le monde du travail à cette époque doit être lue dans son contexte, à savoir la rhétorique du capitalisme industriel. La division du travail était considérée comme le moyen le plus efficace, le plus rationnel et le plus rentable pour l'organisation du travail, des affaires et de la vie sociale ; la limite entre l'utile et le « naturel » s'estompait quand le sexe entrait en ligne de compte.

Je m'intéresse au discours sur le sexe qui fit de la travailleuse un objet de recherche et un sujet d'histoire. La division de la main-d'œuvre était alors considérée comme un fait social objectif d'origine « naturelle ». J'explique son existence non par une évolution historique inévitable, ni par la « nature », mais par des processus discursifs. Les distinctions relatives au sexe ne constituaient pas un fait nouveau au XIXe siècle, mais elles étaient articulées de manière nouvelle et avaient des effets nouveaux sur la société, l'économie et la politique.

Industrialisation et travail des femmes : continuités

L'idée la plus répandue en ce qui concerne le travail de la femme, l'idée qui insiste sur l'abandon du foyer comme lieu de travail, s'appuie sur un modèle schématique : le transfert de la production de la ferme à la fabrique, de l'atelier familial à l'usine, de l'artisanat et du petit commerce aux entreprises capitalistes de grande envergure. Beaucoup d'historiens ont compliqué cette image linéaire, en démontrant par exemple que le travail à domicile a persisté jusqu'au cours du XXe siècle, parallèlement à une manufacture mécanisée, même dans le textile. Mais l'image demeure d'une main-d'œuvre familiale à domicile, dans l'ancien temps – le père tissant, la mère et les filles filant, pendant que les petits enfants préparent le fil. Cette image contribue à établir un vif contraste entre le monde préindustriel, où le travail des femmes était informel, souvent non rémunéré, permettant toujours de donner priorité à la famille, et le monde industrialisé de l'usine qui exigeait un engagement salarié à plein temps hors de la maison. La production et la reproduction sont décrites dans l'ancien temps comme des activités complémentaires ; elles sont présentes dans la période suivante comme structurellement inconciliables, comme source de problèmes insolubles pour les femmes qui désiraient ou avaient besoin de travailler.

Même si le modèle familial du travail décrit bien un aspect de la vie active au XVIIe et au XVIIIe siècle, ce modèle est trop simplifié. Certaines femmes travaillaient déjà régulièrement hors de chez elles dans la période qui précède l'industrialisation. Mariées ou célibataires, elles vendaient des marchandises sur les marchés, gagnaient de l'argent grâce à de petits commerces ou au colportage, se louaient pour des emplois temporaires, comme bonnes d'enfants ou blanchisseuses, faisaient de la poterie, de la soie, de la dentelle, des vêtements, des objets en métal, de la quincaillerie, du tissage ou de l'impression de tissus dans les ateliers. Si le travail et les soins des enfants n'étaient pas compatibles, les mères envoyaient leurs bébés chez des nourrices ou des gardiennes plutôt que d'abandonner leur emploi. A la recherche d'un salaire, les femmes s'engagèrent dans de nombreux métiers et se déplacèrent aussi d'un emploi à un autre. Maurice Garden remarque dans son livre sur Lyon que l'« ampleur du travail féminin est un des traits marquants de la société lyonnaise au XVIIIe siècle[2]... ». L'étude de Dominique Godineau sur Paris pendant la Révolution décrit « un passage incessant d'une branche d'activité à une autre », passage qui se trouvait accéléré et non pas engendré par la crise économique liée à la Révolution :

> « On verra la même travailleuse occupée dans un atelier à la confection de boutons, installée avec ses marchandises sur le carreau de la Halle, ou penchée dans sa chambre sur son ouvrage de couture[3]. »

Et à Paris on a estimé qu'au moins un cinquième de la population féminine adulte gagnait sa vie au début du XIXe siècle. Même lorsqu'il s'agissait d'une entreprise familiale, beaucoup de salariées, surtout les jeunes femmes célibataires, ne travaillaient pas dans leur propre maison. Les domestiques, les employées de ferme de toutes sortes, les apprenties et les commises constituaient un ensemble assez important de salariées travaillant hors de chez elles. A Ealing (Angleterre), par exemple, en 1599, les trois quarts des femmes entre quinze et dix-neuf ans vivaient loin de leurs parents, employées comme domestiques. Dans les villes de Nouvelle-Angleterre, au XVIIe siècle, les filles recevaient en guise d'éducation une formation d'apprentie ou de domestique. Des jeunes filles partaient seules d'Angleterre vers l'Amérique avec un contrat de domestique (surtout dans la région de culture du tabac de Chesapeake), d'autres étaient amenées d'Afrique comme esclaves.

Durant la période préindustrielle, donc, la plupart des travailleuses étaient jeunes et célibataires, et, de façon caractéristique, toutes étaient employées loin de chez elles, quel que fût leur lieu de travail. Les femmes mariées étaient elles aussi des membres actifs de cette population ; leurs lieux de travail – la ferme, la boutique, l'atelier, la rue ou leur propre foyer – variaient, et le temps passé aux travaux domestiques dépendait de l'urgence du travail et de la situation financière de la famille.

Cette description s'applique également à la période d'industrialisation du XIXe siècle. A cette époque, comme par le passé, les travailleuses étaient, dans une grande majorité, jeunes et célibataires, que ce fût dans les secteurs « traditionnels » du service domestique ou dans celui, tout nouveau, de l'industrie textile. Dans la plupart des pays occidentaux en cours d'industrialisation, le service domestique constituait le secteur d'emploi le plus important pour les femmes. En Angleterre, première nation industrielle, 40 % des travailleuses étaient domestiques en 1851, alors que 22 % seulement se trouvaient employées dans les usines textiles ; en France, les chiffres correspondants, en 1866, étaient de 22 % pour les emplois de domestiques et de 10 % dans le textile ; en Prusse, en 1882, les domestiques représentaient 18 % de l'ensemble des travailleuses, et les ouvrières d'usine 12 % environ. Mais, que l'on considère les domestiques ou les ouvrières d'usine, il s'agissait de filles du même âge. En fait, dans les régions où les manufactures employaient un grand nombre de jeunes femmes, on se plaignait probablement du manque de domestiques. A Roubaix, dans l'industrie textile, 82 % des employées avaient moins de trente ans ; à Stockport, en Angleterre, l'âge moyen des tisserandes était en 1841 de vingt ans, et de vingt-quatre ans en 1861. Aux moulins de Lowell, dans le Massachusetts, vers 1830-1840, 80 % des travailleuses avaient entre quinze et trente ans ; dans les années 1860, quand les immigrées remplacèrent les femmes du pays, la population des travailleuses rajeunit même encore, vingt ans en moyenne. Les usines textiles employaient bien sûr des femmes mariées, puisque la demande de travail féminin était aussi forte, et que les emplois masculins étaient rares dans les villes textiles. Mais ces femmes, quel que fût leur lieu de vie, étaient prêtes à s'engager dans n'importe quel travail rémunéré, et pas forcément chez elles. Le déplacement, pour la grande majorité de la population salariée féminine, ne se fit donc pas d'un travail à la maison vers un travail loin de la maison, mais d'une sorte d'emploi à une autre. S'il y eut des problèmes liés à ces changements – une discipline horaire nouvelle, des machines bruyantes, un salaire dépendant du marché et des cycles économiques, des employeurs mus par le désir de profit –, ils ne venaient cependant pas du fait que les femmes avaient quitté leur foyer et leur cadre familial. (En fait, le travail en usine permit souvent à des filles qui auraient dû habiter chez leur patron de vivre au contraire avec leur famille.)

L'accent mis par les contemporains et les historiens sur l'impact de l'industrie textile sur le travail des femmes a concentré l'attention sur ce secteur bien qu'il n'ait jamais été, tout au long du XIXe siècle, le principal domaine d'emploi des femmes. Au contraire, les femmes travaillaient davantage dans des secteurs « traditionnels » de l'économie que dans des fabriques industrielles. Dans la petite manufacture, le commerce et le service, les femmes mariées ou célibataires suivaient l'exemple du passé : elles travaillaient sur les marchés, dans les boutiques ou chez elles, vendaient des produits alimentaires, transportaient des marchandises, faisaient du blanchissage, tenaient des pensions de famille, fabriquaient des allumettes ou des boîtes d'allumettes, des boîtes en carton, des fleurs artificielles, des bijoux et des pièces de vêtements. Les lieux de travail étaient variés, même pour une seule femme. L'Anglaise Lucy Luck, tresseuse de paille, se rappelait avoir « travaillé une partie du temps à l'atelier et le reste du temps chez elle ». A la morte-saison, elle complétait son salaire en faisant « du transport ou de la lessive, et j'ai aussi gardé la maison d'un gentleman quelquefois, et j'ai fait des travaux de couture à la maison[4] ». Pour Lucy Luck, il serait faux de dire qu'il y eut jamais une coupure radicale entre la maison et le travail.

Si la couture est synonyme de travail féminin au XVIIIe siècle, c'est encore vrai au XIXe. Sa prédominance parmi les métiers exercés par les femmes, affaiblit la thèse selon laquelle il existait une totale séparation entre la maison et le travail, et par suite un déclin des possibilités offertes aux femmes de gagner de l'argent. En effet, la couture se développa en même temps que le commerce de la confection, de la chaussure et du cuir, procurant un emploi stable à certaines femmes et une ultime ressource aux autres. Le commerce des vêtements procura aux femmes des emplois à différents niveaux d'aptitude et de salaire, bien que la plupart de ces emplois aient été irréguliers et mal payés. Dans les années 1830-1840, en France et en Angleterre, avec le développement de l'industrie de la confection, les ouvrières trouvèrent un peu partout du travail (à faire chez elles ou en atelier). Bien que la production de vêtements ait commencé à se développer en usine (dans les années 1850 en Angleterre, les années 1880 en France), le travail à la tâche *(sweated labor)* restait le plus répandu. Le vote des lois sur la protection des femmes, dans les années 1890, avec des exemptions pour la production domestique, éveilla l'intérêt des employeurs pour cette main-d'œuvre bon marché et non réglementée. Le travail à domicile ne connut son apogée qu'en 1901 en Angleterre et en 1906 en France, mais ce ne fut pas le début d'un déclin régulier. Beaucoup de villes du XXe siècle, aujourd'hui encore, sont des centres de sous-traitance, où les femmes sont payées aux pièces dans les métiers du vêtement, comme au XVIIIe siècle dans l'industrie domestique et au XIXe dans les ateliers. Dans les métiers de l'habillement, la continuité, et non le changement, caractérise le lieu et la structure du travail des femmes.

Le cas des métiers du vêtement remet également en question l'image idéale du travail à la maison qui convient aux femmes car il leur permet d'associer travail domestique et activité salariée. Si l'on tient compte des salaires, l'image est beaucoup plus complexe. Les travailleuses du vêtement étaient d'habitude payées aux pièces et leur paye était si basse que les femmes pouvaient tout juste en vivre ; la cadence et la durée du travail étaient intenses. Qu'elle travaillât seule dans une chambre louée ou au milieu d'une maisonnée affairée, l'ouvrière type avait peu de temps à consacrer aux tâches domestiques. Une chemisière londonienne disait en 1849 à Henry Mayhew qu'elle pouvait tout juste vivre avec ce qu'elle gagnait, bien qu'elle travaillât souvent « en été, de quatre heures du matin à neuf ou dix heures du soir – aussi longtemps que j'y vois. Mes heures de travail habituelles sont de cinq heures du matin à neuf heures du soir – hiver comme été [5] ». En fait, le travail à la maison pouvait bouleverser autant la vie de la famille que l'absence de la mère toute la journée ; mais les problèmes venaient du niveau incroyablement bas des salaires et non du travail lui-même. Bien sûr, certaines femmes n'avaient pas de gros besoins, elles pouvaient donc modérer leur rythme de travail et associer les occupations du ménage à une activité salariée. Ce sont peut-être ces femmes, très peu nombreuses parmi les ouvrières, qui fourniront la preuve de l'existence d'un passé idéal où travaux ménagers et activité productive n'étaient pas en conflit.

Comme les métiers du vêtement qui donnent un exemple frappant de continuité dans les pratiques, les emplois « en col blanc » ont conservé certains traits marquants du travail des femmes. Ces emplois sont apparus vers la fin du XIXe siècle dans le secteur commercial et le service public. Ils impliquaient, bien sûr, d'autres sortes de tâches et supposaient des savoir-faire différents de ceux liés au ménage ou aux travaux d'aiguille, mais ces emplois s'adressaient au même genre de femmes que celles qui avaient constitué la main-d'œuvre féminine typique : des filles jeunes et célibataires. Les bureaux du gouvernement, les compagnies d'affaires et d'assurance embauchèrent des secrétaires, des dactylos et des commises, les bureaux de poste s'adressèrent aux femmes pour la vente des timbres, les compagnies du téléphone et du télégraphe employèrent des opératrices, les boutiques et les grands magasins recrutèrent des vendeuses, les hôpitaux, nouvellement organisés, embauchèrent des équipes d'infirmières, et les écoles subventionnées par l'État des enseignantes. Les employeurs spécifiaient en général une limite d'âge pour leurs travailleuses, et imposaient même parfois une exclusion en cas de mariage, cela pour conserver une main-d'œuvre homogène de moins de vingt-cinq ans, célibataire. Le lieu de travail a pu changer, mais cela ne signifie pas que le rapport entre foyer et travail ait été modifié pour les travailleuses elles-mêmes ; pour la grande majorité des femmes concernées, le travail les avait déjà éloignées de chez elles.

Il y eut donc un déplacement massif, tout au long du XIXe siècle, des activités domestiques (citadines ou rurales, ménagères, artisanales et agricoles) vers les emplois « en col blanc ». Aux États-Unis, par exemple, 50 % des salariées étaient domestiques en 1870 ; en 1920, près de 40 % d'entre elles étaient employées de bureaux, enseignantes ou vendeuses. En France, en 1906, les femmes occupaient plus de 40 % des emplois en col blanc. Cette transformation du secteur tertiaire engendra évidemment de nouveaux emplois, mais elle représentait aussi une autre sorte de continuité : la plupart des femmes salariées restaient liées à des activités de service plutôt qu'à des emplois productifs.

Mettre l'accent sur la continuité, ce n'est pas, bien sûr, nier le changement. Outre ce déplacement important du service domestique vers les emplois en col blanc, des facilités professionnelles furent offertes aux femmes de la bourgeoisie, un groupe nouveau venu dans le monde du travail. Il se peut que l'attention accordée au problème du travail des femmes en général exprime une inquiétude : seraient-elles mariables, les filles de la bourgeoisie qui devenaient enseignantes, infirmières, inspectrices d'usine, assistantes sociales, etc. ? Ces femmes auraient, autrefois, aidé à la ferme ou dans l'entreprise familiale, mais n'auraient pas eu d'activité salariée indépendante. C'est peut-être l'exemple de cette minorité qui a servi de fondement à l'idée que la disparition du travail à la maison compromettait les compétences domestiques de la femme et ses responsabilités de reproduction. Quand les réformateurs parlaient des travailleuses comme d'une catégorie unique, en citant d'abord l'emploi en usine, peut-être généralisaient-ils leur inquiétude face à la situation des femmes de la classe moyenne.

On ne peut donc pas soutenir la thèse que l'industrialisation provoqua une séparation entre foyer et travail, forçant les femmes à choisir entre travail domestique et travail salarié. On ne peut pas davantage démontrer que cette séparation a posé aux femmes des problèmes en les maintenant dans des emplois marginaux et peu rémunérés. On peut dire en revanche qu'une série d'hypothèses sur la valeur du travail des femmes a conduit les employeurs à certaines mesures d'embauche (aussi bien au XVIIIe qu'au XIXe siècle) indépendantes de la localisation du travail. Le type d'emploi et le lieu de travail ne découlaient pas d'un processus industriel inexorable mais étaient, au moins en partie, lié au discours sur le coût de la main-d'œuvre. Que ce fût dans le textile, la chaussure, la confection ou l'imprimerie, qu'il fût associé à une mécanisation, à la dispersion de la production ou à la rationalisation du travail, le fait d'embaucher des femmes signifiait que l'employeur avait décidé d'économiser sur la main-d'œuvre. « Au fur et à mesure que le travail manuel demande moins d'habileté et de force, c'est-à-dire au fur et à mesure que se développe l'industrie moderne, écrivent Marx et Engels dans le *Manifeste du parti communiste*, le travail des femmes et des enfants tend à remplacer le travail des hommes [6]. » Les tailleurs de Londres expliquaient leur situation précaire par le fait que les patrons voulaient vendre moins cher que les concurrents en employant des femmes et des enfants. Les imprimeurs américains des années 1860 considéraient l'arrivée de femmes dans les emplois de typographes comme le « dernier stratagème des capitalistes », qui attiraient la femme « hors de son milieu propre » pour faire d'elle « l'instrument de la chute des salaires, et réduire ainsi les deux sexes à un niveau de rétribution proche de la servitude [7] ». Les syndicats refusaient souvent l'adhésion de femmes, ou bien demandaient qu'on leur accorde, avant qu'ils les acceptent, un salaire égal à celui des hommes. Les délégués au Trades'Council de Londres, en 1874, hésitèrent à admettre une représentante de l'Union des ouvrières des ateliers de reliure, parce que « le travail des femmes ne valait pas cher et beaucoup de délégués... ne pouvaient passer outre [8] ».

Les femmes étaient associées à l'idée d'un travail à bon marché, mais tous les travaux de cette sorte n'étaient pas jugés bons pour elles. Si on pensait qu'elles pouvaient exercer un métier dans la chaussure, le tabac, l'alimentation et le cuir, on les trouvait rarement dans les mines, le bâtiment, la construction mécanique ou la construction navale, même quand le besoin de main-d'œuvre dite « non qualifiée » se faisait sentir. Un délégué français à l'exposition de 1867 décrivait clairement les distinctions faites suivant le sexe, les matériaux et les techniques : « A l'homme, le bois et les métaux. A la femme, la famille et les tissus[9]. » Bien sûr, les opinions variaient sur ce qui représentait ou non un travail convenable pour les femmes, et les réponses différaient selon les époques et les contextes, mais le sexe devint cependant un critère de recrutement de plus en plus important. Les travailleuses étaient embauchées pour des « travaux de femmes », adaptés d'une manière ou d'une autre à leurs compétences physiques et à leur niveau propre de productivité. Ce discours provoqua une division sexuelle de la main-d'œuvre sur le marché du travail, rassemblant les femmes dans certains emplois, les plaçant toujours au bas d'une hiérarchie professionnelle, et établissant leurs salaires à des taux insuffisants pour leur subsistance. Le « problème » de la travailleuse fut soulevé par différentes instances débattant des effets sociaux et moraux de telles pratiques, ainsi que de leur rentabilité économique.

La division sexuelle du travail : produit de l'histoire, effet de discours

Comment expliquer autrement le « problème » des travailleuses au XIXe siècle que par l'histoire de la séparation objective entre foyer et travail ? Plutôt que de chercher des causes techniques et structurelles spécifiques, nous devons étudier le discours par lequel des divisions du travail furent établies suivant les sexes. Ce qui doit produire une analyse critique plus approfondie des interprétations historiques courantes.

L'identification du travail féminin avec certaines sortes d'emplois, et avec un travail bon marché, fut mise en forme et institutionnalisée de nombreuses façons pendant le XIXe siècle, au point de devenir une évidence, une simple question de bon sens. Même ceux qui cherchaient à changer le statut du travail féminin se trouvèrent obligés d'argumenter contre ce que l'on prenait pour des « faits » visibles. Ces faits n'existaient pas objectivement, mais ils étaient avancés par les historiens qui soulignaient les conséquences de la séparation foyer/travail, par des économistes et leurs théories d'économie politique, et par les employeurs dont les préférences avaient donné naissance à une ségrégation sexuelle de la main-d'œuvre. Les études des réformateurs, des docteurs, des législateurs et des statisticiens authentifiaient les « faits », comme le faisaient également les lignes politiques des syndicats, qui ne mettaient pas en doute l'infériorité des travailleuses dans le domaine de la production. L'avènement d'une législation protectrice en faveur des femmes, depuis les premières lois sur les usines jusqu'au mouvement international à la fin du XIXe siècle, suppose (et donc affirme) que toutes les femmes sont inévitablement dépendantes et que les salariées constituent un groupe marginal et vulnérable, nécessairement maintenu dans certaines sortes d'emplois. Dans ce vaste consensus, les voix dissidentes de quelques féministes, des leaders travaillistes et des socialistes eurent du mal à se faire entendre.

L'économie politique

L'économie politique est un des lieux où fut produit le discours sur la division sexuelle de la main-d'œuvre. Les économistes du XIXe siècle développèrent et vulgarisèrent les théories de leurs prédécesseurs du XVIIIe siècle. Bien que ces théories fussent très différentes d'une nation à l'autre (entre la Grande-Bretagne et la France, par exemple) ou d'une école à l'autre dans un même pays, certains principes étaient communs à tous. Parmi ceux-ci, l'idée que le salaire d'un homme devait suffire non seulement à assurer sa propre existence mais aussi celle d'une famille, sans quoi, notait Adam Smith, « cette race de travailleurs ne survivrait pas au-delà de la première génération ». Le salaire d'une femme mariée, au contraire, « puisqu'elle devait nécessairement s'occuper des enfants, était supposé couvrir simplement ses propres besoins [10] ».

D'autres économistes étendirent cette hypothèse, concernant le salaire des femmes mariées, à toutes les femmes, les définissant, quel que fût leur statut marital, comme naturellement dépendantes des hommes pour leur subsistance. Malgré l'idée, avancée par certains théoriciens, que les salaires des femmes devaient couvrir les dépenses liées à leur subsistance, d'autres maintenaient que cela n'était pas possible. L'économiste politique français Jean-Baptiste Say, par exemple, exposa que les salaires féminins seraient toujours abaissés au-dessous du niveau de subsistance parce que certaines femmes pouvaient compter sur leur famille (les femmes qui restaient dans l'état de « nature ») et n'avaient donc pas besoin de leur salaire pour vivre. Résultat, les célibataires vivant hors du milieu familial, ou celles qui représentaient le seul soutien de leur famille, resteraient forcément pauvres. D'après ses calculs, le salaire de l'homme était essentiel pour les familles, il couvrait les frais de reproduction ; le salaire de la femme était un salaire d'appoint compensant certains manques, ou apportant de l'argent au-delà de ce qui était nécessaire à la simple survie [11].

L'asymétrie dans le calcul des salaires était frappante : celui de l'homme couvrait les dépenses de subsistance et de reproduction, celui de la femme n'assurait même pas sa propre subsistance et nécessitait un apport supplémentaire de la part de la famille. De plus, le salaire de l'homme était supposé pourvoir à l'entretien d'une famille, à la nourriture des jeunes enfants et à leur éducation. En d'autres termes, les hommes étaient responsables de la reproduction. Celle-ci, dans ce discours, n'avait pas une signification biologique. D'après Say, reproduction et production étaient plutôt synonymes et faisaient référence à l'activité qui donne une valeur aux choses, qui transforme la matière naturelle en produits dont la valeur est reconnue socialement (et représente donc une monnaie d'échange). La naissance et les soins aux enfants, activités féminines, étaient des matériaux bruts. La transformation des enfants en adultes (eux-mêmes capables de gagner leur vie) était due au salaire du père ; c'était lui qui donnait à ses enfants leur valeur économique et sociale, puisque son salaire assurait leur subsistance.

Le salaire du travailleur avait dans cette théorie une double signification : il récompensait son travail, et il lui donnait en même temps un statut de « créateur de valeur » dans la maisonnée. Puisque la mesure de la valeur était l'argent, et puisque le salaire du père assurait la subsistance de la famille, seul comptait le salaire du père. Ni les activités domestiques de la mère ni ses gains n'étaient significatifs. En conséquence, la production des femmes n'avait pas de valeur économique réelle. Leur travail dans la maison ne comptait pas dans les débats sur la reproduction de la génération suivante et leur travail salarié était toujours montré comme insuffisant, même pour leur propre subsistance.

En économie politique, la description des « lois » scientifiques concernant le salaire des femmes créa une sorte de logique circulaire dans laquelle les bas salaires étaient à la fois la cause et la démonstration du fait que les femmes étaient moins productives que les hommes. D'un côté, les salaires des femmes présumaient leur infériorité sur le plan de la production ; d'autre part, leurs bas salaires étaient la preuve qu'elles ne pouvaient pas travailler aussi dur que les hommes. « La femme est, industriellement parlant, un travailleur imparfait », écrivait Eugène Buret en 1840[12]. Et le journal ouvrier *l'Atelier* lançait un débat sur la pauvreté des femmes, en écrivant comme un truisme : « Puisque les femmes sont moins productives que les hommes[13]... » Dans les années 1890, le socialiste Fabien Sidney Webb conclut par ces mots une longue étude sur les différences entre les salaires des hommes et des femmes : « Les femmes gagnent moins que les hommes non seulement parce qu'elles produisent moins, mais aussi parce que la valeur marchande de ce qu'elles produisent est en général inférieure. » Il observe qu'on n'en est pas arrivé à ces appréciations d'une manière tout à fait rationnelle :

« Là où il y a infériorité des gains, il y a presque toujours infériorité du travail. Et l'infériorité du travail des femmes en général semble peser sur leurs salaires dans des industries où de telles infériorités n'existent pas[14]. »

L'idée que le travail des hommes et celui des femmes avaient une valeur différente, que les hommes étaient plus productifs que les femmes, n'excluait pas totalement les femmes de la main-d'œuvre dans les régions en cours d'industrialisation, et ne les maintenait pas attachées au foyer domestique. Quand elles ou leur famille avaient besoin d'argent, elles sortaient pour en gagner. Mais ce qu'elles pouvaient recevoir et leur façon de le gagner étaient en grande partie prévus par ces théories qui définissaient le travail des femmes comme meilleur marché que celui des hommes. Quelle que fût leur situation – célibataire, mariée, chef de famille, ou seul soutien de parents dépendants ou d'enfants –, leur salaire était établi comme s'il ne faisait que compléter les gains des autres membres de la famille. Même lorsque la mécanisation augmentait leur productivité, comme dans l'industrie de la bonneterie à Leicester (Angleterre) durant les années 1870, les salaires des femmes restaient au niveau très bas (par rapport à ceux des hommes) qu'ils avaient dans le travail familial. Aux États-Unis, en 1900, les femmes occupaient en usine des emplois semi-qualifiés, ou non qualifiés, et ne gagnaient que 76 % du salaire horaire des hommes non qualifiés.

L'économie politique eut d'autres conséquences encore. En proposant deux « lois » différentes concernant les salaires, deux systèmes d'évaluation du travail, les économistes établirent une division sexuelle de la main-d'œuvre, division réputée fonctionnelle. Bien plus, en invoquant deux séries de lois « naturelles » – les lois du marché et les lois biologiques – pour expliquer la différence entre la situation des hommes et celle des femmes, ils légitimèrent les pratiques en cours. La plupart de ceux qui critiquaient le capitalisme et la situation de la travailleuse acceptèrent les lois des économistes comme inévitables et proposèrent des réformes qui ne s'attaquaient pas à ces lois. Bien qu'il y eût quelques féministes (hommes ou femmes) pour demander que les femmes aient accès à tous les emplois et touchent des salaires égaux à ceux des hommes, la plupart des réformateurs insistaient sur le fait que les femmes ne devraient pas être obligées de travailler. A la fin du XIXe siècle, en Angleterre, en France et aux États-Unis, cela revenait à réclamer aux employeurs le « salaire familial » idéal, un salaire suffisant pour garder femmes et enfants à la maison. Réclamer ce « salaire familial », c'était accepter comme inévitables la supériorité des hommes en matière de productivité et d'indépendance, l'infériorité des femmes et leur nécessaire dépendance par rapport aux hommes. L'idée d'une relation entre les femmes et le travail à bon marché était plus que jamais installée à la fin du XIXe siècle. Elle avait servi de point de départ à l'économie politique et était devenue, par le jeu de différents groupes d'acteurs, un phénomène social de plus en plus évident.

La sexualisation des emplois : les pratiques des employeurs

Autre domaine où s'élabore le discours sur la répartition du travail selon le sexe : les pratiques des employeurs. Quand un employeur avait un poste à pourvoir, il spécifiait non seulement l'âge et le niveau de compétence requis, mais aussi le sexe (et, aux États-Unis, la race et l'ethnie). Dans les villes américaines des années 1850-1860, les annonces d'emplois dans les journaux étaient souvent accompagnées de la mention : « Irlandais, s'abstenir. » Les industriels britanniques du textile recrutaient « des filles solides et en bonne santé » ou bien des « familles de filles » pour le travail en usine [15]. Dans le sud des États-Unis, les filles et leurs familles devaient en plus être blanches. Au contraire, l'industrie du tabac, dans le Sud, recrutait presque exclusivement des Noirs. Dans certaines usines d'Écosse, on refusait d'embaucher les femmes mariées ; ailleurs, on établissait des distinctions plus attentives, comme ce directeur d'une usine de papier de Cowan (dans le Penicnik) qui expliquait ainsi sa politique en 1865 :

> « Afin d'éviter que soient négligés les enfants de nos foyers, nous n'employons aucune mère de jeunes enfants pour nos travaux, à l'exception des veuves, des femmes abandonnées par leurs maris, ou dont les maris sont dans l'incapacité de subvenir à leurs besoins [16]. »

Dans la description des emplois offerts, les employeurs faisaient souvent apparaître des qualités distinctives liées au sexe. Les tâches requérant des doigts délicats et agiles, de la patience et de l'endurance étaient qualifiées de féminines, tandis que la force musculaire, la vitesse et l'habileté étaient synonymes de masculinité, bien que ces distinctions n'aient pas été utilisées pour toute la variété des emplois offerts ; en fait, elles faisaient l'objet de controverses et de débats acharnés. Quoi qu'il en soit, cette détermination à employer les femmes sur certains postes seulement eut pour résultat de créer la catégorie de « travail féminin ». Le salaire aussi dépendait du sexe. En vérité, à mesure que s'intensifiaient le calcul des profits et pertes et la recherche d'une meilleure position sur le marché, économiser sur le prix de la main-d'œuvre devint de plus en plus important pour les employeurs.

Ceux-ci développèrent diverses stratégies pour réduire le coût de la main-d'œuvre : installation de machines, division et simplification des tâches dans les procédés de fabrication, abaissement du niveau de compétence requis pour leurs emplois (et/ou celui de l'éducation et de la formation), accélération de la production et réduction des salaires. Cela n'entraîna pas toujours l'embauche de femmes, car beaucoup de travaux étaient considérés comme non convenables pour elles, alors que d'autres requéraient la robustesse de travailleurs masculins, ce qui rendait l'embauche d'une femme impensable. Mais si la tendance à la réduction des coûts de main-d'œuvre ne débouchait pas toujours sur une féminisation de l'emploi, embaucher des femmes signifiait en général que les employeurs essayaient d'économiser de l'argent.

En 1835, l'économiste écossais Andrew Ure décrivait les principes du nouveau système industriel en des termes familiers pour les fabricants :

> « C'est en fait le but constant vers lequel doit tendre tout progrès dans l'outillage que de remplacer le travail de l'homme ou de diminuer son coût en substituant le travail des femmes et des enfants à celui des hommes, et le travail d'ouvriers ordinaires à celui d'artisans expérimentés. Dans la plupart des filatures de coton le travail est entièrement réalisé par des jeunes filles de seize ans et plus. En substituant le renvideur automatique au renvideur ordinaire, on décharge la plupart des ouvriers fileurs et on retient les adolescents et les enfants. Le propriétaire de l'usine près de Stockport déclare... que par une substitution semblable il économiserait 50 £ par semaine en salaires[17]... »

Dans l'industrie de la chaussure au Massachusetts, durant les années 1870, les industriels essayèrent de nombreux changements dans la répartition du travail selon le sexe. Ils utilisèrent du fil au lieu de clous dans la fabrication des chaussures, ce qui déplaçait le travail des hommes vers les femmes, et ils introduisirent des machines-outils que les femmes pouvaient faire marcher. Dans ces deux exemples, les salaires des femmes étaient plus bas que ceux des hommes qu'elles remplaçaient. On commença à embaucher des femmes dans l'imprimerie, au milieu du XIXe siècle, là aussi pour réduire les coûts des salaires, quand la publication de journaux se répandit dans les centres urbains. Les imprimeurs tentèrent de faire face au besoin accru de typographes, pour les éditions du matin et du soir de leurs quotidiens, en formant et en embauchant des femmes pour ces tâches. L'opposition des imprimeurs syndiqués réduisit ces pratiques au minimum et empêcha réellement la féminisation de l'imprimerie. Pourtant, dans beaucoup de petites villes, on continua à employer un grand nombre de femmes (avec des salaires inférieurs à ceux des hommes) dans l'impression des livres et la reliure.

Dans les aires d'expansion du travail spécialisé et « en col blanc », les femmes étaient toutes désignées. Dans l'enseignement et la puériculture, on disait qu'elles soignaient des enfants, la dactylographie ressemblait au piano, et le secrétariat était supposé convenir à leur docilité, à leur goût du détail, et au fait qu'elles toléraient bien les tâches répétitives. Ces traits étaient jugés naturels, comme le fait que le travail des femmes coûtait forcément moins cher que celui des hommes. Aux États-Unis, dans les années 1830-1840, les grands débats sur l'instruction publique soulevèrent des problèmes de coût, de même que l'accès du grand public aux écoles subventionnées par l'État. Fédéralistes et jacksonniens s'accordaient à penser que si de telles écoles étaient mises en place, leur coût devait être faible. Jill Conway démontre que l'arrivée des femmes dans l'enseignement et le niveau inférieur du statut des enseignants aux États-Unis par rapport à la plupart des pays d'Europe sont le résultat de la politique du coût minimum.

> « Le fait de vouloir réduire les coûts rendit le recrutement des femmes complètement logique car, dans les débats sur l'éducation, tous les partis s'accordaient à penser que les femmes, n'étant pas âpres au gain, travailleraient pour des salaires minimum [18]. »

Un raisonnement semblable conduisit à engager des femmes dans des emplois de bureau de la fonction publique ou de firmes commerciales privées. En Grande-Bretagne, d'après Samuel Cohn, on employait des femmes là où le travail devenait intensif, et parce qu'il y avait de moins en moins de garçons disponibles pour les emplois de bureau. Employer des femmes signifiait souvent un changement de stratégie : le désir d'augmenter l'efficacité économique et de diminuer les charges tout en embauchant des travailleurs de meilleure éducation [19]. Le directeur des services britanniques du télégraphe notait en 1871 que « les mêmes salaires qui attiraient des ouvriers masculins d'une classe modeste, attiraient des femmes d'une classe supérieure [20] ». Son homologue français, qui avait attentivement étudié l'expérience britannique pour l'emploi de personnel féminin, faisait ce commentaire en 1882 : « Le recrutement de femmes s'effectue à un niveau de formation généralement supérieur à celui demandé à des employés débutants [21]. » Pour des raisons semblables, mais avec plus de réticence, à la fin des années 1880, l'administration du télégraphe allemand employait des femmes comme « assistantes » (position qui les distinguait des hommes par le grade et le salaire).

Dans le service français du télégraphe, durant les années 1880, hommes et femmes travaillaient dans des pièces séparées, et sur des postes différents, sans doute pour limiter les contacts entre des personnes de sexes différents, et l'immoralité qui aurait pu s'ensuivre. De plus, les locaux, nettement différenciés, soulignaient l'inégalité de statut entre travailleurs et travailleuses, différence reflétée dans les barèmes appliqués aux salaires pour chacun des groupes. L'organisation du travail dans le service du télégraphe, à Paris, était à la fois une démonstration visible et une application de la répartition du travail selon le sexe.

Le service français des postes commença à embaucher des femmes dans des centres urbains durant les années 1890, ce qui fut considéré comme une grande innovation bien que les femmes aient déjà occupé des emplois dans les bureaux de poste de province depuis des décennies. L'administration des postes offrit des emplois aux femmes alors que, dans une période où le volume de courrier était en expansion et où il fallait rendre le service plus rentable, les hommes refusaient de postuler pour les salaires proposés. Finalement, on créa pour les femmes une catégorie spéciale d'employées de bureau, les dames employées, avec un salaire fixe et aucune possibilité d'avancement. Le renouvellement accéléré que connut la main-d'œuvre féminine fut la conséquence de ces conditions d'emploi. Il découlait également des limites d'âge – certains emplois dans le commerce et les bureaux n'étaient offerts qu'aux femmes entre seize et vingt-cinq ans – et de l'exigence du célibat. En Angleterre et en Allemagne, le célibat était obligatoire pour les employées de bureau, ce qui accélérait le renouvellement et rendait impossible pour les femmes de combiner le mariage et le travail de bureau. Le résultat fut une distinction marquée entre les carrières des femmes et celles des hommes, dans le service des postes, distinction qui reflétait une stratégie patronale. Un chef du personnel en parlait en ces termes :

> « Il existe aujourd'hui une catégorie d'employées qui ressemblent, d'une certaine manière, aux anciens employés auxiliaires. Ce sont les dames employées. Elles ont les mêmes obligations que les employés, mais elles ne peuvent pas prétendre à des postes de responsabilité... La féminisation est un bon moyen pour donner aux hommes de plus grandes chances d'avancement. Les employés masculins sont moins nombreux et le nombre de postes de responsabilité tend à augmenter ; il est donc clair que les hommes peuvent plus facilement accéder au poste de chef de bureau[22]. »

L'organisation spatiale du travail, la hiérarchie des salaires, la promotion et le statut, la concentration des femmes dans certaines catégories d'emplois, ainsi que certains secteurs du marché du travail, entraînaient une ségrégation sexuelle de la main-d'œuvre. Les présomptions qui fondaient cette ségrégation sexuelle – le faible coût de la main-d'œuvre féminine et sa moins grande productivité par rapport aux hommes, le « fait » que les femmes ne sont bonnes au travail qu'une partie de leur vie (quand elles sont jeunes et célibataires), le « fait » qu'elles ne sont capables d'exercer que certaines sortes de travaux (non qualifiés, intermittents, ou des emplois de service) – semblent s'être appuyées sur les schémas mêmes qu'elles avaient contribué à établir. Les bas salaires, par exemple, étaient expliqués par la « ruée » inévitable des femmes sur les emplois qui leur convenaient. La réalité d'une ségrégation sexuelle sur le marché du travail fut alors considérée comme la preuve de l'existence préalable d'une division sexuelle « naturelle » de la main-d'œuvre. J'ai démontré qu'au contraire il n'y a jamais eu de division sexuelle « naturelle » de la main-d'œuvre. Mais ces divisions sont créées par des pratiques qui les tiennent pour naturelles ; la ségrégation sexuelle sur le marché du travail en est un exemple.

Les syndicats

La politique et les pratiques des syndicats fournissent un autre exemple de la manière dont la répartition du travail selon le sexe se constitue à travers le discours. Les ouvriers syndiqués, pour la plupart, cherchaient à protéger leurs emplois et leurs salaires en écartant les femmes de leurs métiers et, à long terme, du marché du travail. Ils acceptaient comme inévitable le fait que les salaires des femmes soient plus bas que ceux des hommes et considéraient les travailleuses comme une menace plutôt que comme des alliées possibles. Ils justifiaient leurs tentatives pour exclure les femmes de leurs métiers en démontrant en termes généraux que la morphologie les prédestinait à être mères et à fonder un foyer : par conséquent, elles ne pouvaient être ni très productives ni bonnes syndicalistes. La solution largement approuvée à la fin du XIXe siècle était de renforcer la répartition dite « naturelle » des tâches selon le sexe. Henry Broadhurst déclara au congrès du British Trade Union, en 1877, que les membres syndiqués avaient le devoir

> « en tant qu'hommes et maris, d'user de tous leurs efforts pour amener des conditions telles que leurs femmes puissent rester dans leur propre sphère, à la maison, au lieu d'être jetées dans la lutte pour la subsistance, contre les hommes grands et forts de ce monde[23] ».

A de rares exceptions près, les délégués français au congrès des travailleurs de Marseille, en 1879, souscrirent à « l'éloge de la ménagère » :

> « Nous croyons que la place actuelle de la femme n'est pas dans l'atelier ou dans l'usine, mais dans le ménage, dans l'intérieur de la famille[24]... »

Au congrès de Gotha, réunion fondatrice du Parti social-démocrate allemand, en 1875, les délégués discutèrent du travail des femmes et, finalement, demandèrent que fût proscrit « le travail des femmes lorsqu'il pouvait être nuisible à la santé et à la moralité[25] ».

Comme les employeurs (mais pas toujours pour les mêmes raisons), les délégués invoquaient des études médicales et scientifiques pour démontrer que les femmes n'étaient pas physiquement capables d'exercer les « travaux des hommes », et ils prédisaient aussi des dangers pour la moralité des femmes. Elles pouvaient devenir « socialement asexuées », si elles effectuaient les travaux des hommes, et elles pouvaient émasculer leurs maris si elles passaient trop de temps hors de la maison pour gagner leur vie. Les typographes américains s'opposaient aux arguments de leurs patrons (qui présentaient la composition comme une tâche féminine), en exposant que ce travail, qui nécessite l'association des muscles et de la matière grise, était masculin par excellence. En 1850, ils signalèrent que l'invasion par les femmes de la profession et des syndicats risquaient de rendre les hommes « impotents » dans leur lutte contre le capitalisme[26].

Il existait bien sûr des syndicats qui acceptaient des femmes comme membres, et des syndicats formés par les travailleuses elles-mêmes. On trouvait surtout ces derniers dans le textile, l'habillement, le tabac, les métiers de la chaussure, où les femmes représentaient une partie importante de la main-d'œuvre. Dans certaines régions, les femmes étaient actives dans les syndicats locaux et les grèves, même lorsque les syndicats nationaux décourageaient, voire interdisaient leur participation. Dans d'autres régions, elles formaient des organisations syndicales nationales féminines, et recrutaient des travailleuses dans les métiers les plus divers. (La British Women's Trade Union League, créée en 1889, par exemple, fonda la Fédération nationale des travailleuses en 1906 et, à l'aube de la Première Guerre mondiale, en 1914, comptait environ 20 000 membres.) Mais quelque forme qu'elle ait prise, leur activité était le plus souvent définie comme féminine ; elles représentaient une catégorie à part de travailleurs, quel que fût leur emploi spécifique, et elles s'organisaient généralement en groupes indépendants ou (dans le cas des American Knights of Labor) en « assemblées féminines ». De plus, dans les syndicats mixtes, on donnait aux femmes un rôle résolument subordonné. Toutes les organisations ne suivaient pas l'exemple des associations ouvrières du nord de la France qui, dans les années 1870-1880, obligeaient les femmes désireuses de prendre la parole aux meetings à fournir une autorisation écrite de leur mari ou de leur père, mais beaucoup considéraient que le rôle de la femme était de se placer sous la conduite des hommes. Cette définition fut parfois contestée avec succès, ce qui donna aux femmes un rôle important pendant quelque temps, ainsi chez les Knights of Labor de 1878 à 1887. Mais, au lieu de marquer un pas en avant dans l'évolution, ces victoires brèves n'apportèrent aucun changement durable au statut subalterne des femmes dans le mouvement ouvrier. Si intenses qu'aient été leurs essais de grève, si convaincant leur engagement dans l'union syndicale, les travailleuses ne purent effacer l'opinion courante selon laquelle elles n'étaient pas des travailleurs à part entière, pas des êtres dont la vie entière était consacrée à une activité salariée.

Quand elles réclamaient une représentation, les femmes justifiaient cette demande en invoquant les contradictions de l'idéologie syndicale qui exigeait, d'une part, l'égalité de tous les travailleurs et, d'autre part, la protection de la vie familiale et domestique de la classe laborieuse contre les ravages du capitalisme. Cernée comme elle l'était par les oppositions entre travail et famille, entre homme et femme, la revendication, pour les femmes, d'un statut égal en tant que travailleuses, était aussi difficile à formuler qu'à appliquer. Paradoxalement, tout se compliqua encore lorsque les syndicats adoptèrent la stratégie d'exclure les femmes au nom du principe : à travail égal, salaire égal. Les syndicats d'imprimeurs en Angleterre, en France et aux États-Unis par exemple, n'admettaient des femmes dans leurs rangs que si elles gagnaient le même salaire que leurs homologues masculins. Le salaire féminin égal, au lieu d'être le but de l'action syndicale, devint une condition préalable à leur admission. Cette attitude ne signifiait pas seulement que les patrons employaient des femmes parce qu'ils pouvaient les payer moins cher que les hommes, mais aussi que le travail des femmes n'avait pas autant de valeur que celui des hommes et ne pouvait donc jamais être rétribué au même prix. Elle souscrivait implicitement à la théorie de l'économie politique sur les salaires des femmes et elle approuvait l'idée qu'il y avait une explication « naturelle » à la différence de salaires entre hommes et femmes. Dans cette optique, la solution des ouvriers typographes consistait à écarter les femmes des activités salariées et à demander la mise en pratique du postulat politico-économique selon lequel le salaire de l'homme devrait assurer une existence confortable à sa famille entière.

Au XIXe siècle, la revendication d'un salaire familial occupa une place de plus en plus centrale dans la politique des syndicats. Ce salaire ne fut, bien sûr, jamais tout à fait effectif, et les femmes mariées continuèrent à chercher du travail, mais la femme au foyer commença à représenter l'idéal de respectabilité des classes laborieuses. On attendait des filles qu'elles contribuent aux dépenses de la maisonnée, mais seulement avant le mariage. Leur statut de travailleuses était considéré comme une solution à court terme, pas comme une identité durable, même si beaucoup de femmes passaient réellement la majeure partie de leur vie à gagner un salaire. La travailleuse était une catégorie différente de celle du travailleur. Si on pensait que le travail pouvait donner aux hommes l'indépendance et une identité individuelle il était considéré pour les femmes comme un devoir envers les autres. Tant qu'elle était jeune et célibataire, une femme, en recevant un salaire, était supposée remplir ses obligations familiales ; une fois mariée et mère, son travail signifiait que la maisonnée avait des problèmes financiers. Les discussions sur l'inconvenance d'un emploi rémunéré pour les femmes mariées se fondaient sur des généralisations relatives à la physiologie et à la psychologie féminines, et confondaient ainsi les femmes mariées avec toutes les femmes. Résultat, l'équation maternité et vie domestique équivalait à féminité ; ces tâches étaient prises comme identité première et exclusive, elles devenaient une explication (plutôt qu'une conséquence) des occasions et des salaires offerts aux femmes sur le marché du travail. La « travailleuse » devint une catégorie à part, un problème auquel on était confronté plutôt qu'un groupe à organiser. Elles étaient réunies dans les emplois de femmes, groupées séparément en syndicats de femmes ; leur situation devint la démonstration d'un besoin : reconnaître et restaurer les différences « naturelles » entre les deux sexes. Ainsi fut institutionnalisée à travers la rhétorique, la politique et les pratiques syndicales, une interprétation de la répartition du travail selon le sexe qui opposait la production et la reproduction, les hommes et les femmes.

Les lois de protection de la femme

Ce qui se produisit dans les syndicats pour une certaine raison, se produisit au niveau de l'État pour d'autres raisons ; mais le résultat fut le même quant à la signification de la répartition du travail selon le sexe. Tout au long du XIXe siècle, les États-Unis et les États d'Europe de l'Ouest sont intervenus pour réglementer les pratiques patronales en matière d'emploi. Les législateurs subissaient des pressions de la part de groupes divers qui, pour différentes raisons (quelquefois même opposées), cherchaient à obtenir une réforme des conditions de travail. L'attention se portait surtout sur les femmes et les enfants. Les uns et les autres avaient travaillé de longues heures par le passé ; pourtant, le souci de leur exploitation semble lié au développement du système industriel. Les réformateurs, qui hésitaient à intervenir dans « la liberté individuelle des citoyens », ne se posaient pas ce problème lorsqu'il s'agissait des femmes et des enfants[27]. Puisqu'ils n'étaient pas de véritables citoyens et n'avaient pas d'accès direct au pouvoir politique, on les considérait comme vulnérables et dépendants, et il fallait les protéger.

On décrivait de diverses façons la vulnérabilité des femmes : leur corps était plus faible que celui des hommes et il ne fallait donc pas qu'elles travaillent aussi longtemps d'affilée ; le travail pervertissait les organes reproducteurs, rendant les femmes incapables de porter et d'élever des enfants en bonne santé ; il les écartait de leurs tâches domestiques ; les emplois de nuit les exposaient à des agressions sexuelles dans les magasins ou sur le chemin du retour ; le travail en compagnie des hommes ou sous leurs ordres comportait un risque de corruption morale. Aux féministes qui affirmaient que les femmes n'avaient pas besoin de la protection des autres, mais d'une action collective propre, les législateurs, les représentants des travailleurs et des travailleuses répondaient que, puisque les femmes étaient exclues de la plupart des syndicats masculins et ne semblaient pas capables d'en fonder d'autres, il fallait qu'une force puissante intervienne pour leur compte. Jules Simon, à la Conférence internationale sur la législation du travail, à Berlin, en 1890, affirma que les congés de maternité pour les femmes au travail devaient être accordés « au nom de l'intérêt supérieur et évident de la race humaine ». C'était, dit-il, une protection « due aux personnes dont la santé et la sécurité ne pouvaient être sauvegardées que par l'État[28] ». Ces justifications, qu'elles fussent physiques, morales, pratiques ou politiques, montraient les travailleuses comme un groupe spécial dont l'activité salariée posait des problèmes différents de ceux habituellement associés à la main-d'œuvre masculine. Depuis sa première apparition, dans les différents décrets sur les usines, en Angleterre, durant les années 1830 et 1840, jusqu'à l'organisation de conférences internationales visant à répandre et coordonner les lois nationales des années 1890, la législation protectrice fut votée non pas pour améliorer les conditions de travail dans l'industrie, mais comme solution spécifique au problème du travail des femmes et des enfants.

Malgré les termes généraux employés par ses auteurs au sujet des femmes et des enfants, cette législation resta étroitement circonscrite. Les lois qui limitaient les horaires de travail des femmes, et interdisaient complètement le travail de nuit, s'appliquaient en général seulement au travail en usine et aux métiers où les hommes prédominaient. De nombreux secteurs en étaient complètement exclus, comme l'agriculture, le service domestique, le commerce de détail, les boutiques familiales et les ateliers domestiques. C'était pourtant là les principaux employeurs des femmes, au début. En France, les trois quarts environ des travailleuses n'étaient pas couvertes par cette législation. En Allemagne, en France, en Angleterre, en Hollande et aux États-Unis, le travail à domicile s'accrût après le vote de ces lois. Mary Lynn Stewart résume l'impact de cette législation, dont le trait le plus caractéristique était une longue liste de dispenses :

> « Des exemptions furent accordées aux industries qui recouraient au travail féminin bon marché ; elles ont accéléré le déplacement des femmes vers des secteurs non réglementés, accentué leur ruée vers les industries les moins avancées. L'application de la loi renforça ces effets. Les inspecteurs appliquèrent la loi à la lettre pour les métiers masculins, mais fermèrent les yeux sur les infractions pour les postes féminins. En bref, une législation du travail liée au sexe sanctionna et renforça l'affectation des femmes à des postes moins bien payés et secondaires sur le marché du travail[29]. »

Même en ce qui concerne les emplois en usine, les lois eurent pour effet d'intensifier la ségrégation sexuelle des travailleurs, que ce fût pour aménager les horaires ou pour séparer travail de jour et travail de nuit. Ces distinctions justifièrent par la suite les différences de salaire, et l'attribution de caractéristiques, de qualités et de statuts différents pour les hommes et pour les femmes. La conclusion de Stewart est juste : « Par-dessus tout, la conséquence la plus frappante de ces différences d'horaires suivant le sexe fut de renforcer et d'exagérer la répartition du travail selon le sexe[30]. » C'est ainsi que les prémices de la loi se retrouvent dans ses effets, et que la brèche entre travail masculin et travail féminin s'élargit. Après avoir désigné la reproduction comme le rôle principal de la femme, l'État renforça le statut secondaire de ses activités productrices.

Le « problème » de la travailleuse

Les débats sur l'emploi, la politique syndicale et la législation protectrice ont produit une grande quantité d'informations qui nous ont renseignés sur la vie sociale de la travailleuse. La documentation fournie par les rapports parlementaires, les enquêtes privées et les témoignages personnels montre que les femmes travaillaient pour quantité de raisons, pour subvenir à leurs besoins ou à ceux de leur famille, pour perpétuer une longue tradition d'artisanat féminin qualifié (dans la confection ou la mode par exemple), ou parce qu'elles avaient été recrutées pour des emplois nouveaux. Cette documentation peut servir à prouver que le travail avait pour effet soit d'opprimer et d'exploiter les femmes, soit de leur donner accès à un sentiment d'autonomie, à une place dans le monde. Une activité salariée peut être décrite comme une exaction intolérable, un mal nécessaire, ou une expérience positive, suivant le contexte et le cadre de l'analyse. En fait, tous ces termes furent utilisés au cours du XIXe siècle, quelquefois au sujet de la même personne à différents moments de sa vie. La Française Jeanne Bouvier (née en 1856) connut dans son enfance une succession d'emplois très pénibles, d'abord comme domestique, puis comme ouvrière d'usine. Plus tard, elle travailla comme ouvrière dans la couture à Paris, et ultérieurement comme spécialiste en confection. Enfin, elle poursuivit ensuite une carrière satisfaisante (raconte-t-elle) en tant qu'écrivain et responsable syndicale[31]. De la même manière, les Anglaises (nées dans les années 1850 et 1860) qui ont relaté leur vie professionnelle dans des mémoires écrits pour la Women's Cooperative Guild parlent de situations de travail diverses, qui les laissaient tantôt exténuées et sans le sou, tantôt fortes et déterminées, les poussant vers des mouvements politiques qui développaient entre elles une identité collective[32]. Certaines couturières à la journée ont dit à Henry Mayhew qu'elles avaient été incitées à la prostitution non pas par le travail lui-même, mais par l'insuffisance des salaires ; d'autres rêvaient d'épouser un homme qui gagnerait assez pour assurer leur subsistance et leur éviter de travailler le reste de leur vie. Même les réformateurs les plus horrifiés ont souvent noté la fierté et l'indépendance de certaines des travailleuses dont ils décrivaient l'oppression et la dépravation. Ils soutenaient que de telles attitudes étaient aussi dangereuses pour la stabilité domestique que l'exploitation physique et économique que subissaient les travailleuses. Quand les femmes syndicalistes réclamaient un salaire égal pour les femmes, elles affirmaient non seulement que celles-ci continueraient à travailler, mais que le désir de travailler expliquait autant que les besoins financiers la présence des femmes dans le monde du travail.

Ces descriptions et ces interprétations contradictoires tendaient à se dissoudre dans le discours dominant de l'époque, qui prenait les femmes comme une simple catégorie et définissait le travail comme une violation de leur nature. L'énoncé du « problème de la travailleuse » montrait la femme au travail non pas comme un agent de production mal traité, mais comme un cas de pathologie sociale. Car il n'était pas question, en général, des satisfactions ni des difficultés rencontrées par les femmes, individuellement, dans leur travail, ni de la longue histoire, non achevée, de leur participation au monde du travail, ni de l'injustice que représentaient leurs salaires insuffisants, mais plutôt des effets de la fatigue physique sur leurs capacités de reproduction et des conséquences de leur prétendue absence sur la discipline et la propreté de leur maison. Même les projets qui ne partaient pas de l'incompatibilité entre travail et féminité s'appuyaient sur cette notion, en soulignant les effets de l'exploitation sur la vie de famille et la maternité.

Pendant les débats sur les Factory Acts en Angleterre, dans les années 1830-1840, William Gaskell montra comment les femmes ne pouvaient plus allaiter les enfants pendant le temps de leur travail à l'usine. D'autres parlaient de l'incompatibilité de la femme avec la machine, opposant le doux et le dur, le naturel et l'artificiel, le futur et le présent, la reproduction de l'espèce et la production de denrées inanimées. D'autres encore décrivaient l'immoralité découlant de l'engagement des femmes dans des travaux pénibles, de leur exposition au langage grossier des hommes dans des lieux de travail mixtes, de l'agression des contremaîtres qui exigeaient leurs faveurs, et du poids de la pauvreté qui poussait à la prostitution. Même quand ils tenaient compte des bas salaires et des mauvaises conditions de travail, ces propos tendaient à incriminer le travail lui-même, surtout le travail « public », hors de la maison, comme cause de tous les maux de femmes. Paul Lafargue, député du Parti ouvrier français, proposa en 1892 une politique nouvelle pour les congés de maternité des travailleuses françaises : on leur paierait un salaire journalier à partir du quatrième mois de grossesse, jusqu'à la fin de la première année de l'enfant. Il suggérait que l'on taxe les employeurs pour payer l'accouchement, car c'était la « fonction sociale » des femmes. Il proposait cette mesure, disait-il, pour corriger la dislocation brutale infligée à la vie de famille par le capitalisme, qui « arrache les femmes et les enfants à la sphère domestique pour les transformer en instruments de production[33] ». Là, un programme social progressiste se justifiait en invoquant un idéal où les activités productrices de la femme étaient acceptées comme secondaires.

De même, les nombreuses tentatives pour atténuer les effets du travail sur la mère et sa famille, en procurant des soins et une instruction aux enfants, prirent la forme de mesures d'urgence, plutôt que d'une politique sociale à long terme. Certains réformateurs cherchèrent à obtenir des crèches ou d'autres institutions subventionnées par l'État, pour soulager les travailleuses de leur double charge, d'autres se préoccupèrent des taux élevés de mortalité infantile, et de « l'avenir de la race » ; mais les deux groupes dramatisèrent le besoin de réforme en montrant des enfants négligés par des surveillantes, des gardiennes ou des nourrices insouciantes, ces remplaçantes « dénaturées » des soins maternels à plein temps. Même pour ceux qui ne voyaient pas le travail des femmes comme pernicieux en soi, le postulat restait sous-jacent, que le travail domestique devait être une occupation à plein temps.

Mais l'activité ménagère n'était pas considérée comme du travail productif. Bien que l'importance accordée à la vie domestique ait rehaussé le statut social des femmes, et inspiré l'éloge de leur influence affective et morale, il s'agissait d'un travail dénué de valeur économique. En Angleterre, d'après Jane Lewis, le recensement de 1881 fut le premier à exclure les occupations ménagères des femmes des catégories de travail. « Dès que les femmes qui travaillaient à la maison ont été classées comme "sans emploi", le taux d'activité des femmes fut réduit de moitié. » Auparavant, femmes et hommes de plus de vingt ans avaient des niveaux d'activité économique équivalents[34]. Après 1881, vie domestique et productivité furent présentées comme antithétiques. Cette reclassification (qui eut lieu également dans d'autres pays, à des dates différentes) ne reflétait pas tant les changements dans les conditions d'emploi qu'une interprétation sociale de la différence entre les sexes. Les femmes à la maison n'étaient pas des travailleuses, ou n'étaient pas supposées l'être ; en fait, quelquefois, même si elles gagnaient de l'argent chez elles à des travaux de couture ou autres, les agents du recensement ne considéraient pas cette activité comme du vrai travail, puisqu'elle n'était exercée ni à plein temps, ni hors de la maison. Le résultat fut que la plus grande partie du travail rémunéré exercé par les femmes n'apparut pas dans les statistiques gouvernementales ; invisible, il ne pouvait pas être l'objet d'attention ni d'amélioration.

Dans le discours sur la répartition du travail selon le sexe, les oppositions marquées entre femme et travail, reproduction et production, activité domestique et activité salariée, faisaient de la travailleuse elle-même un problème. C'est ce qui empêchait le débat de se porter sur les conditions de travail des femmes, leurs bas salaires ou le manque d'aide pour les soins aux enfants, que l'on considérait comme les signes de la violation de la différence « naturelle » entre l'homme et la femme, plutôt que comme les causes de la détresse des travailleuses. Ce qui aboutit à un vœu unanime : que les femmes soient écartées autant que possible des emplois fixes ou à plein temps. Cette politique fut rarement mise en pratique, mais, à cause d'elle, il fut difficile de formuler des solutions pratiques pour les travailleuses : elle acceptait comme naturel et inévitable que les femmes fussent des employées de second rang, dont le corps, les capacités productives et les responsabilités sociales ne permettaient pas qu'elles exercent le genre de travail qui leur aurait procuré une identité économique et sociale de travailleuses à part entière.

L'émergence des travailleuses au XIXe siècle ne tient pas à l'augmentation de leur nombre, ni au changement du lieu, de la qualité ou de la quantité de leur travail, mais à la préoccupation contemporaine relative à la répartition du travail selon le sexe. Cette préoccupation ne tenait pas aux conditions objectives du développement industriel ; elle aida plutôt à la mise en forme de ces conditions, en donnant aux relations de production une dimension sexuée, aux femmes un statut subalterne, aux termes maison-travail, production-reproduction des significations opposées.

Si nous présentons l'histoire du travail des femmes comme une construction discursive sur la répartition du travail selon le sexe, ce n'est pas pour rendre légitime ou naturel ce qui est arrivé, mais pour mieux poser des questions.

(Traduit de l'américain par Geneviève Faure)

16

FEMMES SEULES

CÉCILE DAUPHIN

« Une femme seule ! N'y a-t-il pas quelque chose de plaintif dans l'association de ces deux mots ! » Cette exclamation d'une journaliste anglaise au milieu du XIXe siècle[1] fait chorus avec de nombreux articles et ouvrages qui découvrent le problème des femmes « superflues », dites *redundant women*[2]. La société victorienne s'émeut du « nombre énorme et croissant de femmes seules dans la nation, un nombre tout à fait disproportionné et quasi anormal ; un nombre qui est révélateur d'une situation sociale malsaine. C'est à la fois le résultat et l'annonce de beaucoup de misères et d'erreurs. Il y a des centaines de milliers de femmes – et peut-être plus encore –

réparties dans toute la société mais proportionnellement plus nombreuses dans les classes moyennes et supérieures, qui doivent gagner elles-mêmes leur vie, au lieu de dépenser et gérer les deniers des hommes ; qui, ne remplissant pas les devoirs et les tâches naturelles d'épouse et de mère, doivent se frayer un chemin artificiel et ont toutes les peines à trouver du travail ; qui, au lieu de combler, adoucir et embellir l'existence des autres, sont contraintes de mener une vie indépendante et incomplète par leurs propres moyens[3]... ».

Femme seule, la qualification existait donc au XIXe siècle. Derrière la complainte et les visions alarmistes que ressassent les écrits de l'époque, émerge une série d'interrogations qui finissent par constituer un problème pour les contemporains. Qui sont-elles ? Pourquoi ? Que faire ? Disproportion du nombre, révélateur des turbulences économiques et sociales, antimodèle de la femme idéale, ainsi les femmes seules accèdent-elles à la visibilité. Mais, empêtrées dans le spectre de la « vieille fille », que peuvent-elles livrer de leur existence aux observateurs, sinon leur masque tragique de femme sans homme ? Notre société moderne a banalisé l'expression. Étiquette facile, suremployée et qui n'a pas de symétrie masculine, elle s'applique aux femmes sans mari, veuves ou célibataires, avec ou sans enfant.

Un fait féminin

La double évidence de l'ampleur et de la nouveauté du phénomène au XIXe siècle doit être examinée d'abord. « Le sexe a eu à chaque recensement la supériorité du nombre » – cette remarque de Levasseur est énoncée comme une anomalie de la nature[4]. En effet, alors que le taux de 106 garçons pour 100 filles à la naissance apparaît à peu près constant à travers les âges, l'Europe à l'ère de la statistique triomphante découvre que les femmes sont en surnombre et déplore le déficit des hommes. Cette situation tient en partie à la conjoncture : les guerres et les violences qui ont scandé l'histoire révolutionnaire et napoléonienne ont opéré des coupes claires dans les rangs masculins et, de ce fait, 14 % des générations féminines nées en France entre 1785 et 1789, estime-t-on, ont été condamnées au célibat[5].

Des écrivains tels que Balzac n'ont pas manqué de reprendre cet argument pour expliquer la multiplication des femmes seules : « La France sait que le système politique suivi par Napoléon eut pour résultat de faire beaucoup de veuves. Sous ce régime les héritières furent dans un nombre très disproportionné avec celui des garçons à marier[6]... »

Ces pertes qui ont affecté toute l'Europe au XIXe siècle n'ont jamais été tout à fait compensées par la surmortalité des femmes en couches, ni par celle des petites filles malmenées à cette époque par l'enfermement et le travail précoce[7]. Alors que l'hygiène et les progrès de la médecine ont généralement accru l'espérance de vie depuis la fin du XVIIIe siècle, c'est au sein de la population féminine que les gains ont été les plus spectaculaires. Quelles que soient les causes de la surmortalité masculine, conjoncturelles, économiques ou biologiques, les conséquences ont été lourdes en termes de célibat, de veuvage et de solitude pour les femmes[8]. Ainsi, en France en 1851, à cinquante ans ou plus, pour 27 % d'hommes célibataires ou veufs, on compte 46 % de femmes seules : 12 % sont célibataires et 34 % veuves.

Un modèle européen

Les hécatombes guerrières n'appartiennent pas seulement au XIXe siècle, pas plus qu'au monde occidental. Or, celui-ci se distingue des autres continents par un trait tout à fait spécifique, à savoir la non-universalité du mariage. Depuis Hajnal[9], les études démographiques se sont attachées à développer ce modèle européen où un mariage tardif et restreint a joué le rôle d'un mécanisme régulateur des populations, sorte d'arme contraceptive avant la lettre. N'est-il pas paradoxal de constater que les femmes seules sont d'abord apparues dans l'histoire comme variable négative dans l'étude de la reproduction des populations ? On a pu calculer que le célibat définitif avait provoqué une amputation de l'ordre de 7 à 8 % sur le niveau de la fécondité.

Certes, des exceptions à la règle de l'universalité du mariage ont pu être repérées par les anthropologues : par exemple, au Tibet au début de ce siècle, il est fait état de nombreuses femmes célibataires ; en Chine et en Inde, les veuves (des couches sociales supérieures) n'étaient pas censées se remarier, vouées à une sorte de célibat postconjugal[10]. Mais il faut souligner qu'en Chine, autour de 1930, 1 femme seulement sur 1 000 n'a jamais été mariée (et 3 hommes sur 1 000). Dans l'histoire occidentale, en revanche, le taux de célibat définitif (la proportion de femmes célibataires mortes à cinquante ans et plus) est rarement inférieur à 10 %. Dans la longue durée, c'est la fin du XVIIIe siècle qui connaît l'accroissement le plus fort, alors que le XIXe siècle, après un point maximum atteint dans la première décennie, voit ce taux se stabiliser ou décroître légèrement en même temps que baisse l'âge du mariage[11].

Une géographie contrastée

Si le célibat est bien un phénomène caractéristique de la civilisation occidentale et quasi permanent dans son histoire – il resterait d'ailleurs à en déterminer les raisons –, sa répartition inégale selon les pays, à l'intérieur même des territoires et selon les milieux sociaux, provoque un effet de loupe pour le regard contemporain. Inférieur à 5 % dans la Russie rurale de

1897, autour de 8 % dans la campagne prussienne ou danoise en 1880, le taux atteint 20 % dans certains départements français ou districts portugais au milieu du siècle, voire 48 % dans le canton suisse d'Obwald en 1860.

Il n'existe pas actuellement de carte générale ni d'étude globale du célibat en Europe, mais toutes les monographies montrent une opposition flagrante entre un Nord-Est proche de la règle du mariage universel et un Sud-Ouest fortement marqué par la solitude féminine. A l'échelle nationale, on retrouve la même répartition contrastée[12]. Par exemple en France : Bretagne, Cotentin, Pyrénées, sud-est du Massif central et est du pays demeurent des terres de prédilection pour le célibat et le veuvage, à côté d'un large Bassin parisien où les proportions s'amenuisent. En Allemagne, même opposition entre les États du Nord-Est, au-dessous du seuil des 10 %, et la Bavière et le Wurtemberg avec des taux supérieurs à 15 %. En Angleterre, ce sont les régions agricoles du Nord et du pays de Galles qui abritent le plus de célibataires[13].

Au-delà des paramètres proprement démographiques (*sex ratio*, mortalité différentielle, structure d'âge, différence d'âge entre époux), les cohérences régionales suggèrent que l'existence du célibat et du veuvage fonctionne selon une règle non écrite mais profondément intériorisée dans la conscience sociale. La coïncidence toujours soulignée par les démographes d'un célibat fréquent avec l'âge tardif du mariage et l'absence de contraception a permis de formuler l'hypothèse d'un malthusianisme ascétique où les autorités religieuses prêchant continence et vertu œuvrent du même coup pour une limitation involontaire des naissances et contre la dispersion du patrimoine. Il apparaît alors clairement que les zones « où se fabriquent les célibataires » correspondent à un certain type d'organisation familiale, soumise au paterfamilias, où le mariage est contrôlé, retardé, un seul enfant qui hérite se mariant à chaque génération, tandis que les autres restent célibataires ou cherchent fortune ailleurs. A l'occasion des destructurations dont le XIXe siècle est porteur et qui se nomment urbanisation et industrialisation, les familles s'émiettent et libèrent une main-d'œuvre précieuse pour le développement économique.

Pôles urbains

Sur cette toile de fond de bouleversements majeurs, la ville, dégorgement traditionnel du trop-plein rural, devient l'horizon ordinaire des célibataires, elle fabrique autant qu'elle attire les solitaires. Déjà, au siècle des Lumières, les observateurs avaient été frappés par « ces légions de femmes seules qui (vivaient) dans les grandes villes, étrangères au mariage et vouées à une existence irrégulière[14] ». Le recensement de 1866 en France révèle que la majorité des villes (307 contre 104, soit 3 villes sur 4) sont concernées par un « excédent féminin ». Certaines atteignent des niveaux extrêmes : 61,4 % de femmes à Saint-Jean-d'Angély, 60,2 % à Avranches, 59,9 % à Clermont, etc. Une étude comparative (entre Prusse, Saxe, Bavière, Belgique, Danemark, Angleterre, Norvège, Suisse, Russie occidentale et Autriche) à propos de l'effet de l'urbanisation sur le célibat[15] met en évidence cette règle qui ne souffre aucune exception pour les femmes : le célibat est toujours plus important (voire multiplié par deux en Saxe, Danemark et Russie occidentale) dans la population urbaine que dans les campagnes, et le mariage y est généralement plus tardif.

C'est effectivement par leur passage à la ville que les femmes seules accèdent à la visibilité. D'abord au regard des observateurs, eux-mêmes urbains, qui cherchent à saisir la réalité à portée de plume. Par leur intégration dans le tissu social surtout : en quittant les familles où filles, sœurs ou tantes, elles étaient depuis toujours intégrées à l'unité de production, elles entrent sur le marché du travail et en subissent tous les aléas. Ainsi, la liquidation progressive des industries rurales et la crise générale de l'emploi agricole brouillent l'insertion traditionnelle des femmes seules dans l'économie domestique. Elles se trouvent marginalisées.

Au cours de cette période, les femmes et plus particulièrement les jeunes filles semblent aussi rompre avec les habitudes d'une migration temporaire et à courte distance (vers les bourgs et les petites villes) et prennent une part de plus en plus grande aux migrations lointaines et définitives. Leurs contingents finiront par l'emporter sur celui des hommes. Cependant, l'aventure de la migration intercontinentale ne tente guère les femmes si elles ne sont déjà mariées, ou bien missionnaires, figures d'exception appelées à évangéliser les populations les plus lointaines[16]. Elles demeurent alors au pays, et seules. Ainsi en Norvège, les départs en masse vers l'Amérique dès le milieu du siècle, provoquent un déficit d'hommes qui se solde par une augmentation du célibat des filles – il atteint 21,8 % dans les années 1880 – et une diminution de la probabilité de remariage pour les veuves[17].

Majeures et actives

Le scandale que dénonce, unanime, la presse victorienne et qui est perçu avec plus ou moins d'acuité à travers toute l'Europe tient moins à la question du nombre proprement dit qu'à l'incertitude de l'identité sociale des femmes seules. Sorties de leur place légitime par accident ou erreur, ces femmes apparaissent alors en « surnombre ». « What shall we do with our old maids ? » s'interroge Frances P. Cobbe, dans *Frasers Magazine*[18]. *A posteriori*, ce déplacement à la fois géographique, social et culturel, constitue un phénomène essentiel pour l'histoire des femmes et leur conquête de l'autonomie économique. Hors du mariage, point de salut ! Le code napoléonien, qui fit école chez ses voisins européens, offre cependant un autre choix aux femmes seules : hors mariage, la fille devient majeure, donc responsable d'elle-même et de ses biens. La « feme sole », contrairement à l'épouse, conserve les mêmes droits que l'homme, sans toutefois jamais devenir citoyenne. Alors que les femmes veuves, séparées et divorcées seront généralement secourues par la famille ou assistées par l'État, les filles majeures, faute de pouvoir toutes vivre de leurs rentes, devront le plus souvent quitter leur famille et subvenir à leurs besoins.

La corrélation entre l'entrée des femmes seules sur le marché du travail, l'accroissement de la population active féminine et le développement des secteurs de service, est la marque d'une évolution majeure. Les recensements donnent la mesure de ce phénomène à la fin du XIXe siècle en France,

> « alors que dans l'agriculture, les hommes et les femmes, et dans l'industrie et les services, les hommes sont mariés dans plus de 80 % des cas, et que les isolés, célibataires ou veufs, forment toujours moins de 20 % de l'effectif, les femmes qui sont recensées comme actives hors de l'agriculture y semblent souvent contraintes par la nécessité, issue de leur isolement : près d'une sur deux est célibataire, veuve ou divorcée [19] ».

En 1906 on recense 8,5 % de célibataires parmi les agricultrices de vingt-cinq à quarante-quatre ans, mais 33 % parmi les femmes employées dans l'industrie et les services.

L'insertion des femmes seules dans le monde professionnel épouse les aléas de l'économie. Le niveau de formation apparaît alors déterminant pour guider leurs pas vers les branches neuves. Certes, l'éventail des métiers s'ouvre sur des choix restreints, mais leur conquête transforme profondément les solidarités traditionnelles, bouscule les rapports entre les hommes et les femmes sur le lieu de travail faits de concurrence et de résistance, et pénètre peu à peu les mentalités d'une réalité nouvelle où s'impose l'image de la femme au travail.

La solitude, c'est de vivre chez les autres

Le XIXe siècle n'a pas inventé la domesticité. Mais, jusqu'alors réservée aux milieux aristocrates, elle devient un besoin, un signe indissociable de la distinction bourgeoise. En se démocratisant, le service à domicile se fera de moins en moins masculin et hiérarchisé, et de plus en plus féminin et dévalorisé. Toutes les grandes villes et les bourgs d'Europe drainent les filles des campagnes sans autre qualification que leurs forces et leur jeunesse. Certaines n'ont que quatorze ans, voire treize. A Munich, qui compte en 1828 plus de 70 000 habitants, on recense environ 10 000 domestiques, soit près de 14 % de la population. A Londres, dans les années 1860, un tiers des femmes de quinze à vingt-quatre ans sont domestiques. Même proportion en Prusse en 1882 où 96 % des domestiques sont célibataires. Berlin, Leipzig, Francfort, Paris, Lyon, Prague... il n'est pas de ville en Europe qui n'abrite sa part de migrantes, pauvres, domestiques et célibataires.

Vécue comme préparation au mariage, la condition de domestique est souvent transitoire : l'accumulation d'un pécule (nombre de domestiques confient leurs économies à la Caisse d'épargne), la formation ménagère, des rudiments d'instruction et l'acculturation urbaine peuvent ouvrir la voie de l'ascension sociale. Les gages sont d'ailleurs supérieurs aux salaires des ouvrières du textile et, pour un tiers environ, la promotion par le mariage est au bout de la solitude[20]. En tout cas, quand les domestiques finissent par se marier, c'est à un âge avancé, bien supérieur à la moyenne générale. Mais, comme le suggèrent les fortes proportions de célibataires jusqu'à cinquante ans et au-delà encore en activité, le service chez les autres prend un caractère permanent et voue des milliers de femmes au célibat.

Au cours du XIXe siècle, une nouvelle hiérarchie apparaît parmi le personnel domestique. Au-dessus des « bonnes », on rencontre les préceptrices et gouvernantes, « mamzelles » ou « Miss », souvent recrutées dans les familles bourgeoises modestes, filles de pasteurs ou de petits fonctionnaires, orphelines ou encore issues de familles nombreuses. C'est cette catégorie de femmes seules, immortalisées par les sœurs Brontë dans *Jane Eyre* et *Agnes Grey*, qui a attiré tous les projecteurs des observateurs de l'époque. La misère des travailleuses ou des domestiques était perçue comme une fatalité sociale. Mais que des femmes bourgeoises soient contraintes de travailler dans des conditions difficiles, ou de chercher un emploi pour la première fois à quarante ou cinquante ans, après la mort des parents, apparaissait plus pitoyable encore, trop visible à la conscience des classes supérieures. Également fort répandu en Russie, en Allemagne ou en France, ce phénomène prit des proportions plus importantes en Angleterre où le modèle victorien, n'offrant pas d'autre alternative que les pôles de mère ou putain, a chargé la *spinster* d'une image de pureté, de bonté, de virginité et de sacrifice.

A côté de la masse des 750 000 femmes domestiques en Angleterre en 1851, on ne compte que 25 000 gouvernantes. Malgré cet effectif modeste, insignifiant dans l'économie et politiquement inexistant, elles deviennent la figure emblématique des valeurs, problèmes et peurs de la classe moyenne victorienne. Par définition, c'est une femme qui enseigne à domicile, ou bien une femme qui habite dans une famille pour tenir compagnie et faire la classe aux enfants. En fait, la gouvernante vit douloureusement la contradiction entre les valeurs attribuées à son éducation de *gentlewoman* et les fonctions qu'elle se trouve contrainte d'exercer. Symbole du nouveau pouvoir des classes moyennes (on en parle, elle apparaît en public), symptôme aussi de l'accès des épouses à des pratiques de loisir et à un rôle d'ornement, la gouvernante, tout en conservant son statut de *lady*, est entraînée vers le bas de l'échelle sociale du fait de son travail rémunéré. Frappée par le destin (mort d'un père, ruine familiale...), c'est une bourgeoise dans le besoin dont le travail devient « prostitution » de son éducation. Dans le triangle conflictuel parents-enfants, la gouvernante ne peut trouver de solidarité auprès des autres domestiques. Nourrie, logée, fort peu payée, quand elle devient malade, trop vieille pour travailler ou quand elle perd son emploi, il lui reste à se tourner vers l'assistance temporaire, comme celle de la Governesses Benevolent Institution (à partir de 1841).

« La solitude, c'est de vivre chez les autres ! » Domestiques et gouvernantes en ont fait la rude expérience : promiscuité mais sans connaître l'intimité exil mais sans espoir de retour, gestion des maisons mais sans foyer. Cet enfermement, qui implique le contrôle des corps et la négation de l'identité est également à l'œuvre dans de larges secteurs de l'industrie.

Les cloîtres industriels

L'ouvrière reste la figure emblématique de la femme au travail au XIXe siècle, tantôt célébrée, tantôt condamnée ; elle nous apparaît le plus souvent comme épouse et mère. Mais la mécanisation et la spécialisation qui s'accélèrent au cours de ce siècle bouleversent profondément l'organisation des fabriques et des ateliers. On expérimente de nouvelles formes de travail particulièrement génératrices de solitude. Ainsi les couvents soyeux autour de Lyon [21], développés à partir de 1830 sur le modèle du Lowell américain recrutent, avec l'assentiment des familles et la bénédiction de l'Église, une main-d'œuvre peu qualifiée et docile. Dans un but de moralisation, car les crises et les occasions de débauche ne manquent pas pour faire tomber les jeunes migrantes dans la prostitution.

> « Ces jeunes filles de la campagne, commente Reybaud, que les parents abandonnaient à la merci de leur étoile, dans le tourbillon des grandes villes, trouvent là du moins un refuge où l'apprentissage se fait sans péril, avec calme, avec sécurité, à l'abri de ce pervertissement auquel peu d'entre elles échappaient et qu'amenaient presque infailliblement, tantôt l'inexpérience tantôt l'aiguillon de la vanité, plus souvent encore les conseils de la misère. Ici, elles sont gardées et contre les autres et contre elles-mêmes. »

Ainsi de véritables « cloîtres industriels » s'installent en France, à Jujurieux à Tarare, à La Seauve, à Bourg-Argental, mais aussi en Suisse, en Allemagne en Grande-Bretagne et en Irlande. Ils consacrent la « collusion » des intérêts industriels et des pouvoirs de l'Église, dans une sorte de partage des rôles et soumettent les jeunes filles, corps et âmes, aux dures vertus du travail e de la morale, jusqu'à ce qu'elles trouvent éventuellement un mari. On évalue à 100 000 environ le nombre des filles ainsi « enfermées » dans la région lyonnaise vers 1880.

Le prix à payer

La réclusion qui s'exerce d'abord sur les jeunes filles, et met sous surveillance non seulement leur travail mais aussi leur conduite quotidienne, leurs gestes et leur identité, trouve aussi des applications dans d'autres secteurs de l'économie en voie de modernisation, en particulier dans les grands magasins.

D'origine le plus souvent provinciale, la plupart des vendeuses dans les grands magasins parisiens n'ont d'autre choix que l'internat sur place. Placées sous surveillance à tous les instants de leur vie, elles doivent être célibataires et le demeurer, car le mariage est toujours cause de renvoi. Ce cas français est loin d'être unique en Europe. On sait qu'en Bohême, jusqu'en 1919, les institutrices et les employées d'État ont été condamnées au célibat. Dans le secteur privé, téléphonistes, dactylos, vendeuses, serveuses doivent quitter leur poste en cas de mariage. Certes, l'administration, dans divers États de l'Allemagne, ou à Vienne, a pu réglementer le droit au mariage et l'interdire aux indigents, par exemple. Il est vrai aussi que certains corps de fonctionnaires ont soumis leurs membres à un quota ou à l'autorisation administrative pour prendre une épouse. Il reste cependant que cette invention de l'incompatibilité entre travail et mariage marque plus particulièrement le destin des femmes au XIXe siècle et impose l'idée d'un sacerdoce laïc dès lors qu'un idéal humaniste préside à l'exercice d'un métier (infirmière, institutrice, assistante sociale...). En somme, le choix ou la nécessité de travailler place les femmes devant cette alternative qui scelle leur identité sociale et leur destin de femme : métier ou famille. Les barrières ne sont pas seulement légales mais découlent surtout du jeu social quand les pesanteurs sociologiques font loi.

Le célibat féminin à la mode occidentale s'inscrit profondément dans la logique économique du XIXe siècle qui sait en tirer profit. La solitude féminine a pu être imposée par le métier « parce que délibérément utilisée comme rouage essentiel pour le bon fonctionnement d'une machine économique[22] ». Souvent échappées des milieux petits bourgeois, voulant marquer une distance par rapport aux ouvrières, souvent plus instruites que la moyenne des femmes de l'époque, les « cols blancs » féminins aspirent à un standing intellectuel et social supérieur. Mais ces aspirations, combinées aux contraintes et à l'investissement psychologique dans leur travail, les empêchent de trouver un conjoint ; seules, elles éprouvent dès lors le poids de la défiance et du discrédit. Ainsi, pour les demoiselles de magasin ou des postes, pour les institutrices et les assistantes sociales, de plus en plus nombreuses à partir de la deuxième moitié du siècle, l'insertion professionnelle accule une bonne partie d'entre elles à une situation personnelle sans issue : le prix à payer pour gravir quelques degrés de l'échelle sociale [23].

L'État, qui fut dans tous les pays d'Europe le premier employeur des femmes, fut aussi le premier « fabricant » de célibataires, cas particulièrement bien étudié pour les télécommunications en France, en Angleterre, en Allemagne et en Norvège [24]. Ainsi, l'État français emploie au début du XXe siècle 53,7 % de femmes célibataires pour 18,9 % d'hommes célibataires. On remarque que les femmes seules (célibataires et veuves) sont plus nombreuses dans les catégories de traitement plus élevées, alors que pour les hommes, la plus forte proportion de célibataires se range dans les catégories de salaire les plus basses [25]. Les employées se marient plus tard que les ouvrières et ont deux fois moins d'enfants. Ainsi, l'hypothèse d'une relation entre le célibat et le niveau de qualification s'impose nettement. Aux États-Unis, 75 % des femmes sorties des collèges d'enseignement supérieur entre 1870 et 1900 ne se marièrent pas. En France, pendant les vingt premières années de l'enseignement secondaire féminin (mis en place par la loi Camille Sée en décembre 1880), enseignantes et personnel de l'administration comptent 62,5 % de célibataires en cours de carrière. Le taux est équivalent dans l'enseignement primaire, mais il dépasse 75 % chez les professeurs de couture, de gymnastique ou de dessin [26]. Ce phénomène ne fera que s'amplifier au XXe siècle avec l'entrée généralisée des femmes dans l'enseignement supérieur et dans la haute administration.

L'empreinte religieuse

Pendant que l'accès à la culture semble détourner du mariage bon nombre de femmes qui affirment des capacités intellectuelles jusque-là mises en doute, cerveau et utérus ne pouvant se développer conjointement, comme se plaisaient à le ressasser les « penseurs » masculins, les métiers du secteur social attirent les filles indépendantes, consacrant les qualités de cœur et de dévouement traditionnellement dévolues aux femmes.

Hors de la maison, les femmes seules doivent emporter les vertus domestiques dans le vaste monde, rehausser le niveau moral des fabriques, de l'hôpital, de l'école et autres institutions publiques. Dans le champ du travail social, on serait tenté d'opposer le modèle protestant avec ses diaconesses, ses missionnaires et ses associations bénévoles qui fleurissent surtout aux États-Unis, en Angleterre et en Allemagne, au modèle catholique des congrégations religieuses et des dames patronnesses bien étudiées en France et en Italie [27]. On retiendra plutôt les points communs qui montrent comment la « question sociale », s'imposant aux sociétés industrielles, a pris le relais de la charité, par l'entremise des femmes seules essentiellement. Le renouveau religieux soutenu par différents courants, piétiste en Allemagne et aux Pays-Bas, réforme méthodiste en Angleterre, culte marial en terres catholiques, rencontre la question des femmes « en surnombre », canalise ces générations de marginales, et offre aux femmes d'action des postes de responsabilité où elles peuvent faire preuve d'initiative. Dans ces espaces d'émancipation, les « appelées » s'initient aux problèmes socio-économiques et au débat politique, elles y conçoivent des ambitions nouvelles.

Ces communautés féminines sont pratiquement les seules « entreprises » à offrir une formation professionnelle, en particulier durant la période du noviciat, des emplois variés, et un cadre juridique qui permet de concilier projet de foi et projet d'action : audace, pouvoir, imagination y sont à l'œuvre... mais aussi méditation, prière, vie spirituelle. Le catholicisme au féminin témoigne d'une appropriation du croire qui privilégie les pratiques d'introspection, l'affinement extrême du mysticisme et les relations personnelles avec Dieu.

La réussite de ces associations diverses, en montrant l'efficacité des femmes organisées pour soigner, enseigner, secourir, propage aussi l'idée tenace qu'il existe des métiers spécifiquement féminins dans l'éducation et surtout dans les différents secteurs de la santé et de la protection sociale. On est loin d'avoir évalué la masse du travail ainsi fourni gratuitement. Mais de cette façon s'impose durablement la condition du célibat pour l'exercice de certaines professions.

Les « nouveaux métiers » ouverts aux femmes en cette fin de siècle porteront la double marque du modèle religieux et de la métaphore maternelle : dévouement-disponibilité, humilité-soumission, abnégation-sacrifice... Ces motifs sont repris fort opportunément dans les enseignements pontificaux pour réhabiliter les vieilles filles [28]. L'idéal de virginité religieuse remonte aux origines de l'Église. Mais face au problème de « l'excédent féminin » et au fléau de la misère sociale, l'autorité ecclésiastique prêche alors l'alliance de Marthe et de Marie, la contemplation n'excluant pas l'engagement dans le monde. Ainsi, la jeune chrétienne qui, malgré elle, reste célibataire – ne faut-il pas voir là une disposition de la divine Providence ? – est appelée à se faire « l'éducatrice et le guide de ses propres sœurs »... « elle s'appliquera principalement aux questions qui exigent du tact, de la délicatesse et de l'instinct maternel plutôt que de la rigidité administrative »...

Ruptures et contestations

Pourtant, la récupération religieuse des problèmes démographiques ne suffit pas à préserver le mariage. Il semble que l'éducation victorienne, comme la morale catholique, qui enseignent résignation et chasteté, portaient en germe sa contestation. Que le mariage puisse être malheureux n'est pas une découverte du XIXe siècle. Mais la réflexion sur les moyens de remédier aux désordres familiaux porte au jour les avatars de la vénérable institution. Dès que la loi les y autorise, les épouses sont les premières à en demander la dissolution (dans 80 % des cas). Les mauvais traitements et les violences jusqu'alors admis sont de plus en plus mal tolérés. A la fin du siècle, le phénomène prend une extension à caractère exponentiel. Il apparaît que le droit au divorce ou à la séparation de corps entérine une situation souvent très ancienne d'abandon de fait. En outre, c'est la femme battue, non la femme trompée, qui demande la rupture. En dépit des législations variables et des taux très inégaux selon les pays[29], le recours au divorce ou à la séparation de corps devient un instrument de libération pour les femmes. Il se développe plus rapidement en pays protestant (sauf en Angleterre en raison de son coût élevé), en milieu urbain et parmi les classes moyennes. Solitude subie ou liberté revendiquée, le divorce trouve aussi un terrain favorable quand l'institution secondaire destinée aux filles devient moins rare et l'aisance plus répandue.

Alors que, du point de vue des législateurs, les mesures qui instaurent, suppriment ou rétablissent le divorce répondent à la même finalité de sauver la famille et de rétablir l'excellence de la société conjugale, la critique du mariage va bon train.

En dépit des misogynes qui ne manquent pas de stigmatiser « l'invasion de pédantes incapables comme les Barbares de féconder le monde[30] », des femmes se consacrent à l'écriture. Leur geste prend valeur de protestation, de cri de révolte contre l'enfermement domestique, en même temps que d'affirmation d'identité et moyen d'indépendance économique. Au-delà de l'institution du mariage, c'est le rapport hommes-femmes qui est en question : l'idéal de l'amour apparaît impossible dans des conditions d'inégalité, d'infériorité et de dépendance d'un sexe vis-à-vis de l'autre. De grandes figures de la littérature ont fait le procès du mariage et ont osé afficher dans leur vie même cette indépendance revendiquée par l'écriture. Mais qui se souvient de ces intarissables feuilletonistes ou femmes auteurs d'occasion s'accrochant comme à une bouée à l'édition dite populaire, le plus souvent dépréciée, pour pouvoir survivre ? Célibataires, veuves, divorcées ou séparées, ayant bénéficié d'un minimum d'instruction, nombreuses sont celles qui ont trouvé dans la récente institution des droits d'auteur une source de revenus.

L'écriture féminine n'a pas toujours atteint les voies de l'édition. Elle est souvent restée cachée, secrète, quand elle n'a pas échoué dans le feu ou la poubelle. Si on parvient à mettre la main sur quelques-uns de ces journaux intimes, comme a pu le faire Lee V. Chambers-Schiller[31], on découvre les raisons qui ont pu motiver l'option du célibat : souvent les circonstances, plus encore une volonté d'indépendance forgée par l'éducation. Entre les deux guerres américaines (d'indépendance et civile), nombre de femmes, certes privilégiées par l'aisance et la culture, affirment avoir choisi la liberté plutôt que le mariage : « Car la liberté est un meilleur mari à aimer pour la plupart d'entre nous[32]. » Rester célibataire plutôt que de perdre son âme à la loterie du mariage, ce principe s'inscrit directement dans l'éthique de l'individualisme qui envahit progressivement la culture occidentale au XIXe siècle. Il trouve littéralement sa consécration dans l'alliance avec le protestantisme. Ce célibat idéalisé et justifié *a posteriori* s'enracine en effet dans la vision protestante du perfectionnisme : la primauté de l'individu sur les institutions humaines et sur le mariage en particulier, entraîne l'idée d'un salut individuel, « alone with God ». Au Jugement dernier, la femme se présente seule, sans mari, sans enfants, sous sa propre responsabilité. Le terme de *single blessedness*[33] pour désigner le célibat fait florès dans les textes américains au début du XIXe siècle, et celui-ci devient l'objet d'un véritable culte. Ses adeptes s'y consacrent dans la béatitude et la sublimation du don de soi où bonté, utilité et bonheur se conjuguent harmonieusement. Faut-il alors s'étonner de compter, vers 1840, jusqu'à 40 % de femmes célibataires parmi les quakers ?

Un choix revendiqué

Toutes ces formes de contestation trouvent dans les remous socio-économiques du XIXe siècle le terreau favorable à la formation d'un véritable courant culturel et politique en faveur d'une revendication de l'autonomie féminine passant par le célibat. Après de nombreuses « féministes » comme Pauline Roland qui annonce publiquement qu'elle renonce au mariage, ou Florence Nightingale qui ne veut pas se renier elle-même au nom du destin d'un mari, des femmes comme Christabel Pankhurst déclarent que le célibat féminin est une décision politique, un choix délibéré en réponse aux conditions de l'esclavage sexuel[34]. Dans les dernières décennies du siècle, des campagnes, particulièrement virulentes en Angleterre, sont menées contre la violence et les abus sexuels. Pour se protéger et afficher publiquement leurs luttes, on voit alors des femmes faire le choix radical d'un renoncement définitif à la sexualité. Christabel Pankhurst ne fut certainement pas seule à prendre cette décision puisque, en 1913, 63 % des membres du Women's Social and Political Union sont célibataires et la plupart des autres, veuves. Le célibat, tel une grève du sexe, est alors envisagé comme un état provisoire et un geste politique, nécessaire tant qu'une nouvelle conscience sociale n'aura pas émergé de la société.

A partir de 1870, la figure de la célibataire heureuse de l'être, citadine, issue d'un milieu aisé, voyageuse, frottée de culture, tournant ostensiblement le dos aux rôles dévolus à la femme bourgeoise, s'affirme dans différents domaines de la création et de la vie publique, ébauchant ainsi d'autres destins de femmes. C'est en Angleterre et aux États-Unis, où les progrès juridiques sur la propriété, le divorce, l'éducation et le suffrage sont les plus avancés, que ce modèle de vie autonome se développe et fascine le plus. Graduellement, les images d'indépendance économique et d'amour libre se fondent pour donner naissance au mythe de la « femme nouvelle[35] ».

Mais l'affirmation de liberté dans tous les domaines au même titre que les hommes ressemble à un défi symbolique à leur hégémonie. Scientifiques, médecins ou sexologues, mettant dans le même sac le rejet du mariage, la revendication d'une carrière et la répudiation du modèle sacré de la mère-épouse, s'empressent (à la suite du psychiatre viennois Richard Krafft-Ebing) de marginaliser le comportement de ces audacieuses et de leur appliquer l'étiquette de lesbiennes[36]. Ils rejoignent ainsi la condamnation classique de « déviance utérine » inventée au XVIIIe siècle et reprise par tous les discours savants du XIXe.

Le poids des images

Le combat entre la légende dorée du mariage et l'épouvantail grotesque de la vieille fille n'en finit pas de se répéter. De la menace à l'injure, quels que soient les traits retenus et le niveau du discours (dictionnaire ou parole scientifique, proverbe ou personnage littéraire), force est de constater que les mots qui désignent la femme sans mari relèvent toujours d'une représentation discriminante de la femme. Du côté des « vieux garçons », on voit surtout des « génies » et des « écrivains[37] ».

Virago, lesbienne, amazone, putain, grisette, bas-bleu... Les connotations péjoratives de la femme seule n'ont pas de réelle fondation et circulent dans toute la culture occidentale. Mais la construction littéraire du personnage de la vieille fille et l'usage banalisé du stéréotype appartiennent en propre au XIXe siècle[38]. Jamais à une autre époque, ni pour l'autre sexe, on n'a inventé autant de discours sur sa physionomie, sa physiologie, son caractère ou sa vie sociale. Dès lors que se profile un portrait de femme seule, il n'est guère de registre qui ne fasse référence à une déviance par rapport à l'idéal féminin, idéal défini par un statut juridique, une conception de l'amour, un déterminisme biologique et un code de beauté féminine.

Tout se passe comme si les femmes seules cristallisaient toutes les peurs de l'autonomie féminine, sexuelle, sociale, économique et intellectuelle. Il aura fallu l'avènement de la physiologie et la « découverte » d'une « nature féminine » vers la fin du XVIIIe siècle[39], pour que les valeurs attachées à la virginité puissent être inversées au point de devenir obstacle à la féminité, voire sa négation, pour que le rôle social des femmes célibataires ou veuves puisse être ignoré jusqu'à symboliser l'inutilité, pour que la solitude féminine puisse être suspectée de menacer le modèle familial.

Face à ce véritable déni d'identité, les itinéraires de la solitude féminine ont dû se définir dans un jeu complexe d'inductions et de défis par rapport à l'image triomphante de la mère-épouse. Les réponses au modèle ont été faites de conformisme ou de résistances, d'expériences ou d'utopie, de résignation ou de sublimation... mais ne peuvent en aucun cas se réduire aux images de dérision ou de pitié qui circulent en leitmotiv dans les discours de l'époque.

Au terme de ce parcours, il nous semble que l'émergence historique des femmes seules, dont on a tenté de repérer circonstances, raisons, hasard et nécessité, s'inscrit en filigrane dans les grandes turbulences économiques et sociales qui caractérisent le XIXe siècle. Elle dévoile en quelque sorte la grammaire de la « modernité » occidentale, marquée par « la pluralité des formes d'individualisme qui correspondent à autant de formes de sociabilité[40] ». Exception qui confirme la règle, elle devient une solution de rechange à la société « holiste[41] » d'Ancien Régime. Individu anonyme, égoïste ou sublimé, affranchi et critique, donc émancipé, la femme seule apparaît finalement comme l'héritière des mouvements de renouveau religieux et puritains. Elle est aussi, sous forme de braconnage et de tâtonnements, une réponse détournée aux grands principes des Lumières et de la Révolution française sur la liberté de l'individu.

MODERNITÉS

Mlle Bloch, élève du lycée Buffon, première femme candidate à l'École polytechnique.
Photographie ; vers 1900.
Paris, collection Harlingue-Viollet.

Je suis femme.
Née ici je mourrai. Jamais l'heureux voyage
Ne viendra de son aile ouvrir mon horizon.
Je ne connaîtrai rien du monde de passage
Au-delà de ce mur qui borne ma maison (...)
Je suis femme.
Je resterai dans mon enclos...
Aux âges dont il reste un sillon de mémoire,
Je ne pourrai jamais revivre par l'histoire.
Pas un mot qui parle pour moi.
Je suis femme.

Clémence Robert, Paris silhouette,
recueil de poésies, 1839.

Le XIXe siècle, pourtant, esquisse un mouvement de bascule, lié sans doute à la modernité et à ses exigences intrinsèques de changement, lié aussi aux agissements des femmes elles-mêmes, et à leur désir de sortir des limites imposées à leur sexe.
Ces chapitres évoquent cet effort multiple, individuel et collectif, pour subvertir les usages de l'espace, du temps, de la mémoire même en prétendant à l'historicité. Ils s'attachent aux circulations hors de l'enclos : voyages, actions sociale, syndicale ou gréviste. Ils s'intéressent surtout au féminisme, assurément la grande nouveauté du siècle. Anne-Marie Käppeli

en décrit l'émergence, les moments clefs, les formes d'expression (associations, journaux...), les revendications, les actrices (et quelle pléiade de noms et d'œuvres qui appellent un Dictionnaire*), les alliances (notamment les rapports conflictuels avec le socialisme qui pense classe et non sexe), les diversités et les débats. Car le féminisme, au fur et à mesure qu'il se diffuse, devient pluriel et contradictoire. Entre le féminisme voulant l'égalité dans l'assimilation ou dans l'exaltation de la différence, le débat déjà est ouvert. Quels que soient les risques d'une conception dualiste du masculin et du féminin, elle est riche d'une réflexion sur la différence des sexes qui parfois côtoie les découvertes de Freud. La participation des femmes à des mouvements comme le végétarisme, la protection des animaux, l'homéopathie a été importante. Elles sont nombreuses à refuser la guerre, quelques-unes à affirmer que « le privé est politique » (Olive Schreiner). Tout cela esquisse une vision alternative du monde et de l'existence. Certes, il y a quelque artifice à réunir ces pensées éparses, œuvres de minorités hétéroclites. Mais leur pouvoir de représentation est sans doute plus élevé que leur nombre. Le « nous, les femmes », si souvent invoqué par des isolées qui se voulaient porte-parole prend plus de consistance. On est, en tout cas, frappé de la dimension européenne et du caractère transcontinental de la circulation des idées. Il y eut alors comme un « âge d'or » du féminisme occidental qui participe au développement de la démocratie et de l'individualisme. Il a précipité la naissance de cette « Femme nouvelle », célébrée ou exécrée à l'orée du siècle, et qui contraint les hommes à se redéfinir.*

On pourrait assurément montrer combien les changements sont en fait limités et combien sont fortes, à tous les niveaux de la vie économique, professionnelle, culturelle et surtout politique, les résistances à la montée des femmes ; insister sur l'inertie du droit, la fermeture des sanctuaires masculins (l'Église, l'Armée, l'État, la Science), l'incessante recomposition des frontières du savoir, la passivité, satisfaite ou résignée, de la masse des femmes, si souvent hostiles aux plus hardies d'entre elles. C'est aussi l'occasion de souligner que les divergences ne passent pas nécessairement entre les sexes, mais traversent chacun d'eux, ce qui achève de brouiller les cartes. Ébranlé, le Père omnipotent du Code civil n'est pas cependant si mal en point. Le Vieil Adam tient tête à la Nouvelle Ève.

Les mutations n'en sont pas moins tangibles, visibles au fil de ce livre ; la revendication de l'autonomie du corps, l'accès au savoir du sexe – le fruit défendu de l'Arbre de vie –, étant peut-être le signe, fugace et frémissant, d'une émancipation dont la conscience masculine angoissée anticipe les effets. De Vienne à Londres, de Stockholm à Boston, roman et théâtre occidentaux disent cette obsession. L'« Idolâtrie » romantique fait place au naturalisme noir. La Muse et la Madone se muent en épouse acariâtre, mère castratrice, amante étouffante, garçonne indépendante, femme insolente, insatisfaite, femme pieuvre qu'incarne la Méduse du

Modern Style. *Au reste, l'*Art Nouveau*, qui tente d'enfermer dans ses volutes les sinuosités serpentines de l'insaisissable corps féminin, n'est-il pas une manière de conjuration*[1] *?*

Grossie par les délires d'un imaginaire baroque, la crise d'identité est cependant une crise réelle, vécue, plus ou moins intensément, par des hommes ébranlés dans leurs pouvoirs et leurs certitudes, divisés entre eux, et par des femmes, indécises devant les croisées des chemins. L'exercice de la liberté est un rude apprentissage. Il n'est pas simple d'être un individu.

Récurrente, cette crise, qui se produit à chaque fois que se redéfinissent les partages sexuels – et repérer ces moments dans l'Histoire est une tâche majeure –, revêt à l'aube de ce XXe *siècle une particulière intensité. Les discussions passionnées sur le matriarcat*[2]*, Otto Weininger, écrivant* Geschlecht und Charakter *(*Sexe et Caractère*, 1903) et se suicidant peu après*[3]*, le* Manifeste futuriste *(1909) de Marinetti invitant à « combattre le moralisme, le féminisme » et « à glorifier la guerre, seule hygiène du monde » sont autant de symptômes de cette crise identitaire.*

La guerre sera d'une certaine manière le retour à l'ordre des sexes. Le XIXe *siècle a posé avec éclat l'historicité de leurs rapports.*

G.F. - M.P.

17

SORTIR

MICHELLE PERROT

« Une femme ne doit pas sortir du cercle étroit tracé autour d'elle », dit Marie-Reine Guindorf, ouvrière saint-simonienne, acharnée à briser cet encerclement et qui se suicidera de son échec[1]. Les hommes du XIXe siècle européen ont, en effet, tenté d'endiguer la puissance montante des femmes, si fortement ressentie à l'ère des Lumières et dans les Révolutions, dont on leur attribuerait volontiers les malheurs, non seulement en les enfermant dans la maison, et en les excluant de certains domaines d'activité – la création littéraire et artistique, la production industrielle et les échanges, la politique et l'histoire – mais plus encore en canalisant leur énergie vers le domestique revalorisé, voire vers le social domestiqué. La théorie des « sphères », dont Ruskin se fait l'interprète (*Of Queen's Gardens*, 1864), est une manière de penser la division sexuelle du monde et de l'organiser rationnellement, dans l'harmonieuse complémentarité des rôles, des tâches et des espaces, réconciliant ainsi la vocation « naturelle » avec l'utilité sociale.

Des espaces qui leur étaient laissés ou confiés, des femmes ont su s'emparer pour développer leur influence jusqu'aux portes du pouvoir. Elles y ont trouvé les linéaments d'une culture, matrice d'une « conscience de genre[2] ». Elles ont aussi tenté d'en « sortir » pour avoir « enfin place partout ». Sortir physiquement : déambuler hors de chez soi, dans la rue, pénétrer dans des lieux interdits – un café, un meeting –, voyager. Sortir moralement des rôles assignés, se faire une opinion, passer de l'assujettissement à l'indépendance : ce qui peut se faire dans le public comme dans le privé. Voici quelques-unes de ces excursions.

Dans la cité

La charité, antique devoir des chrétiennes, avait dès longtemps conduit les femmes hors de chez elles : visiter les pauvres, les prisonniers, les malades traçait, dans la ville, des itinéraires permis et bénis. L'ampleur des problèmes sociaux, au XIXe siècle, transforme cet usage en exigence. Dans la philanthropie, gestion privée du social, les femmes ont une place de choix ; « the Angel in the house » est aussi « the good woman who rescues the fallen », et Ruskin considère cette activité comme extension des tâches domestiques. Catholiques et protestants – les premiers, plus directifs, les seconds, plus enclins à l'autonomie[3] – exhortent les femmes du monde à prendre en charge la situation matérielle et morale des plus démunis.

Des associations de plus en plus nombreuses, des ligues de toutes sortes – pour la tempérance, l'hygiène, la moralité... –, concurrentes parfois, sollicitent leurs efforts, en particulier ceux des femmes seules dont on redoute que l'oisiveté – et la stérilité – tournent à l'aigre. Dès 1836, la *Reinish Westfalian Association of Deaconesses* forme des infirmières protestantes, main-d'œuvre bénévole des hôpitaux, crèches, asiles, etc. : elles sont plus de 13 000 à la fin du siècle en Allemagne. Sous le terme de « maternité sociale », on assiste à une véritable mobilisation féminine dans tout l'Occident. Mouvement de fond, qu'accélèrent les épidémies (choléra morbus, 1832) les guerres et leurs blessés, les crises économiques et leurs sans-travail, et qu'amplifie la gravité endémique des problèmes urbains : alcoolisme tuberculose, prostitution.

Pour ce « travail d'amour », les femmes ne doivent attendre aucune rétribution ; faire le ménage de la cité est aussi gratuit que celui de la maison. Des grands philanthropes, honorés, décorés et statufiés, on se souvient ; on a oublié la plupart des femmes qui, du moins dans le premier tiers du siècle, n'organisent pas d'assemblées et ne rédigent pas de rapports. Catherine Duprat a eu bien du mal à identifier les « figurantes muettes » de la Société de charité maternelle de Paris, si active pourtant sous la Restauration et la monarchie de Juillet[4]. Ainsi que l'écrivait Sylvain Maréchal, « le nom d'une femme ne doit être gravé que dans le cœur de son père, de son mari ou de ses enfants[5] », ou de ses pauvres, ses autres enfants. Dans l'obscurité d'un bénévolat anonyme, une immense énergie féminine a été engloutie, dont il est difficile de mesurer les effets sociaux.

Pourtant, la philanthropie a constitué pour les femmes une expérience non négligeable qui a modifié leur perception du monde, leur sens d'elles-mêmes et, jusqu'à un certain point, leur insertion publique. Elles se sont initiées à l'association, dans le cadre de groupements mixtes à direction masculine, puis féminins qu'elles finissent par prendre en main. Telles les *Elisabethvereine* des femmes catholiques allemandes de Rhénanie, particulièrement précoces (1830), la *Weiblicher Verein für Armen-und Krankenpflege* de la protestante Amalie Sieveking à Hambourg en 1832[6], la *London Bible Women and Nurses Mission* de Ellen R. White en 1859 ou la *Charity Organization Society* d'Octavia Hill en 1869[7]. Aux dames charitables, plus ou moins poussées par leurs confesseurs ou leurs maris, dont elles illustrent ainsi le nom, succèdent des femmes plus indépendantes, souvent célibataires ou veuves, indignées par la misère physique et morale, et animées par un esprit missionnaire. Octavia Hill, femme d'affaires avisée et membre de très nombreux comités, conçoit la philanthropie comme une science destinée à promouvoir la responsabilité individuelle ; son livre, *Our Common Land* (1877), empreint d'idéologie libérale, exprime une foi optimiste dans l'initiative privée qu'elle préfère à l'intervention de l'État. D'abord appuyées sur une élite aristocratique, expression distinguée de la classe de loisir, les associations, à mesure qu'elles se multiplient, drainent un public de classes moyennes, préoccupées de diffuser les préceptes de l'économie domestique par le biais de la bienfaisance, selon le vœu de Joséphine Butler (*Woman's Work and Woman's Culture*, Londres, 1869). Le recours aux femmes du peuple, éventuellement rétribuées, est parfois systématique ; les *Bible Women* de la *London Mission* sont des converties dont le langage et la familiarité (on les appelle par leurs prénoms) sont fort appréciés.

Méthodes et objectifs changent parallèlement. Au départ, il s'agit de « faire la charité » par les œuvres ; par la suite, d'une vaste entreprise de moralisation et d'hygiène. La collecte des fonds va des aumônes recueillies dans l'entourage et le voisinage, aux millions brassés dans les ventes de charité ou les *bazaars* (plus d'une centaine par an en Angleterre entre 1830 et 1900). Ces *Ladies' sale* étaient l'affaire des femmes, ravies de manier un argent souvent interdit et des marchandises passivement consommées. Elles s'initiaient aux mécanismes commerciaux et déployaient des trésors d'imagination. Sous le couvert de la fête, elles inversaient les rôles, et, parfois, faisaient passer un message plus politique : il y eut des *bazaars* contre le libre-échange, au temps des Corn Laws, et des *antislavery bazaars* dans les villes américaines du Nord-Est.

La distribution des fonds connaît une mutation identique. La visite à domicile, destinée au repérage des « bons pauvres », devient de plus en plus sourcilleuse. Elle se mue en enquête, biographique et familiale, dont les dossiers s'entassent au siège des associations en un véritable fichier de la pauvreté. Les femmes acquièrent ainsi un savoir social et une habitude du terrain, quasi professionnels. D'autant plus que les pauvres sont désormais suivis et encadrés ; il s'agit de changer leurs habitudes, racines de leurs maux, et de restaurer leurs familles délabrées. Plus que les hôpitaux, fief d'une Florence Nightingale (1820-1910), ou les prisons, où s'illustrent Élisabeth Fry, Conception Arenal, Joséphine Mallet ou Mme d'Abbadie d'Arrast, voilà bien leur domaine de prédilection : la famille, cœur de la société, et notamment le couple « mère-enfants ».

Avant tout les femmes, qu'il faut connaître, éduquer et défendre. La *London Bible Women Mission* organise des *teas* ou des *mothers' meetings* pour dispenser des notions d'économie domestique et de puériculture et insuffler le désir d'un intérieur *clean* et *cosy* : une nappe propre sur la table du dîner, des rideaux aux fenêtres. Par les ménagères, on peut espérer lutter contre l'alcoolisme des maris et le vagabondage des enfants ; elles sont le moyen de la reconquête et le pivot de la paix sociale.

Mais la moralisation n'exclut pas la compassion, voire la révolte contre la condition faite aux femmes. Deux figures surtout ont suscité la protestation : la travailleuse à domicile et la prostituée. Contre les ravages de la confection, en pleine expansion dans la mouvance des grands magasins et de la machine à coudre, des philanthropes ont mené des enquêtes et tenté d'agir sur la consommation. Les Américaines organisent des ligues sociales d'acheteurs, qu'une disciple de Le Play, Henriette Jean Brunhes, introduit en France pour responsabiliser les clientes ; en réduisant leurs exigences ou en programmant mieux leurs achats, elles éviteront aux ouvrières des ateliers de couture ou de mode ces longues veillées génératrices de surmenage et de rentrées nocturnes. Bien accueillie par Charles Gide, actif coopérateur protestant, cette action fut fort critiquée par les économistes libéraux, mécontents de voir les femmes s'immiscer dans les sacro-saintes lois du marché et plus encore réglementer la production, apanage viril, par la consommation féminine. Des féministes, des syndicalistes, telles Gabrielle Duchêne et Jeanne Bouvier, créèrent un Office du travail à domicile, fortement documenté, et furent à l'origine de la loi du 10 juillet 1915 instituant pour la première fois contrôle du travail à domicile et minimum de salaire : deux mesures qui inaugurent un droit social nouveau [8]. La philanthropie, décidément, quittait son domaine, et les femmes leur cercle.

Quant aux prostituées, des dames charitables aux féministes radicales, de Flora Tristan à Joséphine Butler, elles font l'unanimité de la pitié féminine, sinon celle de la thérapeutique. Saint-Lazare, prison de femmes, et hôpital des vénériennes, est un haut lieu d'action, surtout protestante (Émilie de Morsier, Isabelle Bogelot et l'Œuvre des libérées de Saint-Lazare). Tandis que Joséphine Butler développe une ardente croisade pour l'abolition de la réglementation de la prostitution, les associations philanthropiques réunissent « contre le vice » à Hyde Park, en juillet 1885, le plus grand meeting « moral » de tous les temps : 250 000 personnes rassemblées au nom de la *purity*, contre la « traite des Blanches ». Quelle que soit l'ambiguïté de tels mots d'ordre, ils posent la question centrale du corps des femmes et de son appropriation marchande.

Dans la mutation de la philanthropie en « travail social », les *settlements* ont joué un rôle décisif. Il ne s'agit plus seulement de visites épisodiques, mais d'établissement à temps complet en terres de pauvreté : banlieues, quartiers excentriques, « zone », *east end* de toutes les capitales. D'inspiration protestante encore, le mouvement démarre en Grande-Bretagne avec le ménage Barnett à Toynbee Hall. Octavia Hill fonde le premier *settlement* féminin à Southwark (1887) ; d'autres ont suivi, animés par des célibataires, en rupture de bans, couples de sœurs parfois, ou des universitaires (par exemple, *The Women's University Settlement*) qui prolongeaient ainsi les communautés esquissées au collège. Martha Vicinus a évoqué la convivialité et les difficultés de ces groupes, minés par l'instabilité des jeunes filles qui hésitent entre l'austérité d'un engagement social permanent et son aspect émancipateur. Libres de circulation et d'allure, ces femmes – par ailleurs apôtres de la famille et de la maison – refusent le destin conjugal traditionnel et se comparent à leurs frères combattants de l'Empire. Les *slums* sont leur Afrique et leurs Indes [9].

En France, des expériences similaires d'éducation populaire se poursuivent dans les quartiers prolétaires de Charonne (l'Union familiale de Marie Gahéry) et de Levallois-Perret, quartier de chiffonniers, où la frondeuse Marie-Jeanne Bassot, catholique sociale proche du Sillon et influencée par Jane Addams et le modèle des *settlements* américains, veut faire de la Résidence sociale l'embryon d'une cité nouvelle. Ce mouvement, toutefois, a moins d'ampleur en raison de la tutelle soupçonneuse des prêtres et des tentatives de récupération de la droite ; après la Première Guerre, des groupements comme le Redressement français (Bardoux, Mercier), mobilisent « l'armée des volontaires » et notamment les femmes, « ouvrières de la charité », pour « faire reculer la barbarie », à savoir le communisme. Le premier congrès des *Settlements* en 1922 montre clairement cet effet d'embrigadement d'une action féminine qui, en l'occurrence, demeure réticente[10].

Sur les rapports de sexes dans la cité, la philanthropie a eu des effets multiples. Aux femmes bourgeoises, elle a fait découvrir un autre monde et pour certaines, ce fut un choc. Elles se sont initiées à la gestion administrative et financière, à la communication, à l'enquête surtout. Flora Tristan (*Promenades dans Londres*, 1840), Bettina Brentano *(le Livre des pauvres)* avaient été les premières reporters de la misère[11]. « Mettez-vous au régime de l'enquête incessante », recommande Henriette Jean Bruhnes (1906), élargissant – et banalisant – leur démarche. Les femmes ont ainsi accumulé des savoirs et des pratiques qui leur ont conféré une fonction d'expertise potentielle. A travers le modeste personnel rétribué de la *London Mission* ou des *settlements*, par le biais des « rapporteurs de l'un ou l'autre sexe » institués par la loi française sur les tribunaux pour enfants en 1912[12], par celui des premières femmes inspectrices des femmes (prisons, écoles, ateliers et usines), elles accèdent à des fonctions d'autorité et au travail social en voie de professionnalisation. Enseigner, soigner, assister : cette triple mission constitue la base de « métiers féminins » qui porteront longtemps la marque de la vocation et du bénévolat[13].

Par le champ du social, les femmes se voient reconnaître une compétence qui légitime leur désir d'autonomie gestionnaire. « Nous demandons qu'on nous confie ce qui est nécessaire pour cette mission toute spéciale », suggèrent en 1834 les dames de la Société de charité maternelle. « Des hommes administreraient mieux des établissements et des sommes considérables ; mais c'est à celles qui savent se dévouer et supporter les plus mauvais procédés, sans cesser d'aimer, qu'il appartient de persuader les classes inférieures de se soumettre à une vie rude[14] ». La modestie du ton se transforme en critique radicale et en ferme exigence, chez Octavia Hill ou Florence Nightingale ; forte de son expérience de la guerre de Crimée, cette dernière entreprend de réformer non seulement les hôpitaux, mais l'armée, « le premier lieu où l'investissement initial de beaucoup de femmes leur permit d'accéder à la science et au savoir[15] ».

Arguant de leur aptitude au « ménage social », les philanthropes interviennent au niveau de l'habitat et des quartiers, dont elles ont une connaissance concrète. Elles contestent la gestion masculine. Les bourgeoises du nord de la France entrent en conflit avec les conseillers municipaux qui leur refusent les subsides demandés[16]. Les dames anglaises – telle Louise Twining – font campagne contre les administrateurs des Workhouses, système dont elles dénoncent l'inhumanité anonyme, et entreprennent la réforme des *Poor Laws.*

Ministres des pauvres, sur lesquels elles exercent aussi un pouvoir non dépourvu d'ambiguïté et de conflits de classes, elles se pensent comme des médiatrices de ceux qui, à leur image, n'ont ni voix ni vote. Entre femmes et prolétaires, il existe un lien symbolique, sinon organique, que les saint-simoniens avaient mis en évidence. « J'aime à agir sur les masses, dit Eugénie Niboyet, parce que c'est là que je sens toute ma puissance. Je suis apôtre[17]. » Au nom des exclus, des faibles, des enfants et avant tout des autres femmes, elles revendiquent un droit de représentation, local et même national. Le local est leur horizon véritable, celui où leurs réseaux, formels et informels, agissent le plus efficacement, surtout dans la première moitié du siècle. A Utica (État de New York), petite ville presbytérienne secouée de *revivals* ardents, il existe en 1832 quarante associations féminines (*Maternal Associations, Daugthers of Temperance,* etc.), vouées principalement à la protection des jeunes filles, menacées par la prostitution et le viol, et opérant une véritable police sexuelle[18]. Les suffragettes anglo-saxonnes s'appuient sur ce type de pouvoir pour revendiquer le droit de vote, d'abord au niveau municipal. A un moindre degré, les femmes interviennent au niveau législatif, comme groupe de pression, par l'association ou la pétition (divorce, protection du travail, etc.). Elles deviennent ainsi actrices de la cité et de l'État.

A ce titre, elles suscitent l'intérêt renouvelé des hommes, prompts à les utiliser, mais anxieux de leurs prérogatives. A mesure que le paupérisme se mue en « question sociale », l'intervention masculine se fait plus pressante. Le patronage, œuvre du Père, ne saurait être laissé à la seule bienveillance féminine. Déjà de Gérando (*le Visiteur du pauvre,* 1820) souhaitait au rang des visiteurs davantage d'hommes engagés dans la vie active et susceptibles de procurer du travail. A la fin du siècle, les grandes figures de la philanthropie sont masculines : Barrett, Booth, fondateur de l'Armée du Salut, Henri Dunand, celui de la Croix-Rouge, Max Lazard, organisateur de la première conférence internationale du chômage (1910), etc. La gestion du social passe aux mains des politiques et des professionnels : médecins, juristes, psychologues, prompts à faire des femmes des auxiliaires cantonnées dans les emplois subalternes : infirmières, assistantes sociales. Un autre type de lutte, pour la formation professionnelle et la reconnaissance de diplômes garants d'un statut, commence. Ainsi se déplacent les enjeux.

La philanthropie a eu d'autres effets encore. Elle a établi des contacts entre les femmes des classes moyennes et contribué à créer, de la Nouvelle-Angleterre à Athènes, l'embryon d'une « conscience de genre », souvent matrice d'une conscience féministe. Selon Caroll Smith-Rosenberg, les *New*

Women de 1880-1890 sont les filles des *New Bourgeois Matrons* des années 1850-1880 [19]. Ce creuset d'identité a été, aux confins du politique et du social, du public et du privé, du religieux et du moral, un laboratoire d'expériences.

Du côté des ouvrières

Dans la cité, les ouvrières sont doublement niées : comme femmes, car antithèse de la féminité (« ouvrière, ce mot impie », dit Michelet) ; comme travailleuses, puisque leur salaire, statutairement inférieur à celui de l'homme, est considéré comme un « appoint » au budget de la famille, qui définit leur tâche et leur destin. Des secteurs productifs entiers leur sont fermés. Et au XIXᵉ siècle, l'identité ouvrière se construit sur le mode de la virilité, tant au niveau du quotidien et du privé que du public et du politique. P. Stearns souligne l'aggravation des rapports des sexes dans le couple ouvrier anglais à la fin du siècle [20]. Dorothy Thompson montre comment, à l'époque du chartisme, les femmes se retirent de l'espace militant ; leur voix s'affaiblit dans les meetings où bientôt leur présence même paraît incongrue, au point qu'elles sont exclues des *pubs* et des *inns*, désormais lieux de pure sociabilité masculine [21]. Avec bien des variantes, l'évolution est partout identique. Objet de violence dans la jungle urbaine et souvent dans la famille, de harcèlement sexuel dans l'atelier, le corps de la femme du peuple est approprié [22]. Pas d'autre reconnaissance pour elle que celle de mère ou ménagère. La « Mère des compagnons », ou *Mother Jones* – cette Irlandaise organisatrice du syndicalisme minier aux États-Unis – sont les seules présences tolérées par le mouvement ouvrier qui se veut mâle jusque dans ses symboles : torse nu, biceps gonflés, musculature puissante, le travailleur de force – l'homme de marbre – remplace dans l'imagerie la ménagère au panier [23]. Dans les manifestations, de plus en plus ritualisées et respectables, on se méfie de la violence et de la fantaisie des femmes ; on les tolère, certes, et on les mobilise, mais à leur place, comme porte-drapeau, ornement, ou couverture protectrice [24]. Même la mémoire les évacue : dans les autobiographies militantes, essentiellement masculines, il est peu question des mères et des épouses, souvent présentées comme des gêneuses larmoyantes, et bien davantage des pères, héroïsés par leurs fils.

Les femmes se retirent – comme groupe – de la rue avec le reflux de l'émeute de subsistance, grande forme de protestation des sociétés traditionnelles et de régulation d'une « économie morale » dont elles étaient le baromètre. Par le marché et l'exigence de la taxation des denrées, elles accédaient à la politique locale, voire nationale : les 5 et 6 octobre 1789, les femmes de la Halle, en ramenant de Versailles à Paris la famille royale, modifient fondamentalement l'espace du pouvoir. Encore très nombreuses dans la première moitié du XIXe siècle, avec une vague déferlante et culminante en 1846-1848, dans tous les pays européens, ces émeutes se raréfient ensuite avec l'amélioration des approvisionnements. Elles ont, en outre, tendance à se masculiniser, car les ouvriers de fabrique y tiennent une place croissante, et bientôt le syndicalisme. Lors de la crise de « vie chère » qui affecte les zones industrielles d'Europe occidentale en 1910-1911, des attroupements de plusieurs milliers de ménagères (qui en France se revendiquent de leurs aïeules d'octobre 1789) pillent les marchés et taxent les produits aux accents de l'*Internationale du beurre à quinze sous* ; elles s'organisent en « ligues » qui boycottent les spéculateurs et subissent de lourdes condamnations ; pourtant, les syndicats critiquent « ce mouvement instinctif, désordonné, aveugle » et entreprend de le transformer en « mâle révolte[25] ». Même scénario, en 1917, à Amsterdam, lors de la *Potato Riot*, subtile mélange de formes anciennes et nouvelles ; le leader du *Dutch Social Democratic Party* exhorte les ménagères qui ont pillé deux péniches à passer le relais à leurs époux et à leurs fils, en les incitant à la grève[26]. Syndicalistes et socialistes partagent, en somme, les vues des psychologues des foules : ils redoutent leur féminisation, grosse de violence[27].

Geste de producteurs conscients et organisés, la grève est acte viril et de plus en plus rationnel. La violence y est ordinairement contenue et finalisée, et par conséquent l'usage des femmes. Les épouses des grévistes y ont certes leur rôle : aux fourneaux des cuisines collectives et des « soupes communistes », forme originale de secours au début du XXe siècle, dans les « soirées chantantes » de solidarité, ou dans les manifestations : ardentes à conspuer les patrons et surtout les « jaunes[28] ». Les femmes de mineurs, les plus intégrées à la communauté, conjuguent tous les modes d'action collective dont Zola, fasciné, a décrit le répertoire (*Germinal*, 1885) quelque peu épique. Pour les observateurs (commissaires de police par exemple), le nombre des femmes dans les meetings ou les cortèges indique le degré de mécontentement du groupe en conflit.

Les rapports de sexes dans les grèves mixtes mériteraient une attention spéciale ; malheureusement on les connaît mal, les sources ayant tendance à confondre hommes et femmes dans la pseudo-neutralité du masculin (« ils ») ; lors des négociations, on sacrifie aisément les revendications proprement féminines et l'inégalité du salaire est rarement remise en question.

Quant aux grèves de femmes seules, c'est encore une autre affaire : une rébellion insupportable pour le patron habitué à leur docilité ; pour la famille un désagrément irritant, aiguisé par la jeunesse habituelle des grévistes ; une indécence pour l'opinion qui oscille de la condescendance indulgente – « ces pauvres têtes folles » –, au sous-entendu sexuel ; un désordre dans le spectacle coutumier de la soumission féminine ; un scandale en somme. Le monde ouvrier n'aime guère les grèves de ses femmes, encore moins de ses filles, et les pousse à la reprise du travail, parfois brutalement : ce mari furieux ramène de force son épouse à l'usine et lui inflige, sur le seuil, une correction publique (grève des sucreries Lebaudy, Paris, 1913). Les syndicats soutiennent les femmes avec réticence ; dans leurs statuts, le taux de secours assuré en cas de grève est ordinairement inférieur pour elles, censées n'être pas chef de famille et qui, de toute manière, mangent moins ! Les grèves de femmes menacent la société patriarcale qui ne leur reconnaît pas plus cette faculté que le droit au travail.

On mesure la force de la dissuasion. Oser faire grève, c'est braver l'opinion, sortir de l'usine, c'est se comporter en filles publiques. Il y faut le courage d'un beau jour de printemps, des circonstances particulières : le « ras-le-bol » provoqué par une brimade supplémentaire, l'entraînement d'une « meneuse » dont le public fera inévitablement une mégère ou une virago : telle cette grosse ouvrière de Bermondsey décrite par Mary Agnes Hamilton (*Mary Macarthur*, Londres, 1925) qu'on crut voir, un matin d'août 1911 à la tête d'une armée de travailleuses en grève, femmes à l'odeur forte, couvertes de vermine, « habillées dans tout leur tralala avec boas de plumes et jaquettes de fourrure ».

Excepté dans certaines professions comme les tabacs, la propension des femmes à la grève est faible : en France, entre 1870 et 1890, elles représentent 4 % des grévistes alors qu'elles forment 30 % de la main-d'œuvre. Leurs grèves, généralement défensives, subites, peu organisées et médiocrement argumentées, sont plutôt des protestations contre la durée excessive et les rythmes harassants du travail, le manque d'hygiène, une discipline trop dure ou arbitraire. « Voilà longtemps qu'elles souffrent », disent les ovalistes de Lyon (1869). De courte durée, ces coalitions échouent fréquemment.

Elles n'en constituent pas moins des échappées, occasions uniques de « sortie » et d'expression dont les protagonistes se souviendront plus que le mouvement ouvrier. Quelques-unes furent des événements : grève des ovalistes (Lyon) dont s'empare la Ire Internationale tout en déniant à Philomène Rosalie Rozan, leader du conflit, tout pouvoir de représentation au congrès de Bâle ; grève des allumettières de Londres (1888) où, pour la première fois, les femmes font grève sans passer par les trade-unions masculins, s'adressant à Annie Besant pour former un syndicat et faire connaître au public leurs revendications et, de surcroît, l'emporter ; grève des femmes typographes d'Édimbourg qui, dans un remarquable mémorandum – *We women* – affirment au nom de leur compétence et de l'égalité leur droit à imprimer ; grève des 20 000 couturières en corsage de New York (1909), particulièrement riche en épisodes, bien connue grâce au journal-reportage de Theresa Malkiel[29].

Dans la rue, les ouvriers redoutent leurs débordements joyeux – chants, danses, autodafés – liés à leur jeunesse et à leurs pratiques culturelles. Dans l'espace interdit du meeting, elles découvrent l'ivresse de la parole et de la communion. Sur les murs, elles collent leurs affiches ; dans la presse, elles publient leurs manifestes, conquérant ainsi une part de l'espace public. Inexpertes, elles commencent par solliciter le secours de leurs compagnons ; mais progressivement, elles s'irritent de leur tutelle et se tournent vers d'autres femmes, socialistes ou, plus rarement, féministes ; Annie Besant, Eleanor Marx, Beatrice Webb, Louise Otto, Clara Zetkin, Paule Minck, Louise Michel, Janet Addams, Emma Goldman, etc., interviennent dans leurs luttes. Il s'esquisse parfois, non sans difficultés, un « front commun » des femmes qui inquiète encore bien davantage les responsables du mouvement ouvrier s'il tente de s'installer dans la longue durée du syndicalisme.

Le syndicalisme est moins encore l'affaire des femmes. Cotisations, lecture de journaux, participation à des réunions vespérales dans des cafés, sont autant d'obstacles. Mais il y a plus : le double problème du droit au travail et de la représentation. Comment, au nom de quoi les femmes pourraient-elles voter. Et pour qui ? Les hommes ne sont-ils pas les représentants naturels de la communauté familiale à laquelle elles sont toutes censées appartenir ?

Dans les secteurs d'emploi viril, les ouvrières se voient interdites de syndicats (tailleurs, ouvriers du livre), notamment en Allemagne où dominent les conceptions lassalliennes fondamentalement hostiles à leur travail. Ailleurs, les syndicats masculins les accueillent, avec réticence, puis avec plus de bienveillance quand, au début du siècle, ils prennent conscience de l'enjeu, déplorant même une passivité qu'ils ont tout fait pour créer. Car ils ne favorisent ni leur parole (dans le Nord, vers 1880, une femme doit remettre une demande écrite à cet effet par son père ou son mari !), ni leur responsabilité. Quelques femmes décoratives à la tribune, peu de permanentes, encore moins de déléguées aux congrès, lieux de pouvoir. Même dans les tabacs et allumettes, où les femmes constituent les deux tiers de la main-d'œuvre, les responsables sont majoritairement des hommes. D'où les faibles taux de syndicalisation féminine (rarement plus de 3 %).

Les premières initiatives sont venues souvent des femmes extérieures au monde ouvrier, engagées dans le mouvement associatif et qui voyaient dans l'union et la mutualité un moyen d'auto-éducation autant que de revendication. Louise Otto et son *Allgemeiner Deutscher Frauenverein* (Leipzig, 1865) Emma Paterson et la *Women's Trade Union League* (1874), Janet Addams et la *New Women's Trade Union League* (Boston, 1903), Marguerite Durand et les syndicats que soutient *la Fronde*, Marie-Louise Rochebillard, Cécile Poncet et les « syndicats libres » de la région lyonnaise sont autant d'exemples de femmes conscientes de l'exploitation spécifique des ouvrières et de l'absolue nécessité de la non-mixité de leur organisation. Quelle qu'ait pu être leur « maternalisme », elles ont favorisé l'émergence de militantes ouvrières qui surent conquérir leur autonomie.

Non sans heurts. Car les conflits étaient inévitables, avec les femmes aussi. La « conscience de genre » se brise sur les rivalités de pouvoir et les hiérarchies sociales. Les ouvrières reprochent aux « bourgeoises » de ne pas les comprendre, en matière de législation sociale : en France, au début du siècle, elles sont favorables à une protection que les féministes critiquent comme discriminante[30]. Durant la grève des 20 000, les militantes de la couture – Rose Schneiderman, Pauline Newman – reprochent aux riches suffragistes new-yorkaises – Ava Belmont-Vanderbilt, Anne Morgan – leur goût du voyeurisme misérabiliste et de la réclame. « La brigade aux visons » se fait vertement remettre à sa place. Après tout, dit Emma Goldman, est-ce que l'accès d'Anne Morgan à la présidence des États-Unis changerait quelque chose à la condition ouvrière ?

Et puis les *ladies* considèrent rarement les femmes du peuple comme leurs égales, mais plutôt comme leurs domestiques potentielles. Lors de la guerre de Crimée, dans la petite troupe de soignantes que pilote Florence Nigthtingale, *ladies* et *nurses* ne cessent de se chamailler ; les secondes, qui se considèrent comme des infirmières, salariées et égales, refusent de faire le ménage des premières qui, de surcroît, entendent les encadrer jusque dans leurs loisirs. D'où un sévère rappel à l'ordre de Florence : « Il faut bien qu'elles comprennent qu'elles resteront exactement dans la position qui était la leur en Angleterre c'est-à-dire sous l'autorité de Madame la surintendante ou de ses adjointes[31] ». La question de la domesticité fut une constante pomme de discorde parmi les femmes, on le vit en France lors du Congrès de 1907[32].

Ces tensions sociales sont redoublées par la question des races et des ethnies. L'antagonisme entre femmes *wasp* et femmes juives et italiennes tiraille la *Women's Trade Union League* et dans la grève des 20 000, les contrastes culturels éclatent.

Le mouvement ouvrier – syndical et socialiste – a beau jeu de souligner des divergences et de refuser aux femmes comme telles le droit de représenter les ouvrières. Les femmes sont le suppôt de l'Église (argument français) et le féminisme est « bourgeois » par essence. Voilà bien l'argument propre à empêcher le « front de sexe », toujours suspect de trahison. La violence antiféministe de certaines femmes socialistes (Louise Saumoneau en France ; Clara Zetkin contre Helene Lange et Lily Braun en Allemagne), leur abandon du suffragisme viennent de là. L'antagonisme fut particulièrement vif en France et en Allemagne[33]. En Grande-Bretagne, où la sociabilité féminine était peut-être plus développée et le suffragisme spécialement éclatant, la situation était différente. Les tisseuses en coton du Lancashire, fortement syndiquées, sont en même temps des suffragistes militantes. Détournant à leur profit le système philanthropique des visites domiciliaires – celui-même des *Bible Women* – elles mènent dans les années 1893-1900 une ardente campagne de pétitions et réunissent près de 30 000 signatures d'ouvrières que leurs déléguées portent au Parlement[34].

L'élargissement de l'espace : migrations et voyages

« Toute femme qui se montre se déshonore », écrit Rousseau à d'Alembert. Combien plus celle qui voyage ! Le soupçon pèse sur les déplacements des femmes et notamment des femmes seules. Flora Tristan qui, durant son « tour de France », a souffert de cet opprobre – dans le Midi, de nombreux hôtels refusent de recevoir les isolées par crainte de prostitution – écrit un opuscule, *Nécessité de faire un bon accueil aux femmes étrangères* (1835), où elle préconise la formation d'une Société afin de les assister. Dotée d'un local et d'une bibliothèque, où l'on pourra lire les journaux, elle aura pour devise « Vertu, Prudence, Publicité » ; les adhérentes porteront un ruban vert bordé de rouge en signe de reconnaissance ; elles auront toutefois le droit au secret, nécessaire à leur *privacy* : projet qui préfigure les « foyers », multipliés dans la seconde motié du siècle par les associations et les ligues, protestantes surtout[35].

Pourtant, les femmes ont largement participé à la mobilité qui, le développement des transports aidant, s'est emparée de la société occidentale, surtout après 1850. Migrantes par nécessité économique ou politique, elles ont été aussi voyageuses par obligation et par choix, ce qui ne fut pas sans conséquence sur leur vision du monde.

Migrantes de l'intérieur

Dans les mouvements pendulaires qui, en France par exemple, caractérisent d'abord les migrations intérieures, ce sont les hommes qui partent vers les chantiers ou les petits métiers urbains. Les femmes restent au village, gardiennes de la terre qu'elles exploitent et des traditions, au point de paraître archaïques aux revenants de la ville : au village creusois de Martin Nadaud, la vieille Fouénouse se tait à la veillée qu'accaparent les récits des jeunes maçons auréolés du prestige de la capitale[36]. Mais l'exode rural provoque le départ de familles entières. L'essor de la domesticité, surtout lié à la demande accrue des couches moyennes, celui de la couture, bientôt celui des services incitent les jeunes paysannes à se placer ; il s'effectue alors un rééquilibrage des sexes dans les centres urbains, avec des disparités très fortes selon les quartiers qui ne rendent pas toujours les rencontres faciles : les bals y pourvoient, et aussi la prostitution.

D'abord étroitement contrôlées par le milieu de départ et les réseaux de soutien, les migrantes s'affranchissent progressivement, pour le meilleur et pour le pire. Séduites et abandonnées, elles peuplent les maternités, recourent aux « faiseuses d'anges », alimentent une petite délinquance féminine (vols surtout) dont les Grands Magasins sont le lieu de prédilection et les tissus l'objet majeur. Mais aussi, elles épargnent, se constituent une dot pour un mariage plus choisi et s'acclimatent à la ville dont leur ingéniosité sait détecter les virtualités. Le besoin qu'on a d'elles les rend plus exigeantes ; la servante au grand cœur s'efface devant les femmes de chambre délurées – telle la Juliette d'Octave Mirbeau[37] –, ou les bonnes « insolentes » promptes à « rendre leur tablier ». Avant de se fixer dans la dépendance de Munby, son patron, Hannah Cullwick bouge sans cesse, comme elle le raconte dans son journal ; son cas de servante épousée, mais soumise aux caprices sexuels de « Massa », et jamais reconnue par la famille du maître, montre les limites de l'affranchissement servile[38]. Jeanne Bouvier, « montée » à Paris avec sa mère en 1879, est d'une surprenante mobilité, tout comme Adélaïde Popp à Vienne (Autriche). Par définition, il est vrai, ces femmes qui sont « devenues » quelque chose (Jeanne Bouvier organise ses *Mémoires* autour de ses trois « devenirs » : syndicaliste, écrivain, féministe) ont bougé. Le déplacement, condition nécessaire, certes non suffisante, du changement, voire de la libération, indique une volonté de rupture qui crée les possibilités d'un avenir.

Les migrantes rurales, notamment les domestiques, ont été des médiatrices culturelles des modes, des consommations et des pratiques urbaines, y compris dans le domaine de la contraception. A la fin du XIXe siècle, elles ont renversé les rôles. Leurs familles, du reste, répugnent désormais à les laisser partir : trop indépendantes, ces filles-là sont perdues pour la campagne où désormais le taux de célibat augmente, tandis que le nombre des femmes jeunes (de vingt à trente-neuf ans) est supérieur de 20 % à celui des hommes dans les grandes villes. Tel est du moins le cas français[39].

Autre figure de migrantes du travail : les gouvernantes – Miss, Fraulein, Mademoiselle... Filles d'élites désargentées, ou d'une bourgeoisie intellectuelle qui souhaite faire voyager ses filles à l'égale de ses garçons (les Reclus, protestants, étaient dans ce cas) elles ont un rayon d'action beaucoup plus étendu et circulent à travers toute l'Europe[40]. Henriette Renan réside plusieurs années en Pologne pour gagner l'argent nécessaire aux études de son frère. A l'inverse, des Russes viennent à Paris, comme Nina Berberova qui amasse des trésors d'observations pour son œuvre. Exploitées en raison de leur extranéité même, ces gouvernantes n'ont pas toujours bonne réputation. On leur reproche d'être intrigantes et séductrices. Pour l'amour de l'une d'elles, le duc de Choiseul-Praslin assassine sa femme ; ce scandale du règne déclinant de Louis-Philippe nourrit les stéréotypes.

Migrantes au long cours

Dans les migrations extérieures, le rapport des sexes a évolué de manière analogue. En début de période, la prédominance masculine est nette ; puis vient le temps des familles, et les taux s'égalisent. Les hommes viennent en avant-garde ; au mieux les femmes suivent. Le monde de la frontière est celui des guerriers et des pionniers, univers viril où les femmes sont rares et leur statut, comme leur image, écartelé entre la blonde *lady* et la putain plus colorée. La misogynie du western traduira plus tard cette situation.

Sous cet angle, les États-Unis sont un foisonnant laboratoire d'expériences que l'historiographie, féministe ou non, a commencé d'explorer. Les effets des migrations sont contradictoires. Tantôt le pouvoir de la famille, cœur de l'économie et des solidarités ethniques, est renforcé et les rôles des sexes accentués. Dans la Nouvelle-Angleterre des années 1780-1835, la *Women's sphere* développe d'intenses *bonds of Womanhood* (N. Cott) qui fournissent la base d'une « conscience de genre ». Parmi les *farmers* de la Prairie, dans les communautés ouvrières irlandaises ou italiennes, la mère est forte figure, la *m'mam* à laquelle Steinbeck a donné une dimension épique dans *les Raisins de la colère*. Selon Elinor Lerner, dans le New York du début du XXe siècle, où la population compte 61 % de Juifs, 13 % d'Irlandais et 13 % d'Italiens, le soutien le plus massif aux causes féministes, notamment suffragistes, provient de la communauté juive, tant bourgeoise qu'ouvrière ; l'opposition la plus violente et la plus tenace fut le fait des Irlandais ; les Italiens se divisaient, les originaires du Sud, où les femmes sont plus actives, y étant plus favorables que ceux du Nord[41].

Tantôt le desserrement de l'espace et de ses contraintes introduit un jeu propice à l'affirmation de soi. Lors de son voyage de 1832, Tocqueville fut frappé de la liberté de circulation et d'allure des Américaines, auxquelles le Code de Louisiane reconnaît précocement le droit au secret de leur correspondance. Grandes voyageuses, elles reviennent en Europe à la fin du XIXe siècle ; férues d'Italie, elles rivalisent avec les hommes dans la critique d'art (par exemple Lee Vernon, émule de Berenson en Toscane, ou Edith Wharton) ; à Paris, elles colonisent la rive gauche : Natalie Clifford Barney, l'amazone de la rue Jacob, Gertrude Stein, rue de Fleurus, incarnent la *New Woman*, émancipée intellectuellement et sexuellement, d'autant mieux acceptée qu'elle vient d'ailleurs et vit dans les marges de l'intelligentsia[42].

Femmes russes et femmes juives, souvent confondues, méritent une attention particulière. Elles furent plus que d'autres des rebelles et leur influence a été considérable, comme l'a montré ici même Nancy Green. « Je ne veux pas seulement le travail et l'argent, je veux la liberté », disait une migrante juive arrivant à New York[43]. Les *Mémoires* d'Emma Goldman sont un récit exemplaire du voyage comme moyen d'émancipation[44].

Aux colonies[45]

Associées d'abord à la contrainte, les migrations coloniales n'ont pas bonne réputation. En France, les condamnées aux travaux forcés peuvent, après 1854, choisir le bagne d'outre-mer. Quelques-unes en firent la demande ; mais au total, le nombre des transportées fut faible : 400 pour la Nouvelle-Calédonie entre 1870 et 1885 ; en 1866, à Cayenne, pour 16 805 hommes, on dénombre seulement 240 femmes[46]. Après 1900, on mit un terme à cette expérience manquée. Déportée de la Commune, Louise Michel a laissé sur les Canaques un témoignage sensible et informé et rêvé de retourner libre à « la Nouvelle » (Calédonie) pour vivre avec les indigènes de nouveaux rapports.

Les femmes libres ne partent pas spontanément. L'armée française les en dissuade. Les quelques femmes d'officiers qui, avant 1914, s'y risquent sont assez isolées. Les auxiliaires ont mauvaise réputation ; Isabelle Eberhardt projetait de consacrer un roman *(Femmes du Sud)* à ces oubliées. Quelques tentatives furent faites par des sociétés philanthropiques pour attirer des femmes vers les colonies de peuplement. La Société française d'émigration des femmes aux colonies, fondée en 1897 par J.-C. Bert et le comte d'Haussonville, soutenue par la *Revue des Deux Mondes* et la *Quinzaine coloniale*, fit un appel d'offres ; 400 à 500 candidates y répondirent, femmes cultivées, mais pauvres, dont les lettres portent témoignage sur l'imaginaire féminin de la colonie, mélange d'exotisme, d'attrait missionnaire et de désir de promotion. Ce fut sans suite. La Grande-Bretagne était beaucoup plus engagée dans la colonisation de peuplement. Entre 1862 et 1914, plusieurs dizaines de sociétés firent partir plus de 20 000 femmes ; certaines étaient animées par des féministes qui voyaient là le moyen de procurer un débouché aux *redundant women* qui se morfondaient dans la médiocrité : ainsi la *Female middle class Emigration Society* (1862-1886), dirigée par Maria S. Rye et Jane Lewin, la première orientée vers la recherche de jeunes filles pauvres comme domestiques, la seconde plus préoccupée de promotion pour classes moyennes. Mais cette tentative féministe d'émigration coloniale fut un échec (302 départs seulement) et après 1881, la FMCES fut absorbée par la *Colonial Emigration Society*, beaucoup plus efficace, mais simple bureau de placement au service des coloniaux.

Les pratiques de la société coloniale renforçaient les ségrégations les plus traditionnelles et, sauf exception, ce n'est pas de ce côté qu'il faut attendre un élargissement de l'horizon. La venue des métropolitaines a plutôt fait reculer le métissage, comme le montre l'exemple des Signares au Sénégal, ces femmes noires unies aux premiers colonisateurs blancs. Quelques rares femmes ont eu un regard neuf, telle Hubertine Auclert en Algérie (*les Femmes arabes en Algérie*, 1900), et les écrivains que dénombre Denise Brahimi[47].

Quelques autres ont profité de l'extension des empires pour assouvir leur désir d'Afrique ou d'Orient.

Voyageuses

A côté de ces migrations sans retour, aux origines souvent dramatiques, les voyages, liés notamment à l'essor du tourisme et du thermalisme, fournissaient aux femmes des milieux aisés des occasions de sortir de chez elles. Les médecins, pourtant, modéraient leurs ardeurs en insistant sur les méfaits du soleil qui gâte le teint, et des transports chaotiques, mauvais pour les organes. Surcharger les femmes de précautions et de soucis – l'encombrement des malles, l'angoisse des horaires, du malaise ou des mauvaises rencontres – contribuait à les dissuader. Bains de mer et villes de cure renforçaient la ségrégation sexuelle et sociale ; les femmes n'accédaient ni à la pratique de la natation, ni au sublime du rivage dont l'ivresse était réservée à leurs compagnons[48]. Pourtant des échappées étaient possibles où le regard, aiguisé par les interdits, devenait un mode privilégié de liaison et de possession. Le dessin, les croquis du carnet de voyage, bientôt l'appareil photo autorisaient des « prises de vue ». A l'horizon, s'avancent les jeunes cyclistes garçonnières de la plage de Balbec (Proust, *A l'ombre des jeunes filles en fleur*).

Dans le monde protestant, plus timidement et tardivement dans les milieux catholiques, le voyage s'inscrit dans la phase finale de l'éducation des jeunes filles. La pratique des langues étrangères leur ouvre l'horizon permis de la traduction, possible affaire de femmes. Ou encore elles vont contempler les trésors d'art de l'Italie ou des Flandres qui ont fourni tant de modèles à leur patiente copie. Les musées n'étaient-ils pas, selon Baudelaire, le seul lieu convenable pour une femme ? Une jeune fille, pourtant, y apprend beaucoup sur l'anatomie masculine et les éducateurs catholiques préfèrent les églises. Au début du XXe siècle, l'équivalent du « grand tour » pratiqué depuis longtemps par les garçons, devient accessible à leurs sœurs. Marguerite Yourcenar (1903-1988) en a largement bénéficié[49]. Voyageuse, traductrice, écrivain, elle est issue de cette nouvelle culture féminine, à la fois classique et européenne, et elle la portera au sublime de la création. Le voyage fait, en tout cas, désormais partie de l'imaginaire féminin, nourri de lectures, d'objets et d'illustrations prodigués par les magazines, style *Tour du Monde* ou *Harper's Bazaar*, et les expositions universelles. La Méditerranée, l'Orient, proche et lointain, plus tard l'Afrique s'inscrivent dans la géographie mentale des Européennes, bovarysme exotique ordinairement flottant. Mais à quelles ruptures peut conduire un jour le désir de partir ?

Plus que le voyage de consommation culturelle, nous intéresse ici le voyage-action, celui par lequel des femmes tentent une véritable « sortie » hors de leurs espaces et de leurs rôles. Pour cette transgression, il faut une volonté de fuite, une souffrance, le refus d'un avenir insupportable, une conviction, un esprit de découverte ou de mission ; celui par exemple qui pousse la saint-simonienne Suzanne Voilquin vers l'Égypte, la comtesse de Belgiojoso de l'Italie opprimée vers la France libératrice, les étudiantes russes vers le « peuple », les femmes enquêtrices vers les quartiers pauvres des villes, – le Peuple, puis l'Ouvrier incarnant pour beaucoup la figure sublime de l'Autre[50] ; les philanthropes, les féministes ou les socialistes vers leurs congrès. De ces derniers, on ne saurait mésestimer l'importance dans la formation politique des femmes ; système de communication efficace et scène de représentation, ils permettaient aux déléguées de faire leur apprentissage de la tribune, des relations avec l'opinion et la presse, des « affaires » internationales. Dans ses *Mémoires*, Emma Goldman attache un grand intérêt à ses déplacements militants : ils rythment sa vie ; toujours par voies et par chemins, de meetings en « tournées » de conférences, elle est le type même de la voyageuse militante pour laquelle comptent les gens et la parole plus que les paysages, à l'opposé du tourisme que Marx lui-même exécrait. Jeanne Bouvier, déléguée en octobre 1919 au Congrès international des travailleuses à Washington, fait un récit émerveillé de son voyage transatlantique, de l'accueil convivial et de l'organisation de la *National Women's Trade Union League*, qu'elle rêve d'implanter en France[51]. Le théâtre avait toujours été une ambition de femmes, dont pourtant elles étaient exclues comme metteurs en scène[52]. Le congrès était une revanche spectaculaire, occasion d'un voyage légitime. On voit leur sérieux ; on peut imaginer leur plaisir secret.

Plaisir redoublé par l'écriture dont le voyage était l'occasion ou le déclencheur. L'Allemande Sophie La Roche (1730-1807) aurait eu la passion du voyage si elle avait pu ; de passage en Suisse, elle entreprend l'ascension du mont Blanc et la raconte ; son *Journal d'un voyage à travers la Suisse* est considéré comme le premier reportage sportif féminin. Lydia Alexandra Pachkov, russe, deux fois divorcée, correspondante de journaux de Saint-Pétersbourg et de Paris, fait de la littérature de voyage sa profession ; en 1872, elle parcourt l'Égypte, la Palestine, la Syrie, s'enivre de Palmyre où l'avait précédée lady Jane, et donne au *Tour du Monde* un récit fort documenté : il fit naître en Isabelle Eberhardt (1877-1904) le « désir d'Orient » qui devait la conduire beaucoup plus loin encore. Convertie à l'islam, cette fille illégitime d'une grande dame russe exilée en Suisse, guerroie en Afrique du Nord sous les traits de Mahmoud, jeune rebelle qui fascine Lyautey ; morte à vingt-sept ans, elle laisse une œuvre inédite vouée aux humbles du Maghreb[53].

Alexandra David-Néel (1868-1969), exploratrice, orientaliste devenue bouddhiste, a laissé de son voyage en Extrême-Orient un *Journal* composé des lettres qu'elle adressa à son mari jusqu'à la mort de celui-ci en 1941. Après plus de trente ans de séjour en Asie, elle finit par rentrer, en 1946, âgée de soixante-dix-huit ans, nantie d'une extraordinaire documentation, notamment photographique, qu'on peut voir aujourd'hui dans sa maison-musée de Digne.

Allant d'une lamassserie à l'autre, escortée de ses porteurs, elle a parcouru les hauts-plateaux tibétains, en quête de matériaux pour l'œuvre d'orientaliste qu'elle voulait édifier, en quête de paix avec elle-même : « Oui, quand on a été là-haut, écrit-elle à Philippe, il ne reste absolument plus rien à voir ni à faire, la vie – une vie comme la mienne qui n'était qu'un long désir de voyage – est finie, a atteint son ultime objet » (8 - VIII - 1917)[54].

Quand à Jane Dieulafoy (1851-1916), jeune fille de bonne famille élevée au couvent de l'Assomption, rien en apparence ne la prédisposait à devenir la « dame qui s'habillait en homme », une des premières femmes archéologues qui, avec son mari, découvrit en Perse la fameuse frise des guerriers assyriens, aujourd'hui exposée au musée du Louvre dans une salle qui porte leur nom oublié. Elle épouse Marcel, polytechnicien et ingénieur, parce qu'elle partage son attrait pour l'Algérie et l'Orient et sa conception compagnonnique du couple. Elle se veut son « collaborateur » et elle-même insiste sur le masculin. D'abord auxiliaire, elle tient les notes de voyage, assume la responsabilité de la photographie et de la popote, puis elle prend une part croissante au travail archéologique, développe ses observations sur la société iranienne, s'intéressant particulièrement aux femmes dont elle peut pénétrer l'intimité, et devient écrivain. De retour en France, après deux expéditions en Perse, elle se résignera difficilement aux conventions et, en dépit des railleries de l'opinion, elle ne quittera plus jamais sa tenue masculine ; cheveux coupés courts, silhouette menue, elle ressemblait à un adolescent, androgyne figure qui a hanté la Belle Époque. Féministe par son existence plus que par ses revendications, elle prit parti contre le divorce qui choquait ses convictions catholiques. Le voyage n'abolit pas toutes les frontières ; il met à nu, au contraire, les contradictions[55].

Le voyage ne règle rien en lui-même. Mais quelle expérience ! Par lui, ces femmes connaissent d'autres cultures. Elles accèdent à la création ; elles expérimentent de nouvelles techniques et leurs liens avec la photographie est frappant. Cet art, d'abord considéré comme mineur, qui comporte tant de manipulations, et l'enfermement dans la chambre noire, pouvait être laissé aux femmes ; bientôt certaines s'y illustreront (Julie Margaret Cameron, Margaret Bourke-White, Gisela Freund...). Elles pénètrent des disciplines nouvelles : l'archéologie, l'orientalisme, non sans éprouver la misogynie qui voudrait les cantonner au rôle d'amateurs : « Tu ne vis pas dans ces milieux, tu ne peux pas te douter de quoi sont capables certains hommes, leur haine du féminisme gagnant chaque jour du terrain », écrit Alexandra[56].

Elle ont, surtout, affirmé leur liberté de sujet : dans leurs pratiques vestimentaires et leur mode de vie, leurs choix religieux, intellectuels et amoureux. D'une manière ou d'une autre, en le payant souvent très cher, elles ont brisé le cercle de l'enfermement et fait reculer la frontière du sexe.

Les ruptures du temps

Quels types de rupture favorisent, au XIXe siècle, l'émergence des femmes dans l'espace public et, notamment, politique ? Qu'est-ce qui modifie à cet égard les rapports de sexes ? Il s'agit ici non pas de la « condition » des femmes, pour laquelle l'histoire des techniques – la machine à coudre, l'aspirateur... –, ou celle de la médecine – le biberon, les méthodes contraceptives... –, tout ce qu'on a coutume d'appeler « modernisation » devraient être prises en compte[57] ; mais bien plutôt des femmes comme *actrices*. Quel est, en l'occurrence, l'impact de ce qu'on a coutume d'appeler *événements* ? Qu'est-ce qui fait *événement* en la matière ? La notion ne devrait-elle pas en être élargie ou modifiée ? étendue à la culture, ou au biologique ?

Il existe, ainsi, des livres-événements dont l'impact modifie la conscience des lecteurs et qui, suscitant conversation, contact et échanges, lui fait prendre corps. *A Vindication of the Rights of Woman* (Mary Wollstonecraft), *The Subjection of Women* (J. Stuart Mill), *Die Frau und der Sozialismus* (August Bebel) ont pu, comme plus tard *le Deuxième Sexe* (Simone de Beauvoir, 1949), être de ceux-là ; et tout aussi bien des romans : *Corinne* (Mme de Staël) ou *Indiana* (George Sand) fournirent à bien des femmes de nouveaux modèles d'identité. Par son existence tout autant que par son œuvre, George Sand semble bien avoir été, par-delà les frontières, et notamment en Allemagne, une figure libératrice. Dans ce champ des influences, la recherche est ouverte.

Quels furent les effets des modifications des systèmes d'enseignement sur les regroupements de femmes (comme les collèges anglo-saxons, lieux de sociabilité et bases d'action), ou la naissance de professions pionnières (telles les institutrices, partout cible et phare, jusqu'à Salonique) ? L'ouverture, puis la fermeture des études de médecine en Russie autour de 1880 ont joué un rôle décisif dans la constitution d'un groupe – les étudiantes en médecine – particulièrement dynamique en Europe [58]. Assurément, l'événement éducatif traduit souvent un rapport de forces politique, et il le cristallise.

Étant donné l'importance du corps et de la santé, on peut admettre aussi l'existence d'événements biologiques. Le choléra de 1831-1832, à un moindre degré celui de 1859 ont requis les femmes ; en les faisant pénétrer dans les quartiers pauvres, ces épidémies modifiaient leur regard et leur parole et leur conféraient un droit à l'expertise : Bettina Brentano et ses amies allemandes, devant l'impuissance des remèdes classiques, préconisent le recours à l'homéopathie et à la prévention hygiénique. Les fléaux sociaux – tuberculose, alcoolisme, syphilis – ont constitué des fronts où les femmes montaient en première ligne, avec la conscience de se battre pour les femmes, victimes plus qu'agents de ces maux. Telle Joséphine Butler à l'occasion du *Contagious Desease Act*, elles développaient parfois une critique radicale de la « civilisation masculine » à laquelle elles opposaient un idéal de « pureté ».

De manière générale, la gestion de l'hygiène, des soins infirmiers, celle des professions médicales et par-dessus tout la gynécologie et l'obstétrique ont été des terrains d'affrontement des sexes dans tous les pays, de l'Oural aux Appalaches ! Dans la scène de la naissance, les matrones ont désormais disparu. Entre médecins et sages-femmes, exclues des césariennes et du forceps, la bagarre est rude, aggravée par le soupçon de l'avortement qui pèse de plus en plus sur les sages-femmes. A la fin du XIXe siècle, l'angoisse démographique fait que le contrôle des naissances devient affaire d'État. La répression judiciaire contre l'avortement et le néo-malthusianisme se durcit, conduisant les femmes à prendre une conscience politique de leur corps, comme le montre Judith Walkowitz.

Du côté du Père : les ruptures de la loi

Œuvre de parlements émanant du seul suffrage masculin, la loi est alors l'expression sans partage d'un pouvoir patriarcal qui règle le rapport des sexes d'une manière qu'on ne saurait appeler « bon plaisir » – elle obéit au contraire à une logique forte – mais qui y ressemble parfois. Les débats de ces clubs masculins fournissent du reste des morceaux de bravoure à l'anthologie de la misogynie. La plupart du temps, on légifère peu sur les femmes : à quoi bon, puisque tout est dit dans les codes, qu'il suffit de conserver. Sinon pour les « protéger », ainsi dans le domaine du travail où elles sont d'abord assimilées aux enfants ; d'où leurs réticences devant des mesures qui risquent d'être discriminantes. Les lois réellement égalitaires sont plus rares et leur genèse pose toujours problème : à quelle motivation obéit le législateur ? Nicole Arnaud-Duc a souligné l'ambiguïté de la loi française de 1907, accordant aux femmes mariées la libre disposition de leur salaire, afin de leur permettre de mieux gérer le budget familial. C'est pareillement le spectacle de la condition des pauvres qui a déterminé les parlementaires anglais à réformer le droit féminin de la propriété. L'utilité sociale pèse plus que l'égalité sexuelle.

Beaucoup de femmes étaient conscientes de l'obstacle des lois, auxquelles elles se heurtaient journellement et qui sans cesse leur rappelaient leur infériorité. Des procès faisaient parfois éclater l'iniquité de leur sort et cristallisaient leur opinion. Ainsi l'affaire Norton, à l'origine de la réforme du divorce et du droit de propriété des femmes mariées. Séparée de son mari en 1836, Caroline Norton était devenue une femme de lettres célèbre ; mais mariée sous le régime de la communauté, ses gains appartenaient à son mari qui, pour s'en emparer, l'accusa – en vain – d'adultère avec le Premier ministre, puis se fit attribuer la garde de leurs trois enfants. Elle protesta dans un pamphlet retentissant qui fut à l'origine de l'*Act* de 1839, lequel accordait aux mères séparées des droits plus précis quant à leurs enfants. En 1853-1855, elle revint à la charge (*English Law for Women in the 19th Century*, 1853 ; *Letter to the Queen on Lord Cranworth's Marriage and Divorce Bill*, 1855). Son action fut relayée par celle de Barbara Leigh Smith (1827-1891), fille d'un parlementaire libéral, qui parvint à la fois à mobiliser l'opinion féminine et à susciter l'intérêt de *the Law Amendment Society*, présidée par Lord Brougham. Le *Divorce Act* fut voté en 1857. Il contenait des dispositions importantes, mais insuffisantes en ce qui concerne le droit de propriété des femmes ; bien des batailles seront nécessaires pour que, d'Act en Act (1870, 1882, 1893) les femmes mariées, et pas seulement divorcées, puissent gérer librement leurs biens, en raison notamment de l'opposition des Lords. Il y faudra l'action conjuguée des féministes et des démocrates (J. S. Mill ou Russel Gurney), mais aussi la manifestation d'une opinion publique féminine, attisée par des faits divers dramatiques, comme celui dont fut victime Suzannah Palmer, acculée à la misère. Au plus fort de la bagarre législative, des pétitions comportant des milliers de signatures parvinrent au Parlement et un député, important industriel, rapportait qu'il ne pouvait pas franchir la porte de son usine sans que ses ouvrières l'assaillent de questions au sujet de l'avancement de la réforme[59]. Il en fut de même en France en 1831-1834 : la tentative libérale pour le divorce fut appuyée par une intense campagne de pétitions où les femmes insistaient sur leurs souffrances[60]. La lenteur de la réforme, disaient les féministes, prouvait la nécessité de reconnaître le droit de vote aux femmes pour qu'elles puissent faire entendre leurs intérêts. Liant droits civils et droits politiques, elles montraient ce qu'était fondamentalement le droit au divorce : la reconnaissance des femmes comme individus, « le premier pas sur le chemin de la citoyenneté des femmes[61] ». D'où la résistance acharnée des traditionnalistes. « Ne touchez pas à la famille française, car c'est, avec la religion, la dernière force qui nous reste », s'écriait Mgr Freppel en 1882, au cours de débats d'une violence inouïe[62]. L'alliance des républicains de tous bords – francs-maçons, protestants et juifs – fut nécessaire pour qu'enfin la loi Naquet aboutisse en 1884.

Parce qu'il est un point de rupture fondamentale, le divorce est un bon exemple de ce qu'est la loi : un champ de forces qui sans cesse se recomposent, une bataille où se mesurent les groupes en présence, la profondeur des obstacles, la nature des alliances, les changements de l'opinion. Pour les féministes, médiatrices entre la politique et l'ensemble des femmes, c'est un moment crucial d'un combat incessant où elles peuvent tester leur représentativité. Dans les féminismes du XIXe siècle, la dimension juridique est essentielle, parce que le Droit est la figure du Père.

Du côté de Dieu : les ruptures religieuses

L'intensité des liens entre femmes et religion confère une particulière résonance aux événements religieux. Liens complexes de discipline et de devoir, de sociabilité et de droit, de pratiques et de langage, les religions ont pesé comme une chape de plomb sur les épaules des femmes ; mais elles leur ont également apporté consolation et secours. Aussi la féminisation des religions au XIXe siècle peut-elle être lue à double sens : comme un embrigadement, et comme une prise d'influence[63]. De pouvoir, non : celui-ci restait mâle, à l'égal du politique.

Surtout dans l'Église catholique, raidie dans la contre-Révolution et dans le dogme gémellaire de l'Infaillibilité pontificale et de l'Immaculée Conception. De ce côté, les brèches furent rares, et plus fréquentes les mobilisations et les croisades. Lorsque l'Église pousse les femmes vers la politique, par le truchement des ligues (ainsi la Ligue patriotique des Françaises[64]), c'est pour conforter un modèle familial parfaitement conservateur. La femme qu'elle exalte, c'est toujours la femme à la lampe, ou sous la lampe. Le catholicisme social largue un peu les amarres ; mais ses effets sur les rapports de sexes sont induits plus que directs.

Le protestantisme est beaucoup plus riche en ruptures, et Jean Baubérot en analyse les raisons. Le piétisme allemand a favorisé l'expression des femmes au temps de Goethe. Les *revivals* anglais et américains sont autant de failles propices à leur parole. En Nouvelle-Angleterre, à la fin du XVIIIe siècle, les Bostonniennes Esther Burr et Sarah Prince, femmes cultivées dont la correspondance dit l'amitié et la ferveur, Sarah Osborne et Suzanne Anthony, femmes du peuple de Newport, animent des groupes, voire une

Female Society, très radicaux dans leurs pratiques religieuses et sociales[65]. Dans le premier tiers du XIXe siècle, le second *Great Awakening* multiplie les sectes agitées par des prophétesses, telles Jemima Wilkinson ou Anna Lee, fondatrice du shakerisme. Dans une provisoire égalité des sexes, les femmes, souvent alliées aux marginaux, subvertissent à la fois les symboles, les rites et le message. Elles critiquent l'injustice et la licence de la nouvelle société urbaine ; la *Female Moral Reform Society*, fondée à New York en 1834, s'en prend à l'hyprocrisie du « double standard » et entreprend, sans grand succès, de convertir les prostituées[66].

En Grande-Bretagne, le renouveau religieux, méthodiste surtout, beaucoup plus conservateur en matière de rôles sexuels, conduit les femmes à la résistance. Certaines adhèrent à un rationalisme où le social prend la place du sacré : telle Emma Martin (1812-1851) qui, peu à peu réduite au silence, et devenue une « paria », décide au bout du compte de se faire sage-femme, chemin que suivra parallèlement la saint-simonienne Suzanne Voilquin. D'autres transfusent leurs énergies dans un socialisme millénariste pénétré de croyance dans le salut par les femmes. Johanna Southcott (1750-1814), domestique du Devonshire, entend des voix lui annonçant qu'elle est la « *Woman clothed with the Sun* » et entreprend un prêche qui convertit de nombreux fidèles : plus de 100 000, dont 60 % des femmes, à sa mort. L'owenisme, mélange de science sociale fort rationnelle et de millénarisme verbal, exalte aussi la mission de la Femme[67].

Tout comme – hors référence religieuse précise – le saint-simonisme français, extraordinaire bouillon de culture d'un féminisme moral, apostolique et épris de liberté : il va chercher en Orient la Mère du Salut, suscitant, sur le passage de ses apôtres, l'enthousiasme des femmes, appelées à « une parole égale à celle de l'homme[68] ». Désirée Véret, Jeanne Deroin, Eugénie Niboyet, Claire Démar ont parlé, agi, écrit avec une foi messianique. Quelle déception quand le Père repousse d'une manière toute cléricale celles qu'il avait appelées à lui ! Départs et même suicides furent alors nombreux.

Toutes ces sectes, liées à une archéologie commune, peut-être au tremblement de terre révolutionnaire, furent des expériences de prise de parole et de responsabilité, dont l'héritage allait irriguer le siècle.

Du côté de la Mère Patrie : guerres et luttes d'indépendance nationale

Acte viril par excellence, les guerres ont plutôt tendance à consolider les rôles traditionnels. Dans une discipline renforcée, appuyée sur un discours volontiers culpabilisant, surtout pour les femmes, chaque sexe est mobilisé au service de la Patrie, les hommes au front, les femmes à l'arrière. Les voici, cousant, faisant de la charpie, cuisinant, soignant surtout. Les associations patriotiques de dames allemandes s'y emploient en 1813 et il faut l'esprit des Lumières de Rahel Varnaghen pour inciter à soigner aussi l'ennemi. La comtesse Belgiojoso, qui aspire à une activité politique, se voit confier en 1849, par Mazzini, l'organisation des services hospitaliers et ambulanciers de Rome ; elle embauche des femmes du peuple, courageuses mais dévergondées, qu'elle entreprend de discipliner : « J'avais formé un sérail sans le savoir », dit-elle ; elle les défendra néanmoins contre d'acerbes critiques[69]. Lorsque les bénévoles se professionnalisent et donnent leur avis, les conflits surviennent : ainsi pour Florence Nightingale en Crimée, ou pour les étudiantes en médecine russes qui tentent de profiter de la pagaille de la guerre russo-turque de 1878 pour faire reconnaître, sans grand succès, leurs qualifications.

Beaucoup de femmes aimeraient combattre : être Clorinde, Jeanne d'Arc ou la Grande Mademoiselle, monter au créneau, manier l'épée. Mais les armes leur sont interdites : « Serait-il convenable et même décent, que les jeunes filles et les femmes montassent la garde, fissent des patrouilles ? » interroge Sylvain Maréchal[70]. Il pourrait ajouter : « et efféminent les soldats », car c'est de sexualité qu'il s'agit aussi. La loi du 30 avril 1793 renvoie dans leurs foyers les femmes aventurées aux armées et leur interdit désormais toute prestation militaire ; il en subsistera quelques-unes, dissimulées[71]. Mais l'opprobre désormais s'attache à celles qui s'enrôlent. En 1848, la raillerie salace poursuit les Allemandes, et surtout les Vésuviennes de Paris, ces femmes du peuple armées, qui avaient l'audace de revendiquer une « Constitution politique des femmes », le port du costume masculin et l'accès à tous les emplois publics, « civils, religieux, militaires ». Daumier, Flaubert, Daniel Stern (Marie d'Agoult) elle-même les tournent en dérision[72].

Les pays méditerranéens se comportent différemment. La participation féminine à la guerre d'Indépendance grecque, non seulement dans le ravitaillement, mais dans la défense armée a frappé l'opinion internationale. Il y eut même des commandantes de la Révolution au niveau de l'état-major, de manière durable et sur un pied d'égalité avec les hommes : femmes riches, filles ou veuves d'armateurs des îles, qui mettaient leur fortune et leur prestige au service de la cause. Deux figures célèbres : Lascarina Bouboulina (1771-1825), la « Grande Dame » mécène de la Société des amis, qui prépara le soulèvement ; elle joua un rôle majeur dans le siège de Tripoli où elle réussit à négocier le salut des femmes du harem de Hourchit Pacha ; et Mado Mavrogenous (1797-1838), qui décida les notables de Mykonos, son île, à adhérer à l'insurrection. Après le massacre de Chio (1822), elle organise une milice qu'elle commande les armes à la main ; elle adresse une lettre « aux Dames parisiennes » qu'elle exhorte à soutenir la cause des chrétiens grecs contre la menace de l'islam : « Je désire un jour de bataille, comme vous soupirez après l'heure du bal », leur écrit-elle. Reniée par sa famille, pour avoir dilapidé l'héritage dans cette guerre, elle mourra seule et dans la misère[73]. L'image de la femme soldat, compatible avec une vision aristocratique et religieuse, était devenue insupportable à ce siècle bourgeois, pour lequel la violence des femmes – criminelles, guerrières ou terroristes – est un scandale que les criminologues (Lombroso, *la Femme criminelle*) tentent de naturaliser pour la neutraliser.

Le soutien des femmes aux luttes nationales doit prendre d'autres formes, plus tolérables. La reine Louise de Prusse, les comtesses polonaises en exil, la comtesse Markievicz en Irlande, la princesse Christina Belgiojoso... mirent leur influence au service de leur pays. Journaliste, historienne, amie d'Augustin Thierry et de Mignet, la dernière fit tout pour obtenir l'appui des intellectuels et du gouvernement français. Elle se désolait souvent de sa relégation : « C'est un travail forcé qu'il me faudrait ; non seulement un travail de plume, mais une action. Mais où trouver pareille chose pour une femme[74] ? » Les hôpitaux furent son partage ; puis la brouille avec Mazzini, la ruine, l'exil en Turquie. Car on se défie de ces femmes qui prétendent jouer un rôle politique. L'expérience, collective cette fois, des Irlandaises de la *Ladies' Land League* en fournira un dernier exemple.

Engagés dans la lutte pour la défense des fermiers irlandais, les leaders de la *Land League* (Parnell) incitaient les femmes à les seconder. Mais sous l'impulsion des *Parnell's sisters*, Ann et Fanny, elles organisèrent en 1881 une *Ladies' Land League* autonome sur le modèle américain. Refusant de se limiter à la charité, elles prirent en main la résistance aux évictions, fournissant aux spoliés des abris de fortune, les *huts*. Radicalisant le mouvement, elles préconisent le refus du paiement des loyers, ce qui leur vaut l'inimitié des propriétaires et des plus riches fermiers. En dépit de leurs collectes, leur budget est en déficit : prétexte à souligner leur incapacité gestionnaire. Surtout, l'opinion, évêques en tête, protestants et catholiques, critiquent leur sortie publique. Ces femmes qui, dans les meetings, se tenaient timidement dans le fond de la salle, montent sur l'estrade et, en dépit de leur retenue – Ann Parnell était toujours en noir et parlait lentement et tranquillement –, c'est inadmissible. Les familles désapprouvent ces femmes qui sortent la nuit et les déshonorent. Ne sont-elles pas emprisonnées avec les détenues de droit commun ? Mary O'Connor purge une peine de six mois avec les prostituées. En décembre 1881, la *Ladies' Land League* est interdite ainsi que les meetings de femmes ; et de la *Irish National League*, elles sont exclues. Fanny Parnell meurt à trente-trois ans ; Ann se brouille avec son frère et se retire sous un nom d'emprunt dans une colonie d'artistes. Elle se noie en 1911 en nageant dans une mer trop forte ; de son expérience, elle a laissé un récit : *The Land League. Story of a great shame*, longtemps demeuré inédit faute d'éditeur, où elle ne parle pas d'elle-même[75].

Auxiliaires ou remplaçantes, les femmes doivent, la paix revenue, s'effacer. Les luttes d'indépendance nationale ne modifient pas les rapports de sexes : le XXe siècle nous le dit aussi. Pourtant, ces femmes qui se sont rencontrées ont du mal à revenir purement et simplement au foyer. La génération allemande de 1813 a largué les amarres sur le plan privé. Les Américaines de la guerre de Sécession investissent dans la philanthropie et le féminisme l'énergie déployée dans la lutte pour l'abolition de l'esclavage.

Révolution, ma Sœur ?

Les révolutions – on l'a vu avec la « Grande » qui ouvre le siècle et ce livre –, parce qu'elles mettent en jeu le pouvoir et la vie quotidienne, déséquilibrent les rapports de sexes. Leur histoire jalonne celle du féminisme, comme le montre Anne-Marie Käppeli. Tandis que la guerre impose silence aux vouloirs individuels au nom de la raison d'État, la Révolution, du moins dans ses débuts, autorise l'expression du désir ou du malaise dont elle est issue. Pourquoi pas ceux des femmes ? Ces « grandes vacances de la vie » ne les concernent pas, pourtant, au même degré que les hommes, occupées qu'elles sont à assurer la vie matérielle des leurs, toujours plus difficile en ces circonstances. Mais enfin, ces désordres engendrent bien des possibilités de circulation et de rencontres.

Les révolutions ne font pas plus l'unité des femmes que celle des hommes. Le camp contre-révolutionnaire a eu ses héroïnes et ses fidèles ; les prêtres non jureurs ont été soutenus par elles et l'argument sera souvent employé contre le droit de vote féminin. Mais tel n'est pas notre propos, bien plutôt celui des « droits », dont la proclamation s'accompagne de conditions, l'universel définissant ses limites et ses exclusions. Dans cet espace contradictoire, prend naissance le féminisme qui, en France du moins, est d'abord plus juridique que social. Rejetées du côté des étrangers, des mineurs, des serfs ou des pauvres, les femmes retireront parfois de ce voisinage un pouvoir de représentation.

Les femmes ne sont pas au premier plan des révolutions. D'abord elles apparaissent dans l'ombre, auxiliaires habituelles. Ainsi les femmes des 5 et 6 octobre, ou de la fête de la Fédération, dont Michelet loue le rôle unifiant et maternel. Puis elles souffrent de ne pas être prises en compte. Elles recherchent des alliés : Condorcet, quelques girondins sous la première révolution ; saint-simoniens en 1830, ouvriers en 1848 ; libres penseurs, francs-maçons et démocrates ensuite. L'alliance avec le socialisme a été, en tous pays, la plus fréquente et la plus conflictuelle, surtout dans la seconde moitié du XIXe siècle, parce que le socialisme des partis pense *classe* d'abord et répugne à toute organisation autonome des femmes. Or la mixité signifie le silence imposé aux femmes par des porte-parole qu'elles n'ont pas choisis ; ou le chahut grivois que suscitent leurs réunions. En juin 1848, Eugénie Niboyet, lasse du « tintamarre » auquel elle est affrontée, déclare que « désormais aucun homme ne serait admis, s'il n'était présenté par sa mère ou sa sœur » (*la Liberté*, 8 juin 1848), ironique retour des choses. Il faut, sous peine d'étouffement, des associations, clubs, réunions et journaux purement féminins. On sait ce qu'il en advint partout et toujours.

Et les restaurations suivent les révolutions. De la Grèce othonienne à l'Allemagne du Biedermeier, de la France de Charles X à l'Angleterre victorienne ou à l'Amérique jacksonienne, elles tentent de remettre de l'ordre dans les mœurs, rendues responsables de l'anarchie politique. La subordination des femmes en est un des composants ordinaires : le Code civil n'est-il pas pire que le droit coutumier ? Certains juristes le pensent. Des femmes aussi : « Les femmes sont plus privées de tous droits que sous l'Ancien Régime », lit-on en 1838 dans le *Journal des Femmes*. L'idée de régression, analogue à celle de la paupérisation, s'oppose chez les femmes militantes à l'optimisme progressiste du siècle. Elle se conforte de la vision anthropologique du matriarcat primitif et le marxisme apporte sa caution à cette « défaite historique » des femmes. Abandon des alliées, répression du pouvoir, immense indifférence créent un profond sentiment de déception qui alimente le « nous » de la conscience de genre.

Ainsi, les rapports de sexes apparaissent dans l'Histoire comme un processus dynamique, nourri des conflits que font surgir un grand nombre de ruptures d'importance inégale et de types fort variés. Histoire syncopée ? C'est la vision qu'on en conserve d'ordinaire, et que le récit masculin, indifférent ou méprisant, véhicule toujours. En réalité, des liens invisibles, le tissu d'une mémoire existent probablement entre ces commotions. Par la presse, les souvenirs, l'héritage – de mère en fille souvent – une certaine transmission s'opère et, par elle, se forme le dessin de groupes conscients, fondement d'une opinion. Faire l'histoire sexuée de l'opinion publique, voilà en tout cas ce qui nous reste à écrire...

18

SCÈNES FÉMINISTES

ANNE-MARIE KÄPPELI

Les visages du féminisme sont multiples et il serait vain de chercher un moment fondateur[1]. Ceux-ci peuvent être approchés tantôt au niveau des idées et du discours, tantôt à travers les pratiques sociales.

Au XIXe siècle, une minorité de femmes se sont créé une identité publique à travers le féminisme, tant par leur écriture que par leurs talents d'organisation. Elles entrent en scène en reprenant à leur compte la Déclaration des droits de l'homme et en défendant la cause de leur propre sexe. Elles s'affirment à travers la dissidence religieuse. Leur statut civil est reconnu grâce aux changements de loi. Les suffragettes annoncent une nouvelle identité politique. En brisant le silence autour de la sexualité, elles plaident pour une nouvelle morale. Leur lutte pour l'accès au monde professionnel jette la base indispensable à la conquête de l'autonomie économique.

L'irruption répétée des féminismes, de la Révolution française à la Première Guerre mondiale, leurs presses et associations, leurs tactiques et alliances, leurs revendications et les hostilités qu'ils provoquent en Europe et aux États-Unis témoignent qu'en ce siècle « la question de la femme » devient l'objet de larges discussions publiques et l'enjeu de luttes dans de nombreux groupes sociaux et politiques. Tandis que les hommes du XIXe siècle s'organisent sur la base des classes, les femmes font de même, mais sur la base du sexe, et brouillent constamment les configurations politiques en cours.

L'émergence des féminismes

Dans toute l'Europe, la philosophie des Lumières offre un arsenal d'armes intellectuelles à la cause féministe : idées de la raison et du progrès, droit naturel, épanouissement de la personnalité, influence positive de l'éducation, utilité sociale de la liberté ainsi que postulat des droits égaux. Olympe de Gouges revendique en 1791 l'extension aux femmes de la Déclaration des droits de l'homme, Mary Wollstonecraft fonde *A Vindication of the Rights of Woman* (1792) sur les idées des Lumières et de la Révolution française. L'humus du féminisme est, de plus, enrichi par les idées sociales du protestantisme : comme l'individualisme de la raison, l'individualisme religieux s'applique aux deux sexes [2]. Mais ces idées de la bourgeoisie éclairée trouvent difficilement une base sociale et politique. Le féminisme s'appuie davantage sur la dissociation des sphères de vie, héritage à la fois de la tradition évangélique libre qui accentue les qualités spécifiques des femmes et leur rôle dans la vie publique [3], et de la polarisation bourgeoise des caractères masculin et féminin [4]. Les femmes ont donc su faire valoir le pouvoir de la sphère privée et en subvertir les limites en amenant les questions dites privées sur la scène politique.

Courants égalitaire et dualiste

Les positions théoriques qui soutiennent les féminismes du XIXe siècle sont liées essentiellement à deux représentations de la femme : l'une, se fondant sur l'humain tout court, anime un courant égalitariste ; l'autre, postulant l'éternel féminin, engendre un courant dualiste. Le paradoxe réside en ce que les femmes demandent l'égalité des sexes tout en étant différentes des hommes. Ainsi, les féministes sont prises dans le conflit entre le général et le particulier : quelles sont les qualités qui l'emportent dans la définition du statut politique, celles du genre humain ou celles du sexe féminin [5] ?

Le courant égalitaire bourgeois considère le législateur comme le moteur central du changement. L'État sera le partenaire qui va régler les conflits d'intérêts. La demande de reconnaissance de la femme en tant que citoyenne et les campagnes répétées pour l'égalité politique en sont l'expression. En se référant à Locke, Mary Wollstonecraft se prononce contre des vertus et des sphères spécifiques aux femmes. Au milieu du XIXe siècle, John Stuart Mill revendique pour elles les promesses de la Déclaration d'Indépendance américaine. Son essai politique *The Subjection of Women* (1869), traduit dans toutes les langues européennes, devient la référence fondamentale pour le courant égalitaire libéral [6]. Tout au long du siècle, des féministes isolées continuent à se référer au rationalisme des Lumières, non seulement à propos de la question du suffrage féminin, mais aussi dans l'argumentation contre la double morale sexuelle, comme l'Italienne Luisa Tosco qui se réclame aussi, dans *La Causa delle donne* (1876), de Jenny d'Héricourt et de John Stuart Mill [7].

Au contraire, la représentation dualiste, qui gagne progressivement du terrain, met au centre la faculté maternelle de la femme – qualité définie non seulement physiquement, mais aussi psychiquement et socialement. L'accent est mis sur l'apport culturel de la femme. Un contemporain de Stuart Mill, Ernest Legouvé, réhabilite ainsi la féminité : dans son *Histoire morale des femmes* (1849), largement diffusée en Europe, la maternité sert d'argument en faveur de réformes éducatives et législatives. Au contraire de la conception égalitaire, l'unité socio-politique fondamentale n'est pas ici l'individualité, mais la dualité masculin/féminin et la famille [8].

L'interprétation différente de l'égalité amène à un partage des femmes en « citoyennes » et en « bourgeoises ». Le problème féministe apparaît tantôt comme une question politico-législative, tantôt comme une question éthico-sociale. La défense d'un droit abstrait, trop éloigné de la vie quotidienne des femmes, tend à paralyser le féminisme, tandis que le concept dualiste possède potentiellement un plus grand pouvoir de critique culturelle. Il masque cependant les antagonismes d'intérêts entre homme et femme dans une société patriarcale.

Moments d'effervescence féministe

Tout au long du XIXe siècle, surgissent des moments d'effervescence féministe, tantôt vécus par une seule génération, tantôt relayés par la génération suivante. Après les premières tentatives françaises d'organisation des femmes dans les clubs patriotiques, le règne autoritaire de Napoléon immobilise tout effort de libération des femmes. Son Code civil de 1804

– qui influence la condition légale de la femme dans toute l'Europe napoléonienne – donne corps à l'idée selon laquelle la femme est la propriété de l'homme, sa tâche première étant de faire des enfants. Pendant cette vague de réaction, le féminisme se métamorphose : de mouvement intellectuel, il se transforme en mouvement socialiste. Les cercles des socialistes utopistes, qui fleurissent en France et en Angleterre dans les années 1820-1840, produisent une analyse de l'assujettissement des femmes, surtout à travers leur attaque virulente du mariage[9]. Leur engagement pour l'égalité des sexes s'accompagne de la croyance en la supériorité morale des femmes. Anne Wheeler introduit les idées saint-simoniennes en Angleterre, créant ainsi des liens entre les premiers socialistes français et anglais. Les deux théoriciens du mouvement coopératif anglais, William Thompson et Robert Owen, fournissent des repères intellectuels importants pour les fondements du féminisme socialiste. Dans l'*Appeal on Behalf of Women* (1825), Anne Wheeler et William Thompson argumentent dans un cadre utilitariste, pour une transformation de la structure économique compétitive au bénéfice des femmes. Dix ans plus tard, Owen critique l'ordre social établi et, dans ses dix conférences *On the Marriages of the Priesthood of the Old Immoral World*, condamne les arrangements sexuels et familiaux. En réponse aux publications et aux conférences de disciples owénistes telles que Frances Wright et Frances Morrison, émergent de petites communautés socialistes. Suivant le modèle owéniste, les femmes chartistes, associées au niveau national, donnent des conférences à une époque où les femmes de la classe moyenne n'avaient guère acquis le droit de s'exprimer.

Dans beaucoup d'autres pays européens, les premières féministes s'affirment en liaison avec le mouvement démocratique et national. Ce que la France a connu à la fin du XVIIIe siècle – la participation des femmes à la Révolution et la fondation de clubs politiques par des femmes –, l'Allemagne en fait l'expérience dans une moindre mesure avec la révolution de 1848. La jeune Louise Otto exprime son souci patriotique par les *Lieder eines deutschen Mädchens* (1847). En Pologne, un cercle des « Enthousiastes » se forme autour de Narcyza Zmichowska. Portées par leur enthousiasme pour la liberté et l'égalité, elles s'engagent pour une meilleure instruction du peuple et pour l'abolition du servage. En Italie, l'influence politique des « femmes illustres » du Risorgimento s'étend à partir de leurs salons, fréquentés par les patriotes ; le plus connu est celui de Clara Maffei à Milan. L'ambassadrice de l'unité nationale, Cristina Trivulzio Belgiojoso, crée en Lombardie, dans les années 1842-1846, des institutions de type fouriériste en faveur des femmes et s'engage, en 1849 à Rome, dans des œuvres d'assistance aux patriotes. En Lombardie encore, Ester Martini Currica est une des principales organisatrices du mouvement mazzinien[10]. En Tchécoslovaquie, à partir de 1860, ce sont également les salons des femmes bourgeoises qui deviennent le centre de la Prague patriotique, notamment ceux de l'écrivain Karolina Světlá et d'Augusta Braunerová. Le salon littéraire d'Anna Lauermannová permet de secouer l'emprise de la culture austro-allemande et de chercher du côté de la France une émancipation intellectuelle possible [11].

Autant que dans des mouvements politiques, les féministes s'enracinent dans des mouvements de dissidence religieuse : ainsi, au début et au milieu du XIXe siècle, les réunions de prières quakers aux États-Unis et en Angleterre, ou durant les années 1830-1840 les œuvres philanthropiques du Réveil en Suisse et en Hollande, permettent aux femmes de la classe moyenne de sortir de leur rôle traditionnel [12]. Une forte conscience sociale les incite à prendre la parole et à s'organiser. Dans les années 1840, en Allemagne, les partisans du protestantisme libre *(Freiprotestantismus)* et le mouvement catholique allemand *(Deutschkatholizismus)* mettent radicalement en question le « destin de la femme ». Le théoricien catholique Rupp réalise à Königsberg une Constitution communale modèle qui garantit le droit de vote et d'éligibilité des femmes [13]. Pas étonnant que Louise Otto reconnaisse dans le mouvement catholique allemand un des facteurs les plus importants de l'émancipation des femmes. Mais l'organisation féministe est ralentie par la contre-révolution. Elle reprend cependant son essor en 1872, après la guerre franco-prussienne. Alors, les progrès de l'industrialisation, la formation des partis politiques et la culture bourgeoise des associations jouent le rôle de catalyseur dans l'affirmation et la diversification du féminisme jusqu'à la veille de la Première Guerre mondiale.

Si, en Europe, les féminismes bénéficient, dans la première moitié du XIXe siècle, de l'esprit de révolution et de dissidence religieuse, le féminisme des États-Unis est d'abord marqué par l'esprit pionnier. Les « Daughters of Liberty » de la Révolution américaine, telle Abigail Addams, restent des théoriciennes isolées comme l'ont été les écrivains féministes des Lumières, de la Révolution française ou du *Vormärz* allemand. Mais, dans les années 1830, les femmes de la classe moyenne, qui ont appris à s'exprimer dans les mouvements du renouveau religieux consécutifs à la révolution américaine, trouvent dans le mouvement anti-esclavagiste le lieu d'une « école politique ». Cependant, à partir de la fin du XIXe siècle, les féminismes des deux mondes occidentaux semblent se rapprocher.

Le baromètre par excellence de l'essor du féminisme est la prolifération de la presse des femmes et la fondation d'innombrables associations. Au milieu du XIXe siècle, les féministes en sont fort conscientes. L'Anglaise Frances Power Cobbe l'exprime ainsi :

> « L'élévation d'un sexe dans le monde civilisé est certainement un fait unique dans l'histoire, qui devrait avoir incessamment des répercussions importantes [14]. »

La presse féministe

La lutte se structure selon un modèle courant : la plupart du temps, la création d'un journal féministe va de pair avec la création d'une association. Le journal sert de pôle à diverses luttes et permet de différencier les positions féministes.

Les journaux

Parmi les plus importants figurent le *Englishwoman's Journal*, créé en 1859 et lié aux féministes qui se réunissent à Langham Place. Il devient le siège d'associations telles que la *Society for Promoting the Employment of Women.* Une de ses rédactrices, Emily Davies, utilise le journal comme plate-forme dans son combat pour l'amélioration de l'éducation des filles. Susan Anthony se sert des bureaux de la rédaction de *The Revolution* (1868-1870) pour organiser les ouvrières new-yorkaises. Un journal signifie donc souvent bien plus qu'un simple moyen de formation de l'opinion publique. *La Fronde* (quotidien de 1897 à 1903, mensuel de 1903 à 1905) est un vrai foyer de culture féministe française et représente pour les Parisiennes tout un style de vie. Sa rédactrice, Marguerite Durand, ouvre une brèche en faveur du journalisme professionnel. Sa collaboratrice, Caroline Rémy, connue sous le nom de Séverine, est la première femme journaliste à vivre de ses chroniques [15]. Hélène Sée assiste, à côté des hommes, à tous les débats parlementaires et devient la première chroniqueuse politique. *La Fronde* crée également un bureau de placement gratuit. Ce quotidien féministe républicain figure au premier rang des journaux français de l'époque et occupe une place de choix dans la presse européenne [16].

Pendant la même période, Clara Zetkin donne son empreinte à un journal destiné à la formation politique féministe des ouvrières. A partir de la *Arbeiterin*, éditée à Hambourg en 1891, elle développe l'organe du mouvement des femmes socialistes allemandes et internationales, la *Gleichheit*, qui connaît un succès croissant et auquel collaborent les leaders du mouvement des femmes socialistes : Angelica Balabanoff, Mathilde Wibaut et H. Roland-Holst (Hollande), Hilja Parssinen (Finlande), Adelheid Popp (Autriche), Ines Armand (Russie), Laura Lafargue, Käthe Duncker, Louise Zietz et d'autres. Au tournant du siècle, Lily Braun et Clara Zetkin provoquent dans ce journal la controverse réformiste. Lénine apprécie la *Gleichheit* et en reprend des articles pour la presse russe [17].

Débuts

La parole des femmes se cristallise différemment selon les moments charnières du féminisme. Les premiers journaux féministes connus nous parviennent du milieu libre penseur anglais au début du XIXe siècle et des saint-simoniennes françaises. Des femmes, regroupées en associations visant la réforme du Parlement anglais, mettent ouvertement en question la tyrannie de l'Église et de l'État. La plus connue d'entre elles, Elizabeth Sharples, proche du rationalisme libre penseur de Carlyle, édite son propre journal, *Isis*, et parle « de superstition et de raison, de tyrannie et de liberté, de morale et de politique ». Les saint-simoniennes lancent, en juillet 1832, *la Femme libre*, puis *la Femme nouvelle, la Tribune des femmes*[18]. De toute la France arrivent les dons, les soutiens et les félicitations. Le journal parle aussi bien d'économie, de politique, d'éducation, que du problème du travail féminin ou de l'amour libre. Les collaboratrices signent d'un prénom seulement, manière de demeurer anonymes, mais aussi de rejeter des patronymes imposés par le mariage.

La révolution de 1848 incite les femmes de plusieurs pays à créer leur propre journal : en France, *la Voix des femmes* et *l'Opinion des femmes* ; à Leipzig, la *Frauenzeitung* de Louise Otto avec le slogan « Dem Reich der Freiheit werb'ich Bürgerinnen » (« Je recrute des citoyennes pour le royaume de la liberté »). Ces journaux deviennent vite des cibles de la répression politique. En Suisse, la naissance de la presse féministe date de ces mêmes années. Joséphine Stadlin, une adepte de Pestalozzi, rédige *Die Erzieherin* (de 1845 à 1849). Aux États-Unis, c'est également en 1849 que le premier journal féministe, *The Lily*, est publié sur l'initiative d'Amélia Bloomer – par ailleurs avocate de la réforme vestimentaire !

La presse féministe trouve un troisième souffle à partir de 1868. A Genève, Marie Goegg-Pouchoulin, rédige pendant dix ans *la Solidarité*, première tribune internationale pour les féministes. Aux États-Unis, après le refus d'une révision constitutionnelle en faveur des droits des femmes, Susan Anthony et Elizabeth Stanton lancent leur *Revolution* (1868). La même année paraît en Italie, sur l'initiative de Anna Maria Mozzoni, *la Donna*, journal cosmopolite qui couvre l'actualité féministe étrangère[19]. En 1869, en France, Léon Richer entre en scène avec *le Droit des femmes* et, en Angleterre, la Ladies' National Association ouvre sa campagne contre la prostitution réglementée avec *The Shield*.

Le sort du journalisme

A mesure que les associations féministes se multiplient et se diversifient, se développe une presse autonome et variée, la plupart du temps éphémère.

Beaucoup de féministes rêvent d'être journalistes : Elizabeth Stanton, par exemple, qui aspire à travailler pour le *New York Tribune*, mais qui, avec sept enfants, ne peut réaliser ce rêve... D'autres le réaliseront. Citons Margaret Fuller qui, en 1845, est admise par la rédaction de ce même journal comme première femme responsable de la critique littéraire. Il faudra cependant encore du temps pour que les féministes aient un impact dans la presse officielle : c'est dans un journal allemand anarchiste, *Freiheit*, qu'Emma Goldman fait son apprentissage de journaliste avant de lancer en 1906 *Mother Earth*, son « enfant choyé ».

L'apprentissage de l'écriture publique des femmes est au cœur du féminisme et s'avère essentiel dans la lutte contre l'oubli et l'éphèmère :

> « Nous eûmes alors à sortir nos plumes et à écrire des articles ; pour les journaux ou quelque pétition aux législateurs ; nous éditions des lettres de-ci, de-là à nos fidèles ; nous fîmes appel aux *The Lily, The Una, The Liberator, The Standard* pour soulever ce qui n'allait ni pour nous ni pour les esclaves », se souvient Elizabeth Stanton [20].

Le degré d'émancipation féminine d'une société et son niveau de tolérance à l'égard du féminisme peuvent se lire à travers l'évolution et la réception de la presse féministe. Considérons la longue tutelle politique des femmes suisses. En témoigne la date tardive de la création du premier journal défendant les droits politiques de la femme, *le Mouvement féministe*, créé par Émilie Gourd en 1912, et qui relaye la chronique féministe d'Auguste de Morsier dans le *Signal de Genève* [21]. Ou encore, la restriction politique extrême en Pologne qui rend impossible un mouvement de femmes au XIXe siècle, à l'exception du Cercle positiviste de Varsovie qui accueille les idées de Stuart Mill, ainsi que du journal *la Vérité* d'Alexandre Swietochowski [22]. En plein XIXe siècle, la presse féministe française et allemande tombe sous le coup des lois répressives visant les associations politiques. Mais son sort n'est pas forcément meilleur au début du XXe siècle : en 1914 encore, le plaidoyer de l'Américaine Margaret Sanger pour la limitation des naissances, publié dans son premier numéro de *The Women Rebel*, lui vaudra d'être arrêtée [23].

Les associations

Une fois la prise de conscience de l'émancipation des femmes sollicitée – grâce aux discussions philosophiques, littéraires et pédagogiques –, il est indispensable que les hommes et les femmes se regroupent en associations pour développer des stratégies et des modèles qui permettront de résoudre la question sociale des femmes. Les associations ont recours autant à des initiatives autonomes qu'à des appels à l'État.

Dans l'Europe de la première moitié du XIXe siècle, l'action pour l'affranchissement des femmes n'émerge que de façon sporadique, en période de crise politique et sociale : les clubs de femmes sous la Révolution française, les saint-simoniennes en 1830, les clubs féministes français et les associations démocratiques des femmes allemandes en 1848. En revanche, les États-Unis connaissent déjà des tentatives d'organisation nationale plus continues : à partir de 1837, dans le cadre de la *National Female Anti-Slavery Association*, les revendications féministes émergent. Cette association sert de modèle aux premières organisatrices des ouvrières du textile, notamment à Sarah Bagley qui mène de 1845 à 1846 la lutte dans la *Female Labor Reform Association.* Puis, en 1848, la *Seneca Falls Convention* donne la base qui permet de consolider pour une dizaine d'années la *Equal Rigths Association.* Les femmes américaines y manifestent une lucidité politique nouvellement acquise et une capacité d'organisation apprise dans la lutte anti-esclavagiste.

Dans la mesure où les États européens précisent leur style de gouvernement dans la deuxième moitié du XIXe siècle, bon nombre de féministes essaient d'inscrire leur association dans l'effort général de développement d'une société républicaine et égalitaire. Notamment en France, où l'avènement de la République, en 1870, permet d'inscrire le combat pour l'émancipation féminine dans une perspective de longue durée, tandis que les féministes se répartissent en groupes multiples[24].

Associations libérales et associations socialistes

Dans l'Allemagne de 1865-1866, se constituent deux centres du mouvement des femmes, correspondant à deux modèles concurrentiels d'organisation : les associations libérales, et l'organisation autonome créée par les femmes elles mêmes[25]. Le *Lette-Verein* de Berlin, porté par la bourgeoisie libérale protestante, s'inspire de l'association londonienne pour la promotion du travail des femmes ainsi que des expériences parisiennes relatives à la formation professionnelle des filles des classes supérieures. Par un appel dans la presse, Lette fonde un *Verein zur Förderung des weiblichen Geschlechts* (1866) qui reste sous la présidence des hommes. La compréhension de l'émancipation y reste limitée. Par ailleurs, plus proche des femmes ouvrières, Louise Otto convoque, dans la région industrialisée de la Saxe, les associations locales concernées par la formation et le travail des femmes. Cette réunion, connue sous le nom de *Frauenschlacht von Leipzig* (1865), connaît beaucoup de publicité puisque les femmes s'arrogent le droit, jusqu'alors réservé aux hommes, de parler et de s'organiser publiquement. Elles constituent le *Allgemeinen Deutschen Frauenverein* sur la base de l'autonomie et du *self-help* des femmes. De la naissance de ces premières organisations jusqu'à la Première Guerre mondiale, se déploie une intense culture locale d'associations féminines. Qu'elles soient professionnelles ou caritatives, destinées à une réforme précise tels l'habit féminin, la lutte antialcoolique ou suffragiste, ces associations participent du mouvement des femmes bourgeoises et sont membres de l'Alliance des sociétés féminines allemandes[26].

Le troisième pays européen où l'effort d'organisation féministe de masse apparaît important dès le milieu du siècle est l'Angleterre. On y voit clairement comment les associations naissent en réponse à des mesures politiques hostiles aux femmes. Une grande pétition pour le droit au suffrage féminin, présentée par Stuart Mill en 1866 et acceptée par le Parlement anglais, est rejetée par le Premier ministre Gladstone. C'est à partir de là que la *National Society for Women's Suffrage* s'organise sous la présidence de Lydia Becker. Quelques années plus tard, Joséphine Butler, afin de ne pas compromettre la lutte suffragiste, forme la *Ladies' National Association* avec laquelle elle mènera le combat contre un sujet alors tabou, l'exploitation sexuelle de la femme.

Dans un petit pays comme la Suisse, les associations féministes représentent à la fin du XIXe siècle un regroupement d'intérêts au sein d'une société pluraliste. L'État, qui tente de soigner les symptômes particuliers de la misère sociale, subventionne le *self-help* des femmes. Ce féminisme fait essentiellement appel au devoir social des femmes et reste confiné dans l'antichambre du pouvoir politique[27].

Les deux pôles principaux de la lutte féministe anglo-saxonne – le suffrage féminin et la prostitution réglementée – constituent les ressorts essentiels du développement de nombreuses associations et journaux. Ils mobilisent des milliers de femmes, non seulement dans les pays clés du féminisme occidental, soit les États-Unis, l'Angleterre, la France et l'Allemagne, mais dans tous les autres pays européens ainsi qu'au niveau international[28]. Un courant se veut lutte *pour* des droits ; l'autre, lutte *contre* un abus de la loi. Exclues du suffrage, les féministes utilisent les associations pour se donner une identité publique. Au nom de leur organisation, elles emploient tout l'arsenal de l'expression démocratique : presse, pétitions, conférences, réunions, défilés, banquets, expositions, congrès nationaux et internationaux par lesquels s'intensifient les échanges et se crée un réseau européen du féminisme.

Parallèlement à ce réseau libéral s'organise, sur la base d'une alliance de classe, le réseau des femmes socialistes. C'est en Allemagne que l'antagonisme de classe est le plus marqué : longtemps empêchées par les lois antisocialistes, les associations des ouvrières se lient au parti socialiste aussitôt que ces interdictions sont abolies, en 1890. Lorsqu'en 1894 les bourgeoises, libérales et conservatrices, constituent l'Alliance des sociétés féminines allemandes, les associations des ouvrières en sont exclues. En 1896, la rupture entre les femmes socialistes et bourgeoises éclate au Congrès féministe international de Berlin. Les femmes socialistes organisent leur propre congrès et refusent de collaborer avec le mouvement des femmes bourgeoises, même sur la revendication commune du droit de vote. Elles gardent leur propre organisation à l'intérieur du parti socialiste, et organisent régulièrement des conférences de femmes [29].

Effort international

Les échanges d'expériences qui s'opèrent à travers la presse, les visites et les congrès internationaux, conduisent les féministes à se regrouper selon un modèle fédératif, autant au niveau national qu'international [30]. La conscience féministe, au-delà des frontières nationales, est soutenue également par la traduction, dans de nombreuses langues européennes, de « classiques » tels que *The Subjection of Women* (1869) *(De l'assujettissement des femmes)* de John Stuart Mill et *Die Frau und der Sozialismus* (1883) *(la Femme et le socialisme)* d'Auguste Bebel (dans la première version de 1879, avec le titre *Die Frau in der Vergangenheit, Gegenwart und Zukunft)*.

Le premier effort d'organisation internationale se situe dans le contexte du pacifisme démocratique européen, et date de 1868, lorsque Marie Goegg-Pouchoulin lance, dans le journal *les États-Unis d'Europe*, un appel pour fonder une Association internationale des femmes. Trois ans après, elle sera victime de la répression liée à la Commune de Paris [31].

Joséphine Butler a plus de succès à Genève. Grâce à l'appui des hommes de l'aristocratie protestante et au talent d'organisateur du politicien franc-maçon Aimé Humbert, elle fonde, en 1875, la *British, Continental and General Federation for the Abolition of the State Regulation of Vice*, qui existe encore aujourd'hui sous le nom de Fédération abolitionniste internationale [32].

Une autre initiative internationale est lancée par des Américaines. La venue en Europe des deux suffragettes Stanton et Anthony, ainsi que le succès de la *World's Woman's Christian Temparence Union*, stimulent la fondation d'un Conseil international des femmes en mars 1888 à Washington, lors du 40e anniversaire de la *Seneca Falls Declaration* [33]. Au début, ce n'est qu'une organisation américaine. Il faudra du temps aux autres pays pour constituer leurs propres conseils nationaux de femmes. L'élection en 1900 de la comtesse d'Aberdeen à la présidence de cette organisation manifeste une indépendance accrue par rapport aux Américaines, mais aussi une emprise de l'*establishment* politique sur le féminisme modéré. De nombreux conseils nationaux se créent jusqu'à la Première Guerre mondiale : Canada (1893), Allemagne (1894), Angleterre (1895), Suède (1896), Italie et Hollande (1898), Danemark (1899), Suisse (1900), France (1901), Autriche (1902), Hongrie et Norvège (1904), Belgique (1905), Bulgarie et Grèce (1908), Serbie (1911), Portugal (1914). Au niveau international, ces conseils ont comme seul consensus la légitimation de la participation des femmes à la politique et, de ce fait, l'observation stricte de la procédure parlementaire. Celles qui veulent œuvrer plus précisément pour le suffrage féminin se sentent freinées par le Conseil international des femmes. Déjà, en 1899, il est question d'une organisation séparée, et la rupture devient nette au congrès de Berlin, en 1904. Une Alliance internationale du suffrage féminin, sous la présidence de la radicale Américaine Carrie Chapmann Catt, obtient le ralliement des associations suffragistes de divers pays. L'Alliance sera un mouvement dynamique, mais minoritaire[34].

Ces deux organisations ne se révèlent pas seulement importantes pour créer des contacts entre différents mouvements féministes nationaux, mais aussi pour stimuler la création d'associations féministes. Qu'elles formulent des revendications générales ou qu'elles focalisent leur lutte sur des points précis – comme la *Woman's Christian Temperance Union* (1884) de Frances Willard, la Fédération abolitionniste internationale (1875) de Joséphine Butler, ou l'Internationale socialiste des femmes (1907) de Clara Zetkin –, ces organisations internationales donnent à leurs membres un sentiment d'appartenance à un grand courant d'opinion mondial. Elles renforcent leur confiance en elles-mêmes et leur foi en une victoire inéluctable.

Des événements internationaux ponctuels annoncent de futurs thèmes de rassemblement. Ainsi, à l'initiative de l'Allemande Margarethe Selenka et avec l'appui de l'Autrichienne Bertha von Suttner, la première manifestation pacifiste internationale des femmes à La Haye, en 1899, affirme que la question de la femme et la question de la paix sont solidaires : « Toutes deux sont dans leur essence une lutte pour le pouvoir de la loi et contre la loi du pouvoir[35]. »

Dynamique interculturelle : voyages et exils

La dynamique interculturelle engendrée par le féminisme du XIXe siècle ne se limite pas à l'institutionnalisation des liens internationaux, et il ne faut pas la sous-estimer. Les voyages de féministes isolées et l'émigration stimulent la formation de la conscience féministe. Ainsi, l'écrivain suédoise Frederika Bremer (1801-1865) visite régulièrement les États-Unis depuis 1849. Dans sa nouvelle, *Hertha*, parue en 1856, les traces de l'expérience féministe américaine sont évidentes[36]. La réputation et le pouvoir symbolique du féminisme américain se traduisent de la même manière dans la *Norsk Kvinnesaksforening* (Société féministe norvégienne) et son journal *Nylaende (Nouvelles Frontières)* qui naît en 1887.

A part l'émigration, l'exil permet le contact outre-frontière. Angelica Balabanoff propage le socialisme féministe parmi les ouvrières italiennes et suisses à travers le journal *Su Compagne !* qu'elle édite en 1904, en exil à Lugano. En Suisse, les étudiantes en médecine russes rencontrent les associations féministes de Zurich.

Moins spectaculaire, mais significative du point de vue de l'ouverture interculturelle, est la pratique médicale des premières femmes médecins parmi les musulmanes, telles qu'Anna Bayerova en Bosnie[37] et les doctoresses en Russie[38].

Les revendications

Dans la presse et les associations féministes, il est question d'émancipation, d'affranchissement, d'égalité des droits – donc de valeurs démocratiques contradictoires avec la représentation de la femme mineure et avec l'esclavage sexuel. Les luttes des féministes sur le terrain du droit ont pour but un changement fondamental des conditions légales et politiques.

Du droit

La critique féministe vise la dépendance conjugale : le droit de décision du mari dans les affaires concernant la vie conjugale, le droit d'administration et de jouissance du mari quant à la propriété de son épouse, le droit parental exclusif du père ; l'injustice concernant la mère célibataire et son enfant ; le droit à la fréquentation d'écoles supérieures ; les lois de réglementation de la prostitution ; le droit au suffrage ; le droit à un salaire égal à travail égal.

Donner la priorité au droit a un effet de radicalisation[39]. Anita Augspurg, la juriste de l'aile radicale du mouvement des femmes allemandes, est convaincue que

> « la question des femmes est pour une grande partie une question économique, mais il se peut qu'elle soit davantage encore une question culturelle (...) mais avant tout, elle est une question de droit, car c'est seulement sur la base des droits écrits (...) que nous pouvons prétendre lui trouver une solution qui soit sûre[40] ».

Les lois répressives visant les activités politiques restreignent les moyens de lutte, réduits par exemple à l'« héroïsme de pétitions » (*Petitionsheldentum*), dit Clara Zetkin.

Le droit au suffrage devient au tournant du siècle le pivot principal de la lutte féministe. Pour les radicales, il ne s'agit pas seulement d'un principe d'égalité, mais d'une condition *sine qua non* de la réalisation de l'égalité des droits dans la vie privée et publique. Pour les modérées, le suffrage reste un but lointain ; il sera le couronnement de leurs efforts : elles doivent le mériter par une meilleure formation, et faire leurs preuves par un travail d'utilité publique. Il faut donc surmonter le seuil de la « capacité[41] ». A l'inverse des suffragettes allemandes et anglaises, radicalisées au tournant du siècle, le suffragisme américain, héritier à la fois de la tradition révolutionnaire, du socialisme utopique et de la lutte anti-esclavagiste, perd sa capacité politique à transformer la société à la fin du XIXe siècle[42]. Apparemment, la simple assimilation au statut légal des hommes est insuffisante. Les revendications juridiques des femmes ne font sens que lorsqu'en même temps elles mettent en question les relations de pouvoir dans leur ensemble.

De l'éducation et de la formation

Dans la plupart des pays européens, la revendication pédagogique précède toutes les autres revendications féministes. De nombreuses discussions et actions pour une meilleure éducation des filles et des femmes indiquent que le savoir est indispensable à la vie[43]. Non seulement les femmes sont investies d'un rôle civilisateur et l'éducation des enfants leur est attribuée, mais elles comprennent aussi que l'accès à l'indépendance économique passe par l'acquisition et la reconnaissance de connaissances professionnelles. Dès la fin du XVIIIe siècle, les discussions tournent autour de la nature de la femme ; des intellectuelles comme Mary Wollstonecraft et Germaine de Staël discutent les vues de Rousseau. Le débat est alimenté par les hommes républicains comme le marquis de Condorcet et Theodor Gottlieb von Hippel. Dans la première moitié du XIXe siècle, l'éducation est envisagée en rapport avec la fonction sociale de la femme, que les féministes redéfinissent au gré des révolutions. Dans la deuxième moitié du siècle, l'éducation supérieure des jeunes filles et l'accès à l'université, ainsi que la formation professionnelle, deviennent peu à peu un cheval de bataille général. De la pionnière bourgeoise anglaise Élisabeth Jesse Reid qui fonde en 1849 le *Ladies' Bedford College*[44] jusqu'à la socialiste humanitariste Sibilla Aleramo et l'Union des femmes romaines qui crée, en 1904, des cours du soir pour des paysannes analphabètes[45], les efforts d'éducation pour les femmes de la même classe ou d'autres classes se multiplient. Les femmes n'attendent pas que l'État leur donne satisfaction. Au contraire, elles fondent des institutions privées de leur propre chef et avec leur cursus propre. Au début du XXe siècle, inspirées par le modèle américain, bien des féministes européennes se font les avocates de la co-éducation (mixité) et de l'éducation sexuelle[46]. Ainsi, chaque génération repose la question du contenu de l'éducation féministe.

La permanence de la mission pédagogique des féministes donne à réfléchir. Tout se passe comme si, dans le projet de la société bourgeoise, l'omission d'un statut politique et économique pour la femme ne laissait aux féministes qu'un domaine où prendre leur revanche : celui de l'éducation. Elles exploitent ainsi le pouvoir qui leur est conféré « par nature » et elles font de l'éducation le premier travail professionnel. L'institutrice célibataire qui arrive à vivre sans dépendre économiquement d'un homme devient une sorte de profil féministe idéal. La troisième génération des leaders féministes, représentant les tendances les plus diverses, compte un grand nombre d'institutrices : les Allemandes Helene Lange (1848-1930), Minna Cauer (1842-1922), Clara Zetkin (1857-1933), Anita Augspurg (1857-1943), Gertrud Bäumer (1873-1954) ; l'Autrichienne Augusta Fickert (1855-1910) et la Suissesse Emma Graf (1881-1966) ; les Italiennes, plus jeunes, Maria Giudice (1880-1953), Adelaide Coari (1881-1966), Linda Malnati (1885-1921) et tant d'autres. Les associations d'institutrices formulent également les premières revendications « à travail égal, salaire égal » et fournissent un grand nombre de militantes au mouvement pour le suffrage féminin. Elles jouent un rôle important dans la diffusion du féminisme au-delà des grands centres urbains européens[47].

Autodétermination du corps

Il apparaît plus difficile aux féministes de rendre publiques les questions concernant le corps. Elles commencent par des revendications touchant au droit civil, tel le droit au divorce[48]. Puis, les socialistes utopistes dans les années 1830[49] et les anarchistes au début du XXe siècle attaquent d'une manière plus radicale l'institution du mariage. Au début du XXe siècle, la « femme nouvelle » est célibataire et fière de sa force intérieure. Alexandra Kollontai célèbre dans son essai *The New Woman* (1913) la femme qui ne sacrifie plus sa vie à l'amour et à la passion. La plupart des féministes, de quelque tendance qu'elles soient, sont alors célibataires par choix. Si certaines considèrent que le fait d'être appelées « mademoiselle » valorise leur intégrité physique et morale, beaucoup de féministes revendiquent pour toute jeune fille de plus de dix-huit ans l'appellation de « madame »[50].

Pour un grand nombre de femmes mariées et mères de famille s'esquisse un consensus féministe concernant le contrôle des naissances. Celui-ci s'élabore dans la perspective d'une nouvelle représentation de la sexualité. Aux États-Unis, les Moral Education Societies qui émergent dans les années 1870 propagent le *self-ownership* et la rationalisation du désir sexuel. Lucinda Chandler est l'une des plus persévérantes dans cette campagne légale et pédagogique.

A la même époque, Joséphine Butler déclenche en Angleterre la lutte contre la prostitution réglementée par l'État. La question de la sexualité n'est pas seulement traitée sous l'angle de la moralité, mais encore sur fond de science, de politique et d'économie[51]. En insistant sur le danger de la sexualité, on impose aux hommes et aux femmes la continence sexuelle comme remède à la double morale. Cette « pureté sociale » domine largement la scène féministe dans le dernier quart du XIXe siècle. Au début du XXe siècle, une attitude plus positive face à la sexualité féminine peut se développer : d'une part, grâce à une première génération de femmes médecins qui ébauchent une reconquête du corps par la maîtrise scientifique et qui, par leur enseignement, suggèrent aux femmes de se défaire de la peur et de l'ignorance de leur propre corps ; d'autre part, grâce à la création de ligues néo-malthusiennes qui contribuent à la diffusion des moyens de contraception. Mais le terrain reste fragile. Annie Besant, membre de la Ligue malthusienne anglaise, est arrêtée lorsqu'elle publie, en 1877, un livre sur le contrôle de la population[52].

Le fait de séparer le plaisir sexuel de la procréation fait peur. Alette Jacobs, qui fonde en 1881 avec son mari la Ligue néo-malthusienne hollandaise, se retire de cette organisation en raison de son analyse trop exclusivement économique. Mais cette doctoresse féministe continue à donner des consultations médicales gratuites dans un quartier ouvrier d'Amsterdam. Elle informe les ouvrières sur les moyens de contraception et introduit le pessaire mesinga, ce qui lui vaut d'être condamnée par la plupart de ses collègues masculins[53].

En France également, trente ans après l'Angleterre, le néo-malthusianisme s'organise avec Paul Robin et fait scandale dans un climat repopulationniste. Dès 1902, Nelly Roussel, Madeleine Pelletier, Gabrielle Petit et Claire Galichen défendent ses idées. La doctoresse Pelletier est cependant la seule à assumer avec conséquence le droit à l'avortement[54]. Pendant la même période, en Suisse, le groupe néo-malthusien genevois favorise une diffusion trilingue de *la Vie intime* (1908-1914) et y défend une maternité consciente. Le seul journal féministe suisse du début du siècle qui parle de contraception et d'avortement est *l'Exploitée* (1907-1908) et son pendant suisse alémanique *Die Vorkämpferin* (1906-1920), rédigés par Marguerite Faas-Hardegger, secrétaire de l'Union syndicale suisse[55].

Aux États-Unis, transgressant la loi, Margaret Sanger et Emma Goldman sont parmi les rares féministes qui, avant la guerre, font du thème de la contraception une priorité[56]. Des féministes anglaises engagées dans les campagnes pour le contrôle des naissances et l'avortement, telles Stella Browne et Marie Stopes, se lient avec le mouvement de la réforme sexuelle. Dans ce cadre scientifique, elles osent également parler de l'homosexualité féminine[57]. En Allemagne, quelques voix féministes isolées rendent visible la stigmatisation de l'homosexualité, mais aucune organisation politique de lesbiennes n'est possible dans le climat conservateur du féminisme évangélique et « maternaliste » d'avant la guerre[58].

En revanche, il est plus facile de se regrouper face à la tyrannie de la mode et du corset. Les féministes proposent une réforme du vêtement. Cette lutte pour la liberté du corps s'inscrit dans une culture féministe, attentive au mouvement végétarien et à la protection des animaux. Aux États-Unis, la *Free Dress League* voit le jour en 1878. A la fin du siècle, l'idée se propage en Europe. En 1899, sur l'inspiration des Allemandes, la *Vereeniging voor Verbetering van Vrouwenkleding* est créée en Hollande[59]. Vouloir libérer le corps féminin des vêtements qui l'entravent s'accompagne en général d'une volonté de promouvoir la pratique d'un sport.

De la morale

Plus que le corps, le cœur et la vertu comptent pour les féministes du XIXe siècle. Maternité spirituelle et sociale prônée par les pédagogues, humanitarisme des premières infirmières ou encore attitude philanthropique à l'origine du travail social professionnel, tous font appel au cœur et aux vertus féminines, et stimulent la mission sociale des femmes. Le mécontentement et la révolte des femmes partent toujours d'une expérience d'injustice ou de souffrance. Florence Nightingale (1820-1910), dans *Suggestions for Thought to Searchers after Religious Truth* (1859), exprime ainsi sa perplexité :

> « Pourquoi les femmes témoignent-elles de passion, d'intellect, d'activité morale (...) et ont-elles une place dans la société où ni l'un ni l'autre ne peuvent être mis à profit ? (...) Il me faut aspirer à une vie meilleure pour les femmes[60]. »

Ses expériences en tant qu'infirmière pendant la guerre de Crimée l'amènent à fonder des écoles d'infirmières. La mission de « sauver le monde », ancrée profondément dans la tradition évangélique, prend pour certaines féministes la forme d'une œuvre civilisatrice. Une expression condensée en est donnée par la féministe protestante Émilie de Morsier qui convoque, en 1889, à Paris, le Congrès international des œuvres et institutions féminines. Elles contrebalance ainsi le féminisme politique et redéfinit le champ d'action féministe vis-à-vis des hommes :

« Ce ne sera jamais (...) un lambeau de gloire que nous viendrons vous disputer, si nous prenions place à vos côtés pour travailler à l'œuvre sociale (...), car notre patrie à nous, femmes, est partout où l'on souffre[61]. »

La professionnalisation du travail social inscrit historiquement l'action philanthropique dans le processus d'émancipation des femmes. A partir de la fin du siècle, des liens s'établissent entre certaines philanthropes et les associations suffragistes[62].

Davantage encore que la philanthropie d'inspiration anglo-saxonne, la maternité spirituelle *(geistige Mütterlichkeit)* allemande est exemplaire de la neutralisation du conflit d'intérêts entre féminisme et société bourgeoise ; sans rupture ouverte, le dualisme des sexes s'installe subrepticement à la place de l'interprétation égalitaire. Ainsi, en 1882, Henriette Goldschmidt annule la critique féministe en mettant le mouvement des femmes au service de la stabilisation politique :

« L'élévation spirituelle de la profession naturelle de la femme ne conduit pas seulement à la compréhension consciente des devoirs dans la vie familiale ; elle mène aussi à prendre conscience que la mission culturelle de la femme réside dans le fait d'éveiller le "cœur maternel" dans nos classes populaires et donc également de muer le faire instinctif et passif en un faire conscient et d'importance égale à celui des hommes[63]. »

La vertu féminine maternelle se confond ainsi avec la vertu civique. Quinze ans plus tard, Helene Lange développe un concept d'émancipation culturelle très éloigné de celui des droits de l'homme. Cette fois, en référence à George Simmel, la maternité spirituelle renaît comme idéal de formation des femmes et espace critique de l'aliénation culturelle[64]. Dans sa tendance conservatrice qui mythifie la maternité, cette forme de résistance culturelle est symptomatique de l'exclusion permanente du féminin de la société[65].

Les féministes ont aussi recours à la morale lorsqu'il est question de relations sexuelles maritales et extramaritales. D'ailleurs, les débuts de siècle paraissent propices à la définition d'une éthique nouvelle : au début du XIXe siècle, la psychologie des passions humaines de Fourier fonde une nouvelle morale qui diversifie les possibilités de liaisons amoureuses[66] ; au début du XXe siècle, les féministes radicales allemandes et autrichiennes défendent une nouvelle éthique sexuelle réhabilitant la maternité célibataire. Entre-temps, la vertu morale est en particulier célébrée par les abolitionnistes. Dans leur lutte contre la double morale sexuelle, elles demandent aux hommes de prendre modèle sur la vertu de continence des femmes. Ainsi, les féministes « éthiques » pensent que grâce à la coopération des hommes et des femmes, une société d'un niveau moral plus élevé sera atteinte. Les collaborateurs francophones de Joséphine Butler prétendent que « le droit n'est pas tout le juste : c'est la morale qui est tout le juste », et ils portent le débat dans l'opinion publique par leurs écrits dans la *Revue de Morale progressive* (1887-1892) et la *Revue de Morale sociale* (1899-1903)[67].

Rosa Mayreder à Vienne (1858-1938) et Helene Stöcker (1869-1943) à Berlin se prononcent également contre la double morale. Mais, au contraire des abolitionnistes, elles essaient de réhabiliter l'érotisme et la sexualité des femmes[68]. L'une développe une « éthique profane » dans la *Wiener Ethische Gesellschaft*, fondée en 1894. A partir de 1905, Helene Stöcker utilise comme plate-forme de propagande le *Bund für Mutterschutz und Sexualreform*, et le journal *Die Neue Generation*. Elle met particulièrement l'accent sur l'amélioration du statut de la mère célibataire et des enfants illégitimes, et veut faire admettre ainsi la reconnaissance légale et sociale des relations sexuelles hors mariage. Mais, en 1910, l'Alliance des sociétés féminines allemandes refuse d'accepter le *Bund für Mutterschutz* comme membre. Même les radicales qui ont soutenu jusque-là le courant de la « nouvelle éthique » s'écartent d'Helene Stöcker à cause de ses prises de position sur l'amour libre. Les vertus morales sublimant la sexualité étouffent toute utopie d'une éthique du libre épanouissement sexuel.

Indépendance économique

La lutte féministe pour l'autonomie économique passe par plusieurs étapes. Les bourgeoises, avec le soutien de juristes et de politiciens masculins, luttent pour le droit à la liberté d'administration des biens de la femme mariée. Aux États-Unis dès 1848, en Angleterre en 1882, est voté le *Married Women's Property Act*. Le juriste suisse Louis Bridel consacre sa thèse de philosophie du droit à *la Puissance maritale* (1879). En Italie, en 1907 encore, le *Convegno femminile nazionale* met cette revendication dans son programme féministe minimal.

Concernant le droit au travail, la bourgeoise célibataire doit en premier lieu lutter contre les préjugés. Dans certains pays, le mouvement des femmes bourgeoises réclame l'émancipation avant les ouvrières. En 1865, l'Alliance des sociétés féminines allemandes revendique ce droit en lien étroit avec le droit à la formation. En France, les premières réunions publiques féministes de Vaux-Hall, en 1868, tournent autour du travail des femmes. En Suisse, le travail professionnel des femmes n'est revendiqué qu'au tournant du siècle par les milieux libéraux protestants. Il faut donc attendre le IIe Congrès des intérêts féminins (1921) pour que les féministes suisses adoptent le principe du droit au travail et du « travail égal/salaire égal[69] ». Aux États-Unis, pour légitimer le droit au suffrage, l'argumentation économique succède à l'argumentation fondée sur le droit naturel ou sur le dualisme (Charlotte Perkins Gilman, *Women and Economics*, 1898). De grandes expositions sont organisées en vue de développer le prestige du travail féminin. Elles sont l'expression de cette préoccupation féministe, qui s'échelonne dans le temps selon les contextes nationaux : à Berlin, le *Lette-Verein* organise une exposition industrielle des femmes en 1868 ; à La Haye est inaugurée en 1898 la *Nationale Tentoonstelling van Vrouwenarbeid*[70] ; à Paris, une Exposition internationale des arts et métiers féminins ouvre ses portes en 1902 ; en Suisse, c'est seulement en 1928 qu'une Exposition suisse du travail féminin (SAFFA) verra le jour. Vers la fin du siècle également, des associations féminines professionnelles commencent à exprimer des intérêts particuliers.

Un grand pouvoir émancipateur est attribué au travail :

> « Toute l'évolution du travail féminin (...) montre clairement à tous ceux qui ne sont pas aveugles ou prétendent ne pas l'être qu'aucun autre phénomène dans le monde moderne n'a produit d'effets aussi révolutionnaires[71]. »

Pourtant, ce n'est pas le droit au travail mais leur propre exploitation qui est au centre de la lutte des ouvrières : l'interdiction du travail de nuit, l'introduction de la journée de travail de huit heures, l'emploi d'inspectrices de fabrique, la lutte contre le travail des enfants, l'exploitation des bonnes, la lutte contre la prostitution, etc.

La question du travail ménager retient peu l'attention. En référence à Fourier, les premières féministes socialistes le considèrent encore comme un travail productif. Une revendication isolée concernant le salaire ménager est énoncée par Hubertine Auclert au congrès ouvrier de Marseille, en 1879. Une socialiste, l'Allemande Lily Braun, propose une rationalisation du travail ménager dans *Frauenarbeit und Hauswirtschaft* (1901). Un homme lui-même a suggéré de prendre le travail ménager comme point de départ du mouvement des femmes tchèques : Vojta Fingerhut-Naprstek, fondateur du Musée industriel à Prague, mène une grande campagne pour les appareils ménagers et prône comme modèle le ménage américain. Il lance en 1862 un appel aux ingénieurs afin qu'ils consacrent « leurs facultés et leur génie non seulement aux besoins de la grande industrie mais aussi aux besoins du ménage[72] ».

Le travail ménager revient au programme féministe au début du XXe siècle, lorsque la domesticité entre en crise. Ainsi, la féministe suédoise Ellen Key défend l'idée d'un salaire ménager.

La lutte pour la subsistance et l'autonomie économique semble être sans fin. Tout en se faisant une place dans le monde du travail, les femmes sont piégées par la double journée et l'absence de politique sociale. Aussi, au début du XXe siècle, vont-elles renouer avec les batailles contre les discriminations sexuelles.

Stratégies et alliances

Les stratégies et les alliances se déplacent entre réformisme et radicalisme.

Dans les États-Unis du milieu du siècle, le féminisme fait partie de la stratégie bourgeoise réformiste visant à reconstruire la vie institutionnelle américaine selon des principes rationalistes et égalitaires[73]. Les « questions vitales » de cette réforme sont celles de la société civile. Les féministes cherchent et obtiennent un certain pouvoir dans le domaine de la vie privée. A la fin du XIXe et au début du XXe siècle, s'affirme aux États-Unis une stratégie politique séparatiste qui insiste sur la différence et s'enracine dans la culture des femmes de la classe moyenne. Des clubs de femmes lancent des programmes de réformes civiques et amènent ainsi les femmes à se définir comme citoyennes, et non plus seulement comme épouses et mères. La portée de cette stratégie s'avère si grande que le déclin du féminisme américain, après l'obtention du suffrage dans les années 1920, est attribué par certaines à la dévalorisation générale de cette culture féminine[74]. D'ailleurs, le féminisme des lesbiennes s'inspire de cette histoire du séparatisme.

En Europe, les tactiques oscillent entre le réformisme libéral et le moralisme social protestant. Elles deviennent plus offensives avec la montée du mouvement socialiste qui, par ses tactiques et méthodes de propagande, influencera les féministes[75]. Pour celles-ci, la militance se résume à quatre formes d'expression : techniques de propagande, désobéissance civile, non-violence active, et violence physique. Au début du XXe siècle, les plus radicales adoptent les tactiques socialistes ayant fait leurs preuves – démonstrations de rue, banderoles, slogans, couleurs, agressions des adversaires –, ce qui leur vaut le nom de « militantes ». Les techniques modernes de propagande se transmettent de bouche à oreille, jusqu'en Hongrie où Rosiska Schwimmer et ses adeptes les utilisent également dans le mouvement suffragiste. Seule une minorité pratique la désobéissance civile : la *Women's Freedom League* et le *Vote for Women Fellowship* en Angleterre, et quelques féministes isolées, telles Anita Augspurg et Lida Gustava Heymann en Allemagne, Hubertine Auclert et Madeleine Pelletier en France, qui refusent de payer des impôts aussi longtemps que les femmes ne seront pas représentées au Parlement.

Le militantisme peut également prendre la forme active d'un défi non-violent au gouvernement : par exemple, interrogation des politiciens, interruption des sessions parlementaires, refus de payer des amendes ou grève de la faim en prison. A l'égal de l'Angleterre, la France connaît quelques provocations singulières qui témoignent de l'imagination des féministes[76]. En avril 1901, lors de la mise en circulation d'un timbre-poste célébrant la Déclaration des droits de l'homme, Jeanne Oddo-Deflou propose une réplique inversée du timbre avec un homme tenant les tables des droits de la femme. C'est un grand succès. Lors de la célébration du centenaire du code Napoléon en 1904, Hubertine Auclert déchire une copie du code dans une démonstration féministe. Au milieu du banquet de cette même célébration, Caroline Kauffman, la secrétaire de la Solidarité des femmes, lâche d'énormes ballons avec le slogan : « Le Code écrase les femmes, il déshonore la République ! »

Certaines suffragettes anglaises pratiquent, elles, la violence physique, l'incendie volontaire et la destruction, formes extrêmes de militance que leur leader Emmeline Pankhurst dit avoir repris du mouvement nationaliste irlandais[77].

Alliances démocratiques

Les alliances se font au carrefour des forces politiques et religieuses et se modifient selon les expériences d'un groupe, ou même d'une seule féministe. A travers toute l'Europe, l'alliance avec les démocrates est évidente. En Allemagne, les membres des Églises libres tissent des liens avec les démocrates et le mouvement ouvrier. Le mouvement des femmes doit à ces dissidents ses relations avec l'internationalisme et le pacifisme républicain-démocrate des années 1860. L'attitude d'opposition démocrate-laïque correspond apparemment à l'attitude politique des communautés des Églises libres, ainsi qu'à celle des femmes qui se groupent autour de Louise Otto[78].

En France, les féministes et les républicains sont alliés dans la lutte démocratique. A partir de 1870, pour une vingtaine d'années, le féminisme français est marqué par le duo franc-maçon Léon Richer (1824-1911) et Maria Deraismes (1828-1894), libre penseuse elle aussi. La recherche en paternité et le droit au divorce figurent au programme radical. Mais les deux leaders ne sont pas favorables à l'obtention immédiate du droit de vote pour les femmes, par crainte que le catholicisme n'y gagne. En Hollande, les libres penseurs font cause commune avec les féministes dans le milieu littéraire et théâtral, notamment dans le cercle De Dageraad (« l'Aurore »)[79]. Cependant, l'alliance des féministes avec les libres penseurs et les francs-maçons français n'apporte pas beaucoup d'acquis tangibles. L'impact se situe surtout au niveau symbolique des prises de position en faveur de l'égalité et des droits politiques des femmes. Les féministes françaises se fatiguent des déclarations de principe et s'éloignent de leurs alliés illusoires. Elles préfèrent abandonner la tactique d'entrisme au profit d'une stratégie d'organisation plus autonome[80].

Des alliances libérales se dessinent partout en Europe, de l'Angleterre jusqu'en Russie. Au berceau du libéralisme, un lien puissant s'établit entre l'utilitarisme de Stuart Mill et le féminisme [81]. La leader de la *National Society for Women's Suffrage*, Lydia Becker, est une libérale de Manchester ; elle est soutenue dans son action par les libéraux du Lancashire, adeptes du commerce libre. Au Parlement anglais, les libéraux de gauche font régulièrement des interventions personnelles en faveur du droit de vote des femmes, cela jusqu'au début du XXe siècle. En Suède, mais aussi au Danemark, les suffragettes de 1900 bénéficient fortement de leur alliance avec le parti libéral [82]. En Autriche, de même qu'en Allemagne, les libéraux suggèrent la fondation d'associations pour favoriser le travail des femmes. Ainsi, le *Wiener Frauen-Erwerbsverein* (1866) constitue un modèle pour des associations similaires à Prague et à Brünn [83]. En Hollande, les initiatives d'Hélène Mercier pour le travail social sont financées par les riches libéraux de gauche [84]. Et même en Russie, pendant les années d'épanouissement du féminisme de 1905-1907, les féministes gagnent le soutien du parti libéral Kadet [85]. En revanche, celles des pays latins échouent à réaliser l'alliance avec les libéraux. Le féminisme italien connaît une expérience similaire à celle de la France : Anna Mozzoni collabore étroitement dans les années 1880 avec la franc-maçonnerie italienne, les républicains et les libéraux qui forment une sorte de gauche indépendante. Mais, déçue par l'échec économique et l'indifférence démocratique de la gauche républicaine et anticléricale, Mozzoni s'oriente vers le socialisme, sans pourtant adhérer au parti [86].

Alliances socialistes

Dès le début du XIXe siècle, féminisme et socialisme vont de pair. Puis, la publication de *l'Origine de la famille, de la propriété privée et de l'État* (1884) d'Engels et celle de *la Femme et le socialisme* (1883) de Bebel donnent une base théorique solide à l'alliance entre socialisme et féminisme. Mais, lorsque les féministes socialistes essaient de pousser leurs camarades hommes à mettre leurs promesses en pratique, des ambivalences et des conflits surgissent. A certains moments, les femmes socialistes n'osent pas afficher leurs buts féministes par peur de nuire à la cause prolétaire. De grands efforts d'organisation sont faits dans les années 1890 : les féministes du premier parti socialiste européen, l'Union sociale-démocrate hollandaise, optent pour l'autonomie. Après sept ans d'expérience commune, elles sortent du parti pour fonder la *Vrije Vrouwen Vereeniging* (1889) et donner ainsi un statut propre à la question de la femme. Lors de la fondation d'un nouveau parti ouvrier social-démocrate, en 1894, les femmes s'intègrent par nécessité dans la structure du parti. Mais elles s'y organisent à part : Mathilde Wibaut-Berdenis van Berlekom réunit notamment les ouvrières du Sud-

Ouest dans *Samen Sterk* (1902) (« Ensemble Fortes ») ; puis, à Amsterdam, voyant que la propagande du parti n'atteint pas les femmes, elle fonde des clubs de propagande de femmes. L'affiliation au parti est imposée, sans pour autant que celui-ci finance le journal des femmes, *Proletarische Vrouw*[87]...

En Italie, avec le socialisme éclectique d'Anna Kuliscioff (1854-1925), socialisme et féminisme sont au début une seule et même cause, programme qu'elle annonce ainsi dans la *Rivista internazionale del Socialismo* (1880). Par la suite, les besoins du parti socialiste prennent le dessus. Ainsi, la loi concernant le travail des femmes et des enfants que Kuliscioff fait voter en 1902 est plus significative à ses yeux des acquis du socialisme que du féminisme. De même, elle considère l'agitation pour le vote des femmes comme une « nécessité indispensable et utilitaire » pour les intérêts du parti[88]. En fin de compte, Kuliscioff aura fait davantage pour les femmes que les groupes italiens dits féministes[89].

Pendant les deux décennies précédant la Première Guerre mondiale, les liens des féministes socialistes avec le parti et les syndicats sont marqués par la conviction que l'égalité formelle revendiquée par les bourgeoises perpétue les inégalités sociales. Le congrès ouvrier international, qui se tient à Zurich en 1893, adopte le principe des lois de protection spéciale pour les ouvrières. A partir de là, la coalition bourgeoise et socialiste devient impossible[90]. Selon les pays, cette rupture est plus ou moins marquée. En Autriche, les relations sont plus détendues avec le mouvement des bourgeoises qu'en Allemagne. Thérèse Schlesinger, par exemple, participe au mouvement des ouvrières et collabore au journal féministe indépendant *Dokumente der Frauen* (1899) lancé par les suffragettes Augusta Fickert, Rosa Mayreder et Marie Lang. Cependant, la loyauté des socialistes autrichiennes vis-à-vis du parti est absolue ; elles renoncent, en 1905, pour des raisons tactiques, à la revendication du droit de vote des femmes, en vue d'obtenir en premier lieu le suffrage des hommes[91].

Les ouvrières anglaises du textile connaissent à la fin du XIXe siècle le même sort que les chartistes cinquante ans plus tôt. Lorsqu'elles revendiquent le suffrage et mettent leur espoir dans le nouveau *Labour Party*, on leur dit d'attendre. Au contraire des Autrichiennes, elles tournent le dos au parti. Emmeline Pankhurst, déçue une première fois par les libéraux sous Gladstone, essaie de promouvoir le suffrage dans le *Independant Labour Party* de Manchester. Après la mort de son mari, elle quitte également ce parti et rassemble ses énergies pour lancer avec ses deux filles la *Women's Social and Political Union* (1903), qui se radicalise rapidement dans la lutte suffragiste[92].

De même que l'Europe, les États-Unis connaissent deux moments distincts d'alliance socialiste-féministe. Issue de la tradition du socialisme utopique, Frances Wright collabore, dans les années 1830, avec Robert

Owen dans le mouvement ouvrier new-yorkais, pour essayer de réaliser une société sans oppression de classe, de race ni de sexe. Mais son plan national d'éducation reste sans écho, car l'éducation extra-familiale fait peur aux familles ouvrières. A la fin du XIXe siècle, sous l'influence de la sociologie américaine favorisant l'harmonisation des classes, Charlotte Perkins Gilman développe un féminisme socialiste personnel[93]. La *Federation of Trades* de Californie la décore et l'envoie comme déléguée à la conférence de la IIe Internationale à Londres, en 1896. Son livre *Women and Economics* (1898) connaît un grand succès au congrès du Conseil international des femmes (1899) de Londres. Elle s'y démarque des suffragettes en affirmant :

> « L'égalité politique demandée par les suffragettes n'a pas suffi à apporter la vraie liberté. Les femmes dont la situation au travail est celle d'une domestique ou d'une femme qui ne travaille pas du tout, qui sont nourries et habillées par les hommes et reçoivent d'eux de l'argent de poche, n'obtiennent ni la liberté ni l'égalité par l'utilisation du vote[94]. »

Le socialisme pour elle signifie tout d'abord la socialisation de la production. La mise en pratique du socialisme lui importe davantage que l'appartenance au parti. Elle considère d'ailleurs une certaine bourgeoisie éclairée comme plus progressiste que la classe ouvrière.

Alliances anarchistes

Si les relations entre socialisme et féminisme sont conflictuelles, le rendez-vous avec l'anarchisme est manqué[95]. La création d'un mouvement anarchiste féministe n'a pas lieu. Mais l'idée de l'autonomie de l'individu, qui implique celle de l'autonomie de la femme, est valorisée dans les milieux libertaires. Des femmes anarchistes isolées sont sensibles à certaines de leurs revendications. En France notamment, Anna Mahé, cofondatrice du journal *l'Anarchie*, y pose les principes d'une pédagogie anarchiste tenant compte à la fois de la spécificité du rôle maternel et de l'idéal de l'autonomie. Sa série d'articles est réunie dans une brochure : *l'Hérédité et l'Éducation* (1908). Le suffragisme et la volonté de réformer le Code civil rebutent les libertaires. Mais le projet néo-malthusien permet un combat commun, grâce à des féministes comme Nelly Roussel, Madeleine Pelletier et Madeleine Vernet. C'est également autour des thèmes de l'avortement, de la contraception et de la vasectomie qu'Emma Goldman donne de nombreuses conférences aux États-Unis[96].

En Suisse, de 1905 à 1909, Margarethe Faas-Hardegger privilégie dans sa lutte syndicale tout autant les droits sociaux et politiques des femmes que la contraception et l'avortement[97]. Elle s'inspire du syndicalisme révolutionnaire français et utilise l'action directe, grèves, boycotts et création de coopératives. Elle prend également une attitude antimilitariste qui lui coûte son poste de secrétaire syndicale.

En général, les alliances se révèlent plus ou moins fortes selon le degré d'adhésion des femmes aux projets libéraux, socialistes ou anarchistes. Chaque parti a son cheval de bataille : pour les libéraux, le travail et le suffrage féminins ; pour les socialistes, la protection ouvrière et l'éducation ; pour les anarchistes, le contrôle des naissances.

Antiféminismes

Les réactions antiféministes se cristallisent sur des points précis. En France, la classe ouvrière est marquée par les attitudes de Pierre-Joseph Proudhon, opposées à celles de Fourier. Les féministes dénoncent l'alternative proudhonienne « ménagère ou courtisane » dont les milieux ouvriers tant socialistes que syndicalistes sont imprégnés : ainsi Juliette Lamber dans *Idées anti-proudhoniennes sur l'amour, la femme et le mariage* (1858), et Jenny d'Héricourt dans *la Femme affranchie* (1860). L'affaire Couriau, qui éclate à Lyon en 1913, est un exemple frappant d'antiféminisme syndical : quand Emma Couriau, ouvrière typographe, demande l'adhésion au syndicat, non seulement celle-ci lui est refusée, mais son mari est radié du même syndicat pour n'avoir pas interdit à sa femme d'exercer son métier. Ce scandale a d'énormes répercussions dans la presse syndicale et féministe[98]. En Allemagne, les adhérents de Ferdinand Lassalle, premier président du *Allgemeinen Deutschen Arbeiterverein* (1863), défendent le travail productif au foyer et non dans les fabriques. L'antiféminisme et la misogynie prolétaires réduisent ainsi les femmes à la « sphère féminine[99] ».

Dans le domaine universitaire, notamment en médecine et en droit, l'antiféminisme se fait jour violemment. A Vienne, par exemple, dans les années 1890, les femmes demandent l'accès à la faculté de médecine. Le professeur Albert, chirurgien, s'y oppose dans une brochure fameuse qui suscite de longues controverses et provoque la riposte de Marianne Hainisch : *Seherinnen, Hexen und die Wahnvorstellungen über das Weib im 19. Jahrhundert* (1896)[100]. La première femme au monde à s'orienter vers les études de droit, la Suissesse Emilie Kempin-Spyri, inscrite à l'université de Zurich en 1883, se voit refuser d'abord son brevet d'avocate, puis sa candidature à la chaire de droit romain. Par la force des choses, elle émigre à New York et fonde le *First Women Law College*. De retour à Zurich en 1891, elle échoue une deuxième fois à la faculté de droit. Elle essaie ensuite de subsister à Berlin comme experte en droit international privé, sans beaucoup de succès. En 1899, à bout de forces, elle entre à la clinique psychiatrique de Bâle, d'où elle cherche une place d'employée de maison[101]... !

Un débat intéressant autour de l'« antiféminisme féministe » se développe en Suède avec August Strindberg et la féministe Ellen Key[102]. Strindberg reproche au féminisme suédois d'être provincial et trop lié aux moralistes piétistes. Dans la préface de *Giftas* (« Mariés ») (1884), il critique Ibsen et attaque le mariage et la famille, mais aussi les nouveaux réformismes tout aussi oppressifs à ses yeux. Comme Strindberg, la pédagogue innovatrice Ellen Key juge inacceptable la norme d'abstinence sexuelle propagée par les féministes de l'Association Frederike Bremer. Mais elle critique surtout l'égalitarisme des femmes de la classe moyenne qui poursuivent les mêmes ambitions que les hommes. Dans *Missbrukad kvinnokraft* (« le Mauvais usage du pouvoir de la femme ») (1896) et *Kvinnopsykologi och kvinnliglogik* (« Psychologie de la femme et logique féminine ») (1896), elle tente de réhabiliter ce que les femmes ont de spécifique. Sa défense de la maternité est liée à la défense de l'individualisme et de la liberté.

A l'autre extrême se trouve l'« antiféminisme masculiniste » : une femme émancipée s'oppose à toute revendication féministe. Ce paradoxe nous est livré par l'écrivain victorienne Eliza Lynn Linton (1822-1898) qui, pour contrer la féminité créée par le patriarcat victorien, en vient à nier son propre sexe[103].

Figures historiques

Les féministes du XIXe siècle, qu'elles soient solitaires ou groupées, ont quelque chose d'héroïque. Par leurs accomplissements hors du commun, elles nous font participer à un moment de provocation et nous révèlent quelque chose de décisif, elles communiquent leur « fierté-d'être-une-femme ».

Évoquons quelques figures de féministes solitaires, souvent en avance sur leur temps, sur leur classe ou sur leur pays. La féministe victorienne Harriet Martineau (1802-1876) refuse le mariage et gagne sa vie en écrivant. Elle développe une technique d'observation sociologique et politique bien avant l'institutionnalisation des sciences sociales. Célèbre à trente ans pour ses publications d'économie politique, elle analyse avec pertinence le rôle et le statut politique des femmes en Europe et aux États-Unis. Ses écrits stimulent la naissance de plusieurs mouvements progressistes en Angleterre, notamment celui pour l'amélioration de l'éducation des femmes, pour l'abolition de la prostitution réglementée et pour le suffrage des femmes[104].

L'aristocrate suisse Meta von Salis-Marschlins (1855-1929), à contre-courant des politiciens libéraux du XIXe siècle, défend non pas la démocratisation du monde mais son aristocratisation dans le sens de Nietzsche. Dans *Die Zukunft der Frau* (1886), elle ose esquisser l'utopie d'une « humanité-femme » *(Frauenmenschenthum)*, qui connaîtrait la compagnie de l'âme et échapperait au carcan de la « machine de ménage[105] ». A une époque où le féminisme suisse sommeille dans les œuvres philanthropiques, elle fait des études de philosophie et de droit et se lance dans des tournées de conférences pour plaider la cause des droits égaux de la femme.

Une autre aristocrate, l'Autrichienne Bertha von Suttner (1843-1914), vit pour une seule idée : la paix en Europe et dans le monde. Ce n'est pas rien de se battre pour la paix dans le royaume colonialiste de Guillaume II, dans la monarchie des Habsbourg et sous la politique expansionniste des Balkans. On se moque d'elle en l'appelant la « mégère de la paix » ou « le bas-bleu hystérique ». Malgré tout, son roman *Die Waffen nieder !* (1889), est traduit en douze langues. Elle organise d'innombrables rencontres pacifistes et cherche à convaincre politiciens et diplomates – cela à une époque où les femmes n'ont pas de droits politiques, ni même le droit d'appartenir à un groupe politique. Son émancipation singulière frappe d'autant plus qu'elle vient d'un milieu où la politique est un sujet tabou pour les jeunes dames[106].

Au lieu de prêcher l'émancipation, la chanteuse et actrice hollandaise Mina Kruseman (1839-1922) veut la vivre. Sa première nouvelle, *Een huwelijk in Indië* (1873), raconte l'histoire d'une jeune femme contrainte au mariage. Ce livre réaliste critiquant la soumission de la femme fait tache noire dans la littérature de fiction hollandaise. Mina enseigne aux jeunes filles l'écriture littéraire et le théâtre, comment acquérir une discipline de travail et négocier avec les éditeurs pour se faire respecter comme femme artiste. Pour elle, la femme émancipée, c'est la femme célibataire active[107].

L'Anglaise Olive Schreiner (1855-1920) est une féministe sans pareille. Née en Afrique du Sud, amie d'Eleanor Marx, elle fut, pendant des années, figure centrale dans la vie de Havelock Ellis, un des premiers théoriciens anglais de la sexualité. A une période où ni les féministes ni les socialistes britanniques ne mettent en question les relations coloniales entre la Grande-Bretagne et l'Afrique du Sud, elle analyse très lucidement la question raciale (recueil d'articles posthume *Thoughts on South Africa*, 1923). Pour elle, la vie, la politique et l'écriture se fondent en une unité radicale qui nous est devenue familière sous le slogan « le privé est politique[108] ».

La Berlinoise Hedwig Dohm (1833-1919) est une théoricienne féministe passionnée. Sa situation de juive lui donne une lucidité particulière. Elle lutte avec sa plume et couvre ainsi un éventail exceptionnellement large de thèmes féministes. Son premier pamphlet vise le clergé : *Was die Pastoren von Frauen denken* (1872). Il est suivi d'une analyse de l'oppression de la femme dans la famille : *Der Jesuitismus im Hausstande* (1873). Alors qu'en Allemagne la question du suffrage féminin est prématurée, même à l'intérieur du mouvement des femmes, elle publie *Der Frauen Natur und Recht, Eigenschaften und Stimmrecht der Frau* (1876). Elle réfute les nouvelles théories des anatomistes, physiologistes et médecins sur la nature inférieure des femmes dans *Die Wissenschaftliche Emanzipation der Frau* (1874), et approfondit cette analyse dans *Die Antifeministen* (1902). Hedwig Dohm compte Nietzsche et Moebius parmi ces antiféministes. Durant toute sa vie, elle s'est prononcée contre l'oppression sexuelle, matérielle et psychologique des femmes [109].

Ces féministes solitaires nous interpellent par la puissance de leur singularité. D'autres puisent leur force dans une relation d'amitié à vie. Les Américaines Elizabeth Stanton (1815-1902) et Susan Anthony (1820-1906), l'une mère, l'autre célibataire par choix politique, sont inséparables dans la bataille anti-esclavagiste et suffragiste – même si avec l'âge Anthony devient plus conservatrice et Stanton plus radicale, notamment en matière de religion et de sexualité. C'est Anthony qui entraîne Stanton à sortir du ménage et à entrer dans la vie publique. Leur relation est vitale, tant comme soutien émotionnel que comme stimulation intellectuelle, et va accentuer l'excentricité de chacune. Outre les multiples tournées de conférences, créations d'associations et organisations de congrès féministes qu'elles réalisent ensemble, elles coéditent une immense *History of Woman Suffrage* (1881) [110].

Les Allemandes Helene Lange (1848-1930) et Gertrud Bäumer (1873-1954), qui grandissent toutes les deux dans une maison de pasteur protestant, forment un « couple » similaire. La plus âgée, fondatrice de l'*Allgemeinen Deutschen Lehrerinnenvereins*, influence le développement intellectuel et politique de l'autre, jeune institutrice. Le fruit de leur collaboration s'incarne dans la *Geschichte der Frauenbewegung in den Kulturländern* (1901), expression de leur mission culturelle [111].

Deux féministes suisses, Hélène von Mülinen (1850-1924) et Emma Pieczynska-Reichenbach (1854-1927), s'installent ensemble en 1890. Après la rupture de leurs fiançailles ou mariage, une trentaine d'années de vie commune va libérer une formidable énergie. Elles fondent l'Alliance de Sociétés féminines suisses. Leur maison à Berne devient une sorte de lieu de pèlerinage pour les femmes émancipées du monde entier. Elles collaborent étroitement dans la lutte abolitionniste européenne de Joséphine Butler et pour la fondation d'œuvres sociales pour femmes en Suisse [112].

Des familles féministes entières couvrent plusieurs générations. Parmi les plus remarquables se trouvent les Pankhurst en Angleterre et les de Morsier en Suisse. Emmeline Pankhurst (1858-1928) fonde avec ses deux filles Christabel (1880-1948) et Sylvia (1882-1960) la Woman's Social and Political

Union. Toutes trois seront complices dans la bataille pour le suffrage féminin[113].

Sur fond de protestantisme social, Émilie de Morsier (1843-1896), son fils Auguste de Morsier (1864-1923) et ses petites-filles Valérie Chevenard-de Morsier (1891-1977) et Émilie Droin-de Morsier (née en 1898), ainsi que leurs époux et épouse, se retrouvent durant trois générations engagés à la Fédération abolitionniste internationale[114].

Que ce soit par leur personnalité brillante ou par leur persistance laborieuse, qu'elles aient connu une notoriété éphémère voire scandaleuse ou qu'elles aient fourni dans l'ombre un travail de longue haleine, toutes les femmes évoquées ont marqué la conscience de leur siècle.

Les historiennes du mouvement des femmes

L'écriture de l'histoire des féminismes occidentaux du XIXe siècle a été entreprise par quelques féministes soucieuses de communiquer leurs expériences. Au XIXe siècle, deux références standard sont révélatrices d'approches différentes. L'une, américaine, concerne une revendication particulière. Il s'agit des six volumes de *History of Suffrage* qu'Elizabeth Stanton, Susan Anthony et Matilda Gage coéditent de 1881 à 1887. L'autre, allemande, est le résultat de la collaboration de féministes d'Europe et des États-Unis, et s'intéresse aux associations et aux luttes. Sous la direction d'Helene Lange et de Gertrud Bäumer est réalisé un manuel, le *Handbuch der Frauenbewegung* (1901).

Kaethe Schirmacher (1865-1930) puise dans ses expériences de voyage le matériau nécessaire à la publication, à Paris, du *Féminisme aux États-Unis, en France, dans la Grande-Bretagne, en Suède et en Russie* (1898). Elle choisit également la forme du manuel pour présenter cinq types différents de féminisme. En 1909 paraît *Kvinnorörelsen* (« Mouvement des femmes ») d'Ellen Key (1849-1926). Cette Suédoise analyse l'influence du féminisme sur les femmes de différents âges et statuts sociaux, ainsi que sur les hommes.

Après la Première Guerre mondiale, les féministes continuent à s'intéresser à leur tradition du XIXe siècle. Ray Strachey (1887-1940) publie *The Cause* (1928) en s'appuyant sur de nombreux matériaux, notamment ses souvenirs personnels, pour présenter les luttes féministes anglaises dans toute leur variété. Johanna Naber (1859-1941), présidente du Conseil national des femmes hollandaises, retrace les acquis du mouvement féministe de son pays dans une *Chronologisch Overzicht* (1937).

Au début du XXe siècle, la troisième génération de féministes est donc confrontée à la question de la filiation, tout comme celles qui tentent d'écrire aujourd'hui une histoire du féminisme. Entre l'oubli et la mémoire, entre l'identification et la distance, se construisent les scènes féministes du XIXe siècle. Elles portent les marques de la révolte, de la répression et de la réforme, structurant des discours et des pratiques multiples. Les lendemains de lutte restent sans gloire. Chaque génération de féministes semble devoir reprendre la lutte pour un progrès jamais réalisé.

19

L'ÈVE NOUVELLE ET LE VIEIL ADAM

Identités sexuelles en crise

Annelise Maugue

Point n'est besoin d'aller chercher en littérature des preuves du bouleversement de la condition féminine : il s'en trouve ailleurs très suffisamment. La littérature, en revanche, aide à cerner ce que fut la perception du phénomène par les contemporains, perception qui influait évidemment sur les rythmes et l'orientation du mouvement.

Or, c'est peu dire que les écrivains s'intéressent à la question : elle les passionne... Le sujet suscite un nombre surabondant d'ouvrages, il investit des œuvres qui ne lui sont pas en principe consacrées, bref, à en juger par la littérature, les contemporains sont très conscients de l'importance du processus. Bien plus, alors qu'il n'allait pas de soi que des auteurs masculins prêtassent beaucoup d'attention au devenir du sexe second, à ces problèmes de femmes traumatisées par la nuit de noces ou rêvant de diplômes, ils sont au moins aussi nombreux que leurs consœurs à y trouver une source quasi inépuisable d'inspiration.

Sans que l'enthousiasme pour autant soit au rendez-vous, et il y a, là encore, de quoi surprendre. Car enfin, il s'agit de droits : étant donné la situation faite aux femmes au XIXe siècle, par quelque biais que l'on aborde le sujet, le travail, les mœurs, l'éducation ou le couple, et que l'on passe par l'essai ou par la fiction, à un moment ou un autre surgit la question du droit, d'un droit à refuser ou accorder... Or les écrivains, en bons intellectuels, obéissant au principe de bâtardise cher à Sartre, sont nombreux alors à mettre leur plume au service des exclus du droit, des opprimés en tous genres, à se mobiliser pour la cause de l'Autre : l'Autre prolétaire, l'Autre noir ou l'Autre juif. Mais l'Autre femme... Dans chaque pays, les émules de Stuart Mill se comptent sur les doigts de la main : parole abondante, mais parole inquiète, réticente ou hostile. Ne voit-on pas un démocrate aussi convaincu qu'Anatole France écrire tranquillement en 1899 : « L'émancipation de la femme est aujourd'hui suffisante (...)[1] »

Un blocage se fait jour, si profond qu'il contraint à de superbes inconséquences ceux-là même que les évidences de la raison et la logique de leur humanisme poussent à tout concéder. A peine Émile Zola a-t-il peint une société idéale où « la femme pouvait ne pas se marier, vivre en homme, remplir en tout et partout le rôle d'un homme », qu'il ajoute :

> « Mais à quoi bon se mutiler, nier le désir, se mettre à part de la vie ? (...) Aussi l'ordre naturel s'était-il bientôt établi de lui-même, la paix s'était faite là aussi entre les sexes réconciliés, trouvant chacun son bonheur dans le bonheur du ménage[2]. »

La femme socialement libre, la femme exerçant effectivement ses droits (et que vaut la possession sans l'exercice ?), Zola ne l'imagine que célibataire, chaste, asexuée, « mutilée » : libre, mais non plus femme... Le succès de l'expression d'« Ève nouvelle », expression qui revient de texte en texte, qui sert de titre à une nouvelle de D. H. Lawrence comme à un roman français de Jules Bois, va dans le même sens : non, les contemporains ne sous-estiment pas l'importance du processus, loin de là, puisqu'ils ont le sentiment d'assister, plutôt qu'à une simple évolution, à une mutation véritable, une mutation au sens strict.

Ève se meurt, Ève est morte : à sa place, surgit une créature d'un genre nouveau, différente, inconnue. Quoi de plus inquiétant ? Dès lors que le mouvement était ainsi perçu, l'on comprend mieux et l'intérêt et l'appréhension qu'il suscitait. Mais l'étonnement ne saurait refluer pour autant : quoi de plus étrange que d'avoir attribué un effet aussi radical à des actes aussi simples que d'obtenir un diplôme ou un divorce, de monter à bicyclette ou de passer dans un isoloir ?

Humbles audaces

Les femmes en qui s'incarnait le plus spectaculairement l'Ève nouvelle donnaient pourtant des signes rassurants de continuité. Nombre de féministes célèbres, telles en Angleterre Emmeline Panckhurst ou en France la doctoresse Edwards-Pilliet, étaient dûment mariées et mères de famille. Ni la saint-simonienne Pauline Roland, ni la féministe Regina Terruzzi, toutes deux mères célibataires, ne placent, à l'instar d'un Rousseau, leurs rejetons à l'Assistance publique. Quant à George Sand, outre qu'elle s'est battue pour obtenir la garde de ses enfants, elle prépare du plum-pudding pour Jules Sandeau, soigne Chopin malade et confectionne des pantoufles pour un mari dont elle est déjà séparée. Comment eût-il pu d'ailleurs en être autrement ? Immergées dans l'environnement familial, social et culturel du XIXe siècle, toutes, quelles qu'aient été ensuite leurs ruptures, avaient été imprégnées durant leurs années d'apprentissage du modèle traditionnel, étaient « devenues femmes » au sens où l'entendra Simone de Beauvoir. Des actes rassurants donc, et le discours féministe de l'époque est lui-même bien rassurant. Qu'on en juge avec *la Française*, hebdomadaire féministe, 1906, numéro 3. Une interview de la mère de Thérèse Robert, laquelle prépare l'agrégation de sciences naturelles :

> « Mais par exemple, n'allez pas croire que sa science fasse d'elle une pédante. Elle ne dédaigne pas de m'aider aux travaux du ménage et l'on peut la voir, chaque matin, faire les provisions dans le quartier. Et si affectueuse[3] ! »

La Française, numéro 4, à propos de Marie Curie :

> « Simple et douce, elle tenait par la main sa fille, la petite Irène, qu'elle se disposait à conduire, comme chaque jour, à l'école[4]. »

La Française, numéro 5, à propos des remarquables progrès de la cause féministe en Suède :

> « Il ne faudrait pas croire pour cela que les Suédoises aient perdu le goût de la vie de famille et des devoirs de la maternité[5]. »

Ces textes, pour ne pas relever de la littérature, constituent néanmoins une référence nécessaire puisque s'y trouve définie l'Ève nouvelle, telle que la concevaient alors ses apologistes les plus convaincues. Or on voit bien quel leitmotiv court ici de numéro en numéro, un leitmotiv dont *la Française* n'a pas l'apanage. Marie d'Agoult assurait que « les devoirs de la maternité sont compatibles avec les grandes pensées[6] », la journaliste Séverine, quand elle décrit en 1900 les participantes au Congrès des droits de la femme, précise :

> « Sous les gants, plus d'un index délicat eût témoigné par d'imperceptibles piqûres que l'aiguille avant la plume avait livré les combats ménagers[7]. »

Cette lancinante promesse de continuité, impossible de la tenir pour un simple choix tactique, dont il serait bien vain aujourd'hui de se demander s'il n'était pas erroné. Impossible dès lors qu'elle s'accompagne d'une absence non moins lancinante. Thérèse Robert a beau cumuler des qualités « masculines » (l'intellectualité) et « féminines » (la compétence ménagère), elle n'est pas donnée en exemple à ses condisciples de l'autre sexe comme le prototype de l'être humain à venir, combinant harmonieusement en sa personne toutes les potentialités de l'espèce. Les féministes vont réclamant des crèches ou un « salaire maternel » mais, à de rares exceptions près, n'envisagent pas le partage des tâches ménagères entre les conjoints. Pour dégagés qu'ils soient des contradictions concrètes et immédiates où se débattait chaque femme de l'époque, et situés dans la généralité, et tournés vers l'avenir, ces discours d'avant-garde n'en renvoient pas moins l'Ève nouvelle à une fatalité générique.

Fatalité : un bien grand mot, peut-il sembler, et qui s'applique mal à des pratiques quotidiennes et prosaïques, le soin des enfants, le ménage, dont la femme après tout a largement prouvé depuis qu'elle pouvait continuer de s'occuper tout en investissant par ailleurs le champ social. Si l'on prend cependant la peine de les examiner de près (est-ce un hasard si des siècles durant on n'y a guère songé ?), ces pratiques sont de nature fort variée et de surcroît assumées de façon bien différente selon le milieu social : elles mettent en jeu sur le plan technique des aptitudes multiples et diverses. Ce qui fonde leur unité, c'est une aptitude d'un autre ordre à laquelle se réfère naïvement la mère de Thérèse Robert quant elle associe les ardeurs ménagères de sa fille à son tempérament « affectueux » : une disposition à servir autrui dont participe même la grande bourgeoise la mieux nantie quand elle organise des réceptions au bénéfice de la carrière maritale.

Il est des sacrifices ponctuels, héroïques, éclatants, où le moi s'anéantit pour sa plus grande gloire. Le dévouement qui se manifeste – sans s'y limiter – par l'accomplissement des tâches éphémères et répétitives à la fois du ménage (chaque matin, chaque jour) est d'une autre nature. Le moi s'y efface, s'y ensevelit, s'y renonce sans contrepartie. Or les hommes ne sont pas invités à pratiquer désormais cet altruisme spécifique. Il demeure vertu féminine, et non point une vertu parmi d'autres : c'est en le cultivant encore que l'Ève nouvelle est supposée prouver qu'elle reste femme, c'est lui qui continue de définir en dernière analyse un féminin perçu toujours comme distinct et complémentaire du masculin, bien au-delà de la « petite différence » biologique.

Dévouement, abnégation, oubli de soi : avec ces vertus cardinales, la rupture ne se fait pas. Dans l'instant où elle croit les répudier, où elle demande à un journaliste d'écrire « en lettres majuscules » dans son article « L'épanouissement est un devoir plus sacré que le sacrifice de soi [8] », la féministe américaine Elizabeth Stanton les valorise encore. Pourquoi pas simplement un droit ? Pourquoi ne pas inscrire avant tout l'épanouissement dans l'ordre du plaisir et du bonheur ? Mais le devoir garde priorité, le devoir qui renvoie à l'irrépressible souci du bien de l'autre. L'identité générique dont les femmes ont hérité n'est pas simplement défavorable à l'affirmation du moi féminin : fondée sur l'oubli de soi au bénéfice de l'autre, elle exclut cette affirmation, elle en fait l'interdit suprême. De cet insistant apprentissage de l'humilité, il apparaît que les féministes elles-mêmes ont le plus grand mal à s'affranchir, et c'est ainsi qu'elles en viennent paradoxalement à lutter pour le droit de faire double journée, de faire double tâche...

Curieuses contradictions

Qu'il n'aille pas de soi d'être un individu à part entière à temps partiel seulement, les femmes écrivains ne l'ignorent pas. Elles vivent constamment les difficultés et les contradictions de cette entreprise : « Parfois, quand j'enseigne ou je couds, je voudrais pouvoir lire ou écrire [9] », confessait Charlotte Brontë. Mais le temps n'entre pas seul en jeu. Les mille préoccupations déterminées par les besoins d'autrui, « ces trains de ménage, se plaignait Eugénie de Guérin, qui emportent tous mes moments et tout moi-même [10] », dispersent et diluent un moi qui, dans l'élan créateur, aspire avec une intensité particulière à se rassembler pour déployer sa singularité. Pour écrire, publier, se faire reconnaître, les femmes se heurtent indiscutablement à des difficultés que ne connaissent pas les hommes. C'est un fait néanmoins que ni cette expérience quotidiennement vécue, ni le statut d'intellectuel qu'elles partagent avec leurs confrères, n'ont conduit toutes les femmes écrivains sur la voie du féminisme, loin de là. Phénomène que contribue à expliquer le contenu de leurs œuvres : n'y voit-on pas étrangement persister en elles l'interdit même qu'elles transgressaient spectaculairement ?

George Sand, dans *Histoire de ma vie*, attribue son évolution à un coup de chance, un hasard exceptionnel qui, durant son adolescence, l'a soustraite une année entière à toute « influence extérieure » : « Si ma destinée m'eût fait passer immédiatement de la domination de ma grand-mère à celle d'un mari, il est possible que je n'eusse jamais été moi-même [11] ».

Elle souligne ainsi à la fois et le caractère destructeur pour l'être des apprentissages féminins traditionnels et l'extrême difficulté d'y échapper. Il n'est donc pas étonnant qu'elle ait mis en scène des personnages féminins doux, humbles et dévoués : réalisme oblige... Il est en revanche surprenant que, loin de se borner à représenter l'abnégation féminine, elle en vienne assez souvent à l'exalter. Certes, elle crée Lélia et Consuelo, figures de force et de révolte. Mais elle crée aussi la petite Marie de *la Mare au diable* et la petite Fadette (qui a les honneurs du titre). Est-il besoin de résumer l'intrigue de ces deux romans ? Les noms parlent d'eux-mêmes. Il y a Marie, figure aussi constamment maternante que le prénom le suggère, une « petite Marie » cependant, l'épithète venant garantir que de ce rôle ne sera jamais tiré aucun pouvoir, il y a cette petite Fadette triplement amenuisée, petite elle aussi, et fade, et condamnée au diminutif à perpétuité : voilà que Sand les constitue en figures positives, en figures idéales de la féminité... S'agit-il de plaire ? Mais c'est avec Lélia, avec Consuelo que Sand a connu le succès et la gloire ! Quel obscur sentiment de culpabilité l'amène à donner en exemple des personnages qui sont comme une négation d'elle-même ?

Le rapport qu'entretient la romancière anglaise George Eliot avec ses héroïnes est peut-être plus singulier encore. Ni Maggie Tulliver dans *le Moulin sur la Floss* ni Dorothea Brooke dans *Middlemarch* ne ressemblent de près ou de loin à la petite Fadette. « On demande peu d'idées aux femmes [12] », note l'auteur au début de ce dernier roman : son héroïne est suffisamment faite à son image pour n'en pas manquer. L'idéal dont Dorothea est éprise et qui s'identifie pour elle à la foi chrétienne, altruisme et mysticisme confondus, la conduit, tout au long de *Middlemarch*, à s'inscrire avec l'approbation de sa créatrice en rupture avec le modèle féminin traditionnel. Ni les bijoux ni la mode ne l'intéressent, elle repousse un jeune et sympathique soupirant, elle ne s'extasie pas autant qu'il serait de règle devant le bébé de sa sœur, etc. De son autonomie intellectuelle et morale, elle fait cependant un étrange emploi. Après avoir épousé sans amour le pasteur Casaubon dont elle admirait la hauteur de vue, elle s'aperçoit que l'ouvrage scientifique auquel il se consacre est sans valeur. Mais quand, se sentant décliner, il lui demande de vouer sa vie, une fois veuve, à l'achèvement de cette œuvre, seule sa mort inopinée empêche Dorothea de s'y engager auprès de lui, d'« acquiescer à sa propre condamnation [13] ». Quand plus tard, elle se remarie, par amour cette fois, cette union est à nouveau placée sous le signe du renoncement. Renoncement à sa fortune d'abord, pour ménager l'orgueil de son prétendant démuni, renoncement surtout à elle-même, que ce mariage ramène totalement à la norme :

> « Parmi ses amis, plusieurs regrettaient qu'une créature si indépendante et si originale fût absorbée par la vie d'un autre et seulement connue dans un cercle restreint comme épouse et comme mère (...) [14] ».

Dorothea, explique George Eliot, est « une sainte Thérèse qui ne peut rien fonder[15] », le matérialisme de la société moderne interdisant son accomplissement. Voire... Est-ce la société ou George Eliot qui l'empêche de déployer son altruisme dans des œuvres sociales, lesquelles au début du roman l'intéressent beaucoup ? Des femmes y parvenaient, après tout, dans le monde réel. Est-ce la société ou George Eliot qui l'empêche d'écrire pour faire partager aux autres ses convictions, comme s'y employait George Eliot elle-même ? Par un étrange paradoxe, Dorothea consacre sa liberté à se contraindre, sa singularité à rejoindre par choix le troupeau : c'est en se niant de son plein gré quand les autres femmes le font sans le savoir ou sans le vouloir qu'elle, le « cygne » parmi les « canetons[16] » manifeste sa supériorité. Or George Eliot ne s'est pas résolue quant à elle au martyre sublime de l'anéantissement délibéré du moi : Casaudon a vingt-sept ans de plus que Dorothea, la romancière à soixante ans épouse un homme qui est de vingt ans son cadet. Elle avait auparavant vécu près de trente ans en union libre avec George Lewes, marié ailleurs et père de famille : comment ne pas songer au destin tout différent qu'elle a réservé à Maggie Tulliver qui, tout aussi sacrificielle que Dorothea, refuse d'épouser l'homme qu'elle aime et qui l'aime parce qu'il a été non pas le mari, ni même le fiancé, mais le vague prétendant d'une amie à elle ? Dans quelle mesure ne cherche-t-elle pas à s'excuser d'avoir osé être, par l'amour et par l'écriture, en peignant ces héroïnes qui mettent toute leur énergie à n'être pas ?

Comme fait aussi Colette, par une coïncidence d'autant plus significative que l'univers païen et sensuel de la romancière française diffère radicalement de celui de George Eliot. Colette s'est rendue célèbre en écrivant, sous la houlette de son mari Willy, la série des *Claudine* dont l'héroïne, amoureuse de la vie, audacieuse, anticonformiste, lui ressemble assez. La rupture avec Willy l'amène logiquement à en finir avec ce personnage. Le dernier roman de la série s'intitule *Claudine s'en va* : Claudine s'en va parce que Colette s'en va, vers d'autres livres et d'autres hommes. Mais la créature s'avère, là aussi, moins hardie que sa créatrice. Claudine se retire à la campagne pour se dévouer entièrement à son mari vieillissant : quoi de plus édifiant ? Le roman évoque pourtant la libération d'une autre femme, Annie qui, longtemps étouffée par un mari autoritaire, le quitte au dénouement. Mais comme s'il fallait absolument édulcorer ce récit d'une émancipation, voilà que la libre Claudine, elle, se métamorphose en garde-malade !

Témoignage de continuité encore que cette tendance des femmes écrivains à se racheter de leurs propres audaces en condamnant leurs héroïnes à l'abnégation comme les féministes cherchent dans les piqûres de l'aiguille l'absolution de la course aux diplômes... Une continuité qu'illustre aussi *a contrario* le fait que *Maison de poupée* ait été écrite par un homme. La pièce d'Ibsen, créée en 1879, fut traduite, lue, représentée, commentée et diversement plagiée dans toute l'Europe, bien au-delà de 1900. Pareil succès a de quoi surprendre car le dénouement de la pièce confine à l'invraisemblable. Nora quitte un mari qui n'a rien d'un despote, aucun amant ne l'attend, elle laisse derrière elle trois enfants qu'elle aime ; pour survivre, elle devra chercher un emploi sans avoir ni vocation ni formation. L'insécurité matérielle, les déchirements affectifs : combien de femmes, dans le monde réel, pouvaient se résoudre à les choisir ensemble et d'un seul coup ? Mais l'abstraction de la pièce d'Ibsen, loin d'en être la faiblesse, en explique sans doute l'impact : en évacuant témérairement le concret, le dramaturge met à nu un enjeu central que les mille et une péripéties du quotidien reflétaient et occultaient à la fois. Sa Nora part sans raison « raisonnable » de partir, sinon de n'être plus le jouet, la chose, la créature d'un autre, et cet autre, du père au mari, c'est l'homme : « J'ai été ici ta femme-poupée comme chez papa j'étais son enfant-poupée[17]. »

Impossible, dit Nora, dit Ibsen, de se construire une identité authentique sans briser avec l'identité apprise, l'identité générique, qui ne définit le moi féminin que relativement à l'autre, à ses besoins et à ses désirs, sans en finir en soi avec le souci premier de l'autre. Son passage à l'acte, son invraisemblable départ, symbolise ce nécessaire arrachement. Mais c'est le pas même que les femmes du réel ne parviennent tout à fait ni à franchir ni à représenter.

Curieuses exigences

Ce pas, à en croire les hommes, elles l'ont déjà franchi... Rien n'y fait, ni les actes ni les discours des femmes n'apaisent les angoisses masculines, et c'est un assez incroyable dialogue de sourds qui se développe entre les deux sexes jusqu'en 1914.

Ce ne sont en littérature que foyers dévastés, maris adultères ou alcooliques, enfants tuberculeux ou accidentés, pitoyables victimes de cruelles émules de Nora. Cette vision aberrante, démentie aussi quotidiennement que vainement par les faits, mérite que l'on s'y attarde. Cette dramatisation systématique donne d'abord la mesure de l'effroi que suscite le mouvement des femmes. Mais s'y manifeste aussi une conception singulièrement extensive des manquements féminins au devoir. Point n'est besoin en effet de partir pour partir : si quelques héroïnes, à l'instar de Nora, désertent le domicile conjugal, d'autres, qui restent à leur poste, provoquent des catastrophes identiques parce qu'elles exercent un métier (n'importe lequel), parce qu'elles ont un diplôme (n'importe lequel), parce qu'elles aiment sortir ou même simplement parce qu'elles aiment lire. Des enfants mal soignés, un budget familial peu à peu chancelant, le suicide du mari pour finir, tout cela est en germe dans ces instants où « Madame s'isole dans sa chambre pour lire le dernier Maeterlinck ou le dernier Ibsen[18] ». Déjà dangereuse, déjà coupable, celle qui dérobe aux autres quelques parcelles de son temps et de son moi, celle qui ne se donne pas entièrement... Les maris du réel se montraient moins vulnérables sans doute, et moins sourcilleux, mais qu'ils n'aient pas consenti dans la joie à certains accommodements, la littérature, lieu du fantasme, en témoigne, les fantasmes semblant en cette matière pétris toujours de regrets et d'inquiétudes.

L'attente d'un dévouement illimité va de pair, comme il est logique, avec un désir de domination absolue, perceptible entre autres à travers une curieuse obsession pédagogique. Les théoriciens du couple semblent tenir pour acquis que le premier époux venu a compétence pour enseigner pêle-mêle à sa conjointe la cuisine, la morale, l'économie familiale et la métaphysique : « N'oublie pas qu'en la prenant pour aide, tu t'engages à être pour elle époux, ami, frère, père et prêtre[19]. »

Le prêtre : cet ultime et étrange avatar du mari idéal souligne l'accroissement paradoxal des exigences masculines. Au-delà du corps et du cœur, on se soucie beaucoup dorénavant de contrôler l'esprit : « une petite ardoise[20] », explique dans *Créanciers* le dramaturge suédois August Strindberg, où l'époux est maître d'écrire à sa guise, puisque « la femme est l'enfant de l'homme[21] ». Un personnage singulier reparaît régulièrement en littérature, celui de la petite sœur, par exemple, dans *Travail* de Zola, Sœurette, cette autre prisonnière du diminutif. Grâce à la mort prématurée des parents, le frère aîné se voit confier entièrement l'éducation de sa cadette et s'acquitte de sa tâche avec une générosité écrasante. D'elle, il fait son double, mais un double inférieur, incapable à son égard de la moindre distance critique, voué à l'adoration inconditionnelle. Et méritant de ce fait d'être donné en exemple à l'épouse ou à la fiancée :

> « Oh ! quand on aime une femme comme j'aime celle-ci, il faudrait l'avoir connue enfant, tout enfant, et l'avoir élevée d'année en année comme une sœur[22] ! »

Les petites sœurs ; et la Véréna de Henry James dans *les Bostoniennes* qui, présentant l'intéressante particularité d'être médium, devrait se montrer des plus réceptives à l'influence de son futur époux, Basil Ransom ; et « l'Ève future » de Villiers de l'Isle-Adam, Hadaly l'androïde ; ou encore Eliza Doolittle, livrée tout entière, de par son néant social, au zèle culturel et démiurgique du professeur Higgins, le « Pygmalion » de Bernard Shaw... Disposer d'une femme modelée entièrement par et pour soi, voilà un rêve qui obsède décidément bien fort les imaginations masculines du temps. Certes, les audaces féminines les plus timides ne pouvaient sembler qu'exorbitantes à qui cultivait semblables chimères. Mais pourquoi cultiver ces chimères entre toutes en une période qui *a priori* ne paraît pas spécialement propice aux songeries absolutistes ?

Les malheurs d'Adam

Mais quelle période justement ! Vécue, perçue, comme aussi nouvelle qu'Ève elle-même, différente radicalement des siècles antérieurs, et balayant sans pitié de très anciens repères. Si vigoureusement que s'élèvent de toutes parts des hymnes au progrès et à la démocratie confondus, une plainte se fait entendre en contrepoint, plus lancinante, plus désolée à mesure que le siècle avance : « déracinés[23] », les brillants jeunes gens de Barrès, et voués finalement à l'échec, « sans qualités » l'homme de Musil... Pour reprendre les mots mêmes du romancier autrichien, « qu'est-ce donc qui s'est perdu[24] ? ». De qualités, Ulrich, le héros de Musil, n'en manque pas, qui s'essaie d'abord à la carrière militaire, puis tâte de la carrière d'ingénieur avant de s'adonner avec succès aux mathématiques. Mais cette troisième entreprise tourne court comme les précédentes :

> « Un cheval de course génial confirme en Ulrich le sentiment d'être un homme sans qualités[25]. »

C'est qu'Ulrich courtisait moins les mathématiques pour elles-mêmes que pour faire grâce à elles reconnaître sa supériorité. Dès lors que « l'esprit du temps[26] » conduit un journaliste à conférer du génie à un cheval, rien n'a plus de sens :

> « (...) au moment même, où, après des efforts divers, il eût peut-être pu se sentir proche du but de ses aspirations, le cheval qui l'y avait précédé, de là-bas, le saluait[27]... »

Le renoncement d'Ulrich illustre le divorce entre un esprit en quête de pouvoir et l'ère moderne, ère de l'anonymat et du nivellement. C'est qu'en effet les transformations économiques dépossèdent de la maîtrise du procès de travail ceux qui autrefois eussent été paysans ou artisans et peinent à présent machinalement dans les grandes usines, et avec eux les employés du secteur tertiaire en plein développement. Les cadres eux-mêmes sont touchés et les ingénieurs qu'Ulrich voyait en imagination faire « la navette du Cap au Canada » se révèlent « fortement attachés à leur planche à dessin[28] ». Le processus atteint jusqu'aux patrons : au fil du siècle, des sociétés anonymes commencent à se substituer aux capitaines d'industrie, aux héros du capital qui marquaient le monde d'une empreinte personnelle. Cependant qu'en politique « l'affreux traîne-savates qui passe[29] » pèse par la grâce du bulletin de vote autant que le plus doué des inventeurs ou des poètes. Lequel voit de surcroît dans cette société de la consommation et du divertissement les chevaux de course et les demi-mondaines rivaliser avec lui de célébrité et de prestige. Dès 1857, Flaubert identifie dans *Madame Bovary* modernisme et médiocrité, *via* la figure du pharmacien Homais, chantre dérisoire du progrès : la fin de siècle européenne, de Paris à Vienne ou Stockholm, lui emboîte lugubrement le pas. Ne voit-on pas Zola lui-même, que les prodiges de la technique enthousiasment autrement que Flaubert, installer pour finir à la campagne ses héros utopiques de *Fécondité* et de *Travail* ?

Tout cela illustre sans doute la distance prise par les intellectuels au fil des décennies avec la société bourgeoise, société de l'Utile, mercantile et aliénante. Sans doute, mais pas uniquement... Car, de la crise de l'individu confronté au monde moderne, nous est donnée, plus souvent et plus clairement qu'on pourrait s'y attendre, une représentation sexuée. L'aspiration d'Ulrich à devenir un grand homme procède, écrit Musil, d'un ancien « type de virilité », devenu « un fantôme idéologique[30] ». Rien de plus insistant qu'un fantôme, et celui-ci plus encore que d'autres : biologistes, poètes, historiens, dramaturges, philosophes ou romanciers continuent de percevoir et de définir le masculin comme une démarche positive de compétition, de conquête et de maîtrise, de l'identifier à ces « instincts polémiques et guerriers, de commandement, de fermeté et de personnalité[31] » que Proudhon exalte fougueusement tout en célébrant par ailleurs les vertus de l'égalité. Une image forte du poids des siècles, une image rayonnante surtout, gratifiante, valorisante assez pour que ceux-là même que torture leur incapacité à s'y conformer ne songent point à la contester.

Non, ce n'est pas l'image qui est inadéquate, c'est l'époque... Époque de facilité, de confort, de sécurité, de fonctionnariat, époque molle et castratrice : un « monde hermaphrodite[32] », s'écrit Barbey d'Aurevilly, peuplé de « demi-mâles[33] », soupire Barrès, un monde « dont la virilité s'affaiblit[34] », se lamente Zola. La nouvelle de D. H. Lawrence, *New Eve and Old Adam*, a beau être focalisée sur la relation conjugale, le malaise du mari, Peter Moest, ne s'y manifeste pas uniquement dans le domaine amoureux. L'environnement, dans ce qu'il a de plus moderne, joue aussi un rôle :

> « Ce chauffage central irradiait tout l'immeuble, il lui imposait une uniformité dans laquelle les chambres devenaient pareilles à des couveuses : quoi de plus détestable[35] ? »

« Qu'est-ce qui s'est perdu ? » Le contrôle, la maîtrise, le pouvoir, jusques et y compris sur le chauffage... Plus moyen de faire valoir et prévaloir une singularité individuelle : c'est le retour à une prime enfance anonyme, passive, asexuée. Et que ce soit bien la plainte d'Adam qui résonne ici, Lawrence l'indique ensuite clairement :

> « Il se sentit envahi par une force masculine élémentaire, étouffé par des instincts insoupçonnés. Se trouver ainsi enfermé à l'intérieur de cet immense immeuble surchauffé lui parut insupportable[36]. »

Or Peter/Adam ne trouve nulle part d'espace qui lui convienne : il rentrait de France, il va quitter à nouveau Londres pour l'Italie, où il ne trouvera pas non plus l'apaisement. Lawrence ne donne pas d'explication d'ordre social à cette instabilité : le travail de Peter n'est que très vaguement évoqué. Mais cette quasi-omission précisément est significative : quel que soit son travail, le héros, semble-t-il, ne trouve pas à y déployer de façon satisfaisante la « force masculine élémentaire ». Aussi s'est-il retourné vers la femme : « Il avait fondé toute son existence sur ce mariage[37]. »

Phrase étonnante, si l'on songe qu'elle se rapporte à un personnage masculin. La hiérarchie des valeurs viriles serait-elle bouleversée au point que l'amour y prendrait désormais le pas sur l'ambition ? Oui... et non : par compensation, l'amour plus que jamais se conjugue sur le mode du pouvoir, Peter rêvant « qu'il y ait une femme au monde dont la vocation – et non la profession – (soit) de prendre soin de lui[38] ».

Si le monde se dérobe à la souveraineté d'Adam, que le foyer du moins lui soit un refuge (un « havre de paix[39] », un « abri[40] ») et le dernier royaume, l'épouse combinant en sa personne l'idolâtrie maternelle et la malléabilité enfantine. Les frénésies pédagogiques, les fantasmes « anachroniques » d'appropriation absolue procèdent du désir, du besoin, d'étancher auprès de la femme cette soif de pouvoir qui ne trouve plus ailleurs à s'assouvir. Souvent, hélas ! l'Ève nouvelle résiste et répond avec Paula Moest :

> « A tes yeux une femme devrait être une extension de toi-même ou, pis encore, ta côte d'Adam, dépourvue de la moindre autonomie. Tu n'arrives pas à comprendre que je suis un être distinct de toi[41]. »

Mais la quête se poursuit. Lawrence a adhéré un temps à une intéressante variété de féminisme, née de la révolte masculine contre le monde moderne, et qui s'est développée vers Munich, Heidelberg et Vienne, sous les auspices d'Otto Gross. Le néfaste progrès étant identifié au patriarcat, une image positive de la femme se met en place. Porteuse de valeurs spécifiques, voire selon Georg Simmel d'une contre-culture, elle a su, mieux que l'homme, rester proche de la nature, d'une libre et joyeuse vie primitive, et montre en conséquence la voie à suivre. Comment ne pas voir cependant se dessiner, sous ce féminisme de la différence, l'éternel retour de l'Ève éternelle, identifiée à la Terre Mère, nourricière et aimante ? Cette femme idéale, Otto Gross et Lawrence l'ont reconnue l'un et l'autre en Frieda von Richthofen. Or, voilà que dans les textes qu'ils lui adressent reparaît l'inévitable leitmotiv du don de soi :

> « Tu sais donner le bonheur. Avec noblesse, avec grandeur, tu te donnes passionnément, complètement[42]. »

Changements de sexe

La femme reste donc figée dans l'altérité, située en bien comme en mal relativement à l'homme et toujours génériquement définie. Quand l'Ève nouvelle est représentée au-delà de sa monstrueuse, de son innommable nouveauté, ce n'est pas un individu à part entière, un être humain de sexe féminin qui voit le jour. Souvent, elle ne se voit distribuer d'autre rôle que celui de ce cheval de course dont le « génie » dévalorise aux yeux d'Ulrich la notion de génie. Ses succès ne prouvent rien quant à ses possibilités, ils illustrent au contraire la dégradation d'un monde qui, acharné à niveler les identités, se fait le complice de cet être sans identité :

> « L'immense majorité des professions civiles sont des routines que peuvent apprendre en quelques années les plus médiocres cerveaux féminins[43]. »

Mais il arrive qu'à sa réussite soit attachée à rebours une signification considérable. Raisonnant à partir de leur modèle propre et de leur expérience propre, les hommes semblent ne jamais dissocier l'affirmation du moi de la domination d'autrui. Si la femme n'entend plus subir le pouvoir, alors nécessairement elle aspire à l'exercer. Quand, dans *Créanciers*, Tekla, au lieu de se borner à écouter dévotement les leçons de grammaire de son conjoint, en tire profit pour écrire mieux et accroître son talent de romancière, le mari, indique naïvement Strindberg, oublie la grammaire : le partage du savoir est impossible car le pouvoir qu'il confère ne saurait se partager. Et qu'advient-il quand l'Ève nouvelle, poussant son « cannibalisme[44] » à son terme, parvient en effet à dominer, en quelque domaine que ce soit ? Elle devient un homme, répondent nos écrivains, confirmant ainsi avec une superbe candeur que le pouvoir constitue bien l'essence de la masculinité.

Homme, par exemple, George Sand, de par son pouvoir dans l'ordre de l'esprit. Il est difficile aujourd'hui de mesurer l'incroyable impact de ses œuvres dans toute l'Europe et jusqu'aux États-Unis. Chateaubriand la compare à Byron, Henry James à Goethe : pareils compliments rendaient sa métamorphose inévitable. Très vite, elle n'est plus comparée aux hommes mais rangée parmi eux, et cette mutation ne s'accomplit pas seulement à distance, à travers l'élogieux articles : Sand devient un homme pour les hommes jusque dans la proximité de l'amitié. « Je causais avec un camarade[45] », assure Balzac après un séjour chez elle, tandis que Flaubert l'appelle « cher maître » tout au long de leur correspondance. Flaubert qui, à la mort de Sand, déclare : « Il fallait la connaître comme je l'ai connue pour savoir tout ce qu'il y avait de féminin dans ce grand homme (...)[46] »

Saisissant renversement de perspective que souligne encore Henry James quand il définit la grandeur de Sand non par « l'extension qu'elle donne à la nature féminine » mais par « la richesse qu'elle apporte à la nature masculine[47] ». Androgyne, Sand ? Peut-être ; mais, parce qu'elle a du génie, homme d'abord, homme essentiellement.

Mais le pouvoir peut aussi bien se prendre en amour et la même métamorphose aussitôt s'opère. Barbey d'Aurevilly, quand il dépeint le couple passionné que forme son héroïne Hauteclaire avec le comte de Savigny, fait d'elle « l'homme des deux dans leurs rapports d'amants[48] ». Peu de clichés romanesques sont plus en vogue à l'époque, on retrouve à peu près la même formule chez Flaubert à propos des relations entre Emma Bovary et Léon, chez Zola dans *la Curée*, et chez les auteurs à succès que sont alors Paul Bourget, Marcel Prévost ou Maurice Donnay. Faut-il ne voir, dans cette référence au masculin, qu'une simple et machinale métaphore du pouvoir, puisque après tout sont évoquées ici des femmes dont la séduction semble garantir la féminité ? Non pas : l'exercice du pouvoir imprègne la femme d'une masculinité qui n'a rien de rhétorique. La fumée d'une cigarette, des cheveux courts, la pratique d'un sport, un détail du costume, gilet ou cravate, autant de symptômes qui trahissent, sous des masques hypocritement féminins, l'inquiétante présence d'un homme. Tout fait signe, jusqu'à l'anatomie. C'est un signe encore que l'absence de ces opulentes rondeurs par où se donne spectaculairement à voir l'altérité féminine : garçonnet, gamin, ou bel éphèbe que la femme mince. Or, comme vers la fin du siècle, en conformité avec l'existence désormais moins sédentaire des femmes, se répand la mode de la minceur, ce sont des légions d'androgynes qui semblent soudain hanter les rues et les villes.

Où l'on voit la femme n'être toujours à l'homme qu'un miroir... L'aisance stupéfiante avec laquelle les filles d'Ève sont supposées mener à bien l'opération pour le moins hasardeuse du changement de sexe reflète avant tout l'ampleur de la crise masculine. Indigne de son modèle, l'homme moderne, incapable d'en satisfaire toutes les féroces exigences et du coup comme dessaisi de son identité... L'image que les femmes n'osent pas évoquer, celle de l'homme au foyer, de l'homme « Cendrillon[49] », dira George Orwell, de l'homme féminisé, hante les imaginations masculines, en symétrie avec celle de l'androgyne. Que George Sand entre à l'Académie française, s'exclame Barbey d'Aurevilly, et « c'est nous, les hommes, qui ferons les confitures et les cornichons[50] ».

La masculinité est à prendre : comment imaginer que les femmes ne saisissent pas l'occasion de s'en emparer ? Mais l'incapacité de concevoir que la femme puisse construire et vivre différemment sa libération témoigne en même temps de l'emprise inaltérée du modèle : le moi semble toujours devoir se conjuguer sur le mode du pouvoir, et le pouvoir au masculin. On est homme ou on n'est pas.

Dédoublements

De l'autre côté, du côté des femmes, il n'est pas si facile de percevoir les choses différemment. Cette part d'elles-mêmes qui refuse de se dissoudre et de s'anéantir dans l'identité générique, de quels repères disposent-elles pour lui donner consistance et contenu ? A l'instar de Nora, elles s'élancent vers l'inconnu, voyageuses sans bagages ni chemins déjà tracés. Sans modèle à suivre, sinon l'unique modèle du sujet existant sur la place, le modèle masculin.

Du moins sont-elles placées en extériorité par rapport à lui. Disposant d'emblée d'une distance qui n'est pas donnée aux hommes, elles ont *a priori* plus de moyens d'analyser cette relation au monde dont elles ne sont pas les dernières à subir les conséquences, d'en rechercher les origines, de la situer dans l'histoire de l'espèce au lieu d'y voir une donnée immuable. Et les femmes n'ont pas manqué, certes, de poser un regard critique sur cet homme qui est leur autre. Telle George Sand qui, dans ses *Dialogues imaginaires avec le docteur Piffoël*, ne le ménage guère :

> « (Il) méprise parfaitement le dévouement car il croit que le dévouement lui est naturellement acquis par le seul fait d'être sorti du ventre de madame sa mère... Dominer, posséder, absorber ne sont que les conditions auxquelles il consent à être adoré comme un Dieu[51]. »

Mais cette remarque, qui établit entre le rapport à la mère et l'identité masculine un lien intéressant, Sand, bien qu'elle rêve à la même époque d'être « le Spartacus de l'esclavage féminin[52] », ne la théorisera pas. Ni elle, ni, plus généralement, les femmes du XIXe siècle. Si elles évoquent, à partir de leur propre oppression, les dispositions tyranniques de l'autre sexe et la soif de pouvoir qui l'anime, elles s'en tiennent le plus souvent au constat, sans constituer le masculin en objet théorique central et systématique : le patriarcat ne trouve pas son Bachofen femme. Remarquable dissymétrie... Donné à voir, en ce siècle victorien, le corps de la femme, à travers la prostitution, la littérature (où le thème prostitutionnel prend justement une considérable ampleur), à travers la peinture, la sculpture et ces planches anatomiques du Larousse qui mettent Michelet en transe. Donné à voir, l'esprit « féminin », avec les mises en scène par Charcot d'une hystérie jouée toujours par des actrices féminines, avec l'amoncellement des textes qui le fouillent, le décortiquent, le mettent à nu. Mais la réciproque n'est pas vraie. Marie Laurencin ne peint pas de nus masculins, ne met pas le masculin à nu, et les théoriciennes du féminisme, pas davantage. L'humilité ne se désapprend pas si vite, la distance objective ne compense pas tous les blocages créés par l'amalgame millénaire de l'humain et du masculin. Pour les femmes aussi, c'est aux femmes qu'il revient de progresser, de s'élever – autant que faire se peut – vers la seule façon d'être un individu qui soit connue et reconnue.

Aussi jouent-elles assez volontiers les androgynes. L'homme que ses amis voient en elle, George Sand, jusqu'à un certain point, veut l'être, assez pour en assumer spectaculairement l'image, avec son pseudonyme, ses pantalons, ses cigarettes et la provocante liberté de sa vie amoureuse ; croit l'être aussi, assez pour parler quelquefois d'elle-même comme d'un homme. Pourquoi tant d'autres écrivains femmes, Marie d'Agoult (Daniel Stern), Delphine Gay (le vicomte de Launay), Mary-Ann Evans (George Eliot), Jeanne Lapauze (Daniel Lesueur), prennent-elles à leur tour des pseudonymes masculins ? Cette mode peut de prime abord sembler explicable par le désir de contourner le préjugé sexiste, de préserver une œuvre des regards condescendants que s'attirent les « livres de femmes ». Mais une fois que le secret est éventé – et il l'est toujours –, à quoi bon conserver ce déguisement ? Et s'agit-il bien d'un déguisement ? Marie d'Agoult déclare fermement dans ses *Lettres républicaines* :

> « Au génie masculin, la solution des problèmes scientifiques, l'organisation de la liberté, de l'égalité sociale. Au génie féminin, le travail divin du cœur, la conciliation des classes devenues épouses[53]. »

Et de quoi se préoccupe-t-elle donc dans ces *Lettres républicaines* ? Ou dans son *Essai sur la liberté* ? Dans ses *Esquisses morales et politiques* ? Elle y traite, les titres l'indiquent assez, des sujets mêmes dont elle fait le domaine réservé du génie masculin. Non, « Daniel Stern » n'a rien d'une simple signature destinée à abuser autrui. Daniel Stern existe, Marie d'Agoult est Daniel Stern, elle a besoin de l'être pour légitimer à ses propres yeux ses ambitions théoriques. Détour libérateur ? Voire... Assez audacieuse, Marie d'Agoult, pour s'aventurer dans le domaine de la réflexion politique, trop timide pour fréquenter ces altitudes hors la médiation d'une figure masculine : partant de semblables prémices, ose-t-elle pousser jusqu'au bout les hardiesses conceptuelles de ce double dont elle sait trop bien qu'il n'est pas tout à fait un homme ? Ose-t-elle, inversement, nourrir les sujets « virils » dont traite Daniel Stern des apports de l'expérience féminine ? Les hommes voient dans l'androgynie féminine une entreprise d'usurpation conquérante et sauvage. Elle semble plutôt, quand des femmes en font le choix, refléter la contradiction où celles-ci se débattent, cette « fissure en plein cœur[54] » dont parle plus tard Virginia Woolf, à propos justement du rapport des femmes à l'écriture. Sous ce besoin d'un dédoublement, comme sous l'exaltation *via* certaines de leurs héroïnes de ce féminin sacrificiel dont elles-mêmes se détournent par le seul fait d'écrire, c'est l'humilité encore qui sourd, le sentiment tenace et douloureux d'une illégitimité originelle : a-t-on véritablement le droit d'être, si l'on n'est homme ?

Dès lors que, du côté des hommes, du côté des femmes, perdure cette confusion de l'humain et du masculin qui soustrait le masculin à l'examen critique, une crise nourrit l'autre. Trop inquiètes encore de leurs audaces, les femmes, pour ne pas rester vulnérables aux railleries, aux pressions, aux menaces, aux refus, et mettre d'elles-mêmes à leurs élans des bornes. En franchissant assez, toutefois, en abolissant assez de repères, pour aviver chez les hommes les angoisses que génère en eux la modernité, pour renforcer la crainte qui les ronge, de n'être pas individuellement à la hauteur des ambitions grandioses que leur sexe les condamne à nourrir. Si bien qu'ils répondent aux humbles hardiesses de l'autre moitié de l'humanité avec une agressivité gémissante et fébrile...

A quoi bon se demander à présent si de la crise n'aurait pas un jour jailli la lumière ? Car la guerre est passée par là, qui a redistribué les cartes. Femmes ambulancières ou tourneuses d'obus, femmes au travail enfin valorisé, femmes seules par force, autonomes par force, et y survivant ; hommes casqués, poilus, meurtris, mourants (mais leur mort même ressuscite le guerrier) : quelles images allaient peser le plus lourd, dans l'après ?

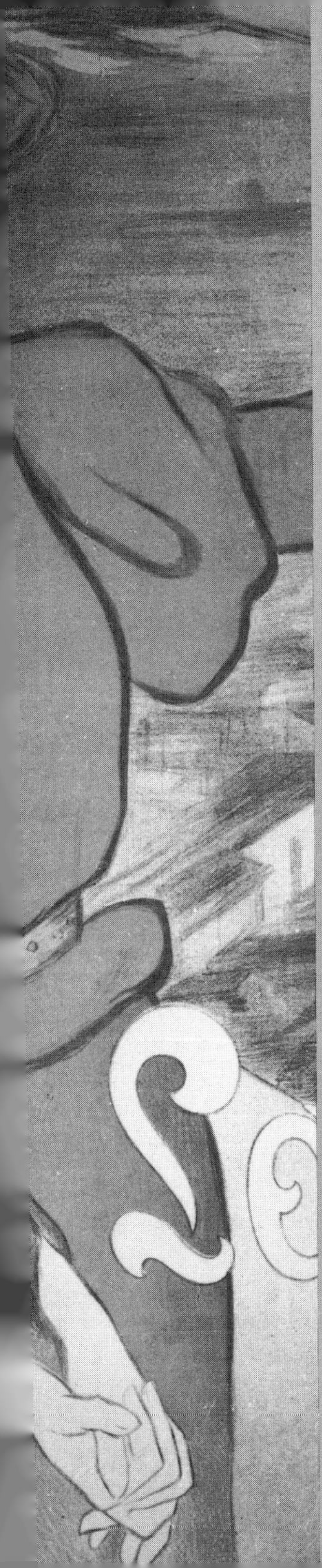

PAROLES DE FEMMES

Publicité pour *la Fronde*, quotidien féministe qui parut de 1897 à 1903. Lithographie, C.H. Dufau.
Paris, collection Viollet.

DU BONHEUR DES FEMMES

GERMAINE DE STAËL ET LOU ANDREAS-SALOMÉ

Ces grands personnages féminins ne sont pas les héroïnes, les emblèmes, qu'une certaine histoire des femmes aime à représenter ; ce sont pourtant des femmes célèbres, ô combien célèbres. Elles sont extraordinaires, et ce à plus d'un titre : si elles ont la possibilité de ne pas être dans un état de dépendance économique, elles savent en profiter ; en profiter pour voyager à travers l'Europe, Allemagne, Suisse, Angleterre, Italie ; pour s'affranchir des préjugés, résumés en un seul, celui qui veut qu'une femme n'affirme pas, avant toute chose, son autonomie ; pour n'avoir pas froid aux yeux, se voyant quasi naturellement comme les interlocutrices des grands hommes. Elles vivent leur temps et portent en elles leur temps.

Portrait de Germaine de Staël en Corinne.
Peinture, Louise Elisabeth Vigée-Lebrun. *Collection particulière.*

GERMAINE DE STAËL :

« *DES FEMMES QUI CULTIVENT LES LETTRES* »

Mme de Staël fut élevée dans l'Ancien Régime où certaines femmes acquéraient un « empire » dans leur salon et jouissaient d'un statut d'exception, avec grandeur parfois ; mais lorsqu'elle vit pleinement, la Révolution et l'Empire napoléonien se méfient d'elle, femme indépendante. On comprendra qu'elle ait le regret des Lumières tout en souhaitant cependant désormais les Lumières pour tous. Cette femme parle de sa souffrance, de sa difficulté à passer d'un monde à un autre, de la monarchie à la république ; mais elle sait aussi que « les jouissances de l'esprit sont faites pour calmer les orages du cœur ». La lucidité dont elle fait preuve dans le texte ci-dessous est suffisamment belle pour qu'on la suive dans ses comparaisons entre ces deux mondes qui l'un et l'autre lui ont refusé une place. A travers ces réflexions aussi se laisse apercevoir l'essentiel de sa vie de femme, hormis ses amours : sa passion pour l'exercice de l'esprit et la vie intellectuelle de son temps, sa certitude que l'important est la vie publique, même pour une femme. Mme de Staël n'est pas venue à propos dans son temps mais elle accepte cependant d'y jouer tout son être ; et si elle est sévère pour ses contemporaines, elle le fait sans traîtrise : se sachant exceptionnelle, elle n'abandonne pourtant jamais l'idée que le sort des femmes pourrait être meilleur, que leur absence de solidarité est seulement le poids de l'ignorance et du préjugé.

« L'existence des femmes en société est encore incertaine sous beaucoup de rapports. Le désir de plaire excite leur esprit ; la raison leur conseille l'obscurité ; et tout est arbitraire dans leurs succès comme dans leurs revers.

Il arrivera, je le crois, une époque quelconque, où des législateurs philosophes donneront une attention sérieuse à l'éducation que les femmes doivent recevoir, aux lois civiles qui les protègent, aux devoirs qu'il faut leur imposer, au bonheur qui peut leur être garanti ; mais, dans l'état actuel, elles ne sont pour la plupart, ni dans l'ordre de la nature, ni dans l'ordre de la société. Ce qui réussit aux unes perd les autres ; les qualités leur nuisent quelquefois, quelquefois les défauts leur servent ; tantôt elles sont tout, tantôt elles ne sont rien. Leur destinée ressemble, à quelques égards, à celle des affranchis chez les empereurs : si elles veulent acquérir de l'ascendant, on leur fait un crime d'un pouvoir que les lois ne leur ont pas donné ; si elles restent esclaves, on opprime leur destinée.

Certainement il vaut beaucoup mieux, en général, que les femmes se consacrent uniquement aux vertus domestiques ; mais ce qu'il y a de bizarre dans les jugements des hommes à leur égard, c'est qu'ils leur pardonnent plutôt de manquer à leurs devoirs que d'attirer l'attention par des talents distingués ; ils tolèrent en elles la dégradation du cœur en faveur de la médiocrité de l'esprit, tandis que l'honnêteté la plus parfaite pourrait à peine obtenir grâce pour une supériorité véritable.

Je développerai les diverses causes de cette singularité. Je commence d'abord par examiner quel est le sort des femmes qui cultivent les lettres dans les monarchies, et quel est aussi leur sort dans les républiques. Je m'attache à caractériser les principales différences que ces deux situations politiques doivent produire dans la destinée des femmes qui aspirent à la célébrité littéraire, et je considère ensuite d'une manière générale quel bonheur la gloire peut promettre aux femmes qui veulent y prétendre.

Dans les monarchies, elles ont à craindre le ridicule, et dans les républiques la haine.

(...) Depuis la Révolution, les hommes ont pensé qu'il était politiquement et moralement utile de réduire les femmes à la plus absurde médiocrité ; ils ne leur ont adressé qu'un misérable langage sans délicatesse comme sans esprit ; elles n'ont plus eu de motifs pour développer leur raison ; les mœurs n'en sont pas devenues meilleures. En bornant l'étendue des idées, on n'a pu ramener la simplicité des premiers âges ; il en est seulement résulté que moins d'esprit a conduit à moins de délicatesse, à moins de respect pour l'estime publique, à moins de moyens de supporter la solitude. Il est arrivé ce qui s'applique à tout dans la disposition actuelle des esprits : on croit toujours que ce sont les Lumières qui font le mal, et l'on veut le réparer en faisant rétrograder la raison. Le mal des Lumières ne peut se corriger qu'en acquérant plus de lumières encore. Ou la morale serait une idée fausse, ou il est vrai que plus on s'éclaire, plus on s'y attache.

(...) Jamais les hommes, en France, ne peuvent être assez républicains pour se passer entièrement de l'indépendance et de la fierté naturelle aux femmes. Elles avaient sans doute, dans l'Ancien Régime, trop d'influence sur les affaires : mais elles ne sont pas moins dangereuses lorsqu'elles sont dépourvues de lumières, et par conséquent de raison ; leur ascendant se porte alors sur des goûts de fortune immodérés, sur des choix sans discernement, sur des recommandations sans délicatesse ; elles avilissent ceux qu'elles aiment au lieu de les exalter. L'État y gagne-t-il ? Le danger est très rare de rencontrer une femme dont la supériorité soit en disproportion avec la destinée de son sexe : doit-il priver la république de la célébrité dont jouissait la France par l'art de plaire et de vivre en société ? Or, sans les femmes, la société ne peut être ni agréable ni piquante ; et les femmes privées d'esprit, ou de cette grâce de conversation qui suppose l'éducation la plus distinguée, gâtent la société au lieu de l'embellir ; elles y introduisent une sorte de niaiserie dans les discours et de médisance de coterie, une insipide gaieté qui doit finir par éloigner tous les hommes vraiment supérieurs, et réduirait les réunions brillantes de Paris aux jeunes gens qui n'ont rien à faire et aux jeunes femmes qui n'ont rien à dire.

On peut découvrir des inconvénients à tout dans les affaires humaines. Il y en a sans doute à la supériorité des femmes, à celle même des hommes, à l'amour-propre des gens d'esprit, à l'ambition des héros, à l'imprudence des âmes grandes, à l'irritabilité des caractères indépendants, à l'impétuosité du courage, etc. Faudrait-il pour cela combattre de tous ses efforts les qualités naturelles, et diriger toutes les institutions vers l'abaissement des facultés ? A peine est-il certain que cet abaissement favorisât les autorités de famille ou celles des gouvernements. Les femmes sans esprit de conversation ou de littérature ont ordinairement plus d'art pour échapper à leurs devoirs ; et les nations sans lumière ne savent pas être libres, mais changent très souvent de maîtres.

Éclairer, instruire, perfectionner les femmes comme les hommes, les nations comme les individus, c'est encore le meilleur secret pour tous les buts raisonnables, pour toutes les relations sociales et politiques auxquelles on veut assurer un fondement durable.

L'on ne pourrait craindre l'esprit des femmes que par une inquiétude délicate sur leur bonheur. Il est possible qu'en développant leur raison, on les éclaire sur les malheurs souvent attachés à leur destinée ; mais les mêmes raisonnements s'appliqueraient à l'effet des Lumières en général sur le bonheur du genre humain, et cette question me paraît décidée.

Si la situation des femmes est très imparfaite dans l'ordre civil, c'est à l'amélioration de leur sort, et non à la dégradation de leur esprit, qu'il faut travailler. Il est utile aux Lumières et au bonheur de la société que les femmes développent avec soin leur esprit et leur raison. Une seule chance véritablement malheureuse pourrait résulter de l'éducation cultivée qu'on doit leur donner : ce serait si quelques-unes d'entre elles acquéraient des facultés assez distinguées pour éprouver le besoin de la gloire ; mais ce hasard même ne porterait aucun préjudice à la société, et ne serait funeste qu'au très petit nombre de femmes que la nature dévouerait au tourment d'une importune supériorité.

S'il existait une femme séduite par la célébrité de l'esprit, et qui voulût chercher à l'obtenir, combien il serait aisé de l'en détourner s'il en était temps encore ! On lui montrerait à quelle affreuse destinée elle serait prête à se condamner. Examinez l'ordre social, lui dirait-on, et vous verrez bientôt qu'il est tout entier armé contre une femme qui veut s'élever à la hauteur de la réputation des hommes.

(...) La gloire même peut être reprochée à une femme, parce qu'il y a contraste entre la gloire et sa destinée naturelle. L'austère vertu condamne jusqu'à la célébrité de ce qui est bien en soi, comme portant une sorte d'atteinte à la perfection de la modestie. Les hommes d'esprit, étonnés de rencontrer des rivaux parmi les femmes, ne savent les juger, ni avec la générosité d'un adversaire, ni avec l'indulgence d'un protecteur ; et dans ce combat nouveau, ils ne suivent ni les lois de l'honneur, ni celles de la bonté.

Si, pour comble de malheur, c'était au milieu des dissensions politiques qu'une femme acquît une célébrité remarquable, on croirait son influence sans bornes alors même qu'elle n'en exercerait aucune ; on l'accuserait de toutes les actions de ses amis ; on la haïrait pour tout ce qu'elle aime, et l'on attaquerait d'abord l'objet sans défense avant d'arriver à ceux que l'on pourrait encore redouter.

(...) Ce n'est pas tout encore : l'opinion semble dégager les hommes de tous les devoirs envers une femme à laquelle un esprit supérieur serait reconnu : on peut être ingrat, perfide, méchant envers elle, sans que l'opinion se charge de la venger. *N'est-elle pas une femme extraordinaire ?* Tout est dit alors ; on l'abandonne à ses propres forces, on la laisse se débattre avec la douleur. L'intérêt qu'inspire une femme, la puissance qui garantit un homme, tout lui manque souvent à la fois : elle promène sa singulière existence, comme les Parias de l'Inde, entre toutes les classes dont elle ne peut être, toutes les classes qui la considèrent comme devant exister par elle seule : objet de la curiosité, peut-être de l'envie, et ne méritant en effet que la pitié. »

Extraits de *De la littérature* (1802).

Lou Andreas-Salomé. Photographie anonyme ; avant 1900.
Londres, The Freud Museum.

LOU ANDREAS-SALOMÉ :

« L'HUMANITÉ DE LA FEMME »

La fin du siècle trouve Lou Andreas-Salomé en pleine maturité, beaucoup plus sûre de ses possibilités à vivre librement et à jouir de ses capacités que Mme de Staël. Il est étonnant de voir comment elle sait explorer les possibles, être à la fois la muse traditionnelle de l'homme et la créatrice, l'intellectuelle nouvelle. Ses interlocuteurs masculins ne s'y trompent pas, Nietzsche, Rilke ou Freud, et ils aiment dialoguer avec elle. Elle se fait d'ailleurs le chantre de l'épanouissement des femmes dans leur spécificité de femmes, dans leur différence avec les hommes. Il y a deux univers distincts, un pour chaque sexe, et il n'est pas sûr à ses yeux que celui de la femme soit le plus désagréable à habiter. Elle redéfinit l'espace d'activité féminine à partir du sexe même de la femme, ainsi de son corps. Il n'y a pas d'esprit féminin isolé du corps. De là la certitude que la femme ne se sépare jamais d'elle-même, contrairement à l'homme. Là où il est plus difficile de la suivre, c'est dans les conséquences, évidemment, de cette pensée de la différence sexuelle : l'émancipation des femmes lui apparaît comme une triste course pour imiter l'homme, le simple piège du mimétisme. Et même si elle voit bien pourquoi la femme est tentée de sortir du cercle domestique, elle pense néanmoins que là est sa vocation. Mais pas la sienne apparemment ; d'où la gêne ressentie à la lire : qui parle dans ce texte, ou plutôt quelle femme ?

« Dans cette manière d'être intellectuelle, comme dans tout le reste de son être, la femme est également, bien plus que l'homme, déterminée et liée par la vie de son corps. C'est un point que le plus souvent on néglige, au nom des plus plates conventions – et, plus que tous, les femmes commettent cette erreur parce qu'elles aiment feindre que seuls des êtres féminins égrotants soient sensibles aux dispositions variables de leur organisme. Et pourtant, ce qui imprègne irrévocablement la plus saine même, la plus épanouie des femmes, en tant que loi imposée à toute son existence physique, ce qui la différencie de l'homme n'est rien qui doive l'amener à se sentir inférieure à l'homme, mais bien au contraire ce qui lui permet de s'affirmer à côté de lui, dans toute la spécificité féminine de ses dons ; car il s'agit là d'un fait extraodinairement important et riche de conséquences : le rythme naturel de sa vie, et physiologique, et psychique. La vie de la femme se conforme en cela à un rythme secret, à des hauts et des bas réguliers, qui l'enferment dans un cycle sans cesse recommençant, sans cesse aboutissant à nouveau, dans lequel tout son être, avec toutes ses manifestations, se sent harmonieusement bercé. Ainsi, tout aussi bien physiquement qu'intellectuellement, la ligne qui tend vers l'infini et se ramifie avec une subtilité et une complexité croissantes n'est pas du domaine de la femme : il semble que, du simple fait qu'elle vit, elle parcourt cercle après cercle. Il est étrange qu'on se contente toujours de faire le silence sur ce rythme vital, ou qu'on le présente comme quelque chose de tout à fait indifférent, alors que bien plutôt, et justement en la créature absolument saine et sûre de son corps, il rappelle la fête et le recueillement solennel, les dimanches qui parsèment le temps, les heures de paix profonde et sereine qui sans cesse contrôleraient, éclaireraient, ordonneraient l'existence quotidienne, et qui exigent des fleurs sur la table et en l'âme : parce qu'en elle se répète, une fois encore, au sens le plus strictement physique du mot, ce qui constitue aussi l'être intime de la femme, dans sa grandeur et son ensemble. Bien que sans doute les temps disparaissent peu à peu où les femmes s'imaginaient devoir imiter l'homme en tout domaine où elles voulaient donner des preuves de leur valeur, et par conséquent œuvraient sous des pseudonymes masculins – pas seulement lorsqu'elles étaient écrivains – nous sommes encore trop loin d'envisager avec respect tout ce qui est propre à la femme. Tant qu'elles ne le feront pas, tant qu'elles ne chercheront pas à se comprendre aussi passionnément et aussi profondément qu'il se peut dans leur *différence* d'avec l'homme – *et tout d'abord exclusivement dans cette différence* –, en utilisant à cette fin, scrupuleusement, les moindres des indices de leur corps comme de leur âme, elles ne sauront jamais avec quelle ampleur et quelle force elles peuvent s'épanouir, en vertu de la structure propre à leur essence, et combien, en fait, les frontières de leur monde sont vastes. La femme n'est toujours pas assez présente à elle-même, et par conséquent n'est pas encore assez devenue femme – du moins telle qu'elle vit dans les rêves des hommes les meilleurs de leur époque, et dans ses propres rêves. Jadis elle manquait, pour atteindre ce but – et d'ailleurs, tous les humains manquaient –, de pratique de la connaissance de soi et de liberté à l'égard de préjugés enracinés par l'habitude ; elle ne connaissait ni tous les trésors ni toutes les pièces qui lui appartenaient de droit, et n'osait s'installer pour vivre que dans les premières venues, pour les orner n'importe comment. Mais plus tard, cédant à l'intimidation, elle a suivi, avec une singulière stupidité, l'appel qui l'arrachait à sa propre demeure pour la jeter sur la grand-route. Malheureusement, cet appel est devenu pour bien des femmes qui lui ont fermé leurs oreilles – y trouvant, non une séduction, mais une menace – un impératif du destin, comme pour les autres : pour la simple raison que la compréhension d'une nécessité sociale, que celle-ci soit ou non un impératif de société, les lance au beau milieu d'une mêlée où elles sont forcées de jouer des coudes et de distribuer des coups sans trêve ni repos, en s'éparpillant dans des activités parcellaires, tout comme l'homme. C'est là un fait dont on ne viendra pas à bout par des phrases, et sur lequel nous n'avons pas ici le loisir d'insister. Une chose au moins est sûre : que précisément dans une telle lutte pour la vie il faudrait avant tout souhaiter à la femme de montrer qu'elle a l'estomac solide et peut digérer jusqu'aux morceaux les plus durs sans rien perdre de la beauté qui lui est propre, d'imposer aux choses son sceau de femme, au lieu de renoncer en leur faveur à sa féminité, même si cette fidélité doit entraîner quelque atténuation de ses qualités de concurrente : elle devrait mettre un peu d'âme féminine, de tiédeur familière et d'harmonie là où elles sont absentes, mais pourraient peut-être agir discrètement. Qui sera le plus fort ? La femme, ou alors ce qu'elle s'arrache de non-féminin ? Le temps seul pourra nous l'apprendre.

Outre cette circonstance, une autre encore pousse les femmes à s'évader par troupes entières de l'étroitesse du seul cercle de famille : c'est leur avidité spontanée, profonde et indéniable, leur faim d'une nourriture plus solide et plus variée qu'elles ne la trouvent sans mal chez elles. Ce sont là deux états de choses qu'il ne faut pas confondre : car, alors qu'elle semble tendre ardemment au seul but de son émancipation, une jeune personne humaine ne cherche peut-être rien qu'elle-même et son développement particulier. Peut-être même s'empare-t-elle d'un certain métier extérieur à son foyer, bien qu'il ne l'attire aucunement, alors que dans toutes ces expériences elle ne fait que s'engager à tâtons sur les diverses voies qu'elle veut suivre pour aller jusqu'à elle-même, pour enfin s'étreindre entièrement, se posséder entièrement, et donc pouvoir donner tout ce qu'elle contient. Que de jeunes filles provisoirement écœurées, au grand scandale des leurs, par les petites corvées domestiques ne désirent, sans le savoir, rien d'autre que de s'épanouir en une âme féminine riche et précieuse, dans le cercle de laquelle chacun se sentira enclos par la paix du monde natal – et, si on lui interdit d'en tenter l'expérience, si ses capacités les plus accusées s'atrophient, la voilà condamnée à une éternelle discordance, anguleuse et mal proportionnée, payant dans sa vieillesse, en flots de bile amère, les pièces d'or qu'il ne lui a pas été permis d'offrir jadis. A cet égard, on ne peut donc que toujours prêcher la liberté, et encore la liberté, et il faut renverser toute barrière, rompre toute étroitesse artificielle, car il est plus sage de faire confiance aux voix du désir qui s'élèvent du sein de l'être humain, même lorsqu'elles s'expriment de travers, qu'à des théories préconçues et falsifiées. Dans tous les cas où une évolution peut revêtir un être de splendeur et de joie, et si bizarres que puissent paraître ses zigzags, elle n'en est pas moins sur la bonne voie, et elle a finalement pour but d'amener à maturité, en la femme, la femme elle-même, autrement dit, sa plus secrète aptitude à vivre. »

« L'humanité de la femme, ébauche d'un problème »,
article publié en 1899 dans la *Neue deutsche Rundschau*[1].

Lloyd Bremen
du Norddeutsch
J. Hugo d'Alesi

ANNEXES

NOTES
BIBLIOGRAPHIE
INDEX

A bord du *Lloyd Bremen. Bulletin du Norddeutscher Lloyd*, Brême. Affichette publicitaire J. Hugo d'Alési ; vers 1900.
Paris, bibliothèque des Arts décoratifs.

NOTES

INTRODUCTION

1. Cf. Geneviève Fraisse, *Muse de la raison, la démocratie exclusive et la différence des sexes*, Alinéa, 1989 ; Joan B. Landes, *Women and the Public Sphere in the Age of the French Revolution*, Cornell University Press, 1988.

CHAPITRE 1

Filles de la liberté et citoyennes révolutionnaires

1. A. Farge, « Évidente émeutière », *Histoire des femmes*, III, 1991.

2. D. Godineau, *Citoyennes Tricoteuses, Les femmes du peuple à Paris pendant la Révolution*, Aix-en-Provence, Alinéa, 1988.

3. R. Dekker, L. Van de Pol, W. Tebrake, « Women and Political Culture in the Dutch Revolutions », *Women and Politics in the Age of the Democratic Revolution*, dir. H. Applewhite et D. Levy, University of Michigan Press, 1990.

4. L. Kerber, *Women of the Republic. Intellect and Ideology in Revolutionary America*, University of North Carolina Press, 1980.

5. *Ibid.*

6. Hannah Adams, *Women Invited to War*, Boston, 1790.

7. M. Gauchet, *la Révolution des droits de l'homme*, Paris, Gallimard, 1989.

CHAPITRE 2

Révolution française : Le tournant

1. Louis de Bonald, *Théorie du pouvoir politique et religieux*, II, 1, 1796.

2. Edmund Burke, *1re Lettre sur la paix régicide*, 1796, trad. fr. 1797.

3. *Déclaration des droits de l'homme et du citoyen*, art. 2.

4. *7e Lettre bougrement patriotique de la Mère Duchêne*, 22 mars 1791.

5. Joachim Campe, *Lettres d'un Allemand à Paris*, 9 août 1789, trad. fr. J. Ruffet, Paris, 1989.

6. Discours à la commune de Paris, *Révolutions de Paris*, 27 brumaire an II (17 novembre 1793).

7. Talleyrand, *Rapport sur l'Instruction publique*, Assemblée constituante, 10, 11 et 19 septembre 1791.

CHAPITRE 3

De la destination au destin

1. Textes des philosophes (par ordre de citation)

J. G. Fichte, *Fondement du*

droit naturel selon les principes de la doctrine de la science, 1796-1797.

E. Kant, *Métaphysique des mœurs* (première partie, *Doctrine du droit*), 1796 ; *Anthropologie du point de vue pragmatique*, 1798.

G.W.F. Hegel, *la Phénoménologie de l'esprit, 1807 ; Encyclopédie des sciences philosophiques*, 1817 ; *les Principes de la philosophie du droit*, 1821.

F. Schlegel, *Lucinde*, 1799 ; *Sur la philosophie* (à Dorothea), 1799.

F. Schleiermacher, *Lettres confidentielles sur la Lucinde*, 1800.

Ch. Fourier, *Œuvres complètes*, notamment *Théorie des quatre mouvements et des destinées générales*, 1808 ; *Théorie de l'unité universelle*, 1822.

P.J.G. Cabanis, *Rapports du physique et du moral de l'homme*, 1802.

J. Bentham, *Code constitutionnel*, 1830.

J. Mill, « Sur le Gouvernement », 1820, *Encyclopædia Britannica*, 1824.

W. Thompson, *Appeal of one-half the human race, Women, against the pretensions of the other half, Men*, 1825.

A. Schopenhauer, « Métaphysique de l'amour », *le Monde comme volonté et comme représentation*, 1819 ; « Sur les femmes », *Parerga et Paralipomena*, 1850.

S. Kierkegaard, *Œuvres complètes*, notamment *Ou bien... ou bien*, 1843.

L. Feuerbach, *l'Essence du christianisme*, 1841.

A. Comte, *Œuvres complètes*, notamment *Système de politique positive*, 1851-1854 ; *Catéchisme positiviste*, 1909.

P. Leroux, *De l'Égalité*, 1848.

M. Stirner, *l'Unique et sa propriété*, 1844.

K. Marx, *Manuscrits de 1844 ; l'Idéologie allemande*, 1845-1846 ; *le Capital*, 1867, livre 1.

P.-J. Proudhon, *Système des contradictions économiques, ou Philosophie de la misère*, 1846 ; *De la Justice dans la Révolution et dans l'Église*, 1858 ; *la Pornocratie ou les femmes dans les temps modernes*, 1875.

J. S. Mill, *Lettres inédites de J. S. Mill à A. Comte*, 1899 ; « Enfranchisement of Women », *The Westminster Review*, 1851 (en collaboration avec Harriet Taylor) ; *Subjection of Women*, 1869.

Ch. Secrétan, *le Droit de la femme*, 1886.

J. J. Bachofen, *Das Mutterrecht*, 1861.

F. Engels, *l'Origine de la famille, de la propriété privée et de l'État*, 1884.

H. Spencer, *The Principles of Sociology*, 1869 ; *The Principles of Ethics*, 1891.

Ch. Darwin, *Descent of man and the sexual selection*, 1871.

F. Nietzsche, *Œuvres complètes*, notamment *Humain, trop humain*, 1878 ; *le Gai savoir*, 1882 ; *Par-delà le bien et le mal*, 1886.

E. Durkheim, *Textes*, t. 2 et 3.

S. Freud, *Œuvres complètes*, notamment *Trois essais sur la théorie de la sexualité*, 1905.

O. Weininger, *Sexe et caractère*, 1903.

CHAPITRE 4

Les contradictions du droit

En ce qui concerne les abréviations utilisées, on lira ainsi : S. 1898.143, *Cass*, 18 juillet 1898 : arrêt de la Cour de cassation française, chambre civile (chambre criminelle = *Cass. crim.*), rapporté dans *Recueil général des lois et des arrêts*, fondé par J.-B. Sirey. Sont indiqués successivement : l'année du volume, la partie, la page, la nature du tribunal, la date de l'arrêt.
D.1898.1.43, *Cass*, 18 juillet 1898 : arrêt rapporté dans le *Recueil Dalloz* ; D.P. signifie *Dalloz périodique*.
S.1898.2.56, Paris, 13 mai 1898 = arrêt de la Cour d'appel de Paris.
S.1898.3. *C.É.*, 1er mars 1898 = arrêt du Conseil d'État français.

1. *Moniteur universel, Journal officiel de la République*, 22 novembre 1851, n° 326, p. 2 917 et s.

2. Dalloz 1885.1.105, *Cass*, 16 mars 1885 ; Sirey 18391.1.384, *Cass*, 21 mars 1893 ; Sirey 1913.3.89, C.É. 20 janvier 1910.

3. Sirey 1910.1.600, *Cass. crim.*, 17 février 1910.

4. Sirey 1879.1.433, *Cass. crim.* 11 juillet 1879.

5. Maurice Hauriou, *note* sous Sirey 1913.3.89, C.É., 26 janvier 1912.

6. *Le Figaro*, du 27 octobre 1884, cité par G. Breuillac, *De la condition civile et politique de la femme*, Aix-en-Provence, 1886, p. 98.

7. Cf. N. Chambelland-Liebault, « La durée et l'aménagement du temps de travail des femmes de 1892 à l'aube des conventions collectives », Thèse droit, Nantes, 1989.

8. Sirey 1910.3.54, C.É., 24 janvier 1908.

9. Sirey 1890.4.25, Bruxelles, 11 novembre 1889.

10. Sirey, *Lois annotées*, 1901, p. 1.

11. Sirey 1885.1.487, *Cass.*, 8 juillet 1884.

12. Cité par A. Corbin, *les Filles de noce*, Paris, Aubier Montaigne, 1978, p. 343, n. 88.

13. Sirey 1877.2.297, *note* sous Bourges, 17 août 1877.

14. Cf. M. Bordeaux, B. Hazo, S. Lorvellec, *Qualifié viol*, Rapport ATP CNRS, U.A. CNRS 1154 (publié Paris, Klincksieck, 1990), Nantes, 1987, notamment pp. 1-61. Sur la « psychologie » féminine en matière de viol, voir par ex. le *Traité de médecine légale*, 10e éd., 1909, cité par A.W. Bouché, *Étude sur l'adultère au point de vue pénal*, Paris, 1893, p. 208.

15. Voir F. Ronsin, *la Grève des ventres*, Paris, Aubier, 1979.

16. Cf. A. Mac Laren, *Sexuality and Social Order*, New York, Holmes and Meier, 1983.

17. Portalis, *Discours préliminaire*, dans Fenet, *Recueil des travaux préparatoires du Code civil*, Paris, 1836, t. 1, p. 522, et dans *Naissance du Code civil*, Paris, Flammarion, 1989, pp. 35 et s. Voir aussi J. Bart, « la Famille bourgeoise héritière de la Révolution ? » dans *l'Enfant, la famille et la Révolution française*, sous la direction de M.-F. Lévy, Paris, Olivier Orban, 1989, pp. 357-372.

18. C.B.M. Toullier, *le Droit civil français suivant l'ordre du Code*, 3e éd., Paris, 1821, t. 1, p. 15.

19. Sirey 1868.2.65, Paris, 3 janvier 1868.

20. J. de Maleville, *Analyse raisonnée de la discussion du Code civil au Conseil d'État*, 2e éd., Paris, 1807, t. 1, p. 235.

21. Cité par Marcadé, *Explication théorique et pratique du Code Napoléon*, Paris, 1807, t. 1, n° 726, pp. 581-582.

22. Toullier, *op. cit.*, t.1, p. 96.

23. Sirey 1897.1.304, *Cass. crim.*, 2 avril 1897.

24. F. Basch, « La femme en Angleterre de l'avènement de Victoria (1837) à la Première Guerre mondiale », dans *Histoire mondiale de la femme*, IV, Paris, Nouvelle Librairie de France, 1966, p. 199.

25. Sirey 1877.2.161, Bruxelles, 28 avril 1875.

26. Sirey 1881.2.54, Nîmes, 6 janvier 1880 ; Sirey 1879.2.80, Rouen, 13 novembre 1878.

27. Sirey 1877.2.161, Bruxelles, 28 avril 1875, *note*. Arrêt de la cour de Louisville (Kentucky), rapporté dans *le Droit*, du 28.12.1867.

28. Sirey 1830.1.99, *Cass.*, 20 janvier 1830.

29. Sirey 1827.1.88, *Cass.*, 9 août 1826. Voir aussi : Sirey 1808.2.196, Paris, 29 mai 1808 ; Sirey 1812.2.414, Turin, 17 juillet 1810 ; Sirey 1840.2.291, Dijon, 25 juillet 1840.

30. Sirey 1834.1.578, *Cass. crim.*, 18 mai 1834.

31. Sirey 1839.1.817, *Cass. crim.*, 21 novembre 1839.

32. Sirey 1896.2.142, Nîmes, 5 juin 1894.

33. Sirey 1900.2.143, Caen, 26 décembre 1899.

34. Sirey 1910.1.7, *Cass.*, 19 juillet 1909.

35. Sirey 1829.1.205, *Cass. crim.*, 17 janvier 1829.

36. Cependant, 15 jours en 1902 : Sirey 1904.2.81, Alger, 18 juillet 1902.

37. Sirey 18681.421, *Cass. crim.*, 28 février 1868.

38. Sirey 1848.1.731,

39. *Dictionnaire Dalloz*, 1790-1835, voir *Adultère*, n° 48.

40. Cf. M. Bordeaux, « le Maître et l'infidèle. Des relations personnelles entre mari et femme de l'ancien droit au Code civil », dans *la Famille, la loi, l'État*, Paris, Imp. Nat., centre G. Pompidou, 1989, pp. 432-446.

41. Sirey 1827.2.17, Paris, 13 mars 1826. Cf. J. Mulliez, « *Pater is est...*, la source juridique de la puissance paternelle du droit révolutionnaire au Code civil », dans *la Famille, la loi, l'État, op. cit.*, pp. 412-431.

42. Sirey 1868.2.65, Paris, 3 janvier 1868.

43. Sirey 1851.1.103, *Cass.*, 10 février 1851.

44. Cf. N. Arnaud-Duc, « le Droit et les comportements, la genèse du titre V du Livre III du Code civil : les régimes matrimoniaux », dans *la Famille, la loi, l'État, op. cit.*, pp. 183-195.

45. Voir la discussion de la loi dans Sirey, *Lois annotées*, 1891-95, p. 473 (loi du 6 février 1893).

46. Voir M. Perrot, « la Femme populaire rebelle »,

dans *l'Histoire sans qualités*, Paris, Galilée, 1979, pp. 131-132.

47. Sirey, *Lois annotées*, 1906-1910, p. 597.

CHAPITRE 5

Idolâtries

1. *The Marriage of Heaven and Hell.*

2. Y. Bonnefoy, *la Vérité de la parole*, Paris, Mercure de France, 1988.

3. « Die Frauen sind silberne Schalen, in die wir goldene Äpfel legen. Meine Idee von den Frauen ist nicht von den Erscheinungen der Wirklichkeit abstrahiert, sondern sie ist mir angeboren oder in mir entstanden (...). »

4. « When she saw this rigid system close about her (...), that sense of darkness and suffocation (...) took possession of her. »

5. « Die Welt, sie wird dich schlecht begaben, glaube mir's ! Sofern du willst ein Leben haben : raub dir's ! » (*Lebensrückblick*).

6. « Nun liegt es mir eigentlich ferner, von Tugenden und Leistungen zu reden, als von dem, worin ich mich kompetenter fühle : vom Glück » («Zum Typus Weib », *Imago*, III, 1, 1914, p. 7).

7. « Ich kann weder Vorbildern nachleben, noch werde ich jemals ein Vorbild darstellen können für wen es auch sei, hingegen mein eigenes Leben nach mir selber bilden, das werde ich ganz gewiss, mag es nun gehen wie es mag. Damit habe ich ja kein Prinzip zu vertreten, sondern etwas viel Wundervolleres, – etwas, das in Einem selber steckt und ganz heiss vor Lauter Leben ist und jauchzt und heraus will... Glücklicher als ich jetzt bin, kann man bestimmt nich werden (...) » (Lettre à Hendrik Gillot, 26 mai 1882, citée par Lou Andréas-Salomé, *Lebensrückblick*, éd. Ernst Pfeiffer, Francfort-sur-le-Main, Insel, 5e édition, p. 78. Je souligne).

8. Voir la préface de Nicole Savy au catalogue de l'exposition *les Petites Filles modernes*, Paris, Réunion des Musées nationaux, 1989.

CHAPITRE 6

Lire et écrire en Allemagne

1. Louise Ackermann, *Ma vie*, Œuvres, Lemerre, 1885, cité in Christine Planté, *la Petite Sœur de Balzac*, Paris, Le Seuil, 1989.

2. Cf. pour la France, François Furet, Jacques Ozouf, *Lire et écrire. L'alphabétisation des Français de Calvin à Jules Ferry*, Paris, 1977, t. I, pp. 172-173. Pour une étude comparée de l'alphabétisation entre la France et l'Allemagne, cf. Étienne François, *Alphabetisierung und Lesefähigkeit in Frankreich und Deutschland um 1800, in Deutschland und Frankreich im Zeitalter der Französischen Revolution* H. Berding, E. François, H.-P. Ullmann éd., Suhrkamp, Frankfurt, 1989.

3. Voir la controverse qui oppose l'« école allemande » représentée par Rolf Engelsing, Ernst Hinrichs, Wilhelm Norden et Rudolf Schenda aux travaux de Louis Maggiolo, François Furet et Jacques Ozouf. Voir *infra*, p. 4.

4. Furet, Ozouf, *op. cit.* p. 44.

5. Cf. l'étude de Wilhelm Norden, *Die Alphabetisierung in der oldenburgischen Küstenmarsch im 17. 18. Jht*, in : Ernst Hinrichs, Wilhelm Norden, *Regionalgeschichte. Probleme und Beispiele*, Hildesheim, 1980.

6. Rolf Engelsing, *Analphabetentum und Lektüre. Zur Sozialgeschichte des Lesens in Deutschland zwischen feudaler und industrieller Gesellschaft*, Stuttgart, 1973.

7. Bettina von Arnim, *Dies Buch gehört dem König*, in *Werke und Briefe* G. Konrad éd., Köln, 1963, B. III/IV. Ce texte est cité dans la traduction d'Eugénie Niboyet parue dans *la Voix des femmes*, mars 1848.

8. Fanny Lewald-Stahr, *Für und wider die Frauen*, Berlin, Otto Janke, 1870, p. 68.

9. Une de ces autodidactes devenues femmes auteurs est Christiane Sophie Ludwig dont certains romans traitent au début du siècle de sujets comme la condition des Noirs ou celle des Juifs.

10. W. von Kügelgen, *Jugenderinnerungen eines alten Mannes*, Munich, 1867, p. 32.

11. Christa Wolf, *Lesen und Schreiben*, Luchterhand, Darmstadt, 1980, p. 281.

12. W. von Goethe, *les Années d'apprentissage de Wil-*

heim Meister, Paris, Aubier-Montaigne, 1983.
L'image n'est pas sans rappeler les réflexions de Virginia Woolf.

13. Karl Ferdinand von Klöden, *Jugenderinnerungen*, Leipzig, 1874, p. 19.

14. Elisa von der Recke, *Briefe und Tagebücher*, C. Träger éd., 1984, p. 86.

15. Wilhelm Fleischer, *Plan und Einrichtung eines neuen Lese Instituts*, in Frankfurt am Mayn, 1796.

16. Marie-Claire Hoock-Demarle, *la Rage d'écrire. Les femmes allemandes face à la Révolution française (1790-1815)*, Aix-en-Provence, Alinéa, 1990, 2e partie, chap. I et II.

17. Caroline Schlegel-Schelling, lettre à sa sœur Lotte Michaelis, 22 mars 1786, in *Caroline Schlegel-Schelling in ihren Briefen*, Sigrid Damm éd., Darmstadt, 1980, p. 90.

18. *Ibid.*, pp. 152-153.

19. Barbey d'Aurevilly, *les Bas-Bleus*, Bruxelles, 1878. Sur l'origine de ce terme, cf. Christine Planté, *la Petite Sœur de Balzac, op. cit.*, p. 28.

20. Catharina Elisabeth Goethe, lettre à son fils, 15 février 1798, in C.E. Goethe, *Briefe an ihren Sohn*, Stuttgart, Reclam, 1971, p. 131.

21. J. J. Ersch, *Allgemeines Repertorium der Literatur für die Jahre 1785-90, 1791-95, 1796-1800.*

22. Les termes de « lecture intensive » et « lecture extensive » sont employés par R. Engelsing, *Analphabetentum..., op. cit.*, et autres ouvrages (cf. bibliographie).

23. Marlies Prüsener, *Lesegesellschaften im 18. Jahrhundert*, in *Archiv für Geschichte des Buchwesens*, n° 13, 1973.

24. M. Prüsener, *op. cit.*, cite le cas d'un médecin établi dans la région de Hambourg et qui met à la disposition du voisinage sa « bibliothèque de prêt » composée de 13 livres dont 9 traitent directement de la Révolution française.

25. Henriette Herz, *Erinnerungen*, R. Schmitz éd., Frankfurt, 1984, p. 50.

26. Johanna Schopenhauer, *Jugendleben und Wanderbilder*, (1839), réédit. Winkler, Munich, 1958, p. 267.

27. Adolf von Knigge, *Über den Umgang mit Menschen*, 1790, IIe partie, chap. V.

28. Termes employés, en 1853, par le fondateur de la *Gartenlaube*, cité in Renate Möhrmann, *Die andere Frau. Emanzipationsansätze deutscher Schriftstellerinnen im Vorfeld der 48-Revolution*, Metzler, 1977, p. 167.

29. A. von Knigge, *op. cit.*, II, chap. V, 10.

30. P.-J. Proudhon, cité in Christine Planté, *la Petite Sœur de Balzac, op. cit.* p. 216. Cf. aussi les théories biologiques de Paul Möbius dont l'ouvrage *Über den physiologischen Schwachsinn des Weibes* fait sensation en 1900.

31. Clemens Brentano à Émilie de Niendorf, Munich, 1844.

32. *Literaturblatt*, 15 mars 1839.

33. *Allgemeine deutsche Biographie*, art. Therese Forster-Huber, extraits de ses *Mémoires* (1803).

34. Sophie Mereau traduit en 1797 les lettres de Ninon de Lenclos, Therese Huber celles de Mme Roland.

35. Écrite en 1867, la tragédie *Marie Roland*, de Marie von Ebner-Eschenbach, ne connaît qu'une représentation d'amateurs à Weimar.

36. Propos tenus par l'académicien Auger, cité in Jean Larnac, *Histoire de la littérature féminine en France*, 1929.

37. Marie-Claire Hoock-Demarle, « Bettina Brentano-von Arnim ou la mise en œuvre d'une vie », thèse d'État, 1985.

38. Parmi les nombreuses autobiographies de femmes paraissant entre 1830 et 1850, citons celles de Henriette Herz (écrite en 1823 et publiée en 1850), Elisa von der Recke (1804 et 1830), Johanna Schopenhauer (publiées en 1839 par sa fille) ou encore les correspondances remaniées de Rahel (publiées par son mari en 1833) ou de Bettina (se référant à 1807 dans ses écrits de 1843).

39. Louise Aston, *Meine Emanzipation, Verweisung und Rechtfertigung*, Bruxelles, 1846, cité in R. Mörhmann, *Die andere Frau, op. cit.*, p. 146.

40. *Vormärz* (« avant-mars ») : terme par lequel on désigne en Allemagne la période entre 1840 et 1848 précédant la révolution de 1848 (qui éclate en mars).

41. Fanny Lewald, *Meine Lebensgeschichte Berlin*, 1863, t. I, p. 260.

42. Sur l'itinéraire de ces pionnières, cf. Marianne Walle, « Contribution à l'histoire des femmes allemandes entre 1848 et 1920 (Louise Otto, Helene Lange, Clara Zetkin et Lily Braun) », thèse dactylographiée, Paris VII, 1989.

43. Adelheid Popp, *Die Jugendgeschichte einer Arbeiterin.* Vorwort von A. Bebel, Munich, 1909.

44. *Neue Bahnen*, c'est le titre que Louise Otto-Peters donne au journal qu'elle fonde en 1875.

45. Hedwig Dohm, *Die wissenschaftliche Emancipation der Frau*, Berlin, 1893, pp. 45 et 185.

CHAPITRE 7

La bonne catholique

1. Anna Maria Mozzoni, *Un passo avanti nella cultura feminile : tesi e progetto*, Milan, Tipografia Internationale, 1866, pp. 27-28.

2. R.P.G. Ventura, *La Donna cattolica*, vol. III, Milan-Gênes, Carlo Turati, Dario G. Rossi editori, 1855, pp. 249-259.

3. Geneviève Fraisse, *Muse de la raison*, Paris, Alinéa, 1989.

4. Gabriele D'Azambuja, *Ciò che per la Donna ha fatto il Cristianesimo*, Roma, Desclée & Co., 1912 (trad. ital. d'après la 6e éd. française).

5. Raymond Deniel, *Une image de la famille et de la société sous la Restauration*, Paris, Les Éditions Ouvrières, 1965, p. 125.

6. Marcel Bernos, « De l'influence salutaire ou pernicieuse de la femme dans la famille et la société », *Revue d'Histoire moderne et contemporaine*, juillet-septembre 1982.

7. Giacomo Leopardi, *Dei Costumi italiani*, sous la dir. de A. Placanica, Venise, Marsilio, 1989, p. 132.

8. Sergio Bertelli, Giulia Calvi, « Rituale, cerimoniale, etichetta nelle corti italiane » in Sergio Bertelli et Giuliano Grifò (sous la dir. de), *Rituale. Cerimoniale. Etichetta*, Milan, Bompiani, 1985, pp. 11-27.

9. Ilaria Porciani, « Il Plutarco femminile », in Simonetta Soldani (sous la dir. de) *L'Educazione delle donne. Scuole e modelli di vita femminile nell'Italia dell'Ottocento*, Milan, Franco Angeli, 1989.

10. Anna Scattigno, « Letture devote », in Ilaria Porciani (sous la dir. de), *Le Donne a scuola. L'educazione femminile nell'Italia dell'Ottocento*, Mostra documentaria e iconografica, Sienne, 1987.

11. François Lebrun (sous la dir. de), *Histoire des catholiques en France*, Toulouse, Privat, 1980, pp. 321-330.

12. Edith Saurer, « Donne e preti. Colloqui in confessionale agli inizi dell'Ottocento » in Centro di documentazione delle donne di Bologna, *Ragnatele di rapporti. Patronage e reti di relazione nella storia delle donne*, sous la dir. de Lucia Ferrante, Maura Palazzi, Gianna Pomata, Turin, Rosenberg & Sellier, 1988, pp. 253-281.

13. « La Civiltá cattolica », 1852, serie I, vol. X, p. 381.

14. Je dois à la courtoisie de Philippe Boutry cette rare donnée quantitative sur les comportements religieux dans l'Italie du XIXe siècle.

15. Philippe Boutry, *Prêtres et Paroisses au pays du curé d'Ars*, Paris, Le Cerf, 1986, p. 19. Un exemple « italien » (en réalité « habsbourgeois ») : Luigi Pesce (sous la dir. de), *Thesaurus Ecclesiarum Italiae Recentoris Aevi*, III, 9, *La Visita pastorale di Sebastiano Soldati nella Diocesi di Treviso (1832-1838)*, Rome, Edizioni di Storia e Letteratura, 1979.

16. Gabriele D'Azambuja, *La Giovane e l'evoluzione moderna*, Rome, Desclée & Co, 1911, trad. de la 2e éd. française (1880).

17. Gabriele D'Azambuja, *Cio che per la Donna ha fatto al Cristianesimo, op. cit.*

18. *Historia della madre Barat fondatrice dell'Istituto del Sacro Cuore di Gesù*, per l'Abbate (*sic*) Baunard, Rome, Tip. Milanese, 1877, vol. I, p. 510.

19. Louise Colet, *L'Italie des Italiens*, Paris, E. Dentu, 1862, p. 142.

20. Johann Wolfgang Goethe, *Voyage en Italie*, Paris, Champion, 1931.

21. Massimo d'Azeglio, *Imili ricordi*, Milan, Vallardi, 1932, p. 20.

22. Niccoló Tommaseo, *La Donna, scritti vari*, Milan, 1872, p. 237 (1re éd. 1833), p. 237.

23. Abbé J. Gaume, *Histoire de la société domestique*, Paris, Gaume Frères, 1844, p. 472.

24. Maria Luisa Trebiliani, « Modello mariano e immagine della donna nell'esperienza educativa di don Bosco », in AA.VV. *Don Bosco nella storia della cultura popolare* (sous la dir. de Francesco Traniello), Turin, Società Editrice Internazionale, 1987, pp. 187-207.

25. Léon XIII, « Arcanum », in *les Enseignements pontificaux. Le problème féminin*, Paris, Desclée & Co, 1955.

26. Emilia Nevers, *L'Età del marito*, Turin, il « Giornale delle donne », 1891, Tommasina Guidi, *L'amore dei quarant' anni*, Milan-Palerme, Sandron, 1902.

27. Lucette Scareffia, *La Santa degli Impossibili. Vicende e significati della devozione a S. Rita*, Turin, Rosenberg & Sellier, 1990, pp. 55-56.

28. Études Carmelitaines, Jacqueline Vincent, *Livre de l'amour*, Paris, Desclée de Brouwer, 1960.

29. Claude Langlois, *le Catholicisme au féminin. Les Congrégations françaises, au supérieures générales au XIXe siècle.* Paris, Le Cerf, 1987, pp. 307-323.

30. Silvia Franchini, « Gli educandati nell'Italia postunitaria » in Simonetta Soldani (sous la dir. de), *l'Educazione delle donne, op. cit.*, pp. 57-86.

31. Scipio Sighele, *Eva moderna*, Milan, Treves, 1910, p. 182.

32. Giancarlo Rocca, « Le Nuove Fondazioni religiose femminili in Italia dal 1800 al 1860 », in AA.VV. *Problemi di storia della Chiesa dalla Restaurazione all'unità dell'Italia*, Naples, Edizioni Dehoniane, 1985, pp. 107-192.

33. Enrichetta Caracciolo, *Misteri del chiostro napoletano*, Florence, Barbera, 1864, (nouvelle éd. 1986).

34. Massimo Petrocchi, *Storia della spiritualità italiana*, Rome, Edizioni di Storia e Letteratura, 1979, vol. III.

35. Angelo Gambasin, *Religiosa magnificenza e plebi in Sicilia nel XIX secolo*, Rome, Edizioni di Storia e Letteratura, 1979, pp. 163-221.

36. Sant'Alfonso de Liguori, *La Vera Sposa di Gesù Cristo, cioè La monaca Santa*, Turin, G. Marietti, 1862, p. 120.

37. Odile Arnold, *le Corps et l'âme*, Paris, Le Seuil, 1984.

38. Susan O'Brien, « Terra Incognita : The Nun in the Nineteenth Century England », *Past and Present*, n° 121, novembre 1988.

39. B. Welter, « The Feminization of American Religion, 1800-1860 », in M. Hartman and L. Banner (éd.), *Clio's Consciousness Raised : New Perspectives on the History of Women*, New York et Londres, 1974.

40. Claude Langlois, « Je suis Jeanne Jugan ». Dépendance sociale, condition féminine et fondation religieuse », *Archives de Sciences sociales des religions.* 52/1, juillet-septembre 1981, pp. 21-35.

41. Michela De Giorgio, « Les demoiselles catholiques italiennes », in Yolande Cohen (sous la dir. de), *Femmes et Contre-pouvoirs*, Montréal, Boréal Express, 1987, pp. 101-126.

42. Julian Pitt-Rivers, *The Fate of Sechem, or The Politics of Sex. Essay in the Anthropology of the Mediterranean*, Cambridge, University Press, 1977.

43. Laura Guidi, « La Passione governata dalla virtù : benefattrici nella Napoli ottocentesca », in Lucia Ferrante, Maura Palazzi, Gianna Pomata (sous la dir. de) *Ragnatele di rapporti, op. cit.*, pp. 148-165.

44. Gérard Cholvy, Yves-Marie Hilaire, *Histoire religieuse de la France contemporaine, 1880-1930*, Paris, Privat, 1986, p. 363.

45. *Ibid.*, pp. 362-373.

46. Michela De Giorgio, Paola Di Cori, « Politica e sentimenti : le organizzazioni femminili cattoliche dall'età giolittiana al fascismo », *Rivista di storia contemporanea*, 3, 1980.

47. Paola Di Cori, « Storia, sentimenti, solidarietà nelle organizzazioni femminili cattoliche dall'età giolittiana al fascismo », *Nuova DWF*, 10-11, janvier-juin 1979.

48. Cecilia Dau Novelli, « Alle origini dell'esperienza cattolica femminile : rapporti con la Chiesa e gli altri movimenti femminili (1908-1912) », *Storia Contemporanea*, 4-5, XIIe année, 1981.

49. Johann Wolfgang Goethe, *Voyage en Italie, op. cit.* p. 481.

50. Paolina Leopardi, *Jo voglio il biancospino. Lettere 1829-1869*, a cura di Manuela Raghianti, Milan, Rosellina Archinto, 1990, p. 7.

51. Paolo Macry, « La Napoli dei dotti. Lettori, librix, e biblioteche di una ex-capitale » (1870-1900), *Meridiana*, n° 4, 1988.

52. Ezio Raimondi, *Il Romanzo senza idillio*, Turin, Einaudi, 1974, pp. 129 130.

53. Marino Berengo, *Intellettuali e librai nella Milano della Restaurazione*, Turin, Einaudi, 1980.

54. Mathilde Bourdon, *Souvenirs d'une institutrice*, Paris, Ambroise-Bray libraire-éditeur, 8e éd., pp. 22-23.

55. Daniela Maldini Chiarito, « Lettrici ed editori a Milano tra

Otto e Novecento », *Storia in Lombardia*, 2, 1988.

56. Jean-Louis Desbordes, « les Écrits de Mgr Dupanloup sur la haute éducation des femmes », in Françoise Mayeur et Jacques Gadille (sous la dir. de), *Éducation et Images de la femme chrétienne en France au début du XXe siècle*, Grenoble, Éditions l'Hermès, 1980.

57. M.-J. Rouet de Journes, S.-J. *Une Russe catholique, Madame Swetchine*, Paris, Maison de la Bonne Presse, 1929, pp. 16-17.

58. R. Ricci, *Memorie della Baronessa Olimpia Savio*, Milan, Treves, 1911, pp. 4-5.

59. Maria Luisa Trebiliani, « Santità femminile e società a Lucca nell'Ottocento », in Sofia Boesch Gajano, Lucia Sebastiani, *Culto dei Santi, istituzioni e classi sociali in età preindustriale*, L'Aquila-Rome, Japadre Editore, 1984, pp. 959-995.

60. T. Ramon Ruiz Amado, *La Educación feminina*, Librerie Religiota, Barcelone, 1912, p. 115.

61. Guy Thuillier, *l'Imaginaire quotidien au XIXe siècle*, Paris, Économica, 1985, p. 42.

62. Anne-Marie Thiesse, *le Roman du quotidien*, Paris, Le Chemin vert, 1984, pp. 125-127.

63. *Ibid.* p. 127.

64. « La Biblioteca di una sposa », *Fiamma Viva*, avril 1927, pp. 251-253.

65. Claude Savart, *les Catholiques en France au XIXe siècle : le témoignage du livre religieux*, Paris, Beauchesne, 1985.

66. Piergiorgio Camaiani, « La Donna, la morte e il giovane Vittorio Emmanuele » in Francesco Traniello (sous la dir. de), *Dai Quaccheri a Gandhi. Studi di storia religiosa in onore di Ettore Passerin d'Entrèves*, Bologne, Il Mulino, 1987, p. 169.

67. Marie-Françoise Lévy, *De mères en filles*, Paris, Calmann-Lévy, 1984.

68. Philippe Boutry, Michel Cinquin, *Deux pèlerinages au XIXe siècle : Ars et Paray*, Paris, Beauchesne, 1980, p. 22.

69. Guy Thuillier, *op. cit.*, pp. 44-45.

70. Caroline Brame, *Journal intime*, Enquête de M. Perrot et G. Ribeill, Paris, Montalba, 1985.

71. Jolanda, *Eva Regina. Consigli e norme di vita femminile contemporanea*, Florence, Casa Editrice Italiana, 1907, p. 7.

72. Paolo Mecry, *Ottocento. Famiglia, élites e patrimoni a Napoli*, Turin, Einaudi, 1988, p. 70.

73. *Journal de Marie Bashkirtseff*, Paris, Mazarine, 1980, p. 45.

74. Luisa Accati, « La politica dei sentimenti. L'Immacolata Concezione fra '600 e '700 », *Atti del Primer Colloqui di Historia de la Donna*, Barcelone, 1990, pp. 23-40.

75. Martine Segalen, Josselyne Chamarat, « La Rosière et la "Miss" : les "reines" des fêtes populaires », L'Histoire, 53, février 1983.

76. Antonio Marro, *La Pubertà studiata nell'uomo e nella donna (in rapporto al Antropologia alla Psichiatria ed alla Sociologia)*, Turin, Bocca, 1897.

77. Laura Guidi, *L'Onore in pericolo. Carità e reclusione femminile nell' Otrocento napoletano*, Naples, Guida, 1991.

78. Rudolfo Bettazzi, *La Giovine e la moralità*, Turin, 1915, p. 19.

79. Monica Turi, « La Costruzione di un nuovo modello di comportamento femminile. Maria Goretti tra cronaca nera e autobiografia », *Movimento operaio e socialista*, n° 3, 1987.

80. Annarita Buttafuoco, *Le Mariuccine. Storia di un'istituzione laica, l'Asilo Mariuccia*, Milan, Franco Angeli, 1985.

81. *Bollettino Unione Donne Cattoliche d'Italia*, mai 1911.

82. Benoît, XV, *Allocuzione alle donne italiane*, 21 octobre 1919.

83. « La Virtù mal vestita », *Fiamma Viva*, octobre 1922, p. 579.

84. John Carl Flugel, *The Psychology of Clothes*, Londres, Hogarth Press, 1930 (trad. ital. Milan, Franco Angeli, 1984).

85. Guy Thuillier, *op. cit.* pp. 14-16.

86. Natalia Ginzburg, *La Famiglia Manzoni*, Turin, Einaudi, 1989 (1re éd. 1983), pp. 37-38.

87. Mathilde Bourdon, *Giornata Cristiana della Giovinetta*, Turin, Tipografia Salesiana, 1888 (éd. française, 1867), p. XIV.

88. Bonnie C. Smith, *Ladies of the Leisure Class. The Bourgeoises of the Northern France in the Nineteenth Century*, Princeton University Press, 1981.

89. Philippe Perrot, « Pour une généalogie de l'austérité des apparences », *Commu-*

nications n° 46, 1987, pp. 157-179.

90. Natalia Ginzburg, *op. cit.*, pp. 132-135.

91. *Historia della Madre Barat, op. cit.*, p. 517.

92. Philippe Ariès, *l'Homme devant la mort*, Paris, Le Seuil, 1977 (trad. ital. Bari, Laterza, 1980).

93. *Récit d'une sœur, souvenirs de famille recueillis par Mme Augustus Craven née La Ferronays*, Paris, Perrin et Cie Éditeur, 1911, tome I (52e éd.), p. 199.

94. Ernest Legouvé, *Père et fils*, 1870.

95. Melchiorre Gioja, *Il primo e il nuovo galateo, op. cit.*, p. 258.

96. Maria Luisa Trebiliani, *Don Bosco nella storia della cultura popolare, op. cit.*

97. Raymond Deniel, *op. cit.*, p. 194.

98. Giacomo Leopardi, *Zibaldone*, I, p. 354-356.

99. Daniela Maldini Chiarito, « Trasmissione di valori e educazione famigliare : le lettere al figlio di Costanza D'Azeglio », *Passato e Presente*, janvier-avril 1987, pp. 35-62.

100. Jacques Maître, « Idéologie religieuse, conversion mystique et symbiose mère-enfant : le cas de Thérèse Martin (1873-1897) », *Archives de Sciences sociales des religions*, 1981, 51/1 (janvier-mars), pp. 65-99.

101. Marina Milan, *Donna, famiglia, società. Aspetti della stampa femminile cattolica in Italia tra '800 e '900*, Università degli studi di Genova, Istituto di Studi Storico Politici, 1983.

102. Jules Michelet, *la Femme*, Paris, Hachette, 1860, p. 118.

103. Gina Lombroso, *L'Anima della donna*, Firenze, Vallecchi, 1918 ; *L'anima della donna*, vol. II. *Qualità e difetti*, Florence, Vallecchi, 1918, *l'Ame de la femme*, Payot, 1947.

CHAPITRE 9

La femme juive

1. Lilly Scherr, citée par Judith Friedlander, « La question féministe juive », *Nouvelles Questions féministes*, nos 6-7, printemps 1984, p. 21.

2. Rachel Biale, *Women and Jewish Law : An Exploration of Women's Issues in Halakhic Sources*, New York, Schocken, 1984, 293 p., pp. 6-7 ; cf. Moshe Meiselman, *Jewish Women in Jewish Law*, New York, KTAV. 1978, 218 p.

3. Barbara Myerhoff, *Number our Days*, New York, Simon and Schuster, 1980, 318 p., pp. 234-235.

4. Hannah Arendt, *Rahel Varnhagen : la vie d'une juive allemande à l'époque du romantisme*, Paris, Éditions Tierce, 1986, 382 p., p. 80 ; Deborah Hertz, *Jewish High Society in Old Regime Berlin*, New Haven, Yale University Press, 1988, 299 p.

5. Jacob Katz, *Hors du ghetto : l'émancipation des Juifs en Europe (1770-1870)*, préf. Pierre Vidal-Naquet, Paris, Hachette, 1984, 289 p., chap. 4.

6. Marion Kaplan, *The Jewish Feminist Movement in Germany : The Campaigns of the Jüdischer Frauenbund, 1904-1938*, Westport, Conn., Greenwood Press, 1979, 229 p., pp. 19-20.

7. Arendt, *op. cit.*, p. 75, 19.

8. *Tseenah Ureenah*, trad. du yiddish et présenté par Jean Baumgarten, Paris, Verdier, 1987, 942 p.

9. Lucy S. Dawidowicz, éd., *The Golden Tradition : Jewish Life and Thought in Eastern Europe*, Boston, Beacon Press, 1967, 502 p., p. 31 ; Michael Stanislawski, *Tsar Nicholas I and the Jews*, Philadelphia, Jewish Publication Society, 1983, 272 p.

10. Steven J. Zipperstein, *The Jews of Odessa : A Cultural History, 1794-1881*, Stanford, Stanford University Press, 1985, 212 p., pp. 129-130.

11. Edward J. Bristow, *Prostitution and Prejudice : The Jewish Fight against White Slavery, 1870-1939*, New York, Schocken Books, 1983, 340 p., p. 51, n. 6.

12. Sydney Stahl Weinberg, *The World of Our Mothers : The Lives of Jewish Immigrant Women*, Chapel Hill, University of North Carolina Press, 1988, 325 p., pp. 76 et 276, n. 33.

13. Elizabeth Hasanovitz, *One of Them*, New York, Houghton Mifflin, 1918, 333 p., pp. 6-9.

14. Nancy Green, « L'émigration comme émancipation : les femmes juives d'Europe de l'Est à Paris, 1881-1914 », *Pluriel*, n° 27, 1981, pp. 56-58.

15. Bristow, *op. cit.*, pp. 51,

229 ; Kaplan, *op. cit.*, pp. 37-38, 110-112 ; Polly Adler, *A House is not a Home*, New York, Rinehart, 1953, 374 p.

16. Charlotte Baum, Paula Hyman, Sonya Michel, *The Jewish Woman in America*, New York, New American Library, 1975, 290 p., p. 87.

17. Paula E. Hyman, « Culture and Gender : Women in the Immigrant Jewish Community », in *The Legacy of Jewish Immigration*, éd. David Berger, New York, Brooklyn College Press, 1983, pp. 157-168.

18. Weinberg, *op. cit.*, pp. 76 et 276, note 33.

19. *Ibid.*, p. 281, note 55.

20. Mary Antin, *The Promised Land*, 2e éd., Princeton, Princeton University Press, 1969, 364 p., p. 223.

21. Weinberg, *op. cit.*, p. 174 ; cf. Selma Berrol, « Education and Economic Mobility : The Jewish Experience in New York City, 1880-1920 », *American Jewish Historical Quarterly, LXV, 3, mars 1976, p. 263* ; Sherry Gorelick, *City College and the City Poor : Education in New York, 1880-1924*, New Brunswick, Rutgers University Press, 1981, 269 p., pp. 121-123.

22. Berrol, *op. cit.* ; Gorelick, *op. cit.*, p. 113, 124 et passim.

23. Stephen E., Brumberg, « Going to America, Going to School : The Jewish Immigrant Public School Encounter in Turn-of-the-Century New York City », *American Jewish Archives*, XXXVI, 2, novembre 1984, p. 99 ; Weinberg, *op. cit.*, p. 117.

24. Jacob R. Marcus, éd. *The American Jewish Woman : A Documentary History*, New York, KTAV, et Cincinnati, American Jewish Archives, 1981, p. 137.

25. Gorelick, *op. cit.*, p. 31.

26. Hasanovitz, *op. cit.*, p. 81.

27. Ellen Schiff, « What Kind of Way is That for Nice Jewish Girls to Act ? : Images of Jewish Women in Modern American Drama », *American Jewish History*, LXX, 1, septembre 1980, p. 112.

28. Theresa Malkiel, *Journal d'une gréviste*, éd. par Françoise Basch, Paris, Payot, 1980, 214 p. ; Alice Kessler-Harris, « Organizing the Unorganizable : Three Jewish Women and their Union », in Milton Cantor et Bruce Laurie, éd., *Class, Sex, and the Woman Worker*, Westport, Conn., Greenwood Press, 1977, pp. 144-165.

29. Paula E. Hyman, « Immigrant Women and Consumer Protest : The New York City Kosher Meat Boycott of 1902 », *American Jewish History*, LXX, 1, septembre 1980, pp. 91-105 ; Elizabeth Ewen, *Immigrant Women in the Land of Dollars : Life and Culture on the Lower East Side, 1890-1925*, New York, Monthly Review Press, 1985, 303 p., pp. 126-127, 176-183.

30. *Ibid.*, p. 245.

31. Weinberg, *op. cit.*, p. 151.

32. Baum, Hyman, Michel, *op. cit.*, p. 184 ; cf. Berrol, « Class or Ethnicity : The Americanized German Jewish Woman and her Middle Class Sisters in 1895 », *Jewish Social Studies*, XLVII, 1, hiver 1985, pp. 21-32.

33. Kaplan, *op. cit.*, p. 50.

CHAPITRE 10

L'éducation des filles : Le modèle laïque

1. Martine Sonnet, *l'Éducation des filles au temps des Lumières*, Paris, Le Cerf, 1987.

2. David Wardle, *English Popular Education, 1780-1970*, Cambridge, Cambridge University Press, 1970, rééd. 1976, p. 118.

3. Jean Dulck, *l'Enseignement en Grande-Bretagne*, Paris, Armand Colin, 1968.

4. Élie Halévy, *Histoire du peuple anglais au XIXe siècle*, 2 tomes, Paris, Hachette, 1926-1932, réédition 1975.

5. Selon A. Couvreur, personnalité laïque citée par *Femmes, Libertés, Laïcité*, Centre d'action laïque, Éditions de l'Université libre de Bruxelles, sous la direction de Yolande Mendes da Costa et Anne Morelli, Bruxelles, 1989.

6. Jacques Lory, *Libéralisme et Instruction primaire 1842-1879*, Louvain, Nauwelaerts, 1979.

7. *Femmes, Libertés, Laïcité*, *op. cit.*, p. 18.

8. J. Bartier, *Église et Enseignement*, Université libre de Bruxelles, 1977.

CHAPITRE 11

Femmes et images : Apparences, loisirs, subsistance

1. P. G. Hubert Jr., « Art and Art Industries », *The Woman's Book*, New York : C. Scribner's Sons, 1894, vol. 1, p. 4.

2. Sources pour l'étude de ce cas : voir Yeldham Charlotte, bibliographie.

3. Solomon-Godeau : voir bibliographie ; p. 96.

4. Solomon-Godeau : voir bibliographie ; p. 93.

5. Anna Jameson. *Legends of the Madonna. As Represented in the Fine Arts. Forming the Third Series of Sacred and Legendary Art*, 2e éd. Londres : Longman, Brown, Green, Longman & Roberts, 1857, p. 58.

INTRODUCTION 3e PARTIE

1. Anne-Marie Sohn, « Les attentats à la pudeur sur les fillettes en France (1870-1939) et la sexualité quotidienne », *Mentalités* (3), 1989 ; dans le même numéro, les études de Amy Gilman Srebnick, « L'assassinat et le mystère de Mary Rogers » et de Judith Walkowitz, « Jack l'éventreur et les mythes de la violence masculine » (paru dans *Féminist Studies*, 8, n° 3).

2. Article de Anne-Louise Shapiro, « Love Stories : Female Crimes of Passion in Fin de Siècle Paris », à paraître (1991).

CHAPITRE 13

Corps et cœurs

1. Paola Di Cori, « Rosso e bianco. La devozione al Sacro Cuore di Gesù nel primo dopoguerra », *Memoria* n° 5, novembre 1982, *Sacro e profano*, Rosenberg e Sellier, Turin, pp. 82 à 107.

2. Yannick Ripa, « L'histoire du corps, un puzzle en construction », *Histoire de l'éducation*, n° 37, janv. 1988, Paris, Institut national de recherche pédagogique, pp. 47 à 54.

3. Odile Arnold, *le Corps et l'âme : la vie des religieuses au XIXe siècle*, Paris, Le Seuil, collection l'Univers historique, 1984, 375 p., chap. III.

4. Yvonne Knibiehler, Marcel Bernos, Élisabeth Ravoux-Rallo, Éliane Richard, *De la pucelle à la minette. Les jeunes filles de l'âge classique à nos jours*, Paris, Messidor, 2e édition 1989, 261 p., pp. 97-99.

5. *Les Petites Filles Modernes*, Catalogue rédigé par Nicole Savy, Les Dossiers du Musée d'Orsay, n° 33, Paris, 1989.

6. Agnès Fine, « A propos du trousseau : une culture féminine ? » in *une Histoire des femmes est-elle possible ?*, sous la direction de Michelle Perrot, Marseille et Paris, Éditions Rivages, 1984, pp. 155-188.

7. Émile Zola, *les Quatre Évangiles. Fécondité*, Paris Bibliothèque Charpentier, Eugène Fasquelle éditeur, 1899, p. 50.

8. *Dictionnaire des Sciences médicales* édité par Panckoucke, 60 volumes, Paris, 1812-1822, article *Grossesse*.

9. Édouard Shorter, *le Corps des femmes*, Paris, Le Seuil, 1984, 380 p., p. 138, Traduction de *A history of Women's Bodies*, New York, Basic Books, 1982.

10. Carl Degler, *At Odds, Women and the family in America from the Revolution to the present*, New York, Oxford University Press, 1980, XIV + 527 p.

11. Jean-Paul Bardet, K.-A. Lynch, G.-P. Mineau, M. Hainsworth, M. Skolnick, « La mortalité maternelle autrefois, une étude comparée (de la France de l'Ouest à l'Utah) », *Annales de démographie historique*, 1981, *Démographie historique et condition féminine*, Paris, Mouton éditeur, La Haye, New York, 429 + CXXXII p., pp. 31-48.

12. Françoise Leguay, Claude Barbizet, *Blanche Edwards-Pilliet, femme et médecin 1858-1941*, Le Mans, Éditions Cenomanes, 1988, 160 p.

13. Louis Henry, « Mortalité des hommes et des femmes dans le passé », *Annales de démographie historique*, 1987, pp. 87-118 ; Arthur Imhof, « La surmortalité des femmes mariées en âge de procréation : un indice de la condition féminine au XIXe siècle », *Annales de démographie historique*, 1981, *op. cit.*, pp. 81-87.

14. *Dictionnaire des Scien-*

ces médicales, 1812-1822, *op. cit.*, article *Fille.*

15. Michel Poulain et Dominique Tabutin, « La surmortalité des petites filles en Belgique au XIXe et début du XXe siècle », *Annales de démographie historique*, 1981, *op. cit.*, pp. 105-139.

16. *Dictionnaire encyclopédique des sciences médicales*, sous la direction d'Amédée Dechambre, Asselin et Masson 100 volumes, Paris, 1864-1889, article *Syphilis.*

17. Laura Kreyder, *l'Enfance des saints et les autres, Essai sur la Comtesse de Ségur*, Shena-Nizet, Biblioteca della Ricerca, 1987, 257 p. (chapitre IV).

18. Bonnie G. Smith, *Ladies of the Leisure class. The Bourgeoises of the Northern France in the Nineteenth Century*, Princeton University Press, 1981, p. 48. Traduction française, Paris, Perrin, 1990.

19. Edmondo De Amicis, *Amore e ginnastica*, traduction française *Amour et gymnastique*, Éditions Philippe Picquier, 1988, 139 p.

20. Jacques Thibault, « Les origines du sport féminin » in *les Athlètes de la République. Gymnastique, sport et idéologie républicaine 1870-1914*, sous la direction de Pierre Arnaud, Bibliothèque historique Privat, Toulouse, 1987, 424 p., pp. 331-341.

21. Tel est le titre du célèbre ouvrage du docteur Georges Cabanis, publié à Paris en 1803.

22. *Hygiène et physiologie du mariage*, chez l'auteur, à Paris, (1re édition 1848), 4e édition 1853, XII, 312 p.

23. *The Functions and Disorders of the Reproductives Organes in Youth, in Adult Age, and in Advanced Life : Considered in their Physiological, Social and Psychological Relations*, Philadelphia 1865, 269 p. Trad. fr. : *Fonctions et Désordres des organes de la génération*, Paris, Masson 1863, 368 p.

24. *Histoire de la vie privée*, Sous la direction de Philippe Ariès et Georges Duby, Paris, Le Seuil, t. IV sous la direction de Michelle Perrot, *De la Révolution à la Grande Guerre*, 1987, 639 p., p. 543.

25. Citée par Carl Degler, *At Odds, op. cit.*, p. 267.

26. Havelock Ellis, *Studies in the Psychology of Sex*, New York, Random House, 4 vol., 1936, t. 1, p. 464.

27. Madeleine Pelletier, *la Femme vierge*, Paris, éditions Bresle, 1933, cité dans *l'Éducation féministe des filles*, préface et notes de Claude Maignen, Paris, Syros, Collection Mémoire des femmes, 1978, p. 9.

28. Yvonne Knibielher, Marcel Bernos, Élisabeth Ravoux-Rallo, Éliane Richard, *De la pucelle à la minette, op. cit.*, p. 147.

29. Jean-Louis Flandrin, *les Amours paysannes*, (XVIe-XIXe siècles), collection Archives, Gallimard/Julliard, 1975, pp. 114-115.

30. Jeffrey Weeks, *Sex, Politics and Society, The Regulation of Society Since 1800*, Longman, New York and London, 1981, XIII, p. 60.

31. Marie Dugard, *la Société américaine*, Hachette, 1895, 320 p ; pp. 170-171.

32. Carl Degler, *At Odds, op. cit.*, pp. 20-21.

33. *Récit de vie, Denise S., bourgeoise d'Anvers*, Propos recueillis par Édith R., collection Vies des femmes, Université des Femmes, 1a place Quetelet 1030 Bruxelles, 1988, p. 46.

34. Louise Weiss, *Mémoires d'une Européenne*, Paris, Payot, 1970, tome I, p. 58.

35. *Histoire de la vie privée, op. cit.*, t. IV, p. 546.

36. Thierry Eggerickx et Michel Poulain, « Le contexte et les connaissances démographiques de l'émigration des Brabançons vers les États-Unis au milieu du XIXe siècle » in *Annales de démographie historique, op. cit.*, 1987.

37. *Annales de démographie historique, op. cit.*, 1981 et 1984.

38. Louis Bergeret, *Des fraudes dans l'accomplissement des fonctions génératrices*, Paris, J.-B. Baillière et fils, 1868, 206 p. Trad. angl. par P. de Marmon, *The Preventive Obstacle, or Conjugal Onanism*, New York, Turner and Mignard, 1870, 182 p.

39. Jean-Pierre Bardet et Hervé Le Bras, « la Chute de la fécondité » in *Histoire de la population française, de 1789 à 1914*, t. 3, Paris, PUF, chap. VII, p. 361.

40. Carl Degler, *At Odds, op. cit.*, p. 273 ; Jeffrey Weeks, *Sex, Politics and Society, op. cit.*, p. 71 ; Caroll Smith-Rosenberg, *Disorderly Conduct. Visions of Gender in Victorian America*, New York, Oxford, Oxford University Press, 1985, 357 p., p. 219.

41. Edward Shorter, *le Corps des femmes, op. cit.*, pp. 182-190.

42. Joëlle Guillais, *la Chair*

de l'autre. Le crime passionnel au dix-neuvième siècle, Paris, Olivier Orban, 1986, 346 p.

43. Carl Degler, *At Odds*, *op. cit.*, chap. XII, « Organizing to Control Sexuality », pp. 279-297.

44. Jules Michelet, *l'Amour*, Paris, Calmann-Lévy, sans date, p. 246.

45. Docteur Pierre Garnier, *le Mariage dans ses devoirs, ses rapports et ses effets conjugaux*, Paris, Garnier frères, 1879, XII et 640 p., p. 540.

46. Cité par Fanny Fay-Sallois, *les Nourrices à Paris au XIXe siècle*, Paris, Payot, 1980, 284 p., p. 237.

47. Valérie Fildes, *Wet Nursing, A history from antiquity to the Present*, Oxford New York, Basel Blackwell, 1988, 300 p., p. 207, pp. 221-241.

48. Catherine Rollet-Échalier, *la Politique à l'égard de la petite enfance sous la troisième République*, Travaux et documents, cahier 127, Institut national d'Études démographiques, Paris, Presses Universitaires de France, 1990, 593 p. + Annexes 597 à 677.

49. François Bigot, « Les enjeux de l'assistance à l'enfance ». Thèse de sociologie, Université de Tours, 1988, 2 vol. dactylographiés, pp. 138 et 139.

50. Agnès Fine, « Enfant et normes familiales » in *Histoire de la population française* sous la direction de Jacques Dupâquier, t. 3, Paris, Presses universitaires de France, 1988, 554 p., p. 437.

51. Jeffrey Weeks, *Sex, Politics and Society*, *op. cit.*, pp. 61-62.

52. *Histoire de la vie privée*, *op. cit.*, t. IV, p. 139. Voir aussi Michèle Bordeaux, Bernard Hazo, Soizic Lorvellec, *Qualifié viol*, collection Déviance et société, éditions Médecine et hygiène, Genève, Méridiens, Klincksieck, 1990.

53. Brian Juan O'Neill, *Social Inequality in a Portuguese Hamlet : Land, Late Marriage, and Bastardy (1870-1978)*, Cambridge Studies in Social Anthropology, Cambridge, Cambridge University Press, 1987, 430 p., p. 334.

54. Gianna Pomata, « Madri illegitime tra ottocento et novecento : storie cliniche e storie di vita » : in *Quaderni Storici*, n° 44, Agosto 1980, *Parto e maternità momenti della biografia femminile*, Ancona-Roma, pp. 506-507.

55. *Histoire de la vie privée*, *op. cit.*, t. IV, pp. 455-460.

56. Voir Marie Bashkirtseff, *Journal*, Paris, Mazarine, 1985 ; Eugénie de Guérin, *Journal et Fragments*, Paris, Lecoffre, 1884 ; Alphonse de Lamartine, *le Manuscrit de ma mère*, Paris, Hachette, 1924.

57. *Victorian Women. A documentary account of Women's lives in nineteenth century England, France, and the United States*. Edited by Erna Olafson Hellestein, Leslie Parker. Hume and Karen M. Offen. Associate edition Estelle B. Freedman, Barbara Charlesworth Gelpi and Marilyn Yalom ; Stanford University Press, California, 1989, 534 p.

58. Adrienne Necker de Saussure, *Éducation progressive ou étude du cours de la vie*, 6e édition, Garnier sans date, t. II, p. 478, (1re édition 1828).

59. Caroline Brame, *Journal intime*, enquête de Michelle Perrot et Georges Ribeill, Paris, Montalba, 1985, 253 p.

60. *Victorian Women*, *op. cit.*, p. 144.

61. Cité par Geneviève Fraisse, *Clémence Royer, philosophe et femme de sciences*, Paris, La Découverte, 1985, 196 p.

62. Ginette Raimbaut, Caroline Eliacheff, *les Indomptables, figures de l'anorexie*, Éditions Odile Jacob, 1989, 282 p. ; Joan J. Brumberg, *Fasting Girls. The Emergence of Anorexia Nervosa as a Modern Disease*. Harvard University Press, Cambridge, (U.S.A.), Londres, 1988, 366 p.

63. Steve M. Stowe, « "The thing not its Vision" : a woman's Courtship and her Sphere in the Southern Planter class », *Feminist studies*, vol. 9, n° 1, Spring 1983, pp. 113-130. Voir aussi *Victorian Women*, *op. cit.*, p. 88.

64. Carroll Smith Rosenberg, *Disorderly Conduct*, *op. cit.*, pp. 52-76.

65. Odile Arnold, *le Corps et l'âme. La vie des religieuses au XIXe siècle*, *op. cit.*.

66. Jacques Leonard, « Femmes, religion et médecine. Les religieuses qui soignent en France au XIXe siècle » in *Annales. Économie. Société. Civilisation*, septembre-octobre 1977, Paris, Armand Colin, pp. 887-907.

67. Flaviana Zanolla, « Suocere, nuore et cognate nel primo '900 a P. nel Friuli : in *Parto e maternita, momenti della biografia femminile. Quaderni Storici* 44, Ancona Roma, Agosto 1980, pp. 429-450.

68. Bonnie G. Smith, *Ladies of the Leisure Class... op. cit.*

69. Bonnie G. Smith, *op. cit.*, chap. 3, « The productive life of women ».

70. *Histoire de la vie privée*, t. IV, *op. cit.*, p. 128.

71. Louise Weiss, *Mémoires d'une Européenne*, *op. cit.*, t. I, pp. 93-94.

72. Évelyne Berriot-Salvadore, « "L'effet 89" dans le journal intime d'une jeune fille de la Belle Époque », Actes du colloque *les Femmes et la Révolution française*, Toulouse, Presses universitaires du Miral, t. I, 1989, 525 p. ; t. II 1990, 409 p. ; t. III à paraître.

73. *Histoire de la vie privée*, t. IV, *op. cit.*, pp. 516-517 ; Carl Degler, *At Odds*, *op. cit.*, pp. 107-108 ; Yvonne Knibiehler, Marcel Bernos, Éliane Richard, Élisabeth Ravoux-Rallo, *De la pucelle à la minette*, *op. cit.*, p. 102.

74. Robert von Musil, *l'Homme sans qualités*, 3 vol., Vienne, 1930-1943, Paris, Le Seuil, 1979.

75. Jacques Poumarède, « L'inceste et le droit bourgeois », in *Droit, histoire et sexualité.* Textes réunis et présentés par Jacques Poumarède et Jean-Pierre Royer, Publications de l'espace juridique, Paris, 1987, XX, 451 p., pp. 213-228.

76. Jeffrey Weeks, *Sex, Politics and Society*, *op. cit.*, p. 31.

77. Yvonne Knibiehler et Catherine Fouquet, *l'Histoire des mères, du Moyen Age à nos jours*, Hachette, Collection Pluriel, 1982, 359 p., pp. 186-193.

78. Willy Aeschimann, *la Pensée d'Edgar Quinet. Étude sur la formation de ses idées avec essais de jeunesse et documents inédits*, Paris, Genève, Éditions Anthropos, 1986.

79. H.-A. Diederiks, « le Choix du conjoint à Amsterdam au début du 19e siècle », *Annales de Démographie historique*, 1986, pp. 183-194.

80. Paul Lachance, « l'Effet du déséquilibre des sexes sur le comportement matrimonial : comparaison entre la Nouvelle France, Saint-Domingue et La Nouvelle Orléans », *Revue d'histoire de l'Amérique française*, vol. 39, n° 2, automne 1985.

81. Julie Dunfey, « "Living the principle" of plural marriage : Mormon women, utopia and female sexuality in the 19th century », *Feminist Studies*, vol. 10, n° 3, Fall 1984, pp. 523-536.

82. Steven M. Stowe, *op. cit.*, pp. 113-130.

83. Yvonne Knibiehler, « Fanny Reybaud » article à paraître dans *Provence historique*, Marseille, octobre 1991.

84. Carl Degler, *At Odds*, *op. cit.*, pp. 31-32.

85. Bernard Schnapper, « La séparation de corps de 1837 à 1914. Essai de sociologie juridique », *Revue historique*, avril-juin 1978, Paris.

86. Jules Michelet, *l'Amour*, *op. cit.*, pp. 358-359.

87. Jean Estebe, *les Ministres de la République, 1871-1914*, Paris, Presses de la fondation nationale des Sciences politiques, préface de Maurice Agulhon, 1982, 255 p., p. 91.

88. Carroll Smith-Rosenberg, *Disorderly Conduct*, *op. cit.*, pp. 190-195.

89. *Victorian Women*, *op. cit.*, Part. IV, pp. 453-508.

90. Éliane Richard, « Des veuves riches au 19e siècle », actes du colloque *les Femmes et l'argent*, Centre d'études féminines de l'Université de Provence, Aix-en-Provence, 1985, pp. 21-35.

CHAPITRE 14

Sexualités dangereuses

1. Kathy Peiss, Christina Simmons, « Passion and Power : An Introduction », in Kathy Peiss et Christina Simmons, avec Robert A. Padgug, éd., *Passion and Power : Sexuality in History*, Philadelphia, Temple University Press, 1989, p. 3.

2. Abraham Flexner, *Prostitution in Europe*, New York, Century, 1920, p. 64.

3. *Downward Paths : An Inquiry into the Causes which Contribute to the Making of the Prostitute, with a forward by A. Maude Royden*, London, 1913, p. 48.

4. Cité dans Ronald Pearsall, *The Worm in the Bud : The World of Victorian Sexuality*, Toronto, Macmillan, 1969, p. 283.

5. Cité dans John D'Emilio et Estelle Freedman, *Intimate Matters : A History of Sexuality in America*, New York, Harper & Row, 1988, p. 182.

6. Ellen Ross, « "Fierce Questions and Taunts" : Married Life in Working-Class London, 1870-1914 », *Feminist Studies*, 8, n° 3, Fall 1982, pp. 575-576.

7. Cité dans Jill Harsin, *Poli-*

cing Prostitution in Nineteenth-Century Paris, Princeton, Princeton University Press, 1980, p. 22.

8. William Acton, *Prostitution*, Peter Fryer éd., édition originale 1870 ; version abrégée New York, Praeger, 1968, p. 23.

9. *Daily Chronicle*, London, 10 nov. 1888.

10. Alain Corbin, « Commercial Sexuality in Nineteenth-Century France : A System of Images and Regulations », (trad. Katherine Streip), *Representations*, n° 14, Spring 1986, pp. 212-213.

11. « Report of the Royal Commission on the Administration and Operation of the Contagious Diseases Acts 1866-69 (1871) », *Parliamentary Papers*, 1871, C. 408.

12. Cité dans Judith R. Walkowitz, *Prostitution and Victorian Society : Women, Class and the State*, New York, Cambridge University Press, 1980, p. 177.

13. Cité dans Alain Corbin, *les Filles de Noce : misère sexuelle et prostitution (19e et 20e siècles)*, Paris, Aubier-Montaigne, 1978, p. 134.

14. Cité dans Henry Mayhew et Bracebridge Hemyng, « The Prostitute Class Generally », in Henry Mayhew, éd., *London Labour and the London Poor*, 4 vol., London, 1861, rééd., New York, Dover, 1968, IV, p. 205.

15. Cité dans Walkowitz, *Prostitution*, *op. cit.*, p. 170.

16. Cité dans Judith R. Walkowitz, « Male Vice and Female Virtue : Feminism and the Politics of Prositution in Nineteenth-Century Britain », in Ann Snitow et al., éd., *Powers of Desire : the Politics of Sexuality*, New York, Monthly Review Press, 1983, p. 423.

17. Cité dans *ibid.*, p. 186.

18. Jeffrey Weeks, *Coming Out : Homosexual Politics in Britain from the Nineteenth Century to the Present*, London, Quartet, 1977, p. 18.

19. Cité dans Flexner, *Prostitution in Europe*, *op. cit.*, p. 190.

20. *Ibid.*, p. 197.

21. *Ibid.*, p. 197.

22. Cité dans Ute Frevert, *Women in German History : From Bourgeois Emancipation to Sexual Liberation*, trad. Stuart McKinnon-Evans, Oxford, Berg, 1989, pp. 133-134.

23. *Elizabeth Cobb à Karl Pearson*, 17 juillet 1885. Pearson Papers, 663/1, University College, London.

24. Maria Sharpe, « Autobiographical Notes », p. 1, Pearson Papers, 10/1.

25. Emma Brooke, « Notes on a Man's View of the Woman Question », Pearson Papers, 10/2.

26. Rachel Bernstein, « Boarding-Housekeepers and Brothel Keepers in New York City, 1880-1910 », thèse non publiée, Rutgers University, 1984, pp. 144-145.

27. Mrs. G. , interview, Dame Colet House, East London, juillet 1983.

28. Mrs. M., interview, Toynbee Hall, East London, juillet 1983.

29. Cité dans Joséphine Butler, « The Garrison Towns of Kent », *The Shield*, London, 25 avril 1870.

30. Bracebridge Hemyng, « Prostitution in London », *London Labour*, *op. cit.*, IV, p. 250.

31. Cité dans D'Émilio et Freedman, *Intimate Matters*, *op. cit.*, p. 137.

32. Cité dans W. T. Stead, *Diary Entries*, 3 mars 1886, Stead Papers. Je remercie le professeur J.-O. Baylen de m'avoir permis d'accéder à ces papiers.

33. Rosalind Pollak Petchesky, *Abortion and Woman's Choice : The State, Sexuality and Reproductive Freedom*, Boston, Longman, 1984, p. 78.

34. Cité dans Angus McLaren, « Abortion in France : Women and the Regulation of Family Size, 1800-1914 », *French Historical Studies*, 10, n° 3, 1878, p. 476.

35. Cité dans Peter Gay, *The Bourgeois Experience : Victoria to Freud, vol. I, Education of the Senses*, Oxford, Oxford University Press, 1984, p. 254.

36. Cité dans Carroll Smith-Rosenberg, *Disorderly Conduct : Visions of Gender in Victorian America*, *op. cit.*, pp. 236-237.

37. Petchesky, *op. cit.*, p. 45.

38. Cité dans *ibid.*, p. 55.

39. Cité dans McLaren, « Abortion in France », *op. cit.*, p. 476.

40. Petchesky, *op. cit.*, p. 54.

41. Cité dans Margaret Hunt, « Girls will be Boys », *The Women's Review of Books*, 6, n° 12, septembre 1989, p. 11.

42. Cité dans Anna Clark, « Cross-dressing », Unpublished paper, 10 avril 1986, p. 9.

43. Cité dans D'Émilio et Freedman, *Intimate Matters*, *op. cit.*, pp. 124-125.

44. Cité dans Smith-Rosenberg, *Disorderly Conduct*, *op. cit.*, p. 58.

45. Christine Stansell, « Revisiting the Angel in the House : Revisions of Victorian Womanhood », *New England Quarterly*, 60, 1987, p. 474.

46. *Ibid.*, p. 482.

47. Jeannette Marks, cité dans Lillian Faderman, *Surpassing the Love of Men : Romantic Friendship and Love Between Women from the Renaissance to the Present*, New York, William Morrow, 1981, p. 229.

48. Emma Willard, « Companionships », rééd. in Jonathan Katz, *Gay/Lesbian Almanac : A New Documentary*, New York, Harper & Row, 1983, pp. 216-218.

49. Jeffrey Weeks, *Sexuality and its Discontents : Meanings, Myths, & Modern Sexualities*, London, Routledge & Kegan Paul, 1985, p. 67.

50. Cité dans Katz, *Gay/Lesbian Almanac*, *op. cit.*, p. 189.

51. *Ibid.*, p. 144.

52. *Ibid.*, p. 270.

53. Carroll Smith-Rosenberg, « Discourses of Sexuality and Subjectivity : The New Woman, 1870-1936 », in Martin Bauml Duberman, Martha Vicinus et George Chauncey, Jr., éd., *Hidden from History : Reclaiming the Gay and Lesbian Past*, New York, New American Library, 1989, p. 270.

54. « "The Truth about Myself" : Autobiography of a Lesbian (Germany, 1901) », in Éleanor Riemer et John C. Fout, éd., *European Women : A Documentary History (1789-1945)*, New York, Schocken, 1980, pp. 235-236.

55. Cité dans Faderman, *Surpassing the Love*, *op. cit.*, p. 229.

56. Cité dans Gudrun Schwarz, « "Virago" in Male Theory in Nineteenth-Century Germany », in Judith Friedlander et al., éd., *Women in Culture and Politics : A Century of Change*, Bloomington, Indiana University Press, 1986, p. 139.

57. Cité dans Katz, *Gay/Lesbian Almanac*, *op. cit.*, p. 137.

58. Leila J. Rupp, « "Imagine My Surprise" : Women's Relationships in Mid-Twentieth Century America », in *Hidden from History*, *op. cit.*, p. 410.

CHAPITRE 15

La travailleuse

1. Jules Simon, *l'Ouvrière*, 2e édition, Paris, Hachette, 1861, p.v.

2. Maurice Garden, *Lyon et les Lyonnais au XVIIIe siècle*, Paris, Flammarion, 1975, p. 139.

3. Dominique Godineau, *Citoyennes Tricoteuses : les femmes du peuple à Paris pendant la Révolution française*, Paris, Aix-en-Provence, Alinéa, 1988, p. 67.

4. John Burnett, éd., *Annals of Labour ; Autobiographies of British Working-Class People, 1820-1920*, Bloomington, Indiana University Press, 1974, p. 285.

5. Eileen Yeo et E.-P. Thompson, éd., *The Unknown Mayhew*, New York, Schocken Books, 1972, pp. 122-123.

6. Karl Marx et Fredrich Engels, *le Manifeste communiste*, 1848, Paris, Gallimard, coll. La Pléiade, *Œuvres*, t. 1, p. 169 : « Les distinctions de sexe et d'âge ont perdu, pour la classe ouvrière, toute signification sociale. Il n'y a plus que des instruments de travail dont le coût varie en fonction de l'âge et du sexe. »

7. Cité in Ava Baron, « Questions of Gender : Deskilling and Demasculinization in the U.S. Printing Industry, 1830-1915 », *Gender and History*, vol. 1, n° 2, Summer 1989, p. 164.

8. Ramsay MacDonald, éd., *Women in the Printing Trades : A Sociological Study*, London, P.S. King and Son, 1904, p. 36.

9. Cité in Michelle Perrot, « Le syndicalisme français et les femmes : histoire d'un malentendu », *Aujourd'hui*, n° 66, mars 1984, p. 44.

10. Adam Smith, *The Wealth of Nations*, vol. 1, (2e éd.), Oxford, Clarendon Press, 1880, p. 71.

11. Jean-Baptiste Say, *Traité de l'économie politique*, (6e éd.), 2 vol., Paris, 1841, p. 234.

12. Eugène Buret, *De la misère des classes laborieuses en France et en Angleterre*, 2 vol., Paris, 1840, vol. I, p. 287, cité in Thérèse Moreau, *le Sang de l'histoire : Michelet, l'histoire, et l'idée de la femme au XIXe siècle*, Paris, Flammarion, 1982, p. 74.

13. *L'Atelier*, 30 décembre 1842, p. 31.

14. Sidney Webb, « The Alle-

ged Differences in the Wages Paid to Men and to Women for Similar Work », *Economic Journal*, vol. 1, 1891, pp. 657-659.

15. Ivy Pinchbeck, *Women Workers and the Industrial Revolution, 1750-1850*, New York, G. Routledge, 1930 ; A. Kelley, 1969, p. 185.

16. Cité in John C. Holley, « The Two Family Economies of Industrialism : Factory Workers in Victorian Scotland », *Journal of Family History*, vol. 6, Spring 1981, p. 64.

17. Cité in Louise A. Tilly et Joan W. Scott, *les Femmes, le travail et la famille*, 1978, Marseille, Rivages, 1987.

18. Jill K. Conway, « Politics, Pedagogy, and Gender », in Jill K. Conway, Susan C. Bourque, et Joan W. Scott, éd., *Learning About Women : Gender, Politics, and Power*, Ann Arbor, University of Michigan Press, 1987, p. 140.

19. Samuel Cohn, *The Process of Occupational Sex-Typing : The Feminization of Clerical Labor in Great Britain*, Philadephia, Temple University Press, 1985.

20. Cité in Susan Bachrach, « Dames Employées : The Feminization of Postal Work in Nineteenth-Century France », *Women and History*, n° 8, Winter 1983, p. 33.

21. *Ibid.*, p. 35.

22. *Ibid.*, p. 42.

23. Cité in Jane Lewis, *Women in England, 1870-1950 : Sexual Divisions and Social Change*, Sussex, Wheatsheaf Books, 1984 p. 175.

24. Michelle Perrot, « L'éloge de la ménagère dans le discours des ouvriers français au XIXe siècle », *Romantisme*, 10.

25. Ute Frevert, *Women in German History : From Bourgeois Emancipation to Sexual Liberation*, traduit par Stuart McKinnon-Evans, Oxford, Berg, 1989, p. 99.

26. Ava Baron, *op. cit.*, p. 164.

27. Cité in Mary Lynn Stewart, *Women, Work and the French State : Labour Protection and Social Patriarchy, 1879-1919*, Montréal, McGill-Queen's University Press, 1989, p. 51.

28. *Ibid.*, p. 175.

29. *Ibid.*, p. 14.

30. *Ibid.*, p. 119.

31. Jeanne Bouvier, *Mes Mémoires : ou 59 années d'activité industrielle, sociale et intellectuelle d'une ouvrière*, Paris, l'Action intellectuelle, 1936, réédité Maspero, 1983.

32. Margaret Lleweleyn Davies, éd., *Life As We Have Know It By Cooperative Working Women*, New York, Norton, 1975.

33. Cité in Stewart, *Women, Work and the French State*, *op. cit.*, p. 177.

34. Jane Lewis, *Women in England*, *op. cit.*, p. 146.

CHAPITRE 16

Femmes seules

1. Dora Greenwell, « Our single women », *North British Review*, XXXVI, févr. 1862, p. 63.

2. Cf. bibliographie dans Martha Vicinus, *Independent Women. Work and Community for Single Women. 1850-1920*, Chicago and London, The University of Chicago Press, 1985 ; et dans le n° spécial « Spinsters », *Journal of Family History*, Winter 1984, Susan Cotts Watkins éd. Entre 1840 et 1847, le peintre Richard Redgrave expose à la Royal Academy une série de tableaux sur le thème de la « *redundant woman* », sujet à la mode également peint par George Frederic Watts.

3. W. R. Greg, « Why are women redundant ? », *National Review*, 14, avril 1862, p. 436.

4. Émile Levasseur, *la Population française : histoire de la population avant 1789 et démographie de la France comparée à celle des autres nations au 19e siècle*, Paris, A. Rousseau, 1889-1892, 3 vol., t. 1, p. 333.

5. Jacques Dupâquier, *la Population française aux 17e et 18e siècles*, Paris, PUF, 1979, p. 84.

6. Honoré de Balzac, *la Vieille Fille* (1837), Paris, Albin Michel, 1955, p. 65.

7. *Annales de démographie historique*, 1981, section A : « La mortalité différentielle des femmes », pp. 23-140.

8. Patrice Bourdelais, « Le poids démographique des femmes seules en France », in *ibid.*, pp. 215-227.

9. John Hajnal, « European Marriage Patterns in Perspective », in D.-V. Glass et D.E.C. Eversley éd., *Population in History*, London, Arnold, 1965, pp. 101-143.

10. Jack Goody, *l'Évolution de la famille et du mariage en Europe*, Paris, A. Colin, 1985.

11. Louis Henry et Jacques Houdaille, « Célibat et âge au mariage aux 18e et 19e siècles en France. I-Célibat définitif. II-Age au premier mariage », *Population*, 1979, nos 1 et 2.

12. Patrice Bourdelais, « Femmes isolées en France, 17e-19e siècles » in *Madame ou Mademoiselle ? Itinéraires de la solitude féminine, 18e-20e siècles*, Arlette Farge et Christiane Klapisch-Zuber éd., Paris, Arthaud-Montalba, 1984, pp. 66-67 ; et *op. cit.*

13. M. Anderson, « Marriage Patterns in Victorian Britain : an Analysis Based on Registration District Data for England and Wales 1861 », *Journal of Family History*, 1976, 2, pp. 55-78 ; John Knodel and Mary Jo Maynes, « Urban and Rural Marriage Patterns in Imperial Germany », in *ibid.*, pp. 129-168.

14. Léon Abensour, *la Femme et le féminisme avant la Révolution* (1923), rééd. Slatkine, Genève, 1977, p. 206.

15. John Knodel and Mary Jo Maynes, *op. cit.*

16. En Afrique du Nord, en Amérique et jusqu'aux confins de l'Océanie, à Wallis et Futuna : cf. Y. Turin, *Femmes et Religieuses au XIXe siècle. Le féminisme « en religion »*, Paris, Nouvelle Cité, 1989.

17. S. Dyrvik, « Remarriage in Norway in the Nineteenth Century », in *Marriage and Remarriage in Populations of the Past*, J. Dupâquier, E. Hélin, P. Laslett, M. Livi-Bacci et S. Sogner éd., Academic Press, 1981, p. 305.

18. 1862, 66, pp. 594-610.

19. Maurice Garden, « l'Évolution de la population active » in *Histoire de la population française*, Jacques Dupâquier éd., Paris, PUF, 1988, t. 3, p. 267.

20. Theresa McBride, « Social Mobility for the Lower Classes : Domestic Servants in France », *Journal of Social History*, Fall 1974, pp. 63-78.

21. Abel Chatelain, « Les usines internats et les migrations féminines dans la région lyonnaise », *Revue d'Histoire économique et sociale*, 1970, 3, pp. 373-394 ; Louis Reybaud, *Études sur le régime des manufactures, condition matérielle et morale des ouvriers en soie*, Paris, Michel-Lévy frères, 1859.

22. Françoise Parent, « La vendeuse de grand magasin », in *Madame ou Mademoiselle ?, op. cit.*, p. 97.

23. Pierrette Pézerat et Danièle Poublan, « Femmes sans maris, les employées des postes », in *ibid.*, pp. 117-162 ; Maurizio Gribaudi, *Procès de mobilité et d'intégration. Le monde ouvrier turinois dans le premier demi-siècle*, thèse EHESS, Paris, 1986.

24. Gro Hagemann, « Class and gender during Industrialization », in *The Sexual Division of Labour, 19th and 20th centuries, Uppsala Papers in Economic History*, n° 7, 1989, pp. 1-29 ; Ursula D. Nienhaus, « Technological Change, the Welfare State, Gender and Real Women. Female Clerical Workers in the Postal Services in Germany, France and England 1860 to 1945 », in *ibid.*, pp. 57-72.

25. *Statistique des familles*, Statistique générale de la France, 1906.

26. Marlène Cacouault, « Diplôme et célibat, les femmes professeurs de lycée entre les deux guerres », in *Madame ou Mademoiselle ?, op. cit.*, p. 177 ; Françoise Mayeur, *l'Enseignement secondaire des jeunes filles sous la 3e République*, Paris, FNSP, 1977, p. 256.

27. Claude Langlois, *le Catholicisme au féminin. Les congrégations françaises à supérieure générale au 19e siècle*, Paris, éd. du Cerf, 1984 ; Martha Vicinus, *Independent Women, op. cit.* ; *Patronage e reti di relazione nelle storia delle donne*, a cura di Lucia Ferrante, Maura Palazzi e Gianna Pomata, Turin, Rosenberg et Sellier, 1988.

28. *Les Enseignements pontificaux. Le problème féminin*, présentation et tables par les moines de Solesmes, Desclée et Cie, éd. pontificaux, 1953.

29. Jacques Bertillon, *Etude démographique du divorce et la séparation de corps dans les différents pays de l'Europe*, Paris, G. Masson, 1883.

30. Barbey d'Aurevilly, *les Bas-Bleus*, Paris, V. Palmé, 1878.

31. *Liberty, a Better Husband. Single Women in America : the Generation of 1780-1840*, New Haven, Connecticut, Yale University Press, 1984.

32. *Ibid.*, p. 10, cite May Alcott en 1868 : « La perte de liberté, de bonheur et de dignité est médiocrement compensée par l'honneur stérile d'être appelée "Madame" au lieu de "Mademoiselle" [...]. Les vieilles filles seraient en quelque sorte une classe de femmes supérieures [...] restant aussi fidèles et heureuses dans leur choix que les femmes mariées avec leurs maris et leurs foyers. »

33. L'expression fut en fait

« inventée » par Shakespeare pour tourner en dérision la solitude des femmes qui refusent le mariage (*A Midsummer Night's Dream*, I. i 67).

34. Édith Thomas, *Pauline Roland. Socialisme et féminisme au 19e siècle*, Paris, Marcel Rivière, 1956 ; pour Nightingale et Pankhurst, cf. Sheila Jeffreys, *The Spinsters and her Ennemies, Feminism and Sexuality. 1880-1930*, Londres et New York, Pandora, 1985.

35. Carroll Smith-Rosenberg, Esther Newton, « Le mythe de la lesbienne et la Femme nouvelle », in *Stratégies des femmes*, Paris, éd. Tierce, 1984, pp. 274-311.

36. Gudrun Schwarz, « L'invention de la lesbienne par les psychiatres allemands », in *ibid.*, pp. 312-328.

37. Jean Borie, *le Célibataire français*, Paris, Le Sagittaire, 1976.

38. Cécile Dauphin, « La vieille fille, histoire d'un stéréotype » in *Madame ou Mademoiselle ?, op. cit.*, pp. 207-231.

39. Yvonne Knibielher, « Les médecins et la nature féminine au temps du Code civil », *Annales E.S.C.*, 4, 1976, pp. 824-845 ; Arlette Farge, « Les temps fragiles de la solitude des femmes à travers le discours médical du 18e siècle », in *Madame ou Mademoiselle ?, op. cit.*, pp. 251-263.

40. Serge Moscovici, « L'individu et ses représentations », *Magazine littéraire*, n° 264, avril 1989, pp. 28-31.

41. Selon l'anthropologue Louis Dumont, le holisme caractérise les sociétés qui privilégient la totalité d'un groupe sur les parties ou les membres qui le constituent.

INTRODUCTION 4e PARTIE

1. Claude Quiguer, *Femmes et Machines de 1900. Lecture d'une obsession Modern Style*, Paris, Klincksieck, 1979.

2. Cf. Stella Georgoudi, « Bachofen, le matriacat et le monde antique. Réflexions sur la création d'un mythe », *Histoire des femmes*, t. 1.

3. Jacques Le Rider, *le Cas Otto Weininger. Racines de l'antiféminisme et de l'antisémitisme*, Paris, PUF, 1982.

CHAPITRE 17

Sortir

1. *La Tribune des Femmes*, 2e année, cité par Michèle Riot-Sarcey, « Parcours de femmes à l'époque de l'apprentissage de la démocratie », thèse, Paris I, 1990.

2. Nancy F. Cott, *The Bonds of Womanhood. « Woman's Sphere » in New England, 1780-1835*, New Haven and London, Yale University Press, 1977 ; Bonnie G. Smith, *Ladies of the Leisure Class. The Bourgeoises of Northern France in the Nineteenth Century*, Princeton, Princeton University Press, 1981 ; trad. française, *les Bourgeoises du Nord (1850-1914)*, Paris, Perrin, 1989 ; Eleni Varikas, « La révolte des dames. Genèse d'une conscience féministe dans la Grèce du XIXe siècle » thèse de doctorat Paris VII, 1988, à paraître Paris, Klincksieck.

3. B.-C. Pope, Renate Bridenthal and Claudia Koonz éd., in *Becoming Visible : Women in European History*, Houghton Mifflin Company, Boston, (1977), 2e éd. 1987.

4. Catherine Duprat, « Charité et Philanthropie à Paris au XIXe siècle », doctorat d'État, Paris I, 1991.

5. Cité par Geneviève Fraisse, *Muse de la raison. La démocratie exclusive et la différence des sexes*, Aix-en-Provence, Alinéa, 1989, p. 36.

6. Ute Frevert, *Women in German History, From Bourgeois Emancipation to Sexual Liberation*, Oxford, Hambourg, New York, Berg Publishers, 1989 (éd. allemande, Suhrkamp Verlag, 1986).

7. F.-K. Prochaska, *Women and Philanthropy in 19th Century England*, Londres, Oxford, Clarendon Oxford Press, 1980 ; Françoise Barret-Ducrocq, « Modalités de reproduction sociale et code de morale sexuelle des classes laborieuses à Londres dans la période victorienne », thèse, Paris IV, 1987 ; (Caroll Smith-Rosenberg, *Religion and the Rise of American City*, Ithaca, New York, Cornell University Press, 1971.

8. Rosalind H. Williams, *Dream Worlds : Mass Consumption in Late Nineteenth-Century France*, Berkeley, Los Angeles, London, Uni-

versity of California Press, 1982.

9. Martha Vicinus, *Independent Women. Work and Community for Single Women, 1850-1920*, Londres, Virago Press, 1985.

10. Sylvie Fayet-Scribe, « Les associations féminines d'éducation populaire et d'action sociale. De *Rerum Novarum* (1891) au Front Populaire », thèse, Paris VII, 1988.

11. Marie-Claire Hoock-Demarle, « Bettina Brentano von Arnim ou la mise en œuvre d'une vie », thèse d'État, 1985 ; M. Perrot, « Flora Tristan enquêtrice », in Stéphane Michaud éd., *Flora Tristan : un fabuleux destin*, Dijon, Presses Universitaires, 1985.

12. Marie-Antoinette Perret, « Enquête sur l'enfance "en danger moral" », maîtrise, Paris VII, 1989.

13. Yvonne Knibiehler, *Nous les assistantes sociales*, Paris, Aubier-Montaigne, 1981 ; *id.* et divers, *Cornettes et blouses blanches*, Paris, Hachette, 1984.

14. Cité par C. Duprat, *op. cit.*

15. Bonnie G. Smith, *Changing Lives. Women in European History Since 1700*, Lexington, Toronto, D.C. Heath and Company, 1989, p. 218 ; Anne Summers, « Pride and Prejudice : ladies and Nurses in the Crimean War », in *History Workshop Journal*, 16, aut. 1983, pp. 33-57 ; *Ever Yours, Florence Nightingale. Selected letters*, Martha Vicinus et Bea Nergaard éd., Londres, Virago, 1990.

16. Bonnie G. Smith, *Ladies, op. cit.*

17. Cité par M. Riot-Sarcey, *op. cit.* (texte de 1831).

18. Mary P. Ryan, « The power of Women's networks », in *Sex and Class in Women's History*, Judith L. Newton, Mary P. Ryan, et Judith R. Walkowitz éd., London, Boston, Routledge and Kegan, 2e éd. 1985, pp. 167-186.

19. C. Smith-Rosenberg, *Disorderly Conduct. Visions of Gender in Victorian America*, Oxford University Press, 1985, pp. 176-177.

20. Peter Stearns, « Working-class women in Britain, 1890-1914 », in Martha Vicinus éd., *Suffer and Be Still. Women in the Victorian Age*, Londres, Bloomington, Indiana University Press, 1972, pp. 100-120.

21. Dorothy Thompson, « Women and Nineteenth Century Radical Politics : A lost dimension », in Juliette Mitchell et Ann Oakley éd., *The Rights and Wrongs of Women*, New York Penguin Books, 1976, pp. 112-139.

22. Nancy Tomes, « A torrent of abuse : crimes of violence between working-class men and women in London (1840-1875) », *The Journal of Social History*, 11/3, printemps 1978, pp. 328-345.

23. Eric Hobsbawm, « Sexe, vêtements et politique », *Actes de la recherche en sciences sociales*, 23, 1978.

24. Ludwig-Uhland Institut, de l'université de Tubingen, *Quand les Allemands apprirent à manifester. Le phénomène culturel des « manifestations pacifiques de rue » durant les luttes pour le suffrage universel en Prusse*, Exposition, mai-juin 1989, Paris, 1989 (cf. « les femmes », pp. 48-55).

25. Jean-Marie Flonneau, « Crise de vie chère et mouvement syndical (1910-1914) », *le Mouvement social*, juillet-septembre 1970.

26. Rudolf M. Dekker, « Women in Revolt, Popular protest and its social basis in Holland in the seventeenth and eighteenth centuries », in *Theory and Society*, 16, 1987, pp. 337-362 ; Malcolm I. Thomis and Jennifer Grimmett, *Women in Protest 1800-1850*, Londres, Croom Helm, 1982 ; Louise A. Tilly, « Paths of Proletarianization : Organization of Production, Sexual division of Labor, and Women's Collective Action », *Signs*, 7, 1981, pp. 401-417 ; Temma Kaplan, « Female consciousness and collective action : the case of Barcelona, 1910-1918 », *Signs*, 7, printemps 1982, p. 564.

27. Suzannah Barrows, *Miroirs déformants. Réflexions sur la foule en France à la fin du XIXe siècle*, Paris, Aubier, 1990 (1re éd. américaine, 1980).

28. M. Perrot, *les Ouvriers en grève (1871-1890)*, t. I, Paris, Mouton, 1974.

29. Claire Auzias et Annick Houel, *la Grève des ovalistes. Lyon, juin-juillet 1869*, Paris, Payot, 1982 ; Sian F. Reynolds, *Britannica's Typesetters. Women Compositors in Edinburgh*, Edinburgh University Press, 1989 ; *Theresa Malkiel. Journal d'une gréviste*, présenté par Françoise Basch, Paris, Payot, 1980.

30. Nathalie Chambelland-Liebault, « La durée et l'aménagement du temps de travail des femmes de 1892 à l'aube des conventions collectives », thèse droit, Nantes, 1989.

31. Lettre (XII 1855) citée

par Anne Summers, *op. cit.*, p. 48.

32. Geneviève Fraisse, *Femmes toutes mains. Essai sur le service domestique*, Paris, Le Seuil, 1979, p. 3. sq.

33. Charles Sowerwine, *les Femmes et le socialisme*, Paris, Presses de la Fondation nationale des sciences politiques, 1978 ; Marianne Walle, « Contribution à l'histoire des femmes allemandes entre 1848 et 1920, à travers les itinéraires de Louise Otto, Helene Lange, Clara Zetkin et Lily Braun », thèse, Université Paris VII, 1989.

34. Jill Liddington, « Women cotton workers and the suffrage campaign : the radical suffragists in Lancashire 1893-1914 », in Sandra Burman éd., *Fit Work for Women*, Croom Held, Londres, 1979, pp. 98-112.

35. Texte réédité à Paris, L'Harmattan, 1988, par Denys Cuche et Stéphane Michaud.

36. Martin Nadaud, *Mémoires de Léonard ancien garçon maçon*, édition établie et commentée par Maurice Agulhon, Paris, Hachette, 1976.

37. Octave Mirbeau, *le Journal d'une femme de chambre*, Paris, 1900.

38. Leonore Davidoff, « Class and Gender in Victorian England », in *Sex and Class in Women's History*, Londres, Routledge and Kegan, 1983, pp. 17-71 ; *The Diaries of Hannah Cullwick*, Londres Virago, L. Stanley éd.

39. J. Dupâquier, *Histoire de la population française*, Paris, Colin, 1989, t. III, pp. 133 et 184.

40. M. Jeanne Peterson, « The victorian governess : Status incongruence in family and society », in Martha Vicinus éd., *Suffer and be Still. Women in the Victorian Age*, Indiana University Press, Bloomington et Londres, 1972.

41. Elinor Lerner, « Structures familiales, typologie des emplois et soutien aux causes féministes à New York (1915-1917) », in *Stratégies des femmes*, ouvrage collectif édité par Tierce, Paris, 1984, pp. 424-443.

42. Carroll Smith-Rosenberg, Esther Newton, « Le mythe de la lesbienne et la Femme nouvelle », in *Stratégies des femmes*, *op. cit.*, pp. 274-312 ; Shari Benstock, *Femmes de la Rive Gauche, Paris, 1900-1914*, Paris, Éditions des Femmes, 1987.

43. Citée par Elinor Lerner, *op. cit.*, p. 429.

44. *Épopée d'une anarchiste, New York 1886 – Moscou 1920*, trad. française de *Living my Life*, (Knopf, 1932), Paris, Hachette, 1979.

45. Yvonne Knibiehler et Régine Goutalier, *la Femme au temps des Colonies*, Paris, Stock, 1985 ; A.-J. Hammerton, « Feminism and female emigration, 1861-1886 », in Martha Vicinus éd., *A Widening Sphere, Changing Roles of Victorian Women*, Indiana University Press, 1977, pp. 52-72.

46. Odile Krakovitch, *les Femmes bagnardes*, Paris, Olivier Orban, 1990.

47. Denise Brahimi, *Femmes arabes et sœurs musulmanes*, Paris, Tierce, 1984.

48. Alain Corbin, *le Territoire du vide. L'Occident et le désir du rivage, 1750-1840*, Paris, Aubier, 1988.

49. *Quoi ? L'Éternité*, Paris, Gallimard, 1988, pp. 96 sq.

50. Jacques Rancière, *Courts Voyages au pays du Peuple*, Paris, Le Seuil, 1990 : souvent, les femmes incarnent le Peuple pour les écrivains.

51. Jeanne Bouvier, *Mes mémoires. Une syndicaliste féministe (1876-1935)*, édition préparée par Daniel Armogathe et Maïté Albistur, Paris, Maspero, 1983, pp. 123-136.

52. Marie-Claire Pasquier « "Mon nom est Persona". Les femmes et le théâtre » in *Stratégies des femmes*, *op. cit.*, pp. 259-273.

53. Edmonde Charles-Roux, *Un désir d'Orient. La jeunesse d'Isabelle Eberhardt*, Paris, Grasset, 1988.

54. Alexandra David-Néel, *Journal de voyage (11 août 1904 – 26 décembre 1917)*, Paris, Plon, 1975.

55. Eve et Jean Gran-Aymeric, *Jane Dieulafoy, une vie d'homme*, Paris, Perrin, 1990.

56. *Ibid.*, p. 101, lettre du 12 février 1912.

57. Comme le fait Edward Shorter, *le Corps des femmes*, Paris, Le Seuil, 1984.

58. Christine Fauré, *Terre, Terreur, Liberté*, Paris, Maspero, 1979 ; Nancy Green, « L'émigration comme émancipation : les femmes juives d'Europe de l'Est à Paris, 1881-1914 », *Pluriel*, 27, 1981, pp. 51-59.

59. Lee Holcombe, « Victorian wives and Property. Reform on the married women's property law, 1857-1882 », in *A Widening Sphere*, *op. cit.*, pp. 3-28.

60. Francis Ronsin, *le*

Contrat sentimental. Débat sur le mariage, l'amour, le divorce, de l'Ancien Régime à la Restauration, Paris, Aubier, 1990 ; surtout Michèle Riot-Sarcey, thèse citée.

61. Geneviève Fraisse, *Muse de la Raison, op. cit.*, p. 107.

62. Francis Ronsin, « Du divorce et de la séparation de corps en France au XIXe siècle », thèse Paris VII, 1988 (partie non publiée).

63. Barbara Welter, « The feminization of American religion, 1800-1860 », in *Clio's Consciousness Raised. New Perspectives on the History of Women*, Mary Hartman et Lois W. Banner éd., Harper Torchbooks, Harper and Row publishers, New York, Londres, 1974 (pp. 137-158).

64. Anne-Marie Sohn, « Les femmes catholiques et la vie publique en France (1900-1930) », in *Stratégies des femmes, op. cit.*, pp. 97-121.

65. Lucia Bergamasco, « Condition féminine et vie spirituelle en Nouvelle-Angleterre au XVIIIe siècle », thèse École des hautes études, 1987 ; et Nancy Cott, *The Bonds of Womanhood, op. cit.*

66. Carroll Smith-Rosenberg, « The Cross and the Pedestal : Women, anti-ritualism, and the emergence of the American Bourgeoisie », in *Disorderly Conduct. Vision of Gender in Victorian America*, New York, Oxford, Oxford University Press, 1985 (pp. 129-165).

67. Barbara Taylor, *Eve and the New Jerusalem. Socialism and Feminism in the Nineteenth Century*, Londres, Virago Press, 1983.

68. J. Rancière, *Courts voyages au pays du Peuple, op. cit.* ; *la Nuit des Prolétaires*, Paris, Fayard, 1981 ; Claire Démar, *Ma loi d'avenir* (1831), réédition Paris, Maspero, 1981, préface de Valentin Pelosse.

69. Berth Archer Brombert, *la Princesse Belgiojoso ou l'engagement romantique*, Paris, Albin Michel, 1989, (trad. française de *Cristina, Portraits of a Princess*, 1977).

70. Cité par G. Fraisse, *Muse de la Raison, op. cit.*, p. 31.

71. Rudolf M. Dekker et Lotte C. Van de Pol, « Republican heroines : cross-dressing women in the french revolutionary armies », in *History of European Ideas*, 1989, vol. 10, n° 3, pp. 353-363.

72. Lucette Czyba, *la Femme dans les romans de Flaubert*, Presses Universitaires de Lyon, 1983, pp. 193 et 366.

73. Informations et dossier fournis par Eleni Varikas. Qu'elle soit ici remerciée.

74. Cité par Brombert, *la Princesse Belgiojoso, op. cit.*, p. 174.

75. Margaret Ward, *Unmanageable Revolutionaries. Women and Irish Nationalism*, Londres, Pluto Press, 1983.

CHAPITRE 18

Scènes féministes

1. Geneviève Fraisse, « Droit naturel et question de l'origine dans la pensée féministe au XIXe siècle », in *Stratégies des femmes*, Paris, Tierce, 1984, pp. 375-390.

2. Richard J. Evans, *The Feminists. Women's emancipation Movement in Europe, America and Australia 1840-1920*, New York, Barnes and Noble, 1979.

3. Nancy F. Cott, *The Bonds of Womanhood, « Woman's Sphere », in New England, 1780-1835*, New Haven, Yale University Press, 1977.

4. Karin Hausen, « Die Polarisierung der "Geschlechtscharaktere" » in : Werner Conze éd., *Sozialgeschichte der Familie in der Neuzeit Europas*, Stuttgart, 1976, pp. 363-393.

5. Bärbel Clemens, *« Menschenrechte haben kein Geschlecht » : Zum Politikverständnis der bürgerlichen Frauenbewegung*, Pfaffenweiler, Centaurus, 1988, p. 71.

6. Diana H. Coole, « J. S. Mill : Political Utilitarian and Feminist », in Diana H. Coole, *Women in Political Thought*, Sussex, 1988, pp. 133-153.

7. Giovanna Biadne, « Primato della ragione e doppia morale, "La causa della donna" di Luisa Tosco », in *Memoria*, n° 1, 1981, Turin, pp. 87-93.

8. Karen Offen, « Ernest Legouvé and the Doctrine of "Equality in Difference" for Women », in *Journal of Modern History*, 58, juin 1986, pp. 452-484.

9. Elke Kleinau, *Die freie Frau. Soziale Utopien des frühen 19. Jhd.*, Düsseldorf, Schwann, 1987.

10. Rachele Farina, Maria Teresa Sillano, « Tessitrici dell'Unità escluse dal Risorgimento », in N. Bortolotti éd., *Esistere come donna*, Milan, 1983.

11. Helena Volet-Jeanneret, « La femme bourgeoise à Prague : 1860-1895 : De la philantrophie à l'émancipation », thèse de doctorat, faculté de Lettres, université de Lausanne, 1987, p. 92.

12. Tineke de Bie, Wantje Fritschy, « De "wereld" van Reveilvrouwen, hun liefdadige activiteiten en het outstaan van het feminisme in Nederland », in *De eerste feministische golf*, 1985, pp. 30-58.

13. Herrad-Ulrike Bussemer, *Frauenemanzipation und Bildungsbürgertum, Sozialgeschichte der Frauenbewegung in der Reichsgründungszeit*, Weinheim, Beltz, 1985, p. 81.

14. Frances Power Cobbe (1869), in *The History of Women Suffrage II*, cité par Barbara Verena Schnetzler, *Die frühe amerikanische Frauenbewegung und ihre Kontakte mit Europa (1836-1869)*, Bern, Lang, 1971, p. 113.

15. Laure Adler, *A l'aube du féminisme, les premières journalistes (1830-1850)*, Paris, Payot, 1979 ; « Les femmes et la presse, France XVIII-XXe siècles », in *Pénélope*, n° 1, juin 1979 ; *Séverine, Choix de papiers*, annotés par Evelyne Le Garrec, Paris, Tierce, 1982 ; Irène Jami, « *La Fronde*, quotidien féministe et son rôle dans la défense des femmes salariées », maîtrise, université de Paris I, 1981.

16. Simone Schürch, « Les périodiques féministes. Essai historique et bibliographique », Travail de diplôme, École de bibliothécaire, Genève, 1942, p. 23.

17. Fritz Staude, « Die Rolle der "Gleichheit" im Kampf Clara Zetkins für die Emanzipation der Frau », in *Beiträge sur Geschichte der Arbeiterbewegung*, 16, 1974, p. 427.

18. Michelle Perrot, « Naissance du féminisme en France », in *le Féminisme et ses enjeux*, Paris, FEN-Edilig, 1988, p. 41.

19. Franca Alloatti, Mirella Mingardo, «"L'Italia Femminile". Il fiorire della stampa delle donne tra Ottocento e Novecento », in N. Bortolotti éd., *op. cit.*, pp. 153-158 ; Maria Pia Bigaran, « Mutamenti dell' emancipazionismo alla vigilia della grande guerra – I periodici femministi italiani del primo novecento », in *Memoria*, n° 4, 1982, pp. 125-132.

20. E.-C. Stanton, *Eigthty Years and More*, pp. 165-166, cité dans Elinor Flexner, *Century of Struggle. The Woman's Rights Movement in the United States*, Cambridge, Harvard University Press, 1959, p. 89.

21. Anne-Marie Käppeli, « Le féminisme protestant de Suisse romande à la fin du XIXe et au début du XXe siècle », thèse, université de Paris VII, 1987, p. 281.

22. J. Moszczenska, « Die Geschichte der Frauenbewegung in Polen », in Helene Lange, Gertrud Bäumer éd., *Handbuch der Frauenbewegung*, Teil I., Berlin, Moeser, Berlin, 1901, pp. 350-360.

23. Margaret Forster, *Significant Sisters. The Grassroots of Active Feminism 1839-1939*, New York, Penguin Books, 1984, p. 255.

24. Laurence Klejman, Florence Rochefort, « Les associations féministes en France de 1871 à 1914 », in *Pénélope*, n° 11, automne 1984, Paris, pp. 147-153.

25. Herrad-Ulrike Bussemer, *op. cit.*, p. 94.

26. Ute Frevert, *Frauen-Geschichte : Zwischen bürgerlicher Verbesserung und neuer Weiblichkeit*, Francfort, Suhrkamp, 1986, p. 110.

27. Beatrix Mesmer, *Ausgeklammert – Eingeklammert, Frauen und Frauenorganisationen in der Schweiz des 19. Jhd.*, Basel, Helbling & Lichtenhahn, 1988, p. 150.

28. Richard J. Evans, *op. cit.*

29. Herrad Schenk, *Die feministische Herausforderung, 150 Jahre Frauenbewegung in Deutschland*, Munich, 1988, p. 52.

30. Richard J. Evans, « Appendix : International Feminist Movements », in Richard J. Evans, *op. cit.*, p. 52.

31. Franca P. Bortolotti, *la Donna, la pace, l'Europa, l'Associazione intenationale delle donne dalle origini alla prima guerra mondiale*, Milan, Franco Angeli, 1985, p. 39.

32. Anne-Marie Käppeli, *op. cit.*

33. Marie-Hélène Lefaucheux, *Women in a Changing World*, Londres, 1966.

34. Richard J. Evans, *op. cit.*, p. 252.

35. Gisela Brinker-Gabler, « Einleitung », in Gisela Brinker-Gabler éd., *Frauen gegen den Krieg*, Francfort, Fischer, 1980, pp. 19-20.

36. Janet E. Rasmussen, « Sisters across the Sea . Early Norwegian Feminists and their American connections », in *Women's Studies International Forum*, vol. 5, n° 6, 1982, pp. 647-654.

37. Helena Volet-Jeanneret, *op. cit.*, p. 244.

38. M. Bessmertny, « Die Geschichte der Frauenbewe-

gung in Russland », in Helene Lange, Gertrud Bäumer éd., *op. cit.*, p. 345.

39. Ute Gerhard, « Bis an die Wurzeln des Uebels », in *Feministische Studien*, 3. Jg., n° 1, mai 1984, p. 77.

40. Anita Augspurg, « Gebt acht, solange noch Zeit ist ! », in *Die Frauenbewegung*, 1895, p. 4.

41. Maria Pia Bigaran, « Progetti e dibattiti parlamentari sul suffragio femminile : da Peruzzia Giolitti », in *Rivista di Storia Contemporanea*, 1985, 1, pp. 50-82.

42. Ellen Carol Du Bois éd., *Elizabeth Cady Stanton, Susan B. Anthony, correspondance, Writings, Speeches*, New York, Schocken, 1981, p. 193.

43. Ilse Brehmer et al., *Frauen in der Geschichte*, IV, « Wissen heisst leben », Düsseldorf, Schwann, 1983.

44. Philippe Levine, « Education : the first step », in Philippe Levine, *Victorian Feminism 1850-1900*, Londres, Hutchinson, 1987, pp. 26-56.

45. Sibilla Aleramo, *la Donna e il femminismo*, Scritti 1897-1910, sous la dir. de Bruna Conti, Roma, Riuniti, 1978, p. 26.

46. Madeleine Pelletier, *l'Éducation féministe des filles et autres textes*, préface et notes de Claude Maignien, Paris, Syros, 1978.

47. Laurence Klejman, Florence Rochefort, « La province à l'heure du féminisme », in Laurence Klejman, Florence Rochefort, *l'Égalité en marche. Le féminisme sous la troisième République*, Paris, Presses de la Fondation nationale des Sciences politiques et Des femmes, 1989, pp. 175-182.

48. Susan Groag Bell, Karen M. Offen, *Women, the Family, and Freedom*, vol. I/II, Stanford, Stanford University Press, 1983.

49. Elke Kleinau, *op. cit.*

50. Laurence Klejman, Florence Rochefort, *op. cit.*, 1989, p. 314.

51. Judith R. Walkowitz, *Prostitution and Victorian Society, Women, Class and the State*, New York, Cambridge University Press, 1980.

52. Sheila Rowbotham, *Hidden from History*, Londres, Pluto Press, 1973.

53. Wantje Fritschy et al., *op. cit.*, pp. 132-133.

54. Laurence Klejman, Florence Rochefort, *op. cit.*, 1989, p. 327.

55. Ursula Gaillard, Annik Mahaim, *Retards de règles*, Lausanne, 1983.

56. Margaret Forster, *op. cit.*, p. 241.

57. Sheila Jeffreys, *The Spinster and her Ennemies, Feminism and Sexuality 1880-1930*, Londres, Pandora, 1985, p. 102.

58. Ilse Kokula, *Weibliche Homosexualität um 1900 in zeitgenössischen Dokumenten*, Munich, Frauenoffensive, 1981, p. 42.

59. Carin Schnitger, « "Ijdelheid hoeft geen ondeugd te zijn". De Vereeniging voor Verbetering van Vrouwenkleeding », in *De eerste feministische golf*, pp. 163-185.

60. Florence Nightingale, *Suggestions for Thought to Searchers after Religious Truth*, cité dans Ray Strachey, *The Cause*, (Reprint), Londres, Virago, 1979, p. 27 ; Martha Vicinus, Bea Nergaard, *Ever Yours, Florence Nightingale, Selected Letters*, Londres, Virago, 1989.

61. Anne-Marie Käppeli, *op. cit.*, p. 225.

62. Françoise Ducrocq, « Les associations philanthropiques en Grande-Bretagne au XIXe siècle : un facteur d'émancipation pour les femmes de la bourgeoisie ? », in *Pénélope*, n° 11, automne 1984, pp. 71-77.

63. Herrad-Ulrike Bussemer, *op. cit.*, p. 246.

64. Barbara Brick, « Die Mütter der Nation – Zu Helene Lange Begründung einer "weiblichen Kultur" », in Brehmer et al., *op. cit.*, pp. 99-132 ; Marianne Ulmi, *Frauenfragen-Männergedanken. Zu Georg Simmels Philosophie und Soziologie der Geschlechter*, Zürich, efef-Verlag, 1989 ; Suzanne Vromen, « Georg Simmel and the cultural dilemma of women : in *History of European Ideas*, vol. 8, n° 4/5, 1987, pp. 563-579 ; Suzanne Vromen, « Georg Simmel et le dilemme culturel des femmes », in *les Cahiers du GRIF*, « Georg Simmel » n° 40, printemps 1989, Paris, Tierce, pp. 7-25.

65. Ulrike Hass, « Zum Verhältnis von Konservatismus, Mütterlichkeit und dem Modell der neuen Frau », in Barbara Schaeffer-Hegel, Barbara Wartmann, éd., *Mythos Frau*, Berlin, Publica, 1984, pp. 81-87.

66. Elke Kleinau, *op. cit.*, p. 50.

67. Anne-Marie Käppeli, *op. cit.*, p. 289.

68. Ann Tylor Allen, « Mo-

thers of the New Generation : Adele Schreiber, Helene Stöcker, and the Evolution of a German Idea of Motherhood, 1900-1914 », *Signs*, n° 3, vol. 10, 1985, pp. 418-438 ; Rosa Mayderer, *Zur Kritik der Weiblichkeit, eingeleitet von Hanna Schnedl*, Munich, Frauenoffensive, 1982.

69. Elisabeth Joris, Heidi Witzig, éd., *Frauengeschichte(n)*, Zürich, Limmat-Verlag, 1986, pp. 189-190.

70. Mirjam Elias, *Drie Cent in het urt*, Amsterdam, FNV Secretariaat, 1984.

71. Lily Braun, *Die Frauenfrage. Ihre geschichtliche Entwicklung und ihre wirtschaftliche Seite*, Leipzig, 1901, p. 278.

72. Helena Volet-Jeanneret, *op. cit.*, p. 167.

73. William Leach, *True Love and Perfect Union : the Feminist Reform of Sex and Society*, New York, Basic Books, 1980, p. 9.

74. Estelle Freedman, « Separation as Strategy : Female Institution building and American Feminism 1870-1930 », in *Feminist Studies*, vol. 5, n° 1, printemps 1979, p. 524.

75. Richard J. Evans, *op. cit.*, p. 189.

76. Laurence Klejman, Florence Rochefort, *op. cit.*, 1989, p. 256.

77. Richard J. Evans, *op. cit.*, p. 194.

78. Herrad-Ulrike Bussemer, *op. cit.*, p. 87.

79. Wantje Fritschy, Floor Van Gelder, Ger Harmsen, « Niederlande : in Ernest Bornemann éd., *Arbeiterbewegung und Feminismus, Berichte aus vierzehn Ländern*, Francfort, Ullstein, 1981, p. 129.

80. Laurence Klejman, Florence Rochefort, *op. cit.*, 1989, p. 61.

81. Diana H. Coole, *op. cit.*, p. 149.

82. Richard J. Evans, *op. cit.*, pp. 73 et 79.

83. Marianne Hainisch, « Die Geschichte der Frauenbewegung in Oesterreich », in Helene Lange, Gertrud Bäumer, éd., *op. cit.*, pp. 170-171.

84. Inge de Wilde, « The importance of Hélène Mercier for the women's movement », in *De eerste feministische golf, op. cit.*, p. 204.

85. Richard Stites, *The Women's Liberation Movement in Russia : Feminism, Nihilism and Bolshevism 1860-1930*, Princeton, Princeton University Press, 1977, p. 198.

86. Donald Meyer, *Sex and Power : the Rise of Women in America, Russia, Sweden, Italy*, Middletown, Wesleyan University Press, 1987, p. 124.

87. Wantje Fritschy, Floor Van Gelder, Ger Harmsen, *op. cit.*, p. 132.

88. Marilyn J. Boxer, Jean H. Quateret éd., *Socialist Women, European Socialist Feminism in the 19th and Early 20th Century*, New York, Elsevier, 1978, p. 159.

89. *Ibid.*, p. 175.

90. Jean H. Quateret, *Reluctant Feminists in German Social Democraty, 1885-1917*, Princeton, Princeton University Press, 1979.

91. Herta Firnberg, « Oesterreich », in Ernest Bornemann éd., *op. cit.*, p. 83.

92. Ray Stratchey, *The Cause* (reprint), Londres, Virago, 1979, p. 288.

93. Sigbert Kluwe, *Weibliche Radikalität*, Francfort, Campus, 1979, p. 41.

94. *The Living of Charlotte Perkins Gilman : An Autobiography* (1935), New York, Harper, 1975 (reprint), p. 235.

95. Marie-Jo Dhavernas, « Anarchisme et féminisme à la Belle Époque », in *la Revue d'en face*, n° 13, hiver 1983, Paris, p. 74.

96. Claire Auzias-Gelineau et al., éd., « Préface » à Emma Goldman, *la Tragédie de l'émancipation féminine*, Paris, Syros, 1978, p. 31.

97. Monica Studer, « Schweiz », in Ernest Bornemann éd., *op. cit.*, p. 62.

98. Laurence Klejman, Florence Rochefort, *op. cit.*, 1989, p. 245.

99. Walter Thönnessen, *Frauenemanzipation. Politik und Literatur der deutschen Sozialdemokratie zur Frauenbewegung 1863-1933*, Francfort, 1969.

100. Richard J. Evans, *op. cit.*, pp. 175-176.

101. Susanna Woodtli, *Du féminisme à l'égalité politique – un siècle de luttes en Suisse 1868-1971*, Lausanne, Payot, 1977, p. 53.

102. Donald Meyer, *op. cit.*, p. 176.

103. Nancy Fix Anderson, *Women Against Women in Victorian England : A Life of Eliza Lynn Linton*, Bloomington, Indiana University Press, 1986.

104. Gaby Weiner, « Harriet Martineau : A Reassessment », in Dale Spender, *Feminists*

Theorists, Londres, Women's Press, 1983, pp. 60-74.

105. Meta von Salis, « The Position of Women in Europe », in *The Postgraduate and Wooster Quartely*, vol. 2, n° 1, octobre 1887, p. 39 ; Doris Stump, *Sie töten uns – nicht unsere Ideen, Meta von Salis-Marschlins*, Thalwil, paeda media, 1986.

106. Gisela Brinker-Gabler, *Bertha von Suttner*, Francfort, Fischer, 1982, pp. 11-12.

107. Fia Dieteren, « Mina Kruseman and her circle, a network of Dutch Women Artists in the Nineteenth Century », in *Language, Culture and Female Futur Workshop*, Utrecht, Avril 1986, pp. 11-18.

108. Liz Stanley, « Olive Schreiner : New Women, Free Women, All women (1855-1920) », in Dale Spender éd., *Feminists Theorists*, Londres, Women's Press, 1983, pp. 229-243.

109. Renate Duelli, « Hedwig Dohm : Passionate Theorist », in *ibid.*, pp. 165-183.

110. Dale Spender, *op. cit.*, p. 198.

111. Marie Luise Bach, *Gertrud Bäumer*, Weinheim, Beltz, 1988.

112. Susanna Woodtli, *op. cit.*, pp. 76-78.

113. Dale Spender, *op. cit.*, pp. 397-408.

114. Anne-Marie Käppeli, *op. cit.*, pp. 184-248 et 350-359.

CHAPITRE 19

L'Ève nouvelle et le vieil Adam

1. Anatole France, in *l'Estafette*, 24 juillet 1899.

2. Émile Zola, *Travail*, 1901, éd. Fasquelle, 1906, t. 2, p. 487.

3. *La Française*, « revue de progrès féminin », n° 3, novembre 1906.

4. *La Française*, n° 4, novembre 1906.

5. *La Française*, n° 5, novembre 1906.

6. Citée par Barbey d'Aurevilly, in *les Bas-Bleus*, 1878, Bruxelles, Victor Palmé, p. 70.

7. Séverine, in *la Chevauchée*, numéro 2, 15 octobre 1900.

8. Citée par Carol Gilligan, *Une si grande différence*, Harvard University Press, 1982, traduction française Flammarion, 1986.

9. Citée par Mrs Gaskell, lettre du 16 mars 1837.

10. Eugénie de Guérin, *Journal*, 22 mars 1836, pp. 113-114.

11. George Sand, *Histoire de ma vie*, in *Œuvres autobiographiques*, Paris, éd. de la Pléiade, 1970-1971, t. 1.

12. George Eliot, *Middlemarch*, 1871-1872, édition française C. Bourgois, 1981, p. 9.

13. *Ibid.*, p. 484.

14. *Ibid.*, p. 837.

15. *Ibid.*, p. 4.

16. *Ibid.*, p. 4.

17. Henrik Ibsen, *Maison de poupée*, 1879, édition française Plon, 1963, p. 299.

18. Théodore Joran, *le Mensonge du féminisme*, Paris, Jouve, 1905, p. 184.

19. Alexandre Dumas fils, *l'Homme-Femme*, Paris, éd. Lévy Frères, 1872, p. 174.

20. August Strindberg, *Créanciers*, 1888, éd. de l'Aire, Lausanne 1984, p. 51.

21. *Ibid.*, p. 51.

22. Marcel Prévost, *les Demi-Vierges*, 1894, Paris, Lemerre, p. 87.

23. Maurice Barrès, *les Déracinés*, 1905.

24. Robert von Musil, *l'Homme sans qualités*, édition française Le Seuil, 1982, t. I, p. 51.

25. *Ibid.*, *id.*

26. *Ibid.*, p. 52.

27. *Ibid.*, *id.*

28. *Ibid.*, p. 44.

29. Émile Faguet, *le Féminisme*, 1906, Paris, Boivin, p. 16.

30. Robert Musil, *l'Homme sans qualités*, *ibid.*, p. 51.

31. P.-J. Proudhon, *la Pornocratie*, Paris, Lacroix et Cie, 1875, p. 29.

32. Barbey d'Aurevilly, *op. cit.*, préface.

33. Maurice Barrès, *op. cit.*, p. 86.

34. E. Zola, *Fécondité*, 1899, Paris, éd. Fasquelle, 1906, p. 39.

35. D. H. Lawrence, *New Eve and Old Adam*, 1911, édition fançaise Presses Pocket 1984, p. 39.

36. *Ibid.*, p. 40.

37. *Ibid.*, p. 49.

38. *Ibid.*, *id.*

39. *Ibid.*, *id.*

40. *Ibid.*, p. 56.

41. *Ibid.*, p. 55.

42. Otto Gross, lettre à Frieda, citée par Martin Grey, *The von Richthofen Sisters*, 1974, édition française Le Seuil, 1979, p. 62.

43. Émile Faguet, *op. cit.*, p. 11.

44. A. Strindberg, *op. cit.*, p. 45.

45. Honoré de Balzac, lettre à Mme Hanska, *Correspondance*, Paris, 1967-1970, t. I, p. 584.

46. Gustave Flaubert, *Correspondance*, tome XV, pp. 181-182.

47. Henry James, *Notes on Novelists*, New York, 1914, pp. 220-221.

48. Barbey d'Aurevilly, *les Diaboliques*, 1874, in *Œuvres complètes*, Genève Slatkine Reprints, 1979, t. 2, p. 176.

49. George Orwell, *Collected Essays, Journalism and letters*, Penguin Books, 1970, t. 1, p. 222.

50. Barbey d'Aurevilly, *les Bas-Bleus*, *op. cit.*, p. 82.

51. G. Sand, *Œuvres autobiographiques*, *op. cit.*, t. 2, pp. 987-988 (13 juin 1837).

52. G. Sand, *Correspondance*, t. 3, pp. 18-19.

53. Daniel Stern, *Lettres républicaines*, 1848, citée par B. Slama in *Misérable et glorieuse, la femme du XIX*e *siècle*, Paris, Fayard, 1980, p. 239.

54. Virginia Woolf, *A Room of One's Own*, 1929, édition française Denöel, 1977, p. 111.

CONCLUSION

Germaine de Staël et Lou Andreas-Salomé

1. Publié en 1899. Repris dans *Die Erotik*, Munich, Patthes und Seitz Verlag, 1979. Trad. fr. *Eros*, trad. Henri Plard, Paris, Minuit, 1984, pp. 27-30.

BIBLIOGRAPHIE

La première partie de cette bibliographie d'orientation donne les références des ouvrages les plus généraux : ouvrages de réflexion théorique ; ouvrages de référence cités par plusieurs auteurs.
Les bibliographies thématiques par chapitre viennent en complément des ouvrages cités dans les notes des chapitres correspondants ; ces derniers ne sont alors pas nécessairement repris.

OUVRAGES GÉNÉRAUX

1. *Ouvrages collectifs*

Aimer en France, 1760-1860, Actes du colloque international de Clermont-Ferrand recueillis et présentés par Paul Viallaneix et Jean Ehrard, faculté des Lettres et Sciences humaines de Clermont-Ferrand, 1980, 2 tomes, 662 p.

Atti del Primer Coloqui di Historia de la Dona, 1986, Barcelona, 1990.

Becoming Visible. Women in European History, Bridenthal (Renate) et Koonz (Claudia) éd., Boston, Houghton Mifflin Company, 1977, 510 p. ; nouvelle édition révisée, 1987.

Beyond Their Sex. Learned Women of the European Past, Labalme (Patricia H.) éd., New York, Londres, New York University Press, 1980, 188 p.

The Changing Experience of Women, Whitelegg (Elizabeth) éd., Oxford, Basic Blackwell, 1982.

Clio's Consciousness Raised. New Perspectives on the History of Women, Hartman (Mary) et Banner (Lois W.) éd., New York, Evanston, San Francisco, Londres, Harper Torchbooks, Harper and Row, 1974, VII-253 p.

« Culture et Pouvoir des femmes. Essai d'historiographie », Dauphin (Cécile) et al., *Annales ESC*, XLI, 1986.

La Famille, la loi, l'État, de la Révolution au Code civil, Théry (Irène) et Biet (Christian) éd., Imprimerie nationale et Centre Georges-Pompidou, Paris, 1989.

The Female Body in Western Culture. Contemporary Perspectives, Suleiman (Susan Rubin) éd., Cambridge (Mass.), Londres, Harvard University Press, 1986, 390 p.

Femme (la), Recueil de la Société Jean Bodin pour l'histoire comparative des institutions, XII, Bruxelles, Librairie Encyclopédique, 1962, 770 p.

Histoire de la Famille, II, *le Choc des modernités*, Burguière (André), Klapisch-Zuber (Christiane), Segalen (Martine), Zonabend (Françoise), éd., Paris, Armand Colin, 1986, 560 p.

Histoire de la population française, Dupâquier Jacques, éd., Paris, PUF, 1988, tome III, *De 1789 à 1914*, 554 p.

Une histoire des femmes est-elle possible ?, Perrot (Michelle) éd., Marseille-Paris, Rivages, 1984, 227 p.

Histoire de la vie privée, Ariès (Philippe) et Duby (Georges) éd., tome IV, *De la Révolution à la Grande Guerre*, Perrot (Michelle) éd., Paris, Le Seuil, 1987, 636 p.

Histoire mondiale de la Femme, tome IV, Grimal (Pierre) éd., Paris, Nouvelle Librairie de France, 1966.

L'Histoire sans qualités, Werner (Pascale) éd., Paris, Galilée, 1979.

Labour and Love. Women's Experience of Home and Family, 1850-1940, Lewis (Jane) éd., Oxford, Blackwell, 1986.

Like a Family : the Making of a Southern Cotton Mill World, Jacquelyn Dowd Hall éd., Chapel Hill, University of North Carolina Press, 1987.

The Rights and Wrongs of Women, Mitchell (Juliet) and Oakley (Ann) éd., New York, Penguin Books, 1976.

Sex and Class in Women's History. Essays from Feminist Studies, Newton (Judith L.), Ryan (Mary P.), Walkowitz (Judith R.), éd., Londres, Melbourne, Boston, Routledge and Kegan Paul, 1983, 1985.

Sexual Meanings : the Cultural Construction of Gender and Sexuality, Ortner (S.) et Whitehead (H.) éd., Cambridge University Press, 1981.

Storia delle Donne, una Scienza Possibile, Addis Saba (Marini) et al., Rome, Edizione Felina Libri, 1986, 181 p.

Stratégies des femmes, Paris, Tierce, 1984 ; édition américaine, *Women in Culture and Politics. A Century of Change*, Friedlander (Judith) éd., Bloomington, Indiana University Press, 1986.

Suffer an Be Still. Women in the Victorian Age, Vicinus (Martha) éd., Bloomington et Londres, Indiana University Press, 1972, VII-239 p. (précieuse bibliographie de S. Barbara Kanner, « The Women of England in a Century of Social Change, 1815-1914 », 500 titres, pp. 173-207).

Victorian Women. A Documentary Account of Women's Lives in Nineteenth-Century England, France and the United States, Olafson Hellerstein (Erna), Parker-Hume (Leslie) et Offen (Karen M.) éd., Stanford University Press, 1981, 534 p.

Violencia y Sociedad Patriarcal, Maquieira (Virginia), y Sánchez (Cristina) éd., Madrid, Éditions de la Fondation Pablo Iglesias, 1990, 154 p.

A Widening Sphere. Changing Roles of Victorian Women, Vicinus (Martha) éd., Indiana University Press, 1977.

Women in European Culture and Society, Offen (Karen M.) éd., n° spécial de *History of European Ideas*, 1987, n° 4/5 (volume 8).

Women in Public. The Women's Movement (1850-1910), Documents, Hollis (Pat) éd., Boston, Londres, Allen et Unwin, 1979.

Women, the Family and Freedom, 2 vol., Bell (Susan) et Offen (Karen M.) éd., Stanford, Stanford University Press, 1983.

Writing and Sexual Difference, Elizabeth Abel, University of Chicago Press, 1982.

Writing Women's History : International Perspectives, Offen (Karen M.), Pierson (Ruth R.), Rendall (Jane) éd., publié par *The International Federation for Research in Women's History*, Bloomington, Indiana University Press, 1991, à paraître.

2. Auteurs

BADINTER (Elisabeth), *l'Amour en plus*, Histoire de l'amour maternel XVIIe-XXe siècles, Paris, Flammarion, 1980.

BOVENSCHEN (Sylvia), *Die imaginierte Weiblichkeit. Exemplarische Untersuchungen zu Kulturgeschichtlichen und literarischen Präsentationsformen des Weiblichen*, Francfort Suhrkamp, 1979.

BRANCA (Patricia), *Silent Sisterhood. Middle Class Women in the Victorian Home*, Londres, Croom Held, 1975.

COHEN (Yolande), *Femmes et contre-pouvoirs*, Montréal, Boréal-Express, 1987.

Cott (Nancy F.), *The Bonds of Womanhood, « Woman's Sphere » in New England (1780-1835)*, New Haven et Londres, Yale University Press, 1977.

..., *The Grounding of Modern Feminism*, New Haven, Yale, 1987.

Davidoff (Leonore) et Hall (Catherine), *Family Fortunes. Men and Women of the English Middle Class (1780-1850)*, Londres, Hutchinson, 1987, 576 p.

Davin (Anna), « Imperialism and Motherhood », *History Workshop*, 5, 1978.

Degler (Carl), *At Odds. Women and the Family in America from the Revolution to the Present*, New York, Oxford University Press, 1980, XIV-527 p.

Elshtain (Jean Bethke), *Public Man, Private Woman. Women in Social and Political Thought*, Princeton, Princeton University Press, 1981, 378 p.

Evans (Sara), *Personal Politics : the Roots of Women's Liberation in the Civil Rights Movement and the New Left*, New York, Vintage Books, 1980.

Foucault (Michel), *la Volonté de savoir*, tome I de *Histoire de la sexualité*, Paris, Gallimard, 1976.

Fout (John C.) éd., *German Women in the Nineteenth Century : A Social History*, Londres et New York, Holmes and Meier, 1984, 439 p.

Fox-Genovese (Elizabeth), *Within the Plantation Household. Black and White Women of the Old South*, Chapel Hill, University of Carolina Press, 1988.

Fraisse (Geneviève), *Muse de la Raison. La démocratie exclusive et la différence des sexes*, Aix-en-Provence, Alinéa, 1989.

Frevert (Ute), *Women in German History : From Bourgeois Emancipation to Sexual Liberation*, trad. Oxford, Berg, 1989 (éd. allemande, 1986).

Frey (L.), Frey (M.), Schneider (J.), *Women in Western European History : a Select Chronological, Geographical, and topical bibliography*, Brighton, Harvester Press, 1982.

Giddings (Paula), *When and Where I Enter : the Impact of Black Women on Race and Sex in America*, New York, Morrow, 1984.

Gilbert (Sandra M.) et Gubar (Susan), *The Madwoman in the Attic : the Woman Writer and the Nineteenth - Century Literary Imagination*, New Haven, Yale University Press, 1979.

Gordon (Linda), *Woman's Body, Woman's Right. A Social History of Birth Control in America*, New York, Crossman Publishers, 1976 ; Penguin Books, 1977.

Honneger (Claudia), *Die Ordnung der Geschlechter. Die Wissenschaft vom Menschen und das Weib*, Francfort, 1991.

Hoock-Demarle (Marie-Claire), *la Femme au temps de Goethe*, Paris, Stock, 1987.

Jalland (Pat), *Women, Marriage and Politics, 1860-1914*, Oxford, Oxford University Press, 1986, 1988.

Jardine (Alice), *Gynesis*, Ithaca, Cornell University Press, 1985 ; trad. française, Paris, P.U.F., 1991.

Johnson (Barbara), *A World of Difference*, Baltimore, Johns Hopkins Press, 1987.

Jones (Jacqueline), *Labor of Love. Labor of Sorrow : Black Women, Work and the Family from Slavery to the Present*, New York, Basic Books, 1985.

Karlsen (Carol F.), « *Devil in the shape of a Woman* » *: Witchcraft in Colonial New England*, New York, Norton, 1987.

Kelly (Joan), *Women, History Theory*, Chicago, Londres, University of Chicago Press, 1984, 163 p.

Knibiehler (Yvonne) et Fouquet (Catherine), *Histoire des mères. Du Moyen Age à nos jours*, Paris, Montalba, 1980, 370 p. ; Hachette, 1987.

Laqueur (Thomas), *Making Sex. Body and Gender from the Greeks to Freud*, Harvard University Press, 1990.

Lebsock (Suzanne), *The Free Women of Petersburg : Status and Culture in a Southern Town (1784-1860)*, New York, Londres, W.W. Norton and Co, 1984, 276 p.

LEWIS (Jane), *Women in England, 1870-1950. Sexual Divisions and Social Change*, Sussex, Wheatsheaf Books, 1984.
LUKER (Kristin), *Abortion and the Politics of Motherhood*, Berkeley, University of California Press, 1984.
NORTON (Mary Beth), *Major Problems in American Women's History. Documents and Essays*, Lexington (Mass.), D.C. Heath, 1989, 450 p.
RENDALL (Jane), *The Origins of Modern Feminism : Women in Britain, France and the United States, 1780-1860*, Londres, MacMillan, 1985, 382 p.
..., *Equal or Different. Women's Politics 1800-1914*, Oxford, Blackwell, 1987.
RILEY (Denise), *Am I that Name ? Feminism and the Category of « Women » in History*, Londres, MacMillan, 1988.
..., *War in the Nursery. Theories of the Child and Mother*, Londres, Virago, 1983.
ROSENBERG (Rosalind), *Beyond Separate Spheres. Intellectual Roots of Modern feminism*, New Haven, Yale University Press, 1982.
ROWBOTHAM (Sheila), *Women, Resistance and Revolution*, Londres, Allen Lane, 1972 ; New York, 1972.
..., *Hidden from History*, Londres, Pluto Press, 1973.
RYAN (Mary P.), *Cradle of the Middle Class : the Family in Oneida County, New York (1790-1865)*, New York, Cambridge University Press, 1981.
SCHULLER (Marianne), *Im Unterschied, Lesen/Korrespondieren/Adressieren*, Francfort, 1990.
SCOTT (Joan W.), *Gender and the Politics of History*, New York, Columbia University Press, 1988, 242 p.
SMITH (Bonnie G.), *Ladies of the Leisure Class. The Bourgeoises of Northern France in the Nineteenth Century*, Princeton, Princeton University Press, 1981 ; trad. française, *les Bourgeoises du Nord*, Paris, Perrin, 1989.
..., *Changing Lives. Women in European History since 1700*, Lexington, Mass., Toronto, D.C. Heath and Company, 1989, 560 p.
SMITH-ROSENBERG (Carroll), *Disorderly Conduct : Visions of Gender in Victorian America*, New York, Oxford University Press, 1986.
STANSELL (Christine), *City of Women : Sex and Class in New York (1789-1860)*, New York, Knopf, 1986.
VARIKAS (Eleni), « La révolte des Dames. Genèse d'une conscience féministe dans la Grèce du XIXe siècle », thèse, Paris VII, 1988 (publié en Grèce, 1989 ; à paraître en France, Paris, Méridiens-Klincksieck).

3. *Revues*

On trouvera de très nombreux articles et comptes rendus dans les revues *Signs, Feminist Studies, les Cahiers du GRIF, Pénélope (Cahiers pour l'Histoire des Femmes* (onze livraisons parues de 1979 à 1984), *Questions féministes, Nouvelles Questions féministes, Memoria, DWF (Donnawomanfemme)*, et dans les revues plus récentes, *Journal of Women's History, Gender and History, Gender and Society*, etc.

History Workshop Journal, le Mouvement social, Romantisme, les Révoltes logiques ont publié de fréquents articles, voire des numéros spéciaux sur l'histoire des femmes ou le rapport entre les sexes.

À signaler : « Mythes et Représentations de la Femme », *Romantisme*, 1976, n° 13-14. « Sexuality and the Social Body in the Nineteenth Century », *Representations*, printemps 1986, n° 14, « Le Genre de l'Histoire », *les Cahiers du GRIF*, printemps 1988, n° 37/38. « Silence, émancipation des femmes entre public et privé », *Cahiers du CEDREF* (Paris VII), 1989,

nº 1. « Masculin/Féminin », *Actes de la recherche en sciences sociales*, septembre 1990, nº 84.
« Solidarieta, Amicizia, Amore », d'Amelia (Marina), éd., *Donnawomanfemme*, janvier-juin 1979 (nº 10-11).

Filles de la liberté et citoyennes révolutionnaires

Révolution française/ Dominique Godineau, Élisabeth G. Sledziewski

APPLEWHITE (Harriet B.) et LEVY (Darline G.) éd., *Women and Politics in the Age of the Democratic Revolution*, Ann Arbor, University of Michigan Press, 1990 (articles comparatifs).
..., même titre, dans *l'Image de la Révolution française*, Michel Vovelle éd., Oxford, Pergamon Press, tome I, 1990, pp. 211-218.
Paroles d'hommes, 1790-1793, (présenté par Élisabeth Badinter), textes choisis, Paris, P.O.L., 1989.
BLANC (Olivier), *Olympe de Gouges*, Paris, Syros, 1989.
DEKKER (Rudolf), « Women in Revolt. Collective Protest and its Social Basis in Holland, 1600-1795 », *Theory and Society*, 1987, nº 16.
..., « Women and Political Culture in the Dutch Revolutions », in Applewhite et Levy, *op. cit.*, pp. 109-146.
..., « Republican Heroines : Cross-Dressing Women in the French Revolution Armies », *History of European Ideas*, vol. 10, nº 3, 1989, pp. 353-363.
DESSERTINE (Dominique), *Divorcer à Lyon sous la Révolution et l'Empire*, Lyon, P.U.L., 1981.
DUHET (Paule-Marie), *les Femmes et la Révolution, 1789-1794*, Paris, Julliard, 1971.
GODINEAU (Dominique), *Citoyennes Tricoteuses. Les femmes du peuple à Paris pendant la Révolution française*, Aix-en-Provence, Alinéa, 1988.
..., « Autour du mot *citoyenne* », *Mots*, nº 16, mars 1988.
..., « La *tricoteuse* : formation d'un mythe contre-révolutionnaire », *l'Image de la Révolution française*, Michel Vovelle éd., Oxford, Pergamon Press, vol. 3, 1990.
..., « "Qu'y a-t-il de commun entre vous et nous ?" Enjeux et discours sur la différence des sexes pendant la Révolution (1789-1793) », *la Famille, la Loi, l'État*, Paris, 1989.
HUFTON (Olwen), « Women in the French Revolution », *Past and Present*, 53, 1971.
HUNT (Lynn), « L'axe masculin / féminin dans le discours révolutionnaire », in *la Révolution française et les processus de socialisation de l'homme moderne* (Actes du colloque de Rouen, 13-15 octobre 1988), IRED – Université de Rouen, Paris, Messidor, 1989.
KERBER (Linda K.), *Women of the Republic. Intellect and Ideology in Revolutionary America*, Chapel Hill, University of North Carolina Press, 1980.
LANDES (Joan), *Women and the Public Sphere in the Age of the French Revolution*, Ithaca-Londres, Cornell University Press, 1988.
NORTON (Mary Beth), *Liberty's Daughters. The Revolutionary Experience of American Women, 1750-1800*, Boston-Toronto, Little, Brown and Company, 1980.
Opinions de femmes, de la veille au lendemain de la Révolution française, présenté par Geneviève Fraisse, Paris, Côté-Femmes éditions, 1989.
OUTRAM (Dorinda), *The Body and the French Revolution. Sex, Class and Political Culture*, New Haven, Yale University Press, 1989.
PELLEGRIN (Nicole), *les Vêtements de la Liberté*, Aix-en-Provence, Alinéa, 1989.
ROSA (Annette), *Citoyennes : les femmes et la Révolution française*, Paris, Messidor, 1988.

ROUDINESCO (Elisabeth), *Théroigne de Méricourt. Une femme mélancolique sous la Révolution*, Paris, Le Seuil, 1988.

SLEDZIEWSKI (Elisabeth G.), *Révolutions du sujet*, Paris, Méridiens Klincksieck, 1989.

TOMALIN (Claire), *The Life and Death of Mary Wollstonecraft*, New York, Harcourt Brace Jovanovitch, 1974.

Les femmes et la Révolution française. Actes du Colloque de Toulouse, 12-14 avril 1989, BRIVE (Marie-France) éd., Université internationale de Toulouse le Mirail, 1989-1992, trois tomes.

De la destination au destin / Geneviève Fraisse

A History of Women Philosophers, Mary Ellen Waithe éd., tomes 3 et 4, Dordrecht, Martinus Nijhoff Publishers, 1987.

Women in Western Political Philosophy, Kant to Nietzsche, E. Kennedy/S. Mendus, Brighton, Wheatsheaf Books, 1987.

AMOROS (Celia), *Hacia una critica de la razon patriarcal*, Madrid, 1985.

BENNENT (Heidemarie), *Galanterie und Verachtung, Eine philosophiegeschichtliche Untersuchung zur Stellung der Frau in Gesellschaft und Kultur*, Francfort-New York, 1985.

COOLE (Diana H.), *Women in Political Theory. From Ancient Misogyny to Contemporary Feminism*, Brighton, Wheatsheaf, 1988.

DERRIDA (Jacques), *Eperons, les styles de Nietzsche*, Paris, Flammarion, 1978.

FRAISSE (Geneviève), *Clémence Royer, philosophe et femme de sciences*, Paris, La Découverte, 1985.

IRIGARAY (Luce), *Spéculum de l'autre femme*, Paris, Minuit, 1974.

JAUCH (Ursula Pia), *Immanuel Kant zur Geschlechterdifferenz, Aufklärerische Vorurteilskritik und Bürgerliche Geschlechtsvormundschaft*, Vienne, Passagen, 1988.

KLINGER (Cornelia), « Das Bild der Frau in der Patriarchalen Philosophiegeschichte, Bibliographie », *Feminismus und Philosophie*, Nagl (Herta), éd., Munich, Vienne, Oldenbourg Verlag, 1990.

KOFMAN (Sarah), *le Respect des femmes*, Paris, Galilée, 1984.

LLOYD (Genevieve), *The Man of Reason, « Male » and « Female » in Western Philosophy*, Londres, Methuen, 1984.

MARCIL-LACOSTE (Louise), *la Raison en procès, essais sur la philosophie et le sexisme*, La Salle, Québec, Hurtubise, 1986 ; Paris, Nizet, 1986.

MOLLER OKIN (Susan), *Women in Western Political Thought*, Princeton University Press, 1979.

PATEMAN (Carole), *The sexual Contract*, Londres, Polity (Cambridge), 1988.

SCHRÖDER (Hannelore), *Die Rechtlosigkeit der Frau im Rechtsstaat*, Francfort, Campus, 1979.

SCHULLER (Marianne), *Freud und Leid, bei Tragik und Tod*, Francfort, 1991.

Les contradictions du droit / Nicole Arnaud-Duc

1. Quelques sources de référence

BALDASSARI (Aldo), *la Capacità patrimoniale della donna maritata nel diritto civile dei principalis Stati d'Europa, e i conflitti di leggi*, Rome, 1910.

BESOMBES (Amédée), *Condition juridique de la femme mariée espagnole*, thèse de Droit, Toulouse, 1927.

BRIDEL (Louis), *Los Derechos de la Mujer y el Matrimonio*, Madrid, 1894.

BRIDEL (Louis), *la Femme et le droit*, Lausanne, 1884.

CASSIN (René), *l'Inégalité entre l'homme et la femme dans la législation civile*, Marseille, Barlatier, 1919.

CHAUVIN (Jeanne), *Des professions accessibles aux femmes en droit romain et en droit français. Évolution historique de la position économique de la femme dans la société*, thèse de Droit, Paris, 1882, Paris, Ginard et Brière, 1892.

DAMEZ (Albert), *le Libre Salaire de la femme mariée et le mouvement féministe*, Paris, Rousseau, 1905.

FRANK (Louis), *la Loi sur l'enseignement supérieur et l'admission des femmes dans les facultés belges*, Bruxelles, 1889.

..., *Essai sur la condition politique de la femme. Étude de sociologie et de législation*, Paris, A. Rousseau, 1892.

GAILLARD (Henry), *la Condition des femmes dans la législation des États-Unis*, thèse de Droit, Paris, 1899.

GIDE (Paul), *Étude sur la condition privée de la femme*, 2e édition par A. Esmein, Paris, L. Larosse et Forcel, 1885.

KRUG (Charles), *le Féminisme et le droit civil français*, Paris, 1899.

LAFONT de SENTENAC (D.), *Des droits du mari sur la correspondance de sa femme*, cour d'appel de Toulouse, audience solennelle de rentrée du 16 octobre 1897, Toulouse, 1897.

LESPINE (Louis), *la Femme en Espagne. Étude juridique, sociale, économique, et de législation comparée*, thèse de Droit, Toulouse, Clémence-Isaure, 1919.

LYON-CAEN (Léon), *la Femme mariée allemande. Ses droits, ses intérêts pécuniaires. Étude de droit civil et de droit international privé allemand*, thèse de Droit, Paris, Rousseau, 1903.

2. *Études*

ARNAUD-DUC (Nicole), *Droit, mentalités et changement social en Provence occidentale. Une étude des stratégies et de la pratique notariale en matière de régime matrimonial*, Aix-en-Provence, Edisud, 1985.

BALLESTRERO (Maria Vittoria), « Sorelle di fatiche e di dolori », « Madri di pioneri e di soldati » (Alle origini della legislazione sul lavoro delle donne), dans *Studi materiali per una Storia della Cultura Giuridica*, raccolti di Giovanni Tarello, VII, Bologne, Il Mulino, 1977.

BASCH (Norma), *In the Eyes of the Law : Women, Marriage and Property in Nineteenth-Century New York*, New York, Cornell University Press, 1982.

BORDEAUX (Michèle), « Droit et Femmes seules. Les pièges de la discrimination », dans Farge (Arlette) et Klapisch (Christiane), *Madame ou Mademoiselle ? Itinéraires de la solitude féminine, XVIIIe-XXe siècles*, Paris, Montalba, 1984, pp. 19-57.

..., HAZO (Bernard), LORVELLEC (Soizic), *Qualifié viol*, Collection « Déviance et Société », Méridiens Klincksieck, 1990, 232 p.

CHAMBELLAND-LIEBAULT (Noëlle), « La durée et l'aménagement du temps de travail des femmes en France de 1892 à l'aube des conventions collectives », thèse de Droit, Nantes, 1989.

DHAVERNAS (Odile), *Droits des femmes. Pouvoir des hommes*, Paris, Le Seuil, 1978.

FLEXNER (Eleanor), *Century of Struggle (the Woman's Rights Movement in the United States)*, Cambridge, Mass., 1959 ; Harvard University Press, 1973.

FRANCHEO (Marianne), « La femme allemande au XIXe siècle : statut juridique et condition sociale », thèse (Nouveau Régime), Paris IV, 1986-1987.

GALOPPINI (Anna Maria), *Il lungo viaggio verso la parità. I diritti civili e politici delle donne dall'unità a oggi*, Bologne, Zanichelli, 1980.

GERHARD (Ute), *Veerhältnisse und Verhinderungen Frauenarbeit. Familie und Rechte der Frauen im 19. Jahrhundert*, Francfort, 1978.

HARSIN (Jill), *Policing Prostitution in Nineteenth-Century Paris*, Princeton, Princeton University Press, 1985.
HOLCOMBE (Lee), *Wives and Property : Reform of the Married Women's Property Law in Nineteenth-Century England*, Toronto, University of Toronto Press, 1983.
HUARD (Raymond), *le Suffrage universel en France (1848-1946)*, Paris, Aubier, 1991, 493 p.
KRAKOVITCH (Odile), *les Femmes bagnardes*, Paris, Olivier Orban, 1990, 306 p.
SCHNAPPER (Bernard), « La séparation de corps de 1837 à 1914. Essai de sociologie juridique », dans *Revue Historique*, n° 526, avril-juin 1978, pp. 453-466.
SHANLEY (Mary Lindon) *Feminism, Marriage and the Law in Victorian England, 1850-1895*, Princeton University Press, 1989, 220 p. ; Londres, Tauris, 1990.

Idolâtries / Stéphane Michaud

GÉNÉRALITÉS

MICHAUD (Stéphane), *Muse et Madone*, Paris, Le Seuil, 1985.
Revue des Sciences humaines, n° 168, « Écriture, féminité, féminisme », 4, 1977.
Romantisme n° 13-14, « Mythes et représentations de la femme », 1976 ; n° 31, « Sangs », 1981 ; n° 42, « Décadence », 1983 ; n° 58, « Figures et Modèles », 1987 ; n° 62, « L'amour », 1988, et n° 63, « Femmes écrites », 1989.

ANGLETERRE

BASCH (Françoise), *les Femmes victoriennes, roman et société*, Paris, Payot, coll. « Le Regard de l'histoire », 1979 (éd. anglaise, *Relatives Creatures*, Londres, 1974).
Critique, « *Victoria Station* », n° 405-406, février-mars 1981.
FRASER (Harrison), *The Dark Angel. Aspects of Victorian Sexuality*, Sheldon Press, 1977 (2e éd., Glasgow, Fontana/Collins, 1979).
HOUGHTON (Walter E.), *The Victorian Frame of Mind 1830-1870*, published for Wellesley College by Yale University Press, New Haven/Londres, 1957 (7e éd., 1978).
LOWDER NEWTON (Judith), *Women, Power and Subversion. Social Strategies in British Fiction*, 1778-1860, New York et Londres, Methuen, 1985 (1re éd., University of Georgia Press, 1981).
MIRABEL (Cecil), *Heroines in Love 1750-1914*, Londres, Joseph, 1974.
Romantisme anglais et Eros, faculté des Lettres de l'université de Clermont-Ferrand II, 1982.
WOOLF (Virginia), *The Common Reader, The Second Common Reader, The Death of the Moth, The Captain's Death Bed, The Moment, Granite and Rainbow*, Londres, Hogarth Press.

ALLEMAGNE

BRINKER-GABLER (Gisela), *Deutsche Literatur von Frauen*, Munich, Beck, 2 vol., t. II, *19. und 20. Jahrhundert*, 1988.
JANZ (Marlies), « Hölderlins Flamme – Zur Bildwerdung der Frau in "Hyperion" », *Hölderlin-Jahrbuch*, 1980-1981, pp. 122-142.
SCHORSKE (Carl E.), *Vienne fin de siècle*, Paris, Le Seuil, 1983.
STEFAN (Inge), et WEIGEL (Sigrid), *Die verborgene Frau*, Berlin / Hambourg, Argument-Verlag, coll. « Literatur im historischen Prozess », 1988 (3e éd.).
TAEGER (Annemarie), *Die Kunst, Medusa zu töten*, Bielefeld, Aisthesis Verlag, 1987.

WELSCH (Ursula) et WIESNER (Michaela), *Lou Andreas-Salomé*, Munich/Vienne, Verlag Internationale Psychoanalyse, 1988.

FRANCE

BONNEFOY (Yves), *la Vérité de la parole*, Paris, Mercure de France, 1988.
CITRON (Pierre), *Dans Balzac*, Paris, Le Seuil, 1986.
La Femme et le surréalisme. Catalogue de l'exposition au musée cantonal des Beaux-Arts, Lausanne, 21 novembre 1987 - 28 février 1988, publié par Erika Billeter et José Pierre. Préface de André Pieyre de Mandiargues, Lausanne, musée cantonal des Beaux-Arts, 1987, 545 p.
MOREAU (Thérèse), *le Sang de l'Histoire. Michelet, l'histoire et l'idée de la femme au XIXe siècle*, Paris, Flammarion, 1982.
PALACIO (Jean de), « *la Curée* : histoire naturelle et sociale, ou agglomérat de mythes », Société des Études romantiques, *la Curée de Zola*, Paris, SEDES, 1987.
STAROBINSKI (Jean), *le Remède dans le mal*, Paris, Gallimard, 1989.
THUMEREL (Thérèse), « Maupassant ou le double saturnien de Nerval », *Romantisme*, à paraître.

Lire et écrire en Allemagne / Marie-Claire Hoock-Demarle

BERDING (Helmut), FRANÇOIS (Etienne), ULLMANN (Hans Peter), *Deutschland und Frankreich im Zeitalter der Französischen Revolution*, Francfort, Suhrkamp, 1989.
BRINKER-GABLER (Gisela), éd., *Deutsche Literatur von Frauen*, 2 vol. Munich, Beck, 1988.
ENGELSING (Rolf), *Analphabetentum und Lektüre. Zur Sozialgeschichte des Lesens in Deutschland*, Stuttgart, Metzler, 1973.
..., *Der Bürger als Leser*, Stuttgart, Metzler, 1974.
..., *Zur Sozialgeschichte deutscher Mittel - und Unterschichten* Göttingen, Vanderhoeck und Rupredd, 1973.
FRANÇOIS (Etienne), « Alphabetisierung und Lesefähigkeit in Frankreich und Deutschland um 1800 », in Berding / François / Ullmann, *Deutschland und Frankreich im Zeitalter der Französischen Revolution*, Francfort, Suhrkamp, 1989.
FURET (François), OZOUF (Jacques), *Lire et écrire. L'alphabétisation des Français de Calvin à Jules Ferry*, 2 vol., Paris, Minuit, 1977.
HAHN (Barbara), « *Antworten sie mir* », *Rahel Levin Varnhagens Briefwechsel*, Basel / Francfort, Stromfeld/Roterstern, 1990.
..., « *Unter falschem Namen* », *Von der schwierigen Autorschaft der Frauen*, Francfort, 1991.
HOOCK-DEMARLE (Marie-Claire), *la Rage de lire. Les femmes allemandes face à la Révolution française (1790-1815)*; Aix-en-Provence, Alinéa, 1990.
KITTLER (Friedrich), *Aufschreibesysteme 1800-1900*, Munich, Fink, 1985. (traduction anglaise 1990, Stanford, Stanford University Press).
LUNDGREEN (Peter), *Sozialgeschichte der deutschen Schule im Überblick*, I, *1770-1918*, Göttingen, Vandenhoeck, 1980.
MÖHRMANN (Renate), *Die andere Frau. Emanzipationsansätze deutscher Schriftstellerinnen im Vorfeld der 48 – Revolution.* Stuttgart, Metzler, 1977.
PLANTÉ (Christine), *la Petite Sœur de Balzac. Essai sur la femme auteur*, Paris, Le Seuil, 1989.
PRÜSENER (Marlies), « Lesegesellschaften im 18. Jahrhundert. Ein Beitrag zur Lesergeschichte », in *Archiv für die Geschichte des Buchwesens*, 13, 1973.
SCHENDA (Rudolf), *Volk ohne Buch. Studien zur Sozialgeschichte der populären Lesestoffe, 1770-1910*, Francfort, Klostermann, 1970.

SUSMAN (Margarete), *Frauen der Romantik*, 1929, Cologne, Melzer, 1960.

TWELLMANN (Margrit), *Die deutsche Frauenbewegung.* Im Spiegel repraesentativer Frauenzeitschriften Meisenheim am Glan, Hain, 1972.

WALLE (Marianne), « Contribution à l'histoire des femmes allemandes entre 1848 et 1920 (Louise Otto, Helene Lange, Clara Zetkin, Lily Braun) », thèse dactylographiée, Paris VII, 1989.

WALTER (Eva), *Schrieb oft, von Mägde Arbeit müde, Lebenszusammenhänge deutscher Schriftstellerinnen um 1800, Schritte zur bürgerlichen Weiblichkeit*, Dusseldörf, Schwann, 1985.

WEBER-KELLERMANN (Ingeborg), *Die deutsche Familie. Versuch einer Sozialgeschichte*, Francfort, Suhrkamp, 1974.

La bonne catholique / Michela De Giorgio

AA.VV. *Problemi di storia della Chiesa dalla Restaurazione all'unità d'Italia*, Naples, Edition Dehoniane, 1985.

ACCATI (Luisa), « La politica dei sentimenti. L'Immacolata Concezione fra 600 e 700 », *Atti del Primer Coloqui di Historia de la Dona*, Barcelone, 1990.

ARNOLD (Odile), *le Corps et l'âme. La vie des religieuses au XIX*^e^ *siècle*, Paris, Le Seuil, 1984, 375 p.

BOESCH GAJANO (Sofia), SEBASTIANI (Lucia), *Culto dei Santi, istituzioni e classi sociali in età preindustriale*, L'Aquila-Roma, Japadre Editore, 1984.

BRAME (Caroline), *Journal intime*, présenté par Perrot (Michelle) et Ribeill (Georges), Paris, Montalba, 1985.

BREMOND (Henri), *Histoire littéraire du sentiment religieux en France*, Paris, Bloud et Gay, 1929.

BUTTAFUOCO (Annarita), *le Mariuccine. Storia di un' istituzione laica. L'Asilo Mariuccia*, Milan, Franco Angeli, 1985.

CAFFIERO (Marina), *Un santo per le donne. Benedetto Giuseppe Labre e la femminilizzazione del cattolicesimo tra '700 e '900*, « Memoria. Rivista di storia delle donne », 30, 1990.

CARACCIOLO (Enrichetta), *Misteri del chiostro napoletano*, Florence, Barbera, 1864 (nuova edizione, Florence, Giunti, 1986).

DE GIORGIO (Michela), DICORI (Paola), « Politica e sentimenti : le organizzazioni femminili catholiche dall' eta giolittiana al fascismo », *Rivisia di Storia contemporanea*, 3, 1980.

DE LIGUORI (S. Alfonso), *La vera Sposa di Gesù Cristo, cioè la Monaca Santa per mezzo delle virtù proprie d'una religiosa*, Turin, Marietti, 1862 (1re éd. 1760).

DENIEL (Raymond), *Une image de la famille et de la société sous la Restauration*, Paris, Les Éditions ouvrières, 1965.

DI CORI (Paola), *Rosso e bianco. La devozione al Sacro Cuore di Gesù nel primo dopoguerra*, « Memoria. Rivista di storia delle donne », 5, 1982.

D'OUINCE (René), *Femme, Dictionnaire de spiritualité*, Tome V, Beauchesne, Paris, 1964, pp. 132-152.

DUMONT-JOHNSON (Micheline) et FAHMY EID (Nadia), *les Couventines. L'éducation des filles au Québec dans les congrégations religieuses enseignantes (1840-1960)*, Québec, Boréal, 1986, 316 p.

Les enseignements pontificaux, le Problème féminin, Paris, Desclée & Cie., 1955.

FERRANTE (Lucia), PALAZZI (Maura), POMATA (Gianna), *Ragnatele di rapporti. Patronage e reti di relazione nella storia delle donne*, Turin, Rosenberg et Sellier, 1988.

Groupe de la Bussière, *Pratiques de la confession. Des Pères du désert à Vatican II*, Paris, Les Éditions du Cerf, 1983.

Guidi (Laura), *l'Onore in pericolo. Carità e reclusione femminile, Nele' Ottocento napoletano*, Naples, Guida, 1991.

Hilaire (Yves Marie), *Une chrétienté au XIXe siècle. La vie religieuse des populations du diocèse d'Arras de 1840 à 1914*, Lille, P.U.L., 1977, 2 vol.

Langlois (Claude) et Wagret (Paul), *Structure religieuse et célibat féminin au XIXe siècle*, Lyon, Centre d'histoire du catholicisme, 1972, 190 p.

Langlois (Claude), *le Catholicisme au féminin. Les congrégations françaises à supérieure générale au XIXe siècle*, préface de René Rémond, Paris, Le Cerf, 1984, 776 p.

Léger (Christine), « Le journal des demoiselles », thèse Paris VII, 1989.

Lebrun (François) (sous la direction de), *Histoire des catholiques en France*, Toulouse, Privat, 1980.

Lévy (Marie-Françoise), *De mères en filles. L'éducation des Françaises (1850-1880)*, Paris, Calmann-Lévy, 1984.

Mayeur (Françoise) et Gadille (Jacques), *Éducation et Images de la femme chrétienne en France au début du XXe siècle*, L'Hermès, Lyon, 1980.

..., *l'Éducation des filles en France au XIXe siècle*, Paris, Hachette, 1979.

Mayeur (Jean-Marie) (sous la direction de), *l'Histoire religieuse de la France, XIXe-XXe siècles. Problèmes et méthodes*, Paris, Beauchesne, 1975.

Milan (Maria), *Donna, famiglia, società. Aspetti della stampa femminile cattolica in Italia tra 800 e 900*, Università degli studi di Genova, Istituto di Studi Storico Politici, 1983.

Metral (Marie-Odile), *le Mariage. Les hésitations de l'Occident*, Paris, Aubier Montaigne, 1977.

Les Religieuses enseignantes, XVIe-XXe siècles, Presse de l'Université d'Angers, Angers, 1980.

La Società religiosa nell'età moderna, Atti del Convegno di studi di Storia sociale e religiosa, Capaccio-Peestum maggio 1972, Naples, Guida, 1973.

Savart (Claude), *les Catholiques en France au XIXe siècle : le témoignage du livre religieux*, Paris, Beauchesne, 1985.

Soldani (Simonetta) (a cura di), *L'educazione delle donne. Scuole e modelli di vita femminile nell'Italia dell'Ottocento*, Milan, Angeli, 1989.

Sticco (Maria), *Una donna fra due secoli. Armida Barelli*, Milan, Vita e Pensiero, 1967.

Turin (Yvonne), *Femmes et Religieuses au XIXe siècle. Le féminisme « en religion »*, Paris, Éditions Nouvelle Cité, 1989, 376 p.

Zarri (Gabriella), « Monasteri femminili e città (secoli XV-XVIII) » in *Storia d'Italia*. Annali, vol. 9, *La Chiesa e il potere politico dal Medioevo all'età contemporanea* (a cura di Giorgio Chittolini e Giovanni Miccoli), Turin, Einaudi, 1986, pp. 359-429.

Wanrooii (Bruno P.F.), *Storia del pudore. La questione sessuale in Italia, 1860-1940*, Venise, Marsilio, 1990.

Warner (Marina), *Alone of All her Sex. The Myth and the Cult of the Virgin Mary*, Weidenfeld & Nicolson, Londres, 1976 ; traduction française, *Seule entre toutes les femmes*, Marseille, Rivages, 1989.

De la femme protestante / Jean Baubérot

Baubérot (Jean), *Un christianisme profane ?*, Paris, P.U.F., 1978.

..., *le Retour des huguenots, La vitalité protestante XIXe-XXe s.*, Paris-Genève, Cerf-Labor et Fides, 1985.

Boyd (L.A.), Brackenridge (R.D.), *Presbyterian Women in America*, Westport, Conn., Greenwood Press, 1983.

GARRISSON-ESTEBE (J.), *l'Homme protestant*, Paris, Hachette, 1980.

GLASSMAN HERSH (B.), *The Slavery of Sex, Feminist-Abolitionists in America*, Urbana, University of Illinois Press, 1978.

GREAVES (R.L.) (éd.), *Triumph over Silence, Women in Protestant History*, Londres, Greenwood Press, 1985.

KÄPPELI (Anne-Marie), *Sublime Croisade. Ethique et politique du féminisme protestant (1875-1928)*, préface de Mireille Cifali, Genève, Éditions Zoé, 1990, 220 p.

ROWE (K.E.) (éd.) *Methodist Women*, Lake Junaluska, N.C., General Comiss. on Archives and History, the United Methodist Church, 1980.

THOMAS (H.F.), SKINNER KELLER (R.), *Women in New Worlds*, 2 vol., Nashville, Abington Press, 1981-1982.

VOELTZEL (R.)., *Service du Seigneur*, Strasbourg, Oberlin, 1983.

WEMYSS (A.), *Histoire du Réveil*, Paris, Les Bergers et les Mages, 1977.

La femme juive / Nancy Green

ADLER (Polly), *A House is not a Home*, New York, Rinehart, 1953.

ANTIN (Mary), *The Promised Land*, Princeton, Princeton University Press, 1969, 2e éd.

ARENDT (Hannah), *Rahel Varnhagen : la vie d'une Juive allemande à l'époque du romantisme*, Paris, Tierce, 1986. Édition anglaise : *Rahel Varnhagen*, Londres, Leo Baeck Institute, 1957.

BAUM (Charlotte), HYMAN (Paula), MICHEL (Sonya), *The Jewish Woman in America*, New York, New American Library, 1977.

BERROL (Selma), « Class or Ethnicity : The Americanized German Jewish Woman and her Middle Class Sisters in 1895 », *Jewish Social Studies*, vol. 47, n° 1, hiver 1985, pp. 21-32.

..., « Education and Economic Mobility : The Jewish Experience in New York City, 1880-1920 », *American Jewish Historical Quarterly*, vol. 65, n° 3, mars 1976, pp. 257-271 ; voir également son livre, *Immigrants at School, New York City, 1898-1914*, New York, Arno Press, 1978.

BIALE (Rachel), *Women and Jewish Law : An Exploration of Women's Issues in Halakhic Sources*, New York, Schocken Boocks, 1984.

BRISTOW (Edward J.), *Prostitution and Prejudice : The Jewish Fight Against White Slavery, 1870-1939*, New York, Schocken Books, 1983.

BRUMBERG (Stephen E.), « Going to America, Going to School : The Jewish Immigrant Public School Encounter in Turn-of-the-Century New York City », *American Jewish Archives* vol. 36, n° 2, novembre 1984, pp. 86-135 ; voir également son livre, qui porte le même titre, New York, Praeger, 1986.

CANTOR (Aviva), *The Jewish Woman. 1900-1985. A Bibliography*, Fresh Meadows, New York, Biblio Press, 1987.

DAWIDOWICZ (Lucy S.), (présenté par), *The Golden Tradition : Jewish Life and Thought in Eastern Europe*, Boston, Beacon Press, 1968.

ERTEL (Rachel), *le Shtetl : la bourgade juive de Pologne*, Paris, Payot, 1982.

EWEN (Elizabeth), *Immigrant Women in the Land of Dollars : Life and Culture on the Lower East Side, 1890-1925*, New York, Monthly Review Press, 1985.

FRIEDLANDER (Judith), « The Jewish Feminist Question », *Dialectical Anthropology*, vol. 8, n° 1-2, octobre 1983, pp. 113-120. Edition française : « La question féministe juive », *Nouvelles questions féministes*, n° 6-7, printemps 1984, pp. 21-34.

GDALIA (Janine) et GOLDMANN (Annie), *le Judaïsme au féminin*, Paris, Balland, 1989.

GOLDMANN (Emma), *Living my Life*, 2 vol., New York, Da Capo, 1976.

GORELICK (Sherry), *City College and the Jewish Poor : Education in New York, 1880-1924*, New Brunswick, Rutgers University Press, 1981.

GOREN (Arthur), *New York Jews and the Quest for Community : The Kehillah Experiment, 1908-1922*, New York, Columbia University Press, 1970.

GREEN (Nancy), « L'émigration comme émancipation : les femmes juives d'Europe de l'Est à Paris, 1881-1914 », *Pluriel*, n° 27, 1981, pp. 51-59.

HASANOVITZ (Elizabeth), *One of Them*, New York, Houghton Mifflin, 1918.

HERTZ (Deborah), *Jewish High Society in Old Regime Berlin*, New Haven, Yale University Press, 1988.

HYMAN (Paula), « Culture and Gender : Women in the Immigrant Jewish Community », in David Berger (sous la dir. de), *The Legacy of Jewish Immigration*, New York, Brooklyn College Press, 1983, pp. 157-168.

..., « Immigrant Women and Consumer Protest : The New York City Kosher Meat Boycott of 1902 », *American Jewish History*, vol. 60, n° 1, septembre 1980, pp. 91-105.

JOSELIT (Jenna), « The Special Sphere of the Middle-Class American Jewish Woman : The Synagogue Sisterhood, 1890-1940 », in J. Wertheimer (sous la dir. de), *The American Synagogue : A Sanctuary Transformed*, New York, Cambridge University Press, 1987, pp. 206-230.

KAPLAN (Marion A.), *The Jewish Feminist Movement in Germany : The Campaigns of the Jüdischer Frauenbund, 1904-1938*, Westport, Greenwood Press, 1979.

KATZ (Jacob), *Out of the Ghetto : The Social Background of Jewish Emancipation, 1770-1870*, New York, Schocken Books, 1978. Edition française : *Hors du ghetto : l'émancipation des Juifs en Europe (1770-1870)*, préface de Pierre Vidal-Naquet, Paris, Hachette, 1984.

KESSLER-HARRIS (Alice), « Organizing the Unorganizable : Three Jewish Women and their Union », in M. Cantor et B. Laurie (sous la dir. de), *Class, Sex, and the Woman Worker*, Westport, Greenwood Press, 1977, pp. 144-165.

LERNER (Elinor), « Jewish Involvement in the New York City Woman Suffrage Movement », *American Jewish History*, vol. 70, n° 4, juin 1981, pp. 442-461.

MARCUS (Jacob R.), éd., *The American Jewish Woman : A Documentary History*, New York, KTAV, et Cincinnati, American Jewish Archives, 1981.

MEISELMAN (Mosche), *Jewish Woman in Jewish Law*, New York, KTAV, 1978.

MYERHOFF (Barbara), *Number Our Days*, New York, Simon Schuster, 1980.

SCHIFF (Ellen), « What Kind of Way is That for Nice Jewish Girls to Act ? : Images of Jewish Women in Modern American Drama », *American Jewish History*, vol. 70, n° 1, septembre 1980, pp. 106-118.

SELLER (Maxime), « The Education of the Immigrant Woman, 1900-1935 », *Journal of Urban History*, vol. 4, n° 3, mai 1978, pp. 307-330.

SINGER (Isaac), « Yentl », in *Yentl et autres nouvelles*, Paris, Stock, 1984. Édition américaine : « Yentl the Yeshiva Boy », in *Short Friday and Other Stories*, New York, Ferrar, Straus and Giroux, 1964.

SOCHEN (June), *Consecrate Every Day : The Public Lives of Jewish American Women, 1880-1980*, Albany, State University of New York Press, 1981.

STANISLAWSKI (Michael), *Tsar Nicholas I and the Jews : The Transformation of Jewish Society in Russia : 1825-1855*, Philadelphie, Jewish Publication Society, 1983.

Tseenah Ureenah, commentaire sur la Torah, J. Achkenazi, trad. du yiddish et présenté par J. Baumgarten, Paris, Verdier, 1987.

WEINBERG (Sydney S.), *The World of Our Mothers : The Lives of Jewish Immigrant Women*, Chapel Hill, University of North Carolina Press, 1988.

YEZIERSKA (Anzia), *The Bread Givers*, New York, Persea, 1975.

ZIPPERSTEIN (Steven J.), *The Jews of Odessa : A Cultural History, 1794-1881*, Stanford, Stanford University Press, 1985.

L'éducation des filles : le modèle laïque / Françoise Mayeur

Association internationale pour l'histoire de l'Éducation. Service d'Histoire de l'Éducation, Paris : *l'Offre d'école. The Supply of Schooling*, Paris, Publications de la Sorbonne, INRP, 1983, 374 p.

BOURGADE (Germaine), *Contribution à l'étude d'une histoire de l'éducation féminine à Toulouse de 1830 à 1914*, Toulouse, Association des publications de l'Université de Toulouse Le Mirail, 1980, 280 p.

Les cahiers aubois d'histoire de l'éducation, « Jules Ferry et son époque », Troyes, 1984.

Catalogue de l'exposition, « L'éducation des jeunes filles il y a cent ans », Rouen, musée national de l'Éducation, 1983, 95 p.

CLARK (Linda L.), *Schooling the Daughters of Marianne : Text-Books and the Socialization of Girls in Modern French Primary Schools*, Albany, State University of New York, 1984, 224 p.

Condorcet, *Ecrits sur l'instruction publique*, vol. I, *Cinq mémoires sur l'instruction publique*, texte présenté, annoté et commenté par Charles Coutel et Catherine Kintzler, Paris, Edilig, 1989, 295 p. ; vol. II, *Rapport sur l'Instruction publique*, présenté par Charles Coutel, Paris, Edilig, 1989, 326 p.

Femmes, Libertés, Laïcité, Centre d'action laïque, Éditions de l'Université Libre de Bruxelles, sous la direction de Yolande Mendes da Costa et Anne Morelli, Bruxelles, Éditions de l'Université, 1989, 212 p.

FRANCHINI (Sylvia), « l'Instruzione femminile in Italia dopo l'Unità : percossi di una ricerca sugli educandati pubblici di elite », *Passato e Presente*, n° 10, 1986, pp. 53-94.

GERSTER (Franziska) et BLOSSER (Ursi), *Töchter der guten Gesellschaft : Frauenrolle und Mädchenerziehung im schweizerischen Grossbürgertum um 1900*, Zurich, Chronos, 1985, 342 p.

GREARD (Octave), *Education et Instruction. Enseignement secondaire*, t. I, Paris, Hachette, 1987, 342 p.

HUNT (Felicity) éd., *Lessons for Life. The Schooling of Girls and Women, 1850-1950*, Oxford, Blackwell, 1987.

LORY (Jacques), *Libéralisme et Instruction primaire 1842-1879, Introduction à l'étude de la lutte scolaire en Belgique*, Louvain, Ed. Nauvwelaerts, 1979, 2 vol. 832 p.

LUNDBERGH (Beate), *Kom ihag att du är underlägen : pedagogik för borgarflickor i 1880 talets Sverige*, Lund, Student Litteratur, 1986, 261 p.

MARGADANT (Jo B.), *Madame le Professeur. Women Educators in the Third Republic*, Princeton, Princeton University Press, 1990.

Max-Planck Institute for Human Development and Education, *Between Elite and Mass Education*, Education in the Federal Republic of Germany, Albany, State University of New York Press, 1983, 348 p. Traduction de *Das Bildungswesen in der Bundesrepublik Deutschland*, Reinbek bei Hamburg, Rowohlt, 1979.

MAYEUR (Françoise), *l'Enseignement secondaire des jeunes filles sous la Troisième République*, Paris, Presses de la Fondation nationale des sciences politiques, 1977, 489 p.

..., *l'Éducation des filles en France au XIXe siècle*, Paris, Hachette, 1979, 207 p.

PREAUX (Jean), éd., *Église et Enseignement*, Bruxelles, éditions de l'Université Libre de Bruxelles, 1977, 295 p.

SONNET (Martine), *l'Éducation des filles au temps des Lumières*, Paris, Le Cerf, 1987, 354 p.

Les Temps modernes, n° spécial, « Petites filles en éducation », mai 1976.

VIALA (Robert), *l'Enseignement secondaire des jeunes filles 1880-1940, par ceux qui l'ont créé et celles qui l'ont fait vivre*, Sèvres, CIEP, 1987, 101 p.

Femmes et images / Anne Higonnet

AGULHON (Maurice), *Marianne au combat. L'imagerie et la symbolique républicaines de 1789 à 1880*, Paris, Flammarion, 1979 ; *Marianne au pouvoir. L'imagerie et la symbolique républicaines de 1880 à 1914*, Paris, Flammarion, 1989.

ASHER (Carol), DE SALVO (Louise), RUDDICK (Sara), *Between Women. Biographers, Novelists, Critics, Teachers and Artists Write About Their Work on Women*, Boston, Beacon, 1984.

BERKELEY (Ellen Perry), éd., *Architecture. A Place For Women*, Washington et Londres, Smithsonian Institution Press, 1989.

FERRERO (Pat), HEDGES (Elaine) and SILBER (Julie), *Hearts and Hands. The Influence of Women and Quilts on American Society*, San Francisco, The Quilt Digest Press, 1987.

GOLDBERG (Vicki), Catalogue de la « rétrospective Margaret Bourke-White », Palais de Tokyo, Paris, juin-septembre 1989, 118 p., 116 photos.

NEAD (Lynda), *Myths of Sexuality. Representations of Women in Victorian Britain*, Londres, Blackwell, 1988.

PARKER (Rozsika), POLLOCK (Griselda), *Old Mistresses. Women, Art and Ideology*, Londres, Routledge & Kegan Paul, 1981 ; New York, Pantheon, 1981 ; Londres, Pandora Press, 1986.

SOLOMON-GODEAU (Abigail), « The Legs of The Countess », Octobre, 39 (hiver 1986) pp. 65-108.

TICKNER (Lisa), *The Spectacle of Women. Imagery of the Suffrage Campaign 1907-1914*, Londres, Chatto and Windus, 1987.

WEAVER (Mike), *Julia Margaret Cameron (1815-1879)*, An exhibition arranged by the John Hansard Gallery, the University, Southampton, The John Hansard Gallery, 1984.

WHITE (Cynthia), *Women's Magazines 1693-1968*, Londres, Michael Joseph, 1970.

YELDHAM (Charlotte), *Women Artists in Nineteenth-Century France and England*, 2 vol. New York et Londres, Garland, 1984.

Corps et cœurs / Yvonne Knibiehler

ADLER (Laure), *Secrets d'alcôve. Histoire du couple de 1830 à 1930*, Paris, Hachette, 1983, 239 p.

Annales de démographie historique, Mouton éditeur, Paris, La Haye, New York ; 1981, *Démographie historique et condition féminine*, 429 + CXXXII p. ; 1983, *Mères et Nourrissons*, 446 p.

ARNAUD (Pierre) (sous la direction de), *les Athlètes de la République. Gymnastique, sport et idéologie républicaine, 1870-1914*, Bibliothèque historique, Toulouse, Privat, 1987, 424 p.

AUDOUX (Marguerite), *Marie-Claire*, Les Cahiers rouges, Bernard Grasset, 1910, 214 p. ; *l'Atelier de Marie-Claire*, Les Cahiers rouges, Paris, Bernard Grasset, 1920, 269 p.

BARRET-DUCROCQ (Françoise), *l'Amour sous Victoria*, Plon, 1989, 270 p.

BASHKIRTSEFF (Marie), *Journal*, Paris, Mazarine, 1887.

BECK (C.H.), IMHOF (Arthur E.), *Der Mensch und sein Körper von der Antike bis heute*, édité par Arthur E. Imhof, Verlag C.H. Beck, Munich, 1983.

BERTIN (Célia), *la Femme à Vienne au temps de Freud*, Paris, Stock, 1989, 351 p.

BIGOT (François), *les Enjeux de l'assistance à l'enfance*, thèse de sociologie, université de Tours UFR Arts et Sciences humaines, 1988, 2 vol. Inédit.

BLOM (Ida), « "Real excellent men do not grow on trees"... Bread winning and structures of authority in bourgeois marriage around the turn of the century », Deutsch-Norwegischen

Historikertreffen, 28-31 mai 1987 ; *Den haarde Dyst. Birth and birth help in Norway since 1800*, Oslo, Cappelen, 1988.

BOIS (Jean-Pierre), *les Vieux, de Montaigne aux premiers retraités*, Paris, Fayard, 1989, 448 p.

BONNET (Marie-Jo), *Un choix sans équivoque. Recherches historiques sur les relations amoureuses entre les femmes, XVIe-XXe siècles*, Paris, Denoël-Gonthier, 1981.

BRUMBERG (Joan J.), *Fasting Girls. The Emergence of Anorexia Nervosa as a Modern Disease*, Cambridge, Mass., Harvard University Press, Londres, 1988, 366 p.

CAPIA (R.), *les Poupées françaises*, Paris, Hachette, 1979.

CHARLOT (Monica), *Victoria. Le pouvoir partagé*, Paris, Flammarion, 1989.

CLAVERIE (Elisabeth), LAMAISON (Pierre), *l'Impossible Mariage. Violence et parenté en Gévaudan, 17e, 18e et 19e siècles*, Paris, Hachette, 1982, 361 p.

DALL'AVA-SANTUCCI (Josette), *Des sorcières aux mandarines. Histoire des femmes médecins*, Calmann-Lévy, 1989, 266 p.

DAUDET (Mme Alphonse), *l'Enfance d'une parisienne. Enfants et mères*, Paris, 1892.

DAUMARD (Adeline), *la Bourgeoisie parisienne de 1815 à 1848*, Paris, Sevpen, 1963.

DESAIVE (J.-P.), « Le nu hurluberlu », *Ethnologie française*, 1976, 3-4.

DORAY (Marie-France), *Une étrange paroissienne, la Comtesse de Ségur*. Marseille, Rivages, 1990.

DOUX de LABRO (Yvonne), *Journal d'une jeune fille à la Belle Époque*, présenté et annoté par Evelyne Berriot Salvadore, à paraître, Paris, Le Cerf, 1991.

DREES (Annette), *Die Ärzte auf dem Weg zu Prestige und Wohlstand, Sozialgeschichte der würtembergischen Ärzte im 19. Jahrhundert*, collection *Studien zur Geschichte des Alltags*, (Coppenrath), Münster, 1988.

Émilie 1802-1872, présentée par Bernard de Freminville, Paris, Le Seuil, collection « Libre à elles », 1985.

EYQUEM (Marie-Thérèse), *la Femme et le sport*, Paris, Ed. Susse, 1944, 307 p.

FAY-SALLOIS (Fanny), *les Nourrices à Paris au XIXe siècle*, Paris, Payot, 1980, 284 p.

Feminist Studies, vol. 9, n° 1, printemps 1983 ; vol. 9, n° 2, été 1983 ; vol. 9, n° 3, automne 1983 ; vol. 10, n° 3, automne 1984.

FILDES (Valérie), *Wet Nursing. A History from Antiquity to the Present*, Oxford, New York, Basil Blackwell, 1988, 300 p.

Les filles de Karl Marx. Lettres inédites, présentées par Michelle Perrot, Paris, Albin-Michel, 1979, 386 p.

FLANDRIN (Jean-Louis), *les Amours paysannes (XVIe-XIXe siècles)*, collection Archives, Gallimard, Julliard, 1975, 255 p.

FREVERT (Ute), *Krankheit als politisches Problem 1770-1880, Soziale Unterschichten in Preussen zwischen medizinischer Polizei und staatlicher Sozialversicherung*, Göttingen, Vanderhoeck et Ruprecht, 1984.

GAUTIER (Arlette), *les Sœurs de Solitude. La condition féminine dans l'esclavage aux Antilles du XVIIe au XIXe siècle*, Paris, Éditions Caribéennes, 1985, 287 p.

GEORGEL (P.), *Léopoldine Hugo, une jeune fille romantique*, Paris, Catalogue du musée Victor-Hugo, 1967.

GERBOD (Paul), « Les métiers de la coiffure dans la première moitié du XXe siècle », *Ethnologie française*, janvier-mars 1983.

GRAFTEAUX (S.), *Mémé Santerre. Une vie*, Paris, Marabout, 1978.

GRELLET (I.) et KRUSE (C.), *Histoire de la tuberculose, les fièvres de l'âme, 1800-1940*, Paris, Ramsay, 1983.

GUERMONT (Marie-F.), *la « Grande Fille ». L'hygiène de la jeune fille d'après les ouvrages médicaux (fin XIXe début XXe)*, mémoire de maîtrise, université de Tours, 1981.

GUILLAIS (Joëlle), *la Chair de l'autre. Le crime passionnel au dix-neuvième siècle*, Paris, O. Orban, 1986, 346 p.

HIMMELFARB (Gertrude), *Marriage and Morals Among the Victorians*, Bristol, Londres, Faber, 254 p., 1986.

HELLER (Geneviève), « *Propre en ordre* ». *Habitation et vie domestique 1850-1930 : l'exemple vaudois*, Lausanne, Éditions d'En Bas, 1979.

KNIBIEHLER (Yvonne), FOUQUET (Catherine), *la Femme et les médecins*, Paris, Hachette, 1983, 333 p. ; *la Beauté pour quoi faire ?* Paris, Temps actuels, 1982, 180 p.

..., (sous la direction de), *Cornettes et Blouses blanches. Les infirmières dans la société française, 1880-1980*, Hachette, 1984, 366 p.

..., BERNOS (Marcel), RICHARD (Eliane), RAVOUX-RALLO (Elisabeth), *De la pucelle à la minette. Les jeunes filles de l'âge classique à nos jours*, Paris, Messidor, 2e édition, 1989, 261 p.

LERNER (Gerda), *De l'esclavage à la ségrégation. Les femmes noires dans l'Amérique des Blancs*, traduction française, Paris, Denoël-Gonthier, 1975, 350 p.

McCRONE (Kathleen E.), *Sports and the Physical Emancipation of English Women, 1870-1914*, Londres, Routledge, 1988.

MAIRE (Catherine-Laurence), *les Possédées de Morzine, 1857-1873*, Presses universitaires de Lyon, 1981, 134 p.

MARTIN-FUGIER (Anne), *la Bourgeoise ; la Femme au temps de Paul Bourget*, Paris, Grasset, 1983, 315 p. ; *la Place des bonnes. La domesticité féminine à Paris en 1900*, Paris, Grasset, 1979, 382 p.

Marthe (1892-1902) présentée par Bernard de Fréminville, Paris, Le Seuil, Collection « Libre à elles », 1985.

Memoria, rivista di storia delle donne, Rosenberg et Sellier, Turin, n° 3, mars 1982, *I corfi possibili*, 164 p. ; n° 5, novembre 1982, *Sacro e profano*, 153 p. ; n° 7, septembre 1983, *Madri e non madri*, 118 p.

Nous les assistantes sociales, témoignages présentés par Yvonne Knibiehler, Paris, Aubier, 1980, 383 p.

PELLEGRIN (Nicole), « Les chiffons de la naissance (XVIe-XXe siècles) », *Actes du colloque L'aventure de naître*, Poitiers, Le Lezard, 1989, pp. 55-75 ; « Chemises et Chiffons. Le vieux et le neuf en Poitou et Limousin, XVIIIe-XIXe siècles », *Ethnologie française*, n° 3-4, 1986, pp. 283-298.

Pénélope. Pour l'histoire des femmes, n° 5, automne 1981, « La femme soignante » ; n° 13, automne 1985, « Vieillesses des femmes ».

PERROT (Philippe), *les Dessus et les dessous de la bourgeoisie*, Éditions Complexe, Librairie Arthème Fayard, 1981, 344 p. ; *le Travail des apparences ou les Transformations du corps féminin XVIIIe-XIXe siècle*, Le Seuil, 1984, 282 p.

Quaderni Storici, n° 44, *Parto e maternità, momenti della biografia femminile*, Bologne, Milan, 1980.

Revue d'histoire de l'Amérique française, numéro spécial : *Histoire de la famille*, vol. 39 n° 2, automne 1985 [Institut d'histoire de l'Amérique française, 261, avenue Bloomfield, Outremont, Québec H2V-3R6].

RIPA (Yannick), *la Ronde des folles. Femme, folie, et enfermement au 19e siècle*, Paris, Aubier, 1986.

ROLLET-ECHALIER (Catherine), *la Politique à l'égard de la petite enfance sous la troisième République*, Cahier de l'INED (127), Paris, PUF, 1990.

ROTHMAN (Sheila M.), *Woman's Proper Place. A History of Changing Ideals and Pratices 1870 to the present*, New York, Basic Books, 1978.

SEGALEN (Martine), *Mari et Femme dans la société paysanne*, Paris, Flammarion, 1980.

SHORTER (Edward), *Naissance de la famille moderne*, Paris, Le Seuil, Coll. « Points Histoire »,

1981 (trad. française de *The Making of the Modern Family*, 1975) ; *le Corps des femmes*, Le Seuil, 1984, 380 p. (trad. française de *A History of Women's Bodies*, New York, Basic Books, 1982).
SOHN (Anne-Marie), « Les rôles féminins dans la vie privée : approche méthodologique et bilan de recherches », *Revue d'histoire moderne et contemporaine*, t. XXVIII, octobre-décembre 1981, pp. 597-623.
SWAIN (Gladys), « L'âme, la femme, le sexe et le corps. Les métamorphoses de l'hystérie au XIXe siècle », *le Débat*, mars 1983.
VIDAL (Christiane), « Une surmortalité féminine prolongée en Europe : le cas français des Alpes du Sud », *Population*, 35, 1980, pp. 698-708.
VERDIER (Yvonne), *Façons de dire. Façons de faire, la laveuse, la couturière, la cuisinière*, Paris, Gallimard, 1979, 347 p. + 26 p. annexes.
VOLET-JEANNERET (Helena), *la Femme bourgeoise à Prague 1860-1895. De la philanthropie à l'émancipation*, thèse pour le doctorat ès lettres, université de Lausanne, Genève, Slatkine, 1988, 390 p.
WEEKS (Jeffrey), *Sex, Politics and Society. The Regulation of Sexuality since 1800*, Londres et New York, Longman, 1981, XIII, 306 p.

Sexualités dangereuses / Judith Walkowitz

ADLER (Laure), *la Vie quotidienne dans les maisons closes, 1830-1930*, Paris, Hachette, 1990, 259 p.
CORBIN (Alain), *les Filles de Noce : misère sexuelle et prostitution (19e-20e siècles)*, Paris, Aubier-Montaigne, 1978.
COTT (Nancy F.), « Passionlessness : An Interpretation of Victorian Sexual Ideology, 1790-1850 », in *A Heritage of Her Own*, Nancy F. Cott et Elizabeth H. Pleck éd., New York, Simon and Schuster, Touchstone, 1979, pp. 162-181.
D'EMILIO (John) et FREEDMAN (Estelle), *Intimate Matters : A History of Sexuality in America*, New York, Harper & Row, 1988.
DUBERMAN (Martin Bauml), VICINUS (Martha) et CHAUNCEY (George Jr.) éd., *Hidden from History : Reclaiming the Gay and Lesbian Past*, New York, New American Library, 1989.
EVANS (Richard), « Prostitution, State and Society in Imperial Germany », *Past and Present* 70, 1976, pp. 106-129.
FADERMAN (Lillian), *Surpassing the Love of Men : Romantic Friendship and Love Between Women from the Renaissance to the Present*, New York, William Morrow, 1981.
GIBSON (Mary), *Prostitution and the State in Italy 1860-1915*, New Brunswick, N.J., Rutgers University Press, 1986.
HARSIN (Jill), *Policing Prostitution in Nineteenth-Century Paris*, Princeton, Princeton University Press, 1985.
KATZ (Jonathan), *Gay/ Lesbian Almanac : A New Documentary History*, New York, Harper & Row, 1983.
MCLAREN (Angus), *Reproductive Rituals : The Perceptions of Fertility in England from the Sixteenth Century to the Nineteenth Century*, New York, Methuen, 1984.
..., *Sexuality and the Social Order : The Debate over the Fertility of Women and Workers in France, 1770-1920*, New York, Holmes and Meier, 1983.
NEUMAN (R.-P.), « Working-Class Birth Control in Wilhelmine Germany », *Comparative Studies in History and Society*, 20, 1978, pp. 408-428.
PEISS (Kathy), SIMMONS (Christina), PADGUG (Robert A.), éd., *Passion and Power : Sexuality in History*, Philadelphia, Temple University Press, 1989.

Petchesky (Rosalind Pollak), *Abortion and Women's Choice : The State, Sexuality and Reproductive Freedom*, Boston, Northeastern University Press, 1984.

Snitow (Ann) et al., *Powers of Desire : the Politics of Sexuality in America*, New York, Routledge & Kegan Paul, 1984.

Vance (Carole S.), *Pleasure and Danger : Exploring Female Sexuality*, New York, 1984.

Walkowitz (Judith), *Prostitution and Victorian Society : Women, Class and the State*, New York, Cambridge University Press, 1980.

Weeks (Jeffrey), *Coming out. Homosexual Politics in Britain, from the Nineteenth Cent. to the Present*, Londres, Quartet Books, 1977.

..., *Sexuality and its Discontents : Meanings, Myths, Modern Sexualities*, Londres, Routledge & Kegan Paul, 1985.

Wheelwright (Julie), *Amazons and Military Maids : Women who Dressed as Men in Pursuit of Life, Liberty and Happiness*, Londres, Pandora Press, 1989.

La travailleuse / Joan W. Scott

Amsden (Alice H.), éd., *The Economics of Women and Work*, New York, Penguin Books, 1980.

Anderson (Gregory) éd., *The White-Blouse Revolution. Female Office Workers Since 1870*, Manchester ; New York, Manchester University Press, 1988.

Anderson (Michael), *Family Structure in Nineteenth - Century Lancashire*, Cambridge et New York, Cambridge University Press, 1971.

Baron (Ava), « Women and the Making of the American Working Class : A Study of the Proletarianization of Printers », *The Review of Radical Political Economics* 14, 1982, pp. 23-42.

Barrett (Michèle) et McIntosh (Mary), « The "Family Wage" : Some Problems for Socialists and Feminists », *Capital and Class* 11, 1980, pp. 51-72.

Berg (Maxime), « Women's Work, Mechanization and the Early Phases of Industrialization in England », in *The Historical Meanings of Work*, Patrick Joyce éd., Cambridge et New York, Cambridge University Press, 1987, pp. 64-98.

Black (Clementina), éd., *Married Women's Work*, Londres G. Bell and Sons, 1915.

Blackburn (Helen), Vynne (Nora), *Women Under the Factory Act*, Londres, Williams and Norgate, 1903.

Blewett (Mary H.), *Men, Women, and Work : Class, Gender, and Protest in the New England Shoe Industry, 1780-1910*, Urbana et Chicago, University of Illinois Press, 1988.

Blunden (Katherine), *le Travail et la vertu. Femmes au foyer : une mystification de la Révolution industrielle*, Paris, Payot, 1982.

Bouvier (Jeanne), *Histoires des dames employées dans les postes, télégraphes et téléphones de 1714 à 1929*, Paris, PUF, 1930.

Chafe (William H.), *The American Woman : Her Changing Social, Economic and Political Roles, 1920-1970*, New York, Oxford University Press, 1972.

Clark (Alice), *The Working Life of Women in the Seventeenth Century*, London, G. Routledge and Sons, 1919 (rééd. Frank Cass, 1968).

Collet (Clara E.), « Women's Work » in *Life and Labour of the People in Londres*, first series, vol. 4, Charles Booth éd., Londres, Macmillan, 1902.

Daric (Jean), *l'Activité professionnelle des femmes en France. Étude statistique : évolution-comparaisons internationales*, I.N.E.D., Cahier n° 5 Paris, PUF, 1947.

Dublin (Thomas), *Women at Work : The Transformation of Work and Community in Lowell, Massachusetts, 1826-1860*, New York, Columbia University Press, 1979.

EVANS (Sara M.), *Born for Liberty : A History of Women in America*, New York, The Free Press (A Division of Macmillan, Inc.), 1989.

FRAISSE (Geneviève), *Femmes toutes mains : Essai sur le service domestique*, Paris, Le Seuil, 1979.

GRONEMAN (Carol), NORTON (Mary Beth), *To Toil the Livelong Day : America's Women at Work, 1870-1980*, Ithaca, Cornell University Press, 1987.

GUILBERT (Madeleine), *les Fonctions des femmes dans l'industrie*, Paris, Mouton et Co., 1966.

..., LOWIT (Nicole), ZYLBERBERG-HOCQUARD (Marie-Hélène), *Travail et Condition féminine (bibliographie commentée)*, publié avec le concours du CNRS, Éditions de la Courtille, 1977.

HEWITT (Margaret), *Wives and Mothers in Victorian Industry*, Londres, Rockliff, 1958.

HILDEN (Patricia Jane), *Working Women and Socialist Politics in France (1800-1914)*, Oxford, Clarendon, New York, Oxford, Oxford University Press, 1986, 307 p.

HOLCOMBE (Lee), *Victorian Ladies at Work*, Hamden, Conn. Archon Books, 1973.

JOHN (Angela V.) éd., *Unequal Opportunities. Women's Employment in England 1880-1918*, Oxford, Blackwell, 1986.

KATZMAN (David M.), *Seven Days a Week : Women and Domestic Service in Industrializing America*, Urbana, Chicago et Londres, University of Illinois Press, 1981.

LEWIS (Jane), *Women in England, 1870-1950 : Sexual Divisions and Social Change*, Bloomington, Indiana University Press, 1984.

MATTHAEI (Julie A.), *An Economic History of Women in America : Women's Work, the Sexual Division of Labor, and the Development of Capitalism*, New York, Schocken Books, 1982.

PINCHBECK (Ivy), *Women Workers and the Industrial Revolution, 1750-1850*, New York, A.M. Kelley, 1969.

SCOTT (Joan W.), TILLY (Louise), *Women, Work and Family*, New York, Holt, Rinehart and Winston, 1978 ; trad. fr. augmentée, *les Femmes, le travail et la famille*, Marseille, Rivages, 1987.

..., "L'Ouvrière ! Mot impie, sordide..." : Women Workers in the Discourse of French Political Economy, 1840-1860 », in *The Historical Meanings of Work*, Patrick Joyce, éd., Cambridge and New York, Cambridge University Press, 1987, pp. 119-142.

SECCOMBE (Wally), « Patriarchy Stabilized : the Construction of the Male Breadwinner Wage Norm in Nineteenth-century Britain », *Social History* II, janvier 1986, pp. 53-76.

RIOT-SARCEY (Michèle), et ZYLBERBERG-HOCQUARD (Marie-Hélène), *Travaux de femmes au XIXᵉ siècle*, éd. Paris, musée d'Orsay-CRDP, 1987.

« Travaux de femmes dans la France du XIXᵉ siècle », *le Mouvement social*, n° 105, octobre-décembre 1978 ; « Métiers de femmes », *le Mouvement social*, n° 140, juillet-septembre 1987.

Uppsala Papers in Economic History, *The Sexual Division of Labour, 19th and 20th Centuries*, Uppsala, Uppsala University, 1989.

Femmes seules / Cécile Dauphin

Annales de Démographie historique, 1981, section C, « La femme seule », pp. 207-317.

BASCH (Françoise), *les Femmes victoriennes : roman et société, 1837-1867*, Paris, Payot, 1979, 357 p.

CHAMBERS-SCHILLER (Lee V.), *Liberty, a Better Husband. Single Women in America : the Generations of 1780-1840*, New Haven, Conn., Yale University Press, 1984, 285 p.

FARGE (Arlette) et KLAPISCH-ZUBER (Christiane), éd., *Madame ou Mademoiselle ? Itinéraires de la solitude féminine, 18ᵉ-20ᵉ siècles*, Paris, Arthaud-Montalba, 1984, 303 p.

JEFFREYS (Sheila), *The Spinster and her Enemies. Feminism and Sexuality, 1880-1930*, Londres and New York, Pandora, 1985, 232 p.
Journal of Family History, hiver 1976, vol. 1, n° 2.
Journal of Family History, n° spécial : « Spinsters », Susan Cotts Watkins éd., hiver 1984.
Suffer and Be Still, Indiana, Indiana University Press, 1972, 239 p.
VICINUS (Martha), *Independent Women. Work and Community for Single Women, 1850-1920*, Chicago et Londres, the University of Chicago Press, 1985, 396 p.

Sortir / Michelle Perrot

ARDENER (Shirley) éd., *Women and Space*, Londres, Croom Held, 1981.
BARRET-DUCROCQ (Françoise), « Modalités de reproduction sociale et code de morale sexuelle des classes laborieuses à Londres dans la période victorienne », thèse, Paris IV, 1987 ; partiellement publié sous le titre *Pauvreté, Charité et Morale à Londres au XIXe siècle. Une sainte violence*, Paris, PUF, 1991, 245 p.
BASCH (Françoise), *Theresa Malkiel. Journal d'une gréviste*, présenté par F.B., Paris, Payot, 1980.
BAXANDALL (Roselyn), « Women in American Trade Unions : an historical analysis », in *The Rights and Wrongs of Women, op. cit.* in Bibliographie générale, pp. 256-270.
BENSTOCK (Shari), *Femmes de la Rive gauche, Paris 1900-1914*, Paris, Éditions des Femmes, 1987.
BIRKETT (Dea), *Spinsters abroad : Victorian Lady Explorers*, Oxford, Blackwell, 1989.
BOSTON (Sarah), *Women Workers and the Trade Unions*, Londres, Lawrence and Wishart, 1987.
BOWLBY (Rachel), *Just looking : Consumer Culture in Dreiser, Gissing, Zola*, New York, Londres, Methuen, 1985.
BROMBERT (Beth A.), *Cristina. Portraits of a Princess*, New York, Alfred A. Knopf, 1977, 402 p. ; trad. française, *la Princesse Belgiojoso ou l'engagement romantique*, Paris, Albin Michel, 1989.
BUHLE (Mari Jo), *Women and American Socialism, 1870-1920*, Urbana, University of Illinois, 1981.
BURMAN (Sandra), éd., *Fit Work for Women*, Londres, Croom Held, 1979.
CAPLAN (Jane), « Women, the Workplace and Unions in International Perspective », in *International Labor and Working Class History*, 1989 (printemps), n° 35.
CHEW (Doris Nield), *Life and Writings of Ada Nield Chew*, Londres, Virago, 1982 (une femme syndicaliste).
CHARLES-ROUX (Edmonde), *Un désir d'Orient. Jeunesse d'Isabelle Eberhardt*, Paris, Grasset, 1988.
DRAKE (Barbara), *Women in Trades Unions*, Londres, Allen Unwin, 1920.
DUPRAT (Catherine), « Charité et Philanthropie à Paris dans la première moitié du XIXe siècle », thèse d'État, Paris I, 1991.
EWEN (Elisabeth), *Immigrant Women in the Land of Dollars. Life and Culture on the Lower East Side, 1890-1925*, New York, Monthly Review Press, 1985, 303 p.
FAURÉ (Christine), *Terre, Terreur, Liberté*, Paris, Maspero, 1979 (sur les nihilistes russes et spécialement les femmes).
FRAISSE (Geneviève), « La rupture révolutionnaire et l'histoire des femmes », dans *Actes du Colloque « Femmes et Pouvoirs »*, Paris, Reid Hall, décembre 1989 ; Marseille, Rivages, 1991.
FAYET-SCRIBE (Sylvie), *Associations féminines et catholicisme. De la charité à l'action sociale (XIXe-XXe siècle)*, Paris, Les Éditions ouvrières, 1990.

GARRISON (Dea), « The tender technicians. The feminization of public librarianship, 1876-1905 », in *Clio's Consciousness Raised*, 1974, New York, Harper and Row, pp. 158-178.

GLICKMAN (Rose L.), *Russian Factory Women. Workplace and Society 1880-1914*, Berkeley, University of California Press, 1984, XII, 325 p.

GORDON (Eleanor), *Women and the Labour Movement in Scotland*, Oxford, Oxford University Press, 1991.

GRAN-AYMERIC (Eve et Jean), *Jane Dieulafoy. Une vie d'homme*, Paris, Perrin, 1991.

GRIMMETT (Jennifer) et THOMIS (Malcolm I.), *Women in Protest, 1800-1850*, Londres, Croom Held, 1982.

JANIEWSKI (Dolores E.), *Sisterhood Denied. Race, Gender and Class in a New South Community*, Philadelphie, Temple University Press, 1985, XVII- 248 p.

JEFFREY (Julie Roy), *Frontier Women : the trans-Mississipi West : 1840-1880*, New York, Hill and Wang, 1979, XVI- 240 p.

KESSNER (T.) et CAROLI (B.B.), « New Immigrant women at Work : Italians and Jews in New York City, 1880-1905 », *Journal of Ethnic Studies*, hiver 1978.

KNIBIEHLER (Yvonne) et GOUTALIER (Régine), *la Femme au temps des Colonies*, Paris, Stock, 1985.

LAMPHERE (Louise), *From Working Daugthers to Working Mothers : Immigrant Women in a New England Industrial Community*, Ithaca, New York, Londres, Cornell University Press, 1987, XVIII- 390 p.

LIDDINGTON (Jill) et NORRIS (Jill), *One Hand tied Behind Us*, Londres, Virago Press, 1978 (sur le mouvement suffragiste en milieu ouvrier en Angleterre du Nord).

OWEN (Alex), *The Darkened Room : Women Power and Spiritualism in Late nineteenth Century, England*, Londres, Virago, 1989.

POLASKY (Janet L.), « Women in Revolutionary Belgium. From stone throwers to hearth tenders », *History Workshop Journal*, printemps 1986, n° 21, pp. 87-104.

POPP (Adelheid), *la Jeunesse d'une ouvrière* (1909), trad. française. Paris, Maspero, 1979.

PROCHASKA (F.K.), *Women and Philanthropy in 19th Century England*, Londres, Oxford, Clarendon Oxford Press, 1980.

RILEY (Glenda), *Frontierswomen : the Iowa Experience*, Ames, Iowa State University Press, 1981, IX- 211 p.

ROSS (Ellen), « Survival networks. Women's Neighbourhood sharing in London before World War I », *History Workshop Journal*, printemps 1983, 15, pp. 4-27.

SAISSELIN (Rémy G.), *The Bourgeois and the Bibelot*, New Brunswick NJ, Rutgers University Press, 1984, trad. française Albin Michel, 1990 (cf. ch. 3 : « Enter Woman. The Department Store as a cultural space »).

SMITH-ROSENBERG (Carroll), *Religion and the Rise of the American City*, Ithaca, New York, Cornell University Press, 1971.

STRATTON (Joanna L.), *Pioneer Women : Voices from the Kansas Frontier*, New York, Simon and Schuster, 1981, 319 p.

STUDER (Monica), « L'organisation syndicale et les femmes. L'action de Margarete Faas-Hardegger à l'Union syndicale suisse (1905-1909) », mémoire de licence, Université de Genève, 1975, 92 p.

THOMPSON (Dorothy), « Women and Nineteenth-Century Radical Politics : A lost dimension », in Michtell and Oakley, *Rights and Wrongs*, *op. cit.*

TAX (Meredith), *The Rising of the Women Feminist Solidarity and Class Conflict, 1880-1917*, New York, London, Monthly Review Press, 1980, 332 p.

VICINUS (Martha) éd., *A Widening sphere. Changing roles of Victorian women*, Bloomington, Indiana University Press, 1977.

WARD (Margaret), *Unmanageable Revolutionaries. Women and Irish Nationalism*, Londres, Pluto Press, 1983.
WILKMAN (Ruth), *Women, Work and Protest. A Century of American Women's Labor History*, Londres, New York, RKP, 1985.
WILLIAMS (Rosalind H.), *Dream Worlds : Mass Consumption in Late Nineteenth-Century France*, Berkeley, Los Angeles, Londres, University of California Press, 1982.

Scènes féministes / Anne-Marie Käppeli

ADLER (Laure), *A l'aube du féminisme, les premières journalistes (1830-1850)*, Paris, Payot, 1979.
ALBISTUR (Maïté), ARMOGATHE (Daniel), *Histoire du féminisme français*, Paris, Des femmes, 1977.
ALLEN (Ann T.), « Spiritual Motherhood. German Feminists and the Kindergarten Movement, 1848-1911 », in *History of Education Quaterly*, vol. 22 (3), automne 1982.
ASCOLI (Giulietta) et al., éd., *la Questione femminile in Italia dal '900 ad oggi*, Milan, Franco Angeli, 1977.
BANKS Olive, *Becoming a Feminist : the Social Origins of « First Wave » Feminism*, Brighton, Wheatsheaf Books, 1986.
BASCH (Françoise), *Rebelles américaines au XIXe siècle*, Paris, Méridiens-Klincksieck, 1990, 256 p.
BAUER (Karin), *Clara Zetkin und die Proletarische Frauenbewegung*, Berlin, Oberbaum, 1978.
BIDELMAN (Patrick Kay), *Pariahs Stand up ! The Founding of the Liberal Feminist Movement in France (1858-1889)*, Wesport, Connecticut, Greenwood Press, 1982.
BORNEMANN (Ernest), éd., *Arbeiterbewegung und Feminismus, Berichte aus vierzehn Ländern*, Francfort, Ullstein, 1982.
BORTOLOTTI (Franca P.), *Alle origine del movimento femminile in Italia 1848-1892*, Rome, Einaudi, 1963.
..., *la Donna, la pace, l'Europa, l'Associazione internationale delle donne dalle origini alla prima guerra mondiale*, Milan, Franco Angeli, 1985.
BOXER (Marilyn J.), QUATAERT (Jean H.), éd., *Socialist Women, European Socialist Feminism in the 19th and Early 20th Centuries*, New York, Elsevier, 1978.
BREHMER (Ilse) et al., éd., *Frauen in der Geschichte IV*, « Wissen heisst leben », Düsseldorf, Schwann, 1983.
BUSSEMER (Herrad-Ulrike), *Frauenemanzipation und Bildungsbürgertum, Sozialgeschichte der Frauenbewegung in der Reichsgründungsszeit*, Weinheim, Beltz, 1985.
CLEMENS (Bärbel), *« Menschenrechte haben kein Geschlecht » : Zum Politikverständnis der bürgerlichen Frauenbewegung*, Pfaffenweiler, Centaurus, 1988.
CONTI (Odorisio, G.), *Storia dell'idea femminista in Italia*, Turin, ERT, 1980.
DUBOIS (Ellen C.), *Feminism and Suffrage : the Emergence of an Independant Women's Movement in America, 1848-1869*, Ithaca, Cornell University Press, 1978.
ESCHER (Nora), *Entwicklungstendenzen der Frauenbewegung in der deuschen Schweiz, 1850-1918/19*, Zürich, ADAG, 1985.
Essays on Sex Equality. John Stuart Mill, Harriet Taylor-Mill, Introduction de Alice S. Rossi, Chicago, The University of Chicago Press, 1970.
EVANS (Richard J.), *The Feminist Movements in Germany 1894-1944*, Londres, Sage, 1976.
..., *The Feminists. Women's Emancipation Movement in Europe, America and Australasia 1840-1920*, New York, Barnes and Noble, 1977.

..., *Sozialdemokratie und Frauenemanzipation im deutschen Kaiserreich*, Berlin, Dietz, 1979.
..., *Comrades and Sisters : Feminism, Socialism, and Pacifism in Europe, 1870-1945*, New York, St. Martin's, 1987.
FARINA (Rachele) et al., éd., *Esistere come donna*, Milan, Mazzotta, 1983.
Feministische Studien, « Die Radikalen in der alten Frauenbewegung », 3, Jg., n° 1, mai 1984.
FLEXNER (Eleanor), *Hundert Jahre Kampf*, Francfort, Syndikat, 1978.
Flora Tristan, un fabuleux destin (Stéphane Michaud éd.), Presses univ. de Dijon, 1985.
FOLGUERA (Pilar), éd., *El Feminismo en España. Dos siglos de Historia*, Madrid, Éditions de la Fondation Pablo Iglesias, 1988.
FORSTER (Margaret), *Significant Sisters. The Grassroots of Active Feminism 1839-1939*, New York, Penguin Books, 1984.
FRAISSE (Geneviève), « Du bon usage de l'individu féministe », *Vingtième siècle*, n° 14, 1987.
..., « La constitution du sujet dans l'histoire de la pensée féministe », *Penser le sujet aujourd'hui*, Paris, Méridiens-Klincksieck, 1988.
FREI (Annette), *Rote Patriarchen, Arbeiterbewegung und Frauenemanzipation in der Schweiz um 1900*, Zürich, Chronos, 1987.
FREVERT (Ute), *Frauen-Geschichte : Zwischen bürgerlicher Verbesserung und neuer Weiblichkeit*, Francfort, Suhrkamp, 1986.
..., éd., *Bürgerinnen und Bürger – Geschlechterverhältnisse im 19. Jhd.*, Göttingen, Vandenhoeck & Ruprecht, 1988.
GERHARD (Ute), *Verhältnisse und Verhinderungen. Frauenarbeit, Familie und Rechte der Frauen im 19. Jhd.*, Francfort, Suhrkamp, 1978.
GREVEN-ASCHOFF (Barbara), *Die bürgerliche Frauenbewegung in Deutschland 1894-1933*, Göttingen, Vandenhoeck & Rupprecht, 1981.
GRUBITZSCH (Helga), et al., éd., *Grenzgängerinnen. Revolutionäre Frauen im 18. und 19. Jhd., Weibliche Wirklichkeit und männliche Phantasien*, Düsseldorf, Schwann, 1985.
HAMER (T.L.), *Beyond Feminism, the Women's Movement in Austrian Social Democracy 1890-1920* (thèse), Ohio State University, 1973.
HAUSE (Steven), *Women's Suffrage and Social Politics in the French Third Republic*, Princeton, Princeton University Press, 1984.
... *Hubertine Auclert : The French Suffragette*, New Haven et Londres, Yale University Press, 1987.
HAUSEN (Karin), éd., *Frauen suchen ihre Geschichte*, Munich, Beck, 1983.
HERVÉ (Florence), éd., *Frauenbewegung und revolutionäre Arbeiterbewegung. Texte zur Frauenemanzipation in Deutschland und in der BRD von 1848-1980*, Francfort, Verlag Marxistische Blätter, 1981.
..., *Geschichte der deutschen Frauenbewegung*, Köln, Pahl-Rugenstein, 1982.
JORIS (Elisabeth), WITZIG (Heidi), éd., *Frauengeschichte (n)*, Zürich, Limmat-Verlag, 1986.
KÄPPELI (Anne-Marie), « Le féminisme protestant de Suisse romande à la fin du XIXe siècle et au début du XXe siècle », Paris, doctorat de l'université Paris VII, 1987.
KLEINAU (Elke), *Die freie Frau. Soziale Utopien des frühen 19*, Jhd., Düsseldorf, Schwann, 1987.
KLEJMAN (Laurence), ROCHEFORT (Florence), *l'Égalité en marche. Le féminisme sous la troisième République*, Paris, Presses de la Fondation nationale des sciences politiques et Des femmes, 1989.
KOKULA (Ilse), *Weibliche Homosexualität um 1900 in zeitgenössischen Dokumenten*, Munich, Frauenoffensive, 1981.
LEACH (William), *True Love and Perfect Union : the Feminist Reform of Sex and Society*, New York, Basic Books, 1980.
LEVINE (Philippa), *Victorian Feminism 1850-1900*, Londres, Hutchinson, 1987.

LEWIS (Jane), éd., *Before the Vote was Won, Arguments for and against Women's Suffrage*, Londres, Routledge & Kegan Paul, 1987.

MAYREDER (Rosa), *Zur Kritik der Weiblichkeit, Einleitung von H. Schnedl*, Munich, Frauenoffensive, 1982.

MEYER (Donald), *Sex and Power : the Rise of Women in America, Russia, Sweden and Italy*, Middletown, Wesleyan University Press, 1987.

MOSES (Claire), *French Feminism in the 19th Century*, Albany, State University of New York Press, 1984.

NIGGEMANN (Heinz), *Emanzipation zwischen Sozialismus und Feminismus*, Wuppertal, Hammer, 1981.

POSTHUMUS-van der GROOT (W.H.), de WAAL (Anna) et al., éd., *Van Moeder op Dochter, De maatschappelijke positie van de vrouw in Nederland vanaf de franse tijd*, Nijmegen, SUN, 1977.

PUSCH (Luise), éd., *Feminismus, Inspektion der Herrenkultur*, Francfort, Suhrkamp, 1983.

QUATAERT (Jean H.), *Reluctant Feminists in German Social Democracy, 1885-1917*, Princeton, Princeton University Press, 1979.

RAVERA (Camilla), *Breve storia del movimento femminile in Italia*, Rome, Riuniti, 1978.

REYS (Jeske) et al., éd., *De eerste feministische golf, 6 de Jaarboek voor Vrouwengeschiedenis*, Nijmegen, SUN, 1985.

RICHEBÄCHER (Sabine), *Uns fehlt nur eine Kleinigkeit. Deutsche proletarische Frauenbewegung 1890-1914*, Francfort, Fischer, 1982.

SACHSSE (Christoph), *Mütterlichkeit als Beruf*, Sozialarbeit, Sozialreform und Frauenbewegung 1871-1929, Francfort, Suhrkamp, 1986.

SCHNETZLER (Barbara V.), *Die frühe amerikanische Frauenbewegung und ihre Kontakte mit Europa (1836-1869)*, Berne, Lang, 1971.

SOWERWINE (Charles), *les Femmes et le socialisme*, Paris, Presses de la Fondation nationale des sciences politiques, 1978, tr. angl., *Sisters or Citizens ? Women and socialism in France since 1876*, Cambridge et New York, Cambridge Univ. Press, 1982.

SPENDER (Dale), *Women of Ideas*, Londres, Routledge & Kegan Paul, 1982.

..., *Feminist Theorists*, Londres, Women's Press, 1983.

STITES (Richard), *The Women's Liberation Movement in Russia : Feminism, Nihilism and Bolshevism 1860-1930*, Princeton, Princeton University Press, 1978.

SULLEROT (Evelyne), *Histoire de la presse féminine en France des origines à 1848*, Paris, A. Colin, 1966.

SZAPOR (Judith), « Les associations féministes en Hongrie XIXe-XXe siècles », in *Penelope* n° 11, Automne 1984, Paris, pp. 169-173.

TAYLOR (Barbara), *Eve and the New Jerusalem. Socialism and Feminism in the Nineteenth Century*, Londres, Virago, 1983.

WEICKART (Eva), « Zur Entwicklung der polnischen Frauenbewegung in der 1. Hälfte des 19. Jhd. », in Jutta Dalhoff, Uschi Frey, Ingrid Schöll, éd., *Frauenmacht in der Geschichte*, Düsseldorf, Schwann, 1986.

WEILAND (Daniela), *Geschichte der Frauenemanzipation in Deutschland und Österreich*, Düsseldorf, Econ-Verlag, 1983.

WOODTLI (Susanna), *Du féminisme à l'égalité politique, un siècle de luttes en Suisse 1868-1971*, Lausanne, Payot, 1977.

ZYLBERBERG-HOCQUARD (Marie-Hélène), *Féminisme et Syndicalisme en France*, Paris, Anthropos, 1978.

L'Ève Nouvelle et le Vieil Adam / Annelise Maugue

BARRY (Joseph), *Infamous Woman. The Life of George Sand*, Garden City, New York, Doubleday and Co, 1977.

BORIE (Jean), *le Tyran timide. Le naturalisme de la femme au XIXe siècle*, Paris, Klincksieck, 1973.

..., *Un siècle démodé*, Paris, Payot, 1989.

FERANDO (Llyod), « George Eliot, Feminism and Dorothea Brooke », in *Review of English Literature*, Janvier 1963.

GREEN (Martin), *The Von Richthofen Sisters*, 1974, trad. fr. Paris, Le Seuil, 1979, New York, Basic, 1974.

HIGONNET (Margaret R.), JENSON (Jane), MICHEL (Sonya), WEITZ (Margaret G.), *Behind the Lines. Gender and the Two World Wars*, New Haven et Londres, Yale University Press, 1987.

LE RIDER (Jacques), *le Cas Otto Weininger. Racines de l'antiféminisme et de l'antisémitisme*, Paris, PUF, 1982.

..., *Modernité viennoise et crises de l'identité*, Paris, PUF, 1990.

MAUGUE (Annelise), *l'Identité masculine en crise au tournant du siècle*, Paris / Marseille, Rivages, 1987.

QUIGUER (Claude), *Femmes et Machines de 1900. Lecture d'une obsession Modern Style*, Paris, Klincksieck, 1979.

ROTH (Marie-Louise), OLMI (Roberto), « Musil », *Cahiers de l'Herne*, 1982.

THALMANN (Rita), éd., *Femmes et Fascismes*, Paris, Tierce, 1986.

WILLEMSEN (Roger), *Robert Musil, vom intellektuellen Eros*, Munich, Piper, 1985.

Collectif, *la Femme dans la pensée espagnole*, Paris, CNRS, 1984.

INDEX DES NOMS

C

D

M

S

T

INDEX DES LIEUX

O

P

Q

R

S

T

U

V

W

Les auteurs

Nicole Arnaud-Duc

Docteur en droit, chargée de recherche au CNRS. Ses recherches portent sur les comportements juridiques, les marginalités et le rapport des sexes à travers les sources notariées et judiciaires, et elles ont donné lieu à de nombreuses communications et articles. Principal ouvrage se rapportant aux femmes : *Droit, Mentalités et Changement social en Provence occidentale. Stratégies et pratique notariale en matière de régime matrimonial*, Aix-en-Provence, 1985.

Jean Baubérot

Directeur d'études à l'École pratique des Hautes Études et président de la section des Sciences religieuses, il est spécialiste de l'histoire et de la sociologie du protestantisme, de la laïcité, et plus largement des religions et de la morale. Il a publié de très nombreux articles et ouvrages. Parmi les plus récents : *Histoire du protestantisme*, Paris, 1987, 1990 ; *le Protestantisme doit-il mourir ?*, Paris, 1988 ; *la Laïcité : quel héritage de 1789 à nos jours ?* Paris, 1990 ; *Vers un nouveau pacte laïque ?* Paris, 1990.

Cécile Dauphin

Ingénieur d'études au CNRS. Elle a participé à de nombreuses enquêtes dans le cadre du Centre de recherches historiques-EHESS, co-dirigé les *Cahiers Pénélope. Pour l'Histoire des Femmes* (1979-1984, 11 livraisons parues) et notamment publié : « La Vieille Fille. Histoire d'un stéréotype » dans *Madame ou Mademoiselle ? Itinéraires de la solitude féminine au XIXe siècle* (A. Farge et Ch. Klapisch-Zuber éd.), Paris, 1984 ; « L'enquête postale de 1847 » et « Les manuels épistolaires au XIXe siècle », dans *la Correspondance. Les usages de la lettre au XIXe siècle*, (Roger Chartier éd.), Paris, 1991.

Michela De Giorgio

Chercheur à l'Institut Gramsci de Rome. Elle s'est particulièrement attachée à l'étude des modèles culturels et des comportements sociaux des femmes italiennes entre le XIXe et le XXe siècle. Elle a publié divers articles dans ce domaine dont le plus récent, « Signore et signorine italiane fra otto a novecento », figure dans le livre *Ragnatele di rapporti* (sous la direction de L. Ferrante, M. Palazzi, G. Pomata), Turin, 1988.

Geneviève Fraisse

Chargée de recherche au CNRS en philosophie, elle fut l'une des premières à publier sur l'histoire du féminisme français (avec la création de la revue *les Révoltes logiques* (1975) et sa participation à de nombreux ouvrages collectifs). Elle travaille désormais sur les représentations de la différence des sexes et leur questionnement philosophique. Elle a publié *Femmes toutes mains, essai sur le service domestique*, Paris, 1979, *Clémence Royer, philosophe et femme de sciences*, Paris, 1985 et *Muse de la raison, la démocratie exclusive et la différence des sexes*, Aix-en-Provence, 1989.

Dominique Godineau

Docteur en histoire, spécialiste de la Révolution française, elle a participé à de nombreux ouvrages collectifs et dirigé la section « Femme et Famille » de *The French Revolution Research Collection. Citoyennes Tricoteuses. Les femmes du peuple à Paris pendant la Révolution française*, Aix-en-Provence, 1988, est son ouvrage principal.

Nancy Green

Docteur de l'Université de Chicago et maître de conférences à l'École des Hautes Études en Sciences sociales. Spécialiste de l'histoire comparée des mouvements migratoires en France et aux États-Unis, elle a notamment publié *les Travailleurs immigrés juifs à la Belle Époque*, Paris 1985. Elle prépare un grand travail sur « Immigrés et industrie du vêtement à Paris et New York (1880-1980) ».

Anne Higonnet

Assistant-Professor à Wellesley College, Department of Art. Spécialiste de l'art du XIXe siècle, elle travaille aux confins de l'histoire sociale et de l'histoire des femmes. Elle a consacré sa thèse (Yale, 1988) à « Berthe Morisot (1841-1895). Images of Women » (sous presse).

Marie-Claire Hoock-Demarle

Agrégée d'allemand, docteur d'État (avec une thèse sur *Bettina Brentano-von Arnim ou la mise en œuvre d'une vie 1785-1859*, 1985), elle est professeur à l'Université Paris VII-Jussieu. Parmi ses ouvrages les plus récents : *la Femme au temps de Goethe*, Paris, 1987 ; *la Rage d'écrire. Femmes-écrivains en Allemagne de 1790 à 1815*, Aix-en-Provence, 1990. Sa recherche actuelle porte sur « l'Europe des lettres. Le rôle des correspondances dans la prise de conscience de l'Europe au XIXe siècle ».

Anne-Marie Käppeli

Docteur en histoire, collaboratrice au Fonds national suisse de la recherche scientifique, elle travaille sur l'histoire des femmes en Suisse, et plus particulièrement sur les féministes et les pédagogues protestantes. Elle a notamment publié *Sublime Croisade. Éthique et politique du féminisme protestant (1875-1928)*, Genève, 1990 ; sous presse, *Emancipation féminine et pédagogie (1845-1972) ; Les pionnières suisses de la formation des mères et de l'éducation des filles.*

Yvonne KNIBIEHLER

Professeur émérite de l'Université de Provence, spécialiste d'histoire intellectuelle (sa thèse portait sur *Mignet et l'histoire philosophique du XIXe siècle*, Paris, 1973) et d'histoire des femmes, à laquelle elle a consacré de très nombreuses publications, une soixantaine d'articles et une dizaine d'ouvrages, principalement : *l'Histoire des mères* (avec Catherine Fouquet), Paris, 1980 ; *Nous les assistantes sociales. Naissance d'une profession*, 1980 ; *la Femme et les médecins* (avec Catherine Fouquet), Paris, 1983 ; *Cornettes et blouses blanches. Les infirmières dans la société française, 1880-1980*, Paris, 1984 ; *la Femme au temps des Colonies* (avec Régine Goutalier), Paris, 1985 ; *Les pères aussi ont une histoire*, Paris, 1987.

Annelise MAUGUE

Professeur agrégée au lycée Rabelais à Paris, docteur, poursuit des recherches sur les problèmes d'identité sexuelle et leur expression littéraire. Elle a notamment publié : *la Crise de l'identité masculine au tournant du siècle*, Paris, Marseille, 1987.

Françoise MAYEUR

Agrégée d'histoire et docteur d'État, professeur à l'Université Paris IV-Sorbonne. Spécialiste d'histoire de l'éducation et notamment de celle des filles, elle a publié de nombreux ouvrages et articles sur ce sujet. Ainsi : *l'Enseignement secondaire des jeunes filles sous la troisième République*, Paris, 1977 ; *l'Éducation des filles au XIXe siècle*, Paris, 1979 ; *Éducation et Images de la femme chrétienne en France au début du XXe siècle*, Lyon, 1980. Elle a écrit le tome III de *l'Histoire de l'enseignement et de l'éducation en France* (M. Parias éd.), Paris, 1981.

Stéphane MICHAUD

Agrégé, docteur d'État, professeur de littérature comparée à l'Université Jean-Monnet de Saint-Étienne, membre du comité de rédaction de *Romantisme*, il est spécialiste de l'histoire des femmes et de leurs représentations dans la littérature française et allemande du XIXe siècle. Il a consacré de nombreux travaux à Flora Tristan : *Un fabuleux destin : Flora Tristan*, Dijon, 1985 ; *Flora Tristan (1803-1844)*, Paris, 1984, etc. ; au comparatisme, à l'image. Principal ouvrage : *Muse et Madone. Visages de la femme de la Révolution française aux apparitions de Lourdes*, Paris, 1985.

Michelle Perrot

Professeur d'histoire contemporaine à l'Université Paris VII-Jussieu. Après de premières recherches sur le monde ouvrier au XIXe siècle (*les Ouvriers en grève*, Paris, 1974), elle s'oriente vers l'étude de la délinquance et des systèmes pénitentiaires (*l'Impossible Prison*, 1980 ; *Écrits pénitentiaires* d'Alexis de Tocqueville, tome IV, 2 vol. des *Œuvres complètes*, Paris, 1984, publiés par M.P.), vers *l'Histoire de la vie privée* (tome IV – *XIXe siècle* – de la série dirigée par Ph. Ariès et G. Duby, Paris, 1987), et surtout vers l'histoire des femmes : *Lettres des filles de Karl Marx*, Paris, 1979 ; *Journal intime de Caroline B.* (avec Georges Ribeill), Paris, 1985 ; *Une histoire des femmes est-elle possible ?* Marseille, 1984, etc.

Joan Wallach Scott

Elle a enseigné dans diverses universités américaines, dirigé le Centre de recherche sur les femmes de Brown University, et est actuellement professeur de sciences sociales à l'Institute for Advanced Study (Princeton). Spécialiste d'histoire sociale française (sa thèse a été publiée en France, 1982, sous le titre : *les Verriers de Carmaux*), elle s'est orientée vers l'histoire des femmes et la théorie du *gender*. Parmi ses principales publications : *les Femmes, le travail et la famille* (avec Louis Tilly), Paris-Marseille, 1987 ; *Gender and the Politics of History*, New York, 1988.

Élisabeth G. Sledziewski

Agrégée de philosophie et docteur d'État, maître de conférences à l'Institut d'Études politiques de Strasbourg (Université Robert-Schuman), professeur associée à l'Université d'Erlangen-Nürnberg (Allemagne). Elle travaille sur les cultures politiques de l'Europe de l'Est, les rapports entre femmes et politique, tant dans la Révolution française – sa spécialité première – que dans l'Europe actuelle. Elle a notamment publié *Voies idéologiques de la Révolution française*, 1976-1989 ; *Idéaux et Conflits dans la Révolution française*, Paris, 1986 ; *Révolutions du sujet*, Paris, 1989 ; et, en collaboration avec J.-L. Vieillard-Baron, *Penser le sujet aujourd'hui*, 1988.

Judith Walkowitz

Actuellement professeur d'histoire et directeur des Women's Studies à Johns Hopkins University (Baltimore, USA). Spécialiste de l'histoire du féminisme, de la sexualité, de la médecine dans leurs rapports avec la société et la culture, elle a notamment publié *Prostitution and Victorian Society. Women Class and the State*, 1980. Sous presse : *City of Dreadful Delight : Narratives of Sexual Danger in Late-Victorian London.*

TABLE

LA FEMME CIVILE, PUBLIQUE ET PRIVÉE

MODERNITÉS

PAROLES DE FEMMES

ANNEXES

Références photographiques

Archiv für Kunst und Geschichte : 280, 281, 298, 299, 314, 315h, 317, 339 ; Bibliothèque Charcot de La Salpêtrière : 327 ; Bibliothèque Nationale, Paris : 286, 287, 294, 295, 296 ; Bulloz : 20, 117, 253, 260, 265, 267, 282, 283, 550 ; Cabaud : 324, 325 ; Charmet : 118, 290, 291, 388 ; Christie's : 302 ; DR : 315b ; Fine Art Photography, Austin : 338 ; Frédérick Warne Archives, Londres : 306bg ; Freud Museum, Londres : 556 ; Gernsheim Collection, University of Texas at Austin : 341 ; Harvard Theatre Collection : 300 ; Held : 311 ; Higonnet : 303h ; Holyoke College Art Museum, South Hadley : 312, 313 ; International Museum of photography at Georges Eastman House : 319 ; Isabella Stewart Gardner Museum, Boston : 334, 335 ; Kempf, Musée Unterlinden, Colmar : 304 ; Knopff : 248 ; L'illustration/Sygma : 303b ; Lévy collection : 328 ; Metropolitan Museum of Art, New York : 255, 307 ; Musée d'Histoire d'Art et d'Histoire, Genève : 306g ; Musée Rodin, Paris : 274 ; B. Jarret : 330 ; A. Rzeipka : 331 ; Museum of City of New York : 326 ; Museum of Fine Arts, Boston : 308, 309 ; Neville Olleren Shaw : 288, 289 ; Photothèque des Musées de la Ville de Paris, 1992 : 318 ; RMN : 284, 285, 320, 321 ; Roger-Viollet : 19, 248, 259, 269, 270, 272, 276, 322, 342, 460, 526, 544, 560 ; The Art Institute of Chicago : 278, 279, 310 ; The College of Environmental Design University of California, Berkeley : 332 ; The Tate Gallery : 292 ; Trinity College, Cambridge University : 323 ; Wilma Slaight : 336, 337.
ADAGP : Camille Claudel, 1991.
SPADEM : Musée Carnavalet, 1991.

Couverture : Affiche de Ch. Verneau - Steinlen, *la Rue*, 1896. Photo Tweedy. Exposition Affiches de la Belle Époque, Paris, musée des Arts décoratifs. Edimédia.

Responsabilité éditoriale
Anne Leclerc
assistée de
Evelyne Papin
Conception graphique
Michèle Fraudreau
Secrétariat d'édition
Janine Mahuzier
Fabrication
Gisèle Laforêt, Janine Plichta
Complément iconographique
Atelier d'Images

L'*Histoire des femmes* est publiée par la Librairie Plon à l'initiative de Laure Adler

---

Imprimé en France par l'Imprimerie Hérissey (Eure) - N° 77659 - Septembre 1997
N° d'édition : 12133 – Dépôt légal : Septembre 1991

Photocomposition : PFC à Dole